LOCUS

U0546324

LOCUS

LOCUS

LOCUS

from

vision

from 158
權力的48法則
The 48 Laws of POWER

作者：羅伯·葛林（Robert Greene）
製作統籌：約斯特·艾佛斯（Joost Elffers）
譯者：朱家鴻
責任編輯：李清瑞
封面設計：簡廷昇
校對：Sage
內頁排版：宸遠彩藝
印務統籌：大製造股份有限公司
出版者：大塊文化出版股份有限公司
105022台北市松山區南京東路四段25號11樓
www.locuspublishing.com
locus@locuspublishing.com
讀者服務專線：0800-006-689
電話：02-87123898
傳真：02-87123897
郵政劃撥帳號：18955675
戶名：大塊文化出版股份有限公司
法律顧問：董安丹律師、顧慕堯律師
版權所有 侵權必究

總 經 銷：大和書報圖書股份有限公司
新北市新莊區五工五路2號
電 話：02-89902588
傳真：02-22901658
初版一刷：2025年5月
初版四刷：2025年7月
定價：880元
ISBN：978-626-7594-81-0

Copyright© 1998 by Joost Elffers and Robert Greene. Complex Chinese
translation copyright © 2025 by Locus Publishing Company.
All rights reserved. Printed in Taiwan.

權力的48法則
羅伯 . 葛林 (Robert Greene) 著 ; 約斯特 . 艾佛斯 (Joost Elffers) 製作統籌 ;
朱家鴻譯 .-- 初版 . -- 臺北市 : 大塊文化出版股份有限公司 , 2025.05
640面 ; 17×23公分 . -- (from ; 158)
譯自 : The 48 laws of power
ISBN 978-626-7594-81-0(平裝)

1. 生活指導　2. 權力　3. 社會心理學

177.2　　　114002832

THE 48 LAWS OF POWER

ROBERT GREENE

A JOOST ELFFERS BOOK

權力的48法則

羅伯．葛林＿＿著

約斯特．艾佛斯＿＿製作統籌　朱家鴻＿＿譯

僅將此書獻給

安娜·比勒（Anna Biller）

和我的父母

R.G.

目錄

前言

沒有人可以接受自己缺乏控制人事物的權力，無能為力會使人感到痛苦。權力總是多多益善，世上不會有人會主動削弱自己的權力，但在現代社會，露出貪戀權力的一面並大玩權力遊戲可能會惹禍上身。因此，我們必須裝出公平體面的模樣，把一切藏在細節裡，用和藹可親包裝狡猾，以民主隱藏手腕。

這種假面遊戲像極了舊世界王公貴族爾虞我詐的宮廷，綜觀人類歷史，宮廷的核心人物永遠都是手握最多權力的人，如國王、王后、皇帝、領導者等，而滿朝的臣子各個都如履薄冰，他們除了要侍奉上位者，還得小心提防，因為一旦諂媚過頭就會立刻被其他朝臣識破，導致自己淪為眾矢之的。因此，贏得上位者的青睞必須靠巧妙的手段，但即便你是最精於此道的人也不能掉以輕心，因為身邊總是有人在密謀著要讓你出局。

即便如此，宮廷應該代表著最文明、最精通禮教的場所。面對明目張膽的權力遊戲，所有朝臣都是一副嗤之以鼻的態度，卻在暗地裡計畫做掉那些用力過猛的同事。朝臣面臨的困境如下：他們一方面要營造文雅有禮的形象，一方面又要運用巧妙的手法智取對手、擊潰政敵。最工於心計的臣子都懂得迂迴出招的道理，即便是要放冷箭，也要戴上由綢緞縫製的手套，嘴角也會掛著最和藹可親的笑。完美的朝臣從不訴諸威逼脅迫，也不會將自己的異心公諸於世，而是會靠誘惑、魅力、謊言與巧妙的手段達成目的，並永遠都給自己預留好幾條後路。在宮廷求生就像在玩一場永無休止的權力遊戲，除了時刻提防對手，還要運用謀略思維，是一場文明的戰爭。

現代人面臨的困境和古代的朝臣如出一轍，我們必須塑造文明、舉止得體、崇尚民主與公平的形象，但如果完全按照遊戲規則，自己又會被聰明的對手輕鬆拿下。義大利文藝復興時期外交官兼朝臣馬基維利（Niccolò Machiavelli）曾寫道：「一個人若是想永遠當好人，最後勢必會被為數眾多的壞人擊潰。」宮廷雖被視為最精通禮樂的場所，但在其光鮮亮麗的表面下翻騰的，卻是一口參雜著貪婪、嫉妒、欲望、恨意等暗黑情緒的熔爐。現代人身處的社會也喜歡標榜絕對的公平，但相同的醜陋情緒依舊在我們心中蠢動，這是永遠都不會改變的現實。我們玩的遊戲和古人一模一樣，表面上崇尚溫文爾雅，但只要你不是真蠢，就一定會知道要注意那些微妙細節，並像拿破崙（Napoleon Bonaparte）說的那樣，用「絲絨手套包裹鐵腕」。若你能和長年在宮廷打滾的臣子一樣掌握迂迴之道，學會誘惑、吸引與欺騙的技巧，並用巧妙的手段戰勝對手，最終攀上權力的巔峰。你會發現自己居然能在他人毫不知情的情況下改變他們的想法，即便對方知道你想做什麼，也不會因此恨你或抗拒你。

有些人認為無論再怎麼迂迴，刻意去玩弄權力遊戲都是邪惡且反社會的行為，是舊社會的遺毒。他們認為只要避開和權力有關的一切事物，就能主動退出這場遊戲，請務必提防這類

宮廷是充滿禮儀與重視教養的場域，這一點無庸置疑，可一旦撕開這些偽裝，宮廷立刻就會淪為淒涼荒蕪的屠宰場。那些笑著擁抱對方的人一旦不被禮儀約束，便會毫不猶豫舉刀刺向對方……［切斯特菲爾勳爵（Lord Chesterfield）］

人，因為雖然他們聲稱自己不貪戀權力，但通常都是權力遊戲的高級玩家，懂得運用策略來隱藏操弄人心的行為本質。這類人群經常會展現自己脆弱的一面，還會標榜自己手上沒什麼權力，並覺得這是美德的象徵。然而，一個真正毫無權勢，也不打算為自己謀求利益的人，絕對不可能靠公開宣揚自己的弱點來博取同情與尊敬。刻意展現自身弱點其實是一種高效、巧妙且虛偽的權力遊戲策略（請參考〈法則22〉）。

這些權力遊戲局外人還會使用另一種策略，那就是不看地位與能力，對所有人事物都要求齊頭式平等。但這種刻意迴避權力，並嘗試平等對待每個人的做法，最後只會委屈一些表現優秀的人。平等對待所有人等於忽視個體差異，將無才者提升到他們不配的地位，並打壓能力出眾的群體。我想再說一次，凡事要求平等不過是另一種權力策略，目的是用自己的方式分配獎賞。

退出權力遊戲還有另一種方式，那就是與主流權力遊戲手段（欺騙與密謀）背道而馳，開誠布公地表示自己對權力毫無興趣。不過這種誠實勢必會傷害並汙辱到不少人，進而引來一些攻擊，原因是你自以為誠實的宣言，在他們眼中看來並非全然客觀，而且一定參雜了個人利益。他們的想法其實是對的，因為誠實也是一種權力策略，旨在說服他人相信自己具備高尚、良善、無私的情操，是一種遊說的手法，也可以說是巧妙的威逼。

權力遊戲的局外人可能會散發一種天真的氣質，當有人指責他們在謀求權力時，他們就能以此自保。請小心這種天真的偽裝，因為這是種非常有效的欺騙手段（請參考〈法則21〉）。就算一個人的天真是發自內心，也難逃權力的陷阱。兒童在很多方面都是天真的，但這種天

羔羊討厭鷲鳥天經地義，但鷲鳥並不會因此放過羊群，當羊群竊竊私語，表示：「鷲鳥太壞了，所以只要和鷲鳥無關的一切東西都是好的，你們說對不對？」這句話其實沒有錯，但鷲鳥在得知此事後可能會有些納悶，並說：「我們不討厭這些善良的羔羊，而是發自內心喜歡牠們，鮮嫩的羊肉可是無與倫比的佳餚。」［尼采（Friedrich Nietzsche）］

若你想達成的目標與人有關，威逼與詭計就是最有效的手段。有人說愛也可以，但仰賴愛就

真的本質其實是為了控制他人；在成人的世界中，兒童絕對是缺乏權力的一方，因此必須用盡一切手段滿足自身需求。生性天真的人也有可能是權力遊戲的玩家，而且段位可能高得嚇人，因為他們不會在反思自己的行為後有所收斂，所以說看似單純的人，往往最不單純。

好比等待晴天，這苦短的人生哪來這麼多時間等待。〔歌德（Johann von Goethe）〕

當一個人總是在炫耀自己的道德觀有多高、對宗教有多虔誠、內心的正義感有多無私，這個人大概就是權力遊戲的局外人。所有人內心都渴望權力，我們一切的行為也都是出於對權力的追求，所以這些局外人的所作所為不過只是障眼法，企圖用高人一等的道德感打迷糊仗，讓我們注意不到他們正在玩的權力遊戲。

只要仔細觀察，你就會發現這類人大多擅長迂迴操弄的手段，有些甚至會在不自知的狀態下操弄旁人。除此之外，他們也很討厭有人將他們日常使用的伎倆公諸於世。

弓箭手射出的箭不一定能致人於死地，但謀士卻能用計殺死母親腹中的孩子。〔考底利耶（Kautilya）〕

假設世界是個勾心鬥角的宮廷，而你我都是被迫上朝的臣子，那麼退出遊戲有意義嗎？這樣做只會讓你喪失所有權力，使你活得苦不堪言，所以，與其抗拒不可抗的事物、與其無病呻吟、與其產生罪惡感，不如設法在這場遊戲中勝出。其實，當你越精通權力之道，就越能成為他人眼中的好朋友、好情人、好丈夫、好妻子，並昇華成一個更優秀的人。仿效古代的完美朝臣（請參見〈法則24〉），你不僅能改善旁人對自我的評價，還能成為對方快樂的源泉，久而久之，他們便會越來越依賴你，並希望你時時刻刻都在他們身邊。將本書提出的四十八條法則學起來，你身邊的人就不會因不諳權力之道而身受其害，若我們都無法退出權力的遊戲，成為權力大師總好過否認到底或亂玩一通。

想學會權力遊戲的玩法，就必須扭轉自己的世界觀，嘗試從不同的角度看待世界。權力遊戲中的許多元素並非我們的本能，而是必須透過長年練習才能學會，當我們掌握了一些基本技巧，就能輕鬆將這四十八條法則應用到生活中。

這些技巧的核心就是掌控自身情緒，這項特質同時也是權力的基石，情緒化的反應是妨礙人們獲得權力的屏障。宣洩情感的確會讓你獲得短暫的滿足感，但卻是一項致命的錯誤，只會令你付出更大的代價。情緒是迷霧，會阻礙理性的視線，而當我們無法明確評估情勢，自然也無法控制自己，做出合適的心理準備和回應。

在所有情緒反應中，憤怒是最可怕的一種，因為人在狂怒狀態下幾乎看不見任何東西。除此之外，憤怒還會引發漣漪效應，導致事件變得越來越不可控，甚至會強化敵人的決心。如果你的目標是打倒那些傷害過你的人，最好的方法就是裝出和善的面孔，讓他卸下防備，而不是對他生氣。

愛與情感也具備毀滅的力量，因為這兩種情緒會蒙蔽你的雙眼，讓你放下戒心，不去懷疑對方是權力遊戲的玩家，並忽視對方的私欲。我們無法、也不應該壓抑憤怒和愛這兩種情緒，但要格外小心自己表達憤怒和愛的方式，更不能讓它們影響你的計畫和策略。

一個人能否掌控情緒，取決於他能否將自己抽離當下的情境，並用客觀的方式思考過去和將來。羅馬神話中的雙面神亞努斯（Janus）掌管世間所有門戶與出入口，我們必須仿效這位門神，學會「瞻前顧後」的能力，以應付來自四面八方的危險。我們要練就雙面人的本領，一張臉持續面向將來，一張臉專門負責回顧過去。

面對未來，我們要將「堅持不懈」奉為座右銘，在問題發生前就先想好應對之道，不讓意

我總是在想，一個人要用上哪些手段、祭出哪種騙術、使盡多少看家本領、多努力地鍛鍊自己的聰明才智，才能騙到另一個人；這世界之所以這麼美，都要歸功於這些五花八門的騙術。〔維托里（Francesco Vettori）〕

料之外的事情發生。不要浪費時間幻想計畫實現後的美好場景，而是要用心計算各種情境的排列組合，以及所有可能浮現的隱患。你看得越遠、計畫得越超前，就能獲得更多權力。

亞努斯的另一張臉永遠在回顧過去，但這不代表我們要牢記曾經受過的傷並心懷怨懟，這樣做只會縮限自己的權力。我們要做的，是忘掉那些一直困擾著你並蒙蔽你理智的事情，所謂「顧後」，指的是時刻提醒自己要從前人身上汲取教訓（請參考本書列出的大量史例）。回顧完過去後，我們便可以審視自身與朋友的行為，這些行為皆是出自個人經驗，堪稱學習的寶庫。

我們要做的第一件事，就是回頭看看過去犯過的錯，檢視那些讓自己無法更上一層樓的失誤。用權力的四十八條法則來分析這些錯誤，記取教訓並對自己許下諾言：「我絕不會再犯同樣的錯，也絕不會再落入相同的圈套。」這種反思的技巧是無價之寶，當你學會用這種方式提升並觀察自己，就能打破固有的模式。

想獲得權力，就要學會以不同的面貌示人，也就是說，你必須戴上各式各樣的面具，並準備好一籮筐的詭計。不要去醜化欺騙和偽裝，也不要認為它們是不道德的，人與人的互動永遠包含一些欺騙的成分，從某些方面來看，人之所以與其他動物不同，正是因為我們懂得說謊和欺騙。希臘神話、印度史詩《摩訶婆羅多》（*Mahabharata*），以及中東的《吉爾伽美什史詩》（*Gilgamesh*）都明確記載，只有神有能力行使騙術。若有凡人的騙術能和眾神分庭抗禮，便會被認為是竊取神通，並受到裁罰，例如奧德修斯（Odysseus）。騙術是文明發展下的產物，也是權力遊戲的終極武器。

世間本無絕對的原則，事件決定原則；人間沒有徹底的善惡，善惡由環境區分，高明的人懂得和事件和環境打成一片，藉此控制事件和環境。若世上真有不可動搖的原則與定律，國家便不會像換衣服一樣，成天變來變去，而一個人再怎麼樣也不可能比一整個國家精明。〔巴爾札克（Honoré de Balzac）〕

只有學會和自己保持一定的距離，並能根據當天和當下的需求，戴上不同的面具，扮演不同的角色，我們才能精通騙術。一旦掌握在不同面貌來回切換的彈性，你就能放下令人裹足不前的心理包袱。鍛鍊自己的臉孔，讓它可以像演員一樣變化多端；隱藏自己的意圖，讓他人不能輕易察覺；練習引誘的技巧，讓人走進你的圈套。變換面貌與精通騙術之道能帶來與美有關的愉悅感，也是獲得權力的關鍵要素。

如果說騙術是終極武器，那麼耐心就是最堅強的護盾，只要你夠有耐心，就不會犯下白痴錯誤。耐心和掌控情緒一樣，都是一種需要學習的技巧，其實與權力有關的一切事物都不是與生俱來的，權力不屬於自然界，更像是一種只有神明才擁有的東西，而耐心則是眾神身上至高無上的美德，因為祂們一無所有，只有時間。只要你肯給出足夠的時間，並預見未來將發生的事，就會知道美好的結局必然會實現，綠草也將再次覆蓋大地。一個缺乏耐心的人只會淪為弱者，並在追求權力的路上屢屢受挫。

權力的本質是無關道德，我們最該學習的，就是停止用善惡二分法去看待情境。我已經說過很多次了，權力是一場遊戲，在遊戲中，我們不該用動機評判對手，而是要著重於對方的行為，用你雙目所見與身體所感去衡量他們的策略和力量。你被他人的動機蒙蔽過多少次？你被他人的動機欺騙過多少次？就算權力遊戲中某個玩家（可能是朋友或敵人）打著「我是為你好」的旗號那又怎樣？若你無法理解對方的行為，或是他們的所作所為傷害了你，那他們說得再多也沒有意義。替自己的行為找藉口是人的本性，認為自己的初衷一定是好的也是人的本性。聽到有人說自己是為你好，你只需在心中一笑置之就算了，千萬不要拿道德觀念去判斷對方的動機，因為道德觀念只是積累權力的藉口。

權力是一場遊戲，你與對手面對面坐著，雙方的舉止都帶著紳士和淑女的風範，也恪遵遊戲規則，更不會因彼此的行動而生氣。你竭盡所能，冷靜地運籌帷幄，並觀察對手的一舉一動。等到賽局結束，你只會敬佩對手在過程中展現的禮貌，而不是他們和善馴良的動機。訓練自己的眼睛，關注他人行為帶來的結果和外部情勢，不要被其他事物分散了注意力。

掌握權力之道有一半是來自你選擇**不做**什麼事，以及選擇**不去蹚**哪些渾水，也就是說，你必須學會用代價來衡量所有事物。尼采說過：「有時一件事情的價值不在於你能靠它得到什麼，而是在於你必須為它付出什麼，也就是這件事的**代價**。」或許你可以靠某件事達成自己夢寐以求的目標，但你必須為此付出多高昂的代價？請以代價為標準衡量一切事物，包括是否要和某人合作，以及是否要幫助某人，因為在這短暫的人生中，留給我們的機遇和精力都是有限的。也就是說，時間也是一個重要的考量因素，不要為了他人的事務犧牲自己寶貴的時間和內心的平靜，沒人付得起這種代價。

權力是一種交際遊戲，想學會遊戲規則並成為大師，就一定要具備識人讀心的能力。十七世紀思想家兼朝臣葛拉西安（Baltasar Gracián）曾寫道：「花時間研究動植物特性的人很多，但我覺得研究人更加重要，因為我們從出生到死亡都必須與他人相伴！」想精通權力遊戲，就一定要精通人的心理，破解他人故布的疑陣，一眼看穿對方行為背後的動機。了解他人內心的動機是獲得權力的關鍵知識，這項資訊能開啟無數道騙術、誘惑和操弄的機會之門。

人是世上最複雜的生物，即便你耗盡一生的光陰觀察人類，也無法徹底了解人性。所以你必須趕緊著手研究，但於此同時，請牢記一個原則：一視同仁，即研究身邊每一個人（包括親朋好友），同時也不要完全相信任何一個人。

最後我要提醒你，務必用迂迴之道取得權力，隱藏自己的狡猾。把自己想像成一顆撞球，靠連擊的方式得分，用心計畫每次出擊，以最不起眼的手法默默布局。只要學會迂迴之道，你就能成為現代宮廷的贏家，用一本正經的形象去幹操弄人心的勾當。

我希望你們將本書當成一本傳授迂迴之道的工具書，裡面記載的法則是古今（時間跨度長達三千年）中外（包括古代中國與文藝復興時期的義大利）權力遊戲大師的心血之作。雖然這些文字的時間與空間相差極大，但討論的都是權力的本質，直到今天，這場討論都還沒真正結束。書中列出的四十八條權力法則是我從眾人集體智慧淬鍊出的精華，這些傑出人士包括戰略家孫子、克勞塞維茲（Carl von Clausewitz）；政治家俾斯麥（Otto von Bismarck）、塔列朗（Charles-Maurice de Talleyrand）；誘惑大師尼儂（Ninon de Lenclos）、卡薩諾瓦（Giacomo Casanova）；詐騙之王「黃小子」威爾（"Yellow Kid" Weil）。

這些法則的前提很簡單：某些行為會增加人的權力（如文中「遵循法則的案例」），某些行為會削弱人的權力（如文中「違反法則的案例」）。無論是「遵循法則的案例」或「違反法則的案例」都有史例佐證，也就是說，這些法則永遠不會過時，也不容置喙。

你可以把本書從頭到尾讀一遍，了解權力的概念，雖然書中某些法則乍看之下與你的生活沒有直接的關係，但你可能會在將來的某一天找到能應用的情境，並發現所有法則都是環環相扣的。

在全面了解權力的樣貌後，你便能好好評估自己過去的行為，進而掌控當下面臨的事件。讀完本書，你可能會在遙遠的將來想起某些內容，並重新評估自身行為。

你也可以根據當下的需求，挑選最合適的法則閱讀。舉例來說，假設你發現自己無論多賣力，上司都不領情，或是不願意幫你升職加薪，就可以參考專門解決上下關係的法則，而我也可以保證你一定違反了某條法則。每一篇的篇名頁記錄了每條法則的簡介，只要稍微讀一下，你就可以了解相關法則的重點。

最後，你也可能抱著娛樂的心態來閱讀本書，看看歷史人物身上的缺陷，讚嘆他們的豐功偉業。但我醜話先說在前頭，若你是抱著這種心態來讀本書，我勸你趕緊把書闔上。權力的特質是永恆的誘惑和欺騙，它是一座會不停向你拋出問題的迷宮，在忙著解開這些問題時，你很快就會迷失方向，但又感到樂在其中。換句話說，只有用嚴肅的態度看待權力，你才能體會到、感受到它帶來的樂趣。請不要用輕佻的心態來面對如此重要的議題，這樣做只會引來權力之神的不滿，那些願意鑽研權力並懂得自省的人定會得到滿足，每一個只想藉此消遣的人也必將受到懲罰。

> 一個人若是永遠都想當好人，最後勢必會被壞人扳倒，因此，君主若想鞏固權威，勢必要學習如何不當好人，並視情況運用這項知識，或是不用這項知識。
>
> ——馬基維利，《君王論》（*The Prince*）

法則

1

上司面前藏鋒芒

觀點

照顧在上位者的優越感，即便你想取悅對方，也不可盡顯才華，否則只會適得其反，導致他們心生恐懼並感到不安。即便上司沒這麼優秀，也要做面子給他們，如此一來，你便能攀上權力的巔峰。

違反法則的案例

富凱（Nicolas Fouquet）是路易十四（Louis XIV）執政時期的財務總管，他為人大方，除了熱愛舉辦豪奢的派對，還鍾情於美女和詩歌，這種鋪張浪費的生活方式養成了他嗜錢如命的性格。富凱很聰明，也是國王最得力的左右手，所以當樞密院首席大臣馬薩林（Jules Mazarin）於一六六一年去世時，眾人都認為富凱是接任馬薩林位置的不二人選。然而，國王卻選擇廢除掉首席大臣一職，此舉加上之前的種種跡象不免讓富凱心生疑竇，認為自己不再受寵，於是便以慶祝沃子爵城堡（富凱的城堡）落成為由，邀請國王來參加他舉辦的派對。當然，這場盛大派對真正的主角，自然是身為座上賓的路易十四。

富凱邀請了歐洲名聲最響亮的貴族，及當代最傑出的文人雅士，包括詩人拉封丹（Jean de La Fontaine）、作家拉羅希福可（Francois de La Rochefoucauld）、作家塞維涅夫人（Madame de Sévigné）等人出席，知名劇作家莫里哀（Molière）甚至還為此盛會寫了一篇短劇，並在派對結束時粉墨登場，取悅眾人。派對以晚宴開始，侍者端上的七道佳餚除了令人大開眼界的東方美食，還有廚師特地為今晚設計的美饌。賓客用餐期間，一旁的樂手還演奏起富凱為了向國王致敬而特地請人譜寫的曲子。

晚宴結束後，眾人又在城堡的花園中漫步，沃子爵城堡富麗堂皇的地板與噴水池後來也成了凡爾賽宮設計的靈感來源。

富凱走在年輕的路易十四身旁，和他一起穿過幾何造型的灌木叢與花床，最後抵達花園的水道旁，一同欣賞絢爛的煙火，以及由莫里哀創作的短劇。這場盛會一直持續到深夜才結束，出席的賓客都說這是他們參加過最華麗的派對。

隔天，富凱就被國王派出的火槍隊隊長達太安（D'Artagnan）逮捕，並在三個月後走上法庭受審，罪名是挪用國庫公款（其實富凱挪用公款的行為大多是在國王同意下替國王做的）。富凱最後被判有罪，並被發配到庇里牛斯山上一處與世隔絕的監獄服刑，孤獨地度過了生命中最後的二十年。

重點解析

「太陽王」路易十四是個驕矜自負的人，他最想要的，就是成為眾人矚目的焦點。在揮霍金錢這件事，他絕不允許有人贏過他，就算有，也絕不能是他的財務總管。富凱落馬後，路易十四令生性吝嗇、專長是舉辦全法國最無聊的派對的柯爾貝（Jean-Baptiste Colbert）來接替富凱的職位，而柯爾貝也會確認國庫流出的每一分錢都會直接進到國王手上。靠著這些錢，路易十四打造了比沃子爵城堡更雄偉壯觀的宮殿——凡爾賽宮，聘請的建築師、室內設計師、花園造景師也正是當年富凱用的那批人。除此之外，凡爾賽宮每場派對的奢華程度，比起當年令富凱鋃鐺入獄的那場盛宴只可謂有過之而無不及。

接下來，讓我們仔細分析一下整起事件。那天晚上，富凱接連為賓客獻上各種壯觀的場面，每種都別出心裁，令人嘆為觀止。富凱認為這樣做不僅可以彰顯自己對國王的忠心，讓國王再次垂青於他，還能展現自己的品味、人脈、聲望，證明自己是國王不可或缺的助手。除此之外，富凱還想藉此讓路易知道自己是接任樞密院首席大臣的不二人選。然而，派對上層出不窮的新節目，以及賓客朝富凱投去的每一個微笑，無一不讓路易十四感到自己的朋友和臣子都更喜歡這位財務總管，並越發覺得富凱是在炫耀自身財富和權力。富凱精心策畫的派對不僅沒有取悅到路易十四，反而令他的虛榮心大受打擊。當然，路易不可能向人吐露自己的心聲，而是隨便找了個藉口，剷除掉這個讓他內心惴惴不安的男人。

所有膽敢動搖上位者自我意識、戳破他的虛榮心，或是令他質疑自身優越感的人，最終都會面臨和富凱類似的遭遇。

> 夜幕降臨的那刻，富凱攀上世界之巔；天剛破曉的瞬間，他又瞬間跌落到谷底。
>
> ——伏爾泰（Voltaire）

遵循法則的案例

十七世紀初，義大利天文學家兼數學家伽利略（Galileo）發現自己的生活過得越來越不穩定。和文藝復興時期所有科學家一樣，伽利略的研究經費皆來自當時統治階層的資助，而他偶爾也會把自己發明的事物或新發現獻給主要贊助人，例如他曾經把自己研發的軍用羅盤送給貢札加公爵（Duke of Gonzaga），並將羅盤的使用說明書獻給麥地奇家族，雙方都很喜歡這份新禮物，而透過這兩個家族，伽利略也獲得了不少新學生。然而，無論伽利略的科學發現有多驚人，贊助人的獎勵也大多是禮物，不是現金，導致他內心的不安感越來越強烈，於是便開始思考是否有改善生活的方法。

伽利略於一六一〇年發現木星的衛星，並決定採取新的通報策略，不像以前一樣讓贊助者共享他的新發現（例如將望遠鏡送給贊助人甲，把著作贈與贊助人乙），而是讓麥地奇家族獨享這四顆衛星。伽利略之所以會選擇麥地奇家族，是因為科西莫一世（Cosimo I）在一五四〇年建立麥地奇王朝後，便決定以眾神之王朱比特（Jupiter）作為家族的象徵——此權力象徵超越了麥地奇家族在政治界與銀行界的建樹，直接與古羅馬眾神連結。

伽利略藉發現木星衛星一事來歌頌麥地奇家族的偉大，並在不久後宣布「這幾顆明星（木星衛星）」是刻意選在科西莫二世（Cosimo II）登基時「主動現身，進入望遠鏡的視野」。此外，他還表示木星衛星的數量（四顆）與麥地奇家族是有關係的，因為科西莫二世有三個弟弟，而這四顆衛星繞著木星公轉的狀態，正好象徵了兄弟四人環繞王朝創始人科西莫一世的模樣。這樣的天象絕對不是普通的巧合，而是神明指出麥地奇家族支配歐陸的象徵。在將木星衛星獻給麥地奇家族後，伽利略還委託專人製作了一個徽章，徽章上的木星端坐在雲霧中，周邊圍著四顆星星，象徵科西莫二世與星星的連結。

一六一〇年，科西莫二世任命伽利略擔任宮廷哲學家兼數學家，並向他支付固定薪資，這樣的待遇是所有科學家夢寐以求的殊榮，而伽利略也徹底擺脫四處找贊助人的生活了。

重點解析

這麼多年來，伽利略到處求人資助，獲得的報酬卻遠不及新策略帶來的成果，原因很簡單：每一個上位者都想出鋒頭。

其實他們壓根不關心科學或實證真理，也不在意什麼新發明，他們眼中只有自己的名聲與榮耀。伽利略將麥地奇的姓名與天上的星辰連結在一起，讓他們沐浴在至高的榮光中，相較之下，他之前贈送給贊助人的小發明或科學發現根本不足為奇。

即便是科學家，也必須面臨宮廷生活與贊助人制度的洶湧暗潮，這幫知識分子的經濟命脈，完全掌握在他們各自服侍的主人手上。科學家掌握知識的力量，而知識的力量會讓他們的贊助人惴惴不安，好像他們存在的目的只是為了充當最低級、最沒格調的金主。成就大事的人，往往不甘於只扮演金援者，他們也想向世人展現自己的創造力與權力，希望自己的地位能凌駕於以自己名義創造的作品。不要讓在上位者感到不安，要讓他們浸淫在榮光之中。伽利略並沒有因為發現了木星衛星而挑戰麥地奇家族的知識權威，或是站在高點俯瞰他們，而是將麥地奇家族提升到與星辰比肩的位置，讓他們成為義大利宮廷的明星。伽利略的鋒芒沒有蓋過自己的上司，反倒讓上司的鋒頭蓋過了所有人。

權力之鑰

每個人都有不安的一面，你在向世人展示長才的同時，自然也會燃起人們心中的仇恨、嫉妒，以及使人沒有安全感。這其實是意料之中的事，我們不可能終其一生照顧其他人的情緒。然而，你必須用另一套方法應付上位者：玩權力遊戲時，任由自己的鋒芒蓋過上司絕對是大忌。

其實我們的生活與路易十四和麥地奇家族時期的平民差不了多少，不要再自欺欺人了，每一個居上位者都是國王與王后，他們都想感受到自身地位是不可動搖的，也都希望自己的聰明、才智、魅力皆高人一等。大多數人都認為在上司面前賣弄天賦能贏得他們的青睞，但這樣只會給自己招來殺身之禍。在上位者可能會假裝欣賞你的才能，但只要一有機會，他就會用不怎麼聰明、沒什麼吸引力、威脅性更低的人把你換掉，就像路易十四用沉悶無趣的柯爾貝代替魅力四射的富凱一樣。和路易十四一樣，你的上司絕不會說出淘汰你的真相，而是會隨便找個藉口把你發配邊疆。

本法則有兩條規則是你必須弄清楚的：第一，即便你只是做自己，光芒也有可能蓋過上司。有些上司的不安感重到令人髮指，你與生俱來的吸引力和風度極有可能在不經意間讓他們相形失色。

義大利法恩扎地區的領主曼弗雷迪（Astorre Manfredi），他的魅力與生俱來，也是全義大利青年領主中最風流倜儻的一位，所有臣子都喜歡他大方的性格和翩翩的風度。一五〇〇年，生性殘暴的波吉亞（Cesare Borgia）率兵包圍法恩扎，城門被攻陷後，人民都做好赴死的心理準備，沒想到波吉亞卻放過所有人，只是占領了城市的要塞，甚至還讓年僅十八歲的曼弗雷迪繼續當他的領主。

幾週後，曼弗雷迪突然被一群士兵押解至羅馬某處的監牢，一年後，他的屍體被人從台伯河中撈起，脖子上還綁著一塊大石頭。波吉亞聲稱他之所以下令處死曼弗雷迪，是因為他密謀叛亂，但這都是莫須有的罪名，事情的真相是波吉亞的虛榮心和不安感都特別強。曼弗雷迪光是站在那裡呼吸，散發的光芒都能讓波吉亞黯然失色，兩相比較，波吉亞的吸引力和魅力確實略遜數籌。這則故事的教訓很簡單：若你的魅力和才能無論如何都高出旁人一截，就要學會遠離虛榮心極強的人，要不就是在和波吉亞這類人相處時收起自己優秀的特質。

第二，不要恃寵而驕，並認為自己可以為所欲為。有太多人都認為受寵是理所當然，並認為即使不收斂鋒芒也無所謂，最終導致自己失勢。十六世紀末，日本實際的統治者豐臣秀吉對千利休（本是農民，後來成為宮廷寵兒）青眼有加。千利休不僅精通茶道（當時的貴族皆熱中於此），還是豐臣秀吉最信任的謀士，在城內有自己的住所，也備受全國人民喜愛。然而，在一五九一年，豐臣秀吉卻下令逮捕千利休並將他處死，最後千利休以切腹結束自己的生命。千利休死後，眾人才得知為何他的命運會經歷如此大的轉折：千利休給自己雕了一尊穿著涼鞋的木像（只有貴族可以穿涼鞋），擺出的姿態充滿傲氣。他將這尊雕像擺在城門內的主寺中，為的就是讓時常路過的王公貴族欣賞。豐臣秀吉認為千利休這樣做毫無分寸可言，簡直就是把自己和貴族相提並論，渾然忘了自己能有今天的地位都是因為他的提拔。千利休可能真的以為自己是什麼了不起的人物，並為此付出了自己的生命。請銘記在心：千萬不要覺得自己能爬到現在的位置是理所當然，也不要被上位者施予的恩惠沖昏了頭。

知道鋒芒超越上司會造成危險後，你便可以利用這條法則為自己謀福利。首先，你必須學會拍馬屁的工夫，公開奉承固然有效，但也並非萬能，除了太過直接和明顯，還會被其他朝臣看不起。謹慎的奉承效果更加，假設你比上位者聰明，那就刻意裝笨，讓對方看起來比你睿智。裝出一副天真的樣子，讓對方覺得你需要他的專業協助；犯一些無傷大雅的小錯，並趁機向他求援，上司都喜歡下屬向自己求助。當上司無法自己向下屬傳授自身寶貴的經驗，便有可能向他們送去怨恨與惡意。

假設你比上司有創意，那就盡可能在公開場合把功勞都歸功給他，並明確表示**你的**意見其實是來自**他的**建議。

如果你的小聰明遠勝上司，那就大方扮演宮廷弄臣的角色，但切忌讓上司相形之下顯得冷酷陰鬱。如果你的交際手腕比上司高明，為人又和善，那就要小心，切莫遮擋了上司的恩澤，使其無法廣被於民。上司一定要扮演太陽的角色，讓眾人圍著他打轉，享受萬人景仰即可。若你真成了取悅他的弄臣，也要偶爾表現出捉襟見肘的窘態，這樣可以讓他對你產生同情心。千萬不要想用風度與慷慨給上司留下印象，這樣只會惹禍上身：別當第二個富凱。

總而言之，只要最後你能獲得權力，隱藏實力就不是弱點。刻意讓他人的光芒蓋過你，就代表你依舊是掌控局面的那個人，且不會成為對方不安感的受害者。當哪天你決定擺脫弱勢，力爭上游，這種思維方式必將助你一臂之力。若你能仿效伽利略，提升上司在他人眼中的地位，對方一定會認為你是上天的贈禮，並立刻提拔你上位。

意象：天空的星斗。**太陽只能有一顆，切莫擋在陽光面前，也不要試圖與其爭輝，而是要隱身於蒼穹，設法增加主星的亮度**。

權威之言：
不要和上位者爭輝，優秀招致仇恨，臣子優於國君不僅愚蠢，更會招來殺身之禍。天上的星星是我們的老師，它們是太陽的同類，都有光芒，但從不與其共同發光。
［葛拉西安］

法則的反轉

你不必擔心自己會惹惱遇到的每一個人，但卻一定要學會選擇性殘酷，當你發現上位者有殞落的跡象，那就不用擔心自己的鋒芒會蓋過他。不要對他手下留情，你的上司能冷著血爬到今天的位置，就說明他也不是有這些顧慮的人。評估他還有多少力氣，如果他已經奄奄一息，那就低調地推他一把，在關鍵時刻拿出更好的表現、展現更多魅力、用更大的聰明才智壓倒他。若他已經行將就木，那就任其自生自滅，不要挑在上位者虛弱時超越他，這樣只會顯得自己無情無義。假設上司的地位不可撼動，但你內心卻知道自己能力更好，那就耐心等待時機到來，風水輪流轉，他的權力勢必會轉衰。你的上司終會有倒台的一天，若你每一步棋都下對了，就能撐得比他久並超越他。

法則

2

朋友不可盡信，敵人必須善用

觀點

提防朋友，他們容易受嫉妒心煽動，並會在轉眼間背叛你。除此之外，朋友也容易恃寵而驕，過於專橫。和曾經的敵人交好，他們會急著向你證明自己，所以比朋友更忠心。比起敵人，朋友更可怕，若你沒有敵人，那就給自己樹敵。

違反法則的案例

九世紀中葉，米海爾三世（Michael III）登基成為拜占庭帝國皇帝，但他的母親狄奧多拉皇后（Empress Theodora）卻被流放到修道院，她的情夫塞奧克提斯托斯（Theoctistus）也慘遭謀殺，而密謀罷黜皇后並篡奪米海爾大位的人，正是米海爾野心勃勃的舅舅巴爾達斯（Bardas）。米海爾雖貴為國王，但年紀尚輕，缺乏宮鬥經驗，身邊環繞的都是一些浪蕩子、謀殺犯和心懷鬼胎之人，地位搖搖欲墜。此時的米海爾亟需一名值得信任的顧問，並立刻想到同樣年輕的摯友巴西爾（Basilius）。巴西爾雖是皇家馬廄總管，對宮廷政治一竅不通，但卻多次向米海爾展現自己的赤誠之心。

米海爾和巴西爾第一次見面是在馬廄，當時一匹野馬突然發狂，差點就要傷到米海爾，是身為馬伕的巴西爾出手救了他一命。由於巴西爾在護駕時展現出驚人的體力和勇氣，米海爾便將他從默默無名的馴馬師拔擢成馬廄總管，並賞賜他無數金銀財寶，兩人也成為形影不離的至交。巴西爾後來進入拜占庭最高級的學校讀書，從粗鄙的農民搖身一變成為知書達禮的朝臣。

米海爾現在是尊貴無比的一國之帝，由皇帝親手提拔的巴西爾自然成了接任大總管及首席顧問的不二人選。

米海爾把巴西爾當成兄弟看待，並認為只要接受訓練，巴西爾定能勝任輔政的工作，即便眾人都說巴爾達斯更適合，他也充耳不聞。

巴西爾確實是可造之材，很快就開始輔佐米海爾處理國政，但巴西爾卻對錢產生了無饜的

> 朋友是最厲害的敵人，因為他知道你的弱點在哪裡。〔迪亞娜・德・普瓦捷（Diane de Poitiers）〕

> 填補一個職缺，造就百名不快的臣子，以及一名不知感恩的官員。〔路易十四〕

> 我曾被自己最愛的人騙過，即便是我認為愛我愛得忠貞不渝的人也騙過我，所以我相信愛一個人、服侍一個人，一定要從利益和價值出發，絕不要掉進友誼的陷阱，並在事後追悔。〔卡斯蒂廖內（Baldassare Castiglione）〕

貪戀。奢華無度的宮廷生活令他開始追求權力帶來的利益，米海爾先是把他的薪俸加倍，後來又再漲一倍，甚至將他封為貴族，還把自己的情婦英格里娜（Eudoxia Ingerina）許配給他。米海爾認為，只要能留住這位好朋友，無論付出什麼代價都是值得的。此時的巴爾達斯已官拜帝國軍事指揮官，但巴西爾卻說服米海爾，讓他相信巴爾達斯的野心極大。當初巴爾達斯會用計讓米海爾登基，是因為他覺得自己可以控制外甥，那麼現在當然也可以再次密謀推翻他自己稱王。在巴西爾不懈的遊說下，米海爾終於答應謀殺親舅。在一場賽馬競賽上，巴西爾藉機靠近巴爾達斯，並用刀將他刺死。暗殺事件結束後沒多久，巴西爾便向皇帝提出要求，欲成為軍隊指揮官，幫他控制帝國並平定叛亂，米海爾也答應了。

就這樣，巴西爾的權力與財富只增無減。幾年後，因揮霍無度而面臨財務危機的米海爾找到巴西爾，要他償還自己過去借他的錢，沒想到對方竟然一口回絕。直到看見巴西爾桀驁不遜的神情，米海爾才知道自己陷入了何等窘境。眼前這位曾在馬廄打雜的男孩，現在不僅比皇帝更富有，在軍隊和元老院也擁有更多支持者，權力也大過皇帝。幾週後，因前一夜酗酒而昏睡的米海爾張開雙眼，發現巴西爾帶了一群士兵站在自己身邊，二話不說就將自己亂刀捅死。殺死米海爾後，巴西爾自立為帝，並將他的恩人與摯友——米海爾的頭插在長矛上招搖過市。

重點解析

米海爾三世認為巴西爾一定會對自己心懷感激，並將自己的將來押在雙方的友誼上。沒

蛇、農夫、蒼鷺

一條被獵人追趕的毒蛇向農夫求救，請他將自己藏起來。農夫聞言後蹲下身子，拉起衣服，讓蛇鑽進他的腹部。獵人走後，農夫要求蛇離開他，卻被蛇拒絕，因為農夫的身體既溫暖又安全。在回家的路上，農夫看見一隻蒼鷺，便悄悄將蛇的事情說給牠聽，蒼鷺叫農夫蹲下，並把衣服撐開。農夫照做，當蛇探出頭來，蒼鷺便一口叼住牠，並將

錯，巴西爾確實盡到了服侍皇帝的義務，因為他所有的財富、教育和地位都是米海爾的賞賜。後來巴西爾掌握了一些權力，米海爾又覺得為了強化兩人的連結，自己必須滿足他所有的需求。直到那天米海爾在巴西爾臉上看見那抹桀驁不遜的笑，才驚覺自己犯下了致命的錯誤。是他親手養成了這頭怪獸，是他允許巴西爾近距離觀賞權力的樣貌。巴西爾的要求越來越多，且每一條都被滿足了，在接受到萬千恩惠後，他做了許多人都會做的事情，那就是忘了這些恩惠都是別人賞賜的，並將所有成功都歸功於自己。

米海爾在頓悟後，本來還有機會保全自己的性命，無奈他的雙眼已被友情和愛蒙蔽，看不見自身利益。畢竟有誰會相信自己會被朋友背叛？直到長矛刺進頭顱，米海爾才相信朋友是會背叛朋友的。

> 神啊，我能應付所有敵人，但請保我不被朋友陷害。
>
> ——伏爾泰

遵循法則的案例

漢朝滅亡後，中國政局就開始了一段長達數百年的政變奪權輪迴，軍事將領會謀害勢單力薄的皇帝並自立為王，改朝換代。為鞏固自己的地位，新王登基後還會下令剷除曾與自己征戰沙場的同袍。然而，即便機關算盡，用不了幾年就會有新的武將崛起，暗殺當朝天子。中國的皇帝都是孤獨的，身邊永遠環伺著各種敵人，所謂王位，其實是全中國最不具實權、也

其殺死，但過程中蛇卻咬了農夫一下。農夫擔心蛇毒難解，蒼鷺說解毒之法就是吃掉六隻白色的野禽。農夫回道：「你是白的，那就當第一個犧牲吧！」接著一把將牠塞進袋子裡。回到家後，農夫把蒼鷺吊起來，並告訴妻子方才的經歷。妻子驚道：「你怎會做出這種事？蒼鷺好心幫你除掉毒蛇，你卻把牠抓起來，還說要吃了牠。」說完她立刻解開繩索，放蒼鷺自由，沒想到蒼鷺臨走時卻把她的眼珠啄了出來。寓意：看見水往高處流，就代表有人在報恩。［非洲民間故事］

最難坐穩的位置。

隋唐之後，又經歷了政權的頻繁更迭。九五九年，禁軍統帥趙匡胤在陳橋兵變中被擁立為帝，史稱宋太祖。趙匡胤知道不出幾年，自己勢必也遭人暗算奪權，於是便開始苦思打破輪迴之法。趙匡胤登基後舉辦了一場酒宴，邀請幾名戰功彪炳的將軍參加，酒過三巡，宋太祖令所有守衛退下，只留下一眾擔心自己即將被賜死的將軍。然而，宋太祖並沒有對他們痛下殺手，而是對他們說：「朕非卿等不及此。然天子亦大艱難，殊不若爲節度使之樂，朕終夕未嘗敢安枕臥也。卿等固然，其如麾下欲富貴何？一旦有以黃袍加汝身，汝雖欲不爲，其可得乎！」言畢，在場所有人立刻明示自己絕無二心，唯有赤誠一片。宋太祖接著說：「人生駒過隙爾，不如多積金，市田宅，以遺子孫，歌兒舞女，以終天年，君臣之間，無所猜嫌，不亦善乎？」

驚魂甫定的將軍們立刻就意識到，宋太祖是在給他們一條生路，與其惶惶不可終日地度過餘生，不如接受皇帝賞賜的財富與人身安全保障。隔天，所有將軍都向他提出辭職，宋太祖也履行諾言，保留他們貴族的身分，並給予豐厚的賞賜。

宋太祖只用了一招，就將一幫隨時都能背叛自己的「和善」的狼馴化，讓他們變成一群聽話的羊。

接下來幾年，宋太祖不斷努力鞏固自己的政權，並出兵攻打南漢。九七一年，南漢末代君主劉鋹素服出降宋太祖。劉鋹原以為自己難逃一死，沒想到宋太祖居然以禮待之，不僅任命他為宮廷官員，還將他帶到宮中與自己飲酒稱友。當宋太祖令人將酒杯遞到劉鋹面前時，劉

英明的君主懂得適時讓敵人坐大，並透過打擊對手彰顯自己的厲害。年輕的君主會發現，在初掌權時，比起自己一開始萬分信賴的人，那些自己原本有所懷疑的人，其實更值得信任，也更有用。西耶納的國君佩特魯奇（Pandolfo Petrucci）治國，用的都是他曾經懷疑過的人。［馬基維利］

鋹以為皇帝要賜他鴆酒，於是便哭道：「罪固當誅。陛下既待臣不死，願為大梁布衣，觀太平之盛。臣未敢飲此酒。」太祖聞言後大笑，接著便將酒收回一飲而盡，證明自己並無下毒，此事過後，劉鋹便成為太祖最忠誠的朋友。

此時的中國依然是群雄割據的狀態，吳越王錢俶雖是江浙的一方霸主，卻還是敗在宋太祖趙匡胤手下。吳越敗後，宋國大臣紛紛建言，要太祖囚禁錢俶，並獻上他欲與人密謀殺害太祖的證據。後來錢俶前來朝拜宋太祖，太祖不但沒有將他軟禁，反而還大方款待他。就在錢俶要回吳越前，宋太祖給了他一個寶匣，吩咐他在回家的路上打開來看。錢俶打開寶匣後，赫然發現裡面裝的都是自己密謀反宋的文件，這才發現即便太祖早已知道他有異心，卻還是留他一命，於是便決心效忠於宋。

重點解析

中國有句俗語將朋友比喻作野獸的牙齒，一旦稍不注意，自己就會被啃得乾乾淨淨。宋太祖登基時內心很清楚自己絕對難逃朋友這關，他在軍中結識的「同袍」定會將他分食殆盡，即便自己僥倖活了下來，朝中那些所謂的「朋友」（即朝臣）也不會放過他。宋太祖從來都不信任「朋友」，所以才會用良田錢財賄賂其他將軍，讓他們離自己越遠越好。與其殺人滅口，不如拔掉他們牙齒，因為一旦殺了一個，其他人勢必會為他報仇雪恨。除此之外，宋太祖也對「貌似忠良」的官員沒什麼好感，這些人最後大多都是被他慣用的伎倆毒酒所剷除。

宋太祖不仰賴朋友，而是轉頭利用敵人，將他們一個個改造成可靠的臣子。朋友不僅會向

有一位精通《吠陀經》（*Veda*）與射術的婆羅門，他一直輔佐的好友後來成了國王。看見國王時，婆羅門朝他喊道：「你怎麼不和自己的朋友相認呢？」國王怒道：「沒錯，我們過去是朋友，但我倆的友誼是建立在權力上……好婆羅門，我待你如友，是為了達成我的目的。你見過結交窮光蛋的富人嗎？你見過結交傻子的智者嗎？你見過結交懦夫的勇者嗎？有誰需要老朋友？富人和窮人不可能有什麼關係，只有財力與出身相當的兩個人才能成為朋友、結為連理……有誰需要老朋友？」—《摩訶婆羅多》

你索取更多恩惠，還會嫉妒你的成就，但這些曾經的敵人卻無欲無求。當一個即將赴刑場的人突然收到免死金牌，他絕對會對赦免他的人感恩戴德，並終生為其所用，而宋太祖曾經的敵人就這樣慢慢成為他最信任的朋友。

宋太祖靠高明的手段打破了叛變與內亂的輪迴，開創了國祚長達三百一十九年的宋代。

當你出於仁慈撿拾起一支墜地的蜜蜂，便能親身體驗到仁慈也應有限制。〔蘇菲派諺語〕

林肯（Abraham Lincoln）在南北內戰打得如火如荼時發表演說，稱南方人和自己一樣也只是普通人，唯一不同的地方就是他們犯了錯。一名老婦人突然跳出來，指責林肯居然不將南方人形容成必須除之而後快的敵人。林肯答道：「這位女士，當我將敵人稱做朋友，不就已經徹底剷除掉他們了嗎？」

權力之鑰

我們在需要幫助時會向朋友求援，這是天性。世界是個殘酷的角力場，朋友則像是一塊柔軟的地墊，除此之外，我們都了解朋友的為人，何必還要仰賴陌生人。

問題就出在你對朋友的了解遠沒有想像中深，朋友之所以會答應你很多事情，都是為了避免爭吵。為了讓彼此相安無事，他們會隱藏自己不討喜的特質。即便自己講的笑話真的很冷，朋友們還是會捧腹大笑。由於坦誠相對的兩人友情通常都不會加深，所以你很難了解朋友真實的感受。朋友會謊稱自己喜歡你寫的詩、創作的音樂、穿衣的品味，當然這可能是他們的肺腑之言，但更多時候卻是心口不一。

人報仇的速度往往比報恩快，因為報恩是沉重的負擔，而復仇是快意的樂事。〔塔西佗（Tacitus）〕

邀請朋友為自己工作後，你會慢慢發現他們刻意隱藏的特質。說來奇怪，導致友情天秤傾軋的，往往正是你的善舉。人們總是希望好運是因為自身緣故而到來，接受他人的恩惠反而會令人感到不快，認為自己被選上是因為朋友的身分，而不是由於自身才幹出眾。也就是說，將朋友納入自己麾下的舉動多少有點居高臨下的意味，並導致對方心生不滿。這種傷痕會隨時間推進漸漸顯露出來，例如不經意浮現的恨意和嫉妒，而等你發現苗頭不對時，兩人的友情早已成為歷史。此時，即便你想用再多恩惠和禮物喚回這段友情，對方也不可能感激你。

忘恩負義不是什麼新的概念，數百年來，這種行為都在昭告世人它的存在，奇怪的是眾人還是低估了它的威力，我的建議還是小心為上。假設你從不指望某個朋友感念你的恩惠，那麼當你發現對方其實很感激你，便會又驚又喜。

利用或聘用朋友最後只會限制自身權力發展，無一例外，這是因為你找的朋友往往都不是最有能力的。到頭來，你會發現友情在才能和競爭力面前根本不值一提（米海爾三世不知道身旁的巴爾達斯才是最有資格輔佐並保護他的人）。

在所有工作場合，都請與人保持距離，你的目標是完成工作，而不是交朋友，友情（無論真假）則會使人看不清這一點。所以說，獲得權力的關鍵，就在於你是否能判斷一個人對自身利益有無幫助。將朋友留給友情即可，在工作場合你只需要有能力的人。

敵人是你的寶礦，請務必學會利用他們。塔列朗是拿破崙在位時期的外交大臣，他在一八〇七年時發現皇帝正在帶領法國走向滅亡，於是決定要與他反目。塔列朗深知密謀推翻皇帝異常凶險，而他也需要一個幫手。塔列朗該把這樣的重責大任託付給哪個朋友呢？他最後選

從敵人身上獲利

敘拉古的國王希倫（Hiero）有次遇見自己的敵人，對方用嫌惡的語氣告訴國王他有口臭的問題。心情低落的國王回家後立刻質問妻子：「為何妳從不坦言我有口臭？」生性單純的王后回道：「大人，我以為全天下的男人的口氣都是一樣的。」由此可知，最先點出一個人身上最明顯、最令人作噁、最惡名昭彰的身體缺陷的，永遠是敵人，而不是親朋好友。

［普魯塔克（Plutarch）］

擇了曾派人暗算自己的死對頭——祕密警察部長富歇（Joseph Fouché）。塔列朗知道兩人的舊恨必然能激盪出和解的契機，也明白富歇對自己無欲無求，而且還會力求表現，證明塔列朗沒有看走眼。要知道一件事，當一個人想向你證明自己時，便會為你排除萬難。除此之外，塔列朗深知雙方的關係是建立在互利之上，絕不會受個人情緒影響。事實證明富歇確實是完美的人選，雖然這對看似不可能合作的組合沒能推翻拿破崙，但卻起到了推波助瀾的效果，導致越來越多人開始反對拿破崙。此後塔列朗和富歇又聯手執行了許多計畫，且成效都不錯。所以說，與其和敵人短兵相接，不如設法讓對方為你所用。

一如林肯所言，當你將敵人變成朋友，就等於打敗對方。一九七一年正值越戰時期，季辛吉（Henry Kissinger）險些遭人綁架，在背後策畫這次行動的，是知名反戰人士貝里根兄弟（the Berrigan brothers），外加四名天主教神父與四名修女。季辛吉並沒有通報美國祕勤局或司法部，而是安排在某個星期六早晨與其中三名嫌疑人會面，並告訴他們自己將於一九七二年的年中將大部分軍力撤出越南。會面期間，季辛吉的言談舉止徹底征服了此三人，他們把一些印有「綁架季辛吉」（Kidnap Kissinger）標語的別針送給季辛吉，其中一人甚至還跟他成為好友，並在往後數年間多次與季辛吉碰面。季辛吉的處理手法並非個案，他開創了與敵對人士合作的策略。與季辛吉共事過的人曾這樣評論季辛吉，說他跟敵人的關係甚至比朋友還好。

一個沒有敵人的人只會變得懶散，如影隨形的敵人會使我們全神貫注，不敢有絲毫鬆懈。有的時候，利用敵人的效果會比將其改造成盟友更好。

在毛澤東眼中，鬥爭是獲得權力的關鍵。一九三七年，日本入侵中國，國共兩黨的內戰被迫中斷。

一些共產黨將領擔心自己會被日軍一併殲滅，於是便提議趁著國民黨孤軍奮戰時休養生息，毛澤東反對這種做法，理由是中國幅員遼闊，日本既不可能輕鬆拿下勝利，也無法長期占領中國。若共產黨此時選擇逃避，等日本人走後，缺乏實戰經驗的共軍要如何與國民黨鬥？共軍的性質是民兵，對民兵來說，和日軍這樣難纏的敵人作戰是最佳的訓練。共產黨將領最後採納了毛澤東的計畫，後來日軍戰敗撤退，共軍也如願獲得了寶貴的實戰經驗，並藉此擊退國民黨。

數年後，日本派出代表訪華，並就當年入侵中國一事道歉，但毛澤東卻說：「該說感謝的人不應該是我們嗎？」並表示唯有遇強才能變得更強。

毛澤東的鬥爭論有幾個關鍵要素，第一，要確定自己一定能打勝仗，絕不和鬥不贏的敵人打（毛澤東已經料到日本最終會打輸）；第二，如果眼前沒有敵人，那就創造目標，必要時也可以將朋友當成敵人來鬥，這也是毛澤東在政壇上常用的策略；第三，利用敵人向群眾突顯自己的目標，將敵我的對抗描述成善惡的對決。毛澤東其實很支持中國和蘇聯、美國唱反調，因為在他看來，少了和我方涇渭分明的敵人，人們就再也不知道中國共產黨存在的意義為何。費盡唇舌為我方正名，遠不如樹立一個形象鮮明的敵人有效。

當敵人出現時，千萬不要亂了陣腳，有一、兩個願意和你正面宣戰的敵人，總好過不知道對手躲在何處。手握實權的人樂於面對衝突，並懂得利用敵人將自己塑造成腳踏實地的鬥士，在動盪的時局下成為眾人的依靠。

意象：忘恩負義的利齒。你很清楚將手指放進獅子的嘴巴會發生什麼事，所以絕對不會以身犯險。但換成朋友，你就未必會這麼謹慎了，若你將他們納入麾下，就會被忘恩負義的利齒生吞活剝。

權威之言：學習從敵人身上牟利，握劍時不可從劍刃下手，以免被劍鋒所傷，抓緊劍柄方能防身。智者從敵人身上獲得大量好處，愚者從朋友身上求蠅頭小利。〔葛拉西安〕

法則的反轉

一般來說，把工作跟朋友分清楚是好的，但朋友的利用價值有時也會大於敵人。舉例來說，掌握實權的人大多必須做一些見不得人的事，但礙於形象，這些工作都會由其他人代為完成。在這種時候，朋友就是最好的選擇，因為朋友大多願意為對方冒險。此外，若你的計畫出了差錯，也可以推朋友出去頂罪。古今中外的帝王將相最熱中於此道，當意外發生，他們會毫不猶豫地推密友去送死，因為他們知道沒人會懷疑自己竟會犧牲朋友。當然，祭出此招後，你也將永遠失去一個朋友，所以代罪羔羊這個角色，最好還是由有點熟但又不太熟的人擔任。

最後，和朋友共事往往會模糊了職場應有的距離和分寸，但如果你們雙方都清楚公私不分的風險，那麼朋友的利用價值就會大幅提升。在辦大事時千萬不可掉以輕心，要時刻注意朋友的情緒波動（如嫉妒和忘恩負義）。在權力的國度，波濤洶湧才是常態，即便是最親近的朋友，也有可能搖身一變，成為最可怕的敵人。

法則

3

隱藏
你的意圖

觀點

不要輕易透露自身行爲背後的目的，最好讓他人摸不著頭腦，當他們不知道你想攻擊哪裡，就不知道該如何防禦。要引導他們在錯誤的道路上越走越遠，還要故布疑陣，等他們發現你的眞實動機，一切都爲時已晚。

第一部分：讓旁人誤以為你想要某樣東西、分散他們的注意力，叫他們看不清真相

在騙人的過程中，若對方對你的動機起了絲毫疑心，此局就算是破了。千萬不要讓他們察覺到你的目的，你可以假裝真誠、說一些模稜兩可的話，或是用對方想要的東西誘惑他們。當對方分不清虛實，自然就無從得知你眞正的目的。

違反法則的案例

尼儂是十七世紀法國最芳名遠播的交際花，她這幾個禮拜都在傾聽塞維涅侯爵（Marquis de Sévigné）訴苦，說自己是如何苦苦追求一名美豔動人的女伯爵。此時的尼儂已經六十二歲了，早已是情場老將，而長相俊美的塞維涅侯爵今年才剛滿二十二歲，對情愛之事所知甚少。一開始，尼儂在聆聽侯爵犯的錯誤時還津津有味，到後來真的受夠了。尼儂本就不喜歡無能之人，特別是在誘惑女人這方面一無是處的男人，於是便決定好好調教這位年輕的侯爵。首先，塞維涅必須知道情場如戰場，並將女伯爵當成堡壘，而自己則是打算破城的將軍。他採取的每一步都必須經過縝密的計畫，所有細節和執行步驟也都得事先安排好。

尼儂要求侯爵重新來過，只是這次在和女伯爵接觸時要保持一點距離，並擺出一副漠不關心的態度。接著，當兩人有機會獨處時，伯爵要主動和對方聊一些心事，但不能以追求者的姿態，而是要以朋友的身分，這樣做是為了讓她看不清真相。這樣一來，女伯爵就不會再將塞維涅對自己的好感視作理所當然，並認為侯爵說不定只想和自己當普通朋友。

尼儂制定的計畫很完整，她要趁女伯爵還搞不清楚狀況時讓她產生嫉妒心。兩人下次見面

會是在巴黎的一場園遊會上，塞維涅必須和一名年輕貌美的女子一同出席，且這名女子的朋友也都必須是美人，這樣一來，侯爵就會一直都被絕色美女簇擁。此時女伯爵內心不僅會會妒火中燒，還會認為所有人都想搶走侯爵。不諳世事的侯爵無法理解尼儂的計畫，尼儂耐著性子向他解釋，告訴他當一個女人對一個男人有興趣，便會希望其他女人也對他有好感。這樣除了可以讓男人的價值暴增，女方也能享受從他人手中把他搶過來的快感。

此時的女伯爵縱使有滿腔妒火，也壓抑不住自己的好奇心，正是誆騙她的最佳時機。尼儂囑咐侯爵要缺席下一場倆人本可見面的活動，並突然造訪女伯爵常去、但自己不常光顧的沙龍，讓她無法預測他的行為。完成上述所有步驟後，女伯爵鐵定會心亂如麻，而誘惑之術也大功告成。

接下來幾週，侯爵按部就班執行著尼儂計畫，而尼儂也緊盯著事情的進展。透過眼線，尼儂得知當侯爵說出了什麼機智的言論，女伯爵會笑得比以前更賣力，也更喜歡聽一些與侯爵有關的事。此外，尼儂還聽說女伯爵現在會主動問起侯爵，並從友人口中得知在某場社交場合上，女伯爵居然時不時望向侯爵，還會刻意跟在他屁股後面。尼儂確信女伯爵已經著了侯爵的道，只要一切順利，不出幾個禮拜（或幾個月），侯爵一定可以拿下這座堡壘。

幾天後，侯爵到女伯爵家作客，就在兩人獨處時，侯爵就像變了一個人似地，把尼儂的指示拋諸腦後，一把抓住女伯爵的手並向她傾訴滿腔愛意。面對突如其來的表白，女伯爵露出一臉疑惑，侯爵也沒料到她的反應。沒過多久，女伯爵就恢復應有的禮貌，告訴對方自己要先離開一下。接下來一整晚，女伯爵就連看都沒看侯爵一眼，也沒和他道晚安。後來侯爵又去拜訪女伯爵幾次，但都被告知她人不在家，最後女伯爵終於答應見他，兩人卻如坐針氈，而尼儂下的魔咒也正式破除了。

重點解析

尼儂深諳男歡女愛之道，她的交往名冊裡不乏偉大的作家、思想家和政治人物，如拉羅希福可、莫里哀、政治人物黎希留（Cardinal Richelieu）等。在尼儂眼中，誘惑就是一場遊戲，必須以高超的技巧實踐。隨著她年歲漸長，名號也越響亮，許多大家族都會將家中的男子送到她那學習戀愛之道。

尼儂知道男人和女人有許多不同之處，但雙方對誘惑的感受卻如出一轍：在內心深處，我們都隱約感受到自己被對方誘惑，但又會刻意臣服，享受這種被人牽著走的感覺。放飛自我令人感到愉悅，任由自己跟隨他人腳步走進陌生的國度也會帶來快感。誘惑的一切元素都建立在暗示之上，誘惑者絕不能揭露自身動機，或是用言語直接傳達目的，而是要令目標看不清真相。想讓目標乖乖聽話，就要適度迷惑他們的心神，傳達出一些似是而非的訊息。你可以假裝自己欣賞其他男人或女人（圈套），接著再暗示目標，讓對方覺得你對他們有意思，最後在裝出一副漠不關心的態度。這種誘惑模式不僅可以迷惑人的心神，還能刺激對方的情緒。

接下來我們從女伯爵的視角出發，重新詮釋這個故事：在看過侯爵耍的花招後，她隱約察覺到對方在玩心理遊戲，但卻感到有些興奮。她不知道侯爵的真實目的是什麼，但這樣反而更有趣。侯爵每次出招都令她深深著迷，讓她更期待接下來對方會怎麼做。有時女伯爵甚至很享受這種嫉妒與迷惑的感受，因為無論是怎樣的情緒都好過心如止水。或許侯爵和大多數男人一樣，只想得到一些表面的東西，不過她願意等，也許只要她等的時間夠長，就不會再去在意對方所求為何。

然而，當侯爵開口向她「示愛」時，一切都變調了，這場遊戲瞬間淪落成一場惡俗的激情秀。侯爵的動機昭然若揭：他想誘惑她。在這一瞬間，侯爵先前所有的努力都走樣了，原本瀟灑迷人的舉動，如今看來只剩醜陋與狡猾。女伯爵頓時感到羞憤交加，認為自己被人利用了，並立刻鎖上自己的心門，再也不對侯爵開放。

> 即便身處在一個所有人都只能行騙存活下去的世界，也不要被人識破你是個騙子，將你最大的狡猾用於掩飾自己的狡猾。
>
> ——葛拉西安

遵循法則的案例

一八五〇年，時年三十五歲的俾斯麥是普魯士議會代表，此時的他還不知道自己的政治生涯即將迎來重大轉折。當時的德國面臨許多問題，其中一項是統一諸邦（包括普魯士），另一項則是與奧地利的戰爭。奧地利國力強盛，位於德國南方，他們並不樂見德國統一坐大，還揚言如果德國膽敢統一，就要揮軍北上。日後將成為普魯士國王的威廉親王（Prince

William）是主戰派，議會也群起支持親王，表示會在必要時協助軍隊動員。此時反對開戰的人只剩現任國王腓特烈．威廉四世（Frederick William IV），以及他身邊的一些大臣，他們更希望透過綏靖的方式安撫奧地利。

俾斯麥效忠普魯士王國，對王國的權勢深信不疑，有種幾近狂熱的崇拜。他內心一直有個德國統一的大夢，也想和奧地利開戰，好好羞辱羞辱這個千方百計阻撓德國各邦統一的國家。俾斯麥曾當過軍人，所以在他眼中，戰爭是一項光榮的事業。

俾斯麥對戰爭會有這樣的想法並不奇怪，畢竟他可是在多年後說出「當代的重大問題不是通過演說和多數派決議解決的，而是要用鐵和血來解決」的男人。

然而，這位愛國人士兼軍事狂人卻在開戰呼聲最高時在議會發表了一場演說，讓眾人跌破眼鏡，他說：「可悲的政客，你們想開戰根本不需合理的理由！等戰爭結束後，你們將用截然不同的角度看待這些問題。你們有勇氣去面對那些凝視滿地灰燼的農民嗎？你們有勇氣去面對斷手缺腳的軍人嗎？你們有勇氣去面對痛失愛子的父親嗎？」俾斯麥連珠炮似地細數戰爭的瘋狂，甚至還開始為奧地利說話。俾斯麥的一言一行皆和他先前的主張背道而馳，眾人也立刻得出一個結論：俾斯麥反戰。在場所有議員都感到納悶不已，不知如何是好，有幾個人甚至因此改投反戰票。投票結果出爐，由國王與大臣勝出，德國將不會與奧地利開戰。

俾斯麥反戰演說的幾星期後，國王因為感念他主張和平的情操，於是便任命他為內閣大臣。幾年後，俾斯麥成為普魯士首相，並在任內讓德國與奧地利宣戰，大敗奧地利帝國，建立了以普魯士為首的偉大德意志帝國。

重點解析

俾斯麥發表反戰演說的時間是一八五〇年，當時他腦中其實已經在盤算一些事情了。首先，當時的普魯士軍隊並沒有跟上歐洲各國軍隊的腳步，貿然與奧地利作戰很有可能會輸得一敗塗地，對德國的發展有害無益。第二，假設投票結果是開戰，且俾斯麥是站在主戰的一方，他的政治生涯便很有可能遭受重挫。時任國王和他的親信都偏向保守，主張和平，而俾斯麥想要的是權力。俾斯麥採取的方式是佯裝支持自己反對的立場、說出一些違心之言，藉此混淆旁人的視聽。就這樣，俾斯麥騙過了整個國家，還坐上了內閣大臣的位置，並以此為跳板，成為普魯士首相。接著俾斯麥利用手上的權力加強軍隊戰力，實現他朝思暮想的兩大願望：羞辱奧地利，以及在普魯士的統治下聯合德國各邦。

放眼世界，俾斯麥絕對可以算是最精明的政治人物，是制定策略與騙人的翹楚。當年他靠著反戰演說把眾人都蒙在鼓裡，若他一開始就供出自己的動機，告訴眾人時機未到，大家絕對不會聽他的，因為當時大多數普魯士人都想開戰，並誤以為普軍實力優於對手。假設他私下和國王協商，要以反戰言論換取內閣大臣一位，也絕對不會成功，因為國王不可能信任一個這麼有野心的人，也會懷疑他的真誠。

透過完全不真誠並發送誤導性的訊息，他欺騙了所有人，隱藏了他的目的，並達成了他想要的一切。這就是隱藏意圖的力量。

權力之鑰

絕大多數的人都不懂得隱藏自己，他們想到什麼就說什麼，只要一逮到機會就會開始大放厥詞，還會向所有人透露自己的計畫和目的。他們之所以會這樣做，第一是因為表達自身感受與計畫是人之常情，一個人必須要有自制力並刻意為之，才能管好自己的舌頭，並注意自己說了什麼。其次，有不少人認為開誠布公是贏得人心的好方法，還可以讓對方覺得自己心地善良。有這種想法的人都被騙了，誠實其實沒這麼靈驗，反而會冒犯到他人。明智的人懂得見人說人話，見鬼說鬼話，讓對方聽到他們想聽到的東西，而不是殘酷又醜陋的真相。此外，一味地推心置腹只會使人不再尊重你、忌憚你，因為你實在是太好預測也太普通了，一個不受人尊重與忌憚的人，又怎可能累積到權力？

若你想獲得權力，那就趕緊忘掉誠實這件事，並練習隱藏自身動機，讓自己永遠占上風。說到隱藏動機，有一條關於人性的基本原則你一定要知道：在本能的驅使下，人永遠都會相信外表。我們不可能時時刻刻懷疑自己親眼所見、親耳所聞的一切，並幻想所有事物都是表裡不一的，這樣只會把自己累死、嚇死。正因如此，隱藏動機其實遠比你想像中簡單，你只需讓人誤以為你想要某樣東西，或是想達成某個目標。當他們的目光掉進你設的圈套，自然就不會注意到你真正的意圖。在誘惑他人時，傳遞一些互相牴觸的訊息，例如時而渴望、時而冷漠，讓對方如墜五里霧中，而他們也會因此更想得到你。

在轉移對方注意力時，我們可以假裝支持自己不認同的觀點或目標（俾斯麥一九五〇年那場演講就用了這個技巧，且成效斐然）。由於人大多不會輕易拿自己的想法和價值觀開玩笑，所以大多數人都會以為你是真的改變心意了。相同的技巧也適用於用事物蒙蔽他人的雙眼：假裝自己對某樣東西有興趣，混淆敵人的視聽，讓他們在算計你時頻頻犯錯。

一七一一年，西班牙王位繼承戰爭期間，英軍將領馬爾博羅公爵（Duke of Marlborough）正計畫剷平一座法國堡壘，因為這座堡壘正好擋在通往法國的主道上。但他心裡很清楚，要是他摧毀這座堡壘，法國就會立刻得知他想從此道長驅而入。於是他便先攻下堡壘，在裡頭屯駐重兵，好像拿下這座堡壘是另有所圖似的。後來法軍來襲，馬爾博羅公爵順勢讓他們奪回堡壘。法軍取回失堡後，便迫不及待將其夷為平地，以免英軍再利用此堡圖謀不軌。沒了這座堡壘，法國門戶大開，馬爾博羅公爵也可直搗黃龍。

以下是運用此策略的方式：隱藏自身意圖時切忌刻意遮掩，這樣反而會顯得鬼鬼祟祟，引人懷疑。此時反而要大談一些與真相毫不相干的目的。如此一來，你既可以在人前顯示出友善、開放、願意相信他人的特質，另一方面又能掩飾自己的動機，浪費對手的力氣，可謂是一石二鳥之計。

我們還可以透過虛偽的真誠來混淆視聽；人們很容易誤以為真誠等於誠實。別忘了，相信外表是人的本能，正因為他們重視誠實，也**想**相信身邊的人都是誠實的，所以基本上不太會去懷疑你，或是看穿你行為背後的動機。當你能做到對自己說出的話深信不疑時，文字便有了重量，伊阿古（Iago）就是靠著這招慢慢毀掉奧賽羅（Othello）的，伊阿古城府極深，還裝出一副發自內心擔心苔絲狄蒙娜（Desdemona）對奧賽羅不忠的樣子，奧賽羅自然會對他言聽計從。詐騙之王「黃小子」威爾之所以能立於不敗之地，也是因為他在行騙時總是能說得煞有其事，好像那支假股票或那匹假賽馬是真的一樣，令對方不疑有他。但請小心不要用力過猛，誠懇是一項不好拿捏的工具，當熱情過了頭，對方就會起疑心。請掌握好分寸，謹慎地取信於他人，以免被人一眼識破。

若你想用虛偽的真誠來隱藏動機，就要先打造誠實直率的人設，並盡可能宣揚、強調自己的理念。具體做法是適時發表一些看法（當然是假的），以傳達自身堅定的立場。拿破崙的外交大臣塔列朗最擅長透露一些不是祕密的祕密，藉此贏得他人的信任。塔列朗會先裝出信任他人的模樣（誘餌），引得對方反過來信任他。

請記住：最高明的騙子會用一切手段掩蓋自己的奸詐狡猾，他們會在某個領域裝出一副真誠的做派，以掩蓋自己在其他領域的不真誠。真誠不過是他們用來轉移他人注意力的武器。

第二部分：放出煙幕彈掩飾行為

欺騙永遠是最優解，不過高明的騙術需要煙幕彈輔助，才能讓人分心，注意不到你眞實的意圖。很多時候，不動聲色（撲克臉）就是最完美的煙幕彈，用安逸與熟悉這兩項元素來掩飾動機。引導受害者走上熟悉的道路，他們就不會發現自己已經踏進圈套。

遵循法則的案例一

一九一〇年，芝加哥人格齊爾（Sam Geezil）用一百萬美元售出他的倉儲公司，從此過上半退休的生活，平時主要的工作就是打理房地產，但內心其實非常懷念過去叱吒商場的生活。有天，一個名叫威爾（Joseph Weil）的男人敲響了他辦公室的門，表示想購買他正在出售的公寓。格齊爾說公寓售價八千元，不過預付款只需兩千，威爾則說自己要回家考慮一下。隔天威爾再度登門，說自己願意用現金一次付清，但必須等自己正在談的生意成交後才能付款，希望格齊爾能等他幾天。雖然格齊爾已經退休了，但卻還是很想知道威爾談的是什麼生意，可以讓他在短時間內賺到八千元現金（大約是今天的十五萬美元）。威爾避而不談，並快速轉移話題，不過在格齊爾的追問下，威爾還是說了，但前提是格齊爾必須守口如瓶。以下是威爾的說法。

威爾的叔叔是一群金融家的專用祕書，這些人各個都是百萬富翁。十年前，他們用極低的價格買下一棟位於密西根的狩獵屋，但由於近幾年屋子一直處於閒置狀態，所以他們便決定賣出，並將此事交由威爾的叔叔處理。威爾的叔叔其實很討厭這幫富豪，於是便打算藉機報復他們，將狩獵屋用三萬五千美元的價格賣給一名假買家（由威爾負責尋找）。雖然這個價錢很低，但這些金融家根本不會在意，因為他們實在太有錢了。接下來，這名買家會再用實際價格（十五萬五千美元）賣出房子，差價由他們三人平分。此計畫不僅合法，還可以替威爾的叔叔出一口怨氣。

格齊爾當即表示自己願意擔任買家的角色，但威爾卻不斷拒絕他。格齊爾堅持加入他們的計畫，因為這件事不僅有利可圖，還有點刺激。威爾說他必須先付三萬五千元現金買下小屋，百萬富翁格齊爾則表示這點小錢他隨時都能拿出來。在格齊爾的堅持下，威爾終於讓步，並安排三方（威爾的叔叔、金融家、格齊爾）在伊利諾州的蓋爾斯堡見面。

以色列王耶戶對巴力的虛情假意

耶戶（Jehu）召集眾人並說道：「前王亞哈（Ahab）侍奉巴力（Ba'al）力有未逮，耶戶我不會重蹈覆轍，給我把巴力的眾先知、信徒、祭司通通找來，我要獻一份大犧牲給巴力，不來者殺無赦。」耶戶看似崇敬巴力，實則狡猾，他要把信奉巴力的人一網打盡。耶戶下令：「把信奉巴力的人恭敬地召集起來。」眾人按照耶戶的吩咐如是做，號令遍及全國，以色列所有奉祀巴力的人都來了。他們走進巴力的神廟，人數多到從這一頭望不到那一頭……耶戶來了，他對眾人說：「你們之中沒有耶和華的僕人，全都是信奉巴力的人。」耶戶將犧牲獻給巴力，並燃火燒掉供品。耶戶在神廟外安排了在搭車前往蓋爾斯堡時，格齊爾和威爾的叔叔見了一面，雙方相談甚歡，大聊生意經。威爾還帶了一個體型肥胖的男人，名叫格羅斯（George Gross）。在之前與格齊爾對話時，威爾謊稱自己是拳擊教練，而格羅斯則是他的得意門生，這次之所以會帶著他一起去蓋爾斯堡，是為了控制他的體型。其實格羅斯看起來平平無奇，頭髮都白了，還挺著顆啤酒肚，一點都不像是能在拳擊比賽中奪冠的選手。但格齊爾現在腦子裡只有合約事情，根本沒注意到格羅斯邋遢的外型。

抵達蓋爾斯堡後，威爾就和叔叔去接那群金融家，格齊爾和格羅斯則在飯店等候。格羅斯進到飯店房間後便立刻換上拳擊短褲，並開始對空揮拳，看起來頗有架式，但沒幾下就氣喘吁吁，一旁的格齊爾也沒注意到這件事。不久後，威爾和叔叔帶著那幫金融家出現，他們各個西裝筆挺，看起來精明幹練。談話過程相當順利，他們也同意將狩獵屋賣給格齊爾，而此時格齊爾也已經將三萬五千美元轉到當地的銀行。

確定交易細節後，幾名金融家便開始高談闊論與金融財務相關的話題，還刻意提到摩根（J. P. Morgan）的名字。此時其中一人注意到坐在角落的拳擊手，威爾便向他們介紹起格羅斯，對方聽完後說自己也培養了一名拳擊手，還幫他取了名字。威爾笑了笑，表示格羅斯一拳就能把他們的拳擊手擊倒，雙方的討論很快就升級成爭執。威爾提出要和他們賭一把，他們也欣然同意，於是便離開現場，去張羅明天的比賽。

金融家前腳剛走，叔叔便立刻當著格齊爾的面大罵威爾，說他們根本沒有錢，而且如果這件事穿幫了，自己一定會被開除。威爾連忙道歉，並提出一個計畫，他說自己認識對方提到

八十人，並告訴他們：「我把裡面所有人交到你們手上，若有人逃走，你們就要付出生命作為代價。」獻祭儀式結束後，耶戶傳令給士官兵，他說：「把神廟裡的人殺了，一個不留。」士官兵把所有人殺光，再將屍體拋到外頭，接著進入神廟的房間，將巴力的墩座搬出，點火焚之。後來他們將墩座砸毀，又把神廟夷為平地，改造成茅房，耶戶就這樣將巴力從以色列徹底剷除。

［《舊約聖經．列王記下》（*Old Testament, Two Kings*），第十章十八－二十八節］

的那名拳擊手，只要拿一些錢買通他就好了。但賭金的問題還是沒有解決，要是拿不出錢，他們一樣吃不了兜著走。一旁的格齊爾終於聽不下去了，他擔心若雙方因此事鬧得不愉快，之前談好的交易可能會被取消，於是便答應將那三萬五千元領出來當賭注，即便這筆錢真的賠光了，他還是可以透過轉賣狩獵屋賺到錢，威爾叔姪感謝格齊爾慷慨解囊。威爾和叔叔可以拿出一萬五千元，加上格齊爾的三萬五千元，他們一共可以拿出五萬元當賭金。當天晚上，威爾找來另一名拳擊手到飯店房間和格羅斯對招，格齊爾則是在心中算起自己能靠比賽和轉賣狩獵屋賺到多少錢。

比賽在當地一間健身房舉辦，賭金由威爾負責保管，為了安全起見，他把錢鎖在保險箱中。兩名選手按照前一天晚上的排練表演，看到自家拳擊手表現這麼差，金融家的表情也變得凝重起來。此時格齊爾還在做著他的發財夢，只見對手猛然使出一記勾拳，正中格羅斯門面，瞬間將他擊倒在地，嘴角還滲出鮮血，格羅斯咳了兩聲後便癱軟在地。其中一名金融家之前曾是醫生，他上前檢查了格羅斯的脈搏，發現他已經死了。在場所有人都亂了陣腳，大家都想趕在警察抵達前離開，以免被捲入謀殺案。

被嚇瘋了的格齊爾頭也不回地逃離體育館，並搭上火車返回芝加哥，也根本不想拿回自己的三萬五千元，因為跟被捲入謀殺案相比，這筆錢根本不值得一提。除此之外，格齊爾也完全不想再見到威爾，以及所有和此事有關的人。

格齊爾倉皇逃走後，格羅斯便站了起來，他剛剛吐出的鮮血其實只是雞血加熱水，他從一開始就把裝著假血的小球含在嘴中。這整件事情都是史上頭號詐騙犯「黃小子」威爾的傑作，

瞞天過海
當你營造出對手熟悉的假象，自己便可以

叔叔、金融家、拳擊手也都是他的同夥，事後他們幾個人平分了格齊爾留下的三萬五千美元。威爾只用了短短幾天就賺到這麼多錢，真是一點也不虧。

重點解析

在設計這場騙局之前，「黃小子」就已經盯上了格齊爾，他知道用拳擊比賽事故當幌子可以讓格齊爾棄錢保身，而且不會在事後向他追討。「黃小子」也知道直接用拳賽引誘格齊爾一定會失敗，所以他必須設法掩飾自己的動機，並轉移受害者的注意力，也就是俗稱的「丟出煙幕彈」（狩獵屋交易）。

無論是在火車上或是在飯店房間，格齊爾滿腦子都是狩獵屋買賣的細節（橫財），並想趁此機會結識一些富人，完全沒注意到格羅斯早已是個中年人，身型也與拳擊選手相差甚遠，這就是煙幕彈的威力。由於格齊爾太想談成這筆生意，所以很快就落入參加拳擊比賽圈套，此時就算他想觀察格羅斯的破綻也已經來不及了，況且這場比賽的輸贏看的不是選手的體能狀況，而是賄賂金的多寡，所以格齊爾也不會去細究。一直到最後，拳擊手猝死的景象又讓格齊爾徹底拋棄自己的三萬五千元。

最佳的煙幕彈是對方熟悉，且不會起疑心的事物，用稀鬆平常的藉口接近獵物，例如生意或賺錢的機會。當受害者的注意力被分散，自然也就沒力氣去懷疑你，還會不由自主地掉進你設的陷阱。

隱身其中施展謀略，因為人的眼睛只會盯著不尋常的事物。〔引自克利里（Thomas Cleary），《日本兵法》（*The Japanese Art of War*）〕

遵循法則的案例二

一九二〇年代，衣索比亞的軍閥們赫然發現，一名年輕的貴族塞拉西（Haile Selassie，又名尊貴的塔法里，Ras Tafari）正在悄無聲息地統一分裂數十年的衣索比亞，而且很快就要取代他們的地位。塞拉西身材瘦弱且生性沉默寡言，他的對手都不知道這樣一個弱男子為何能掌握這麼大的權力。到了一九二七年，塞拉西甚至可以召見軍閥，讓他們到首都宣誓效忠於他。

這些軍閥紛紛前往阿迪斯阿貝巴向塞拉西輸誠，只有一人抵死不從，甚至還刻意遠離首都，此人就是西達摩的強人：護城將軍巴爾查（Dejazmach Balcha）。巴爾查驍勇善戰，被窮人和弱者奉為新領袖，但塞拉西卻用一貫溫和的態度命令他務必來一趟首都。巴爾查最後還是答應了，但卻暗中計畫要讓這個愛裝腔作勢的男人下不了台。首先，巴爾查說他要自己決定何時抵達阿迪斯阿貝巴，其次，他還要帶著一支萬人軍隊，以保護自己的安全（或是發動內戰）。巴爾查的人馬最後駐紮在離首都三英里的一處峽谷，而他則以國王的姿態好整以暇地等塞拉西來見他。

塞拉西當然沒去，而是派出特使邀請巴爾查參加午宴，但巴爾查也不是傻子，他深知衣索比亞歷代國王都喜歡擺這種鴻門宴，自己一定會在酒足飯飽後被逮捕或殺害。為了彰顯自己清楚塞拉西的居心，巴爾查表示只要塞拉西答應讓他帶上六百名荷槍實彈的貼身保鑣，他就願意參加宴會。然而，塞拉西的回答卻令人大吃一驚，他說自己願意款待這六百名勇者，用字遣詞也相當有禮。

臨行前，巴爾查特地吩咐保鑣不可以喝醉，還要隨時提高警覺。抵達皇宮後，塞拉西展現出迷人的風範，不僅對巴爾查畢恭畢敬，話裡話外也都在暗示自己需要他的認同與協助。然而巴爾查並不吃他這一套，而是告訴他只要自己在夜幕降臨前沒有返回營地，駐紮在城外的軍隊就會立刻進攻。聽到這番話，塞拉西裝出一副痛心疾首的樣子。用完午餐後，塞拉西按照慣例安排了歌手獻唱讚美各地領袖的傳統歌謠，並刻意只挑讚美西達摩領袖的曲子。巴爾查覺得塞拉西似乎很怕自己，並被自己的聰明才智嚇得不敢造次。除此之外，巴爾查還認為自己未來必將統治這片土地。

午宴結束後，巴爾查一行人接受了政府軍的鳴槍致敬，並在群眾的歡呼聲中返回營地。巴爾查臨走前回頭看了一眼這座城市，在心中描繪著幾週後自己的軍隊占領此處，以及塞拉西成為階下囚（或是被處死）的畫面。回到營地後，巴爾查赫然發現事態不妙，原本連綿不絕的帳篷現在居然完全消失，只剩營火被澆熄後產生的煙。這難道是什麼惡魔的法術嗎？

一名目擊者跳出來說話，他說午宴期間，塞拉西的盟友率大軍偷襲營地，但他們此行的目的並非作戰，因為對方也知道巴爾查聽到槍砲的聲音後勢必會掉頭回營。這支軍隊帶來的不是子彈和大砲，而是一箱箱金銀財寶，目的是為了買下所有武器，不願繳械的士兵在敵軍的包圍威逼下也只能乖乖投降。幾個小時後，塞拉西盟軍徹底解除巴爾查軍隊的武裝，所有人也皆作鳥獸散往四處逃竄。

巴爾查意識到自己正身處險境，便立刻帶著身邊的六百名精兵向南，準備再次集結，但塞拉西盟軍卻攔住了他們的去路。此時巴爾查只能掉頭，往首都的方向逃跑，但塞拉西早已準備了一支大軍在等他。塞拉西就像個高明的棋手，預判了巴爾查的每一步，並將他徹底打敗。巴爾查投降了，這是他有生以來第一次投降，而為了替自己的罪惡與野心贖罪，他答應進入修道院終生悔過。

重點解析

塞拉西一直都是一個叫人摸不透的國王，衣索比亞崇尚強人，但各地的軍閥卻壓不住這位文質彬彬且熱愛和平的領導者。塞拉西從不生氣，也不曾失去耐心，他會用笑容和順從的姿態請君入甕，最後再來個一網打盡。在上述例子中，塞拉西利用了巴爾查多疑的個性，他知道對方一定會認為宴會是個圈套，事實也確實如此，只是不如巴爾查所料而已。為了緩解巴爾查的恐懼，塞拉西讓他帶著貼身保鑣赴宴，還讓他成為宴會的焦點，導致巴爾查誤以為自己是掌控局面的一方，這就是塞拉西丟出的煙幕彈，目的是要掩飾自己在對手營地施展的詭計。

切記：越是偏執多疑的人，往往越好騙，只要你能在某處贏得對方的信任，就能營造出一團迷霧，讓他們看不見在另一處發生的事情，最後殺他們個措手不及。向對方伸出援手，或是做出一些真誠的舉動，又或者是降貴紆尊，這些都是可以讓人分心的手段。

只要安排得當，煙幕彈就能發揮無窮的威力。生性溫和的塞拉西不就是靠著煙幕，不花一顆子彈就剷除了強敵嗎？

不要低估塔法里的能耐，他雖然狡猾如鼠，威力卻有如猛虎。

——西達摩的巴爾查在進入修道院前的最後一句話

權力之鑰

不要以為騙子都看似光鮮亮麗，也不要以為他們一定會用精心編造的謊言與故事騙人，最厲害的騙子會裝出一副人畜無害的模樣，盡量不引起旁人注意。他們深知過分招搖的言語和舉動會立刻引來懷疑，所以會戴上旁人熟悉且看似平凡無奇的面具。在「黃小子」威爾與格齊爾的例子中，這張熟悉的面具就是商業交易；在另一個例子中，這張面具就是塞拉西卑躬屈膝的模樣，因為這就是巴爾查認為弱者該有的樣子。

當受害者的注意力被熟悉的事物迷惑，便不會注意到你在背地裡搞的鬼。此手段的原理其實很簡單，那就是人一次只能注意一件事情。我們很難想像，一個看似普通且無害的人居然會在背後設計陷害自己。煙幕彈越是單調沉悶，就越能掩蓋你的居心，我在第一部分中提到讓旁人誤以為你想要某樣東西，意思是主動分散他人的注意力。第二部分的重點是煙幕彈，也就是引誘受害者，讓他們走進你編織的羅網。煙幕彈之所以能掩飾人的動機，是因為它具有強烈的催眠效果。

最簡單的煙幕彈就是表情，綜觀古今中外，所有位高權重的人都是表情控管的箇中高手。只要能做到喜怒哀樂皆不形於色，你就可以盡情設計他人，而對方也完全不會起疑。據說沒有人能讀懂小羅斯福（Franklin D. Roosevelt）的表情；銀行家詹姆斯．羅斯柴爾德（James

Rothchild）終其一生都在鑽研看穿他人表情的技巧，法國作家司湯達（Stendhal）在描述塔列朗時曾寫道：「他的表情從來都不是情緒的晴雨錶。」在談判桌上，季辛吉每每都能用單調的聲音、紋絲不動的臉孔及無止盡的細節引述把對手搞到興味索然，而就在他們開始放空時，季辛吉又會拋出一連串大膽犀利的言詞，讓對方在毫無防備的狀況下心生恐懼。有一本教人打撲克牌的書寫道：「厲害的玩家鮮少張揚情緒，而是會用呆板的動作減少可預測的行為模式，令對手感到挫折與困惑，並讓自己專心於牌局上。」

煙幕彈的概念可以應用在許多層面，但其核心都脫離不了心理學中的分心與誤導原則。**高尚的行為**是最有效的煙幕彈，人之所以會想相信高尚的行為都是發自內心的，是因為這種觀念令人愉悅。正因如此，我們才很少注意到這類行為有多虛假。

英國藝術品經紀人兼顧問迪文（Joseph Duveen）有次碰上了一道棘手的難題，他的老客戶因家中的藝術品越來越多，已沒有位置再存放新畫作，加上遺產稅稅額持續上漲，導致迪文的生意越來越難做。但迪文很快就想出解決之道，他說服美國銀行家梅隆（Andrew Mellon）捐出自己的藝術藏品，並於一九三七在華盛頓特區成立國家藝廊。從此國家藝廊成了迪文的最佳門面，他的客戶既可以透過藝廊避稅，還可以清掉家中庫存，添購更多新品。此外，市面上的藝術畫作數量自然會因此減少，價格也理所當然扶搖直上。更重要的是，捐出藏品的人都會被民眾視為偉大的慈善家。

行為模式也是高效的煙幕彈，當你建立起一套固定的行為順序，受害者便會被其迷惑，認為你會繼續遵循相同的模式。行為模式背後的心理學原理是預期心態，意即我們偏向認為人的行為會遵循固定模式。

一八七八年，美國商業大盜古爾德（Jay Gould）設立了一間電報公司，其發展勢頭漸漸威脅到業界龍頭西聯電報。後來西聯電報高層決定買下古爾德的公司，雖然收購費高得驚人，但卻是一勞永逸的方法。一個月後，古爾德對外宣稱自己被坑了，並成立了另一間公司，要與西聯電報和剛被他們收購的前公司競爭。西聯電報為了息事寧人，於是又買下了他新成立的公司。沒過多久，相同的模式再次出現，但這次古爾德不像前兩次一樣，而是用計奪走了西聯電報公司的控制權。古爾德先前建立的行為模式騙倒了西聯高層，他們誤以為古爾德的目標是從高額收購金中牟利，所以付款後便放鬆警惕，完全沒注意到他這樣做是為了取得更高的公司持股。由此可見，行為模式可以誤導他人，讓對方誤以為你要往某個方向走，渾然不知你真正的目標為何。

我們還可以利用人的另一個心理弱點創造煙幕彈，這個弱點就是將表象當成現實的傾向。也就是說，當一個人表面上看起來跟你是同一國的，你就會誤以為對方是真的與你站在同一陣線。由於人類具有這種傾向，所以經常會被**巧妙融入**我們身邊的人欺騙，你越是能不著痕跡地融入某個群體，就越不會引起旁人的懷疑。在冷戰期間（一九五〇至六〇年代），大量英國公務員向蘇聯洩露政府機密，這幫人之所以沒有被發現，就是因為他們表面上都是正派人士，不僅都是名校畢業，還經常與老同學聯絡。融入群體是從事間諜活動的完美煙幕彈，越能隱身於人群的人，就越能隱藏動機。

務必記得一件事，要想沖淡自身出眾的才華並不引人懷疑，耐心與謙遜是必要的關鍵。不要因為戴上平凡的面具而氣餒，因為當別人讀不懂你，往往就會被你吸引，而你也能成為掌握實權之人。

意象：一張羊皮。綿羊從不暴取豪奪，綿羊從不欺瞞矇騙，綿羊是無比愚蠢又無比溫順的生物。只要披上一張羊皮，狐狸也能混入雞舍，如入無人之境。

權威之言：一名身經百戰的將軍會在突襲敵方要塞前大肆宣揚自己的計畫嗎？請隱藏自己的居心，不要讓人察覺到你在做什麼，在木材尚未製成船隻前、在戰鬥尚未結束前，不要輕易透露自己的計畫。先確定自己能贏，才和對手宣戰。驍勇善戰之人從不透露自己的計謀，旁人只能從被他們蹂躪過的國家窺探其宏圖，你的任務就是以這些人為師。〔尼儂〕

法則的反轉

若你早已是個惡名昭彰的騙子，那麼再多的煙幕彈、聲東擊西的手段、虛假的真誠，以及混淆視聽的技巧都無法掩飾你的動機。隨著你的年紀漸長，累積的豐功偉業越來越多，就越是藏不住自己的狡猾，所有人也都知道你是欺瞞矇騙的好手。若此時你還是堅持裝出一副天真爛漫的模樣，便有可能被冠上世紀偽君子的稱號，徹底斷了自己的後路。在這種情況下，不如大方承認自己是個真小人，或是更上一層樓，自詡為已回頭的浪子。這樣一來，大家反而會敬佩你的坦承，而且說也奇怪，你居然還能繼續招搖撞騙。

十九世紀大謊言家巴納姆（P. T. Barnum）一直要到年紀稍長後，才學會擁抱自己的惡名。有一次，他在新澤西舉辦了一場獵水牛活動，會場上除了印第安人以外，還會有幾頭進口的水牛。巴納姆向外宣稱這次的獵水牛活動貨真價實，童叟無欺，但最後他還是擺了觀眾一道。但眾人不僅沒有生氣，要求退費，反而還覺得趣味盎然。所有人都知道巴納姆是慣犯，也知道他是靠騙人發家致富，但大家就是喜歡看他的把戲。巴納姆也從中學到「教訓」，行騙時再也不遮遮掩掩，甚至還在自傳中大爆自己的猛料，這種現象應證了丹麥作家齊克果（Søren Kierkegaard）的名言：「人人都想被騙。」

最後，雖然我建議你營造平凡與熟悉的表象，藉此分散對方的注意力，但有時光鮮亮麗外表和張揚的行為反而更有效。在十七到十八世紀期間的歐洲，江湖騙子經常使用幽默和娛樂這兩項元素欺騙觀眾。他們會利用精彩的表演迷惑觀眾，令他們察覺不到自己真正的意圖。這些騙子會躲在由黑馬拉著的黑色馬車上，混跡在小丑與一眾演員之中，在表演現場兜售特製的萬靈丹和藥水。在他們的精心安排下，民眾會誤以為這群人的目的是要娛樂大眾，但他們真正的目的其實是兜售假藥。

聲光刺激和娛樂當然是隱藏動機的利器，但卻不是長久之計，因為群眾很快就會感到疲倦並起疑，最後看穿你的伎倆。例如那些歐洲的江湖騙子就不能在某處停留太久，因為人們很快就會發現這些藥水根本沒有效，所謂的表演也只是引人上鉤的把戲。反之，那些看似平凡無奇但卻掌握實權之人（如塔列朗、羅斯柴爾德、塞拉西）卻可以用一生的時間磨練騙術，他們的技巧永遠不會失效，也鮮少引人疑竇。總而言之，絢麗的煙幕彈須謹慎使用，且只能在正確的場合投放。

法則

4

言多必失

觀點

想用言語驚豔他人時，說得太多，不僅讓自己顯得平庸，也無法取得掌控權。即便你講的是陳腔濫調，只要說得不清不楚，晦澀難懂，且語帶保留，聽者也會覺得頗富新意。當權者只要遵守惜字如金這條規則，便能折服群眾，使其心生畏懼。況且，話多之人，往往會講出一些蠢話而不自知。

違反法則的案例

馬歇斯（Gnaeus Marcius，又名科利奧蘭納斯，Coriolanus）是古羅馬時期著名將領，在西元前五世紀前半葉，馬歇斯屢戰屢勝，為國家抵禦了不少強敵。由於馬歇斯大部分的時間都在馬背上度過，所以羅馬人民其實不太了解他，只是將他當成傳說故事中的人物看待。

西元前四五四年，馬歇斯決定棄戎從政，參加羅馬執政官選舉。按照慣例，候選人必須在人民面前發表演說，而馬歇斯的演說開場方式相當特別，他向人民展示了自己在十七年軍旅生涯中為羅馬受過的傷。這些傷疤證明了馬歇斯是個英勇的愛國主義者，見者無不潸然淚下，因此也沒多少人認真去聽他演說的內容。就目前的狀況來看，馬歇斯當選可說是板上釘釘了。

投票當天，馬歇斯在元老院諸公和貴族的簇擁下走進廣場，在場民眾看見後都覺得有些反感，認為在選舉日如此得意忘形不太好。

馬歇斯再次上台發言，但說話的對象卻是方才和他一同進場的富人，且用字遣詞處處透露著自大和無禮。他表示自己今天一定會當選，並向眾人炫耀自己在戰場上搜刮了多少金銀財寶，還講了一堆專門取悅貴族的爛笑話。除此之外，他還大言不慚地指控政敵，並宣稱自己必能為羅馬帶來無盡的財富。這次眾人都洗耳恭聽，並赫然發現這位傳奇人物不過是一名喜歡自吹自擂的普通人。

馬歇斯的第二次演說內容很快就傳遍全國，人民也紛紛出門投票，確保他不會當選。落選的馬歇斯帶著怨氣重返沙場，並暗自發誓一定要報復令他政壇夢碎的平民百姓。幾週後，幾

一九四四年時，編劇麥克・阿倫（Michael Arlen）在窮困潦倒之際來到紐約，為了排解內心的煩悶，他來到知名餐廳「21」，並在大廳偶遇製片人戈德溫（Sam Goldwyn），戈德溫給了阿倫一條不切實際的建議，說他可以去買幾匹賽馬。接著阿倫在「21」的酒吧碰見老朋友梅耶（Louis B. Mayer，米高梅電影公司創辦人），梅耶問阿倫接下來有什麼安排，阿倫說：「我剛剛在跟戈德溫聊天……」梅耶聞言立刻插話道：「他給你開的價錢是多少？」阿倫含糊答道：「不怎麼高。」梅耶又問：「三十週一千五百美元的價碼你接受嗎？」阿倫答道：「可以。」〔費迪曼（Clifton Fadiman）編，《名人軼事錄》（*The Little, Brown Book of*

艘載滿糧食的船隻抵達羅馬港口，元老院計畫將這糧食免費分給人民，但就在他們準備投票表決時，馬歇斯突然出現，並表示分發糧食會給羅馬帶來負面的影響。馬歇斯的說法說服了一些元老院成員，分送糧食一事也暫時被擱置。接下來，馬歇斯還大肆批評民主制度，鼓吹羅馬應該廢除人民代表（即護民官），將羅馬的管理權交到貴族手上。

馬歇斯的言論再次引起民憤，護民官隨即趕到元老院，要求他向人民解釋，但他卻拒絕面對人民。羅馬人民開始發起暴動，元老院害怕這團火會燒到自己身上，於是便答應贈糧於民。護民官很滿意元老院的決定，但依舊要求馬歇斯公開向民眾道歉，只要他答應道歉，並不再反對民主制度，他們就願意讓馬歇斯回到戰場上。

馬歇斯點頭答應，而這也是他最後一次出現在羅馬人民面前。廣場上所有人都不發一語，等著聽他想說什麼，剛開始馬歇斯還不疾不徐，但後來越說越快，不僅語氣傲慢，表情也相當輕蔑，甚至還出口汙衊眾人。馬歇斯說得越多，民眾就越生氣，最後乾脆直接把他轟下台，不准他再講話。

一番商議過後，護民官決定判處馬歇斯死刑，並命令政務官立刻將他押送到塔皮安懸崖就地正法。在場所有人都贊同護民官的判決，然而塔皮安當地的居民卻扭轉了護民官的判決，讓馬歇斯被改判終身流放，這位享譽全國的英雄就這樣徹底消失在羅馬境內。得知此事後，所有公民都走上街頭狂歡，一時間鑼鼓喧天，熱鬧的程度遠超過打了勝仗後的慶典。

Anecdotes）］

羅德（Winston Lord）是季辛吉的特別助理，有次他遞交了一份報告給季辛吉過目，季辛吉隨後把報告交還給他，並在上面批註：「有辦法再寫得更好一點嗎？」羅德重寫了一份，又潤飾了裡面的文字，並再次交給季辛吉，但對方還是用相同的批註回覆他。無奈之下，羅德又重做了一份，沒想到季辛吉還是提出了相同的問題。羅德怒氣沖沖地告訴季辛吉：「媽的，沒辦法更好了，我就只能交出這樣的報告。」季辛吉聽完後說：「很好，那我這次就來檢查一下你的報告吧。」［艾薩克森（Walter Isaacson），《季辛吉傳》（*Kissinger*）］

重點解析

在馬歇斯踏入政壇前，大家其實還是很敬重這位英雄的。

馬歇斯用彪炳的戰功證明了自己是個無畏的勇者，長年的軍旅生涯讓羅馬人民對他所知甚少，因此將他視為傳奇的人物。然而，當馬歇斯站在群眾面前滔滔不絕地發表自己的意見時，他在人民心中偉岸且神祕的形象瞬間幻滅：馬歇斯不過是一個驕傲自大的軍人。他彷彿是覺得自己受到什麼威脅，或是感到不安，便開始用言語中傷並羞辱人民。突然間，馬歇斯再也不是人們心中那個國家英雄，傳說與現實的落差大得令人無法接受，導致所有想相信他的人都無法接受。馬歇斯說得越多，就越突顯他的權力弱勢，因為只有毫無自制力的人才會管不住自己的嘴巴，這種人根本不值得敬重。

如果馬歇斯不要說這麼多廢話，就不會惹惱人民，自己真實的想法也不會曝光，而他也能戴著權力的光環順利當選執政官，最後實現反民主大業。人的舌頭是一隻猛獸，永遠都在掙扎著衝出牢籠，若不加以馴服，便會四處作亂，給你增添麻煩。總而言之，權力之神絕不會眷顧揮霍言語的人。

> 牡蠣會在月圓之夜打開緊閉的殼，螃蟹見到後就會往殼裡丟石頭或海草，這樣牡蠣就無法闔上，成為螃蟹的佳餚。口無遮攔之人就像牡蠣，他們的命運掌握在聽眾的手上。
>
> ——達文西（Leonardo da Vinci）

路易十四對國務總是守口如瓶，雖說各機關部長都會參加政務會議，但路易十四也只會告訴他們自己再三斟酌後的決定。

我希望你能親眼見一見這位國王，他的表情只能用深不可測來形容、他的雙眸就和狐狸眼睛一樣。他只和政務部長討論國事，對其他人他一律不提，與朝臣說話時，他永遠只聊公事。即便是最稀鬆平常的話，從他的口中說出也宛如神諭。〔維斯康堤（Primi Visconti），引自貝特朗（Louis Bertrand），《路易十四》(*Louis XIV*)〕

遵循法則的案例

路易十四執政時期，貴族與機關部長經常為了國務爭論不休，而且一講就是一整天。他們先是協商，然後辯論，接著和其他人連成一氣又拆夥，直到最後推出正反兩名代表去見路易十四，由國王裁定該怎麼處理。即便已經選出代表，他們還是會繼續討論，討論表達的方式、討論路易的好惡、討論覲見路易的時間與地點、討論匯報時該擺出什麼表情。

達成共識後，這兩人便會去覲見路易十四，接受命運的審判。此時雙方代表都會小心翼翼，並在輪到自己發表意見時，鉅細靡遺地將己方觀點陳述給國王聽。

路易十四在聆聽諫言時從不說話，臉上的表情更叫人難以捉摸。做完陳述後，雙方代表會開口詢問國王的意見，他的回答永遠都是：「待我斟酌後再說。」接著便頭也不回地離開。

路易十四不會和任何部長或朝臣討論此事，也絕不會詢問他們的意見，他們只能靜候國王的決定。幾星期後，國王會直接宣布他的決定與相關法案。

重點解析

路易十四素來以沉默寡言著稱，他的名言是「朕即國家」，寥寥四字便道出了他的權威：每當有人請示他的意見，他也總是會用「待我斟酌後再說」之類的短句打發。

路易十四年輕時是個多話的人，還會因為自己辯才無礙而沾沾自喜。他惜字如金的個性是後天習得的，目的是為了偽裝自己，讓底下的臣子摸不清他的心思。沒有人知道路易的想法，也不會有人為了左右他的決定而說出他想聽的話，因為根本**沒人知道**他想聽什麼。當貴族與

相較於不負責任的行為，上位者往往更會牢記下屬說過不負責任的話……第二代埃塞克斯伯爵德弗羅(Robert Devereux)曾對伊莉莎白女王(Queen Elizabeth I)說：「妳的個性和死人一樣冥頑不靈。」要是他當時沒說這句話，他之後發動政變時也不至於會被斬首。［雷利爵士（Sir Walter Raleigh）］

朝臣不斷向沉默的路易表達自己的看法，路易就能掌握越多與他們有關的資訊，並在日後用來對付他們。

最後，永不表態的路易十四成了眾人害怕的對象，因為所有人都被他玩弄於股掌之上。沉默是路易十四權力的基石，法國哲人聖－西門（Saint-Simon）曾寫道：「沒人比路易更懂如何利用言語、微笑和眼神，路易十四身上的一切都是尊貴的，因為他與旁人不同，他的沉默寡言提升了他的威嚴。」

> 對官員來說，最危險的事情並非做了蠢事，而是說了蠢話。
>
> ——雷斯樞機主教（Cardinal de Retz）

權力之鑰

從很多方面來看，權力其實就是表面工夫，當你只說有必要說的話，旁人便會覺得你是一個厲害且有權力的人。只要你不說話，身邊的人就會感到不舒服，因為人類是解讀與解釋的機器，我們必須知道別人在想什麼。所以說，當你刻意控制說出口的話，他人就無法拼湊出你的目的和想傳達的意義。

簡短的答案和留白會讓對方進入防備狀態，並連忙擠出各種評論來填空，進而洩漏和他們有關的寶貴資訊或自身弱點。談話結束後，他們會感到你好像從他們身上搶走了什麼東西，並開始琢磨你說的每一個字。當對方開始分心思考你說的每句話是什麼意思，你的權力便會與日俱增。

惜字如金並非國王或政治人物的專利，在很多場合，一個人說得越少，看起來就越高深莫測。藝術家安迪．沃荷（Andy Warhol）在年輕時就領悟到一件事，那就是你不可能透過言語去說服他人為你做事，他們反而會故意和你作對，他曾對一位朋友說：「我發現當你一句話都不說，便能獲得更多權力。」

沃荷在晚年透過沉默策略獲得了巨大的成功，將每場訪談營造成神諭頒布現場，他會對採訪者說出一些模糊的概念，之後對方便會開始不斷思考這些無意義的句子背後隱藏的深意。沃荷很少談到自己的作品，而是把詮釋的工作交由旁人代勞。沃荷表示自己省話的靈感來自杜象（Marcel Duchamp），杜象是二十世紀傑出的藝術家，也是個謎一樣的男子，他很早就知道自己越是避而不談，人們就越熱中於討論他的創作，且這些作品的價值也會水漲船高。

當你堅持不說沒必要說的話，便能營造出意義與權力的假象，除此之外，一個人開口的頻率越低，就越不會講出蠢話，也不會惹禍上身。一八二五年，新任沙皇尼古拉一世（Nicholas I）登基，俄國軍官立刻率軍起義（十二月黨人起義），想推翻帝制，跟上歐洲的腳步，建立現代民主政治體系。尼古拉一世用殘暴的手段鎮壓叛變，並下令處決發起人雷列耶夫（Kondraty Ryleyev）。行刑日當天，站在絞刑架上的雷列耶夫脖子被綁上套索，沒想到活板門一打開後繩索便應聲斷裂，導致雷列耶夫摔倒在地。在當時，類似事件一般都會被當成是上天的旨意，表示此人命不該絕，且理應被釋放。雷列耶夫認為自己絕對不會被處死，於是便從地上站起來，面對群眾大聲說道：「你們看看，俄國現在已經腐敗成這樣了，就連一條繩子都搓不好！」

通報員立刻趕到冬宮，告訴沙皇絞刑失敗的消息。尼古拉一世雖然感到相當失望，但還是提筆準備簽下特赦令，但就在下筆之前，他突然問道：「神蹟發生後雷列耶夫說了什麼？」

通報員答道：「他說俄國就連一條繩子都搓不好。」

沙皇聞言後說：「那就證明給他看看，俄國確實能做出牢固的繩子。」說完便將特赦令撕毀。隔天，雷列耶夫二度步上絞刑台，而這次繩索並沒有斷裂。

請記取以下教訓：說出去的話猶如潑出門的水，務必管好自己的嘴巴。出言譏諷前務必三思，因為你將為一時的快感付出慘痛的代價。

意象：阿波羅神廟的神諭。每當有人來求阿波羅的神諭，女祭師便會說出一些看似高深莫測的話語，神諭掌管人的生死，所有人莫敢不從。

權威之言：

脣乎齒乎，吾不為始乎，齒乎脣乎，愈惛惛乎。彼自離之，吾因以知之……主上不神，下將有因。［《韓非子》］

法則的反轉

有時保持沉默並非上策，因為上位者會因為你的沉默而心生疑竇，甚至感到不安，一些模稜兩可的言論可能會被有心人曲解，最終適得其反。練習沉默和惜字如金時，務必小心謹慎，並在正確的場合使用。有時扮演宮廷弄臣反而才是明智之舉，在知道自己比國王聰明時選擇裝瘋賣傻。當一個人滔滔不絕地插科打諢，人們便不會懷疑他可能是個聰明人。

除此之外，在騙人時，言語也可以當作煙幕彈使用。用話術說服聽眾，催眠他們、分散他們的注意力，此時你說得越多，他們就越不會起疑心。在一般人眼中，廢話連篇的人大多不是狡猾之輩，而是需要幫助的純樸之人。掌握權力的人懂得利用這種心態反轉沉默法則，他們會說個不停，好讓自己顯得比對手更弱、更笨，接著不費吹灰之力騙倒對方。

法則

5

生命誠可貴，名譽價更高

觀點

權力的基石是名譽，名譽可以震懾對手，讓你不費吹灰之力贏得勝利。一旦名譽受損，你便會陷入險境，對手也會從四面八方發動攻勢。不要讓人破壞你的名譽，時刻提高警覺，在對手出擊前化解他們的攻勢。於此同時，設法毀掉敵人的名譽，並站在一旁欣賞他們被輿論送上絞架。

遵循法則的案例一

三國時期，蜀漢丞相諸葛亮派遣軍隊合兵向東，自己則帶著一小隊士兵駐紮在陽平。此時探子回報，說司馬懿正率領十五萬大兵要攻打陽平，若司馬懿真的兵臨城下，勢必會活抓這位名滿天下的大丞相。

諸葛亮無暇哀嘆，也不浪費時間思索為何司馬懿會知道自己在陽平，而是吩咐軍隊偃旗息鼓並打開四方城門，且不得妄出，自己則身著道袍，端坐在城牆的望敵樓中燃香撫琴。不久後，他看到司馬懿的大軍，但彈琴的手卻沒有因此停下。

沒多久，十五萬大軍便來到城下，司馬懿一眼就認出樓中之人是諸葛亮。

雖然眾士兵都想長驅直入，但司馬懿卻有所遲疑，吩咐眾人不可輕舉妄動。他看了看諸葛亮，接著便令大軍立刻撤退回營。

重點解析

臥龍先生諸葛亮在三國時期建下不少傳奇戰功，有次，諸葛亮的軍營來了一名敵國的偏將軍，說自己特地帶著有用的情報前來投誠。諸葛亮一眼就識破這是個圈套，遂下令要砍掉這名叛軍的腦袋，但就在行刑之際，諸葛亮表示只要他願意當雙面間諜，便可以饒他不死。此人既恐懼又感激，便幫諸葛亮打了一場漂亮的勝仗。

有次諸葛亮盜走敵國軍印，並偽造了一份假軍令，將敵軍調度到遠處，自己則趁機拿下敵國三座城池，控制他們的門戶。還有一次，諸葛亮用離間的手法挑撥對手，讓他誤以為自己

染上瘟疫的動物

為了懲罰這個遍地罪惡的世界，上天降下了一場可怕的災難——瘟疫，被毒液汙染的阿戎克河水已經沾染到每一隻動物。只有少數動物僥倖活了下來，但倖存者離死亡也只剩幾步之遙。牠們不再渴望延續生命之火，就連食物也激不起牠們的興趣。狼和狐狸不再漫步於樹林間，尋找弱小無助的獵物；鴿子停止求愛，因為愛和喜悅早已飛得老遠。獅子登高一呼，說道：「朋友們，我知道這是上天的旨意，讓我們這些罪人承受苦難。就讓我們當中罪孽最深的來接受天罰吧，讓牠來救我們。歷史告訴我們，危機時刻總要有人犧牲。懇請諸位直視自己的良知，由我先說，為了滿足口腹之欲，我吃過不計其數的羊，但牠們從不曾加害

手下的大將想造反，最後逼得此勇將不得不投入諸葛亮麾下。臥龍先生諸葛亮用心維護自身名譽，讓自己成為全中國最足智多謀的男人，並用這項利器震懾對手。

司馬懿和諸葛亮早已交手過無數次，深知他的厲害，所以當他看見空無一人的城池，加上端坐在樓中的諸葛亮，登時就愣在原地。披道袍、撫琴、燃香，這也太明顯了，他知道諸葛亮在戲弄他，激他走進自己設下的圈套。有那麼一瞬間，他真的以為諸葛亮孤立無援，但他實在太忌憚諸葛亮了，所以根本不敢進去一探虛實。這就是名譽的力量，它能為你擋下千軍萬馬，甚至可以逼得對方不戰而逃，而你根本無須動用一兵一卒。

> 西塞羅（Cicero）曾說，許多佯稱不在乎名氣的人都會寫書抨擊世人追名逐利，但卻希望自己的名字能出現在封面上，並期望自己可以因為厭惡名利而出名。這世界上什麼都可以交換，我們會把物品，甚至是生命交給朋友，但我鮮少聽說過有人願意分享名聲，或是將名譽當成禮物送給他人。
>
> ——蒙田（Montaigne）

遵循法則的案例二

一八四一年，巴納姆想讓全國人民知道他是最厲害的娛樂家，於是便決定買下曼哈頓的美國博物館，在裡面展出一些稀奇古怪的東西，企圖揚名全美。博物館的售價是一萬五千元，但他身上根本沒錢，於是便提議用擔保物代替現金，沒想到博物館經營者居然同意了，並和

於我，我甚至還吃過牧羊人。所以，如有必要，我願意為大家而死。但在這之前，我想在場應該不只有我有罪，為求公平，我希望大家坦承自己的罪孽，屆時再決定誰才是罪大惡極。」

狐狸接著說道：「大人，您是一名好國王，您實在是多慮了。要我說，羊這種低賤的生物，就是吃了也不算什麼罪過，能被您這樣高貴的身分吞進肚子裡是牠們的福氣。至於牧羊人，就說他們是自作自受好了，因為他們總想著控制我們。」

狐狸說完後，歡呼四起，而所有動物都將目光避開老虎、熊這些地位崇高的生物，不敢去追究牠們犯下的不可饒恕的罪行。此時大家都同意，再熱中於惹事生非的動物也都是無過的聖人。接著換驢子開

巴納姆達成口頭協議。然而，博物館經營者卻在最後一刻變卦，決定將整棟建築連同館藏賣給皮爾博物館。巴納姆氣壞了，但對方只是回了一句：「商場無朋友。」自己之所以選擇皮爾博物館，是因為對方的名聲更響亮。

巴納姆靈機一動，心想既然自己沒沒無聞，那唯一的方法就是破壞皮爾的名譽。巴納姆在報紙上發表了多封攻擊信，稱皮爾博物館的管理者是一群「落魄的銀行家」，對經營博物館和娛樂事業一竅不通，還警告大家不要購買皮爾的股票，因為收購與經營美國博物館勢必會耗盡他們的資源。巴納姆的黑函策略大獲成功，皮爾股價大跌，美國博物館經營者也不再相信皮爾的名聲，轉而和巴納姆交易。

皮爾博物館花了好幾年才重振旗鼓，而且一直沒忘記巴納姆這號人物。為了報仇，皮爾（Rembrandt Peale）推出了「高端娛樂」（催眠術是皮爾博物館主打的「科學」表演，每每都能吸引到許多觀眾買票入場），強調自家展品與表演都有科學根據，有別於低俗下流的競爭對手。巴納姆不甘示弱，決定再次抹黑皮爾建立起的新名聲。

巴納姆也祭出自己的催眠秀，在舞台上親自讓一名小女孩進入被催眠狀態。接著，巴納姆會嘗試催眠一名觀眾，但無論他再怎麼努力，對方也絕不會配合演出，一臉氣餒的模樣引得眾人哄堂大笑。最後，巴納姆會宣布自己要證明小女孩是真的被催眠了，表示可以在對方毫無知覺的狀態下切下她的手指。然而，就在他開始磨刀時，小女孩立刻睜開眼睛並奪門而出，讓在場觀眾捧腹大笑。巴納姆的催眠秀（還有其他嘲諷皮爾的表演）持續了好幾週，眾人很快就不把皮爾博物館的表演當回事，導致他們的參觀人數銳減，幾個星期後，皮爾便取消了

口：「我記得有次經過修道院的草地，當時我飢腸轆轆，看見遍地的綠草便起了貪念，踰矩偷吃了一口。」

所有動物都發出驚呼聲，一隻讀過幾本書的狼跳出來數落驢子，要大家鄙視這頭被詛咒的畜生，說牠是這場可怕瘟疫的始作俑者。動物一致決議要把牠送上絞刑台，這骯髒的生物連別人的草都敢吃，只有死才能抵銷這滔天的罪過，而驢子也正式了解到自己的罪孽。所謂法庭就是這樣，它會按照人的高低貴賤決定你是黑是白。〔拉封丹，《拉封丹寓言精選集》（*The Best Fables of La Fontaine*）〕

催眠秀表演，從此一蹶不振。在接下來的幾年間，巴納姆用各種大膽的表演建立起自己的名聲，並在娛樂表演產業中登峰造極，終其一生都保有大娛樂家的頭銜。

重點解析

巴納姆運用了兩種策略破壞皮爾的名譽，第一個策略很簡單，就是讓眾人懷疑博物館的穩定性和財務狀況。懷疑是一種致命的武器，只要把它放出來，再加上一些惡毒的謠言，便能令對手陷入窘境。他們當然可以出面闢謠，也可以證明自己是被汙衊的，但懷疑的迷霧將永遠不會消散，眾人會心想：「他們幹嘛這麼急著澄清？會不會這些謠言不完全是空穴來風？」反之，如果他們不隨你起舞，選擇忽視你的攻擊，旁觀者的疑心就會變得更重。只要操作得宜，對手一定會被散播謠言的手法激怒，導致他們在自證清白時犯下錯誤。對名不見經傳的人來說，用謠言啟人疑竇是最厲害的武器。

建立起自己的名聲後，巴納姆的第二個手段（假催眠示範表演）顯得溫和許多，但也相當成功，那就是嘲弄對手的名譽。當你已經獲得眾人的尊重，取笑對手不僅能令對方疲於防守，還可以吸引旁人的注意，讓自己的名氣越變越大。此時名目張膽的攻訐毀謗會顯得過於醜陋，弊大於利，請適度地揶揄並嘲諷對方，站在高處奚落他，以彰顯自身價值。只要披上幽默的偽裝，你就能在娛樂眾人的同時破壞對手的名譽。

> 比起敗壞的良知，破敗的名譽更棘手。
>
> ——尼采

權力之鑰

我們不可能真正了解一個人，即便對方是你最好的朋友，他們也會刻意隱藏性格中的某些部分。這種不得而知注定了我們無法真正評價他人，你越是去深究這件事，就會感到越害怕，因此，我們會選擇忽視這件事情並以貌取人，從衣著、舉止、言語、行為評論對方。在社交場合上，外表可以說是我們評價他人的唯一標準，請不要相信外表不等於一切這種鬼話。一旦形象衰敗，那就萬事休矣。

因此，我們每個人都要負責建立並維護自己的名譽，這兩件事絕對是人生的重中之重。好的名聲可以成為你在外貌遊戲中的鎧甲，也能讓急欲窺探你真實面貌的雙眼轉移注意力，進而讓你稍微能掌控公眾對你的評判（占據此位置對你將有莫大幫助）。聲譽的力量猶如魔法，只須輕輕一揮魔杖，便能讓你如虎添翼，也能讓人對你避之唯恐不及。同一件事情呈現出的效果是好是壞，完全取決於施為者的名聲。

衛國人彌子瑕氣宇軒昂、風度翩翩，深受國君寵愛。衛國有一條律法，規定「擅用國君座車者會被處以斷足之刑」，但有次彌子瑕因母親重病，不得不回家探望，便擅自搭乘了國君的座車。事蹟敗露後，衛國國君卻說：「孝哉，為母之故，忘其刖罪。」

還有一次，彌子瑕陪著國君逛果園，期間順手摘了一顆桃子，吃了一半後便吃不下，便把剩下的半顆交給國君，國君接下桃子，並說：「愛我哉，忘其口味，以啗寡人。」

後來嫉妒彌子瑕的朝臣開始散播謠言，說彌子瑕其實是個自大驕矜之人，意圖詆毀他的名聲，而國君也開始重新審視彌子瑕過去的行為，並說：「是固嘗矯駕吾車，又嘗啗我以餘桃。」彌子瑕受寵時，這些行為都博得了國君的歡心，但此時他卻必須因此受罰，代表他的命運完全取決於他的名聲。

所以說人在進行任何發展之初，請務必以個人最突出的特質（如誠實、大方或機靈）為基礎，建立起名聲，這些特質會使你鶴立雞群，成為眾人討論的話題。接下來，請盡可能傳播自己的名聲，讓越多人知道越好，猶如星火燎原（切忌做得太過明顯，穩健發展方為上策）。好的名聲可以提升你的存在感，讓你威名遠播，而你根本什麼都不用做。除此之外，旁人也會因為你的名聲而敬重，甚至忌憚你。在二戰期間的北非戰場，德國陸軍元帥隆美爾（Erwin Rommel）就是以狡猾與擅於欺騙聞名沙場，令對手聞風喪膽，即便只剩一小撮兵力，即便英軍戰車的數量更多，只要聽到隆美爾即將兵臨城下，大家還是會選擇棄城保命。

我們總是會說久仰大名，若你的名譽能讓旁人對你肅然起敬，便可事半功倍，甚至一句話都不用說就把事情辦好。

一個人能否成功，取決於過去的豐功偉業，季辛吉的穿梭外交之所以能屢創佳績，就是因為各國都知道他最擅長化解分歧。除此之外，也沒有國家想成為連季辛吉都推不動的頑石。一般來說，只要季辛吉走上談判桌，會議大多都會以和平協議收場。

你的名聲不必參雜太多元素，只要有一個強項即可，這項特質（如效率或魅力）就是你的金字招牌，不僅可以彰顯你的存在感，還能迷惑眾人的雙眼。假設你是個以正直聞名的人，便可以在背地裡大搞詐騙的勾當。義大利傳奇人物卡薩諾瓦就是靠著萬人迷的名聲出人頭地，聽聞卡薩諾瓦名號的女子無一不對他感到好奇，想看看他究竟能有多浪漫。

也有可能你早已是個聲名狼藉之人，所以無法建立新的名聲，如果是這樣，那我建議你和形象與自己大相逕庭的人來往，利用他們的名譽洗白自己。若你是個不誠實的人，想靠自身力量洗刷惡名絕非易事，但你可以借用誠實之人的力量。巴納姆當年就是靠著從歐洲邀請來的歌唱家林德（Jenny Lind），擺脫低俗娛樂家的臭名。林德的地位崇高，是藝術界的璀璨明星，透過資助她在美國巡演，巴納姆的形象也大幅提升。十九世紀美國商業大盜橫行，這幫人一直擺脫不了冷血與吝嗇的標籤，一直到他們開始蒐藏藝術品，摩根和弗里克（Frick，指實業家亨利．弗里克 Henry Frick）這兩個姓氏才和達文西和林布蘭（Rembrandt）這些名字永遠綁定在一起，並改變社會對他們的看法。

名譽是需要蒐集和妥善儲存的財富，在建立名聲之初更要嚴加防範，隨時準備好迎接來自各方的攻訐。等到名聲穩固後，即便面臨對手的誹謗，也不要面露慍色或急著反攻，這樣只會暴露自己的不安與自卑。從另一方面來看，當一個人掌握的權力大於你，破壞對方的名譽便會是一項利器，因為他有可能因此全盤皆輸。此外，在面對像你這樣的無名之輩，他在反擊時也會不知該從何下手。巴納姆在事業發展初期時就經常使用這一招，而且效果都很好。不過實施此策略時一定要注意手法，不要讓人覺得你是在挾怨報復，抹黑對方名聲的手法若是不夠巧妙，自身名譽必將遭到反噬。

愛迪生（Thomas Edison）認為電力系統必須以直流電為基礎，當塞爾維亞裔科學家特斯拉（Nikola Tesla）成功用交流電創造出供電系統時，愛迪生簡直氣炸了，並決定徹底毀掉特斯拉的聲譽。愛迪生的手法是讓民眾認為交流電系統不安全，特斯拉推廣這種系統根本就是不負責任的行為。

為了達到目的，愛迪生蒐集了各種家養寵物，並當眾用交流電電死牠們，甚至還在一八九〇年時說服紐約州監獄高層，舉辦全球第一場交流電電刑實驗。然而，由於之前愛迪生都是拿小動物開刀，所以微弱的電力無法讓受刑人死透，獄方只好再通電一次，最後這次實驗成了美國最殘忍的政府死刑案例。

雖然愛迪生的名字沒有被歷史的洪流淹沒，但他在攻擊特斯拉時，自己的名譽也遭到重挫，程度比特斯拉還嚴重，最終只能無奈收手。這個故事的教訓很簡單：毀人名譽時切忌做得太過分，這樣只會讓人注意到你是個睚眥必報的小人，而不是看見對方的缺點。若你已擁有一定的名聲，請嘗試用一些巧妙的策略，如嘲諷或揶揄。面對路過的老鼠，獅子該做的就是戲弄牠一番，逾矩的行為只會損及其威名。

意象：布滿鑽石與紅寶石的礦脈。

這條礦脈是你發現的，你將利用它發家致富，請用生命捍衛它，因為盜賊將從四面八方蜂擁而至。勿將財富視為理所當然，而是要勤加擦拭，因為寶石的光芒會因時間變得黯淡，直到你再也看不見為止。

權威之言：

我希望朝臣運用狡猾的手段提升自身價值，並確保到了陌生的地方時，好名聲會先自己一步抵達……因為名聲這種東西似乎就是群眾對一個人的看法，它會使眾人對某人的價值產生不可動搖的觀念，而我們可以輕易強化這種觀念，因為眾人早已傾向相信，也已經做好準備。〔卡斯蒂廖內〕

法則的反轉

這條法則是不可反轉的，名譽至關重要，不可能有例外的情況。當你毫不在意旁人的眼光，或許大家會認為你是個傲慢自大的人，但這種名聲與形象有時可說是彌足珍貴，例如王爾德（Oscar Wilde）就很懂得利用這種名聲。人無法離群索居，我們的生存仰賴旁人對我們的看法，不在乎名聲無法為自己帶來任何好處。當你不在乎旁人如何看待你，你的名聲就會由他人決定，所以請務必掌控自身命運與名譽。

法則

6

不惜一切求關注

觀點

外表即一切，目不能見之物即爲無用之物，不要成爲人海中的一粒粟米，也不要被世人遺忘。成爲立於雞群的那隻鶴，不惜一切代價也要讓眾人看見你。膨脹自己、妝點自己、將自己與平凡怯懦群眾區隔開來，營造具神祕感的形象，藉此吸引眾人的目光。

第一部分：以自己為主角，創造聳人聽聞的八卦

塑造讓人難以忘懷的爭議形象，吸引群眾的注意力，用盡一切手段讓自己成為光芒萬丈且有趣的人。不要管旁人是因為什麼事情而注意到你，即使是罵名也能帶來權力，寧可被人抨擊唾罵，也不要遭人忽視。

遵循法則的案例

十九世紀，美國大娛樂家巴納姆最初是某馬戲團團長透納（Aaron Turner）的助理，一八三六年，該馬戲團在馬里蘭州安那波利斯市駐紮表演。開幕當天早上，巴納姆穿著西裝在市裡閒逛，周遭的市民不知怎麼了，紛紛跟在他身後，其中一人突然發聲，說他是艾弗利牧師（Reverend Ephraim K. Avery，全國首位因謀殺罪而被審判的神職人員，後來被無罪釋放）。憤怒的民眾當即扒掉巴納姆的西裝，並打算動用私刑絞死他。在一番苦苦哀求後，巴納姆終於說服眾人和他到馬戲團的營地查明自己的身分。

抵達馬戲團後，團長透納告訴眾人這只是他開的一個玩笑，是他放出風聲，說巴納姆是艾弗利。眾人得知真相後便離開了，差點丟了小命的巴納姆心中不滿，質問老闆為何要開這種玩笑。透納回答：「親愛的巴納姆先生，我這樣做是為了大家好，名聲越臭，馬戲團的表演就越成功。」事實證明透納是對的，那天城裡每個人都在討論這件事，而晚上的開幕式和接下來幾天的表演，觀眾席都高朋滿座，巴納姆也從此事中學到令他終生難忘的一課。

巴納姆單飛後籌劃的第一場大型表演，就是紐約美國博物館奇觀秀。一天巴納姆走在紐約

一隻名叫刺尾的黃蜂總想著要幹一番大事，好讓自己名留青史，於是便飛進王宮，螫了正在睡覺的小王子一口。小王子被咬後痛得哇哇大哭，國王跟宮廷大臣們紛紛趕來一探究竟，只見王子大呼小叫，身邊的黃蜂居然還在叮他。大臣們上前想抓住黃蜂，但卻被一個個叮得滿頭包。後來，整個王室的人跑來抓黃蜂，此事也傳遍大街小巷，眾人都放下手邊的工作，跑到王宮外湊熱鬧，舉國上下登時亂成一團。最後，垂死的黃蜂說：

街頭，一名乞丐上前向他乞討，巴納姆沒有給對方錢，而是說要聘用他。回到博物館後，巴納姆給了他五塊磚頭，並指定他到某幾個區域緩步繞行再返回博物館，走到一半時，他必須將一塊磚頭放在人行道上，等再次經過相同地點時，他必須用手上的另一塊磚頭替換地上的磚頭。巴納姆吩咐他在做這些事情時表情要嚴肅，而且不准回答任何問題。回到博物館後，他還要先在館中繞幾圈，接著再從後門出去，重複放磚頭的工作。

「無名之人好比無焰的火，為了成名必須不擇手段。」［印度寓言故事］

流浪漢第一次繞行，就引來數百人圍觀，到了第四次，旁觀者更是把街道圍得水洩不通，並開始議論他到底在幹嘛。每當他返回博物館，身後總會跟著一些人，他們會買票進場，觀察他的行為。此時一些人會被博物館的展品吸引，忘記流浪漢的事。光是第一天，流浪漢就為博物館吸引了近一千名觀眾。幾天後，市警察出手干預，命令流浪漢不准再出現，因為他的行為已經導致交通癱瘓，擺磚頭的宣傳活動也戛然而止。但此時已經有數千市民逛過美國博物館，其中還有不少人從此成為巴納姆的忠實粉絲。

外界的抨擊不會減損我的名氣半分。［阿雷蒂諾（Pietro Aretino）］

還有一次，巴納姆在博物館附近的陽台上安排了一隻樂隊，並亮出一條橫幅，上面寫著「免費音樂表演」。眾人心想巴納姆真是太大方了，於是便紛紛聚集在街上，殊不知他請來的樂手都是一些濫竽。當第一個刺耳的音符響起時，眾人紛紛喝倒采，並立刻買票進博物館避難。

巴納姆常和一些天賦異稟的怪人巡迴演出，赫思（Joice Heth）就是其中之一，巴納姆對外宣稱她已經一百六十一歲了，還當過華盛頓（George Washington）的奶媽。幾個月後，眼看買票進場的觀眾越來越少，巴納姆便向報社發了一封匿名信，指控赫斯的表演是一場騙局，還說：「赫思其實是由鯨魚骨、印第安橡膠和樹枝做成的機器人。」就這樣，原本對赫思沒興趣的人紛紛跑來一探究竟，而看過赫思的人也再次買票，想驗證謠言真偽。

一八四二年，巴納姆花錢買下了一具人魚的屍體，此生物上半身像猴子，下半身是魚，上下半身交接處幾乎看不出破綻，在當時可謂曠世奇觀。經過一番研究，巴納姆發現此物是由日本匠人打造，當時在日本也掀起過一陣轟動。

即便已經弄清楚美人魚的來歷，巴納姆依舊在報紙上宣稱他們是在斐濟島抓到這隻人魚，還公布了人魚屍體的木板刻畫。標本展出後，全國上下都在討論人魚是否真的存在。在巴納姆宣傳之前，國內根本沒人在乎或知道人魚這種神話生物，但現在大家都堅信人魚是真實存在的。前來觀賞斐濟島人魚標本的人多不勝數，相關討論也成為輿論焦點。

幾年後，巴納姆帶著拇指將軍湯姆（General Tom Thumb）前往歐洲巡演，湯姆其實是一名來自康乃狄克州的侏儒，年僅五歲，但在巴納姆的包裝下，他成了一名十一歲的英國男孩，而且還經過特訓，會做各種特技表演。巴納姆的歐洲巡演甚至吸引了形象嚴肅的維多利亞女王（Queen Victoria）的注意，邀請他和湯姆到白金漢宮，為王室成員舉辦一場私人表演。雖然英國媒體對巴納姆的表演極盡嘲諷之能事，但女王和王室成員卻很喜歡他的表演，並對巴納姆敬重有加。

重點解析

巴納姆深諳吸引注意力的真相：一旦他人的目光落在你身上，你的所作所為便都會顯得特別合情合理。對巴納姆來說，吸引人群便能激發興趣，他之後還寫道：「人群總能帶來好

宮廷藝術家

被主動獻到國王面前的藝術品在旁人眼中注定是與眾不同的，藝術家本人可能也想透過這種行為吸引眾臣的注意力。瓦薩里（Giorgio Vasari）對索多瑪（Il Sodoma）的評價是「舉國聞名，眾人都知道他的怪癖與技藝精湛的畫技」。由於教宗良十世（Pope Leo X）「特別欣賞這種既愚蠢又古怪的人」，因此便封索多瑪為騎士，導致他忘乎所以。范曼德爾（Van Mander）認為名人因「好奇怪」而大肆收購克特爾（Cornelis Ketel）的口足實驗畫作匪夷所思，認為克特爾不過是在提香（Titian）、卡爾皮（Ugo da Carpi）、喬凡尼（Palma Giovane）等類似的實驗畫作上添加了一些變化，而根據博斯基尼（Marco

運。」此外，群眾的行為通常是會交互影響，舉例來說，當一名行人停下腳步，觀察在街上擺放磚塊的流浪漢，就會吸引越來越多人駐足。接著，只要施加一些小手段，他們就會踏進你的博物館參觀。想吸引人群，就必須做一些與眾不同的怪事，總之只要能引起旁人的好奇心就可以，因為群眾總是會趨向不尋常和有違常理之事。一旦引起人的注意，就絕對不要鬆手，如果對方的注意力被旁人搶走，損失的就會是你。巴納姆知道注意力有多重要，所以不惜一切代價也要吸引觀眾的目光。

在事業起步之初，請拚命吸引眾人的注意力，而且不要去在意旁人投來的目光**是好是壞**，這是最無關緊要的事情。無論巴納姆的表演風評多差，也不管公眾如何抨擊他的騙局，或是痛斥他本人，巴納姆都照單全收，而且絕無怨言。若有評論家在報紙上大肆唾罵他，巴納姆不但不會生氣，還會邀請對方參加下一場表演的開幕式，並給他安排最好的位置。有時他甚至會投匿名信到報社抨擊自己的表演，目的是讓自己的名字可以持續占據版面。巴納姆認為注意力（無論是正面或負面）就是自己成功的關鍵，對一個渴望名聲、榮耀和權力的人來說，最悲慘的下場莫過於遭世人忽視。

朝臣在參加馬上槍術這類公開活動時……務必將自己的馬匹打扮得光鮮亮麗，自己也必須穿戴得體面些，再搭配合適的配件，藉此吸引旁觀者的目光，猶如磁石吸引鐵塊。

——卡斯蒂廖內

Boschini）的說法，這幾位畫家之所以會用手指作畫，是「因為他們想模仿造物主創世的方法」。

范曼德爾指出，為了吸引查理五世（Charles V）的注意力，戈薩爾特（Jan Gossaert）穿著一套華麗的紙衣服出現在他面前。戈薩爾特的手法是源於狄諾克拉底（Dinocrates），據說狄諾克拉底為了能夠見到亞歷山大大帝（Alexander the Great），居然在他主持審判時扮成裸體的海克力斯（Hercules）闖入法庭。〔馬汀・汪克（Martin Warnke），《宮廷藝術家》（*The Court Artist*）〕

權力之鑰

活得比旁人更耀眼是需要練習的，也就是說，像「磁石吸鐵」一樣吸引旁人注意力是一項後天**習得**的技能。在事業起步之初，務必將自己的姓名和名聲與某項特質、某個形象連結在一起，將自己和其他人區隔開來。此形象可以是穿衣風格，也可以是能引發話題、並能讓旁人覺得有趣的怪癖。建立起好形象後，你在天空便占有一席之地，可以盡情散發自己的光芒。然而，很多人都以為個人形象最好不要與爭議話題扯上關係，並覺得被人攻擊是壞事，但事實正好相反。為了避免自己成為稍縱即逝的流星，或是碰上比你還要惡名昭彰的人物，你對各式各樣的關注度必須一視同仁，因為只要別人能注意到你，對你而言都是有利的。巴納姆不僅特別喜歡別人攻擊他，也從不為自己辯護，而是故意營造詐騙之王的形象。

路易十四的宮廷中有不少優秀的作家、藝術家和俊男美女，也不乏品德高尚之人，但其中最讓人津津樂道的非洛贊公爵（Duc de Lauzun）莫屬。洛贊公爵奇矮無比，行為粗鄙無禮，不僅和國王的情婦有染，還會公開辱罵其他朝臣，就連路易十四都不放過。即便如此，路易還是喜歡公爵古怪的脾氣，每天都要在朝中見到他才滿意。洛贊受歡迎的道理很簡單，他迥異的個性正是吸引旁人注意力的利器，若你也迷上了這個男人，一定也會不惜一切代價將他留在身邊。

社會喜歡有趣、出眾的人，所以若你身上具備異於常人且引人側目的特質，請不要因此感到害怕。刻意引發爭議，甚至是製造一些醜聞，即便是被攻擊批評，也好過遭人忽視，這條法則是所有專業人士的金科玉律，而每一位專業人士身上都要有點娛樂家精神。

科學家愛迪生知道，要想募到資金，自己就絕不能淡出公眾的視野。他的公眾形象和吸引注意力的手段，其實就和發明物本身一樣重要。

每當愛迪生發現電力的新用途，他就會設計視覺效果華麗的實驗向公眾展示，還會提到許多美好的願景，例如機器人，以及可以將人的思想繪製成圖案的機器。雖然他並不打算浪費精力研究這些東西，但這些卻可以讓他成為民眾討論的話題。特斯拉是愛迪生最大的競爭者，他的聰明才智可能超過愛迪生，名氣卻遠不如他，為了讓眾人把注意力都放在自己身上，愛迪生可謂無所不用其極。一九一五年，坊間謠傳愛迪生將與特斯拉一同獲頒諾貝爾物理學獎，但該年物理學獎最後由一對英國物理學家父子獲得，不久後，有消息傳出諾貝爾獎委員會其實聯繫過愛迪生，但對方拒絕與特斯拉共享獎項。愛迪生之所以拒絕，是因為他不希望特斯拉因為和他共領獎項而被眾人注意到。

假設你的地位較低，無法吸引人的注意，那麼便可以去攻擊最出眾、最有名、最有權力的人。十六世紀初，阿雷蒂諾年輕時在羅馬給有錢人打雜，但他其實一直想成為一名作家，於是便出版了一系列的諷刺詩，嘲弄教宗溺愛寵物象一事，而他也立刻成為萬眾矚目的焦點。攻擊有權力的人也有類似的效果，請注意此策略的效果是會打折的，所以一旦得到注意力，就要少用為妙。

即便已經沐浴在鎂光燈下，你也不能鬆懈，而是要變換各種花樣以博取旁人的目光。公眾很快就會對一成不變的人感到厭倦，並將注意力投射在後起之秀身上。這場遊戲的制勝條件除了警覺心，還有創意，以畢卡索（Pablo Picasso）為例，畢卡索是個絕不甘於淪為背景的人，只要他發現公眾將畢卡索這三個字與某種風格連結在一起，便會立刻推出顛覆眾人預期的新作。畢卡索認為，與其被觀眾摸透，不如推出一些醜陋且驚世駭俗的作品。請記住一個道理，當你能預測一個人的言行舉止，內心就會產生優越感。做出一些**出乎**旁人意料之事，讓他們知道誰才是老大，藉此獲得對方的注意力與尊敬。

意象：聚光燈。

在聚光燈的照耀下，演員的形象昇華了，成為眾人矚目的焦點。聚光燈直徑不大，只容得下一名演員，你無論如何都要霸占這個位置。你的行為舉止可以極盡誇張娛樂之能事，鬧出醜聞也無妨，只要能讓光線停留在你身上，旁人站在陰影處即可。

權威之言：

讓自己出眾醒目……眼睛看不見的東西就不存在……有了光，世間萬物才有顏色；用你的表演填補空白、掩蓋缺陷、讓所有事物重獲新生，如果這樣做還有利可圖的話，那你更沒有理由拒絕。〔葛拉西安〕

第二部分：故弄玄虛

在這個枯燥且了無新意的世界，我們的目光會被神祕的人事物吸引。不要向人透露你的計畫、不要亮出自己的底牌，你越是神祕，存在感就越強。神祕感還會引起人的期待，他們會緊緊盯著你，看你想搞什麼把戲；用神祕感引導他人、誘惑他人、震懾他人。

遵循法則的案例

一九〇五年，巴黎街頭流傳著一則謠言，說有一名年輕的東方女舞者會在私人場合表演。這名女孩表演時會將臉上的面紗一張張掀開，一名看過她跳舞的記者說：「她是來自遠東的女郎，她用香水與珠寶妝點自己，遠渡重洋抵達歐洲，喚醒一座座缺乏激情的城市。」沒過多久，所有人都知道這位舞者的芳名：哈里（Mata Hari）。

哈里的沙龍從一九〇五年冬季開始營業，她會邀請少數觀眾到此欣賞她的表演，沙龍經過精心布置，隨處可見印度雕像和各種古文物，現場樂隊演奏的曲子帶有印度教和爪哇風格。哈里總會在吊足觀眾胃口後才登場，她身著華麗舞衣，棉質純白抹胸上貼滿印度風格的珠寶，腰帶也以各式寶石點綴，包裹下身的沙龍若隱若現，挑逗著眾人，手腕跟手臂上都戴著精美的鐲子。哈里的舞姿法國人前所未見，她就像著了魔一樣，不停扭動身體，並告訴觀眾自己的舞步包含印度神話與爪哇民間故事的元素。一時間，巴黎各界菁英與各國大使都擠破頭，想受邀進沙龍一睹哈里的風采。當時還有人謠傳，說哈里會在沙龍裡跳裸舞給神明欣賞。

大家都想知道哈里的來歷，她告訴記者自己是荷蘭人，不過卻是在爪哇島長大，並說她曾在印度住過一段時間，自己的印度舞就是在那時學來的。據哈里所言，印度的女人「不僅會射箭騎馬，還會計算對數，也能討論哲學問題」。到了一九〇五年夏天，雖然看過哈里跳舞的巴黎人屈指可數，但所有人都在討論她。

對自己的出身背景，哈里在不同採訪中給出的回答都不一樣，有時她是印度長大，祖母則變成了爪哇公主的女兒，還有一次她說自己在蘇門答臘島住過一陣子，每天都「騎著馬、提著槍、在危機四伏的叢林冒險」。雖然大家都不知道哈里說的哪句話是真的，但記者們根本不在乎她的自傳有幾個版本，而是將她比喻成印度女神，是從波特萊爾（Charles Baudelaire）的詩中走出來的人物，將這位來自東方的神祕女子幻想成各種人物。

一九〇五年八月，哈里宣布自己將舉行公開表演，開幕當晚萬人空巷，引發了一陣騷亂。哈里成了眾人瘋狂追捧的對象，所有人對她都浮想聯翩，一篇訪談文章寫道：「哈里是印度詩歌和神祕主義的化身，她身上有印度獨有的豐腴美感和催眠魅力。」另一篇文則寫道：「印度居然藏了一件這麼稀奇的寶藏，我想所有法國人應該都想移民到恆河河岸吧。」

哈里的印度聖舞很快就跳出法國國界，開始在柏林、維也納、米蘭表演，並在接下來幾年間遊歷歐洲巡演，期間結識了不少王公貴族，並成為當時罕見的女富豪之一。然而，在一戰結束前夕，哈里突然被逮捕並遭判處死刑，因為她的真實身分是德國間諜。直到審判期間，她才說出她的真實背景，原來哈里並非來自爪哇或印度，她根本就不是在東方長大的，身上一絲東方的血統都沒有；哈里的真名是澤萊（Margaretha Geertruida Zelle），來自荷蘭北部的菲士蘭省。

重點解析

澤萊在一九〇四年抵達巴黎，身上所有的錢加起來連一法郎都不到。在法國，每年都會有數千名女孩從外地投奔巴黎，她們謀生的手段大多是擔任畫室模特兒、在夜總會表演，或是加入女神遊樂廳歌舞雜耍團，並在幾年後被更年輕的女孩取代。頓失生計的她們最終通常都會流落街頭，開始出賣自己的身體，要不就是狼狽地回到出生地。

但澤萊是個有抱負的女孩，雖然她從沒有過舞台表演經驗，但年幼時卻曾和家人在爪哇與蘇門答臘欣賞過當地舞蹈。澤萊知道自己的表演重點不是舞蹈本身，也不是她的臉蛋或身材，而是那種刻意營造出的神祕感。這種神祕感包裹的不只有她的舞技、服裝、出生背景，而是圍繞著她所有的言行舉止。人們永遠摸不清澤萊的虛實，她就像變色龍一樣，不斷用新的服裝、舞步和故事刺激觀眾。正是這種故弄的玄虛讓她成為公眾的寵兒，並迫不及待想知道她接下來的計畫。其實哈里並不是什麼絕色美人，舞技也不是最出眾的，她之所以能脫穎而出，並靠著群眾的吸引力獲得名聲和金錢，完全是因為神祕二字。神祕的人事物之所以能迷倒眾生，是因為你必須不停解讀其意義，而我們對解讀總是樂此不疲。神祕的本質是捉摸不定，當別人無法掌握你或理解你，你便能獲得權力。

權力之鑰

在很久以前，這個世界處處充滿危機，還有各種未知的疾病、善變的暴君，以及永遠裹著神祕面紗的死亡。我們會將自己無法理解的事物編織成神話，或是歸咎給鬼神，但在過去幾百年間，人類用科技與理性的火把照亮了黑暗，原本神祕駭人的事物也漸漸變得稀鬆平常。但知識是要付出代價的，在把世界變得枯燥乏味並榨乾其最後一絲神祕感後，我們內心深處都渴望碰上自己無法解讀、掌握、理解的人事物。

這就是神祕感的力量來源，神祕的人事物需要解讀，還能刺激我們的想像力，並誘惑我們，並使我們相信其背後隱藏著不可思議的真相。我們已經太熟悉這個世界，也太了解地球上所有生物，所以總是會將注意力放在神祕的人事物上。

佯裝神祕不代表創造偉岸且令人敬畏的形象，只要將神祕感巧妙地融入日常的言行舉止中，你便能迷倒眾人並吸引對方的注意力。切記，大多數的人都不懂掩飾自己，也懶得去控制自身言行和形象，導致自己的一舉一動皆有跡可循。營造神祕感不難，只要有所保留、適時沉默、說話故弄玄虛、反覆無常、做出一些古怪的行為即可。這些行為會引來旁人的解讀，並在解讀的過程中放大這種神祕感。

藝術家和騙子都知道，故作神祕可以吸引旁人的目光，假貴族拉斯提格伯爵（Count Lustig）就是箇中高手，他總喜歡做一些異於常人或不合理的事。舉例來說，他會搭乘由日本司機駕駛的豪車，入住高級飯店。這事怪就怪在，從沒有人見過日本籍司機，此舉立刻突顯拉斯提格古怪至極的異國作風。他還會在名貴的服裝上配戴格格不入的飾品，例如一枚勛章、一朵花或一片臂章。眾人見到後，完全不會認為拉斯提格沒有品味，而是會心生疑惑，並細思背後的意涵。拉斯提格在飯店時，幾乎每小時都會收到一封電報，而且都是由日本司機親自送到他手上，他每看完一張電報，便會以漫不經心的態度隨手撕掉（其實這些電報只是白紙）。他會刻意一個人坐在餐廳，閱讀手中那本裝訂精美的大部頭著作，裝出一副不問世事的模樣，卻又不時對路人微笑。幾天後，整棟飯店的人都想知道他究竟是何方神聖。

當所有人都將目光聚焦在拉斯提格身上時，他便可以好整以暇地挑選待宰的肥羊。每個人都想跟他說上幾句悄悄話，或是和這位神祕的貴族相處一會兒，而在面對這樣一個謎一般的男人時，受害者根本不會注意到自己被騙了。

除此之外，神祕感還可以將平庸之輩偽裝成智者。哈里相貌平凡，也不是特別聰明，但在神祕感的助力下，她成了巴黎人眼中的女神，是上天派下凡的舞者。神祕感可以為藝術家的作品增添吸引力，杜象深諳此道，並靠著此策略功成名就。他很少聊到自己的創作，而且總是會發表一些相互矛盾的言論挑逗群眾，最後再來個袖手旁觀，任由旁人去浮想聯翩。

神祕的人會顯得高人一等，因為所有人都必須去猜測他的想法。神祕感還有一個作用，那就是引發人們對未知與不確定人事物的恐懼，古今中外的領袖都知道神祕感不僅可以吸引眾人目光，還能樹立自己的威嚴，例如毛澤東就相當善於營造神祕的形象。毛澤東完全不擔心別人覺得自己言行不一或作風矛盾，因為一個人只要能出爾反爾，就能占據優勢地位。就連毛澤東的妻子都不了解他了，更何況其他人，而這種特質也讓毛澤東成為眾人矚目的焦點，想知道他的下一步計畫。

若你的社會地位較低，暫時無法用神祕感包裝自身行為，至少也要避免過於開誠布公。偶爾做出一些超乎常人預期之事，讓身邊的人應接不暇，並令大家注意到你，藉此獲得權力。此外，只要操作得宜，神祕感也可以令對手心生恐懼。

第二次布匿戰爭期間（西元前二一九到二〇二年），才智過人且騙術高明的迦太基名將漢尼拔（Hannibal）率軍挺進羅馬，一路上勢如破竹，無人可擋。

在漢尼拔的領導下，迦太基軍隊人數雖不如羅馬軍，但卻連連獲勝。有次，因為斥候的失誤，漢尼拔的軍隊走進一片鄰海的沼澤地，唯一的出路又被羅馬精兵擋住。困住強敵的羅馬將軍費邊（Fabius）喜出望外，當即派出最英勇的哨兵把守隘道，自己則開始苦思殲滅對手的策略。當天深夜，哨兵發現異狀，只見下方突然出現數以千計的火光，但漢尼拔的軍隊根本就沒這麼多人。

哨兵們開始討論眼前神祕的景象：是來自海上的援兵嗎？是本來就潛伏在該區的軍隊嗎？是鬼魂嗎？然而，沒有一條解釋是說得通的。

火光從四面八方爬上山頭，還傳出可怕的聲響，宛如百萬隻號角齊鳴。哨兵認為肯定是魔鬼降臨，於是便頭也不回地跑掉了。

到了隔天，羅馬軍發現漢尼拔早已逃出沼澤地。他是如何逃出去的？他真的召喚出了惡魔嗎？其實他只是利用了隨軍馱運物資的公牛，並在牛角綁上樹枝並點火，營造出援軍舉著火把趕到的假象。沒過多久，火焰沿著樹枝燒到公牛身上，導致牠們往山上逃竄，還發出可怕的叫聲。漢尼拔的計謀之所以能成功，是因為眼前的景象吸引了哨兵的注意力，進而令他們心生恐懼。站在山頂的哨兵無法解釋眼前的景象，因此只能選擇棄守崗位。

若你發現自己被對手逼入絕境，且完全沒有還手的餘地，那就做出一些難以解釋的行為讓對手疲於思考，摸不清你的動機。變化莫測確實是有效的策略（詳情見〈法則17〉），但是只有這樣是不夠的，你還要仿效漢尼拔，營造叫人難以理解和解釋的景象，且行為必須看來毫無章法、節奏與理性。若操作得當，對手便會心生恐懼，最後像那些哨兵一樣落荒而逃。你可以稱此策略是「哈姆雷特（Hamlef）式瘋狂」，因為在莎士比亞（William Shakespeare）的劇本中，哈姆雷特就是靠著瘋狂神祕的行為恫嚇繼父克勞迪（Claudius），最後實現復仇的計畫。神祕的氛圍可以放大你的實力，讓你變得更可怕。

意象：面紗之舞。

面紗包裹舞者，露出的令人興奮，隱藏的叫人期待，這就是神祕二字的本質。

權威之言：

有話不要直說，方可叫人懸著一顆心……行事要神祕，因為人都崇敬神祕，若真要解釋，也不可太過露骨……這種作風宛如神明，所有人都只能驚嘆與旁觀。［葛拉西安］

法則的反轉

剛開始攀爬權力這座高山時，你必須不惜一切代價吸引眾人的目光，當你越爬越高，就要學著頻繁改變作風，以免公眾對你一成不變的策略感到乏味。對想展現權力與博取關注的人來說，故作神祕可以帶來意想不到的效果，但務必謀定而後動並有所節制。以哈里為例，雖然事後證據顯示她並非間諜，但這樣的指控在當時完全合乎情理，因為她向來是個滿口謊言的人。也就是說，營造神祕感要適可而止，不要讓自己變成騙子。打造神祕的氛圍應該要像是一場遊戲，不該帶有威脅的意味，若你發現自己已經越界，還請懸崖勒馬。

有時候，我們反而應該停止追求關注，尤其是在你最不想惹出醜聞，也不想被冠上惡名時。此外，千萬不要靠冒犯或質疑上位者來博取關注（至少不要在他們地位不可動搖時幹這種事），這樣只會突顯自己的渺小與絕望。總而言之，吸引注意力也要知所進退。

舞者洛拉．蒙特茲（Lola Montez）深諳吸引眾人目光之道，並藉此從愛爾蘭中產家庭一路向上攀升，成為李斯特（Franz Liszt）的情人，最後還成了巴伐利亞國王路德維希（Ludwig I）的情婦兼政治顧問。然而，洛拉．蒙特茲年歲漸長後做事卻越來越沒有分寸，最終給自己惹上大麻煩。

一八五〇年，英國某劇院準備將知名莎劇《馬克白》（*Macbeth*）搬上舞台，並找來知名演員基恩（Charles John Kean）擔任主角。英國上流階層的人幾乎都會到場欣賞這場表演，坊間甚至有傳言，說維多利亞女王和阿爾伯特親王（King Albert）也會公開出席。根據當時的習俗，眾人必須提前坐在位置上等待女王蒞臨，所以當天大家都提早入席。女王進入王室專用包廂後，眾人也遵照禮節起立鼓掌歡迎女王，掌聲結束後，女王與親王也向大家回禮。此時眾人的目光突然轉向正對女王的包廂，只見洛拉從陰影中走出，在眾目睽睽之下比女王還晚就坐。洛拉戴著一頂鑽石箍冠，與烏黑的頭髮相映成趣，肩上披著一件長版皮草外套，底下搭配著豔紅色的低領禮服。見到這番情景，眾人開始低聲議論，但他們一轉頭就發現女王與親王刻意將目光避開洛拉的包廂，於是便也像女王一樣，整晚都對洛拉的存在置若罔聞。表演結束後，整個英國上流社會都對洛拉敬而遠之，她的吸引力頓時成了排斥力，根本沒人敢接近她。就這樣，洛拉·蒙特茲親手斷送了自己在英國的前途。

你可以追求關注，但不要太過貪婪，用力過猛只會突顯你內心的不安，而不安與權力是互斥的。有時不要成為眾人的焦點反而是好事，例如在國王或女王這類權貴面前，你該做的就是向他們鞠躬，然後退回暗處，不要妄想與其爭輝。

法則

7

藉他人之手成就自己

觀點

運用旁人的智慧、知識、體力達成自己的目標，這樣不僅可以省下大把時間與精力，還會令外界讚嘆你做事的效率。到了最後，大家只會記得你，而不是那些幫過你的人。總而言之，能交由他人代勞的事就不要自己做。

違反法則的案例與遵循法則的案例

一八八三年，塞爾維亞科學家特斯拉任職於大陸愛迪生公司歐洲分公司，特斯拉才智過人，發明了不少東西，於是與愛迪生是好友的工廠經理巴徹勒（Charles Batchelor）便鼓勵他到美國去闖一闖，還親自寫了封推薦信給愛迪生。就這樣，特斯拉開啟了自己悲慘又充滿苦難的人生下半場。

和特斯拉在紐約見面後，愛迪生立刻聘用特斯拉為他工作。成為愛迪生的員工後，特斯拉不斷嘗試改良愛迪生的發電機原型，每天都工作十八個小時，最後乾脆直接向愛迪生提議重新設計發電機。雖然愛迪生認為重新設計發電機工程浩大，而且還要等待數年才能獲得收益，但還是對特斯拉說：「**如果**你能完成這項專案，我就給你五萬元獎金。」於是特斯拉開始沒日沒夜地工作，只用了一年，就造出改良版的發電機，還加上了自動控制系統。特斯拉立刻向愛迪生報告這個好消息，並準備領取五萬元獎金。愛迪生得知此事後相當開心，因為他和公司攬下所有功勞，但他並不打算發放五萬元獎金，而是對特斯拉說：「看來你不太了解美式幽默。」並用小額加薪打發了特斯拉。

特斯拉的終極目標是打造交流電供電系統，但愛迪生只相信直流電，因此不但拒絕資助特斯拉的研究，還用盡各種手段中傷他。無奈之下，特斯拉只好求助於匹茲堡富豪威斯汀豪斯（George Westinghouse，西屋電器創始人），威斯汀豪斯答應全額贊助特斯拉的研究，甚至還和他簽訂權利金協議，保證他日後可以獲得分潤（直到今天，特斯拉發明的供電系統仍是全球標準系統）。然而，當特斯拉用自己的名字申請交流電發電機專利時，許多科學家紛紛

烏龜、大象與河馬

一天，烏龜走在路上，突然聽見大象的聲音，牠說：「滾遠點，沒用的東西，小心被我踩扁喲！」烏龜不怕大象，並站在原地一動也不動，大象見狀直接踩了下去，卻沒能踩碎龜殼。烏龜說道：「大象先生，你別太自大了，我跟你一樣強！」大象聞言後笑出聲來，於是烏龜便邀請牠明天到自己居住的丘陵見面。

到了隔天，烏龜趕在日出前跑到丘陵下的河邊找河馬，此時河馬也剛好從草地上覓食回來。烏龜說：「河馬先生，我們來拔河吧，我敢打賭，我一定和你一樣強！」河馬聽完這番傻話後笑出聲來，但還是同意和烏龜比一場。烏龜找來一條繩索，叫河馬咬住其中一端，並告訴河馬等聽到牠大喊

跳出來搶功勞，表示特斯拉的發明是建立在自己的研究基礎上。特斯拉的名字後來在這場專利爭奪戰中遭世人遺忘，而大眾也都認為發明交流電供電系統的人是威斯汀豪斯。

一年後，威斯汀豪斯的產業因債務危機被銀行接管，摩根要求他廢除之前與特斯拉簽訂的權利金合約。為此，威斯汀豪斯聯繫上特斯拉，告訴他如果自己按協議支付全額權利金，西屋電器就會倒閉，並說服對方以二十一萬六千美元接受發明專利買斷協議。這筆錢確實不是小數目，但相較於特斯拉發明專利價值（一千兩百萬美元）來說根本是九牛一毛。最後，這群金融家奪走了特斯拉應得的財富、發明專利，以及他此生最偉大的發明。

馬可尼（Guglielmo Marconi）一直都被認為是無線電設備的發明者（他在一八九九年從法國傳送了一封無線電報到英國），但很少有人知道在研發無線電設備的過程中，馬可尼使用了特斯拉在一八九七年申請的專利，也就是說，馬可尼的研究是建立在特斯拉之上的。和往常一樣，特斯拉一樣沒有收到半毛錢，也沒有人知道他的功勞。特斯拉不僅發明了交流電供電系統，還發明了感應馬達，更是真正的「無線電系統之父」，但這些事物都沒有被冠上他的名字，並在貧困中渡過自己的晚年。

一九一七年，美國電氣工程學會聯繫上窮困潦倒的特斯拉，說他們打算頒發愛迪生獎章給他。特斯拉拒絕了這份「殊榮」，並說：「你的意思是要我別著獎章，供學會會員觀賞一個小時。因為你們之前未能認可我的成就，所以現在要將我打扮得光鮮亮麗，再讓我回去過一貧如洗的生活。請容我提醒你，貴學會的基礎都是由我的知識和我的發明打下的。」

「嘿」後再開始用力。烏龜叼著繩索趕回山丘上，看見已經等得不耐煩的大象，便將繩索的另一端放到大象口中，並說：「等聽到我大喊『嘿』之後再開始用力，到時候誰強誰弱立見分曉。」接著連忙跑回兩地中間一個河馬和大象都看不見自己的位置。只聽見烏龜大喊了一聲「嘿」，河馬和大象同時出力，誰都不讓誰，也沒有誰贏過誰，雙方勢均力敵。終於，牠們都同意烏龜真的和自己一樣強。

能交由他人代勞的工作就不要自己做，烏龜把苦差事交給河馬和大象，自己坐享名利。［薩伊寓言故事］

重點解析

很多人都認為由於科學是建立在事實之上，所以可以遠離世俗的競爭，但這種想法是錯誤的。特斯拉就是這種人，他認為科學與政治無關，還說自己不在乎名和利，導致自己的心血結晶被旁人摧毀。由於他的名字和任何科學發現都沾不上邊，所以根本無法吸引到投資者。當他在思考如何實現各種偉大發明的同時，許多科學家都在盜用他的專利，並將功勞全都攬在自己身上。

特斯拉是個事必躬親的人，但這種性格卻使他耗盡精力，也注定了他晚景淒涼的未來。愛迪生是特斯拉的死對頭，他其實不能算是真正的科學家或發明家，他曾說過：「我沒必要成為數學家，因為我可以聘請數學家為我工作。」這就是愛迪生的方法論，他骨子裡其實是個商人和公關人員，永遠都在觀察時代的潮流與機會，並聘請最優秀的人才替他做事。假使獲勝的條件是要從競爭對手那邊竊取機密，愛迪生也會義無反顧地去做。時至今日，知道愛迪生的人依舊占多數，掛在他名下的發明也遠超特斯拉。

我們可以從特斯拉身上學到兩條教訓：第一，發明掛誰的名字很重要，就和發明本身一樣重要。因此，務必確保功勞會落到你頭上，而不是被別人搶走，更不要成為旁人的順風車。想做到這一點，就要時刻提高警覺，並練就一副鐵石心腸，直到確認頭上沒有禿鷲盤旋才公開自己的發明；第二，利用他人的成果來達成自身目標，人的一生並不長，時間寶貴，若你什麼事都想自己來，最後只會把自己累死。相較之下，保留實力並利用他人的成果為自己牟利方為明智之舉。

夫獵者，託車輿之安，用六馬之足，使王良佐轡，則身不勞而易及輕獸矣。今釋車輿之利，捐六馬之足與王良之御，而下走逐獸，則雖樓季之足無時及獸矣。託良馬固車，則臧獲有餘。〔《韓非子》〕

在工商界打滾的人哪個不偷？我就偷過，而且我也知道偷竊的方法。

——愛迪生

權力之鑰

權力世界就是一座叢林，裡面既有靠狩獵殺戮維生的掠食者，也有一大群坐享掠食者勞動成果的生物（鬣狗、禿鷲等），這些生物缺乏想像力，且通常都無法從事與創造權力有關的核心工作。牠們知道，只要等得夠久，總會有其他動物會替自己完成這些工作。別再抱著天真的想法了，在你揮汗如雨的同時，其實頭頂上早就已經有禿鷲在盤旋了，牠們不僅想靠你創造的價值生存下去，甚至還在思考如何利用你的創意壯大自己。抱怨這種現象無濟於事，為此憤憤不平也於事無補（特斯拉就是這種人，最後反而苦了自己），最好的解決辦法就是武裝自己，並主動加入戰局。等你建立起自己的權力基礎後，再變身為禿鷲，為自己省下大把時間和精力。

這場戰爭兩個陣營各有代表人物，其中之一就是巴爾柏（Vasco Núñez de Balboa），巴爾柏心中有一個執念，那就是找到傳說中的黃金國。

十六世紀初期，在歷經艱辛並與死神幾度擦肩後，巴爾柏終於找到相關證據，指出在墨西哥南方（今天的秘魯）有一個極度富裕的帝國（印加帝國）。巴爾柏心想，只要自己能攻陷這個帝國，並搶走當地的金銀珠寶，自己便能成為第二個科特斯（Cortés）。然而，印加帝

瞎眼的母雞

一隻瞎眼的母雞養成了靠掘土尋找食物的習慣，雖然牠看不見，但掘起土來卻特別賣力。牠雖勤勞，卻是個傻子，牠這樣努力挖土到底有什麼用？一隻視力正常、且特別愛惜爪子的母雞，總是寸步不離地跟著瞎眼的母雞，不花一絲力氣就叼走牠挖出的食物，吃掉原本屬於對方的每一顆大麥粒。［萊辛（Gotthold Lessing），《寓言故事》（*Fables*）］

國存在的消息很快就在探險家群體中傳了開來，顯然他並不知道保密和提高警覺是贏得勝利的關鍵。在發現印加帝國位置的幾年後，他就被手下的士兵皮薩羅（Francisco Pizarro）陷害，被以叛國的罪名處死，而皮薩羅也順理成章地實現了巴爾柏未完成的宿願。

另一個陣營的代表人物則是畫家魯本斯（Peter Paul Rubens），由於訂單應接不暇，魯本斯便創造了一套系統，聘請數十名優秀的畫家到他的畫室工作，每人各司其職，完成畫作的特定部分。他打造的生產線陣容龐大，隨時都有無數張帆布在其間流動。只要有重要的委託人來訪，魯本斯就會支開畫工，確保對方能看見自己賣力工作的模樣。每個委託人在離開畫室時，內心都會不住地讚嘆魯本斯真是個天才，居然能在短時間內交出這麼多傑作。

魯本斯的策略就是本法則的核心：犬馬之勞讓別人去效，你只須負責邀功，並扮演好超人的角色即可。如果你堅持親力親為，最後只會落得和特斯拉及巴爾柏一樣的下場。你缺乏哪種技能與創意，就去找具備這項技能與創意的人，你可以聘僱他們，並將自己的名字放在最顯眼的地方，也可以設法把他們的作品占為己有。大家會以為這些創意都是來自你的腦袋，並將你視作天才。

這項法則還有另一種應用方式，可以讓你不用像寄生蟲一樣吸取同儕的創意，那就是利用前人流傳下來的知識和智慧。牛頓（Isaac Newton）稱這種行為是「站在巨人的肩膀上」，即自己的各種科學發現都是建立在前人的成就上。牛頓知道自己之所以能被冠上天才的光環，有很大一部分都要歸功於自己狡猾的借鑑能力，因為他就是靠著這項能力從古代、中世紀、文藝復興時期科學家身上汲取養分。莎士比亞的劇作中有不少情節、角色，甚至對話都是來自普魯塔克和其他作家的創作，因為他知道在描寫人類細微心理與創作詼諧短語這兩個領域，沒有人能和普魯塔克比肩。再看看後世的作家，借鑑（**抄襲**）莎翁作品的人簡直多如牛毛。

我們都知道，現代政治人物的演講稿大部分都是由他人代筆，如果讓他們自由發揮，恐怕連一張選票都贏不到。這些人之所以能辯才無礙、妙語如珠，其實都要歸功於背後的演講稿寫手，他們請別人出力，並讓自己接受表揚。利用前人的知識有一個好處，那就是每個人都有借鑑的權力，只要掌握這項技巧，即便你只是個高明的借方，眾人也會將你視為天才。

無論是專研人性的作家、古代謀士、深諳人性本蠢的史學家，還是背負權力重擔的一國之君，他們流傳下來的智慧已經被束之高閣太久了，現在就等你去站上他們的肩膀。他們的智慧與能力可以盡數為你所用，而且絕對不會到處宣傳，告訴眾人你的知識都是抄來的。你可以渾渾噩噩地生活，也可以不斷犯錯，更可以按照自身經歷去待人接物，浪費自己的時間和體力。當然，你也可以選擇利用前人的智慧結晶。俾斯麥曾說過：「傻子從自身經驗中學教訓，我則是喜歡將旁人的經驗納為己用。」

意象：禿鷲。

叢林中所有動物就屬牠過得最輕鬆，其他動物的成果都會變成牠的成果，不幸死亡的動物亦會淪為牠的養分。小心禿鷲，你在工作，牠們在伺機而動，別和牠們作對，加入牠們的陣營。

權威之言：
學海無涯，人生苦短，沒有知識的人生稱不上人生。我建議你從所有人身上學習知識，用旁人的汗水建立自己的專家聲望。〔葛拉西安〕

法則的反轉

有時搶功勞並非明智之舉，假設你的權力基礎還不夠穩固，旁人只會覺得你是在排擠他人。只有地位不可撼動之人，才能夠將他人的才能利用得淋漓盡致，沒有地位的人若如法炮製，只會被當成欺世盜名之徒。

如果你打算把功勞分給其他人，那一定要給得值得，也就是對自己有利。如果你是在別人手下工作，那麼切忌貪得無厭。美國總統尼克森（Richard Nixon）當年本就有意造訪中華人民共和國，但如果沒有長袖善舞的季辛吉居中協調，便不可能成行，即便成行了，也不可能如此成功。季辛吉原本可以把大部分功勞往自己身上攬，但他卻巧妙地選擇讓尼克森享受公眾的吹捧，因為他知道，真相終有水落石出的一天，何必為了逞一時之快而犧牲掉自己的名聲。季辛吉是權力遊戲的專業玩家，當下位者立功時，季辛吉絕不會羞於邀功，但面對上位者時，他又懂得不要抓緊自己的功勞，這正是遊戲的規則。

法則

8

讓別人主動來找你，必要時用點誘餌

觀點

當你能逼對手不得不採取行動，便可以掌控局面。讓對手放棄自己的計畫主動來找你，永遠是上上策。先用誘人的糖衣吸引對手，再給他們致命的一擊。這一局你說了算。

遵循法則的案例

一八一四年，歐洲列強齊聚一堂，召開維也納會議，準備瓜分法蘭西帝國的剩餘領土。會議期間，整座城市散發著歡樂的氛圍，到處都有奢華的舞會可以參加，即便如此，眾人依舊能隱約感受到拿破崙的餘威。戰敗的拿破崙並沒有被處決，也沒有被流放到邊疆地帶，而是被送往距離義大利不遠的厄爾巴島。

即使拿破崙此時已淪為海島上的階下囚，但一想到他大膽的作風和聰明的腦袋，眾人還是會有些擔心。奧地利原本策畫了一場暗殺行動，最後卻因風險太高而作罷。會議進行到一半，沙皇亞歷山大一世（Alexander I）得知自己拿不到波蘭的領土，便憤然揚言要大家小心點，因為他打算把野獸放出來，搞得眾人焦慮不已。所有人都知道野獸指的是誰，就在各國政要皆面露愁容時，拿破崙的前任外交大臣塔列朗卻泰然自若，就像掌握了什麼機密一樣。

此時此刻，遠在厄爾巴島的拿破崙猶如從天堂跌進地獄，他現在的身分是小島國王，有權組織自己的宮廷，人員包括一名廚師、衣櫥總管、宮廷鋼琴，外加若干朝臣。想當然耳，這樣的人員配置完全是為了羞辱他，而且效果似乎不錯。

同年冬天，厄爾巴島上演了一場宛如戲劇的離奇大逃亡，首先，為了預防有人前來營救拿破崙，英國在小島四周布署多艘軍艦，擋住所有出路。然而，在一八一五年二月二十六日，一艘載著九百人的船隻居然在光天化日之下偷偷從厄爾巴島接走拿破崙。英國海軍發現後立刻奮起直追，但對方已揚長而去。這場不可能的逃亡震驚歐陸，也把參與維也納會議的官員嚇得要死。

雖然離開歐陸是較為安全的策略，但拿破崙不僅選擇重返法國，還率領了一支人數極少的軍隊企圖奪權。這招險棋奏效了，法國各階層的人士皆對他俯首稱臣。法國元帥內伊（Marshal Ney）帶著大軍十萬火急地趕往巴黎，要逮捕拿破崙，無奈士兵們見到拿破崙後紛紛倒戈。拿破崙再次稱帝，法國人民前仆後繼加入皇帝的新軍隊，舉國上下都瀰漫著一種莫名的狂喜，時任法國國王也被迫倉皇出逃。

接下來的一百天，拿破崙再次統治法國，但眾人很快便恢復理智，法國也陷入破產的窘境，各種資源慢慢耗盡。最後，束手無策的拿破崙在同年六月的滑鐵盧戰役中徹底敗下陣來。經過上次的教訓，這回大家將拿破崙放逐到位於非洲西岸的聖赫勒拿島，讓他插翅難飛。

重點解析

厄爾巴島逃亡事件過後好幾年，人們才知道事件背後的真相。原來在拿破崙決定逃跑前，曾有不少人和他說，他在法國的聲勢如日中天，人民也想再次擁他為帝。其中一名說客是奧地利的柯勒將軍（General Koller），他告訴拿破崙只要他能設法逃走，歐洲列強（包括英國）都會支持他再次登基。在眾人的蠱惑下，拿破崙相信英國不會阻撓他的逃亡計畫，於是便選在大白天於眾目睽睽之下乘船逃跑。

然而，拿破崙並不知道這一切都是陰謀，而背後的主使者居然是他的前外交大臣塔列朗。塔列朗之所以會設下這樣的圈套，並不是為了找回帝國的榮光，而是要徹底剷除拿破崙。拿破崙的野心一直是歐洲無法穩定的根源，因此塔列朗從很久以前就想推翻他了，當眾人決議要將拿破崙流放到厄爾巴島時，塔列朗便表示若拿破崙不被發配邊疆，歐洲將永無寧日。

塔列朗並沒有強迫眾人接受自己的意見，而是好整以暇，制定策略，最終說服了英奧兩國的外務大臣卡司爾雷（Viscount Castlereagh）和梅特涅（Klemens von Metternich）。

他們三人合力讓拿破崙起了逃亡的念頭，還派柯勒將軍去和對方畫了個復辟的大餅。塔列朗洞燭機先，就像個高明的玩家，他知道拿破崙勢必會落入自己設下的圈套，也很清楚拿破崙一定會帶法國走上戰爭的道路，而早已積弱不振的法國根本撐不過幾個月。一名知道內情的外交官這樣說：「塔列朗放了一把火將房子燒掉，好讓眾人躲過瘟疫。」

> 設下誘鹿的餌食後，我不會射殺第一隻前來嗅聞的母鹿，而是等鹿群聚集後再一網打盡。
>
> ——俾斯麥

權力之鑰

激進強勢的領導人靠著大膽的策略取得權力，但卻在權勢如日中天時陷入眾叛親離的窘境，這樣的戲碼在人類歷史上已經上演了無數回。此時所有的敵人都會連成一氣，而為了穩住自己的權力，這名領導者勢必會耗盡自己的精力，最終一敗塗地。這種模式之所以會反覆出現，是因為野心勃勃之人大多無法掌控局面，他們短視近利，根本不明白自己的行為會引發什麼後果。這些人一方面疲於應付人數日益增長的對手，一方面又要處理自身草率行為帶來的麻煩，最終只會被個人野心拖累。

在權力的國度遊走，我們一定要問自己一個問題：如果無法掌控局面，那麼汲汲營營地去解決問題、打擊對手又有什麼意義？為什麼我非得被動地回應事件，而不是去引導事件發生？答案很簡單，因為你對權力的看法是不正確的。你以為爭強鬥勝的行為一定能帶來什麼成果，但其實按兵不動、冷靜沉著、看對方落入你設下的陷阱、放棄小勝利，追求長遠的權力才是最有效的策略。

你一定要記住，權力的本質是掌握取主導權，讓對方疲於應接你發出的招式，讓對手和身邊的人轉攻為守。當你可以令旁人不得不主動來找你，便能掌控局面，而能夠掌控局面的人便是掌握權力之人。想讓旁人不得不主動來找你，就必須做到兩件事情：第一是控制情緒，絕對不讓自己憤怒沖昏頭；第二則是利用人的天性，讓對手在遭受逼迫或上當時勃然大怒。從長遠的角度來看，任何激進的手段都比不上讓他人主動來找你的能力。

塔列朗是箇中高手，你可以好好研究他對付拿破崙的策略。他先是壓制住自己的衝動，不去說服他國政要一定要將拿破崙發配邊疆。說之以情、動之以理雖然是人的天性，但這樣做往往適得其反。由於當時大多數人都認為拿破崙再也威脅不到他們，所以塔列朗知道嘗試說服他們只會令自己陷入窘境。塔列朗的策略是保持沉默並隱藏自身情緒，且暗中設下了一個誘人的陷阱，要讓拿破崙自己跳進去。他知道拿破崙的軟肋，也知道他生性急躁，更知道他需要榮耀與群眾的愛戴，並用這些元素打造一個完美的圈套。就在拿破崙咬下誘餌的那一刻，他就注定了不可能成功，也不可能扭轉局面，逃出塔列朗的五指山，因為塔列朗比誰都清楚法國早已是強弩之末。即便拿破崙真的有能力解決法國面臨的各項難題，關鍵也還是要看他能否自行決定在何時何地出擊，但很可惜，這兩項因素早已經被塔列朗安排好了，拿破崙只能照著他的劇本走。

人的精力是有限的，也有峰值，所以讓別人追著你跑，自然可以令對方在長途跋涉的過程中耗盡元氣。一九〇五年，日俄戰爭正打得如火如荼，當時日本海軍才剛經歷一場大革新，所以實力不敵俄軍，但日本海軍大將東鄉平八郎卻放出假消息，讓俄羅斯帝國相信只要他們願意調派駐紮在波羅的海的軍艦，就能一舉殲滅日本海軍。從波羅的海到日本最快的海路是穿越直布羅陀海峽，再走蘇伊士運河進入印度洋，但當時這兩個關卡都由英國控制，而英國與日本又是盟友，所以俄軍只能繞過非洲南端的好望角，多航行六千多英里。然而，就在俄國海軍駛過好望角時，日方又放出另一則假消息，說日本帝國海軍準備發起反擊，搞得俄國艦隊船員各個繃緊神經。抵達日本時，俄國海軍早已精疲力竭，而在海上迎接他們的，則是好整以暇的日本海軍。雖然日本海軍戰力較弱，又缺乏現代海戰的經驗，但由於敵人早已是強弩之末，所以這一戰日本帝國大獲全勝。

讓對手主動來找你還有一個好處，那就是你可以趁機掌握主場優勢。當人身處充滿敵意的環境，勢必會感到緊張，並做出一些魯莽的舉動或犯錯。所以說，進行談判或舉辦會議時，最明智的做法就是設局讓對方踏進你熟悉的地盤，而對方只能在這陌生的環境中處處提防。

操弄人心是一項危險的策略，一旦對方懷疑有人在背後操控自己，想再控制此人就難上加難。然而，只要你能設法讓對方主動來找你，他們就會誤以為控制局面的人是自己，絲毫感受不到頭上密密麻麻的絲線，就像拿破崙一樣，直到最後，他都以為他是憑一己之力逃出厄爾巴島並重新坐上王位。

成功的關鍵在於誘餌有多可口，你設下的圈套越是吸引人，對手的情緒波動和欲望就越能混淆他們的視聽。也就是說，他們越貪心，就越容易被操控。

十九世紀之名商業大盜德魯（Daniel Drew）最擅長操弄股市，每當他想控制某支股票的價格，通常都會採取迂迴的方式達到目的。德魯會匆忙地走進華爾街上某間高級俱樂部，佯裝自己待會要到股市交易所去，並拿出他標誌性的紅色帕巾擦汗。此時他會故意落下一張小紙條，並假裝自己沒有注意到。由於俱樂部會員都想知道德魯的投資策略，所以只要他一走，眾人便會爭先恐後地去一探究竟，而那張紙條上也永遠都會寫著某支股票的內線消息。接下來，關於這支股票的謠言就會開始流傳，俱樂部的會員也會紛紛買進或賣出這支股票，一切都正中德魯的下懷。

如果能設法說服他人自掘墳墓，你又何必拿起鏟子？說到這個，扒手也算是箇中好手。想從人身上偷到錢，關鍵就是要知道錢包被放在哪個口袋，經驗老到的扒手通常都會在貼有「小心扒手」警語的場所行竊，例如車站。原因很簡單，當人們看到這四個字時，都會不由自主地伸手檢查自己的錢包是否還在。得知錢包放在哪裡後，扒手便可以輕輕鬆鬆獲得不義之財，一些扒手甚至還會自己擺出「小心扒手」的看板。

有時你可以放棄用騙術操弄對手，並讓對方明確感受到你在強迫他們主動走到你面前。這種策略會讓人產生一種心理感受，認為你擁有更大的權力，也更值得尊敬。

布魯內萊斯基（Filippo Brunelleschi）是文藝復興時期的藝術家兼建築師，他最擅長讓旁人有求於他，並以此宣示自己的權力。有一次，他收到一份委託，請他修復佛羅倫斯的聖母百花大教堂的圓頂，這可是項了不起的大工程。但市政府的官員後來又請了雕塑家吉貝爾蒂（Lorenzo Ghiberti）當副手，引得布魯內萊斯基懷恨在心。布魯內萊斯基很清楚吉貝爾蒂是靠關係才弄到這份工作的，也知道他什麼都不用做，就能拿走一半的功勞。於是，在建築工作進行到緊要關頭時，布魯內萊斯基宣布自己突然身患怪病，無法工作，並告訴市政府官員，他們既然雇用了吉貝爾蒂，就表示他有能力接手後續工作。半吊子的吉貝爾蒂很快就露出馬腳，官員們也前仆後繼跑去求布魯內萊斯基，但他對他們的哀求置若罔聞，堅持要吉貝爾蒂完成修復案。最後，眾人終於弄清楚問題所在，開除吉貝爾蒂。

吉貝爾蒂走後沒幾天，布魯內萊斯基便奇蹟似地康復。布魯內萊斯基不吵也不鬧，只是用了一些小伎倆，就讓旁人「主動來找他」。

如果有一次你堅持讓他人必須主動來找你，並且成功了，那麼即使你之後不再努力，他們也會繼續這樣做。

意象：塗滿蜂蜜的捕獸夾。

獵熊人不會浪費力氣去追獵物，察覺到獵人的熊特別難抓，也異常凶猛。獵人會在捕獸夾上塗滿蜂蜜，以逸待勞，等待願者上鉤。

權威之言：

引致敵來，則彼勢常虛；不往赴彼，則我勢常實。以實擊虛，如舉石投卵，其破之必矣。［《孫子兵法》］

法則的反轉

一般來說，讓對手追著你跑是較為高明的策略，但有時發動奇襲，削弱對方的士氣和精力也是一記妙招。與其坐等對方主動來找你，不如主動解決問題，拿下主導權。主動出擊可以使對方疲於接招，令他們無暇思考和制定策略，進而誤判形勢，最後連還手的餘地都沒有。主動出擊和願者上鉤乍看之下截然相反，但效果卻是一樣的，目的都是讓對手按照你的劇本走。

波吉亞和拿破崙皆擅長用速度威嚇和控制對手，他們知道出其不意的突襲最能震懾人心，也最能打擊對方士氣。請根據實際狀況決定作戰策略，若時間充裕且雙方勢均力敵，那就設法讓對方來找你，藉此消耗他們的利器。反之，如果你必須速戰速決（時間拖得越久，對手的實力就越強），那就不要給他們恢復的時間，盡快發動攻擊，叫他們無路可逃。路易斯（Joe Louis）曾說：「他可以逃，但絕對躲不了。」

法則

9

不做口舌之爭，寧用行動致勝

觀點

你以為自己可以靠口才致勝，但這樣做往往得不償失，即便對方暫時改變心意，他們心中的恨意和惡意也不會輕易消散。想要別人同意你的觀點，最好的做法還是透過行動，而不是言語，能親身示範就不要喋喋不休。

違反法則的案例

西元前一三一年，羅馬執政官穆齊阿努斯（Publius Crassus Dives Mucianus）率軍包圍某座希臘城邦，並亟需一座破城槌攻破城門。此時穆齊阿努斯突然想起，自己幾天前在雅典城造船廠看見好幾根大船專用的桅杆，便下令要求雅典用最粗大的桅杆製作破城槌。雅典城軍事工程師收到命令後，認為用小一點的桅杆製作破城槌比較適合，也更便於運送，於是就和穆齊阿努斯派來的士兵據理力爭。

士兵們警告工程師，說穆齊阿努斯生性專斷，但工程師卻說如果不用小一點的桅杆，自己就不會製作破城槌。他畫了一張又一張示意圖，還到處說這幫士兵什麼都不懂，自己才是專家。士兵們知道穆齊阿努斯的個性，所以都努力勸工程師放下堅持，服從命令。

士兵們走後，工程師左思右想，還是認為服從這種注定失敗的命令毫無意義，於是便選用尺寸較小的桅杆製作破城槌。在製作的過程中，工程師還一廂情願地認為執政官一定會發現他的設計效果更好，並賜予他豐厚的獎賞。

破城槌送達後，穆齊阿努斯要求士兵給他一個合理的解釋，於是他們便提起了這名喋喋不休的工程師，說他明明承諾會用大號的桅杆，但最後又不守信用。穆齊阿努斯聽完後勃然大怒，根本無法專注於眼前的圍城戰，一直拖到敵方援軍趕到都沒用上破城槌。此時此刻，穆齊阿努斯滿腦子想的，都是這名膽大包天的工程師，於是便令人立刻將他帶來營地。

幾天後，工程師便來到穆齊阿努斯面前，喜孜孜地用同一套理論解釋為何要選用小號的桅杆，並表示碰上這種問題就應該聽專家的，還說穆齊阿努斯用了他設計的破城槌後絕對不會

蘇丹與大臣

一名大臣輔佐蘇丹約三十年，雖然他為人忠心、正直、虔誠，但這種直言不諱的個性卻招來了不少政敵，他們不斷散播謠言，說大臣是個雙面人，還懷有二心。在他們不懈的努力下，蘇丹居然也起了疑心，最後判處大臣死刑。按照國家律法，死刑犯的手腳會被綁起來丟進圍欄中，由蘇丹飼養的獵犬活活咬死。就在大臣即將被丟進刑場前，他提出了最後一個請求，他說：「請再給我十天的時間，我要把欠人的債償清、追回他人向我借的錢、歸還旁人託我保管之物、將財產分配給家人與子女，並把孩子託孤於可信任之人。」由於大臣再三保證他不會逃跑，於是蘇丹便答應他的請求。

後悔。執政官靜靜地聽完他的長篇大論，接著便命人扒光他的衣服，將他亂棒打死。

重點解析

雖然這名工程師一輩子都在兢兢業業地設計桅杆和建築物的支柱，而且技藝超群，但我們在史書上卻看不見他的名字。他知道自己的作法是正確的，比起大尺寸的桅杆，小一點的桅杆不僅速度較快，撞擊力也更強。穆齊阿努斯當然聽得懂他為何要這樣做，最後也會在中性的科學論據面前低頭，畢竟對方都已經出示了詳細的示意圖，也說明了裝置背後的運作理論，他還有什麼理由固執己見？

這名軍事工程師就是典型的好辯者，這種人在我們身邊隨處可見。好辯者永遠都不知道文字從來都不是中性的，也不知道和上位者爭論等於在嘲笑他們的智商，更意識不到他人的存在。此外，由於每個人都認為自己一定是正確的，所以我們通常無法用言語說服他人，這會導致根本沒人想聽好辯者的論證。眼見說不動對方，好辯者會加倍努力解釋，最後將自己送上絕路。一旦好辯者讓另一方感覺自己受到威脅或低人一等，那麼即便是蘇格拉底（Socrates）在世也難以挽回局面。

每個人都有自己的想法，也都認為自己的論證邏輯是對的，此法則不僅是要提醒你不與上位者爭辯，更要你用行動間接證明自己的觀點是正確的。

獲釋後的大臣立刻趕回家中，取出一百枚金幣，去找蘇丹的飼犬員，把錢交給他，並說：「接下來十天請讓我照顧這些獵犬。」飼犬員欣然同意，在接下來的幾天，大臣無微不至地照顧這些獵犬的起居，除了替牠們梳毛，還把牠們餵得飽飽的。到了第十天，獵犬們早已被訓練得服服貼貼，大臣即便是親手餵食也不會被咬。

第十一天很快就到了，大臣再次被傳喚到蘇丹面前聆聽自己的罪狀，並在眾目睽睽之下被綁住手腳，丟進圍欄中。然而，原本凶殘的獵犬看見大臣後紛紛搖著尾巴向他跑來，輕咬他的肩膀，作勢要和他玩耍。在場的人見此情景無不感到詫異，蘇丹更是直接開口詢問大臣，想知道獵犬為何會放過他。大臣答道：「這是

遵循法則的案例

一五〇二年，一塊大理石矗立在義大利佛羅倫斯聖母百花大教堂的工作室，這塊石頭原本應被雕塑成一尊人像，但學藝不精的工匠卻在人物腿部位置鑿了一個大洞，破壞掉原有的設計結構。時任佛羅倫斯市長索德里尼（Piero Soderini）左思右想，希望委託達文西或其他大師出馬解決問題，無奈所有人都表示自己無力回天，而這塊索價不菲的石材最後也只能被閒置在教堂中。

後來，此事輾轉傳到當時住在羅馬的米開朗基羅（Michelangelo）耳中，一些認識他的人說他一定有辦法化腐朽為神奇。抵達佛羅倫斯後，米開朗基羅仔細端詳了這塊原石，並表示自己可以修改人物的姿勢，雕刻出一尊美麗的藝術品。索德里尼聞言後露出不以為然的表情，認為米開朗基羅只是在浪費時間，因為這塊石頭早就已經毀了，但還是同意讓他進行修復工程，米開朗基羅最後決定把這塊大理石雕塑成手持機弦的大衛（David）。

幾星期後，就在大衛像即將完工時，索德里尼突然前來視察進度。只見他裝出一副行家模樣，煞有其事地環顧雕像，最後告訴米開朗基羅他覺得大衛的鼻子太大了。米開朗基羅知道索德里尼之所以會覺得鼻子太大，完全是因為他就站在雕像正下方，不過他也沒打算糾正市長，而是請對方和自己走上台架。接著米開朗基羅自己一個人爬到大衛的鼻子處，並從手邊的木板上拿起鑿子和一把大理石粉。米開朗基羅一手假裝敲打鑿子，一手抓起石粉往敲擊處撒，作戲給站在下方的索德里尼看。幾分鐘後，米開朗基羅對索德里尼說：「您再看看這樣大小合適嗎？」索德里尼回道：「這樣好多了，看起來栩栩如生。」

因為過去十天都是我在照顧牠們，而我照顧了您三十年，如今卻落得這般下場，只因一些莫須有的指控就被判處極刑。」蘇丹聞言後臉上一熱，頓時羞愧難當，於是便赦免他所有的罪，還賞給他許多華貴的衣裳，並將中傷他的人交由他處置。仁慈的大臣並沒有追究這件事情，而是把他們都放了，並以禮待之。〔《奇策錄：阿拉伯式智慧與妙計之書》（*The Subtle Ruse: The Book of Arabic Wisdom and Guile*）〕

重點解析

米開朗基羅知道修改鼻子的形狀可能會毀掉整座雕像，也知道索德里尼是個自視甚高的人，和他爭辯不僅得不到任何好處，還有可能冒犯到他，導致自己往後接不到委託案件。米開朗基羅是個聰明人，他很清楚不能和市長做口舌之爭，所以才會請對方移動位置（離鼻子近一些），而非直接指出是由於視角出了問題。

米開朗基羅令索德里尼覺得是他的建議把雕像修飾得更完美，也讓今天的我們有幸欣賞到大師傑作。閉上嘴巴，改用行動致勝不僅可以避免冒犯他人，還能證明自己的觀點是對的。

權力之鑰

在權力的世界，請務必將眼光放得長遠一點，審慎評估自身行為對他人造成的影響。倘若你是透過爭辯來證明自身看法或贏得勝利，那你將永遠無法確定對方真實的想法，他們可能會表面上贊同你，但卻在心中怨恨你。也有可能你說出的話會不經意觸怒對方，因為接收方有可能會因自身情緒和不安感，就將你的語言曲解成其他意思。即便是最完美的論證也並非建立在穩固的基礎之上，因為世人皆不信任言語和文字，認為他們的本質是曖昧不明的。很有可能我們今天被對方說服了，但幾天後又會因習慣而投奔自己原本的想法。

切記，文字是沒有重量的，在辯論的過程中，人會為了證明自身觀點而無所不用其極，我們會引用《聖經》，還會舉出一大堆未經證實的數據。你真的覺得這些空話能說服什麼人嗎？相較之下，行動和示範就顯得更有分量，因為我們可以親眼見證這兩樣事情：「沒錯，大衛

阿摩西斯的策略

法老阿普里斯（Apries）如我描述的一般被廢黜了，阿摩西斯（Amasis）登基，成為新法老。阿摩西斯出生於舍易斯區一個名叫西烏鋪的城市。埃及人一開始是看不起阿摩西斯的，因為他不是貴族，但後來阿摩西斯靠著聰明才智（而非暴政）讓全埃及的人民都臣服於他。

阿摩西斯擁有數不清的金銀財寶，其中有一個金盆，他會與宴飲的賓客一起用它洗腳。後來他將這個金盆打破，並將它重鑄成一尊神像，放置在城中供人膽仰。埃及人經常來膜拜這尊神像，對它展現出極大的虔誠之心，阿摩西斯得知此事後便將人民召集在一起，告訴他們這尊神像原本是一個洗腳盆，專門供貴族洗腳、便溺、嘔吐用。他接著

的鼻子現在看起來好多了。」行動和示範不像文字一樣會冒犯他人，更不存在讓人誤解的灰色地帶，沒有人可以質疑你透過示範得出的結果，一如葛拉西安所言：「真相通常都是透過眼睛看見的，很少是用耳朵聽來的。」

雷恩爵士（Sir Christopher Wren）是一名多才多藝的博學家，精通數學、天文學、物理學和生理學，頗有文藝時期全才的風範。除此之外，雷恩也是英國最著名的建築師，但在他漫長的職業生涯中，曾有許多贊助人要求他修改建築設計，但這些變更都相當不切實際。面對這些莫名其妙的要求，他從來都不和贊助人爭論，而是用另一種方式證明自己的做法。

一六八八年，雷恩受託為西敏市建造市政廳，但西敏市市長對雷恩的設計相當不以為然，甚至可以說是擔憂。他告訴雷恩，說自己擔心二樓結構不穩，可能會坍塌，壓垮位於一樓的市長辦公室，並命令雷恩在二樓多加兩根石柱加固。雖然技藝超群的雷恩知道這兩根石柱毫無實際效果，市長不過是庸人自擾，但卻還是按命令執行，市長也很感謝他。一直到數年後，在鷹架上施工的工人赫然發現，這兩根石柱根本沒有碰到天花板，只是離得很近，形同虛設。這是個雙贏的局面，雷恩不僅化解了市長的憂慮，也讓後人知道自己的原始設計完全沒問題，這兩根石柱根本是畫蛇添足的物件。

當你用行動實踐自身想法，對手便會卸下心防，而你也可以趁機說服對方。比起用言語苦口婆心地解釋，將想法化為可以親身感受的行動效果更好。

有次前蘇聯最高領導人赫魯雪夫（Nikita Khrushchev）在一場演說上譴責史達林（Joseph Stalin）的罪行，一名聽眾突然發聲，大聲說道：「你跟史達林是同僚，為什麼你不阻止他？」

將自己比喻成洗腳盆，說自己原是一介平民，現在卻成了一國之君，既然大家願意對一個洗腳盆畢恭畢敬，現在也應該對他投以同等的尊敬和重視。就這樣，阿摩西斯說服了埃及人民，令他們心甘情願奉自己為王。〔希羅多德（Herodotus），《歷史》（*The Histories*）〕

赫魯雪夫看不見發話的人，於是便怒道：「是誰在說話？」台下沒人承認，也沒有人敢輕舉妄動，整個會場鴉雀無聲。過了幾秒，赫魯雪夫才用平靜的口吻說：「現在你們知道我為何不阻止他了吧？」無論是誰，面對史達林時都會提心吊膽，因為他們知道，違抗史達林的下場只有死路一條。赫魯雪夫當然也知道這一點，但他並不急著和聽眾解釋，而是用行動讓他們**感受**自己面對史達林時的壓力，叫他們親身體驗那種可怕的氛圍、不敢發言的恐懼及面對領導的驚懼。經赫魯雪夫親身示範，台下聽眾定能感同身受，因此不須再用文字贅述。

比行動更能說服人的方法就是使用象徵物，象徵物（如旗幟、神話故事、紀念碑）之所以這麼有效，是因為人們不需要文字就能理解它蘊含的意義。一九七五年，季辛吉正在與以色列協商，希望他們歸還於一九六七年戰爭期間占領的西奈沙漠領土，但談判過程並不順利。會議進行到一半時，季辛吉突然打破僵局，表示自己想看一看馬薩達古城的風光。根據史料記載，西元七十三年曾有七百名猶太戰士被羅馬軍圍困在此，他們寧死不屈，最終選擇集體自殺。參與協商的以色列官員立刻意會到季辛吉此行的目的，他是在暗示以色列想步上那七百名猶太戰士的後塵。雖然季辛吉的策略沒有奏效，但卻讓他們用更嚴肅的態度看待歸還領土這件事，如果季辛吉當初是直接警告以色列，效果一定沒這麼好。總而言之，歷史象徵物大都蘊含重大的情緒意義。

無論你是想獲得權力或維持權力，都要記得採用迂迴的手段，還要慎重考慮要把力氣用在哪裡。假設某人無論贊不贊同你的想法都不會影響大局，或是你能確定對方最終會認同你的觀點，那就無須浪費力氣用行動說服對方，只要轉身離開就好。

神與亞伯拉罕

至高的神對亞伯拉罕（Abraham）說除非他主動求死，否則自己永遠都不會帶走他的靈魂。多年以後，亞伯拉罕的生命即將走到終點，神決定帶走他，於是便派出一名偽裝成垂死老人的天使。老者走到亞伯拉罕門前並對他說：「亞伯拉罕，你能施捨一些東西給我吃嗎？」亞伯拉罕聞言後倍感震驚，於是便大聲回道：「與其以這種狀態活著，倒不如死了吧。」

亞伯拉罕家中一直備有食物，準備分發給路過的旅人，於是便拿出一碗肉湯和一些麵包給老人。老人接過碗後便席地而坐開始吃飯，只見他連吞嚥都相當費力，顫抖的雙手也握不住食物，掉得滿地都是。此時老人又開口了，他說：「亞伯拉罕，你能

意象：蹺蹺板。好辯者就像蹺蹺板的乘客，只能上上又下下，哪裡都去不了，不如走下蹺蹺板，收斂張牙舞爪的模樣，用行動證明自身觀念。讓對方表面上高人一等，但內心卻臣服於你。

權威之言：莫與人爭辯，這世上沒什麼東西是非辯不可的，讓對方看見結果即可。〔迪斯雷利（Benjamin Disraeli）〕

法則的反轉

在權力的國度，口舌之爭倒是有一個重要的用途，那就是讓對手分心、掩蓋自己行騙的痕跡，或是在謊言被揭穿時為自己辯解。此時你可以滔滔不絕地說服別人，講得越多，對你就越有利。當謊言被戳破時，你的情緒越激動、語氣越篤定，別人就越看不出你其實在說謊。

不少詐騙分子都是靠著這招逃過一劫，假貴族拉斯提格伯爵曾在美國兜售一台號稱可以印鈔的小盒子，受害者多達數十人。人們發現自己被騙後通常都不會報警，因為這樣反而

餵我吃飯嗎？」亞伯拉罕把碗接過來，將食物送到老人嘴邊中，但湯汁卻順著他的鬍鬚滴下來，流到他的胸口。亞伯拉罕開口問道：「老先生，您今年貴庚？」老者隨口說了個比亞伯拉罕大幾歲的數字，亞伯拉罕聽到後驚呼道：「神啊，現在就把我帶走吧，我不想活到他這個歲數，變得和他一樣。」亞伯拉罕話音剛落，神就召回了他的靈魂。〔《奇策錄：阿拉伯式智慧與妙計之書》〕

更丟臉，不過奧克拉荷馬州雷姆森郡的治安官理察斯（Richards）可沒打算放過這個坑了他一萬元的騙子。一天早上，他根據線索追蹤到拉斯提格，得知他住在芝加哥的旅館內。

聽到敲門聲的拉斯提格打開房門，映入眼簾的居然是一根槍管。即便如此，他還是用冷靜的語氣問道：「請問出了什麼事嗎？」理察斯憤怒地罵道：「你這個狗娘養的東西，居然敢賣假印鈔盒給我，我今天一定要殺了你！」拉斯提格裝出驚訝的表情並反問：「你是說盒子故障了？」理察斯回道：「別裝了，是真是假你心裡清楚。」拉斯提格說：「不可能，這東西一定能用，你是按照正確的方式使用嗎？」對方答道：「我就是按照你教我的方式操作。」拉斯提格又說：「不對，一定是你哪個步驟做錯了。」在一陣你來我往後，理察斯最後緩緩放下高舉著的槍。

拉斯提格接著展開第二輪論證攻勢，用大量專業的詞彙解釋印鈔箱的運作原理，理察斯越聽越迷糊，居然開始懷疑自己是不是錯怪了拉斯提格，態度也不再這麼強硬。拉斯提格說：「這樣吧，我先把錢退給你，再給你寫一張使用說明，然後再找時間到奧克拉荷馬州一趟，確認機器沒有故障。這樣你總不會吃虧了吧？」理察斯勉強同意了拉斯提格的提議，而對方也立刻拿出一百張百元大鈔，要他在芝加哥好好玩兩天再回去。最後，理察斯就這樣糊里糊塗地被打發走了。接下來幾天，拉斯提格每天早上都會買一份報紙仔細閱讀，直到終於找到他想看見的報導：理察斯因使用偽鈔而遭逮捕並判刑。這場辯論的真正贏家其實是拉斯提格，因為理察斯警長再也不會來煩他了。

法則

10

近墨者黑：不與陰鬱和不幸之人來往

觀點

他人的不幸可能會讓你賠上性命，情緒就和疾病一樣，都是會傳染的。你可能覺得伸手拉一個溺水之人是在幫他，但這樣做只會令災難降臨在自己頭上。不幸的人往往都是咎由自取，他們會把厄運也帶給你，所以請多與快樂和幸運的人來往。

違反法則的案例

瑪莉．吉爾伯特（Marie Gilbert）於一八一八年出生在愛爾蘭的利麥立克市，並在一八四○年代遠赴巴黎，想碰碰運氣，看自己能否成為舞者和演員。由於母親帶有一點西班牙血統，瑪莉便決定改名為洛拉．蒙特茲，並立下志願，要成為一名佛朗明哥舞者。洛拉的舞蹈事業在一八四五年一落千丈，但她沒有因此一蹶不振，而是轉換跑道，成了一名交際花，並在極短的時間內就成為業界的佼佼者。

當時全法國只有一個人能挽救洛拉的舞蹈生涯，那就是杜賈里（Alexandre Dujarier）。杜賈里的身分是報社負責人，他們報紙的發行量高居法國之冠，除此之外，他還兼任社內的劇評人。為了實現自己的夢想，洛拉決定讓杜賈里拜倒在自己的石榴裙下。經過一番研究，洛拉發現杜賈里習慣每天早晨騎馬，而她自己正好精通騎術，於是便在某天和杜賈里來了場「意外的」邂逅。沒過多久，他倆就成了每天固定見面的騎友，再過幾週，洛拉便正式入主杜賈里的公寓。

洛拉和杜賈里一開始確實相當恩愛，洛拉的舞蹈事業也在愛人的幫助下起死回生，杜賈里還告訴身邊的朋友，說春天一到就要娶洛拉為妻，完全不在乎這樣做有損於他的社會地位。（其實洛拉一直沒坦承自己十八歲時曾和一名英國人私奔並結婚，也就是說，她現在還是已婚的狀態。）雖然杜賈里愛洛拉愛得不可自拔，但他的人生卻開始走下坡路。

除了在商場上接連失利，身邊一些有權有勢的朋友也開始疏遠他。一天晚上，杜賈里要出門參加一場派對，能獲邀出席這場活動的，全都是巴黎最富有的大人物。洛拉得知後便說自

堅果與鐘樓

一隻烏鴉叼著一顆堅果飛往鐘樓樓頂，過程中堅果不慎掉落，被卡在兩顆石塊交接的縫隙。撿回一命的堅果開始懇求鐘樓的石牆保護自己，說它會落在此處都是上天的旨意，還不斷讚美鐘樓是那麼高、那麼美，鐘聲聽起來如此宏亮。它接著說：「我真是可憐啊，居然沒來得及從老父親的枝椏上落下，掉進未經開墾過的泥土上，再被落葉覆蓋住。好心的石牆，求你不要狠心拋下我。在落入烏鴉口中那一刻，我就在心裡發誓，承諾只要能逃過此劫，就會找個小洞安靜地度過餘生。」

聽完這番話，石牆動了惻隱之心，便同意讓堅果待在原處不動。不久後，堅果發芽了，並長出無數根鬚。這些根鬚

己也想去，但杜賈里拒絕了她的要求，並表示自己將獨自赴約，這是他們第一次吵架。後來杜賈里在派對上喝得酩酊大醉，對一名頗具影響力的劇評人博瓦隆（Jean-Baptiste Rosemond de Beauvallon）出言不遜，可能是因為他曾在評論洛拉時說了一些不好聽的話。隔天早上，博瓦隆公開宣布要和杜賈里一決生死，杜賈里得知此事後立刻向對方道歉，但卻無力回天，最後杜賈里就這樣死在法國神槍手博瓦隆的手下。杜賈里的前途原本不可限量，現在卻成了槍下冤魂，悲痛欲絕的洛拉也因此離開了巴黎。

一八四六年，洛拉抵達慕尼黑，並打算誘惑巴伐利亞國王路德維希。經過一番打聽，洛拉得知見到路德維希最快的方法是靠隨從參謀雷赫貝格伯爵（Count Otto von Rechberg）引薦，而雷赫貝格這個人最喜歡的就是美女。一天早上，雷赫貝格正在一間露天咖啡廳用餐，而洛拉也騎著馬從此處經過，並在經過雷赫貝格身邊時「不小心」從馬鞍上摔下來，倒在伯爵腳邊。雷赫貝格連忙將洛拉扶起，瞬間就傾倒在她的美貌之下，還答應會將她引薦給路德維希。

原本雷赫貝格已經安排好要讓洛拉正式覲見路德維希，然而，抵達覲見室大門後，洛拉突然聽到國王說自己太忙，沒空應付這些想來獻媚的陌生人。只見她一把推開旁邊的衛兵，強行闖了進去。在推擠的過程中，不知道是洛拉刻意為之，還是衛兵真的不小心鉤到她的衣服，她的上衣突然被硬生生扯掉，雪白的胸脯就這樣暴露在光天化日之下。在場所有人都被這一幕嚇傻了，尤其是路德維希，而洛拉也如願獲得覲見國王的許可。覲見結束後五十五個小時，洛拉便在巴伐利亞當地的劇院獻出自己的處女秀，儘管劣評如潮，路德維希還是下令為她安排了更多場表演。

沿著石縫蔓延，漸漸破壞掉牆面的結構。於此同時，堅果的嫩芽也不斷向上冒，很快就長得比鐘樓本身還高。後來堅果的根系越長越粗，也越發錯綜複雜，最後終於撐爆牆面，令原本穩固堅定的石塊位移。石牆雖然後悔自己當初不該埋下禍端，但也已經於事無補。又過了一陣子，鐘樓便徹底塌了。［達文西］

路德維希自己也說過，他的「魂都被洛拉勾走了」。路德維希不僅帶著她出席各種公開場合，還在慕尼黑最熱鬧的地段購置了一套公寓供她居住。路德維希生性吝嗇，從不做不切實際的事情，但為了洛拉，他居然願意掏腰包購買禮物，甚至還開始作詩。成為國王的寵妾後，洛拉的名氣和財富都在一夜之間暴增。

沒過多久，洛拉便開始得意忘形，有次她騎著馬在街上溜搭，走著走著發現前面有一個老人也騎著馬，正在緩步前行。由於道路不寬，洛拉無法從另一側繞過去，於是便用馬鞭打了老人幾下。還有一次洛拉帶著狗外出散步，但卻不給狗繫上繩子，導致路人平白無故受到攻擊。看見路人被咬後，洛拉不僅沒有出手相救，還用狗繩抽打對方。隨著洛拉的行為越發蠻橫，向來以不苟言笑著稱的巴伐利亞人也動起了肝火，但路德維希只是一味袒護她，甚至還讓她成為巴伐利亞公民。路德維希的親信紛紛進言，希望國王能正視這段戀情的隱患，但敢批評洛拉的人沒過多久就會被解除職務。

即便人民已不再像過去一樣擁戴國王，路德維希依舊決定冊封洛拉為女伯爵，並打算為她修建一座宮殿。更誇張的是洛拉現在還開始干預國政，為路德維希出謀劃策。現在的洛拉可以說是巴伐里亞王國中最有權勢的人，對內閣的影響力與日劇增，面對各部會大臣時，她永遠都是一副高高在上的模樣。後來累積已久的民怨終於壓不住了，全國各地都發起暴動，原本寧靜祥和的巴伐利亞即將邁向內戰，所有學生都在高喊：「洛拉快滾！」

一八四八年二月，路德維希再也扛不住來自各界的壓力，只能忍痛將洛拉驅逐出境。洛拉沒有違抗命令，但在臨走前拿了一筆驚人的分手費。洛拉離開後五個星期，人民將矛頭轉向

湯馬斯是個好大夫，有次他專程到一名肺結核患者的家中，和對方討論治療方案。我認識這名病患，他是個家財萬貫的老先生，那天我正好有事要找他，所以才會在那裡碰見湯馬斯醫師。醫生告訴老人，說如果我能經常來陪伴他，多少能緩解他的病情，因為我充滿生氣的表情可以治療他的雙眼，除此之外，我身上散發的活力和男子氣概也能振奮他的思緒。也就是說，我的青春之花也不失為治療肺結核的一帖良藥，但湯馬斯先生忘記提到一件事，那就是等他好起來後，生病的人可能就變成我了。［蒙田］

路德維希，而這位曾經受人敬愛的國王也在同年三月被迫退位。

洛拉的下一個目的地是英國，她現在亟需再次過上體面的生活，所以即便仍是已婚狀態（法定丈夫仍是好幾年前的那個英國人），她還是給自己找了個新目標：希爾德（George Trafford Heald）。希爾德是一名年輕有為的軍官，父親是英國頗負盛名的律師，雖然他比洛拉小十歲，且身邊也不乏年輕貌美的適婚女性，但他還是被洛拉迷得神魂顛倒。希爾德與洛拉於一八四九年完婚，洛拉也立刻因重婚罪被逮捕，但她卻選擇棄保潛逃，和希爾德共赴西班牙。抵達西班牙後，兩人爭吵不斷，有次洛拉還拿刀砍傷希爾德。最後希爾德終於因受不了洛拉而回到英國，但此時的他不僅失去了原有的軍銜，還被上流社會排擠。萬般無奈之下，希爾德只能搬到葡萄牙定居，過上貧困的生活。在葡萄牙待了幾個月後，希爾德便死於船難，結束了他短暫的一生。

幾年後，幫洛拉出版自傳的人也破產了。

一八五三年，洛拉移居加州，並和一位名叫赫爾（Pat Hull）的男人結婚，但兩人婚後的生活一點也不幸福，而洛拉也離開赫爾，投奔另一個男人的懷抱。洛拉走後四年赫爾就離世了，在他生前的最後幾年，他鎮日鬱鬱寡歡，只能借酒澆愁。

在四十一歲那年，洛拉把身上值錢的東西全都捐出去，成了一名修女，在全美各地發表宗教演講。在這段期間，她總是穿著純白的衣服，還會戴著一頂狀似光環的頭飾。兩年後（一八六一年），洛拉．蒙特茲與世長辭。

很多事情都是會傳染的，例如睡覺和打哈欠。面對敵人時請把握好一個大的策略：對方越是心浮氣躁，好像隨時都要出手，你就越要表現出一副雲淡風輕的模樣。你的冷靜會感染對方，使他們鬆懈下來。也就是說，你可以左右敵人的心境，用一派輕鬆或瘋瘋癲癲的態度影響對方，也能裝出厭倦的表情，甚至故意露出破綻。〔宮本武藏，《五輪書》〕

別錯把蠢人當成有教養之人，也不要以為天賦異稟之人一定有智慧，更不要將無知的禁欲者視為清心寡欲之人。別和傻子為伍，特別是那些毫無自知之明的愚人，倘若你能意識到自己的無知，也不要因此

重點解析

洛拉．蒙特茲喜歡用詭計誘惑男人，她之所以將他們控制得服服貼貼，並非全靠美色，而是人格特質。洛拉的專長是惹事生非，藉此把身邊的男性拖下水。這些麻煩事雖然會令男人感到不解，甚至是憤怒，但這些強烈的情緒也會讓他們感受到一股生命力。

然而，只要時間一久，這種傳染力的問題就會漸漸浮現。洛拉的男友們後來都厭倦了她躁動的性格，並發現自己總是會被捲進她惹出的麻煩，但由於此時雙方已經有了情感連結，所以也只能乖乖替她善後。這就是問題的關鍵所在——洛拉早已病入膏肓，是個無可救藥的人。當男人們開始認為洛拉的問題就是自己的問題，他們就會徹底迷失自我，並陷入永無止盡的爭端。除此之外，這種傳染力還會殃及他們的親友，甚至有可能毀掉一個國家（如巴伐利亞王國）。碰上這種人，你要嘛和他們斷絕來往，要嘛就是等著被他們拖累。

傳染型性格並非女性的專利，男人也有，這種性格源於人內心的躁動，最後會向外輻射擴散，為自己招來各種厄運。在外人眼中，這類人好像有一種自我毀滅的欲望。你大可以花時間研究這種性格背後的病理機制，但我建議你不要浪費時間，只要知道結論就好。若你懷疑身邊的某個人是傳染者，請不要和他們爭辯，也不要幫他們，更不要把此人引介給你的朋友，以免越陷越深。我的建議是走為上策，要不就等著倒大楣吧。

你看那邊的卡西烏斯（Cassius）一副汲汲營營的模樣，他的心思太多了……
我最該敬而遠之的人就是那個名叫卡西烏斯的傢伙……

自滿。只與有好名聲的人來往，因為只有和他們交好，你才能得到好的名聲。在芝麻油裡加入玫瑰和香堇菜，時間久了，這瓶油就不再是芝麻油，而是變成了玫瑰油或香堇菜油。〔伊斯坎達爾（Kai Ka'us Ibn Iskandar），《君王鏡鑑》(*Mirrors for Princes*)〕

只要發現身邊有人比自己強，這類人內心就永無寧日，所以他們都是危險分子。

——莎士比亞，《尤利烏斯．凱撒》(Julius Caesar)

權力之鑰

我們身邊不乏一些命運多舛的人，他們可能是受環境所逼，才陷入不幸的境地。對於這類人，我們一定要不吝給予同情與幫助。但還有這麼一群人，他們並非生而不幸，而是因本身自毀式的行為，以及對他人的不良影響，才招來不幸。若我們能幫這種人一把，並改變他們的行為模式，自然是件好事，但大多時候，我們反而會被他們改變，原因也很簡單：人類非常容易被親近之人的心境、情緒和思維模式影響。

最陰鬱、情緒最不穩定的人往往情緒最強烈，所以感染力也最強。他們熱愛扮演被害者，所以一開始你很難察覺他們的不幸都是自找的。而等你發現他們問題的本質後，其實也早已深受對方影響了。

請務必了解一個道理：和什麼樣的人來往很重要。結交負面情緒傳播者是高風險行為，因為你必須浪費寶貴的時間與力氣擺脫他們。此外，與錯誤的人交好也有可能影響旁人對你的看法。

我們需要提防的傳染者有很多種，其中最可怕的就是對生活永遠都感到不滿的人。卡西烏斯是密謀殺害凱撒的核心人物，他是個對現況極度不滿的人，而這種不滿則是源自內心深處的嫉妒。卡西烏斯無法接受身邊的人比自己優秀，而凱撒也察覺到他是個尖酸刻薄的人，所以才不讓他擔任執事官，而是把這個位置指派給布魯托（Brutus）。因為這件事情，卡西烏斯一直記恨凱撒，最後到了幾近病態的程度。再來說說布魯托這個人，他是共和體制的信徒，對凱撒的獨裁專斷深惡痛絕，其實只要他再等幾年，就能在凱撒死後接手他的位置並撥亂反正，帶羅馬再次走向共和。但卡西烏斯卻不停煽動布魯托，告訴他凱撒的種種惡行，最終將仇恨的情緒傳染給他，讓他成為暗殺凱撒計畫（最終以悲劇收場）的主謀。如果布魯托能早點意識到近墨者黑這件事有多可怕，不知道可以躲過多少災厄。

對付傳染者的方法只有一種，那就是隔離。然而，當我們意識到身邊有人在傳播負面情緒時，往往都已經太遲了。此時洛拉．蒙特茲早已用自身人格特質迷惑你，使你不得不聽命於她，卡西烏斯也靠著口才和真摯的情感說服了你。我們要怎麼做才能不被這些致命的病毒感染？答案很簡單，不要輕信他人為自身問題編織的藉口，而是觀察他們給外界帶來的影響。鑑別傳染者的方式，包括你觀察他們經歷過的厄運、多舛的過往、殘破不堪的人際關係、搖擺不定的事業，以及他們自身性格的能量。請注意，你很有可能被這股能量迷惑，進而失去理智。如察覺到傳染者的徵兆，請多加提防，學著看清楚他們眼神中透露出的不滿。最重要的是，不要同情他們，別為了助人而去蹚這灘渾水。傳染者永遠都是傳染者，而你只有淪為感染者的份。

既然近墨者黑，那麼近朱者赤也是成立的，這道理一點也不難懂，生性開朗且充滿智慧的人大多是幸福快樂的。這些人身上總是散發著喜和樂，所以請多和他們來往，分享他們的喜悅。

這類傳染不僅限於快樂與成功，所有正向的特質都是具有傳染性的。塔列朗有許多讓人退避三舍的怪癖，但他舉手投足間卻帶著一種貴族獨有的儒雅氣質和機智。塔列朗出身貴族世家，雖然他支持民主體制，但身上依舊帶著宮廷貴族的遺風。同時期的拿破崙則與塔列朗截然不同，拿破崙是科西嘉的農民，行事作風不修邊幅，甚至有些粗鄙。

拿破崙特別崇拜塔列朗，也很羨慕他與人民相處的方式、他的機智，以及他吸引女性的魅力，於是便刻意將這位外交大臣安排在自己左右，想從他身上吸取一些文化的氣息。拿破崙在位時期確實改變了不少，他的很多稜角都被磨平了，這一切都要歸功於塔列朗的潛移默化。

請善用正面特質的滲透機制，假設你生性吝嗇，發展就一定會受到局限，因為只有大氣之人才能成就大事。請多與慷慨的人來往，讓他們的特質感染你，解開令你裹足不前的限制。同理，若你是個孤僻的人，那就強迫自己結交開放外向的朋友。千萬不要和有相同缺陷的人來往，這樣只會讓自身問題變得更嚴重。總而言之，要多與具備正面特質的人親近，此原則就是最佳的心理治療。

意象：病毒。

病毒會悄悄鑽進你的毛孔，它不會事先警告你，而是會悄無聲息地擴散，而在你發現自己被感染時，它早已深入到你的骨髓裡。

權威之言：

找出幸運的人，和他們做朋友；找出不幸的人，和他們保持距離。厄運是愚人的罪，被厄運纏身的人猶如身患惡疾：千萬不要打開家門讓不幸的人進來，因為其他倒楣鬼會聞聲而來……不要因為旁人的苦難而死。【葛拉西安】

法則的反轉

本法則放諸四海皆準，沒有反轉的餘地，和會把不幸傳染給你的人來往沒有半點好處。結交幸運的人，你便能獲得權力與好運。若你選擇無視此法則，那就自行承擔後果吧。

法則

11

讓 他 人 離 不 開 你

觀點

當身邊的人時時刻刻都需要你，你就能成爲一個獨立的人；他們越是必須仰賴你的鼻息而活，你就越自由。成爲他人獲得幸福與榮華富貴的關鍵人物，如此一來，你便能有恃無恐。凡事都留一手，讓對方不能沒有你。

違反法則的案例

中世紀歐洲，一位不知名的雇傭兵隊長擊退了西恩納市的入侵者。你覺得西恩納市的市民該怎麼獎勵他？這名隊長保全了西恩納市的自由，再多的錢和榮耀都不足以表揚他的功績，於是市民們便打算推舉他成為本市統治者，可即便是這樣，眾人還是覺得虧待了對方。就在大夥爭論不休時，突然有人起身發言，他說：「要不我們把他殺了，然後再將他奉為本市的守護神。」眾人欣然同意。

卡爾馬尼奧拉伯爵（Count of Carmagnola）是一名戰功彪炳的雇傭兵隊長，一四四二年，年事已高的卡爾馬尼奧拉受威尼斯委託，要幫他們擊退佛羅倫斯。在此期間，有天卡爾馬尼奧拉突然被召回威尼斯，抵達威尼斯後，眾人都將他當成英雄夾道歡迎。總督還在自己的城堡中設宴，要與他共進晚餐，然而，卡爾馬尼奧拉在前往城堡時卻發現事有蹊蹺，他發現衛兵這次帶他走的路和往常不一樣。當嘆息橋映入眼簾後，他才驚覺自己要被帶往監獄。隔天，卡爾馬尼奧拉被押往聖馬可廣場，並在民眾面前被以莫須有的罪名判處死刑。一直到臨死之前，他都不知道自己為何會落得如此下場。

重點解析

在文藝復興時期的義大利，不少傭兵隊長的結局都和西恩納市守護神與卡爾馬尼奧拉伯爵一樣，他們為雇主打了一場又一場勝仗，結局卻都離不開流放、監禁、處死。其實人民不是不感謝他們，而是驍勇善戰的雇傭兵多如過江之鯽，導致這些人就像免洗筷一樣，就算折斷

兩匹馬

路上有兩匹馬，牠們背上都馱著貨物，走在前頭的那匹馬很勤勞，走在後面的比較懶惰，於是主人便將懶馬的貨物搬到前方的馬身上。等身上的重負全都消失後，懶馬感到走起路來甚是輕鬆，並和同伴說：「瞧你累死累活的，你越是賣力，就會有越多工作要做。」抵達酒館後，主人對酒館老闆說：「既然一匹馬就拉得動所有貨物，我幹嘛要浪費糧食養兩匹馬？不如把能幹活的馬兒餵飽，把不能幹活的殺掉好了，這樣至少能得到一張馬皮。」說完話後主人就把懶馬殺了。［托爾斯泰（Leo Tolstoy），《寓言集》（*Fables*）］

幾雙也無所謂。除此之外，年紀稍長的隊長往往手握大權，服務的收費越變越高，相較之下，聘請年輕且價格低廉的傭兵更加划算。卡爾馬尼奧拉伯爵之所以會被斬首，正是他的行為越來越乖張且不受控制，頗有想自立門戶的意思。也就是說，他認為自己理應獲得這些權力，但卻忘了確認自己在雇主眼中是否真有這麼重要。

若你無法讓自己成為對方不可或缺的那個人，最後勢必也會面臨同樣的命運（但也不至於到付出生命作為代價），被更年輕、更有活力、更便宜、更不具威脅性的傭兵取代。

培養**獨門**絕活，將你的命運與雇主的命運綑綁在一起，讓他們永遠離不開你，否則下一個踏上嘆息橋的人就是你。

遵循法則的案例

俾斯麥於一八四七年成為普魯士聯合邦議會的議員，當時的他才三十二歲，根本沒有什麼人脈可言。在評估當下的形勢後，他做出了一個決定，那就是不和眾議院中的保守派或自由派結盟，也不去討好任何一位大臣或政治人物，而是將精力放在國王腓特烈．威廉四世身上。這真是個叫人匪夷所思的決定，因為當時腓特烈手上幾乎沒有什權力。由於個性軟弱且做事優柔寡斷，腓特烈在議會上經常被自由派牽著鼻子走。腓特烈．威廉四世是個毫無原則的人，而俾斯麥這輩子最討厭的就是這種人，可即便如此，他還是不停討好國王，每當有議員批評腓特烈的政策，俾斯麥也總是會跳出來替國王說話。

俾斯麥的努力終於有了回報，腓特烈在一八五一年任命俾斯麥為內閣大臣，而俾斯麥也開

獨來獨往的貓

……女人笑了笑，並給貓端來一碗溫牛奶，接著她說：「小貓咪，你的聰明才智不亞於人類，但一定要記住，你只和我做了約定，而沒有和男人跟狗做約定，我可不知道他們回家後會怎麼對待你。」貓答道：「那又怎麼樣？只要我在這洞穴能有一席之地，每天可以喝上三

始實踐自己的計畫。他先是強迫國王增強軍隊的實力，並要求他公開反抗自由黨人，總之就是要腓特烈完全聽命於他。他知道腓特烈認為自己做事不夠強硬，於是便利用他的弱點，要求他用鐵腕政策治國。在俾斯麥的努力下，腓特烈重拾了本屬於自己的權力，而君主制也再次成為普魯士的主流。

一八六一年，威廉四世駕崩，他的弟弟威廉一世（William I）繼位。威廉一世相當討厭俾斯麥，並想了各種辦法要將他趕走，但他最後還是步上了兄長的後塵，被想蠶食他權力的政敵圍攻。事實上，威廉一世曾想過遜位，因為他覺得自己沒有能力坐穩這張搖搖欲墜的王位。俾斯麥抓準時機趁虛而入，再次和國王站在同一陣線，為他提供後援，並教他如何堅定立場，用果決的手段處理國務。久而久之，國王也漸漸習慣用這種鐵腕手段壓制敵人，雖然他還是相當厭惡俾斯麥，最後還是任命他擔任首相。由於俾斯麥作風過於古板保守，所以威廉一世經常因為國政和他爭吵，但於此同時，威廉一世也知道自己須仰賴他的鼻息而活。每當首相提出辭職作為要脅，威廉一世就會讓步，所以國家的大小政策其實都是由俾斯麥決定的。

幾年後，身為普魯士王國首相的俾斯麥統一德國數邦，並用欺詐的手段矇騙國王，使他成為德意志帝國第一任皇帝。然而，這個皇帝只是個虛位，真正在幕後把持大權的，其實還是俾斯麥。此時的俾斯麥除了是皇帝的左右手、皇家總理，還是有爵位加身的親王，可謂是一人之下，萬人之上。

次溫牛奶，我才不管男人跟狗要對我做什麼。」……從那天起，我的小寶貝，只要見到貓咪，每五個男人裡就會有三個人朝牠丟東西，而每一隻狗只要看見貓咪，就一定會追著牠跑，把牠趕到樹上。但貓也遵守了自己的約定，牠會殺光所有的老鼠，並溫柔地對待家中的小寶寶，但前提是牠不能用力拉自己的尾巴。然而，當貓履行完自己的義務，牠便會抓住空檔的時間，或是在明月高懸的夜晚獨自走在街上，因為在牠眼中，所有的地方都是一樣的。牠會回到潮濕的大森林、爬上潮濕的大樹，或是趴在潮濕的大屋頂上，搖著大大的尾巴，踏著大大的步伐獨自前行。［吉卜林（Rudyard Kipling），《如此這般故事集》（*Just so Stories*）］

重點解析

在一八四〇年的德國，絕大多數胸懷大志的年輕政客都會和有權勢的人結盟，藉此奠定自身權力基礎。然而，俾斯麥卻不以為然，他認為只有傻子才會和有權有勢之人結盟，這些人只會把你生吞活剝，就像威尼斯總督設局陷害卡爾馬尼奧拉伯爵一樣。若你具備真正的野心，就要去找勢單力薄的統治者，和他們建立起依存的關係，成為對方的力量來源、替對方出謀獻策、在必要時為他們挺身而出。這種權力才是真正的權力，一旦你離開對方，他們現在擁有的一切輝煌都將土崩瓦解。

這個世界由人的需求主宰，除非萬不得已，否則我們很少會主動去做什麼事情。若你不懂得讓旁人需要自己，對方就會在第一時間拋棄你。但如果你精通權力的法則，並懂得讓別人只有靠你才能獲得利益，或是像俾斯麥一樣，靠「鐵血」手段幫旁人克服軟弱的缺陷，就能在江山易主後仍屹立不搖，不僅不用承擔上位者應背負的風險，還能享受到權力帶來的所有福利。

> 明智的君主會設法讓人民無時無刻都必須仰賴國家與自己，這樣他才能無時無刻信任人民。
>
> ——馬基維利

權力之鑰

權力的終極表現就是讓別人按照你的意願行事，若你能在不強迫他人的情況下做到這一

榆樹與藤蔓

從前有一株年輕的藤蔓，它相當虛榮，總是渴望著獨立，還喜歡漫無邊際地四處伸展枝枒。藤蔓很看不起鄰近的一棵大榆樹，但卻希望對方能接受自己的追求。榆樹是靠自己的力量才長到今天的高度，它身上的樹葉雖然不多，但卻努力將樹枝伸展到極高的位置。它告訴藤蔓自己根本不需要幫助，並說：「可憐的雜草，你居然對我有非分之想，你的言行舉止是那麼的反覆無常。若

點，並讓對方心甘情願地滿足你的需求，你就掌握了至高的權力。實現這個目標的最佳方式就是建立依存關係，讓上司離不開你提供的服務；讓對方會因為你的離開而變得虛弱不堪或舉步維艱；染指對方的工作，讓對方在失去你後感到無以為繼，或是必須浪費寶貴的時間訓練可取代你之人。建立起這樣的關係後，你就占了上風，也掌握了讓上司聽你命令行事的籌碼。這就是典型的幕後操盤者，看似臣子的人其實是控制國王的操偶師。俾斯麥根本不必脅迫腓特烈或威廉，強迫他們行使自己的意志，而是告訴他們如果不按他的意思做事，自己就會離開，任由他們自生自滅。結果你們也都知道了，兩任國王最終都成了俾斯麥的魁儡。

請不要誤以為獨立是權力的終極形式，權力必須在人際關係中才能成立，你需要盟友、砲灰，甚至是無能的上司站在前線為你擋刀。一個全然獨立的人可以隱居在山中的小屋，他擁有自由，能隨心所欲地來來去去，但他無法擁有權力。所以說，我覺得成為他人依賴的對象才是對的，因為這樣我們就獲得一種逆向的獨立，利用眾人對我們的需求解放自己。

路易十一（Louis XI）外號蜘蛛國王，他特別熱中於占星術，還聘請了一名自己相當景仰的大師擔任宮廷占星師。有天占星師告訴他某貴族女子將於八天後殞命，事實也證明他的預言沒錯。這件事情把路易十一嚇壞了，他認為占星師要嘛是為了自證而殺人，要嘛就是真的掌握了占星術的精髓，如果是這樣，那他就有可能威脅到自己的地位。無論他是殺了人，還是真的有什麼神通，路易十一都決定要將他除之而後快。

一天晚上，路易十一將占星師傳喚到自己的房間（位於城堡最高處），並告訴身邊的僕人只要看到他打出暗號，就立刻抓住占星師，把他拋出窗外。占星師很快就抵達國王的寢宮，

你真的像自己標榜的那般獨立，那就應該壯大自己的莖幹，但你卻只是拚命地長出多餘的葉片，好向世人炫耀。你很快就會跌到地面，而我只會冷眼旁觀。但我知道很多人類都贊同這種行為，因為人類經常沉醉於自負之中，他們討厭節制，總喜歡吹噓短暫的獨立，但又在轉眼間失去獨立的能力。」［多德斯利（Robert Dodsley），《預言集》（*Fables*）］

不過路易十一並不打算立刻殺了他，而是想問他最後一個問題：「你很懂占星術，也知道如何重點解析他人的命運，那你能說出自己還能活多久嗎？」

占星師說：「陛下，我會比你早三天死去。」聽到他的回答後，路易十一決定饒他一命，在往後的日子裡，蜘蛛國王不僅對占星師關照有加，還賜予他許多禮物，並命令最優秀的御醫照顧他的健康。

這名占星師最後比路易十一多活了好幾年，看來他掌握的不是預言的神通，而是權力之道。

讓他人依賴你，這就是權力的模型。一旦對方失去你，他們就會碰上麻煩，甚至是丟掉小命，這樣一來，你的上司就絕對不敢以身試險。讓別人依賴自己的方法有很多，最常見的就是培養無法取代的才能或技術。

在文藝復興時期，畫家如果想成名，就一定要找到對的贊助人。而說到尋找贊助人，米開朗基羅絕對是箇中高手，因為他的贊助人正是大名鼎鼎的教宗儒略二世（Pope Julius II）。有次米開朗基羅和儒略二世因建築陵寢的問題吵了一架，最後米開朗基羅負氣離開羅馬，但教宗不僅沒有換掉米開朗基羅，而是派人尋找他，並求他繼續為自己打造陵寢。儒略二世很清楚米開朗基羅可以輕鬆找到下一個贊助人，但自己絕不可能找到另一個米開朗基羅。

當然，你的天分不需要和米開朗基羅一樣高，但至少要有一項獨門絕活。你要做的，就是讓你的上司知道你永遠都有本錢另謀高就，但他卻要費盡千辛萬苦才能找到可以與你比肩的員工。假設你真的不具備什麼特殊的才能，那也假裝自己確實擁有專業的知識與技能，如此一來，你就能騙過在上位者，讓他們覺得自己絕對不能失去你。當上司開始依賴你，便會受制於你這個人，而非你謊稱擁有的知識和技能，你也永遠可以將自身的技能吹噓成天上罕見，地下無雙。

這就是命運共同體的意義：你是無孔不入的藤蔓，緊緊纏繞住權力的源頭，一旦有人想揮刀將你斬斷，就會造成巨大的傷害。其實你並非一定要當糾纏住上司的那個人，你可以讓其他人去擔任這個角色，只要確保你們幾個都離不開彼此即可。

一九五一年某天，哥倫比亞影業總裁考恩（Harry Cohn）正在辦公室裡接見一群垂頭喪氣的主管，當時的美國正在進行一場獵巫活動，眾議院非美活動調查委員會卯足了勁要揪出潛伏在好萊塢的共產黨員。這群主管來找考恩，就是要和他報告一個壞消息：公司編劇拉森（John Howard Lawson）已被認定是共產黨員，他們現在得立刻跟他切割，以免觸怒委員會。

考恩不是一位感情氾濫的自由派，事實上，他是個鐵石心腸的共和黨人。他最欣賞的政治人物是墨索里尼（Benito Mussolini），他的辦公室牆上還掛著墨索里尼當年造訪哥倫比亞影業大樓時留下的照片。面對自己討厭的人，考恩總是會稱對方是「垃圾共產黨員」，然而，考恩卻沒打算炒拉森魷魚，此決定著實讓眾人跌破眼鏡。考恩之所以力保拉森，不是因為他的劇本有多優秀，而是因為他是哥倫比亞紅人亨弗萊·鮑嘉（Humphrey Bogart）的御用編劇。如果考恩貿然開除拉森，就一定和鮑嘉鬧僵，進而影響公司收益，所以考恩寧願冒犯委員會，並讓公司因此登上頭條，也不願放掉這隻金雞母。

季辛吉能在尼克森任內挺過多次裁員改組，並不是因為他是尼克森手下最優秀的外交官

（政壇不缺談判高手），也不是因為他們的交情有多好（他倆感情一點都不好），更不是因為彼此的政治理念相近。季辛吉之所以能屹立不搖，完全是因為他已經滲入政治體制的各個領域，離開的話勢必會掀起一場災難。米開朗基羅的影響力是**專精式的**，源自他的藝術技法，季辛吉的影響力則是**全面的**。季辛吉把觸手深入政府各部門與各方各面，這種剪不斷、理還亂的糾葛不僅成了他的王牌，還為他帶來許多盟友。如果你能做到季辛吉這種程度，那麼絕對不會有人敢冒險挑戰你的地位，因為只要牽一髮就會動全身。相較於全面性影響力，專精式影響力可以給人更多自由，因為具備專精式影響力的人無須仰賴特定的主人，也不會被某個權力位置綁住。

讓別人依賴你還有另一個方法，那就是使用機要策略。若你能掌握某人不想曝光的祕密或情報，就可以和對方成為命運共同體，而你的地位也將無人能撼動。掌握機要政策的大臣一直以來都是靠此優勢立於不敗之地，多少帝王將相（包括總統）的成敗都由這些人把控，美國前聯邦調查局局長胡佛（J. Edgar Hoover）就是這樣一號人物。然而，坐在這個位置上的人內心通常都充滿不安感，也總是疑神疑鬼的，這種負面的影響其實是會和權力相互抵銷的。如果靠這種方式獲得的權力會使人惴惴不安，那麼不要也罷。

最後的警告：不要幻想依賴你的人會愛你，對方更有可能會恨你，甚至害怕你。馬基維利說過，與其被愛，不如被人憎恨，因為你可以控制恨，但卻無法掌控愛。愛情和友情是極其微妙且善變的情緒，只會使人感到不安，與其讓對方因為喜歡你的陪伴而依賴你，不如讓他因為害怕失去你引發的後果而依賴你。

意象：帶刺的藤蔓。往下看，帶刺的藤蔓往泥土深處與四方扎根；往上看，帶刺的藤蔓抓住樹木、電線桿和窗沿，長得比灌木叢還高。既然剷除帶刺的藤蔓必須付出精力和鮮血作為代價，倒不如讓它繼續蔓延。

權威之言：渴漢在滿足需求後，豈有留戀水井之理？施者永遠高於受者，要讓對方永遠依賴你。當一個人不再依賴你，便不會再以禮待你，也不會再尊敬你。如果人生經驗真的教會了你什麼事，那就是不讓希望的火苗熄滅，也不要滿足人的欲望，讓贊助人永遠需要你。〔葛拉西安〕

法則的反轉

當他人開始依賴你時，就代表你或多或少也在依賴對方，若想做到完全不依賴他人，就必須徹底擺脫所有在上位者，但這也代表你會變成一個徹底孤獨的人。這種壟斷境界就是摩根和實業家約翰．洛克菲勒（John D. Rockefeller）終其一生的追求，他們想剷除所有競爭者，徹底掌控產業。如果你有本事獨吞整個市場，那自然是再好不過。

然而，達到這種絕對獨立的境界是要付出代價的，你會被迫與世隔絕。壟斷者大多都會遭到反噬，最後被壓力摧毀。除此之外，壟斷者也會招來強烈的仇恨，導致所有的敵人群起而攻之。想徹底控制事物的欲望大多會以毀滅和失敗告終，互相依存才是自然的法則，獨立只是偶發事件和例外，且下場大多不怎麼美好。我們最好還是和他人建立起互相依存的關係，謹慎地遵循這條法則，而不是嘗試去扭轉它，這樣一來，你就不會因為身處高處而被凍死，也可以將上位者當成奴隸使喚，因為**他**必須仰賴**你的**鼻息而活。

法則

12

用坦誠與慷慨卸下對方心防

觀點

一個眞誠的舉動可以掩蓋無數虛僞的行爲，開誠布公與慷慨解囊可以讓疑心病最重的人卸下防備。一旦這種選擇性的眞誠在對方的鎧甲上鑿出一道裂縫，你就能隨心所欲地欺騙對方、操弄對方。有時一座僞裝成禮物的特洛伊木馬也能達到相同的目的。

遵循法則的案例

一九二六年，一名身材高䠷、穿著入時的男子前去拜見全美人人聞之色變的黑幫老大卡彭（Al Capone）。此人操著一口歐陸口音向卡彭自我介紹，說自己名叫拉斯提格，是一名伯爵。他向卡彭承諾，只要他願意拿出五萬美金，自己就能讓這筆錢翻上一倍。卡彭當然有閒錢搞些小「投資」，但他並不習慣把這麼大筆的數目交給陌生人。他仔細打量了拉斯提格一番，發現他確實有些獨到之處，無論是氣質或言行舉止都不同於常人，於是便答應他，想看看他能變什麼把戲。卡彭親自將五萬元現金交給拉斯提格，並對他說：「伯爵先生，請在六十天內把這五萬元變成十萬元。」拉斯提格帶著鈔票離開卡彭的住所，並將這筆錢存進芝加哥的銀行保險箱，接著動身前往紐約，去執行其他計畫。

這五萬元就一直躺在銀行保險箱中，兩個月後，拉斯提格回到芝加哥，把錢從銀行取出，並再次來到卡彭家。眼見卡彭身旁的保鑣一臉嚴肅，拉斯提格略帶歉意地笑了一笑，接著說道：「請接受我最誠摯的道歉，卡彭先生，我的計畫失敗了……我沒能把您的錢翻倍。」

卡彭緩緩站起來，惡狠狠地盯著拉斯提格，在心中盤算要從哪裡把他丟到河中。就在此時，拉斯提格突然將手伸進大衣口袋，取出五萬元現金放在桌上並說道：「這是您當初給我的五萬元，一分不少，本人於此向您再次致歉。這真是太丟人了，我沒想到自己的計畫居然會失敗，我最初確實是想把這筆錢翻倍的。我是真的需要這筆錢，只能說人算不如天算。」

卡彭聞言後再次坐回椅子上，一時間居然搞不清楚狀況。他說：「伯爵先生，我知道你是個騙子，你第一次來找我時我就知道了，我預期的結果只有兩個：十萬元或零元，但是……

宮廷庸醫鮑瑞

米蘭人鮑瑞（Giuseppe Borri）死於一六九五年……鮑瑞可以說是宮廷庸醫（或冒名頂替者）的先驅……一直到搬到阿姆斯特丹後，他的行騙生涯才開始大放異彩。他被人稱為「萬能大夫」，出行時都會帶著一幫隨從，搭乘的馬車由六匹駿馬拖動……他的診所總是被慕名而來的病患擠得水洩不通，一些病入膏肓的巴黎人甚至還會聘轎夫扛著自己去找鮑瑞看病。鮑瑞看診從不收費，也不接受任何形式的付款，還會給窮苦人家送去錢財。鮑瑞就這樣成了遠近馳名的大善人，據傳賢者之石就在他的手上，然而，有天鮑瑞突然消失的無影無蹤，臨走時還帶走了許多人託他保你居然會把錢還給我。」拉斯提格回道：「我只能再次跟您道歉，卡彭先生。」拉斯提格道完歉後便拿起帽子，準備離開。此時卡彭突然說道：「我的老天，你也太誠實了吧。如果你真的有什麼難處，請收下這五千元，希望這筆錢能助你度過難關。」接著卡彭便從桌上的五萬元中拿出五千元交給拉斯提格。伯爵一臉震驚，但還是向卡彭深深一鞠躬，並不斷向他道謝，接著便拿著錢離開了。

其實拉斯提格一開始就只打算從卡彭身上騙到五千元。

重點解析

拉斯提格伯爵精通數國語言，還自詡是個有教養的人，但他同時也是當代最高明的騙子。他以大膽著稱，為了騙錢什麼都幹得出來，但最重要的是他深諳人類心理的運作方式。拉斯提格可以在短短幾分鐘內洞悉一個人的弱點，也可以看出哪些人最容易受騙上當。他知道在面對騙子和無賴時，絕大多數的人都會嚴加防範，而他的任務就是卸下眾人的心防。

故作真誠是瓦解人心理防線的最佳方法，而且屢試不爽。當我們看到一個言行舉止都格外正直的人，一定會不由自主地信任對方。這種選擇性的真誠是拉斯提格慣用的伎倆，但把這招用在卡彭身上絕對是他的創舉，普通騙子根本就不敢拿卡彭開刀。一般來說，騙子都會挑看起來好欺負的人下手，因為這些人就算發現自己被騙，也只會忍氣吞聲，可如果你騙了卡彭，那你下半輩子（如果真的還有下半輩子的話）都會活得提心吊膽。拉斯提格知道卡彭這輩子從沒真正相信過誰，且身邊盡是一些狡猾吝嗇之徒，這種環境會使人心力交瘁。卡彭內

管的錢財和鑽石。〔弗朗切斯科（Grete de Francesco），《江湖術士實名錄》（*The Power of the Charlata*）〕

心其實渴望有人能對自己開誠布公、慷慨解囊，好讓他相信不是每個人都想陷害自己。

拉斯提格之所以能用選擇性的真誠卸下卡彭的心防，靠的就是出其不意這四個字，而這種衝突的情緒恰恰就是騙子最樂見的，因為內心波濤洶湧的人最容易分心並落入圈套。

請大膽地將此法則應用在那些看似不好惹的人身上，只要抓準時機展現自己的真誠和大方，即便是最凶殘的猛獸也會被你馴服得服服貼貼。

> 少了行騙的對象，我的世界就是黑白的，人生也會變得空虛且壓抑。我實在無法理解世上為何會有真誠之人，這種人的生活既悲慘又無趣。
>
> ——拉斯提格伯爵

權力之鑰

詐術的精髓在於聲東擊西，一旦受害者分心，你就有時間和空間去搞各種小動作。一般來說，看似仁慈、大方、真誠的舉動最能分散人的注意力，因為人的心防會在這些行為面前瞬間瓦解。成人會退化成兒童，天真地接受你投射出的情感。

這種手段在中國古代被稱為「欲取先予」，其中的「予」，指的是給出一些東西，讓對方難以察覺到你取得了什麼。欲取先予是一個非常有用的概念，因為即便是權勢滔天之人也不能強取豪奪，受害者一定會在暗中計畫如何報復你。除此之外，無論你再有禮貌，開口索討也是行不通的，若對方不能在給出東西後獲得利益，便會開始厭惡你的需索無度。所以在取之前一定要先予，你的給予會軟化對方原本堅定的立場，也可以使自己之後的請求看起來沒這麼無理，或是轉移對方的注意力。「予」的表現形式很多，可以是實際的禮物、慷慨的舉動、善意的協助，或是「真誠的」自白。

選擇性的真誠對初次見面之人最有用，人是習慣的動物，第一印象會在我們腦中烙下深刻的記號。假設某人在相識之初就認定你是個誠實的人，這個印象就很難被扭轉，這就讓我們有了搞鬼的餘裕。

古爾德和卡彭一樣從不相信任何人，他在三十三歲時就已經靠詐騙和搶劫成為百萬富翁。一八六〇年代晚期，古爾德開始投資伊利鐵路，不久後，他發現市場上有大量假伊利鐵路假股權證書在流通。也就是說，他投進伊利的錢很快就會賠光，而且還會淪為被詐騙的對象。此時，一個名叫戈登-戈登（John Gordon-Gordon）的男人向古爾德伸出援手，戈登-戈登是蘇格蘭勳爵，幾年前曾靠著投資鐵路發了一筆橫財。

戈登-戈登聘請了幾位筆跡專家研究這些假鐵路股權證書，發現其實是伊利鐵路的高層在背後搞鬼，古爾德得知真相後很是感謝對方。後來戈登-戈登提議兩人聯手，一起買下伊利鐵路的控制股權，古爾德也同意了這個計畫。他們的計畫進行得很順利，雙方也成為好友，戈登-戈登經常向古爾德要錢購買更多股票，古爾德也都不疑有他。然而，戈登-戈登在一八七三年時突然賣出手上所有股票，隨即便銷聲匿跡，導致古爾德的持股價值暴跌。

經過調查，古爾德才得知戈登-戈登的真名是匡寧斯菲爾德（John Crowningsfield），也根本不是什麼貴族，而是某商船船員和倫敦酒吧女侍的私生子。其實戈登-戈登是騙子的事早就有跡可循，但他貌似真誠的援手卻蒙蔽了古爾德的雙眼，而古爾德最後花了幾百萬元才看清事情的真相。

光有真誠之舉是不夠的，你還需要好的名聲（好名聲必須建立在無數真誠行為之上）才能騙倒對方。名聲和第一印象一樣，一旦建立了，就很難被扭轉。

鄭國國君鄭武公打算討伐日益強盛的胡國，他沒有向任何人透露這件事，而是把自己的女兒許配給胡國國君。有次鄭武公藉機在會議上詢問群臣：「吾欲用兵，誰可伐者？」一位大夫說道：「胡可伐。」鄭武公聞言怒道：「胡，兄弟之國也，子言伐之，何也？」說完後，鄭武公便下令將這名大夫處死。此事後來傳到胡國國君耳中，令他想起鄭武公之前各種真誠的行為及兩國聯姻之事，便覺得鄭國不可能攻打胡國。不久後，鄭國大軍兵臨胡國城下，徹底殲滅胡國。

想讓警戒心旺盛的人卸下心防，最好的辦法就是坦誠相待，或是做出一些高尚、無私的行為。此外，大方的舉動也可以達到相同的目的。大多數人都抗拒不了禮物的誘惑，即便送禮之人是你的死對頭，所以用禮物讓人放下防備絕對是上上策。禮物可以喚醒每個人心中的孩子，令人瞬間解除所有武裝，雖然人總是習慣以最邪惡的心態去揣度旁人，但在面對禮物時，我們卻鮮少注意其背後包藏的禍心。所以說，如果你想欺騙別人，最好的掩護就是送禮。

三千多年前，古希臘人遠渡重洋，發誓要奪回被帕里斯（Paris）奪走的絕世美人海倫（Helne），並將特洛伊城夷為平地。這場圍城戰打了十年，數不盡的英雄都在這場戰役中殞命，但雙方始終沒能分出個勝負。一天，預言家卡爾克斯（Calchas）將希臘軍召集到一處。

他說：「不要再攻打特洛伊的城牆了！我們應當另闢蹊徑，用計謀戰勝敵人，特洛伊城是不能輕易用武力拿下的，而是要靠詭計攻破。」擅常用計的將領奧德修斯提議打造一座巨型木馬，讓士兵們躲在裡面，再將此物獻給特洛伊人當成禮物。阿基里斯（Achilles）之子奈奥普托勒姆斯（Neoptolemus）對此嗤之以鼻，覺得這樣勝之不武，與其靠詭計得勝，不如讓千百勇士戰死沙場。在場的希臘士兵頓時陷入兩難，自己究竟是要為了榮耀再戰十年，最後馬革裹屍，還是要快速攻下特洛伊城？希臘軍最後選擇木馬屠城，工匠很快就把木馬造了出來，奧德修斯的計謀一舉成功，特洛伊城從此不復存在。到頭來，十年戰事遠不及一份禮物有用。

騙人時也要善用選擇性仁慈；古羅馬人曾數次進犯法利希人的城市，最後都以失敗告終，一天，羅馬大將卡米盧斯（Camillus）在城外紮營，突然看見一名老人帶著一群小孩。這名老者是一名教師，他的學生都是法利希城中名門望族的子女。老人假藉散步的名義將這些孩子帶到城外，實則是要將他們當成人質送給羅馬人，藉此討卡米盧斯歡心。

卡米盧斯並沒有接受老人的討好，而是把他的衣服扒光、雙手反綁，並給每個孩子們發了一根木棒，要他們在回家的路上沿途鞭打老人，此舉令所有法利希人都深受感動。倘若卡米盧斯把這些孩子當成人質，一定會有許多人選擇投降，即便法利希人決定抗爭到底，作戰時也一定會有所顧忌。卡米盧斯釋放孩子的舉動瓦解了法利希人的心防，讓他們心甘情願地投降。其實這一切都在卡米盧斯的意料之中，放不放走孩子其實對大局一點影響都沒有，羅馬不可能因為這幾個人質就拿下城市，即便僥倖贏了也不光彩。卡米盧斯反其道而行，不僅贏得了敵人的敬重，還讓他們不再處處提防羅馬人。面對選擇性的仁慈，即便是最頑固的敵人也會被打動：用兵之道，攻心為上，一旦敵人被你感動，就會失去鬥志。

切記，只要你能操弄對方的情緒，便能用精心策畫的善舉打動敵人，讓他們成為容易受騙上當的幼童。在玩弄人心時一定要格外小心，一旦被對方看出破綻，失望的心情就會演變成極端的恨意與不信任感。所以說，如果你不能演出發自內心的真誠，就不要輕易使用此策略。

意象：特洛伊木馬。把你的奸詐藏在令敵人垂涎三尺的禮物中，一旦對方打開心門讓你進入，你便可以為所欲為，鬧它個天翻地覆。

權威之言：晉獻公將欲襲虞，遺之璧馬；知伯將襲仇由，遺之以廣車。故曰：「將欲取之，必固與之，起事於無形。」【《韓非子》】

法則的反轉

若你是個前科累累的詐欺犯，那麼無論你裝得多真誠、多大方、多善良，都無法騙到人，反而會使人心生疑竇；當所有人都認定你是騙子，突如其來的誠實只會讓自己更可疑。在這種時候，你就該大方地展現自己最真實的一面。

拉斯提格伯爵職業生涯中最荒誕的騙局，就是要把艾菲爾鐵塔賣給一名實業家。在拉斯提格的設計下，這名實業家誤以為法國政府要將鐵塔當成廢鐵出售，然而，就在準備把錢交給偽裝成官員的拉斯提格手上時，這名實業家突然起了疑心，認為眼前這個人不太對勁，而拉斯提格也察覺到對方的情緒。

只見拉斯提格突然和實業家說起了悄悄話，不停抱怨自己的薪水有多低、財務狀況有多吃緊。幾分鐘後，實業家才知道拉斯提格是想趁機撈點油水，原本一直懸著的心也終於放了下來，因為他知道自己可以完全信任眼前這個人，理由是會貪汙的才是真正的政府官員。實業家不疑有他，立刻就把錢盡數交給拉斯提格。到頭來，拉斯提格居然是靠著不正直的行為自證清白。碰上這種情況，佯裝真誠反而會造成反效果。

隨著年歲增長，法國外交官塔列朗的風評就越來越差，眾人都說他是個大騙子。在維也納會議期間，他經常捏造一些無中生有的故事，還會發表一些漏洞百出的評論。他這樣做的目的只有一個：用各種小謊言掩飾真正的謊言。有天，塔列朗突然對朋友說：「從事商業活動時，我們應該要把自己的底牌亮給別人看。」眾人都不敢相信自己的耳朵，這個永遠深藏不露的塔列朗居然建議其他人亮出底牌。然而，塔列朗就是靠著這些伎倆讓人分不清虛實，他大方接受自己的壞名聲，好讓自己可以繼續到處騙人。

在權力的國度，沒有什麼是不可撼動的，明目張膽地說謊有時反而可以替你掩蓋掉一些事情，甚至還會有人佩服你能如此坦率地信口雌黃。

法則

13

有求於人須動之以利，莫指望對方投桃報李

觀點

有求於人時，千萬不要提醒對方你曾幫過他們，這樣只會讓對方把你當成空氣。你應該告訴他幫了你或和你結盟後，他能獲得什麼好處，並盡量吹得天花亂墜。當他發現自己能從中獲利，就一定會積極響應。

違反法則的案例

十四世紀初，一位名叫卡斯楚卡尼（Castruccio Castracani）的普通士兵成為義大利盧卡市的統治者，他之所以能平步青雲，都要歸功於當時全羅馬最有權勢的家族——波吉歐家族（the Poggios）在暗處為他打點一切。然而，波吉歐家族認為卡斯楚卡尼功成名就後就忘了自己，還覺得他的野心已經大於感恩之心。於是在一三二五年，趁著卡斯楚卡尼在外與佛羅倫斯作戰時，波吉歐家族開始和城中幾個貴族世家密謀剷除這個忘恩負義的領主。

他們先是殺掉卡斯楚卡尼指定替他管理盧卡市的人，此事掀起一陣軒然大波，導致各地暴動頻傳，雙方的擁護者也都做好兵戎相見的準備。就在兩邊陣營一觸即發時，波吉歐家族中年紀最大的斯蒂芬諾·迪·波吉歐（Stefano di Poggio）突然跳出來說話，要眾人放下手中的武器。

斯蒂芬諾愛好和平，自始至終都沒有參與這場陰謀，他告訴家族的人這政變毫無意義，只會讓這座城市血流成河。他表示自己將出面調停，說服卡斯楚卡尼接受波吉歐家族的批評，並答應他們的需求。由於斯蒂芬諾德高望重，所以眾人便答應他由出面斡旋，而不是訴諸暴力。

政變的消息很快就傳到卡斯楚卡尼耳中，他快馬加鞭趕回盧卡市，當他抵達時，暴動早已在斯蒂芬諾的勸說下結束，城市的氛圍也出奇的祥和。斯蒂芬諾認為卡斯楚卡尼一定會對自己心懷感激，因為他替對方平定了一場暴亂，於是便前去拜見領主。斯蒂芬諾先是描述自己如何讓城市重歸平靜，接著懇求卡斯楚卡尼原諒自己的家族成員，說他們年輕氣盛，滿腦子

農夫與蘋果樹

一位農夫在花園裡種了棵不結果的蘋果樹，久而久之，蘋果樹成了麻雀和蚱蜢專屬的棲身之處。一天，農夫決定要砍掉蘋果，於是便拿斧頭朝蘋果樹根部猛砍。麻雀和蚱蜢紛紛勸農夫停手，不要毀掉牠們平日遮風避雨的地方，還承諾自己會在農夫工作時唱歌給他聽。農夫對牠們的哀求充耳不聞，繼續揮舞手中的斧頭又砍了蘋果樹兩下。突然間，農夫發現樹洞中有一顆蜂巢，他隨手掰了一塊品嚐，發現蜂蜜甜美異常，於是立刻扔下斧頭，開始悉心照料蘋果樹。最能打動人的，往往都是與自身有關的利益。〔伊索（Aesop），《伊索寓言》（*Fables*）〕

只想著權力但卻缺乏經驗。接著他還提到自己的家族過去待他不薄，希望他念及舊情原諒波吉歐家族，並傾聽他們這些日子裡累積的怨言。斯蒂芬諾表示自己的族人願意主動棄械求和，且過去也一直支持卡斯楚卡尼，所以他現在提出的要求完全合乎情理。

卡斯楚卡尼仔細聆聽，臉上沒有半點慍色，並告訴斯蒂芬諾自己一定會為他們平反，還請他帶上所有家族成員到城堡中協商。對話結束前，卡斯楚卡尼還說要感謝老天爺給他一個機會展現自己的寬容和大度。當天晚上，波吉歐家族的成員抵達城堡，卻被卡斯楚卡尼來了個一網打盡，並在幾天後通通遭到處決，就連斯蒂芬諾都未能倖免於難。

重點解析

斯蒂芬諾．迪．波吉歐代表的，是認為正義與高尚情操能戰勝一切的人物。不可否認，有時訴諸正義和感激之情確實有用，但在面對卡斯楚卡尼這類人時，此策略往往只會適得其反。卡斯楚卡尼是透過權謀詭計才爬到今天的位置，斯蒂芬諾也知道這一點，他可是個願意為了成功而犧牲摯友的人。當有人告訴卡斯楚卡尼賣友求榮是不對的，他只是淡淡地表示他殺的不是老朋友，而是新敵人。

卡斯楚卡尼這種人在乎的只有暴力和利益，當暴動的火苗被點燃時，替卡斯楚卡尼平定亂事，並將自身命運交由他發落絕對是最危險的作法，但這卻是斯蒂芬諾的選擇。即便大錯已經鑄成，斯蒂芬諾還是找機會力挽狂瀾，他大可以用錢安撫卡斯楚卡尼，也可以向他保證將來不會再發生類似事件，也可以承諾波吉歐家族會幫他取得更大的權力，甚至可以建議雙方

大多數人都是徹頭徹尾的主觀生物，他們只在乎自身的利益。每當有人發言，他們第一時間想到的永遠是自己，這些人會將所有的注意力都放在可能影響到自己的事物上，無論這些事情距離他們有多遙遠。［叔本華（Arthur Schopenhauer）］

聯姻。

但斯蒂芬諾卻希望卡斯楚卡尼能顧及舊情，要他償還他本就不必償還的人情債。其實人本來就沒義務感恩，因為感恩是一個沉重的包袱，所有人都是能丟就丟。卡斯楚卡尼卸下包袱的方式既簡單又粗暴：把波吉歐家族的人通通殺光。

遵循法則的案例

西元前四三三年，在伯羅奔尼撒戰爭爆發前，柯賽拉島（即柯浮島）上的居民與希臘城邦柯林斯的關係劍拔弩張，隨時都要開打。此時雙方陣營都派出使者前往雅典，希望贏得對方的支持。此次遊說事關重大，因為雅典的選擇將會是勝負的關鍵，能拉攏到雅典的一方絕對會將另一方趕盡殺絕。

柯賽拉的使者率先發話，他先是承認柯賽拉過去確實從未幫助過雅典，甚至還和雅典的敵人結過盟，兩座城市完全沒有情誼可言，也無須對彼此心存感激。柯賽拉的使者直言他們這次來到雅典，完全是出於恐懼，以及想捍衛家園的心情，並表示若雅典願意相助，柯賽拉無以為報，只能與雅典結盟，讓兩座城市都能受益。柯賽拉海軍無論是在實力和數量上都遠勝雅典，雙方聯手絕對能形成一股強大的海上勢力，就連斯巴達都要退讓三分。

接下來輪到柯林斯代表發言，他口若懸河又誇誇其談，讓柯賽拉使者蒼白的論述相形失色。柯林斯代表不斷提及自己曾有恩於雅典，還說如果雅典選擇拋棄忠心耿耿的老友，轉頭與過去的敵人結盟，其他的城邦勢必會看不起背信忘義的雅典，說不定還會因此和雅典解除盟約。他還引了希臘律法，要求雅典報答柯林斯，並鉅細靡遺地列出柯林斯為雅典做過的各種事情，不斷強調雅典必須展現對老朋友的感激之情。

雙方發言結束後，雅典政府召開了一場辯論會，要決定究竟該支持哪一方。辯論到第二回合時，投票結果就已經很明顯了，支持與柯賽拉結盟的一方大獲全勝。

重點解析

雅典人在史書上確實占有一席之地，但他們卻是古典希臘時期最現實的一群人。在雅典人眼中，再慷慨激昂的演說都比不上合理務實的論述（尤其是能提升城邦勢力的論述）。柯林斯使者不斷提及自己過去對雅典有多大方，卻不知這番言論其實已經讓雅典人感到不悅，因為他們覺得對方是讓自己產生罪惡感，並把報恩的義務強加在自己身上。雅典人對友情和過往的恩惠向來都是不屑一顧的，此外，他們也很清楚，即便其他城邦認為拋棄柯林斯是忘恩負義的行為，也絕不可能和自己解除盟約（因為雅典的實力不容小覷）。雅典本就是個靠實力說話的城邦，倘若其他城市敢擅自脫隊，自己一定會靠武力逼對方回歸。

在緬懷歷史與放眼未來間，務實的人永遠都會選擇拋下過去，奔向未來。柯賽拉人知道想說服務實的人，就必須用務實的論述，因為人確實是務實的生物，鮮少有人會做出違背自身利益的行為。

弱者屈服於強者，此律古已有之；除此之外，我們認為自己是有統治資格的。一直到這一刻之前，你也都覺得我們是有統治資格的，但在衡量自身利益後，你卻和我開口與我討論起是與非。當人有機會利用優勢實力開疆拓土時，是絕不可能因為是非的考量而放棄機會。

——雅典代表團成員對斯巴達人的發言，引用自修昔底德（Thucydides），《伯羅奔尼撒戰爭》（*The Peloponnesian War*）

權力之鑰

在追求權力的過程中，我們經常會需要求助有權勢之人。請人幫忙也是一門藝術，你需要摸清楚自己求助的對象才能成功，更重要的是，千萬不要誤以為你的需求就是對方的需求。絕大多數的人都會栽在這一點上，因為他們滿腦子都是自身的需求和欲望，並誤以為對方一定會無私地伸出援手。在提出要求時，他們的語氣聽起來就好像這些需求有多重要似的，但其實對方一點都不在意。有時候這些人還會把事情無限上綱，說是為了什麼偉大的事業，或是拿愛啊、感恩之類的情感來給人扣帽子。一些明明可以用日常的、簡單的言語表達的事情，他們偏偏喜歡放大了來說。這些人其實都不了解一個道理，那就是再有權力的人也會受自身需求控制，若你提出的要求無法帶給他們利益，對方便會認為你只是個垂死掙扎之人，和你說話不過是浪費時間。

十六世紀，葡萄牙壟斷了日本與歐洲的貿易權，在日本本土，葡萄牙傳教士一直在努力說服當地人改信天主教。這些傳教士雖然說服了一些平民皈依耶穌，但卻怎麼樣都打不進統治階級。十七世紀初，葡萄牙人努力勸日本人改宗的行為徹底觸怒了德川家康。後來荷蘭人來到日本，德川家康非常開心，因為這些荷蘭人壓根沒打算在日本傳教，他們的目的只有一個，那就是貿易。除此之外，他們還帶來了槍砲和航海技術，於是德川家康下令驅逐國內的葡萄牙人，只和實際的荷蘭人來往。

雖然日本與荷蘭的文化截然不同，但兩國都有一個普世的共通點，那就是高度關心自身利益。你可以把身邊每一個人視為陌生的國家與不同的文化，而弭平雙方差異最好的方式就是訴諸對方的利益。你可以直接告訴對方你有寶貴的知識可以與他分享，或是可以幫助他賺進大把鈔票，又或是讓他的生活變得更加幸福美滿，因為利益是所有人都能聽懂的語言。

想讓別人心甘情願地幫助你，關鍵就在於摸清楚對方的心理：他是個虛榮的人嗎？他是否特別在意自己的名聲和社會地位？你能不能幫對方扳倒他的敵人？他是見錢（或權）眼開之人嗎？

蒙古人於十二世紀入侵中國時，曾揚言要徹底毀掉已經繁榮發展兩千年的中國文化，他們的首領成吉思汗覺得中國的疆土連給他養馬都不夠格，並誓言要踏平中原，「讓牧草長滿每一寸土地」。中國之所以能逃過滅亡的命運，都要歸功於耶律楚材。耶律楚材不是什麼帝王將相，而是一名仰慕中國文化的外族人，也是成吉思汗最信任的政治顧問，他曾勸成吉思汗不要對中國趕盡殺絕，而是要向人民課稅，藉此累積財富。成吉思汗覺得耶律楚材的提議相當睿智，於是便按照他說的話去做。

後來，成吉思汗費了好大一番力氣才拿下開封，於是決定屠盡城中所有居民（成吉思汗習慣用屠城來報復頑強抵抗的城市），但耶律楚材卻說開封城中有許多技藝精湛的工匠，最好還是將他們納為己用，成吉思汗聞言後便收回屠城的命令。成吉思汗過去從來不曾憐憫過哪座城市，開封之所以能倖免於難，也不是因為成吉思汗同情百姓。耶律楚材非常了解成吉思汗，他知道成吉思汗是個生性殘暴的牧民，對文化漠不關心，心中最在意的只有戰爭與利益，所以他選擇用最能打動這類人的情緒來說服他，這種情緒就是貪婪。

利益是能夠撬開人心的槓桿，當對方發現只要幫了你這個忙，自己的某些需求就能被滿足，或是可以朝目標邁進一步，他們的牴觸心態就會消失得無影無蹤。在追求權力的旅途中，你一定要學會用別人的腦袋思考，看見對方的需求和利益，而不是被自我的感受蒙蔽雙眼。只要掌握了這項訣竅，你的前途絕對不可限量。

意象：綑綁對方的繩索。憐憫與感恩是兩條脆弱的繩索，稍一拉扯就會斷裂，不要妄想靠它們救命。互利的繩索錯綜複雜，更加堅韌，可以維持數年不斷。

權威之言：

通往財富的捷徑如下：讓旁人知道只要助你得道，自己也能雞犬升天。［拉布呂耶爾（Jean de La Bruyère）」

法則的反轉

有些人會覺得追求個人利益是醜陋且低俗的行為，他們更希望自身行為是出於憐憫、慈善和正義，並藉此彰顯自己的境界高你一等。在求這些人幫忙時，你必須強調他們的權力與地位，讓對方知道你根本給不了他們想要的東西，唯一的作用就是彰顯他們的優越感。這些言語就像酒精，會令他們心蕩神馳。如果你能在公開場合（人越多越好）發表這些言論，並強調這一切都是為了實現正向積極的目標，他們就會立刻投資你的計畫，並將你引薦給更有權勢之人。有些人確實不會因個人利益而動搖，原因是他們不願意被這種事物驅動，他們更想展現自己的好心腸。

要是碰上這種人，請務必讓他們求仁得仁，要知道你並不是在欺騙他們幫助你。他們確實樂於伸出援手，也希望這雙手可以被眾人看見。請練就一身本領，分辨出各類人群的軟肋，若他們生性貪婪，就不要訴諸慈善；要是他們追求高尚的形象，就別想著利用對方的貪欲。

法則

14

以友之名，
行諜之實

觀點

摸清敵人的底細很重要，你可以派間諜去蒐集情報，讓自己永遠領先對方一步。若你能自己扮演間諜的話更好，學會在社交場合上刺探敵情，用迂迴的話術套出對方的弱點與目的；高明的間諜可以在所有場合上找到窺敵的機會。

遵循法則的案例

迪文是當代手腕最高明的藝術品經紀人，在一九〇四到一九四〇年間，他幾乎壟斷了美國百萬富豪藝術品收藏的市場。然而，無論迪文再怎麼努力，也拿不下實業家梅隆，於是他便立誓在死前一定要讓梅隆成為他的客戶。

迪文的朋友說他不過是在痴人說夢話，梅隆生性古板，平時總是不苟言笑，他早就聽聞迪文是個喜歡社交且健談的人，也曾公開表明自己壓根不想和這種人打交道。但迪文卻對他的朋友說：「我告訴你，梅隆絕對會跟我買畫，而且他**只會**跟我買畫。」接下來幾年，迪文開始研究自己的獵物，打聽他的習慣、品味，以及害怕的事物，他還買通了梅隆的員工，要他們為自己提供有用的情報。等迪文終於準備出手時，他對梅隆的了解程度已經不亞於他的妻子了。

一九二一年某天，梅隆下榻於倫敦克拉里奇飯店三樓的頂級套房，迪文刻意訂了同一間飯店二樓的套房，正好位於梅隆套房的正下方。在這之前，迪文已經讓自己的男僕與梅隆的男僕成為朋友，而就在今天，梅隆的男僕告訴迪文的男僕，他剛剛才服侍梅隆穿上大衣，現在梅隆正要前往走道搭電梯，迪文的男僕立刻將此事告訴迪文。

男僕連忙幫迪文披上大衣，幾秒鐘後，迪文走進電梯，迎面碰上梅隆。迪文馬上開口自我介紹，說道：「梅隆先生您好，我現在正好要去國家美術館看一些畫。」無巧不成書，正好梅隆現在也要去國家美術館，於是迪文便和自己的獵物前往自己必勝無疑的主場。此時的迪文早就把梅隆的品味摸得一清二楚，在兩人漫步於美術館時，迪文淵博的知識令這位商業鉅子刮目相看。更巧的是，他倆的藝術品味居然出奇地相似。

梅隆又驚又喜，這才發現迪文跟他想像中的完全不一樣，他風度翩翩，為人和善，對藝術的品味不凡。等他們回到紐約後，梅隆到迪文的私人畫廊走了一趟，深受其中的藏品吸引。他發現迪文收藏的畫作都是他夢寐以求的珍品，這實在是太令人意外了。從此以後，梅隆便成了迪文出手最闊綽的客戶。

重點解析

迪文是個充滿野心又好勝的人，他做事絕對不可能全憑運氣。在他看來，在毫無準備的狀況下出手，或是祈禱自己能在偶然間找到顧客根本毫無意義。這樣做就好比蒙上眼睛打獵，不如多做一些事前準備，這樣才能鎖定目標。

雖說梅隆是迪文擄獲的客戶中最有名氣的一位，但也只是迪文暗中窺探的百萬富翁之一。迪文會聘請這些富翁的僕人，以定期獲得寶貴的資訊，得知這些富翁的行蹤、品味的變化，以及各種瑣事，讓他能搶得先機。曾有一位藝術品經紀人一直想拉攏實業家弗里克，但他發現無論自己何時前往造訪弗里克，迪文都會比他先一步到場，就好像已經預知他今天會來一樣。在其他經紀人看來，迪文根本就是神出鬼沒的一號人物，也總是能搶先獲得各種消息。迪文的能力令同行氣餒不已，許多人最後也只能忍痛放棄掉一些有錢的客戶。

這就是窺敵之術的力量，它會使你看起來無所不能，還可以洞察萬事萬物。當你掌握了目標的資訊，對方便會認為你充滿魅力，而你也能精準預測他的需求。沒有人會知道你的權力源自何處，而當他們看不見時，自然也就無從抵抗。

> 統治者透過間諜窺探，牛用鼻子感知，婆羅門以經文洞悉，其餘的人則靠肉眼觀察。
>
> ——考底利耶

權力之鑰

在權力的國度，你的目標就是要獲得掌控未來事件的能力。但問題就出在眾人不會告訴你他們的想法、情緒與計畫。他們會控制自己的言語，把性格中最關鍵的元素隱藏起來，例如弱點、動機、執念。這會導致你無法預測他們的行為，總是被蒙在鼓裡。成功的關鍵就在於找出刺探對方的方法，挖出他們的祕密和鬼胎，但又要做得不著痕跡。

要做到這一點其實沒這麼難，你只要戴上友善的面具，就可以偷偷蒐集朋友與敵人的資訊。什麼占星學和塔羅牌，通通留給別人去研究吧，你可以用更實際的方式預測未來。

蒐集情報最常見的方式就是收買他人，迪文使用的也是這一招。這種方法雖然簡單又有效，但風險也高。雖然你確實可以獲得資訊，但卻無法完全控制替你做事的人。或許他們能力不夠，會透露你的計謀，又或者他們會私下背叛你。自己攬下這份工作方為上策，你可以佯裝是對方的朋友，偷偷蒐集你所要的資訊。

法國政治人物塔列朗是打探情報的箇中好手，他擁有一種超能力，可以在禮貌的對話中，套出對方的祕密。他的同儕維特羅萊男爵（Baron de Vitrolles）曾這樣寫道：「塔列朗的言談機智中不失風度，他的影射手法已經高超到薄如蟬翼，但又能巧妙隱藏自己的想法與惡意，他說的一字一句都意有所指。他只在有必要時顯露出自己的個性。」塔列朗說話之道的關鍵在於自我控制，讓對方滔滔不絕地談論自己，最後不小心透露自己的目的與計畫。

眾人都稱讚塔列朗是語言大師，但他其實惜字如金。他從不提到自己的想法，而是讓他人吐露自己的心聲。在外國使節來訪的場合或社交集會上，他總是會熱情地安排啞謎遊戲，並在過程中審查每個人用字遣詞、鼓勵他們多說話，並趁機蒐集各種無價的資訊，留待日後有需要時拿出來使用。在維也納會議上，塔列朗用了另一種方式蒐集情報，他會先脫口說出一件看似機密的事（實際上是捏造的），再觀察眾人的反應。舉例來說，他會在外交使節的集會上向眾人宣布自己得到可靠消息，得知俄羅斯沙皇打算以叛國罪逮捕大將軍。接著他會觀察眾人對這條假消息的反應，看看哪些國家對俄羅斯軍隊的衰敗最興奮，以判斷哪些人對俄羅斯別有用心。維特羅萊男爵曾說過：「塔列朗先生會對空鳴槍，看看哪個人會跳窗逃命。」

在社交場合和一般的寒暄中，要多注意對方說了什麼，因為此時眾人都會卸下心防。只要你能收斂自己的個性，便能讓對方透露出各種資訊。這一招的高明之處在於，對方會誤以為你對他們這麼感興趣，是因為想和他們做朋友。如此一來，你不只得到了情報，也拉攏了盟友。

但使用此技巧時必須分外小心，若對方開始懷疑你是想透過聊天挖出他們的祕密，就會拒絕再和你往來。請把重心放在友好的寒暄上，不要急著聚焦於蒐集資訊。此外，打聽消息時也不可做得太過明顯，否則就會偷雞不著蝕把米，暴露自己的資訊與意圖。

若你懷疑對方在騙你，就先假裝相信他的話，讓他越說越多，越講越起勁，直到最後露出馬腳；若你發現某人對你有所隱瞞，但卻破綻百出，那就裝出一副不相信對方的模樣。你的態度會逼得他說出藏在心中的事實，盡其所能來安撫你的疑心。——叔本華法國作家拉羅希福可曾提過一個小技巧，可供想蒐集情報的人參考，他寫道：「只有極少數的人會以真心待人，很多時候，真誠的舉止不過是一種高明的技巧，目的是為了套出另一個人的祕密。」換句話說，你對別人掏心掏肺，不過是要提高他對你吐露祕密的機率罷了。給他一段虛假的自白，他就會還你一段真實的肺腑之言。叔本華提了一個蒐集情報的技巧，他建議與人談話時，要用嚴詞反駁對方的觀點，藉此激怒對方，使他無法控制自己的言語。我們可以從對方情緒化反應中看見他的真面目，並用這一點來對付他。

此外，你也可以藉由測試對方來蒐集情報，比如設下一些陷阱，讓對方吐露關於自己的祕密。霍斯勞二世（Chosroes II）是西元七世紀的波斯國王，他非常聰明，擅長用各種方法看穿下屬，但又不會招致懷疑。舉例來說，當他注意到兩名朝臣變得格外親暱，便會召見其中一人，告訴他自己透過線報得知另一名臣子是叛國賊，近日就要處死他。霍斯勞二世還會對眼前的人說自己最信任他，要他死守這個祕密。接著他會仔細觀察這兩人，如果另一人對自己的舉止沒有絲毫變化，就代表第一位臣子沒有洩漏祕密。此時他會立刻拔擢對方，並私下向他坦承：「我先前確實收到一些情報，本打算處死你的朋友，但經過一番調查後，我發現此事根本是子虛烏有。」然而，假如霍斯勞二世發現第二名臣子開始躲著自己，且言行處處透露著冷漠或焦慮，他就會知道第一個人洩密了。此時他會將第二位臣子逐出宮外，還會讓他知道這整件事不過是一場試驗，雖然他並沒有犯任何錯，但自己卻再也無法信任他。至於走漏風聲的第一位朝臣，霍斯勞二世則會將他流放到國境之外。

這種蒐集情報的方式只能讓你得知一個人的性格，而非實際的資訊。這種策略看似奇怪，但大多時候也不失為一種防範於未然的方法。

透過引誘對方去做某種行為，你便能得知他們對你忠不忠心、老不老實。這類資訊通常是最寶貴的資訊，當你心裡有底後，便能預測對方未來的行為。

意象：間諜的第三隻眼。在一座所有居民都只有兩顆眼睛的海島上，第三隻眼能賦予你全知的神力。你的目光可以投射得比其他人遠，洞察得比其他人深。沒有人能逃過第三隻眼。

權威之言：故明君賢將，所以動而勝人，成功出於眾者，先知也。先知者，不可取於鬼神，不可象於事，不可驗於度，必取於人，知敵之情者也。【《孫子兵法》】

法則的反轉

情報對權力來說至關重要，既然你懂得從別人身上刺探情報，那就要做好準備淪為間諜的窺探目標。情報戰場上的神兵利器就是假情資，英國前首相邱吉爾（Winston Churchill）曾說過：「真相太過寶貴，我們必須將謊言當成保鑣，貼身守護她。」你也要在身旁安排幾個這樣的保鑣，這樣別人才無法竊取關於你的真相。只要你能選擇釋出哪些資訊，便可掌握局勢。

一九四四年，納粹對倫敦發動的火箭戰攻勢突然升級，逾兩千顆V－1飛行炸彈空降倫敦城，炸死五千多人，傷者人數更是難以估量。但德軍總是無法正確瞄準轟炸目標，本應投向倫敦塔橋或皮卡迪利圓環的炸彈總是無法命中市區，而是落到人煙稀少的郊區。原因是德軍在確定轟炸目標時須仰賴他們部屬在英國的間諜，但德軍卻不知這些間諜早已曝光，他們接收的資訊，其實都被英國控制的情報員動了手腳。

德軍的炸彈就這樣離目標越來越遠，到了轟炸行動的最後階段，他們的炸彈已降落到鄉村地區的乳牛身上。讓對方接受錯誤的資訊，你就能掌握極大優勢。蒐集情報讓你擁有第三隻眼，不實訊息可以蒙蔽敵人的眼睛，使他變成獨眼巨人，永遠無法命中目標。

法則

15

斬 草 除 根

觀點

自從摩西出現以後，所有領導者都學到了一個教訓，那就是對待敵人必須斬草除根，有些領導者甚至爲此付出了慘痛的代價。只要對方還有一息尚存，他日必將捲土重來。倘若半途而廢，你最終要付出的代價絕對遠高於殲敵必盡，因爲對手在休養生息後勢必會來找你報仇，請徹底粉碎他們的肉體和精神。

違反法則的案例

項羽和劉邦本是攜手抗秦的生死之交，後來兩人反目互鬥、楚漢相爭的故事，可以說是中國歷史上精彩的篇章。項羽出生將門貴族，他生性暴躁易怒，腦袋也不太靈光，但卻有著一夫當關、萬夫莫敵的氣概。劉邦是一介平民，他不諳戰場之事，平生最愛的是好酒與美人。相較於項羽，劉邦更像是一個地痞流氓。但劉邦相當聰明，也懂得識人之術，所以拉攏了許多優秀的謀士，也肯傾聽他們的建言，藉此提升自己在軍中的威望。

西元前二〇八年，楚國派出兩支大軍攻打秦國，其中一支在大將軍宋義的率領下北上（項羽擔任副手），另一支則由劉邦領軍，直搗秦國首都咸陽，躁進的項羽內心不滿劉邦比他先進入咸陽，甚至擔心他會趁機奪走軍權。

此時在北方戰線，宋義突然令軍隊停步，不再前進，項羽怒氣沖沖地衝進大將軍的帳篷，揮刀斬落宋義的頭顱，並封自己為大將軍，接著便揮兵直奔咸陽。項羽自視甚高，一直都覺得自己在軍事方面的才能遠勝劉邦，卻沒料到軍隊人數較少的劉邦居然先自己一步入關。此時項羽的謀臣范增出言警告：「沛公居山東時，貪於財貨，好美姬。今入關，財物無所取，婦女無所幸，此其志不在小。」

范增催促項羽趕在劉邦成氣候前除掉此人，要他邀請劉邦到駐紮在咸陽城外的軍營參加晚宴，並命人在表演舞劍時砍掉劉邦的頭顱。劉邦欣然答允赴宴，席間項羽遲遲不肯命人舞劍，直到最後給出許可，但此時劉邦早已意識到苗頭不對，便藉口如廁遁走。眼見計謀失敗，范增怒道：「唉！豎子不足與謀。奪項王天下者，必沛公也。」

敵人的餘孽會像疾病般散播，或如死灰般復燃，所以殲敵務盡……即便對手已元氣大傷，你也不該無視他們的存在。否則等時機成熟，他們必將捲土重來，好比燎原的星火。「考底利耶」

塞尼加利亞的陷阱

波吉亞處決了拉米羅（Ramiro）後，便立刻離開切塞納市揮兵南下，並將他殘缺的屍體拋棄在廣場上。三天後，波吉亞抵達法諾，並在那裡接見了來自安柯納的使者，使者向波吉亞再三保證，說安柯納絕對會是他最忠誠的盟友。此時，傭兵隊長維泰利（Vitellozzo Vitelli）派

此時項羽終於知道自己犯了大錯，連忙率兵趕往咸陽要取劉邦人頭。劉邦是個識時務的人，他知道項羽要取他性命，於是便拋下咸陽城逃命去了。進入咸陽後，項羽下令殺死秦國降王、燒其宮室。此事過後，項羽和劉邦正式反目，項羽追擊劉邦數月，終於將他困於滎陽城中，並斷了漢軍的糧食，逼得劉邦只能出言求和。

范增再次進言：「漢易與耳，今釋弗取，後必悔之。」但項羽最後還是動了惻隱之心，決定將劉邦帶回楚國，並想說服昔日兄弟認自己為王。范增這次又說對了，劉邦求和不過只是詐降之術，目的是要分散項羽的注意力，最後劉邦帶著一小批人馬逃離楚營。項羽沒想到劉邦居然又從自己手下溜走，於是又開始追殲漢軍，且這次可以說是殺紅了眼。後來項羽在某場戰役中擒獲了劉邦的父親，並在兩軍交戰之際將他置於台上喊道：「今不急下，吾烹太公。」劉邦沒有動怒，而是回道：「約為兄弟，吾翁即若翁，必欲烹而翁，而幸分一杯羹。」項羽知道此舉無法威脅到劉邦，所以只能作罷。

隨後項羽因用兵失誤反被劉邦突襲成功，主營慘遭漢軍圍堵。此時戰局終於扭轉，漢強楚弱之勢已定，項羽不得已只能向劉邦求和，但劉邦的謀士卻要劉邦趕盡殺絕，並說：「今釋弗擊，此所謂『養虎自遺患』也。」劉邦於是決定徹底剷除項羽的勢力。

劉邦假意與項羽簽訂和約，讓項羽暫時鬆懈下來，隨後又立刻發動攻擊，大破楚軍，導致項羽遁走。項羽將愛馬送人，身邊僅剩寥寥數名騎兵。項羽自刎於烏江旁，他生前所說的最後一句話是：「吾聞漢購我頭千金，邑萬戶，吾為若德。」

人傳來消息，說亞德里亞海的塞尼加利亞港已宣布投降，只剩下熱那亞人多里亞（Andrea Doria）負責守衛的堡壘仍在拚死堅持，且多里亞表示只有波吉亞親臨現場，自己才會交出堡壘。波吉亞告訴信使自己隔天就會抵達港口，此言正中維泰利的下懷。

維泰利知道一旦波吉亞抵達塞尼加利亞，就會被駐紮在堡壘與城中的軍力夾擊，陷入腹背受敵的窘境……維泰利知道法軍的撤離會令波吉亞實力大減，因此確信自己更占優勢。

根據馬基維利的說法，波吉亞離開切塞納時麾下共有一萬名步兵和三千匹戰馬，由於人數眾多，他們在行軍時不得不將隊伍拆開走不同的路線，最後在於塞尼加利亞集結。波吉亞之所以會率領大批人

重點解析

項羽不只一次向眾人展現自己心狠手辣的一面，只要對自己有利，他就會毫不猶豫剷除掉自己的對手。但他對劉邦的態度卻截然不同，項羽十分敬重這位對手，並想在戰場上想光明正大地打敗他，以證明自己比對方強。項羽甚至還希望劉邦能臣服於他，為他效命。每當有機會除掉劉邦時，項羽總是會礙於一些原因而無法痛下殺手，可能是出於同情，也可能是因為兄弟或袍澤之情。然而，就在項羽揚言要除掉劉邦，但又無法實踐諾言的那一刻，他就注定走上了滅亡的道路，因為占了上風後的劉邦絕不可能像他一樣優柔寡斷。

當你開始與敵人共情，或是同情他們，又或者是抱著能與對方和解的妄想，導致自己無法狠下心消滅他們，那你的下場就會和項羽一樣。放過敵人只會加深他對我們的恐懼與仇恨，敗在他人手下早已讓他們顏面盡失，你又何必去餵養這條心生怨懟且隨時都會反咬你一口的毒蛇？我們不該用這種方式行使權力，面對敵人一定要斬草除根、徹底殲滅、不讓他們有報仇雪恨的機會。假設你的敵人曾是你的朋友，那你就更不能心軟。在似海的深仇面前，請務必遵循下列法則：絕不考慮談和；敵對的兩人只有一方能獲勝，而且要贏就要贏得徹底。

這個道理劉邦倒是很快就學會了，項羽自刎後，他便立刻就自命為楚軍上將軍，隨即率兵殲滅楚王。滅掉楚王後，劉邦自立為王，並在經歷了一番爭戰後平定天下，正式建立了漢朝，史稱漢高祖，被後世譽為中國史上最偉大的皇帝之一。

馬，是因為他早就已經從羅卡（Ramiro de Lorca）口中打聽到情報，知道維泰利打算造反，並決定反將對方一軍——史學家焦維奧（Paolo Giovio）後來用「驚天騙局」來形容波吉亞的策略。

一五〇二年十二月三十一日的清晨，波吉亞抵達塞尼加利亞的周邊……傭兵隊長科雷拉（Michelotto Corella）率領著先鋒部隊（由兩百名長矛騎兵組成），鎮守在運河橋上……只要控制住大橋，就能切斷造反者的退路……波吉亞熱情地接見諸位傭兵隊長，並邀請對方與自己共騎……科雷拉稍早已將伯納迪諾城堡內外的一切都打理好了，好讓波吉亞可以安心在此執行計畫，公爵大人也按照劇本安排請君入甕……走進城堡大門後，潛伏在暗處的守衛欲成大事者須先摒棄婦人之仁。

——考底利耶

遵循法則的案例

六二四年，武曌出生於長安，其父是唐朝功臣，武曌後來因貌美而被納入唐太宗的後宮。皇帝的後宮是個危機四伏的地方，裡頭三千嬪妃各個都卯足了勁，想得到皇上的寵幸。武曌因容貌姣好、性格強勢，很快就從眾女中脫穎而出，但於此同時，她深知皇帝和其他有權勢的男子一樣喜新厭舊，自己隨時有可能被取代，於是早早便開始為自身將來打算。

後來武曌打算色誘高宗，於是便在高宗如廁完準備洗手時捧著金盆，裝出一副嬌滴滴的模樣，一舉拿下高宗的心。後來太宗駕崩，高宗登基為帝，但武曌卻必須遵循宮中慣例，和其他嬪妃一起削髮為尼，下半輩子都過著青燈古佛的生活。在感業寺住了七年的武曌一直都想逃離此處，後來她透過與唐高宗密會並與皇后交好，最終被聖旨召回後宮。回到皇宮後，武曌不斷討好皇后，皇后對她向高宗的獻媚不以為意，畢竟她自己至今尚未替高宗誕下子嗣，在宮中地位不穩，武曌正好可以充當她的左右手。

六五四年，武曌誕下一名公主。某天，皇后特來看望公主，誰知皇后前腳剛走，武曌就立刻掐死自己的孩子。公主的死訊傳開後，所有人都將矛頭指向皇后，因為眾人都知道皇后善妒，且她離開沒多久公主就夭折了。武曌的陰謀成功了，沒過多久，高宗下令處死皇后。後

立刻蜂湧而出，將眾人綁了起來……波吉亞也立刻下令，要城堡外的士兵襲擊維泰利和奧爾西尼（Orsini）的人馬……當天晚上，科雷拉便在城堡內親手掐死了奧利弗羅托（Oliveretto）和維泰利，兩人手下的傭兵也被殺得片甲不留……波吉亞就這樣一網打盡自己麾下意圖謀反的將領們。［克勞拉斯（Ivan Cloulas），《波吉亞家族祕史》（*The Borgias*）］

只有心狠手辣之人能獲得最後的勝利。［拿破崙］

來武曌被封為皇后，貪圖享樂的高宗此後將國政全權交由新皇后處理，而武后也在日後成為權傾天下的武則天。

即使已經手握大權，武后依舊感到惴惴不安，因為她身邊隱藏了太多敵人，導致她一刻都無法鬆懈。在她四十一歲那年，武后擔心年輕貌美的外甥女會成為高宗的新寵，於是便在她的食物中下毒；六七五年，高宗打算把皇位傳給武后的長子，於是她便親手將自己的兒子毒死。長子死後，武后的次子（據傳為私生子）被立為太子，但後來卻因莫須有的罪名被廢為庶人。六八三年，唐高宗駕崩，武后隨即宣布現任太子無法勝任皇位，也就是說，武后最小的兒子將成為下一任皇帝，而她也可以繼續垂簾聽政。

往後五年間，唐朝爆發多次政變，但全都以失敗告終，策謀者也通通被除以極刑。六八八年，宮廷內外再也沒人能撼動武后的地位，此時甚至有人稱武后是彌勒菩薩化身下凡。六九〇年，她終於如願稱帝，尊號聖神皇帝。

武曌之所以能成為皇帝並統治中國，是因為她徹底剷除了前朝（即唐朝）的所有勢力；七〇五年，高齡八十一歲的武曌終於被迫退位。

重點解析

知道武則天的人都認為她是個鬥志昂揚且聰明絕頂之人，在那個時代，有抱負的女子成名的唯一方法，就是在後宮中力壓群雌，但這種榮耀也只能維持短短幾年。武后雖然攀上了權力的巔峰，但卻從不天真地認為人生將從此一帆風順，她深知只要稍有遲疑或被人看出弱點，自己就會被人扳倒。敵人會如雨後春筍般不斷冒出，那她便會徹底瓦解對方的勢力，和他們拚個你死我活。中國歷代皇帝都是靠這招坐上龍椅，武曌身為女流之輩，本就無法與權力無緣，所以手段一定要更加狠辣。

武則天實際統治中國長達四十年，雖然她是靠血腥權謀才當上皇帝，但在中國依舊將武后奉為明君。

納瓦埃斯（Ramón María Narváez）是西班牙部長議會主席，在他臨終前，一名祭司問他：「大人是否願意原諒今生所有敵人？」納瓦埃斯回道：「我無須原諒他們，因為我早就把他們都殺光了。」

權力之鑰

與本法則有關的兩則故事都出自中國不是沒有原因的：這種因一時心軟放過敵人，最後卻釀成大禍的例子在中國歷史上多不勝數。「斬草除根」是《孫子兵法》中的關鍵信條。斬草除根的概念很簡單：你的敵人最大的願望就是將你剷除，若你在與他們交手時出於仁慈，或是因為想求和的緣故半途而廢，又或是在只差臨門一腳時便止戰，只會加深他們的仇恨，讓他們更想將你除之而後快，心想日後絕對不能放過你。成為你的手下敗降後，他們可能會虛與委蛇一段時日，這是因為他們眼下無計可施，只能伺機而動。

解決之道：一個都不放過，以其人之道，還治其人之身，剷除所有敵人。惟有敵人徹底灰飛煙滅，你才能找回內心的平靜與安全感。

毛澤東酷愛《孫子兵法》，也熟知中國歷史，他很清楚斬草除根有多重要。一九三四年，毛澤東與七萬五千名紅軍為躲避蔣介石率領的國軍圍剿，一路向西逃到陝甘一帶，史稱「二萬五千里長征」。

當時蔣介石本打算將共產黨徹底殲滅，而國民黨也確實讓紅軍人數銳減至不到一萬人。一九三七年，日軍入侵中國，蔣介石認為共產黨已無法再對自己構成威脅，於是便停止圍剿行動，開始專心對付日本。十年後，捲土重來的共產黨實力大增，大敗蔣介石的國軍。蔣介石忘了古人斬草除根的智慧，但毛澤東卻牢牢記在心上，他一路追擊國民黨，最後將他們逼得全面撤出中國大陸，退守台灣島。

《聖經》上也記載了「殲敵必盡」的智慧，摩西就是第一個實踐此法則的人，他從神的口中得知，當祂為猶太人將紅海分開時，也會讓水回流到埃及人身上，使他們「連一個也沒有剩下」。當摩西拿著刻著十誡的石板走下西奈山，他發現同胞居然在崇拜黃金打造的牛犢，於是便下令執行戒律，將所有違規的人殺死。摩西死前告訴即將走進應許之地的同胞，要他們在擊敗迦南人時「把他們滅絕淨盡，不可與他們立約，也不可憐恤他們」。

全面勝利是現代戰爭的公理，並被軍事理論家克勞塞維茲奉為圭臬，克勞塞維茲在分析完拿破崙的用兵策略後寫道：「殲滅敵方勢力永遠都是我方的**首要考量**……拿下關鍵戰役的勝利後，千萬不要想著休息或喘息……而是要繼續追擊敵人，再次出擊、拿下對方的要塞、破壞他們的儲備品，以及一切能為敵國提供援助的事物。」克勞塞維茲之所以會這樣說，是因為戰爭結束後，兩國勢必會開始談判與劃分土地，不能獲得全面勝利，談判時便無法獲得最大利益，等於白白浪費了軍人的血汗。

想避免這樣的窘境很簡單，只要不讓敵人有任何選擇的餘地即可。根除敵人的勢力，你就能恣意掠奪他們領土。你追求權力的目標就是要徹底掌控對手，讓他們聽命於你，當他們沒有選擇的餘地時，就只能服從你的意志。此法則的應用場合絕不僅限於戰場上，談判是一條陰險的毒蛇，它會蠶食掉你辛苦獲得的勝利，所以絕對不要給敵人談判的空間。務必擊垮對手，讓他們成為喪家之犬。

切記，在追求權力的過程中，你一定會得罪一些人並樹敵無數，也會碰上一些無論如何都鬥不過的人，他們會義無反顧地和你作對。無論你傷害他們有多深，也不論你是不是故意的，都不要被對方的恨意觸怒。請平靜地接受現實，只要你依舊掌握權力，你和對方就不可能和平共處。如果不將對方剷除，他們就一定會趁機報復你。我勸你也不要妄想他們會和你攤牌，因為等到那時一切都為時已晚了，這道理武則天懂，我希望你也懂。

做人還是要實際一點，放任強敵環伺只會讓自己活得提心吊膽，別忘了歷史的教訓，以及摩西和毛澤東的人生智慧，對付敵人切忌半途而廢。

當然，我不是要你真的殺了對手，而是要你將他發配邊疆。先徹底削弱敵人的實力，再將他永遠逐出你的宮廷，這樣一來他就再也無法威脅到你，也不可能重振旗鼓，或是躲在暗處加害於你。如果你無法趕走對方，那至少也要掌握他們在私底下密謀什麼，且不要被他們佯裝的友善給騙了。此時此刻，你唯一的武器就是警覺心。假設你被迫必須暫時與他們共處，也別忘了制定計畫，選對時機將對方除之而後快。

意象：一隻被你踩在腳底的毒蛇，等牠再次出擊，就會用雙倍毒液回敬你。苟延殘喘的敵人猶如半死不活的毒蛇，出手相助只會令牠的毒牙變得更凶猛。

權威之言：切記，你只能在善待對方與摧毀對方兩者中擇其一；受了小傷的人還有力氣報復，身負重傷的人連求生都難，所以說，每次出手都要拚盡全力，確保對方日後不會來尋仇。〔馬基維利〕

法則的反轉

此法則只有在極少數的情況下可被忽視，因為有時相較於親手殲滅敵人，放任敵人自我毀滅反而是上策。在戰場上，被圍困的士兵會變得特別難纏，貿然進攻反而耗時耗力，給對方留一條生路反而會有奇效，因為撤退不僅會浪費他們的力氣，還可以打擊士氣，效果遠比兵戎相見好。當敵人瀕臨崩潰邊緣，最好的做法就是任他們自生自滅，但前提是你必須確定對方不會東山再起。既然結果是一樣的，那你也不用親自動手，更不需要因此感到內疚。

有時趕盡殺絕會讓敵人對你恨之入骨，並花數年的時間計畫報復你，簽下《凡爾賽條約》（Treaty of Versailles）的德國就是最佳的例子。有些人說，從長遠的角度來看，用寬容對待敵人更好，但寬容也有風險，敵人不會因為你的寬容而少恨你一分，但卻會因此變得肆無忌憚，而且還有餘地制定復仇的計畫。所以斬草除根永遠都是較為明智的作法，倘若對方多年後跑來找你算舊帳，那就再剷除他們一次。

法則

16

適時缺席以贏得他人敬重，並抬高自己聲望

觀點

一樣東西的流通量越大，價值就越低：一個人出現的頻率越高、發言的次數越多，很快就會淪爲尋常。如果你在團體裡已具備一定的威望，搞一下失蹤反而會使人開始討論你，甚至變得更仰慕你。學會適時缺席，並利用物以稀爲貴的法則提升個人價值。

違反法則的案例與遵循法則的案例

巴拉恩（Sir Guillaume de Balaun）是中世紀南法地區的吟遊詩人，他會造訪各個城堡，靠朗誦詩歌或扮演騎士娛樂眾人。在若雅克城堡中，巴拉恩愛上了美麗的吉列勒瑪・德・若雅克夫人（Madame Guillelma de Javiac），不僅經常為她唱歌吟詩，還和她下棋。久而久之，吉列勒瑪也對眼前的吟遊詩人暗生情愫。巴拉恩有一個朋友名叫巴雅克（Sir Pierre de Barjac），巴雅克是巴拉恩的表演夥伴，也是若雅克城堡的賓客。無巧不成書，巴雅克也愛上了一名舉止優雅但脾氣暴躁的女子維也娜塔（Viernetta）。

一天，巴雅克和維也娜塔大吵了一架，維也娜塔一怒之下將巴雅克趕出城堡。巴雅克向好友求助，希望他能當一回和事佬，讓維也娜塔再次接納自己。此時巴拉恩因故要離開城堡一陣子，於是便答應回來後再處理此事。幾星期後，巴拉恩回到城堡，他不知道施了什麼魔法，很快就讓巴雅克和維也娜塔重修舊好。巴雅克感到自己對維也娜塔的愛比以前濃烈十倍，並認為破鏡重圓後的愛才是最強烈的愛。他對巴拉恩說，情侶吵得越凶、時間越久，兩人和好後對彼此的愛意也會更加甜美。

巴拉恩是一名吟遊詩人，他生平最自負的一點，就是曾體驗過人世間每一種因愛而生的歡愉與哀傷。聽完巴雅克的描述後，他也想親身感受一下先爭吵再和好帶來的狂喜，於是便假裝生吉列勒瑪的氣，再也不給她送情書，甚至突然離開城堡，刻意缺席慶典與打獵之類的盛事，年輕的吉列勒瑪也因此變得失魂落魄。

吉列勒瑪派人去找巴拉恩，想弄清楚事情的原委，但巴拉恩什麼都不說，只是請他回城堡。

駱駝與浮棍

第一個看見駱駝的人被嚇得落荒而逃；第二個看見駱駝的人稍微走近一些；第三個看見駱駝的人用籠頭套住牠。熟悉是馴服萬物的關鍵，因為我們眼睛認定可怕的、古怪的事物，只要給予充裕的時間去適應，就會變成普通的事物。這個道理我懂了，我曾聽說過被派駐在海岸的哨兵，他看見遠方漂來的物事，便忍不住喊道：「船！船！載滿士兵的戰船！」不久後，戰船變成了郵船，之後又變成輕舟、一綑紙張，最後真相揭曉，不過是一些載浮載沉的木棍罷了。我知道這個道理可以應用在什麼地方——距離越遠的，看起來越雄偉，距離越近的，看起來越不起眼。

［拉封丹，《拉封丹寓言精選集》］

巴拉恩以為吉列勒瑪一定會很生氣，而最後自己也會像巴雅克一樣，不得不去找對方和解。然而，吉列勒瑪卻因為巴拉恩失蹤而更愛他了，她開始瘋狂追求對方、不斷派人去找他，並獻上自己寫的情書。城堡女主人倒追吟遊詩人，這件事可以說是前所未聞。巴拉恩不喜歡這種感覺，他認為吉列勒瑪太過主動，失去了應有的矜持。巴拉恩除了不確定是否要繼續執行計畫，也在猶豫還要不要繼續愛吉列勒瑪。

巴拉恩消失幾個月後，吉列勒瑪終於放棄了，她不再派人去找巴拉恩。現在輪到巴拉恩開始擔心了，他在想或許吉列勒瑪終於生氣了，也有可能計畫終於奏效了。巴拉恩認為要是吉列勒瑪生氣了自然再好不過，代表自己終於可以和對方和解。巴拉恩二話不說，連忙穿上最華麗的衣服、裝扮了一下自己的駿馬，最後戴上最亮眼的頭盔直奔若雅克。

吉列勒瑪一聽到愛人回來了，便立刻衝去迎接他。她先是跪在巴拉恩面前，接著扯掉自己的面紗，瘋狂親吻他，希望他能消消氣並原諒自己。此時的巴拉恩宛如丈二金剛，他感到一陣失望，認為自己的計畫徹底失敗了。吉列勒瑪根本沒生氣，她從來就沒有生巴拉恩的氣，而是更加地愛他，正因如此，巴拉恩才無法體驗到破鏡重圓後的歡愉。看著眼前的吉列勒瑪，巴拉恩還是想品嘗一下這種感覺，於是決定再試一次。他用粗魯的言語趕走吉列勒瑪，還作勢要打她。吉列勒瑪離開了，這次她發誓永遠不再見巴拉恩。

隔天早上，巴拉恩就後悔了，於是便再次趕到若雅克，豈料吉列勒瑪居然不肯見他，還命僕人把他趕得遠遠的。巴拉恩頭也不回地逃走，回到家後，他情緒崩潰哭了起來，因為他知道自己已經鑄下大錯。接下來一整年，吉列勒瑪都避不見面，這下換巴拉恩體驗到愛人失蹤的感覺了，也終於明白這種感受只會讓愛火燒得更旺。巴拉恩就是在這種心境下寫出動人的詩句「愛的讚歌因悲憫的祈禱昇華」，除此之外，他還給吉列勒瑪送去無數封情書，解釋自己為何要這樣做，並乞求對方原諒自己。

經過這麼多事後，吉列勒瑪終於想起巴拉恩優美的詩歌、俊俏的臉龐、精湛的舞技和放鷹狩獵技術，並希望能和他再續前緣。然而，為了懲罰他過去種種絕情的行徑，吉列勒瑪命令他將右手小指的指甲拔掉，再放進裝有悔過詩的信封中寄給自己。

巴拉恩按照對方的要求做了，最後兩人和好如初，體驗到破鏡重圓後的終極之愛，熱烈的程度遠勝巴雅克與維也娜塔。

重點解析

巴拉恩原本只是想體驗一下破鏡重圓後的愛，卻在無意間發現了存在與消失的法則。在戀情萌芽階段，我們必須時刻出現在對方眼前，要是消失的時間太早，對方可能就會忘了你。然而，一旦另一方開始投入自己的感情，也確實已經愛上你，那麼短暫的消失就會使愛人的心變得更炙熱。毫無理由的失蹤效果更好，因為對方會覺得自己一定是做錯了什麼事，並在你消失的期間開始胡思亂想，最後在想像力的催化下越來越愛你。反之，吉列勒瑪越是苦苦追求巴拉恩，男方就越是對她興趣缺缺，因為吉列勒瑪出現的頻率太高了、太唾手可得了，根本不給巴拉恩任何想像的空間，這樣會導致毫無喘息的餘地。當女方不再派人打聽巴拉恩的消息時，巴拉恩終於可以呼吸了，也可以進行下一步計畫。

雞有五德

田饒事魯哀公而不見察。田饒謂哀公曰：「臣將去君而鴻鵠舉矣。」哀公曰：「何謂也?」田饒曰：「君獨不見夫雞乎?頭戴冠者，文也;足傅距者，武也;敵在前敢鬪者，勇也;見食相呼，仁也;守夜不失時，信也。雞雖有此五者，君猶日瀹而食之，何則?以其所從來近也。夫鴻鵠一舉千里，止君園池，食君魚鼈，啄君菽粟，無此五者，君猶貴之，以其所從來遠也。臣請鴻鵠舉矣。」[沈郁修 (Yu-Hsiu Sen，音譯) 主編，《古中國寓言》(*Ancient Chinese Parables*)]

人會不由自主地敬重所有看起來被動且稀缺的人事物，反之，不停宣告存在感只會招來鄙夷的眼光。在中世紀，女子總喜歡不斷給騎士出難題，考驗他們的愛。她們會要求對方花長時間去完成艱鉅的任務，讓自己偶爾出現在他們面前，偶爾又避不見面。假設巴拉恩一開始沒有離開吉列勒瑪，那麼不久後，吉列勒瑪可能就會為了創造消失的狀態而趕走巴拉恩。

> 缺席固然叫人失望，但也會使眾人引頸期盼，就像清風雖會吹熄蠟燭，卻也能讓火堆燒得更旺。
>
> ——拉羅希福可

遵循法則的案例

亞述人靠著嚴刑峻罰統治西亞地區長達數百年，西元前八世紀，瑪代人（瑪代位於現今伊朗一帶）起身反抗亞述，最終脫離其掌控並建立自己的政府。然而，為了預防暴政，瑪代人最初不肯讓統治者掌握所有權力或建立君主制，導致國家因缺乏領導者而陷入混亂，而許多部落也趁機自立為國並開始內鬥。

迪奧塞斯（Deioces）是其中一個小國的法官，因特別善於解決爭端和處事公正聞名。由於能力太過優秀，鄰近國家無論遇到什麼糾紛，都會請他出面主持公道，而他的權力也越變越大。於此同時，瑪代區各國的律法日漸敗壞，為官者貪汙腐敗，人民再也不信任宮廷，凡事都訴諸暴力解決。於是乎，當眾人聽說迪奧塞斯不僅充滿智慧，做事也守正不阿時，便紛紛將各種案件交給他審理。沒過多久，迪奧塞斯就成為瑪代區碩果僅存的正義仲裁者。

然而，就在聲望和權力都達到最高峰時，迪奧塞斯突然決定退休，不再受理任何案件，理由是他花了太多時間處理他人與他國的事務，根本無暇照顧自身需求。迪奧塞斯退休後，瑪代各國很快就亂成一團，犯罪率直線上升，眾人目無王法。瑪代各國於是召開聯合會議，討論如何終結此窘境，會議期間，某國領導說：「再這樣下去瑪代根本沒辦法住人了，不如指派一人擔任統治者，建立一個有秩序的政府，讓眾人安居樂業，總好過最後所有人都流離失所。」

就這樣，即便經歷過亞述人的暴政壓迫，瑪代人還是決定重拾君主制，並推舉一名國王。想當然耳，瑪代人心中的首選，就是大公無私的迪奧塞斯，但迪奧塞斯早已受夠了瑪代人無休止的內鬨，堅決不願成為瑪代王國的國王。眾人動之以情，說之以理，告訴迪奧塞斯如果他不當國王，瑪代勢必會徹底淪陷，最終他才勉強同意。

迪奧塞斯提出了幾個條件，他要求人民為他興建一棟大王宮、給他安排一支禁衛軍，並賦予他全權掌控首都的權力。瑪代人民滿足了他的要求，在首都中心蓋了一座宮殿，且嚴禁平民百姓進入。迪奧塞斯之後還頒布了一條命令，說自己不會接見任何人，今後只會透過傳令官與人民溝通。迪奧塞斯言出必行，從此文武百官想見到國王都必須先獲得批准，且沒有人能一週見到他兩次。

迪奧塞斯統治瑪代王國五十三年，期間開疆拓土，為後世的波斯帝國奠定了紮實的基礎——其開國國王居魯士（Cyrus）正是他的玄孫。迪奧塞斯在位期間，人民對他的景仰漸漸轉變成崇拜，認為他是神明下凡。

重點解析

迪奧塞斯胸懷大志，他從很久以前就知道瑪代需要一名強人領袖，而自己就是最佳人選。在瑪代這片政府形同虛設的土地上，法官與仲裁者就是最有權力的人，於是迪奧塞斯便開始塑造剛正不阿的形象。

迪奧塞斯深諳存在與消失的法則，於是刻意挑在聲望如日中天時急流勇退，因為他審理過的案件太多了，不僅曝光率太高，形象也太過親民，導致人民對他失去應有的敬重，認為他理應為自己服務。此時此刻，再次獲得人民崇拜與掌握權力的唯一方法，就是徹底消失在眾人面前，讓瑪代人親身體驗沒有自己的生活。結局果然不出他所料，沒過多久大家就跑來求他擔任瑪代的統治者。

迪奧塞斯發現此法有效後，便將其貫徹始終，偶爾與特定臣子會面，其他人一概不見。希羅多德寫道：「太常接見朝臣會將他置於險境，因為這些人可能會嫉妒他、憎恨他，接著密謀陷害他。但只要誰都不見，關於他的傳說就會廣為流傳，眾人也會將他當成神明下凡。」

一名男子問托缽僧：「為何我很少見到你？」僧人答道：「因為我更喜歡聽到別人對我說『為何你都不來看我』，而不是『你怎麼又來了』。」

——賈米（Mulla Jami），引自沙阿（Idries Shah），《夢想大篷車》（*Caravan of Dreams*）

權力之鑰

所有的事物運作都離不開存在和消失，強烈的存在感可以吸引權力和注意力，因為你的光芒會蓋過身邊的人。但如果在場的時間太長，人們便會看膩你的臉、聽膩你的話，最後引發反效果，導致你的價值下降。一旦眾人對你感到習以為常，無論你再怎麼努力讓自己看起來與眾不同，他們都會漸漸地不再敬重你。所以說，你一定要選對時機，在大家開始不自覺地排斥你前，像玩捉迷藏一樣突然消失。

本法則在愛情與誘惑中最能被體現得淋漓盡致，在戀情剛開始時，另一半若突然玩起失蹤，你一定會開始胡思亂想，並覺得對方散發著一股神祕的氣質。然而，當你太過了解對方，這種想像力就沒了延續的空間，原本神祕的愛人便成了普通人，而你也會習慣他們的存在；十七世紀法國交際花尼儂曾說：「愛絕不會餓死，但卻很有可能因消化不良而死。」

在你心甘情願淪為平庸的瞬間，一切都為時已晚，你的愛人會立刻將你生吞活剝。為避免自己陷入窘境，你一定要讓另一半渴望見到你的身影，告訴對方如果不尊重你，你就會一走了之，讓自己時而存在，時而消失。

人死後會在一瞬間變得與眾不同，所有人都會開始尊敬你，大家都會想起自己曾批評過你、和你吵過架，並因此感到懊悔不已。他們緬懷的，其實是死者永遠都不可能再出現的事實，但你無須等到死後才變得與眾不同，你只要消失一陣子，在真正死亡前進入假死狀態即可。等你重新出現在眾人面前，大家都會認為你復活了，並因此鬆了一口氣，而你身上也會散發重生的光彩（迪奧塞斯就是靠著這一招成為瑪代國王的）。

拿破崙也深諳存在與消失的法則，他曾說：「若頻繁地出現在戰場上，眾人就會忽視我。」現代人每天都被洪水般的名人影像淹沒，適時退場反而更能引人關注。現在鮮少有人懂得何時該離場，人們也再無隱私可言，所以若有人選擇消失在大眾的視野內，一定會贏得所有人尊敬。小說家沙林傑（J. D. Salinger）和品欽（Thomas Pynchon）都知道何時該深藏功與名，所以才會贏得一大票死忠的書迷。

本法則還有一個更通俗易懂的例子，那就是經濟學中的稀缺規律：當你將某樣資源從市場中取走，便能立刻創造價值。十七世紀的荷蘭權貴想讓美麗的鬱金香成為地位的象徵，為此，他們設法讓鬱金香的數量銳減到一株難求的地步。最後，他們成功推動了一股熱潮，使鬱金香的價值飆升至與其等重的黃金。在二十世紀，藝術品經紀人迪文也會使用各種手法，讓販售的畫作變成像是稀世珍寶一樣。舉例來說，為了讓藝術品的價值和地位持續走高，他會把相關的作品通通買下來，然後放在自家的地下室裡。迪文販售的畫作不只是畫作，而是一種極其罕有且值得崇拜的高價值物品，他曾說過：「你可以用五萬美元買到所有你想要的畫，這很容易；但要以一幅二十五萬美元的價格買畫，那可就不簡單了。」

把物以稀為貴的原則套用在自身技能上，讓身邊的人認為你掌握了獨家技術，藉此提升自身價值。

有權勢的人無論再受歡迎，也有被厭棄的一天。到了那個時候，人們將不再尊重他們，並認為他們就和普通老百姓沒兩樣，一點都不稱職，因為我們總是會拿他們和前任比較。事實上，退場是一門藝術，只要操作得宜，暫時失蹤便可以讓旁人重新尊重你，而你也能重拾部分權力。

查理五世是十六世紀最偉大的君主，他不僅統治西班牙，更是哈布斯堡王朝的皇帝，勢力範圍涵蓋歐洲與新世界大部分地區。然而，查理五世卻選在全盛時期（一五五七年）急流勇退，進入尤斯特修道院。查理五世的驟然退場折服了整個歐陸，原本討厭或害怕他的人紛紛豎起大拇指，並將他視為聖人。葛麗泰．嘉寶（Greta Garbo）於一九四一年退出影壇，此消息一出，她的聲望立刻達到前所未有的高度。一些人認為三十多歲就引退實在是太早了，其實嘉寶的選擇是明智的，因為與其被觀眾淘汰，不如自行決定離場的姿態。

當眾人不費吹灰之力便能見到你，你苦心經營的權力光環就會失去光芒，所以請反其道而行：別讓他人輕易接觸到你，這樣再次露面才有價值。

意象：太陽。

人只有在看不見太陽時才會想起它的好，下雨的時間越長，我們就越懷念晴天，但烈日當空又會叫人吃不消。學習隱身之道，再應眾人要求華麗回歸。

權威之言：

透過消失獲得尊重；若一直出現在眾人面前有損你的名氣，那麼暫時退隱便能拉抬名氣。一個人如果不在場，你就會把他當成獅子，但假如他出現在你眼前，你便會覺得他平庸又可笑。同理，我們不會被自己再熟悉不過的技能吸引，因為世人總是先看外表並選擇忽略內在。即便是曠世奇才也會刻意退休，為的是獲得褒獎，並藉由消失贏得所有人的敬重。〔葛拉西安〕

法則的反轉

此法則僅適用於已具備權力基礎的人群，因為退場的前提是你已建立自己的存在感。如果還沒有達到這個地位就隨意地退場，無法為你贏得旁人的尊重，而是會讓他們瞬間遺忘你。初次出現在眾人眼前時，你的形象一定要符合鑑別度高、可再現、隨處可見這三大原則。在尚未鞏固地位前就搞失蹤是很危險的，不僅無法燃起旁人內心的渴望，還會澆熄他們原有的熱情。

同理，在愛情和誘惑的戰場，只有讓自身形象出現在對方眼中且無處不在，失蹤策略才會奏效。你要確保愛人身邊所有東西都有你的影子，這樣一來，即便你不在他們身邊，對方心中還是會經常想起你。

記住一個原則：不要一開始就將自己定義為稀缺物資，而是要讓自身形象廣為流傳，因為人的欣賞、愛和想念只會留給親眼見過的人事物。

法則

17

捉摸不定：叫人永遠提心吊膽

觀點

人必須仰賴習慣才能生活，我們總是渴望旁人的行爲能遵循自己熟知的模式，一旦行事作風被人掌握，旁人就會自以爲可以操控你。此時你必須反客爲主，刻意讓他人摸不透你，用前後不一或看似毫無目的的行爲迷惑對方，讓他們百思不得其解，最後耗盡自己的精力。只要將這項策略貫徹到極致，周遭的人便會戰戰兢兢，過著提心吊膽的日子。

遵循法則的案例

一九七二年五月，蘇聯選手斯帕斯基（Boris Spassky）在冰島首都雷克雅維克焦急地等待美國選手費雪（Bobby Fischer），要和他在西洋棋世界冠軍賽上一決高下。但由於費雪遲遲沒有現身，所以比賽被迫暫停。費雪曾表示自己不滿意獎金的分配機制，也不滿意主辦單位將比賽安排在冰島，總而言之，他隨時有可能退出。

斯帕斯基耐心等待對手抵達冰島，但蘇聯政府認為費雪是在羞辱斯帕斯基，於是便下令要他退賽。斯帕斯基選擇抗命，他有十足的把握能戰勝費雪，因此絕不允許有人阻止他拿下職業生涯中最大的榮耀。他對一名隊友說：「看來我們的努力可能要白費了，但這也是沒辦法的事，現在決定權在費雪手上。如果他來了，我們就比，如果他不來，我們就不比。一個人要是抱著必死的決心，就等於掌握了主動權。」

費雪終於抵達雷克雅維克，但他還是在抱怨獎金與比賽地點，所以比賽取消的危機還是沒有解除。費雪覺得場地條件太差、現場燈光不合他的心意、照相機發出的噪音讓他無法專心，甚至不滿意會場給他們安排的椅子。此時換蘇聯發難了，他們表示如果費雪再搞這些小動作，就會召回斯帕斯基。

蘇聯的威脅奏效了，經歷漫長的等待和數場無解的談判後，費雪終於同意出賽，眾人也都鬆了一口氣（尤其是斯帕斯基）。然而，在正式介紹參賽選手當天，費雪遲到了，到了「世紀對決日」當天，費雪又遲到了。在比賽當天遲到可不是鬧著玩的，因為遲到**太久**等於主動放棄第一局比賽。費雪究竟為何沒有現身？他是在打心理戰嗎？他害怕斯帕斯基嗎？在場所有西洋棋高手（包括斯帕斯基）一致認為，這個來自布魯克林的年輕小夥子怯場了。然而，就在比賽自動取消的前一分鐘，五點零九分，費雪終於踏進比賽現場。

第一局比賽是最重要的，因為這次勝負會決定影響選手後續的表現，所以通常都會演變成一場漫長的拉鋸戰，雙方也會努力研究對方的策略。但這場比賽卻與往常不同，費雪很快就下錯了一步棋（可能是他職業生涯中犯過最嚴重的錯誤），而斯帕斯基也趁機進攻。此時眾人都認為費雪要舉白旗投降了，但斯帕斯基知道費雪**從不**輕言放棄，即便面對將死的困境，他都會戰至最後一兵一卒，盡可能消耗對手的精力。但這次似乎不同以往，費雪似乎真的無計可施了。說時遲那時快，費雪突然祭出一步險棋，令在場所有人精神為之一振。斯帕斯基大吃一驚，但很快就調整好心態，最終擊敗費雪。第一局結束，眾人都摸不清費雪究竟在搞什麼鬼。他是故意輸給對手的嗎？他緊張嗎？他焦慮嗎？甚至有一些人覺得他瘋了。

第一局比賽失利後，費雪又開始抱怨起房間、照相機等問題，甚至連第二局比賽都遲到，並被主辦方判定棄權。在世界冠軍賽中連敗兩局最後又得勝可謂難如登天，現在所有人都認定費雪精神失常了。根據現場所有觀眾回憶，比賽來到第三局時，費雪的眼神變得分外淩厲，盯得斯帕斯基坐立難安。比賽期間，費雪又犯了和第一局一樣的錯誤，但他的表情卻異常自信，令斯帕斯基以為對方是在挖洞給自己跳。然而，即便有所懷疑，斯帕斯基卻看不透費雪布下的疑陣，最後莫名其妙地輸給對手。費雪不按牌理出牌的打法令斯帕斯基坐立難安，第三局結束時，費雪突然從椅子上跳起來，一手握成拳頭猛捶另一手的掌心，並開口向隊友喊道：「且看我用蠻力幹掉他！」

在後面幾局比賽，費雪用了許多和他個人風格迥異的策略，搞得斯帕斯基頻頻失誤。連輸六場後，斯帕斯基哭了，某位西洋棋大師還說：「這場比賽結束後，斯帕斯基可得好好思考要不要回蘇聯了。」第八局結束後，斯帕斯基認為自己被費雪催眠了，於是便決定不再看對方的眼睛，可即便如此，他還是不斷輸給費雪。

第十四局結束後，斯帕斯基召集所有團隊成員，告訴他們「有人想控制自己的大腦」，並說他懷疑桌上的果汁可能被動了手腳，也有可能有人在空氣中釋放了什麼化學藥劑。他甚至公開懷疑費雪的團隊在椅子上搞鬼，讓他無法控制自己的想法。蘇聯國家安全委員會（KGB）也相當關注這件事情，因為他們覺得斯帕斯基的行為讓蘇聯顏面盡失！

主辦單位將他們坐的椅子分解，並用X光機檢驗，負責此任務的技術人員表示椅子一切正常。經過一番詳細的查驗，他們發現唯一不對勁的地方就是照明設備裡有兩隻死蒼蠅。斯帕斯基後來又改口，說自己一直看到幻覺。雖然他最後還是回到現場繼續比賽，但卻無法專注在棋局上，最終輸得一塌糊塗。同年九月，年僅三十五歲的斯帕斯基宣布退役，輸給費雪也成為他終生的心魔。

重點解析

費雪和斯帕斯基之前交手過幾次，但費雪輸多贏少，原因是斯帕斯基擅長看穿對手的策略並反將對方一軍。斯帕斯基會適時調整戰法，而且特別有耐心，他的布局不是在七步前就開始，而是七十步。他過往面對費雪之所以能屢戰屢勝，不僅是因為看得更遠，也因為他深諳人心且懂得控制自己。曾有西洋棋大師說斯帕斯基「在盤算如何走下一步棋的同時，也在盤算著如何讓對手分心」。

費雪後來才明白斯帕斯基成功的關鍵，知道他之所以能戰無不勝，全都是因為利用了對方行為的可預測性。冠軍賽那天，費雪的唯一策略就是掌握主動權，並讓對方無所適從。很明顯，賽前漫長的等待確實影響了斯帕斯基的心態，但費雪獲勝的關鍵要素，其實是他故意犯下的錯誤，以及看似毫無章法的棋路。費雪當時的一切言行舉止，都是為了打亂自己既定的行為模式，包括輸掉第一局比賽跟被判放棄第二局。

斯帕斯基向來以冷靜自持和穩如泰山聞名，這是他頭一次無法理解對手的行為。他的心理防線正在慢慢瓦解，而到了最後，所有人都認為發瘋的人是**斯帕斯基**。

西洋棋這項運動蘊藏人生的本質：首先，你必須有無比的耐心和長遠的目光才能贏得比賽；第二，西洋棋是建立在固定的棋步上（可能會有一些小變化），也就是說，你選擇的棋步早就有人用過了，將來也會繼續被其他玩家沿用。你的對手會分析你當下的模式，藉此預測你的下一步會落在何處，只要讓自己的行為無法預測，對手便無法制定策略，而你也能獲得優勢。人生就像西洋棋一樣，當旁人無法理解你為何要下這步棋，便會陷入惶恐，並抱著不確定的心情靜候你再次出手。

在宮廷求生就像在下棋，你必須動用每一個棋子、制定好策略並付諸行動，期間還要提防對手的詭計。有時候，發動一些風險最大、最不按牌理出牌、讓對方最意想不到的攻擊，反而更有效。

——拉布呂耶爾

權力之鑰

人最怕碰上的，就是突發事件和不可預期之事，地震與龍捲風之所以如此嚇人，也正是因為沒人知道何時會發生。等地震與龍捲風結束後，我們又會陷入恐懼的狀態，等候天災再次肆虐人間。同理，當我們無法預測某個人的行為，內心多少也會有點惶恐。

動物的行為模式是固定的，因此會淪為獵人的受害者，只有人類有能力刻意改變自身行為，並打破慣例去做一些隨興之舉。有很多人不知道自己具備這種能力，他們更喜歡常規帶來的舒適感，或是屈服於動物本能的指揮，不斷重複由欲望引起的行為。這些人之所以會這樣做，是由於遵循模式最省力，也因為他們誤以為只要自己不干涉旁人，旁人便不會來打擾自己。請了解一個道理。有權力之人會**刻意**干擾身邊的人，好讓自己能掌握主動權，並藉此讓他們忌憚自己。有的時候，我們就是要趁對方毫無防備時出擊，讓他們在最料想不到的時刻顫抖，此策略數百年來都一直為有權勢的人所用。

菲利波．維斯孔蒂（Filippo Maria Visconti）公爵出生於十五世紀的義大利，是米蘭公國最後一位來自維斯孔蒂家的貴族。他特別喜歡讓別人的期望落空，舉例來說，有時他會特別關注某位朝臣，讓對方覺得自己離加官晉爵不遠，並從某天開始突然棄對方如敝屣。受害者可能會選擇離開宮廷，若真是如此，菲利波便會召見此人，並開始善待對方。此時這名官員內心一定相當困惑，猜測一定是自己喜形於色的模樣觸怒了公爵，並決定從今以後不再期待對方會拔擢自己。不久後，菲利波會斥責他不思進取，再將他驅出宮外。

和菲利波相處的祕訣很簡單，那就是不要覺得自己知道他要什麼，也不要去猜測什麼東西能取悅他。永遠都不要用**自己的**意志去控制他，而是要臣服於**他的**意志，然後靜觀其變。菲利波靠著營造困惑與不確定感成為米蘭公國的統治者，在位期間從來沒有人敢挑戰他的權威。

不按牌理出牌是上位者慣用的技巧，但失敗者也可以靠此策略扭轉局面。當你陷入敵眾我寡或腹背受敵的窘境，不妨做出各種對方意料之外的行為，讓敵人因困惑而撤退或失誤。

一八六二年春季，美國內戰打得如火如荼，南軍將領鐵壁傑克森（Stonewall Jackson）率領四千六百名邦聯軍，在雪倫多亞河谷不停騷擾人數遠勝己方的聯邦軍。同一時間，不遠處的麥克萊倫（George Brinton McClellan）將軍正計畫要帶九萬名聯邦軍從華盛頓哥倫比亞特區南下，打算包圍邦聯首都里奇蒙。在聯邦軍為圍城戰做準備的這段期間，傑克森不斷帶領軍隊進出雪倫多亞河谷。

在外人眼中，傑克森的行為毫無邏輯可言。他是想支援里奇蒙嗎？他是想趁麥克萊倫不在時拿下華盛頓嗎？他是想揮軍北上大鬧一番嗎？他帶著軍隊原地打轉到底是為了什麼？

由於傑克森的行為過於詭異，聯邦軍將領決定延後包圍里奇蒙的計畫，先弄清楚此人葫蘆裡究竟在賣什麼藥。南方軍抓住這段空檔，緊急調派兵力進駐里奇蒙。這場圍城戰原本可以徹底擊潰南方邦聯，但最後卻變成一場僵局。每當面臨敵軍人數遠勝己軍的窘境，傑克森都會祭出此策略，讓對方變成丈二金剛，他說：「面對敵人時，若情況允許，一定要故布疑陣、刻意誤導、攻其不備……這些策略屢試不爽，即便寡軍也能戰勝大軍。」

此法則並非戰場的專利，你也可以將其應用在日常生活中。要知道周遭的人總是在揣度我們行為背後的動機，並想運用我們固有的行為模式打擊我們，此時你只需做出一件毫無邏輯可言的行為，對方就會自動轉攻為守。這是因為他們看不透你，並因此感到惴惴不安，當對方陷入這種狀態，你就可以輕鬆震懾他們。畢卡索說過：「最精明的算計，就是完全不算計。但凡你有了點名氣，旁人便會認為你所有的舉動都是精心算計的結果。所以說，只有傻子才會相信深謀遠慮這一套，還不如隨心所欲，想做什麼就做什麼。」

畢卡索曾和藝術品經紀人羅森堡（Paul Rosenberg）合作過一段時間，畢卡索一開始給羅森堡很多發揮的空間，但卻在某天通知對方自己不會再提供任何作品讓他販售。畢卡索後來也解釋自己為何要這樣做，他說：「羅森堡接下來四十八小時會不停思考為什麼我要這樣做，是因為我把畫留給其他經紀人了嗎？我只要繼續過我的生活就好，但羅森堡卻會忍不住一直去想這件事。兩天後他一定會來找我，用忐忑的語氣說：『如果我想修改過去的收購價，把價格調高，身為朋友的你應該不會拒絕我吧？』」

營造難以捉摸的氛圍不僅是讓人們人心惶惶的武器，每天都做一些別出心裁的事將能引發話題，還能讓人對你產生興趣。你越是變化無常，旁人就會越敬重你，只有卑微的下屬才會日復一日重複相同的行為。

意象：龍捲風。龍捲風吹起恐懼和困惑，它是一股無法預測的旋風，不僅讓氣壓表瞬間改變，還會隨時改變方向與速度，叫人無所適從。

權威之言

寂乎其無位而處，漻乎莫得其所。明君無為於上，群臣竦懼乎下。〔《韓非子》〕

法則的反轉

有時一成不變反而對我們有利，當我們建立起一個眾人都熟悉且習慣的行為模式，他們就會根據定見來決定如何與你相處，而你也可以趁機施展催眠之術。首先，你可以將這種固定的行為模式當成煙幕彈，營造出令人安心的表象，躲在後面幹一些騙人的勾當。其次，你也可以偶爾打破模式，做一些與其背道而馳的行為，藉此恫嚇對手，讓他們不戰而潰。

一九七四年，阿里（Muhammad Ali）與福爾曼（George Foreman）即將在重量級拳擊冠軍賽中一決高下，而眾人也都可以預見比賽的情況：福爾曼會找準時機揮出重拳，阿里則是會靠靈活的走位消耗對手體力。阿里在過去十年間用的一直都是同一套作戰模式，但這次他的對手可是以重磅鐵拳聞名的福爾曼，只要福爾曼按兵不動，阿里就一定會主動接近他。阿里是個足智多謀的拳擊手，他早就計畫好應對之策，在先前舉辦的記者會上，他已公開宣布自己這次將改變策略，和福爾曼直球對決。然而根本沒有人相信他的說法（尤其是福爾曼），因為正面迎擊福爾曼等於自找死路，於是眾人都以為他只是在開玩笑而已。在決賽開打前，阿里的教練刻意弄鬆擂台的圍繩（當自家拳擊手打算和另一方拚個你死我活，教練就會鬆開圍繩），不過大家都認為阿里是在虛張聲勢罷了。

比賽正式開打後，觀眾才發現阿里沒有說謊，就在福爾曼好整以暇地等阿里自己來送死時，阿里居然真的掄起拳頭向他衝了過去，徹底打亂對手的戰術。福爾曼不知如何是好，只得拚命揮拳反擊，把自己搞得氣喘吁吁，期間還挨了好幾拳。最後阿里使出一記右勾拳，佛爾曼應聲倒地。我們總是太過相信人的行為一定會按照固有的模式走，即便阿里已公開宣布自己會改變打法，我們依舊不肯改變想法。福爾曼確實掉進了阿里的陷阱，一個對方早已提醒過他的陷阱。

小心，捉摸不定的作風也有可能會害了自己，特別是當你的位階還不夠高時。有時讓旁人感到舒服，並盡量避免打擾到對方才是上策，太難以捉摸的人往往會被當成優柔寡斷之人，甚至是有精神問題的人。行為模式是一項極其有用的工具，你可以透過打破模式嚇退對手，但前提是必須三思而後行。

法則

18

作繭自縛要不得，孤立主義風險高

觀點

眞實的世界危機四伏，生活在其中的人都要懂得自保之道。進駐固若金湯的堡壘固然安全，但與世隔絕代表無法獲得寶貴的資訊，只會讓你顯得格格不入，使你淪爲箭靶並置你於險境。多與人來往、結盟、交流方爲上策，將人群當成盾牌，抵禦敵人的攻擊。

違反法則的案例

秦始皇是中國的第一個皇帝，也是權傾一方的霸主，他統治的疆域極其遼闊，就連亞歷山大大帝都自嘆弗如。秦始皇殲滅六國，將他們的領土占為己有，最後一統天下，建立秦朝。然而，秦始皇晚年時卻將自己封閉起來，幾乎誰都不見。

秦朝首都位於咸陽，其宮室美輪美奐，前所未見，大大小小的宮殿加起來共有七百二十座。據傳這些宮殿都由地下通道連接，好讓秦始皇可以在其間隨意移動，不被人察覺。秦始皇每天都在不同的地方就寢，要是有人不小心見到他，就會立刻處死。只有極少數人能掌握秦始皇的行蹤，如果他們敢向別人洩漏半點風聲，結局也只有死路一條。

秦始皇後期變得害怕與人接觸，在踏出皇宮前都要先精心喬裝一番。在某次南巡途中，秦始皇因病駕崩，隨行的官員在運送屍體的車上塞滿鹹魚，掩蓋屍體腐敗的氣味。秦始皇死時身邊沒有半個嬪妃、親人、朋友、臣子，只有一名官員和幾個太監。

重點解析

秦始皇原本是戰國末期秦國的國君，是個天不怕地不怕且胸懷大志之人，當時曾有人說秦王為人「蜂準，長目，摯鳥膺，豺聲，少恩而虎狼心，居約易出人下，得志亦輕食人」。秦始皇之所以能吞滅六國，創立大一統的秦朝，靠的無非就是詭計和武力。秦始皇取消封建制度，時刻緊盯散居在國境內的各國諸侯遺族，並遷徙天下豪強與富人共十二萬戶到首都咸陽居住。此外，他還連接各國在邊境修築的城牆，打造了一道萬里長城。另外，「一法度衡石

紅死病的面具

「紅死病」肆虐全國已久，它是所有疾病中最致命與可怖的一種。此病的典型症狀就是出血，殷紅且令人膽戰的鮮血。患者最初會感到陣陣劇痛，接著頭暈目眩，最後血液會從毛孔中湧出……患者從痙攣、發病到死亡只需短短半小時。

可是普洛斯彼羅國王還是整日笑咪咪的，一副無所畏懼、胸有成竹的模樣。當國內半數人民都死於紅死病時，他從朝中的騎士與仕女中精挑細選，召集了一千名身強體壯、無憂無慮的朋友，和他們躲進深山中一座狀似城堡的修道院內。這座修道院占地寬廣，看起來宏偉壯觀，是國王親自命人根據自己古怪的品味修築的。修道院四周由高牆包圍，牆上設有鐵門供人進出。一行人進入修

丈尺，車同軌，書同文字」，也是秦始皇的功績。

然而，秦始皇雖然熱中於統一，但卻摒棄了孔子的著作和教誨。要知道孔子的理念和道德觀在中國幾乎可以說是一種信仰，然而，在秦始皇的一聲令下，所有與孔子有關的著作都被焚燒殆盡，所有傳誦孔子言論的儒生皆被斬首。如此專斷的行為自然給秦始皇樹立了不少敵人，導致他日後變得越來越膽小多疑，殺的人也越來越多。與秦始皇同時代的思想家韓非寫道：「秦四世有勝，諰諰然常恐天下之一合而軋己也。」

秦始皇為求自保而深居宮中，漸漸失去國家的控制權，宦官與臣子也開始擅自發布詔令，甚至完全不知會皇帝一聲。除了染指朝政，他們還開始密謀殺害秦始皇。到最後，秦始皇的實權徹底被掏空，加上他長期封閉自己，導致知道他死訊的只有寥寥幾人。秦始皇之所以會死在南巡途中，很有可能也是被那群勸他隱居不出的臣子長期下毒所致。

這就是與世隔絕的下場，將自己鎖進堡壘，你就再也接觸不到權力的來源、聽不到來自各界的消息，也分不清哪件事更重要。高牆不會保你平安，而是會阻絕所有與生活相關的必要知識。無論如何都不要遠離塵世的喧囂，即便是衝著你來的陰謀詭計，也要勇於面對。

遵循法則的案例

凡爾賽宮興建於一六六〇年代，是路易十四居住和處理國務的場所，其奢華程度可謂舉世罕見。凡爾賽宮就像一個巨型蜂巢，所有人都圍著王室的領袖打轉。路易十四身邊圍繞著無數貴族，他會安排這些人居住在鄰近的宮室，當然，階級越高的人離國王越近。國王的寢殿

道院後，便去取院中的熔爐和大鐵鎚把門焊死。他們已經下定決心，不讓任何人出入，哪怕住在裡面的人忍不住了，或是發瘋了，也絕對逃不出去。修道院裡不僅物資充足，還堅不可摧，他們根本不可能會被感染，牆外的世界要怎麼鬧就隨它去吧。

身處修道院中，只有傻子才會哀嘆和思考，因為這裡不僅安全，國王還把一切用來享樂的東西都準備好了：院裡有小丑、有即興表演的演員、有芭蕾舞者、有樂師、有美女、有美酒，唯獨沒有「紅死病」。

算一算，他們躲進修道院即將屆滿五個月，此時紅死病依舊肆虐人間，但在修道院中，普洛斯彼羅國王和他的一千名朋友卻在舉辦盛大的面具舞會，現場堪比酒池肉林。

位於王宮中心，也是所有人目光的焦點。每天早上，貴族都會按照起床儀式的流程，到路易十四的寢殿拜見國王。

早上八點一到，睡在路易十四床鋪腳邊的首席僕從會輕聲喚醒國王，接著侍從會打開寢殿大門，讓負責進行起床儀式的人陸續進入房間。眾人入場的順序可是有講究的，首先是國王的私生子和孫輩，接下來是婚生王子和公主，再來則是御醫。緊接著入場的人包括王家衣櫃管理長、專為國王服務的讀字員，以及負責娛樂國王的表演者。下一批拜見國王的人是宮廷官員（位階由低到高），最後，由國王欽點參加起床儀式的人會走進來拜見國王。整個儀式告一段落時，寢殿內會擠滿逾百名王室成員與來訪的賓客。

路易十四的行程都是精心安排過的，目的是讓他能享受到宮中一切資源。每一天都會有無數朝臣和官員來找國王商討政事，而他給出的回答大多都是「待我斟酌後再說」。

聖－西門曾說：「當國王將目光投射到某人身上，或是開口問某人問題，或是誇獎了某人，所有人的眼睛都會聚焦在此人身上。被國王關注不僅能引起眾人熱議，還能使自身聲望水漲船高。」在凡爾賽宮人人都沒有隱私，包括國王，因為各個廂房都會互通有無，宮中每條走道也都會通往貴族聚集交談的房間。在這裡，所有人的行為都互相牽制，一切人事物也都逃不過旁人的眼睛。聖－西門寫道：「國王不只會要求所有高階貴族在宮中待命，就是對地位沒那麼高的貴族，他也會提出相同要求。無論是在起床或睡覺儀式、在用餐期間、在凡爾賽宮的花園，他永遠都在四處張望，關心身邊的一切。要是哪個家世顯赫的貴族敢跑到宮外居住，路易十四發現後一定會龍顏大怒，至於那些很少、甚至是從不出現在他面前的人，更

……人們縱情狂歡，直到午夜鐘聲響起……就在此時，怪事發生了，在最後一聲鐘響歸於平靜前，幾個在發呆的人突然瞥見一個戴著面具的陌生人……

此人是個高個兒，但卻瘦骨嶙峋，身上裹著只有進棺材的人才會穿的壽衣。他臉上的面具好像是故意仿照屍體的臉孔做成的，就算是貼近觀察也難辨真偽。雖然這扮相有點可怕，也還算是在這群狂歡者的可容忍範圍內。然而仔細一看，這個演員居然在模仿紅死病的形象，他的衣服濺滿鮮血，眉毛和五官也都布滿猩紅的斑點……

……一群人拔腿就往黑房間裡跑，伸手抓住他，只見對方直挺挺地站在烏木時鐘的陰影中，一動也不動。此時眾人紛紛驚恐地倒吸一口涼氣，赫然發現自己

是會令國王心生不悅。要是這些人向路易十四提出自己想要什麼東西，他便會用傲慢的語氣說道：『我不知道這個人是誰。』而且從今以後再也不會改口。」

重點解析

路易十四在投石黨之亂結束後才算是掌握了實權，掀起這場內戰的人是一名貴族，此人對勢力日漸膨脹的王權深惡痛絕，一心想恢復封建制度，回到那個領主可以統治莊園且不受國王管轄的時代。雖然貴族們在這場內戰敗下陣來，但他們依舊是一群任性易怒的人。

雖然路易十四確實奢靡無度，但他之所以要建造凡爾賽宮，也不完全是出於一時的興致。凡爾賽宮其實還有個大用途，那就是讓國王可以眼觀四面、耳聽八方。貴族原本是最心高氣傲的一群人，但現在他們居然會為了爭奪誰能幫國王穿衣而大吵大鬧。隱私在凡爾賽宮是不存在的，也沒有人能孤立自己，路易十四很早就知道身為國王，與世隔絕必將釀成大禍。一旦他消失在眾人眼前，謀權竄位的詭計就會如雨後春筍般冒出來，貴族也會因仇視國王而拉幫結派，最終以迅雷不及掩耳之勢演變成叛亂。為以防萬一，光是鼓勵眾人互相交流、開誠布公是不夠的，他還要設法把這些行為變成一種儀式，讓眾人爭相模仿。

路易十四在位時期一直維持著這樣的作風，法國也經歷了約五十年風平浪靜的大好歲月，在這段時間內，哪怕是一根針掉到了地上，都逃不過路易的耳朵。

抓住的，不過是壽衣與面具，原本應該在底下的人居然憑空消失了。這一刻，他們猛然意識到紅死病降臨了，就像暗夜裡的盜賊一樣悄然而至。原本還在狂歡的人們一個個倒下，躺臥在被血泊浸濕的走廊上，死狀悽慘中帶著絕望。此時。烏木時鐘也隨著歡愉的結束壽終正寢，香爐的最後一點星火滅了，只剩黑暗、衰敗、紅死病三王鼎立，萬世長存。〔愛倫·坡（Edgar Allan Poe），《紅死病的面具》（*The Masque of the Red Death*）〕

> 對理性來說，孤獨是危險的，也不利於發展美德……切記，孤獨的人絕對是奢侈的，也有可能是迷信的，又或許是瘋狂的。
>
> ——詹森博士（Dr. Samuel Johnson）

權力之鑰

馬基維利曾說過，從嚴格的軍事角度來看，堡壘的問世其實是一種錯誤。堡壘儼然已經成為隔絕權力的象徵，也是敵人攻擊的目標。它的初衷本來是要保護你，但卻切斷了所有援助，也切斷了你隨機應變的能力。從外觀上來看，堡壘固若金湯，但你只要踏進堡壘，所有人都會知道你的藏身之處，即便圍城戰無法敲開堡壘的大門，也能將它變成一座牢籠，在這麼狹小的密閉空間，瘟疫和傳染病隨時都有可能爆發。所以說，從戰略的角度來說，堡壘提供的隔離不是保護，反而會衍生更多問題。

人類天生就需要社交，社交與人際交流是權力的基石，為了讓自己掌握權力，你一定要仿效路易十四，將自己放在凡爾賽宮的正中央。設法讓所有活動都圍著你打轉，並時刻注意外界現在發生了什麼事、暗中觀察誰想陷害你。面對威脅時，大多數人內心都會產生危機感，並和眾人退守到安全的地方，例如堡壘。但這樣做的缺點是消息來源會漸漸縮小，而你也會失去綜觀大局和隨機應變的能力，最終淪為箭靶，還會因作繭自縛而變得疑神疑鬼。無論是在戰場或權謀的角力場上，封閉自己的人通常都不會有什麼好下場。

在局勢不明朗或危急關頭，我們都要抗拒退縮的衝動，嘗試與人交流，和舊盟友聯絡感情、結交新的戰友，強迫自己融入不同的圈子。數百年來，有權有勢之人都是靠著這招打遍天下無敵手。

古羅馬執政官西賽羅（Cicreo）雖然出生於貴族世家，但由於階級不高，所以除非他能打入權貴階層的圈子，否則這輩子注定和權力無緣。西賽羅攀上權力高峰的手段相當高明，他先是記住了每一位掌權者的姓名，接著再弄清楚他們背後千絲萬縷的關係。他深入街頭，和各式各樣的人結交，並利用複雜的人脈網剷除掉自己的敵人。

法國政治家塔列朗的手法和西賽羅差不多，雖然他家世顯赫，但卻時刻掌握法國民間的最新動態，藉此預測潮流和將來可能會浮現的問題。他甚至會和作奸犯科的人來往，從他們口中打聽寶貴的情報，並以此為樂。每當國內發生重大危機，例如督政府結束、拿破崙倒台、或是路易十八（Louis XVIII）讓位，塔列朗總是能全身而退，甚至另起爐灶，這都要歸功於他從不將自己局限在一個小圈子裡，而是努力和新的當權者建立關係。

此法則與國家最高統治者和掌握實權者有關，當他們不再和人民聯繫並躲進象牙塔中偷安之時，眾人就會開始計畫推翻他。絕對不要自恃甚高，並因此不屑於和底層人民來往。一旦退守到堡壘中，臣子們會開始認為你的避不見面是一種汙辱，正好給了他們密謀造反的理由，而你也成了刀俎上的魚肉。

既然人離不開社交，那麼想讓周遭的人感到和自己相處如沐春風，我們就必須不停出現在群眾的面前並與他們交流。你越常與人接觸，就越懂得怎麼和人從容地相處。反之，一個人自我封閉久了，言行舉止也會變得古怪，導致眾人對他避之唯恐不及，加深他想封閉自己的決心。

一五四五年，科西莫一世希望自己能名留青史，於是便託人在佛羅倫斯的聖羅倫佐教堂主聖堂中繪製幾幅濕壁畫，並欽點蓬托莫（Jacopo Pontormo）完成這項任務。蓬托莫此時年事已高，所以希望這個委託案能成為他遺留給後世的曠世之作，甚至超越米開朗基羅，於是便先用高牆圍起主聖堂，還將其隔成好幾個區域，最後再用窗簾遮住，理由是不希望作品曝光，並預防創意被人剽竊。有天一名年輕人因為好奇，所以便偷偷潛入窺探，蓬托莫得知後便加強了聖堂的包圍工程。

蓬托莫在天花板上繪製了許多《聖經》場景，包括創世紀、亞當與夏娃、諾亞方舟等，在中牆最高的位置，他繪製了基督在審判日中引領死者的形象。蓬托莫總共花了十一年完成這幅作品，期間他鮮少離開聖堂，因為此時他已經開始害怕與人接觸，而且時刻擔心有人會偷走自己的創意。

蓬托莫直到死前都沒能完成這項委託案，而這些畫作也沒能流傳下來。文藝復興時期著名作家瓦薩里是蓬托莫的朋友，他有幸在朋友過世前親眼見到這幅巨作。根據瓦薩里的描述，蓬托莫的畫比例失調、場景安排過於侷促，人物並置的情況相當嚴重，只能用混亂不堪來形容。蓬托莫對細節過於鑽牛角尖，徹底忽略了整體構圖。瓦薩里接著寫道，「要是蓬托莫真的完成了這幅曠世巨作，那他一定會瘋掉，並迷失在這些圖案裡，且相信在這十一年間，蓬托莫跟所有看過這幅作品的人也都迷失自我了。」聖羅倫佐教堂的濕壁畫沒能讓蓬托莫永垂不朽，反而令他晚節不保。

當一個人封閉自己，他的心理狀態就如同蓬托莫的濕壁畫：比例失衡、過於注重細節、喪失宏觀視角，形成一幅極端醜陋的景象，完全無法與旁人溝通交流。與世隔絕對藝術創作和社交都有害無益，莎士比亞之所以能成為史上最偉大的劇作家，正是因為他願意面向群眾，讓不同教育背景且品味大相逕庭的人都能享受自己的作品。將自己鎖在堡壘裡的藝術家會失去比例感，他們的作品也只能和小圈子裡的人溝通，這種藝術創作有所局限，且絲毫不具備任何力量。

權力是人類創造的產物，所以唯有透過人際互動才能強化權力。與其陷入堡壘式思維，不如懷抱下列心態看待這個世界：真實世界就是個大型的凡爾賽宮，裡面所有房間都互相連通。你要讓自己變得像水一樣，自由進出不同的圈子，與形形色色的人打交道。具備這樣的流動性和社交能力後，你就不會遭人暗算，因為他們的一舉一動都逃不過你的法眼，你的敵人也將拿你沒輒，因為他們無法孤立你。千萬不要故步自封，作繭自縛，要到不同的房間與不同的人交流；動如脫兔，獵人便無法瞄準你。

意象：堡壘。
聳立在山丘上的堡壘，象徵的是權力和權威中最令人厭惡的事物；人民只要一有機會便會向敵人投誠。堡壘會阻斷一切通訊和情報，它看似堅固，實則一推就倒。

權威之言：

理智賢明的君主若想維持自身品格，且不希望子嗣成為暴君，就絕不會在國境內修建堡壘，因為這樣他們才能將信任放在臣子身上，而不是指望堡壘能保護他們。──馬基維利

法則的反轉

孤立自己從來都不是一件好事，拒絕與時俱進的人無法自保。然而，確實有一件事是無法透過多與人接觸達成的，那就是思想的提升。來自社會的壓力會逼得人不得不服從，缺乏個人空間會使人無法靜下心思考。所以說，偶爾孤立自己確實可以端正人的視聽，不少思想家都是在監獄中煉成的，因為在這方寸之地，人唯一能做的事就是思考。馬基維利之所以能寫出《君王論》，也是因為那段期間他被流放到窮鄉僻壤，遠離了勾心鬥角的佛羅倫斯政治場。

但關起門來思考也有風險，因為你的腦中會浮現各種詭異的念頭，你確實可以看見大局的趨勢，但也會忘記自身的渺小與限制。此外，與世隔絕的時間越長，人就越難敞開自己的胸懷，因為你會在不知不覺間陷入一片流沙。如果你確實需要時間思考，我勸你把封閉自己當最後的手段，而且絕對不能維持太久，務必牢記回歸開放社會的路徑。

法則

19

摸清對方的個性，不要惹錯人

觀點

一樣米養百樣人，在施展策略時，不要以爲所有人的反應都會是一樣的。發現自己被騙或被設計後，一些人可能會花一輩子的時間報復你，這類人看起來是羊，但其實是狼。受害者也是需要精挑細選的，千萬不要惹到或騙到錯的人。

粗略分類：對手、蠢人、受害者

在追求權力的過程中，你會碰上形形色色的對手、蠢人與受害者，掌握權力之道的終極表現，就是能掌握區分綿羊和野狼（狐狸和兔子、老鷹和禿鷲）的能力。只要分類工作做得夠仔細，你就不需浪費太多力氣脅迫他人，但如果你對所有對象都一視同仁，日子便會過得苦不堪言，甚至是提前結束生命。認清每個人屬於哪種類型，並給予不同的待遇，是一項關鍵的能力，接下來我會列出最危險、最難對付的五種人（由歷史上著名的騙子或在其他領域惡名昭彰之人總結而出）。

驕矜自負者。雖然他們一開始會極力隱藏，但這些人傲氣比天還高，是相當危險的人物。只要嗅到一絲絲鄙視的意味，他們就會立刻施展報復的手段，或是用極端的暴力回應。你可能會為自己辯解：「那天在派對上大家都喝醉了，我只不過是說了……」但他們是不可能聽進去的。這些人喜歡拿小事大做文章，毫無理智可言，不要浪費時間去了解他們。當你察覺到眼前的人過於敏感且喜歡小題大作，我勸你趕緊逃離他身邊，不要妄想他會變好。

極度缺乏安全感的人。這種人和驕矜自負者差不多，差別在於他們的反應比較溫和，也更難被一眼察覺。他們的自尊心一碰就破，對自我的感覺搖擺不定，當他們覺得有人在欺騙或攻擊自己，便會懷恨在心。他們的反擊是漸進式的，效果要等到很久以後才會顯現出來。要是你發現你惹到這種人，那就徹底消失在他眼前，否則他會一步步將你推向死亡的深淵。

多疑者。多疑者是上述兩類人的變體，他們就和史達林一樣慣於猜忌別人，只看得見別人身上最差的部分，並認為所有人都想陷害自己。多疑者的危險係數其實是最低的，由於他們

路逢劍客須亮劍，不是詩人莫獻詩。〔佛教禪宗名言，引自克利里譯，《天雷》（*Thunder in the Sky*）〕

阿基爾的復仇

維加（Garcilaso de la Vega）在自己撰寫的年代史中，對阿基爾（Lope de Aguirre）的個性多有著墨，根據他的記載，阿基爾在一五四八年（當時他還是一名士兵）負責護送一群印第安奴隸從波托西（玻利維亞）礦坑到皇家寶庫。阿基爾違背當時的規定，強迫印第安人扛運開採出的銀礦，並因此遭當地官員逮捕，要求他在兩百下鞭刑與鉅額罰款中擇其

看待人事物過於偏頗，所以其實是最好騙的一群人（史達林也經常被騙）。請利用他們多疑的天性對付他們，但也要小心自己淪為他們懷疑的對象。

記恨的毒蛇。發現自己被人傷害或欺騙後，這類人表面上會不動聲色，並在內心盤算著如何報復你，並靜候時機到來。等哪天他可以跟你翻臉了，就會毫不留情面地展開復仇的計畫。觀察一個人在生活中各個領域是否狡猾且善於算計，便能鑑別出這類人，他們的特性是冷血和缺乏情感。一定要提防這種毒蛇，萬一不小心傷到他們，解套的方法就是徹底毀掉對方或躲得越遠越好。

駑鈍的平庸之輩。碰上這種受害者，你的精神一定立刻為之一振，但這類人其實更難騙。要成為騙術的受害者也是有條件的，那就是需要有一點點聰明才智和想像力，你必須先想到將來的報酬才會落入圈套。遲鈍的人之所以不會咬下誘餌，是因為他根本不知道對方在誘惑他。沒錯，他就是這麼笨。這種人可怕的地方不在於他會傷害你，或是想趁機報復你，而是因為他會浪費你的時間、精力、資源，甚至會把你搞瘋掉。你可以用一則笑話或故事測試對方，如果他的反應只停留在字面的意義，那此人就是駑鈍的平庸之輩，你可以繼續嘗試騙他，但後果自負。

違反法則的案例一

十三世紀初，花剌子模的沙阿穆罕默德（Muhammad, the shah of Khwarezm）在征戰數年後終於建立了一個大帝國，其疆土向西可達今天的土耳其，往南遠至現今的阿富汗，中心位

一。「收到通知後，阿基爾立刻去見法官，表示自己是一名有頭有臉的人物，所以寧可被判死也不願接受鞭笞……法官不為所動，只是命令行刑者去準備鞭刑的器具。行刑者來到監牢，將阿基爾綁在鞭刑架上，鞭刑架開始運轉，阿基爾就這樣在眾目睽睽下遭受了鞭笞之刑……」

獲釋後，阿基爾誓言要殺死那時當眾羞辱他的法官埃斯基維爾（Esquivel），任期結束後，埃斯基維爾立刻逃到遠在三百二十里格外的利瑪避難，但阿基爾只用了十五天就找到他的藏身之處。於是飽受驚嚇的埃斯基維爾又趕了四百里格的路，在基多找了個地方躲起來，沒想到二十天後阿基爾又找上門來。

維加寫道：「聽見阿基爾在基多現身後，他趕

置則是首都撒馬爾罕。穆罕默德手下的軍隊驍勇善戰，只需幾天就能動員二十萬名士兵。

一二一九年，穆罕默德接見了一名來自遠東某部落的使者，該部落的首領正是成吉思汗。此時成吉思汗的部落羽翼未豐，所以便遣使者給偉大的沙阿帶來無數精美的禮物，以傳達友好的情誼。成吉思汗想重新開啟通往歐洲的絲路，並和穆罕默德一起經營這條致富之路，同時允諾兩國將和平共處。

穆罕默德沒聽說過這個來自東方的後起之秀，只是覺得此人太過自大，竟敢以平輩的語氣和自己說話。於是便對成吉思汗的提議置之不理。成吉思汗二度派使者前來，這次獻上一百頭駱駝，以及各式各樣從中國搜刮來的寶貝。然而，就在篷車抵達撒馬爾罕周邊區域時，一名叫做亦納勒術（Inalchik）的官員卻將所有貢品占為己有，還把成吉思汗派來的人都殺了。

成吉思汗覺得這必定是一場誤會，此事絕非穆罕默德授意，於是又再派一批人馬到撒馬爾罕，打算討回失物，並要求沙阿嚴懲亦納勒術。這次穆罕默德親自下令將其中一名大使斬首，還將其他人的頭髮剃光驅逐出境去，徹底犯了蒙古人的大忌，於是成吉思汗最後一次派出使者，告訴沙阿：「你要戰，那我們就戰，該發生的事它就會發生，今後如何你我都不知道，現在全看上天旨意。」成吉思汗於一二二〇年派兵攻打亦納勒術管轄的省分，最後生擒亦納勒術，並將融化的銀液灌入他的眼睛和耳朵。

次年，成吉思汗發起游擊戰術，重挫沙阿的大軍。當時蒙古軍作戰的方式相當新穎，他們不僅在馬背上行動自如，還能用弓箭放火。就這樣，成吉思汗靠著閃電般的攻勢和靈活的戰技誤導穆罕默德，讓他摸不清自己將從何處出擊，最後拿下撒馬爾罕，穆罕默德棄城逃亡，

忙收拾行李，遠赴五百里格外的庫斯科，但陰魂不散的阿基爾幾天後也抵達庫斯科。阿基爾追殺埃斯基維爾時沒有騎馬，而是赤腳步行，因為他說一個受過鞭笞之刑的人不配騎馬，更沒有資格抛頭露面，並用這種姿態跟蹤了法官整整三年零四個月。」此時的埃斯基維爾已不想再四處奔波，於是便決定落腳庫斯科，因為他知道此地治安良好，待在這裡不必害怕阿基爾。他在教堂附近找了間房子居住，每次出門身上一定會帶著刀劍。「然而，就在某個星期一中午，阿基爾潛入這位前任法官的家中，裡裡外外巡視了一番，包括走廊、沙龍、辦公室，最後在書房中找到正在打瞌睡的埃斯基維爾。阿基爾揮劍取走仇人的性命，接著一派從容地走到大門。此時他

並於一年後身亡，他建立的帝國土崩瓦解。成吉思汗之後將撒馬爾罕納入麾下，並取得絲路的管理權，成為北亞大部分區域的霸主。

重點解析

千萬別自作聰明，認為眼前的人一定不如你強、沒有你重要。有些人確實比較寬容，這種個性可能會使你誤以為他們臉皮夠厚，因而更加肆無忌憚地羞辱對方。可一旦你踐踏到對方的尊嚴，那麼這些看似溫吞的人便會以迅雷之勢向你發動攻擊。即便對方提出的要求既無理又荒唐，也要用恭敬的語氣拒絕他們，在摸清楚對方的性格前千萬不要惡言相向，天知道和你對話的人會不會是另一個成吉思汗。

違反法則的案例二

一九一〇年代晚期，美國當代最厲害的騙子在丹佛市組成了一個詐騙集團。那年冬天，他們會四散到南方各州行騙。一九二〇年，詐騙集團首腦佛里（Joe Furey）正在德州大開殺戒，用各種經典騙術賺進大筆鈔票。佛里輾轉來到沃思堡市，並在那裡認識了一頭叫做諾福里特（J. Frank Norfleet）的肥羊，諾福里特的職業是牧場經營者，名下有一座大農場。佛里很快就用花言巧語騙倒諾福里特，說服他將所有存款（四萬五千元）領出來交給自己，幾天後，佛里和同夥把他們承諾的「幾百萬元」交給諾福里特：一大疊用舊報紙剪成的鈔票，裡面夾了幾張小鈔。

發現自己忘了取走帽子，於是便折返命案現場拾回遺物，最後徑直走入熱鬧的大街上。」［查普曼（Walker Chapman），《金色美夢：尋找黃金國的探險家們》（*The Golden Dream: Seekers Of El Dorado*）］

烏鴉與綿羊

一隻討人厭的烏鴉趴在綿羊背上，綿羊雖然不情願，但也只能馱著烏鴉到處走來走去。綿羊終於受不了了，於是開口說道：「要是你趴在狗的背上，說不定可以從牠的齒縫間挑出一些肉屑當點心。」烏鴉聞言後回答：「我這個人

向來欺善怕惡，我不會搞錯該欺負和該奉承的對象，我可還想多享受幾年好日子呢。」〔伊索，《伊索寓言》〕

佛里一幫人早就用相同的伎倆騙了無數受害者，他們也全都因為怕丟臉而不敢聲張，選擇默默接受損失。但諾福里特可不是典型受害人，他立刻報警，但警方卻說他們愛莫能助，於是諾福里特便告訴警探：「那我就親自將他們繩之以法，即便要花上一輩子的時間我也要逮到他們。」諾福里特將農場交給妻子打理，開始在全國境內打聽，想找出被用相同手法欺騙的受害者。皇天不負苦心人，他終於找到一名受害者，在兩人的努力下，他們查出其中一名騙子人在舊金山，並順利將他逮住（此人為了躲避刑責選擇自殺）。

諾福里特繼續追蹤他的同黨，在蒙大拿州抓到另一名騙子，並將他五花大綁，一路拖行到鎮上的監獄。他的復仇之旅不僅限於美國本土，後來他還遠渡重洋到英國、加拿大、墨西哥，打聽主謀佛里和他的得力助手史賓賽（W. B. Spencer）的行蹤。諾福里特在蒙特婁找到史賓賽，並在大街上拚命追著他跑，雖然諾福里特當時沒能抓住他，但最後還是根據線索查到史賓賽藏匿在鹽湖城。最後史賓賽主動向警方投案，因為他寧可接受法律制裁也不願面對諾福里特。

後來諾福里特在傑克遜維爾找到佛里，並親手將他押回德州法庭接受審判。大仇得報的諾福里特並沒有止步於此，而是殺到丹佛，想一舉瓦解這個詐騙集團，於是又花了大把鈔票跟一年的時間打聽相關消息，最後成功將集團所有關鍵人物繩之以法。其他僥倖逃過一劫的騙子後來也紛紛向警方自首，因為他們都害怕諾福里特哪天會找上門來。

諾福里特花了整整五年親手殲滅了全美最大的詐騙團夥，雖然他賠上了所有存款與婚姻，但一直到臨終前，他的心中都沒有任何牽掛。

重點解析

絕大多數的人在被詐騙後，都會因尷尬而默默接受現實，他們會學到該學的教訓，知道天下沒有白吃的午餐。這些人之所以會被騙，通常都是因為貪心二字。然而，有些人卻吞不下這口氣，他們不會檢討自身天真和貪欲，而是會認定自己是最無辜的受害者。

乍看之下，他們是為了正義而戰的鬥士，但事實上卻是內心極度不安的一群人。被欺騙這件事激發了他們自我懷疑的情緒，導致他們會竭盡所能去彌補內心受到的傷害。為了報復陷自己於尷尬境地的人而去貸款、和妻子離婚、過著借錢度日和蝸居在廉價旅館的生活，這樣做真的值得嗎？對諾福里特這類人來說，只要是能挽回顏面，他們什麼事都做得出來。

但凡是人就會感到不安，一般來說，騙人的最佳方式就是利用對方的不安感。然而，在權力的世界，一切都是程度的問題，一個不安感比一般人強太多的人絕對是危險分子。切記，有些人的不安感和自尊是禁不起絲毫打擊的，想知道自己的對手是不是這類人，你可以先試探對方，例如開一些玩笑，有自信的人會一笑置之，內心極度不安的人會覺得你在羞辱他。若你懷疑對方是這類人，那我會建議你另覓下手的對象。

違反法則的案例三

公元前五世紀，晉國公子重耳受驪姬之亂波及，展開流亡生涯，生活困頓不堪。當時的重耳只盼有天能重回故國，重拾昔日榮光。重耳流亡到鄭國時，鄭文公沒有以禮相待，鄭文公的胞弟叔詹此時諫言道：「重耳乃晉國王子，望君以禮待之，將來必有可用之處。」但鄭文公認為重耳現在地位低下，所以不打算善待他，甚至還用言語汙辱他。最後叔詹說道：「若不禮焉，則請殺之。」想藉此杜絕後患，但鄭文公並沒有接受叔詹的建議。

幾年後，重耳重返晉國，繼位為君，心中一直惦記流亡期間善待他的人，但也沒有忘記對他無禮之人，而其中讓他印象最深的，就是鄭文公涼薄的態度。於是他看準機會，率兵大破鄭國，一舉攻取八座城池，並流放鄭文公。

重點解析

你永遠無法確定眼前的人究竟有什麼背景，現在看來無足輕重的人將來也有可能成為一方霸主，雖然人都是健忘的，但卻永遠不會忘記自己遭受的汙辱。

鄭文公怎會知道重耳其實是個胸懷大志且精於計算之人？鄭文公怎會知道重耳是條記恨的毒蛇？沒錯，你會說鄭文公本來就無從得知重耳的為人，但正是因為如此，他才不該以自己的性命當賭注來看清對方。在毫無必要的情況下羞辱一個人究竟有什麼好處？即便對方看起來不堪一擊，也不要隨意藐視對方。你或許能逞一時之快，但等對方日後掌握了權力，你就沒有好日子過了。

違反法則的案例四

對美國的藝術品經紀人來說，一九二〇是個生意慘淡的年分，他們的大客戶（橫行於上個世紀商業大盜）都漸漸凋零，像蒼蠅般死去，導致市場陷入青黃不接的局面。由於情況實在太過嚴峻，一些經紀人甚至開始整合資源，這在業界可是前所未聞的新聞，因為同行相忌在藝術品交易領域特別明顯。

迪文的客戶雖然都是美國首屈一指的巨賈，但那一年他的收入簡直跌到谷底，於是也開始考慮和其他經紀人合作。他和國內四名超級經紀人結盟，一起開發新客戶，並將最後的希望放在全美首富亨利．福特（Henry Ford）身上。當年福特還沒開始收藏藝術品，可以說是所有經紀人眼中的肥羊，他們也很自然地想合力拿下這名客戶。

他們先是推出了一張名為「世界百大名畫」的清單（這一百幅畫剛好都是這五人的藏品），並打算把這些畫作推銷給福特，告訴他哪怕只買一幅，他也會成為世界上最厲害的收藏家。他們花了好幾個禮拜印製了三本精美的畫冊，裡面不僅有畫作的複製圖，還請了專家為每幅作品撰寫評論文字。接下來，他們帶著這三本畫冊前往福特位於迪爾伯恩的豪宅拜訪，結果驚訝地發現這名汽車大亨家中的擺設居然如此簡陋，並在內心得出一個結論：福特是個樸實無華的人。

福特在書房接見他們，並仔細翻閱了那三本畫冊，期間不斷發出讚嘆的驚呼聲，幾名經紀人腦袋也開始浮現大筆鈔票入帳的畫面。福特闔上畫冊後說道：「這幾本畫冊這麼漂亮，印刷色彩如此鮮豔，想必一定很貴吧。」迪文立刻接話：「福特先生，我們不是要向您推銷畫冊，這幾本畫冊是為您量身訂做的，目的是讓您欣賞裡面的作品。」福特接著說：「你們人也太好了，但我可不能從陌生人手上收下這份昂貴的禮物。」最後迪文打開天窗說亮話，告訴福特他們是想向他推銷畫冊中的作品，而福特也終於理解了他們的來意。得知真相後，福特隨即說：「可既然畫冊中的印刷品都已經這麼漂亮了，我幹嘛還要花錢購買真跡呢？」

重點解析

迪文最引以為傲的一件事，就是他會在與待宰肥羊和客戶見面前先摸清楚對方的弱點和喜好。然而，和福特的那次見面，是他首次沒有先做功課就登門造訪，而事後他也花了好幾個月才從此次挫敗中振作起來。福特為人低調、個性呆板，其實他們幾個本就不需要浪費力氣在他身上。福特就是那種一根腸子通到底的人，根本就不具備任何想像力，所以他們自然騙不到他。經歷過那次失敗後，迪文便將目光轉移到像梅隆和摩根這樣的客戶身上，因為這些老狐狸反而更容易落入他的圈套。

權力之鑰

在累積權力和維持權力的過程中，培養將對手分門別類的能力絕對是重中之重。當你不知道對手是哪種類型的人，就等於閉著眼在和他們交手，這樣不僅會惹到不該惹的人，也會把力氣浪費在不對的人身上，結果就是你以為自己在誇獎對方，但對方卻認為你在羞辱他們。所以說，不論你想採取什麼行動，都要先評估對手的個性，以免白費力氣或鑄下大錯。鑽研人的弱點，找出他們鎧甲上的裂縫，打聽他們最引以為傲的特點與最沒自信的領域。在決定與他們交手前，務必要確定自己對他們的一切已瞭若指掌。

最後，我還要給你兩條忠告，第一，絕對不要僅憑直覺就評斷一個人，完全仰賴這種不精確的指標，勢必會鑄成大錯。要評斷一個人，除了收集確切的資訊以外別無他法。研究你的對手，暗中觀察他的言行，無論花多長的時間也無所謂，你的努力來日必定會有回報。

第二，永遠不要相信表象。擁有狼子野心的人可能會披上和善的外衣，掩蓋自己的意圖，喜歡逞凶鬥狠之人，內心往往懦弱不堪。千萬不要相信對方營造出的形象，形象是最靠不住的東西。

意象：獵人。

獵人會根據獵物設置相應的陷阱；獵人會把餌食放在獵物出沒之處；獵人會弄清楚獵物的習性、棲息地、藏身之處，並用最合適的方法獵殺牠們。

權威之言：

你要相信，再渺小與微不足道的人物，某天也都會有大用處，但如果你曾看不起他們，他們便不會向你伸出援手。〔切斯特菲爾勳爵〕

法則的反轉

忽略其他人不可能給你帶來任何好處，認清誰是獅子，誰是羔羊，否則就等著付出慘痛的代價。本法則絕無反轉的餘地，你只管遵守。

法則

20

不要選邊站

觀點

不要加入他人的陣營，或是支持他人的事業，永遠忠於自我，傻子才會急著選邊站，唯有獨立自主方能成爲主人。用離間之術讓對手自相殘殺，要他們通通投奔到你的陣營。

第一部分：不要選邊站，而是讓所有人加入你的陣營

一旦有人隱約覺得自己能支配你，哪怕只有那麼一點點，你便再也無法控制對方。做到喜好不形於色，人們便會用更多力氣來追求你，佯裝出一副漠然的態度，對方便會忍不住多看你兩眼，並因為求而不得而將權力親手獻給你。仿效童貞女王，給人一絲希望，但永遠不要滿足對方。

遵循法則的案例

伊莉莎白一世於一五五八年登基，所有人都忙著幫女王找一位合適的丈夫，不僅國會鬧得沸沸揚揚，英格蘭所有階層也都在討論此議題。雖然大家都覺得女王應該趕緊找到結婚的對象，努力造人，為王室誕下後嗣，但又看不上諸位候選者，於是眾人就這樣你一言我一語吵了好幾年。於此同時，萊斯特伯爵達德利（Robert Dudley）、埃塞克斯伯爵和雷利爵士也都想成為女王的丈夫，紛紛向她展開猛烈的攻勢，女王沒有勸這兩人打消念頭，但也遲遲不肯表態，並時常拋出一些前後矛盾的暗示。一五六六年，國會派出代表團勸女王趕緊結婚，以免過了適孕年齡，雖然她還是用不置可否的態度回應，但卻依舊保持單身。

由於長期周旋於眾多追求者間，女王漸漸成為不可褻玩的幻想對象，也引發了一股類似宗教的崇拜現象。當時的御醫福爾曼（Simon Forman）在日記中寫下自己想奪走女王的初夜；畫家將她的形象描繪成女神，例如月神黛安娜（Diana）；史賓賽（Edmund Spenser）等文人墨客則是用文字謳歌童貞女王。到最後，眾人甚至為伊莉莎白冠上「人間女王」的稱號，

還說她是統治世界並推動星體運行的「貞潔處女座」。和女王對話時，所有追求者都會在字裡行間插入各種性暗示，她也不會因此生氣，而是不斷挑逗眾人，又將他們拒之門外。

當時歐洲大陸所有國王都知道，只要和伊莉莎白結婚，就能和英格蘭，乃至所有國家結盟。西班牙國王、瑞典國王、奧地利大公不遠千里來追求女王，但都被她一一婉拒。

伊莉莎白在位時期最棘手的外交問題，絕對是佛萊明和荷蘭低地諸省（當時為西班牙領土）的叛亂事件，英格蘭必須決定是否要與西班牙斷交並和法國結盟，但這樣做就等於同意佛萊明和荷蘭獨立。一五七〇年，和法國結盟看似最符合英格蘭的利益，當時法國適合與伊莉莎白成婚的人選有兩位：安茹公爵（Duke of Anjou）和阿朗松公爵（Duke of Alençon），兩人都是法國國王的弟弟。他倆其中之一會成為伊莉莎白的丈夫嗎？這兩位公爵各有優勢，而女王也不把話說死，導致此事懸宕多年。安茹公爵期間曾數度造訪英格蘭，不僅在公開場合親吻過伊莉莎白，還給她取了各種小名，眾人都以為女王是打算接受安茹公爵了。然而，就在伊莉莎白還在和這兩兄弟調情時，英格蘭和法國簽訂了和平條約。到了一五八二年，伊莉莎白終於可以拒絕這兩人的追求，尤其是噁心的安茹公爵，她之所以一直容忍對方的騷擾，完全是出於外交考量。既然英法兩國現在已經可以和平共處，那她也可以用最有禮貌的方式甩掉虛情假意的安茹公爵。

此時的伊莉莎白早已過了適孕年齡，所以再也不會有人逼著她結婚，而她也可以如願過著獨身的生活，直到死前依然保有童貞女王的頭銜。伊莉莎白一世雖然沒有子嗣，但在她統治下的英格蘭繁榮昌盛，不僅人民安居樂業，文化也得以蓬勃發展。

重點解析

伊莉莎白選擇單身是有理由的，她曾親眼見證表姪女蘇格蘭瑪莉女王（Queen Mary）因婚姻失敗而吃盡苦頭。蘇格蘭人民其實並不喜歡被女性統治，因此希望女王能慎選配偶，不僅不能是外國人，也不可以是貴族的成員（可能會引發家族鬥爭），最後瑪莉選擇了達恩利勳爵（Lord Darnley）。由於達恩利勳爵是天主教徒，所以這樁婚事讓蘇格蘭新教徒倍感不滿，導致國內暴亂頻傳，久久不能安寧。

伊莉莎白知道一旦結婚後，女性統治者通常都會被推翻：當女王結婚並與某方勢力或國家結盟，就會莫名其妙地被捲入各種衝突，把自己搞得焦頭爛額不說，還有可能被迫去打一場沒結果的戰爭。此外，女王的配偶也會變成實際的掌權者，並設法剷除女王，就像達恩利想推翻瑪莉一樣。這些道理伊莉莎白都牢記在心，她心中只有兩個目標：不結婚、不打仗。透過放出可能會結婚的消息，伊莉莎白成功將這兩個目標合而為一，藉此與其他國家結盟。她深知一旦對某個追求者點頭，自己就會立刻失去權力，所以她必須時刻保持神祕，成為眾人垂涎的目標，一方面鼓勵對方追求，一方面寸步不讓。

伊莉莎白就是靠著這種挑逗和拒絕交錯的手法統治英格蘭，並征服了所有想征服她的男人。她是所有人的焦點，也是掌握大局的那個人，為了捍衛自己的權力，伊莉莎白選擇超然獨立，並將自己塑造成供人膜拜的偶像。

> 我寧可當獨身的乞丐，也不當戴著婚戒的女王。
>
> ——伊莉莎白一世

權力之鑰

權力有很大一部分是建立在外表之上，所以你一定要學會提升自身形象，拒絕選邊站就是提升形象的手段之一。當你不急著向某一方輸誠，旁人不但不會因此感到憤怒，還會打從內心敬重你這個人。由於你選擇不像大多數人一樣屈服於某個團體、某段感情，身上自然會散發出高深莫測的氣質，這會使你在一瞬間掌握更多權力。時間越久，你身上散發出的權力氛圍就會越濃重，當你獨立的性格成為眾所周知的事實，就會有越來越多人渴望獲得你的支持。渴望就像病毒，當我們發現某人身邊圍繞著眾多追求者，就會不自覺地也渴望得到此人的青睞。

然而，只要選擇投靠任何一方，這種魔力便會煙消雲散，而你也會淪為平庸之輩。在你還沒屈服前，人們為了拉攏你，什麼手段都使得出來，例如用禮物收買你，或是給你各種特殊待遇。你要慫恿他們把目光放在你身上，並激起他們的興趣，但無論如何都不能向他們表達忠心。你大可以收下對方的禮物和特殊待遇，但一定要和他們保持距離，萬不可在不經意間覺得自己虧欠對方什麼。

但我要提醒你，你的目的不是把人逼退，也不是讓對方覺得你絕不可能投靠他們，而是要像童貞女王一樣適時挑逗人心，讓他們認為自己可以擁有你。

古希臘軍事將領、政治家亞西比德（Alcibiades）不僅深諳此法則，還是箇中高手；他在西元前四一四年提出攻打西西里的計畫，並擔任雅典艦隊的將軍，於此同時，雅典人民因出於嫉妒而捏造了一些罪名，想將他鬥垮，但亞西比德並沒有回國接受審判，而是選擇投奔雅典的強敵斯巴達。後來雅典軍在敘拉古吃了敗仗，他又拋下勢力日益增長的斯巴達，跑去投靠波斯人。眼見亞西比德在波斯混得風生水起，雅典人和斯巴達人又紛紛向他獻媚，而波斯人也因為他在雅典與斯巴達依舊頗具影響力，所以處處禮遇他。他雖然對各國都許下過一些承諾，但卻沒有真的死心塌地效忠過誰，所以這場政治遊戲一直都是由他說了算。

若你渴望獲得權力和影響力，不妨試試亞西比德的手段，將自己置於各方勢力的正中央，承諾其中一方你將提供協助，此時另一方為了戰勝敵人，勢必也會派人拉攏你。當所有人都搶著要獲得你的青睞，你的影響力就會瞬間攀升至高峰，成為各方眼中的大紅人。要是你耐不住性子，早早就投靠了其中一方，那勢必只能獲得有限的權力。為了讓此策略臻至完美，你的心絕不能被任何一方牽制，還必須將他們看成助自己攀上高峰的墊腳石，也就是說，千萬不要淪為他人計畫中的一顆螺絲釘。

一九六八年美國總統大選期間，季辛吉原本想要幫助納爾遜·洛克菲勒（Nelson Rockefeller）在共和黨總統提名中脫穎而出，但最後共和黨決定派尼克森應戰。當時巴黎正在舉行越戰和平會議，此時季辛吉突然撥通尼克森競選總部的電話，告訴對方自己在巴黎談判團隊中安排了眼線，可以向他們提供重要情報，尼克森競選團隊欣然接受季辛吉的提議。

同一時間，季辛吉也連絡上民主黨候選人韓福瑞（Hubert Humphrey），告訴對方自己可以助他打贏選戰。韓福瑞的幕僚向季辛吉打聽尼克森的一些情報，季辛吉滿足了對方的要求，還說：「這些年來我一直都很討厭尼克森。」事實上，他對兩黨鬥爭一點興趣都沒有，他想要的東西只有一個，那就是在尼克森或韓福瑞的內閣中擔任要職。無論最後勝出的人是誰，季辛吉的仕途都能一帆風順。

那年總統大選的贏家是尼克森，季辛吉也如願進入他的內閣，即便如此，他也盡量避免表現出全力支持尼克森的樣子。尼克森於一九七二年連任總統，當時許多看起來比季辛吉忠心的人都慘遭拔官，除此之外，季辛吉也是唯一一個挺過水門案，並繼續為下一屆總統傑拉德．福特（Gerald Ford）服務的尼克森時期官員。季辛吉之所以能成為多場政治風暴的倖存者，就是因為他懂得保持距離。

善用此策略的人都會注意到一個奇怪的現象，那就是主動伸出援手的人通常都會被看輕，因為他們的協助來得過於輕鬆，袖手旁觀者反而會被求援者簇擁。這些人的冷漠反而成了權力的來源，導致眾人都想將他們拉攏到自己麾下。

畢卡索早期過得窮困潦倒，直到後來才成為舉世聞名的畫家。雖然成名後的畢卡索每天都被藝術品經紀人包圍，且他們提出的條件和承諾都相當誘人，但他從來都不依賴特定經紀人替他賣畫，甚至還會裝出一副興趣缺缺的模樣。畢卡索的反應簡直快把這幫經紀人逼瘋了，為了搶下這名大客戶，他們只能不斷將收購的價格提高。當季辛吉想和蘇聯緩解緊張的關係，他絕不會主動讓步，也不會嘗試跟對方和解，而是會轉頭去討好中國。要知道蘇聯在世界政局上本就處於被孤立的狀態，要是美國與中國連成一氣的話，自己的處境就會更加艱難，所以季辛吉此招一出，蘇聯自然是又氣又怕，只能再次回到談判桌上和季辛吉交手。此策略在誘惑之道中也有相應的招式：司湯達曾說，若你想追求一名女子，那就先從她的姊妹下手。

扳起一副冷漠的臉孔，便能讓人主動接近你，他們必須自己想辦法贏得你的歡心。仿效童貞女王，讓旁人內心充滿希望，就能確保自己永遠是萬眾矚目的焦點。

意象：童貞女王。眾人目光、欲望、崇拜的焦點；童貞女王從不臣服於特定的追求者，而是任由他們圍著自己打轉，猶如行星圍繞恆星那樣，永遠受困於軌道，無法再靠近半分。

權威之言：不要效忠任何人事物，只有人人都能使喚的奴隸才會這樣做……最重要的是不要許下承諾，也不要對誰盡任何義務——承諾和義務是旁人用來控你的工具……。［葛拉西安］

第二部分：不要選邊站——別蹚渾水

不要捲進他人的爭端與糾紛，你可以裝出一副關心的模樣，並給對方一些幫助，但一定要設法保持中立。讓他們鬥得雞飛狗跳，你只需在一旁靜觀其變，當他們和好了，或是打累了，你就可以出面收割成果。你可以試著挑起雙方爭端，然後再跳出來當和事佬，藉此獲得權力。

遵循法則的案例

十五世紀末，義大利最強盛的幾個城邦（威尼斯、佛羅倫斯、羅馬、米蘭）經常因為各種小事爭吵不休，而遠處的法國和西班牙則在暗處窺視，想趁義大利因內亂元氣大傷時攻城掠地。曼圖阿是座小城，位處義大利北方，統治者是一位叫做貢扎加（Gianfrancesco Gonzaga）的年輕公爵。由於位處各城邦接壤處，眾人都認為曼圖阿最終難逃被併吞的命運。

貢扎加驍勇善戰，是一名經驗豐富的將領，後來成為傭兵隊長，專為肯出高價錢的客戶賣命。一四九〇年，貢扎加迎娶費拉拉公國公主伊莎貝拉．埃斯特（Isbella d'Este），而由於貢扎加常年在外，所以治理曼圖阿的工作就落到伊莎貝拉的手上。

一四九八年，伊莎貝拉面臨到政治生涯上的第一個大難題，法王路易十二（Louis XII）打算派兵攻打米蘭——當時是由斯福爾扎（Lodovico Sforza）統治，而根據義大利各城邦背信忘義的傳統美德，所有人此時都磨刀霍霍，想利用米蘭的困境發一筆橫財。當時的教宗亞歷山大六世（Alexaner VI）已公開表示自己不會插手此事，等於給了法國一張通行令，威尼斯也立刻表態，說自己不會出手相助，並希望法國能將曼圖阿分給他們，米蘭頓時陷入孤立無

黑鳶、烏鴉、狐狸

黑鳶和烏鴉達成了一個協議，無論在森林裡捕捉到什麼獵物，牠們都要平分共享。一天，黑鳶和烏鴉發現一隻被獵人射傷的狐狸躺臥在樹下，於是便圍繞在牠身旁。烏鴉說：「我們要拿走狐狸的上半部。」黑鳶答道：「那我們就拿走下半部。」狐狸聞言後笑道：「我一直以為黑鳶比烏鴉聰明，所以一定會指定拿走上半部分，好品嚐我頭骨裡裝著的大腦和腦髓。」黑鳶聽立刻說：「你說的沒錯，那我們現在改

援的狀態。斯福爾扎只好找好友伊莎貝拉（據傳兩人有私情），希望她勸貢扎加公爵派兵援助米蘭，然而公爵不為所動，因為他認為斯福爾扎毫無勝算。於是在眾人的袖手旁觀下，路易十二於一四九九年不費吹灰之力就拿下了米蘭。

此時伊莎貝拉必須做出一個艱難的選擇，若她繼續站在斯福爾扎這一邊，法國必會將矛頭指向她，但如果她和法國結盟，義大利其他城邦可能就會將她當成敵人，並在路易十二撤軍後排擠曼圖阿。假設她向威尼斯或羅馬求援，他們勢必會打著出兵協助的名義併吞曼圖阿。她必須趕緊做出決定，因為路易十二的鼻息已經吹到她的脖頸了。最終伊莎貝拉選擇和法國交好，就像她在此事之前和斯福爾扎結盟那樣。她給法王送去珍貴的禮物，還寄了許多用機敏和智慧的文字寫成的書信，甚至暗示自己可以和他共度春宵（伊莎貝拉的美貌和魅力舉世無雙）。

一五〇〇年，路易十二在米蘭舉辦派對慶祝法國勝利，並邀請伊莎貝拉參加。法國委託達文西製作了一頭巨大的機械獅子。每當獅子張開大口，就會噴出無數新鮮的百合花，象徵法國王室。伊莎貝拉盛裝出席（她是義大利最會打扮的公主），不僅博得滿堂彩，還將路易迷得神魂顛倒，讓他忽略了其他美女。後來伊莎貝拉經常被人見到和路易出雙入對，而伊莎貝拉也請這位新結交的好友保護曼圖阿不被威尼斯併吞。

此次危機才剛解除，另一樁麻煩事又接踵而至。自一五〇〇年起，波吉亞便開始揮兵北上，以父親（教宗亞歷山大六世）的名義併吞許多小國。伊莎貝拉深諳波吉亞的為人，知道他生性狡猾且最忌諱被人冒犯，自己只能用言語哄騙對方，並盡量和他保持距離。一開始，伊莎

要上半部。」烏鴉抗議道：「門兒都沒有，我們剛剛已經說好了。」接著烏鴉群便和黑鳶群打了起來，雙方死傷慘重，只有少數幸運兒逃走。狐狸在樹下休養了幾天，餓了就以地上的烏屍為食。狐狸康復後便離開現場，並在臨走時說道：「兩強相爭，弱者得利。」［印度寓言故事］

貝拉先是派人給他送去各種禮物，如威武的獵鷹、驃悍的純種犬、香水、精美的面具（她知道波吉亞在羅馬外出時總是會戴著面具）等。接著她又派出信使兼間諜，用最阿諛奉承的言語向波吉亞問好。有次波吉亞詢問她能否讓自己的軍隊暫駐在曼圖阿，最後伊莎貝拉靠著三寸不爛之舌勸退波吉亞，因為她知道此人的軍隊一旦進入城中就永遠不會離開。

伊莎貝拉一邊忙著誘惑波吉亞，一邊說服人民不要說波吉亞的壞話，因為他在各處都安排了眼線，很有可能會以此當藉口入侵曼圖阿。伊莎貝拉甚至還問波吉亞願不願意擔任她孩子的教父，並提議他們兩家日後說不定能聯姻。伊莎貝拉的策略似乎奏效了，因為波吉亞在北伐的路上對所有國家都是豪奪強取，唯有對曼圖阿網開一面。

一五〇三年，教宗亞歷山大六世逝世，儒略二世繼位。新教宗上任幾年後便派兵將法軍趕出義大利，當時費拉拉的統治者阿方索（Alfonso，伊莎貝拉的弟弟）和法軍聯手抵抗教宗國軍，所以儒略二世便打算出手教訓阿方索。伊莎貝拉這次又成了夾心餅乾，左手要應付教宗，右手要應付法國人和自己的弟弟。她當然不敢跟其中一方締結盟約，但也不能什麼都不做，這樣只會觸怒雙方，於是只好再次使出自己最得心應手的雙面策略。她先是讓丈夫貢扎加加入教宗的軍隊，但也知道他不過是去演演戲做個樣子。另一方面，她偷偷讓法國軍隊穿越曼圖阿去援助費拉拉，還向他們提供寶貴的情報，並向外宣稱是法軍「入侵」了自己的國家。為了騙過儒略二世，伊莎貝拉甚至還要法軍佯裝在城中搶奪人民的財物。伊莎貝拉又成功了，教宗得知此事後決定放過曼圖阿。

一五一三年，在經歷了漫長的圍城戰後，儒略二世終於攻下費拉拉，法軍也撤退回本國。

有能力的人總是謀定而後動，因為許下承諾很簡單，但要在毫髮無傷的狀態下實現諾言卻很困難。這是考驗一個人判斷力的時刻，相較於以勝利之姿履行承諾，不做承諾更安全。一項義務往往會牽扯出另一項更艱鉅的義務，並使你離災難越來越近。
［葛拉西安］

幾個月後，在長期戎馬倥傯的折磨下，儒略二世一命嗚呼。教宗死後，義大利各國永無休止的戰爭之輪又開始緩緩轉動。

伊莎貝拉統治曼圖阿期間，義大利經歷了許多變化，教宗換了兩任、波吉亞崛起又沒落、威尼斯帝國瓦解、米蘭遭法國入侵、佛羅倫斯跌下神壇、羅馬被哈布斯家族的查理五世掏空，唯有曼圖阿這座小城屹立不搖，甚至衝破了義大利善妒的土壤，不斷茁壯成長。伊莎貝拉於一五三九年逝世，此後一百年間，曼圖阿的財富和自主權一直都沒遭到外人染指。

重點解析

伊莎貝拉．埃斯特對義大利的政治氛圍了然於胸，她知道選邊站就等於給自己的國家判死刑，強國會直接派兵併吞你、弱國會想方設法消耗你的精力。每一次結盟都會催生出新的敵人，而這種惡性循環會引發更多衝突，並將更多國家拖下水，直到你深陷其中，最後徹底崩潰為止。

伊莎貝拉的治國之道是通往安全的唯一途徑，她不會因自己效忠於哪位公爵或君王就得意忘形，也從不嘗試調解鄰國的衝突，以免自己也陷進泥淖。事實上，只要鄰國開始互鬥，她就能從中獲利，因為當他們因戰爭而元氣大傷，就會失去併吞曼圖阿的立場。伊莎貝拉的權力源自她做戲的能力，她會假裝關心他國事務，但實際上她效忠的只有自己和曼圖阿。

當你加入一場不是由你本人發起的戰爭，就等於失去所有主動權，此時你將與參戰方共享利害得失，並徹底淪為對方的工具。請控制自己，不要選邊站或貿然跳入戰局，而是要用友

老鷹和母豬

老鷹在樹上築了一個巢，孵出了一些雛鷹，一頭母豬也帶著豬崽定居在樹下。老鷹每天都會外出打獵，將捕到的食物帶回給雛鷹吃；母豬會到樹林裡覓食，並在晚上叼著食物回來餵豬崽。

老鷹和母豬就這樣相安無事地生活著，但一隻陰險的母貓卻在計畫除掉小鷹和小豬。牠先是找到老鷹，告訴牠：「老鷹啊，你外出打獵可不要飛得太遠，小心惡毒的母豬，牠正在偷偷刨土，想挖穿大樹的樹根，你沒見牠天天都在掘地嗎？」

母貓接著去找母豬，告訴牠：「母豬啊，你的鄰居真是壞心，我昨天聽到牠跟小鷹說：『我的孩子，過兩天我抓隻

善的態度對待雙方，隔山觀虎鬥。他們每鬥完一場，實力就會下降一點；你每躲過一場戰役，實力就會提升一點。

鷸蚌相持，漁人得利。

——中國諺語

權力之鑰

掌控情緒是在權力遊戲勝出的關鍵，可即便你學會了自制的技巧，也無法控制旁人陰晴不定的情緒，而這些人勢必會給你帶來麻煩。大多數人經常身陷於情緒的漩渦，他們總是忙於回應其他人事物，永遠都在挑起爭端。他們會看不慣你的自制與自主的能力，並嘗試將你拖進他們的情緒漩渦中，希望你能站在他們那一邊，或是幫他們調停。若你禁不起他們的哀求而選擇幫忙，就會發現自己的精神與時間慢慢被他們的問題占據。不要擅動惻隱之心，陷進對方的無底洞，與他們交手你毫無勝算，他們只會用更多衝突淹沒你。

話雖如此，我們也不能完全袖手旁觀，我們沒必要用這種方式冒犯別人。比較合適的做法是假裝關心他們的問題，並偶爾讓對方覺得你站在他們那邊，但你只管出言支持，絕對不要出力，也不要投入自己的情緒。無論他們再怎麼拉攏你，你也只能蜻蜓點水，不可將對方的事務和爭執放在心上。你可以送他們一些禮物、投以同情的微笑，或是用溫柔的語氣安慰他們，但無論對方平日與人為善或心胸狹窄，你的心都要和他們保持一定的距離。拒絕許下承

小豬來讓你們嚐嚐鮮，等母豬外出覓食，我就把牠的小豬抓來給你們吃。』」

從那天起，老鷹不再外出打獵，母豬也不到樹林覓食，最後所有小鷹跟小豬都活活餓死了，成為母貓的盤中餐。

［托爾斯泰，《寓言集》］

嫉妒的代價

一位可憐兮兮的婦人在市集販售起士，一隻貓突然竄出來叼走一塊起士就跑。路旁的狗見到貓偷東西，便想從貓口中搶走起士。雙方誰也不讓誰，於是便打了起

諾，你才能保有自主權，有了自主權，你才能掌握主動權，並確保你不是任人擺布的棋子，你所有的行為都是出於自身意志。

如果能看對手因自相殘殺而把自己搞得精疲力竭，並趁機獲得一些利益，那麼故意不拿起武器也是一種武器。晉國曾入侵過邢國，與邢國比鄰的齊桓公本應立刻出兵幫助邢國，但齊桓公的謀士卻進言道：「太蚤。邢不亡，晉不敝；晉不敝，齊不重。且夫持危之功，不如存亡之德大。君不如晚救之以敝晉，齊實利。待邢亡而復存之，其名實美。」齊桓公採納了謀士的建議，事情的發展也確實如他們所料，齊桓公不僅讓邢國免於滅亡，還順便打擊了精疲力竭的晉國。齊桓公採用的策略如下：先讓鬥爭的雙方消耗彼此的精力，自己則在一旁靜候時機，等確認沒有危險後再出手。

只要你不插足旁人的鬥爭，就能在其中一方顯露頹勢時獲利。除此之外，你也可以更進一步，先承諾自己會幫助對方，再利用巧妙的手法確保最後的贏家是自己。當年卡斯楚卡尼（十四世紀義大利盧卡市的統治者）在對付皮斯托亞市時，使用的就是這一套策略。卡斯楚卡尼確實可以靠圍城戰攻下皮斯托亞，但這種做法既浪費錢又浪費人命，所以他將主意打到城中兩大敵對勢力：白黨和黑黨身上。他先是聯絡了黑黨的人，答應自己會幫他們對抗白黨，接著又向白黨做出相同的承諾。卡斯楚卡尼沒有食言，他派了一支軍隊到由黑黨人馬控制的城門，哨兵看見後二話不說便放他們進城，於此同時，他又派了一支軍隊從白黨控制的軍隊大門入城。兩支軍隊在皮斯托亞城中會合，很快便拿下城市控制權，他們殺掉兩黨的領袖，終結了內亂，也收服了皮斯托亞市。

來，只見狗張口吠叫啃咬，貓則一邊吐口水，一邊揮舞利爪，但牠倆怎麼樣都鬥不出一個結果。

最後貓開口說：「我們去找狐狸評評理。」狗也欣然同意，於是一貓一狗便出發去找狐狸。狐狸認真地聽完雙方論點，並用責備的語氣說：「你們這兩個蠢貨，這有什麼好吵的？如果你們同意的話，我可以把起士分成兩半，這樣你們就都可以吃到了。」

貓跟狗欣然同意，接著狐狸拿出一把刀子將起士分成兩半。狗看著自己的那一半抗議道：「我這塊太小了！」狐狸戴上眼鏡仔細端詳一番後說：「你的確實小了一點！」狐狸順手拿起貓的那一塊起士咬了一口並說：「好了，這樣就一樣大了！」現在輪到貓不滿意了，牠抱當身邊的人開始互鬥，只要你緊守自主權，便能隨心所欲。你可以選擇出面調停，表面上幫助和解，實際上是為自己牟利，也可以承諾自己會協助其中一方，這樣另一方就必須用優渥的條件來拉攏你。當然，你也可以仿效卡斯楚卡尼，先討好雙方，再來個翻臉不認人。

衝突爆發當下，我們通常都會想向強者靠攏，或是和能提供更多好處的一方結盟。但這樣做的風險太高了，首先，你很難判斷最後誰才是勝利的一方。即便你僥倖猜對了，也順利與贏家結盟，但最終也很有可能被勝利者徹底遺忘，甚至是落個兔死狗烹的下場。若你選擇反其道而行與弱者合作，結局一定只會更淒慘。然而，只要按兵不動，你就一定不會輸。

一八三〇年，法國七月革命爆發，三天過後，年邁的塔列朗坐在巴黎公寓的窗邊，聽著象徵革命結束的鐘聲響徹雲霄。他轉頭向助理說：「你快聽那鐘聲！我們贏了。」助理不解地問道：「大人，你說的『我們』是誰？」只見塔列朗打了個手勢，要對方不要出聲，接著說：「別說話！明天我再告訴你我們是誰。」只有笨蛋才會在事情發生當下就急著跳進去攪和，過早選好陣營等於失去轉圜的餘地，也會讓周遭的人不再敬重你，他們會認為，既然你今天可以二話不說就選邊站，那明天你可能就會跑去投靠另一方、支持另一項運動。運氣之神是最善變的，祂要落腳在何處全看心情；當你太早就決定支持哪一方，就會失去時間的優勢和靜觀其變的機會。讓其他人去朝秦暮楚，你要做的是按兵不動和保持理智。

有的時候，拋下支持某一方的偽裝，並公開宣示自身中立立場方為上策。對特別需要獲得旁人敬重的人來說，裝出一副如古代貴族般超然獨立的態度尤為重要。華盛頓在建立亞美利堅合眾國時對這一點深有體悟，身為美國總統，華盛頓克服了與法國或英國結盟的誘惑和壓

怨道：「你看！現在換我這塊變小了！」於是狐狸再次戴上眼鏡，仔細端詳一番後說：「沒錯！稍安勿躁，我這就把狗那塊變小一點。」接著又拿起狗的那塊起士咬了一口。

貓跟狗就這樣不斷抱怨，狐狸這邊咬一口、那邊咬一口，最後當著他們的面把起士通通吃光了。［奧蘇伯爾（Nathan Ausubel）編，《猶太民間傳說寶庫》（*A Treasury of Jewish Folklore*）］

力，打算用絕對的獨立贏得世人的尊重。雖然與法國簽定條約可解燃眉之急，但從長遠的角度來看，確保自主性才是正確的選擇，華盛頓的願景是讓歐洲各國將美國視為能與他們平起平坐的勢力。

切記，你的精力與時間是有限的，每多花一點時間在他人的麻煩上，就等於多浪費一絲自己的力氣。或許你會害怕旁人指責你沒有良心，但保持獨立與自力更生最終將使你獲得所有人的敬重，並使你攀上權力的高峰，屆時你便能主動決定是否要幫助別人。

意象：灌木叢。
林中的灌木相互依靠而生，利用尖刺與鄰近的灌木交纏叢生，綿延一道銅牆鐵壁，只有與其保持距離方能突破重圍，力爭上游。

權威之言：
凱旋而歸不足提，拒入戰局是真勇；台上若有傻人扮獨角，何苦再添一人唱雙簧。
［葛拉西安］

法則的反轉

在實踐本法則時，若不懂得收斂便會遭到反噬。此策略極其複雜且知易行難，一次操弄太多對手必定會被識破，導致他們也會聯手攻擊你。讓太多追求者等得太久，對方便不會再渴望得到你，而是會開始懷疑你，並不再對你感興趣。此時我會建議你選定一個目標，至少可以證明你也能只忠於一人。

即使你已經選好效忠的對象，內心依然要保持中立，不要將情緒帶入這段關係。默默給自己留一條後路，如此一來，當與你結盟對象的地位開始動搖，你便可以隨時抽身。還記得之前想拉攏你的那些人嗎？你可以在跳船後去投靠他們。

法則

21

以笨制勝：扮豬吃老虎

觀點

沒有人願意接受自己比別人笨，所以你必須讓對手覺得自己是聰明的，而且是比你聰明。一旦受害者對此深信不疑，他們就再也不會質疑你是否心懷鬼胎。

遵循法則的案例

一八七二年冬季，美國金融家哈彭丁（Asbury Harpending）正在倫敦處理公事，期間他收到一封越洋電報，上面寫著有人在美國西部開採出鑽石的事。此消息來自加州銀行持有者羅爾斯頓（William Ralston），因此很有可能是真的，但由於當時南非也發現了鑽石礦脈，所以哈彭丁認為這只是某人依樣畫葫蘆開的玩笑。確實，當年西部地區有金礦這件事見報時，許多人都抱持懷疑的態度，然而事實證明這並非空穴來風，但不可能會有人相信西部也有鑽石礦。哈彭丁把電報交給當時全世界最有錢的男人羅斯柴爾德男爵，告訴他這一定是不知道誰開的玩笑，沒想到男爵卻說：「話別說得太死，畢竟美國地大物博，已經發現了許多稀有的天然資源，或許這件事是真的。」聽到羅斯柴爾德這樣說，哈彭丁立刻跳上時間最近的一班船趕回美國。

抵達舊金山後，哈彭丁發現這裡的空氣瀰漫著一股令人興奮的氣味，和一九四〇年代的淘金熱如出一轍。發現鑽石礦的兩名探礦人分別是阿諾（Philip Arnold）和斯拉克（John Slack），他們沒有透露礦脈位於懷俄明州何處，但卻在數星期前帶著一位知名的礦坑專家到現場勘查，旅途中兩人還故意繞了遠路，以防他猜到礦脈的位置，並親眼看著專家鑿出寶石。他們把挖到的鑽石帶回舊金山，請不同珠寶商估價，其中一人給出的數字是一百五十萬美元上下。

哈彭丁和羅爾斯頓邀請阿諾和斯拉克和他們一起回紐約，去找珠寶商蒂芙尼（Charles Tiffany）評估鑽石的價值。只見兩名探礦人神色緊張，他們認為眼前這兩個人是來自城市的

智力是人最引以為傲的特質，因為我們就是由於擁有智慧才能主宰所有動物。所以說，將自身智力優於他人這件事公諸於世是極其魯莽的行為……因此，身處高位者和富人可能永遠都會想享有社會的特殊待遇，但這種特殊待遇絕對不可能降臨在智力上：對智力視而不見是對其最大的恭維，倘若真的有人注意到某人的智力，那一定是因為他們覺得此人擁有智力是一件無禮之事，或是認為此人不具備擁有智力的合法權利，卻還引以為榮，而為了報復此人的行為，眾人會偷偷地嘗試用其他方式羞辱他，倘若此人沒有立刻感到羞辱，也只是因為時機未到。若一個人的智力高於身邊的人，那麼就算他的行為舉止再謙遜，眾人也

騙子，打算陷害自己，萬一他們三人聯手把整座鑽石礦都騙走怎麼辦？為了讓兩人安心，羅爾斯頓便先給了他們十萬元，又在第三方託管機構為他們準備了三十萬，並承諾如果一切順利，自己還會再付三十萬給他們，阿諾和斯拉克這才點頭同意。

抵達紐約後，他們在大律師巴洛（Samuel L. Bsrlow）的豪宅召開了一場會議，許多貴族名人也都出席了，包括南北戰爭聯邦軍將領麥克萊倫、巴特勒將軍（General Benjamin Butler）、《紐約論壇報》（*New York Tribune*）總編輯格里利（Horace Greeley）、哈彭丁、羅爾斯頓、蒂芙尼等，但最重要的阿諾和斯拉克卻不見蹤影，原來他們跑去觀光了。

蒂芙尼告訴眾人鑽石是真的且價值不菲，兩名金融家聽到後精神立刻為之一振，隨即給羅斯柴爾德和其他大亨發去電報，告訴他們鑽石礦的事，並邀請他們一起投資。之後他們告訴兩名探礦人，說自己會聘請一名礦坑專家，而他們則必須帶著這名專家到現場察看一番。阿諾和斯拉克雖然不願意，但在金融家的堅持下他們還是答應了，但此時他們提出必須回到舊金山工作，不過會將蒂芙尼剛剛檢驗過的鑽石交給哈彭丁保管。

幾星期後，一位名叫詹寧斯（Louis Janis）的礦坑專家在舊金山和兩位探礦人見面，詹寧斯生性多疑，所以一定會幫委託人將此事查個水落石出。一些對鑽石礦有興趣的金融家也跟著詹寧斯一起抵達舊金山，其中包括哈彭丁。阿諾和斯拉克帶著他們一行人東繞西彎，穿過崎嶇的峽谷，想讓他們迷失方向感。抵達礦脈所在地後，幾位金融家親眼見證詹寧斯用專業的工具剷平蟻丘、移開巨石，最後挖出大小不一的翡翠、紅寶石、藍寶石，以及大量鑽石。挖掘工作持續了整整八天，詹寧斯也終於相信這座鑽石礦是真的。他告訴所有投資人，說現

不會忽視他的罪行。在《真境花園》（*The Garden of Roses*）中，薩迪（*Saadi Shirazi*）寫道：「要知道，愚人痛恨與智者相處，智者也厭惡和愚人作伴，然而，愚者的恨有百分深，智者的厭卻只有一分淺。」然而，所有人都建議你當個蠢人，這是因為人的身體喜歡感受到溫暖，心智則會因優越而感到舒適，我們會主動和能給我們優越感的人相處，就好像人在想取暖時會走向壁爐或有陽光的地方那樣。但如果此人突然展現起自己的優越感，我們便不會再喜歡他；所以說，一個人若是想討人喜歡，智力就一定要比旁人低一等。［叔本華］

在他們名下有一座史上礦藏量最豐富的礦脈，並表示：「只要給我一百個人及合適的機具，我保證每隔三十天就給你們送去價值一百萬美元的鑽石。」

幾天後，眾人回到舊金山，羅爾斯頓和哈彭丁等人立刻成立了一間由私人投資組成的公司，資本額為一千萬美元。現在他們要做的第一件事，就是除掉阿諾和斯拉克，也就是說，他們必須收起喜悅的表情，絕對不能讓對方得知礦脈的真實價值。他們佯稱不確定詹寧斯的判斷是否正確，還說礦藏量或許根本不如他們想像那樣豐富，阿諾和斯拉克聽到這番言論簡直氣炸了。接著眾人改變策略，告訴對方如果他們堅持要分潤，最後一定會被黑心的公司高層剝好幾層皮，並建議兩人不要這麼貪心，拿走他們之前給出的七十萬美元即可（這筆錢在當年可是一筆大數目）。兩位探礦人也明白這個道理，於是便決定拿錢走人，並將礦區的所有權連同地圖轉移給眼前幾位金融家。

鑽石礦的消息猶如野火燎原般傳開，全國各地的探礦人瞬間蜂擁至懷俄明州。於此同時，哈彭丁等人也沒閒著，他們用從投資者身上募得的錢聘請業界頂尖人員、購買相關機具，並在紐約跟舊金山設立了豪華的辦公室。

幾個星期後，他們再度回到礦區視察，卻發現一個驚人的事實：礦工根本沒挖到什麼鑽石和紅寶石，這座鑽石礦根本就是假的。他們在不知情的情況下將國內所有富豪都拖進這場世紀騙局，人生至此算是徹底毀了。

重點解析

阿諾和斯拉克之所以能推動這個大騙局，不是因為他們聘請了假工程師或收買了蒂芙尼：這些專家都是貨真價實的專業人士，也都是發自內心相信鑽石礦和寶石是真的。真正讓他們上當受騙的，其實是阿諾和斯拉克；這兩個人看起來就是徹頭徹尾的鄉巴佬、土包子，誰會相信如此不諳世事的兩人居然能布下這麼一場驚天動地的圈套。他們之所以能成功，完全是因為恪守了被所有騙子奉為第一誡的法則：扮豬吃老虎。

鑽石礦騙局的運作原理很簡單，幾個月前，阿諾和斯拉克放出消息，說他們「發現」了一座鑽石礦，接著搭船到歐洲，用之前工作存下來的一萬兩千元買了幾塊寶石。他們將寶石帶到假礦坑所在地，設法把他們嵌進岩壁中，再找來第一位專家將其挖出，帶到舊金山找人估價。由於太過興奮，負責估價的珠寶商和蒂芙尼一不小心就把價格報得太高。離開紐約後，阿諾和斯拉克拿著羅爾斯頓給他們的保證金遠赴阿姆斯特丹，在當地買了好幾袋未經切割的原石，接著再回到假礦坑如法炮製了一番。

此騙局之所以如此成功，並不是因為手法有多巧妙，而是因為阿諾和斯拉克精湛的演技。在紐約的那幾天，和他們打交道的都是久經商場且為富不仁的巨賈和金融家，看著這兩人穿著尺寸不合的衣褲，一副劉姥姥進大觀園的模樣，眾人壓根想不到自己居然會被他們騙倒。此外，當哈彭丁、羅爾斯頓和羅斯柴爾德都堅信鑽石礦是真的時，提出疑問就等於是在質疑這幾個人的智商。

此事過後，哈彭丁的名譽徹底掃地，從此一蹶不振；羅斯柴爾德記取教訓，餘生再也沒被人騙過；斯拉克拿到錢便人間蒸發，再也沒公開露面過；阿諾則是回到老家肯塔基州擴建自己的農場，還開辦了一間銀行。這兩名探礦人販賣礦區所有權的過程完全合法，買家也是在審慎評估後才做出決定，就算礦坑半顆鑽石都沒有也與他們毫無關係。

權力之鑰

沒有人可以接受身邊的人比自己聰明，我們會用各種說法為自己開脫，諸如「他只會讀書，我才是真正的聰明人」、「她家有錢，所以上得起好學校，要是我家也有錢、要是我也這麼幸運的話……」、「他只是自以為聰明罷了」，還有最經典的一句話：「他只懂自己領域裡的相關知識，離開專業領域後他就沒那麼厲害了，就算是愛因斯坦也不懂物理以外的知識。」

由於智力是大多數人最引以為傲的特質，所以你絕不能在不經意間羞辱到旁人的智商。取笑他人不夠聰明是不可饒恕的罪過，但如果你能恪守這條法則，就能打通無數條詐騙之道。用巧妙的手法讓人認為你比他們笨，或是讓對方覺得你根本就是白痴，如此一來，你便可以智取對手。當人們認為自己比你聰明，就會撤下心中那道懷疑的防線。

一八六五年，普魯士議會代表俾斯麥要前往奧地利簽屬一份條約，此條約內容完全符合普魯士的利益，但卻對奧地利極其不利，所以他必須設法讓奧地利政府同意。俾斯麥的對手是布隆伯爵（Count Blome），布隆最大的愛好就是打牌，最擅長的遊戲是十五點，他常說自己可以從對手的牌品窺知其人品，俾斯麥也知道布隆說過這句話。

談判前一晚，俾斯麥刻意邀請布隆伯爵和他玩十五點，並在事後寫道：「那是我人生中最後一次玩十五點，我打得特別急躁，嚇壞在場所有人。雖然我輸了好幾千塔勒（當時的貨幣），但也騙到布隆伯爵，讓他認為我是個投機且會輕易讓步之人。」除了魯莽之外，俾斯麥還故意裝笨，不僅說了一堆蠢話，還因為緊張而做出不少冒失的行為。

布隆觀察俾斯麥打牌的風格，自以為蒐集到了什麼寶貴的情資，認為他和大家說的一樣，是個好鬥之人。根據布隆的理解，好鬥之人通常都很笨，做事也不顧後果，所以在簽署條約時，布隆還以為自己占了便宜，因為像俾斯麥這樣的笨蛋絕對不懂得如何算計和欺騙別人。布隆簽字前根本都沒仔細閱讀條文內容，墨水乾透後，俾斯麥露出愉悅的表情並說：「我壓根沒想到居然會有奧地利官員願意簽署這份條約！」

「扮豬吃老虎」是一種傳統的打獵技巧，獵人會披上野豬皮、戴上豬鼻子，再模仿豬叫聲，藉此引出老虎。此時老虎還以為自己將可以飽餐一頓，渾然不知獵人才是最後的贏家。

當你的對手和老虎一樣驕矜自負，那麼扮豬便可以帶來極大的成效。他們越是覺得自己能輕鬆拿下你，你就越能輕鬆翻盤。若你是胸懷大志的底層人士，扮豬吃老虎這招就特別管用，假裝自己沒那麼聰明，甚至還有點駑鈍是最完美的偽裝。沒人會認為看似人畜無害的豬仔會懷抱狼子野心，甚至還會因為你蠢得可愛或看似聽話而提拔你。在成為羅馬皇帝前和法國國王前，克勞狄（Claudius）和路易十三（Louis XIII）都曾被上位者懷疑過他們覬覦王位，最後兩人都是靠裝笨化險為夷。等到時機成熟時，他們又果斷出手，把所有人殺得措手不及。

所有人都知道智力是必須被壓抑的特質，但你還可以更進一步，朝品味和幹練下手。品味和幹練與智力一樣，都是人類虛榮的資本，讓別人覺得自己比你精明幹練，他們就會主動卸下心防。阿諾和斯拉克深知只要裝出不諳世事的模樣，自己就能創造詐騙奇蹟。那些高高在上的金融家在背地裡嘲笑阿諾和斯拉克，但最後笑得最大聲的卻是他們揶揄的對象。總之，你必須時刻讓旁人覺得自己比你聰明，因為這樣做可以提升他們對自身的看法。當他們覺得和你相處愉快，自然就會將你留在身邊，而你陪伴他們越久，就越有機會騙到他們。

意象：負鼠。負鼠裝死猶如人類裝笨；負鼠靠詐死從眾多掠食者口中死裡逃生，沒人會料到如此醜陋、愚笨的生物居然會是騙術大師。

權威之言：大巧若拙，只有智者才懂得適時賣弄糊塗的道理，大智若愚才是真聰明，但我不是希望你真傻，而是要懂得賣傻。在愚人堆裡顯露智慧，或是在瘋子群中展現理智對你沒有好處，融入群體的最佳方式，就是披上最愚蠢的外衣。〔葛拉西安〕

法則的反轉

展現智力鮮少給人帶來利益，我還是建議你盡量藏拙。若有人發現你其實很聰明，只是一直在裝笨，對方也會因你選擇不露鋒芒而投來崇敬的眼神。當然，在追求權力的初期，你也不能表現得太過愚蠢，而是要暗示主管你其實比其他人聰明。然而，在攀爬權力的階梯時，你要懂得適度調暗自身光芒。

然而，當你可以透過佯裝聰明來圓謊時，我會建議你盡量讓自己顯得越聰明越好。外表是我們判斷一個人聰明與否的關鍵，當你裝出一副有威嚴和智慧的樣子，人們便會相信你說的話，而你也可以藉此擺脫各種困境。

藝術品經紀人迪文有次到某富豪位於紐約的豪宅參加晚宴，這位富豪最近才用高價向迪文買了一幅杜勒（Albrecht Dürer）的作品。當天與會的賓客中有一位年輕的法國藝術品評論家，他看起來學識淵博，一舉一動都透露著自信。富豪的女兒想取悅這位貴賓，於是便將父親最近買下的杜勒畫作展示給他看。仔細端詳一番後，評論家開口說道：「我覺得這幅畫不是杜勒的真跡。」富豪的女兒聞言立刻去找父親，向他稟報此事，評論家也跟在一旁。富豪聽完後焦急地向一旁的迪文求證，迪文卻笑著說：「真是有趣啊，年輕人，你知道歐美兩地共有至少二十名專家說這幅畫是贗品嗎？沒想到你也犯了和他們同樣的錯誤。」年輕的評論家被迪文散發的權威和自信嚇到了，於是連忙道歉，說自己搞錯了。

迪文當然知道藝術品市場充斥著假貨，還有許多作品被歸類到與其毫不相干的大師名下，雖然他已經盡力區分真跡與贗品，但有時為了賺錢，他不得不睜一隻眼閉一隻眼。對迪文來說，買家相信自己買到的是真跡才是最重要的，而他也會用不容質疑的權威說服眾人相信他的「專業能力」。所以說在必要時刻擺出專家的威嚴是重要的，但千萬不要為了裝而裝。

法則

22

投降戰術：轉弱勢為優勢

觀點

身處弱勢時，切勿爲了榮譽而以命相搏，而是要向敵人投降。在投降期間，你可以休養生息、折磨勝利的一方、靜候對方實力衰退。主動投降，不要稱了對手的心意，讓他們有理由在戰場上擊垮你。忍辱負重更能惹火他們，叫他們寢食難安，讓投降成爲權力的工具。

違反法則的案例

米洛斯島位於地中海中央，戰略位置得天獨厚。在古代，雅典人是希臘沿海地帶的霸主，但過去曾有一段時間，位於伯羅奔尼撒地區的米洛斯島卻是斯巴達的殖民地。伯羅奔尼撒戰爭間，米洛斯島的人民拒絕與雅典結盟，並選擇和母國斯巴達站在同一陣線。西元前四一六年，雅典派出遠征隊攻打米洛斯，但在大軍正式出海前，他們先派遣了一支代表團說服米洛斯人投降，並乖乖歸順於雅典，以免家園面臨戰敗覆滅的命運。

雅典使節說道：「你我都知道，正義的標準取決於實力，強者可以為所欲為，弱者只有乖乖接受的份。」米洛斯人認為這種觀念違背了公平競賽的原則，雅典人則表示有實力的人才能定義公平。接著米洛斯人說這項權力屬於神明，而非凡人。雅典代表團的成員說道：「根據我們對神明的看法以及對人的認知，一個人若是有統治的能力，那就要盡可能地去統治，這就是自然的法則。」

米洛斯依舊不為所動，並堅信斯巴達必定會出兵相助，雅典代表團反駁他們，說斯巴達人保守且實際，出兵防衛米洛斯對他們而言弊大於利。

後來米洛斯人開始高談闊論，提到榮譽和對抗暴力的原則，對此，雅典代表回應道：「莫要被虛假的榮譽感誤導，當人在面對撼動自身尊嚴的危險時，盲目追求榮譽只會毀了自己。在希臘最強勢力面前低頭不是什麼丟臉的事，況且它現在提出的條件相當合理。」辯論結束後，米洛斯人開始討論是否要投降，最後決定等待斯巴達援軍、聽從神明的旨意，並相信自身行為的正當性，接著恭敬地拒絕了雅典的提議。

栗樹和無花果樹

一個男人爬上無花果樹，將樹枝拉到自己面前，把成熟的果實摘下來放進口中咀嚼。一旁的栗樹見到此情景便舞動樹枝，用沙沙的聲音說道：「無花果啊！你天生就欠缺自保的能力，看看我的果實，一個個排得整整齊齊的。它們先是被柔軟的薄膜包覆，還有一副外硬內軟的殼斗保護，但上天對我的眷顧不只這些，殼斗外層還長了密密麻麻的毛刺，讓人不敢伸手去摘。」無花果樹聽完這番言論後大笑三聲，接著說道：「你應該知道人類是最有創意的生物，他們一定會摘下你的果實，並會動用棍棒跟石頭等工具。等你的果實掉到地上後，人類還會用腳踐踏它們，或是用石頭砸它們，直到破壞幾天後，雅典入侵米洛斯，雖然他們沒有等到斯巴達的援軍，但卻英勇奮戰到最後一刻。雅典軍花了好大一番力氣才包圍住米洛斯人的主城，但米洛斯人還是投降了。進入主城後，雅典立刻殺盡可以作戰的男人，並將婦孺悉數變賣為奴。最後，米洛斯島淪為雅典殖民地，只有極少數當地人倖存下來。

重點解析

雅典是人類歷史上最實際的國家，他們和米洛斯談判時提出的論點也相當實際：身為弱勢的一方，頑強抵抗一點好處也沒有。沒有人會幫助弱者，伸出援手的人只會陷自己於險境。弱者的結局是孤立無援，唯一的選項是臣服，試圖反抗只有一個下場，那就是成為殉道者。此外，在反抗的過程中，許多與你觀念相左的人也會失去性命。

身為弱勢不是什麼罪過，你也可以透過手段將弱勢轉為優勢，若米洛斯人決定投降，便可以在暗中重挫雅典人，或是透過與雅典結盟獲得利益，並在對方變弱時離他們而去（雅典在幾年後確實由盛轉衰）。風水輪流轉，強者不會恆強，投降其實蘊含巨大的力量：迷惑敵人，讓他們洋洋自得，你可以趁機收復失土、蠶食對手、密謀復仇。你應該把時間拿來做這三件事，而不是為了榮譽去打一場沒有勝算的仗。

> 弱者永遠學不會在該示弱時投降。
>
> ——雷斯樞機主教

掉那副堅不可摧的鎧甲為止。反觀人類在採摘我的果實時只會用手，而且力道溫和，對你卻是粗暴不堪。」［達文西］

在英國反法聲浪高漲時，伏爾泰恰好被法國流放到倫敦。一天伏爾泰走在街上，突然被一群憤怒的民眾包圍，他們叫喊著：「吊死他，吊死這個法國佬。」伏爾泰用冷靜的口吻對這群暴徒說：「英國的人民，你們因為我是法國人的身分而想殺死我，但我這輩子沒能出生在英國，難道不是對我最大的懲罰嗎？」此言一出，所有人歡聲雷動，並主動護送他回到住處。［費迪曼編，《名人軼事錄》］

遵循法則的案例

一九二〇年代，德國劇作家布萊希特（Bertolt Brecht）改變政治立場，轉而支持共產主義。此後，布萊希特的劇本、散文與詩歌都散發著革命的狂熱訊息，且他總是盡可能公開自身意識形態。希特勒（Adolf Hitler）掌權後，布萊希特和其他支持共產主義的同志便被政府盯上。布萊希特在美國有很多朋友都很同情他的遭遇，許多選擇逃離希特勒的德國文人也都是布萊希特的好友。權衡利弊後，布萊希特於一九四一年移民美國洛杉磯，想靠撰寫劇本維生。

接下來幾年間，布萊希特產出的劇本都帶有明顯的反資本主義傾向。一九四七年，由於在好萊塢的事業一直沒有起色，加上戰爭已經結束，布萊希特便決定返回歐洲。同年，眾議院非美活動調查委員會開始調查好萊塢被共產主義滲透的現象，並默默收集和布萊希特有關的情資，因為他曾公開支持馬克思主義。布萊希特預計在一九四七年十月離開美國，但卻在九月十九日收到委員會發來的傳票。除了布萊希特，不少劇作家、製作人和導演（共十九人）也都被要求向委員會說明情況。

在前往華盛頓前這十九人相約見面，想制定一套對策。最後眾人同意和委員會硬碰硬，他們不會回答自己是否是共產黨會員，而是會宣讀一份事先擬好的聲明，質疑委員會的權力，並指控其行為不符合憲法規範。即使可能會因此入獄，他們的行為也會被社會大眾知曉。

但布萊希特並不認同這種做法，他反問眾人透過扮演殉道者獲得民眾些許的同情有什麼意義？讓自己接下來幾年既無法登台表演，也賣不出劇本有什麼意義？布萊希特確定他們都比委員會的成員聰明，既然如此，他們為何要自降層級和對方吵架呢？為何不虛與委蛇，表面上假裝投降，背地裡取笑委員會？其餘十八人仔細聆聽布萊希特的意見，但卻已經下定決心要執行原定計畫，任由布萊希特向委員會投降。

委員會於十月三十日傳喚布萊希特，他們本以為他會像其他幾人一樣據理力爭、拒絕回答問題，並質疑他們沒有舉辦聽證會的權力，甚至是公然侮辱委員會成員。他們萬萬沒想到布萊希特居然會如此配合，他特意穿著西裝出席（他很少穿著正式服裝），嘴裡還叼著一根雪茄（他聽說委員會主席熱愛雪茄），不僅有問必答，整體態度也還算不錯。

布萊希特和其他證人不同，當被問到他是否是共產黨員時，他回答不是，而事實也證明布萊希特沒有說謊。其中一名委員問他：「你是不是寫過幾部鼓吹革命的劇本？」布萊希特確實寫過許多帶有明顯共產色彩的劇本，但他給出的回答卻是：「我創作過許多詩歌和劇本，內容都是在反對希特勒，所以您確實可以用鼓吹革命來形容這些作品，因為我是支持推翻希特勒政權的。」委員會聽完他的回答後並沒有提出質疑。

布萊希特的英文相當好，但卻請了一位口譯員替自己翻譯證詞，目的是要利用文字轉譯時產生的細微差距。當有委員提出他的詩作（英文版）傾向共產主義時，他便會直接朗誦原文（德文），而這些句子在經過翻譯後便會顯得人畜無害。聽證會期間，一名委員用英文大聲讀出他所寫的革命詩，並問他這是不是他寫的。布萊希特回答：「不是，我的詩是用德文寫成的，跟您剛剛念的內容完全不同。」他給出的答案極盡閃躲之能事，讓委員會大感困惑，但他的態度彬彬有禮，而且又相當尊重委員會的權威，令他們想生氣都找不到藉口。

一個小時後，委員會終於受不了了，於是便對布萊希特說：「感謝你的出席，你的態度足以成為其他證人的表率。」委員會不僅直接放他離開，還告訴他如果他被出入境處的官員刁難，自己可以居中協調。隔天布萊希特便離開美國，從此以後再也沒有踏入這片土地。

重點解析

其他十八人硬碰硬的做法確實贏得民眾的同情，且數年過後他們也洗刷了冤屈，但他們也確實成為政府的黑名單人物，錯過了賺錢的最佳時機。反觀布萊希特，他並沒有改變或犧牲自身信仰與價值觀，而是採用迂迴的方式表達自己對委員會的厭惡。在那場短暫的聽證會上，布萊希特一直都是占上風的一方，雖然表面上看起來順從，但他卻一直用模糊的回答和他們兜圈子。即便他當著委員會的面說謊，對方也不知如何提出質疑，因為他會用謎團或文字遊戲包裝這些謊言。即便在聽證會上他使用了假服從、真嘲弄的手法，但最後他依舊可以繼續產出鼓吹革命的文字，而不是被關進監獄或拘留在美國。

切記：越想展現權威的人就容易被投降戰術欺騙，你表現得越順從，他們就會覺得自己越重要。當對方因為你的尊敬而心滿意足，你就可以輕鬆反攻，或是像布萊希特一樣間接嘲弄他們。衡量權力時要看得長遠一些，不要用殉道換取短暫的榮光，最後犧牲掉轉圜的空間。

> 偉大的首領過世時，聰明的農夫會深深地鞠躬、默默地放屁。
>
> ——衣索比亞諺語

權力之鑰

在權力的國度，我們常會因為對敵人的行動反應過度而惹上麻煩，若我們能多用理智思考，就可以避免過度反應引發的問題。此外，反應過度也會引發反彈效應，因為敵人也會做出過激的行為，就像雅典人對米洛斯人趕盡殺絕那樣。遇到事情時，本能會催促我們做出反應，用激進的行為回應激進的行為。當下次有人向你施壓，而你也想還手時，請嘗試另一種做法，不要抗拒或反擊，而是選擇讓步，甚至把另一邊臉頰也奉上。你會發現投降可以中和對方的行為，他們原本預計（甚至是希望）你會用暴力回應，所以會被你的反應嚇得措手不及，而且無法理解為何你不反抗。事實上，退讓反而可以使你掌控局面，因為你心中還有一個更宏大的計畫，投降不過是其中的一個環節，目的是要讓對方相信自己已經打敗你了。

投降戰術的精髓是表面屈服，內心堅定，當對手找不到藉口發飆，就會感到困惑。此外，由於你沒有給出任何反應，對方也不太可能做出更多暴力的行為，而你也可以獲得規劃反制策略的時間與空間。在智力與蠻力的對抗賽中，投降戰術絕對是你的必殺技。有自制力的人才能使用投降戰術：發自內心舉白旗的人不僅會失去自由，還有可能因為失敗而一蹶不振。你一定要記住自己只是**假裝**投降，就像靠裝死保命的動物。

了解投降優於戰鬥這個道理後，你也要知道在面對強大的敵人時，投降同樣優於逃避。逃避或許可以為你爭取到一點時間，但侵略者最後一定會找到你。投降就不一樣了，選擇投降，你就有機會將尖牙瞄準對方的脖頸，狠狠咬上一口。

西元前四九四年，岳王勾踐在夫椒之戰中敗給吳國，吃了敗仗的勾踐本想逃跑，但身邊的謀士卻建議他投降並侍奉吳王，藉此觀察對方的一舉一動，趁機報仇。勾踐採納了這個建議，還將國庫的金銀珠寶都送給吳王，並成為專門幫吳王餵馬的奴才。整整三年，勾踐都過著這種卑微的日子，最後吳王看勾踐是真心歸順，於是便放他回國。其實這三年間，勾踐一直都在打聽吳國的情報，還在暗地裡制定復仇的計畫。後來吳國經歷了一場大旱，勢力大不如前，勾踐趁機揮兵討伐，輕輕鬆鬆就滅了吳國。這就是投降戰術蘊含的力量，你可以利用這段時間和空間制定計畫，一舉將敵人消滅。若勾踐當時選擇逃避，就會失去消滅吳國的機會。

十九世紀中葉，日本面臨西方貿易擴張的威脅，日本國內開始討論該如何對付外國人，幕府老中堀田正睦於一八五七年寫下的一段文字為日本外交政策帶來了深遠的影響：「私以為日本之外交政策應以締結友好盟友為目的，派遣商船至世界各地，師外國之長處以彌補本國之不足、增強國力並補充軍力，**漸漸**讓國外勢力屈服於日本影響力之下，最終讓舉世皆知平靜祥和之真諦，並令天下諸國認同日本之霸權。」堀田正睦的理念堪稱本法則（用投降策略深入敵人內部）的完美應用實例，請仿效堀田正睦，慢慢滲透進敵方內部，表面上裝出接受對方風俗傳統的模樣，但內心堅守自身文化。你必將會是最後勝出的一方，因為對方不會去提防低自己一等的弱者，而你則可以利用這段時間成長並超越他們。這種柔性滲透式的入侵通常都是最高明的手段，因為對方根本無從反對，亦不知從何防起，更遑論抵抗。倘若當年日本決定訴諸武力，可能就會被洋人入侵，文化也將永遠被改變。

你也可以藉投降取笑敵人，或是讓他們的拳頭打在自己臉上，這一點布萊希特已經向我們示範過了。米蘭·昆德拉（Milan Kundera）的小說《玩笑》（*The Joke*）是根據他在捷克斯洛伐克戰俘集中營的親身經歷寫成，其中有一段是在描述一名監獄守衛籌劃守衛與囚犯接力跑比賽的過程。囚犯知道守衛想藉此展現自己優越的體能，於是便假意配合，裝出一副氣喘吁吁的模樣，不僅速度緩慢，而且跑沒幾步就跌倒，守衛們則是卯足了勁全力衝刺。囚犯配合安排參加比賽並輸掉比賽，藉此展現對警衛的服從，但他們的「過度服從」卻是對這場比賽最無情的嘲弄，因為過分服從（投降）其實是他反向展現優越感的方式。起身反抗只會讓囚犯掉進暴力虐待的漩渦，使他們淪落到和守衛相同的階層。然而，**過度服從**卻可以讓守衛顯得可笑至極，但他們也沒有正當的理由懲罰囚犯，因為這些人並沒有違抗自己的要求。

權力永遠都處於變化狀態，既然權力遊戲的本質是流動的，鬥爭也永遠沒有休止的一天，那麼手握權力的人總會有落於下風的時候。當你發現自己暫時淪為弱勢的一方，便可以祭出投降策略讓自己重占上風。投降可以掩蓋你的野心，並讓你獲得贏得權力遊戲的兩大關鍵：耐心與自制力。除此之外，投降還可以將你放在最佳的位置，讓你能利用對手的失誤為自己牟利。逃避和反擊最終只會讓自己成為輸家，而運用投降戰術的人幾乎都會成為贏家。

意象：橡樹。

挺身抵擋狂風的橡樹會失去所有枝葉，光禿禿的樹幹最終從中斷成兩截；懂得彎腰的橡樹不僅活得更久、樹幹更粗壯，根系也扎得越深、越難撼動。

權威之言：

你們聽見有句話說：「以眼還眼，以牙還牙。」只是我告訴你們，不要與惡人作對。有人打你的右臉，連左臉也轉過來由他打；有人想要告你，要拿你的裡衣，連外衣也由他拿去；有人強逼你走一里路，你就同他走二里。[《馬太福音》(*Matthew*)，第五章第三十八－四十一節]

法則的反轉

投降是為避險，等待日後東山再起；一個人選擇投降是要避免成為殉道者。但有時你會發現有些敵人就是不肯放過你，或是你除了殉道沒有其他選項。除此之外，你的主動犧牲可能會使某人獲得權力或受到啟發。

殉道是投降的反義詞，也是一種極不嚴謹且混亂的戰略，殘暴的程度和對手的侵略行為相去不遠。舉世聞名的殉道者屈指可數，但卻有成千上萬的人白白為道犧牲，他們的死啟發不了新的宗教，更掀不起革命的浪潮。所以說，我們很難預測殉道是否會帶來好處，此外，殉了道的人是享受不到權力的。還有，殉道者其實都有點自私和自大，因為他們覺得追隨者不如個人的榮光重要。

當權力離你而去，我建議你不要選擇殉道，而是要徹底斷了這個念頭，因為命運的鐘擺終究會盪回你這一方，請確保自己能活著迎接這一刻。

法則

23

集中火力

觀點

保留實力和體力，將其聚焦在一個點上，與其在礦藏量不多的礦坑來回奔波，不如選定一個礦藏豐富的礦坑，不斷向下挖掘：深度永遠優於廣度。在尋找可以提升自身地位的權力來源時，務必找到儲量最豐富的部位，因爲肥大脂豐的乳牛可以成爲你的長期飯票。

違反法則的案例

西元前六世紀，吳國開始進犯位於其北方的諸國，也就是中原地區。吳國國力強盛，但由於中原才是中國文化的發源地，吳國在歷史或文明方面都略遜一籌，因此，只要吳國能打下中原，地位便會立刻提升。

吳國初戰告捷，接連打了幾場勝仗，但戰況很快便陷入膠著。每當吳軍在某處得勝，另一處防線就會被攻破。此時吳國謀臣伍子胥警告吳王，說南方的蠻夷國越國已經注意到吳國的問題，隨時都有可能派兵入侵。吳王聽後一笑置之，認為只要再打一場大勝仗，自己就可將中原收入囊中。

到了西元前四九〇年，伍子胥為保兒子周全，於是將他送往齊國。吳王得知此事後，認為伍子胥內心不贊成自己揮兵北上，便狠狠訓斥了伍子胥一頓，說他不是忠臣，還賜劍要他自刎謝罪。臨死前，伍子胥大聲說道：「抉吾眼縣吳東門之上，以觀越寇之入滅吳也。」

事情果然不出伍子胥所料，幾年後，越國大軍攻入吳國城門。面對兵臨城下的窘境，吳王猛然想起伍子胥的遺言，只覺得那雙眼睛正在欣賞自己受盡屈辱的模樣。吳王最後選擇自盡，「動手前還特地用一塊白布矇住雙眼，表示自己死後無顏在地下見伍子胥」。

重點解析

吳國象徵的是所有因過度擴張而導致滅亡的帝國，在成功和野心的催眠下，這些帝國的版圖大到令人咋舌，最後都逃不過全面覆滅的命運。古代的雅典也是如此，為了奪下遠在天邊

鵝與馬

一隻母鵝在草地上低頭吃草，牠感到一旁的馬冒犯到自己，於是開口說道：「我不僅比你尊貴，也是比你更優越的物種，因為你只具備一種能力。我和你一樣可以在平地上走路，但我也有翅膀，只要輕輕一揮就可以飛上青天。除此之外，如果興致來了，我還可以跳進池塘和小溪裡嬉戲解暑。也就是說，我具備飛鳥、魚，以及四足動物的能力。」

馬聽完鵝的言論後，馬用鼻孔發出不屑的聲音說：「妳確實具備三種動物的能力，但卻是樣樣通，樣樣鬆；妳會飛，但飛得不高，而且姿勢蹩腳，根本不能跟雲雀與燕子相提並論；妳會游泳，但只能在表面划水，也不能像魚一樣在水裡生活，亦無法

的西西里島，他們最後犧牲了整座帝國。羅馬帝國拚了命地開疆拓土，但卻使自己變得更脆弱，最後被另一支蠻族部落入侵。這些帝國之所以會消亡，可以說都是由無意義的擴張導致。

吳國的悲劇教會世人一個道理，那就是當你的實力太過分散，並為了眼前的利益而不顧遠處的危機，那麼滅亡之日就不遠了。孫子有云：「非危不戰。」當一件事物擴張到極致，傾軋就成了它必然的命運，這差不多可以算是一條物理法則。人的心不能在太多目標間周旋，也不能因為成功就丟了初衷和權衡輕重的能力。只有聚焦於過去經歷、和過去經歷保持一致，以及與過去經歷建立起連結的事物才擁有權力，揮霍、分散與膨脹只會導向衰敗與倒塌；膨脹得越大，摔得越重。

遵循法則的案例

羅斯柴爾德家族數代從事銀行業，但他們最初其實是居住在德國法蘭克福的猶太貧民。根據當時的法律，猶太人不得離開貧民窟，但這條嚴苛的規定卻讓猶太人養成自給自足與捍衛傳統的優良習慣。十八世紀晚期，邁爾．羅斯柴爾德（Mayer Amschel Rothschild）深知專心經營放貸事業可以累積財富，於是成了家族中第一個有錢人。

首先，邁爾專為德國貴族圖恩和塔克西斯（Thurn and Taxis）的眾多親王提供服務，接下來，邁爾把銀行的業務通通交給子女和近親管理，只要家庭成員越團結、關係越緊密，銀行的事業就越大。不久後，邁爾將家族企業交給五個兒子管理，但一直到他去世前（一八一二年），他都拒絕指定主要的繼承人，而是要求幾個孩子延續家族團結一心的傳統，以防管理

在水中覓食，更不可能悠閒地徜徉在浪裡；妳走路搖搖晃晃，一雙大腳和長長的脖子煞是突兀，只要有人從妳身邊經過，妳就會發出嘶嘶的叫聲，引來所有人訕笑。

我承認，我只能在陸地上移動，但我的體態相當優雅！我渾身上下都是完美的！我的力氣非常大！我奔跑的速度極快！我的優點這麼多，我寧可只擁有一種能力，並因此被眾人崇拜，也不願意當一隻呆頭鵝。」［艾金（Dr. John Aikin），《薄伽丘和喬叟寓言故事集》（*Fables from Boccaccio and Chaucer*）］

不要分散力量，而是要將其集中在一點上，天資聰穎之人總覺得別人能做的，自己也做的到，但他最後一定會因

錯誤的判斷而後悔。
[歌德]

權外流，或是企業被外人滲透。

邁爾的兒子掌權後認為若真的想賺大錢，就必須在歐洲金融界占得一席之地，而不是被局限在某個國家，或是只為某親王服務。五兄弟中動作最快的是排行中間的納坦（Nathan Rothchild），他率先在倫敦開了一間公司，一八一三年，么弟詹姆斯搬到巴黎，大哥阿姆謝爾（Amschel Rothchild）繼續留在法蘭克福，二哥所羅門（Salomon Rothchild）跑到維也納發展，四弟卡爾（Karl Rothchild）則以拿坡里做為據點。他們五人在不同的地方發揮影響力，最後慢慢控制了整個歐洲的金融市場。

想當然耳，這張巨大的金融網絕對會帶來許多風險，其中包括老父親生前耳提面命過的幾個致命傷：權力外流、分裂、意見分歧，而他們之所以能迴避這些風險，都是因為他們使用了在貧民窟生活時的策略：排除外人與集中火力。羅斯柴爾德家族建立了歐洲最快的傳信系統，讓家族成員可以即時掌握最新時事，說他們壟斷了所有金融相關情報也不為過。家族的內部通信都是用法蘭克福意第緒文寫成，而且都經過加密處理，只有兄弟幾人知道如何解碼。也就是說，就算你偷到羅斯柴爾德家的情報也沒用，因為根本沒人看得懂。一名曾嘗試滲透進羅斯柴爾德情報網的金融家表示：「最狡猾的銀行家也突破不了他們布下的迷陣。」

一八二四年，詹姆斯覺得自己該結婚了，此消息讓家族所有人苦惱不已，因為這代表會有外人加入家族，而此人很有可能會曝光家族機密。最後詹姆斯決定迎娶哥哥所羅門的女兒，眾人得知後相當開心，因為他們終於解決了結婚這個大難題，並將近親通婚訂為家規。兩年後，納坦的女兒和所羅門的兒子結婚。在接下來的幾年間，五兄弟的孩子互相通婚，造就了十八對婚配，其中十六對都是堂表親。

二哥所羅門曾說：「我們就像是手錶中的零件，每個人都至關重要。」羅斯柴爾德的家族企業就像手錶，每一項業務都彼此連動，其中錯綜複雜的關係外界根本無從得知，眾人只能看見不斷轉動的指針。十九世紀上半葉，許多手握財富與權力的家族都因時局動盪而由盛轉衰，唯有密不可分的羅斯柴爾德一家人不受打擊，甚至累積了更多財富。

重點解析

羅斯柴爾德家族身處的時代是個矛盾的時代，他們出生的貧民窟數個世紀以來都猶如一灘死水，卻又適逢工業革命、法國大革命和各種動盪的局勢。他們沒有忘記家族的過往，並堅持不讓成員流散到不同的地方，因此我們可以將羅斯柴爾德家族視為集中法則的表率。

選擇在法國發展的詹姆斯．羅斯柴爾德是本法則的代表人物，他親眼見證了拿破崙倒台、波旁復辟、奧爾良王朝的資產階級王室、法國再次恢復共和國制度，以及拿破崙三世（Napolean III）退位。經歷這些事件後，法國社會改俗風遷，詹姆斯也從善如流，帶領家族跟上潮流，拒當活化石，而是把貧民窟的生活精神放在心中，堅守團結力量大的家族傳統。羅斯柴爾德一家人之所以能在顛沛流離的世道中茁壯，靠的就是不忘初心，這種集中火力的做法最終為家族帶來了權力、財富和穩定。

謀略永遠以強為優，但須由全面轉至專精……集中火力這道理再簡單不過，且必須被奉為圭臬……一言以蔽之，戰略的首要原則就是聚力而為。

——克勞塞維茲，《戰爭論》(*On War*)

權力之鑰

我們身處的世界已經染上分化的惡疾，包括國家的分化、政治團體的分化、家庭的分化，甚至是個體的分化，陷入全面分散的狀態，在尚未學會萬眾一心前就化為一盤散沙。人類社會的衝突等級已達到前所未有的高度，並內化到所有人的生活中。

化解此危機的方式是探索內心、探索過去、探索一種更集中的思維與行為模式，叔本華曾說：「智力是強度的規模量詞，與廣度無關。」拿破崙之所以能在沙場上百戰百勝。就是因為他深諳且深信集中火力攻擊敵人弱點的道理。拿破崙在戰場上的狀態向來都是專心致志且心無旁騖，這種高度聚焦的意志力永遠都能擊潰意志不堅、心猿意馬的敵軍。

卡薩諾瓦做什麼事都能成功，也是因為他懂得鎖定目標，並堅定不移地朝目標邁進。在追求心儀的女子時，卡薩諾瓦總是抱著「不成功，便成仁」的態度，這種認真的態度使他成為魅惑女人的高手。卡薩諾瓦曾被關押進威尼斯總督宮的「鉛頂閣樓」牢房，最終靠著超人的意志力和日復一日的努力成功，成為第一個成功越獄的犯人。在被囚禁期間，他買通獄卒在牢房的天花板挖洞，雖然此計畫可能會因更換牢房被打斷，但他沒有因此放棄，而是堅持到底，最後成功脫逃。卡薩諾瓦在自傳中提到：「我相信若一個人心無旁騖地埋頭苦幹，最後一定會克服困難並達成目標，成為輔政大將軍或教宗。」

把全身的精力都聚焦在單一目標或任務上並攻破它；在權力的世界裡，我們經常會需要他人的幫助，而這些人的權力通常都比自己大。愚蠢的人會同時向許多人求援，以為這樣做就能度過難關，然而，根據集中火力法則，鎖定單一權力來源才能省下更多精力，而這些省下的精力則會幫你獲得更多權力。特斯拉之所以終生不得志，就是因為他誤以為只要不效忠任何人，自己便能保有獨立性，還因此拒絕摩根提出的優渥合約。特斯拉因追求「獨立」而拒絕效忠單一贊助人，但這樣的堅持卻讓他必須面對幾十個老闆。一直到步入晚年後，特斯拉才意識到自己的錯誤。

特斯拉的煩惱也是文藝復興時期的所有文人的煩惱，十六世紀的作家阿雷蒂諾一生都在服侍不同君主。某天，阿雷蒂諾再也不想過這種卑躬屈膝的生活，並決定集中火力，討好查理五世，承諾對方今後自己的筆將效忠於他。跟了查理五世後，阿雷蒂諾才體會到只為一人服務的自由，一如米開朗基羅因為只效忠教宗儒略二世，以及伽利略因僅為麥地奇家族提供服務而解脫。你的贊助人會欣賞你的忠誠，並越來越依賴你提供的服務，最後成為你的奴隸。

權力永遠都是以集中的形式存在，在所有組織中，權力最終都會落入一小群人手上，而且這些人的頭銜往往都不是最高的。在權力的賽局中，只有蠢人才會因忙東忙西而忘記實現自己的目標。找出在幕後操盤的人很重要，十七世紀初，黎希留正在法國政壇力爭上游，當時他早就看出路易十三只是個虛位國王，真正掌權的是國王的母親。認清形勢的黎希留開始討好王太后，並藉此平步青雲，攀上權力的巔峰。

你只需挖到一次石油，就能享受一世的財富與權力。

意象：箭矢。

一支箭無法命中兩個目標，三心兩意的弓箭手無法命中敵人的心臟。務必讓人與箭合為一體，只有心靈與身體都聚焦在同一個點上方能一箭穿心。

權威之言：

強度優於廣度，完美源於品質，而非數量。只注重廣度必將淪為平庸，那些興趣廣泛，且什麼事情都想染指的人是不幸的，因為樣樣通，樣樣鬆。專精在一項事物上方能功成名就並與偉人比肩。〔葛拉西安〕

法則的反轉

有時集中火力會帶來風險，分散攻勢反而才是上策，毛澤東與共產黨在和國軍奪權時，就是靠游擊戰術開闢多條戰線。分散攻勢是適合弱者的戰略，也是游擊戰的核心，因為在面對強敵時，集中火力反而會使自己淪為顯眼的目標。此時你應該要隱身於背景，靠難以捉摸的攻勢重挫敵人。

只與單一權力來源綁定有一個很大的風險，那就是當此人逝世、失勢、或失去民心，你也會遭池魚之殃。波吉亞就是最好的案例，他的權力和軍隊都來自父親教宗亞歷山大六世。波吉亞的保護傘在父親離世後（可能是因為被下毒）瞬間消失，而他也過上生不如死的日子，因為這些年來他給自己樹立了太多敵人。若你覺得自己需要他人的庇護，我會建議你與不同的權力來源綁定，此策略在時局動盪或敵人數量眾多時是最明智的選擇。贊助人和金主的數量越多，他們其中某些人失勢時，你就越不會落入險境，此外，你還可以利用分散策略挑撥他們的關係。即便你選擇效忠單一權力來源，也要隨時提高警覺並做好準備，以防贊助人和金主突然收回援手。

太執著於單一目標會讓你變成極度無趣的人，尤其是在藝術領域。文藝復興時期的畫家烏切洛（Paolo Uccello）就是太在意透視技法，導致作品看起來缺乏生氣且僵硬呆板，成就也遠比不上各種領域都有所涉略（包括建築、繪畫、軍事、雕塑、機械）的達文西。分散策略為達文西帶來源源不絕的權力，但這種天才畢竟少之又少，我們這些普通人還是把精力用在鑽研特定領域就好。

法則

24

扮演完美朝臣

觀點

眾星拱月的環境與勾心鬥角的政壇是滋養完美朝臣的土壤，完美的朝臣精通迂迴之道，不僅懂得阿諛奉承，還明白服從上司的道理，更會用最隱晦、最得體的手法彰顯自己的權力。學習朝臣待人處事之道，並將其應用在日常生活中，你就能飛黃騰達。

宮廷社會

宮廷社會是以權力中心向外發展的結構，這是人類在本能驅使下創造的體系。在過去，宮廷以統治者為中心，且具備許多功能，包括取悅統治者、鞏固王室、貴族與上流階層的階級制度，以及讓貴族和下屬都待在統治者可隨意差遣（與監視）的範圍內。宮廷是為權力服務的場域，其最大作用就是將統治者捧上神壇，並創造一個以取悅他為主的微觀世界。

朝臣是一項高風險職業，十九世紀，一名阿拉伯旅人曾說達佛（即今天的蘇丹共和國）宮廷的朝臣必須無條件服從蘇丹的命令：假設蘇丹受傷，他們也必須受同樣的傷，假設蘇丹不小心從馬背上摔下來，他們也必須跌下馬背，這種模仿現象可見於世界各地的宮廷。比模仿更可怕的是觸怒統治者，朝臣一旦做錯事或說錯話，就有可能被處死或流放。所以說，扮演完美的朝臣就像是在走鋼索，你必須取悅統治者，但又要拿捏好分寸；你必須服從命令，又得設法讓自己與眾不同，但又不可太過突出，以免觸動統治者不安的神經。

古今中外優秀的朝臣都是操弄人心的大師，他們能讓國王倍感尊榮，也能令眾人懼怕他們的權力。他們深知在宮廷，大多數事物都是由外表決定，所以也是表面工夫的魔術師。好的朝臣風度翩翩、彬彬有禮，他們的野心是迂迴的，且都被蒙上了一層紗；好的朝臣擅於言詞，他們從不多言，說出口的讚美跟暗諷都能獲得最大效益；好的朝臣懂得取悅他人，所以身邊永遠有人圍繞，但他們絕不向他人搖尾乞憐，也從不自侮；好的朝臣會得到國王的青睞，並獲得諸多恩寵；好的朝臣最後通常都會掌握比統治者還大的權力，因為他們累積影響力的手法宛如巫術。

兩隻狗

巴柏斯是一頭看家犬，對主人忠心耿耿。一天，巴柏斯看見自己的老相識寵物狗喬喬躺在窗戶旁的羽絨坐墊上。巴柏斯興奮地朝喬喬跑去，就像孩子奔向父母一樣，還因情緒激動哭了出來。來到窗下，巴柏斯瘋狂地搖著尾巴，口中發出嗚咽的嗚叫聲，還興奮地上跳下竄，牠說：「好喬喬，你跟了現在的主人後過得是什麼樣的生活？你一定還記得我們一起在野外挨餓的時光吧？你現在都要做些什麼工作？」喬喬回答：「我的運氣太好了，要是我有一句怨言，那可真是罪該萬死。我的主人對我非常好，我想要什麼有什麼，就連吃飯喝水的碗盆都是銀製的，我每天的工作就是陪主人玩耍，玩累了就躺在地許多現代人都看不起宮廷的生態，認為這不過是古代的陋習。根據馬基維利的說法：「就好像是在說現在的天空、太陽、氣候、人和過去不一樣，因為他們都改變了自身情緒與力量。」確實，這世上沒有第二個太陽王，但還是有不少人認為宇宙是以他們為中心旋轉。王室宮廷或許已經不復存在，即便存在，掌握的權力也不可同日而語，但由於權力依舊存在，所以宮廷與朝臣也不會消失。雖然不太會有人要求現代的朝臣跟國王一起跌下馬，但主宰宮廷政治的法則卻是一種永恆的存在，一如權力的法則。所以說，古今中外朝臣身上蘊含著豐富的人生智慧，等著我們去學習。

宮廷政治法則

低調為上。不停討論自己與過分招搖都不是明智之舉，你越是提醒別人自己做了哪些事情，別人就會越懷疑你居心叵測。此外，高調的作風也會招致同儕的嫉妒、陰謀與冷箭。所以說，自吹自擂時一定要格外小心，另外也不要太常提到自己，而是要多講講別人。一般來說，我會建議你走中庸路線。

神態自若。別讓旁人察覺到你的努力，要讓自己的天分看起來像是自然流露，這樣所有人認為你是天才，而不是工作狂。要做到舉重若輕，大多數人都不想看到你賣命工作的模樣，因為這是另一種形式的高調。與其令眾人納悶為何你努力了這麼久才小有成就，不如讓他們讚嘆你的從容不迫。

美言不必多。你可能會覺得，讚美上司的話怎麼說都不嫌多，但好事做過頭便會失去價值。

毯或柔軟的沙發上小憩。你近來過得如何呢？」巴柏斯的尾巴像鞭子左右甩個不停，牠低頭說道：「我？我的生活和過去沒兩樣，天天挨餓受凍，我要替主人看家，累了也只能在牆角睡覺，連避雨的地方都沒有，要是叫聲吵到主人還會挨打。喬喬，你明明這麼小，又這麼脆弱，為什麼能討得主人的歡心，而我只能過著提心吊膽的日子？你是怎麼辦到的？」喬喬笑道：「『我是怎麼辦到的？』這真是個好問題！我不過是用後腳站起來走路罷了。」[克雷洛夫（Ivan Kriloff），《預言集》(*Fables*)]

此外，過分奉承還會勾起同儕的疑心。阿諛的話必須拐著彎說，例如貶低自己的貢獻，讓上司看起來有面子。

精心安排，為了引人注目。宮廷社會中有一個悖論，那就是必須在低調中創造高調。在路易十四掌權的法國宮廷，國王的目光落在哪個人身上，那個人的宮廷階級就會立刻提升。試想一下，若統治者根本看不見你，你怎麼可能在多如過江之鯽的朝臣中脫穎而出。此法則是一門高深的學問，第一步通常是讓統治者的目光落在你身上，也就是說，你必須注意自身儀態，並設法讓自己的風格與形象看起來（**稍稍地**）與眾不同。

見人說人話，見鬼說鬼話。很多人以為一視同仁（即不因對方的階級改變自身言行）是文明的最高級表現，但這個觀念簡直錯得離譜。低你一等的人會認為你趾高氣昂，事實也確實如此；高你一等的人嘴上雖然不說，但心裡卻會覺得你在冒犯他們。你一定要學會見人說人話，見鬼說鬼話，這不是說謊，而是演戲。表演是一門藝術，沒有人生來就會，所以請勤加學習。此法則相當契合以多元文化著稱的現代宮廷，也就是說，**絕對**不要先入為主，認為自己的行為與評判標準是普世價值觀。無法適應其他文化不僅是一種野蠻的表現，還會使你落入不利的境地。

不傳噩耗。國王通常都會處死傳遞壞消息的使者，此做法雖然是種窠臼，但也不是沒有原因。所以說，你一定要盡量避免當傳壞消息的人，必要時甚至用謊言將此事推給別人去做，總之只要不是自己就好。當你口中說出的都是佳音，上司看見你時心情自然就會特別愉悅。

別和上司稱兄道弟。你的上司不會希望下屬是自己的好友，他要的是一個純粹的下屬。絕

禮貌是明智的行為，所以粗鄙是愚蠢的行為，故意用毫無必要的粗俗行為給自己樹立敵人，就好像放火燒掉自己的房子一樣，是瘋狂的行徑。禮貌好比籌碼，是一種眾人皆知的假幣，只有傻子才會吝於使用它，擁有理智的人都會選擇大方……蠟是一種堅硬易碎的物質，然而，只要稍微加溫，它就會立刻變成繞指柔，任你擺布。同理，你也可以用謙恭與友善的態度，叫暴躁與不懷好意之人對你言聽計從。溫度可以改變蠟的本質，彬彬有禮可以改變人的本質。［叔本華］

對不要用隨便的態度和上司說話，也不要以為你們的關係很好，只有**他**有權力決定這些事情。倘若**他**主動和你稱兄道弟，那你就表面上裝出親密的樣子，但內心時刻提高警覺。如果你不想和對方走得太近，那就刻意和他保持君臣之間應有的距離。

切忌直接批評在上位者。這一點大家應該都懂，但有時我們總免不了必須批評在上位者，在這種時刻，沉默反而會給自己惹上另一種麻煩。所以說，你一定要學會用最迂迴且有禮貌的方式給出建言和批評，在把話說出口前，一定要再三斟酌，確認用字遣詞已經足夠婉轉。總而言之，把批評講得越隱晦、越溫和，就越不會出錯。

盡量避免向在上位者求助。上位者最不喜歡拒絕他人的請求，因為拒絕會激起他們的罪惡感與仇恨。盡量避免求助於在上位者，即便萬不得已，也要知所進退。此外，與其腆著臉去求上位者幫你，不如贏得對方的恩寵，讓他們心甘情願伸出援手。切記，不要代替別人（尤其是朋友）去請求在上位者出手相助。

莫拿外表與品味開玩笑。好的朝臣必須具備機智與幽默的個性，偶爾說一些粗鄙的話確實能逗人開心，但請不要拿別人的外表和品味做文章，因為外表和品味是極為敏感的話題（特別是在上位者的外表和品味）。背著他人評論這兩件事更是大忌，這樣做就是自掘墳墓。

不要挖苦他人。不要吝於稱讚他人，如果你永遠都在挑剔同儕或下屬的工作表現，這種消極的批評將成為你個性的一部分，從此揮之不去。以後，只要你一開口說了什麼偏激的言論，眾人便會怨聲載道，最後搞得大家都不開心。說也奇怪，只要你肯適度讚美他人的成就，大家自然也會將焦點轉移到你身上。能真心讚嘆與羨慕他人者已成了稀有動物，這是一門漸漸消亡但卻備受推崇的本領。

觀察自我。鏡子是個神奇的發明，少了它，人的美貌和儀態便會大打折扣。人的行為也需要一面鏡子，旁人可以充當這面鏡子，告訴你他們在你身上看見了什麼，但這些話通常都不太可信。**你**必須當那面的鏡子，練習用別人的眼睛審視自我，看看自己是否太卑躬屈膝、太難以取悅，還是像個氣數已盡之人，急著博取他人注意。只要好好觀察自身言行，你就能少犯很多錯誤。

控制情緒。身為宮廷舞台上的演員，你必須學會在正確的時間點展現悲喜、掌握隱藏憤怒與沮喪的能力，還要能裝出心滿意足與欣然同意的表情。你可以覺得這是在說謊，但如果你決定退出這場表演並直率地展現情緒，那就不要抱怨旁人都認為你既難搞又自大。

跟上時代潮流。刻意保留一點舊時代的做派可以增添魅力，但請將回溯時間控制在二十年以上，穿十年前的流行服飾只會引來眾人譏笑，但如果你的目標是當宮廷弄臣那就另當別論。你的精神與思維必須跟上潮流，即便這些潮流與你自身想法背道而馳。沒有人會理解思想太超前的人，鶴立雞群可以，但站得太高絕非明智之舉，模仿當代精神對你來說有益無害。

提供歡樂。這一點相當重要，因為避苦趨樂是人的本能，在快樂面前，我們就如同撲火的飛蛾。所以說，只要你能成為那團火，平步青雲便指日可待。人生本來就是樂少苦多，當你成為統治者快樂的源泉，便會瞬間化身成他們賴以為生的食物和水。雖然這道理誰都懂，但越淺顯的事物就越容易被忽略或輕視。魅力與機智是一種天分，並非所有人都具備這些招人寵愛的特質，但我們一定能夠控制自身負面的特質，並在有必要時把他們隱藏起來。

> 了解宮廷文化的人必定可以控制自己的舉止、眼神與表情，這種人能看透事物的本質且叫人難以捉摸，他們會偽裝自身負面意圖，也知道該對敵人面露微笑，更懂得控制怒氣、隱藏熱情、掩飾真心、說言不由衷的話、做違背意願之事。
>
> ——拉布呂耶爾

宮廷生活真實場景：典範行為與致命錯誤

第一幕

亞歷山大大帝是地中海盆地、中東與印度部分地區的統治者，他的導師是大名鼎鼎的亞里斯多德（Aristotle）。在亞歷山大短暫的人生中，對哲學的熱愛一直都沒消退過，也不曾忘記老師的教誨。有次他和老師抱怨，說自己在征戰期間，身邊沒有半個人能和他討論哲學問題，亞里斯多德建議他下次遠征時帶上自己的另一名學生，哲學家卡利斯提尼（Callisthenes）。

亞里斯多德曾教卡利斯提尼為人臣子該注意的規矩，但卡利斯提尼其實對這些道理不屑一顧，他只相信純粹的哲學、簡樸的文字，以及不加雕飾的真理。卡利斯提尼認為，如果亞歷山大真的如此好學，一定不會在意自己直言不諱的性格。亞歷山大聽取老師的建議，帶上卡利斯提尼與自己遠征，但卡利斯提尼卻因多次出言冒犯亞歷山大而被當眾處死。

重點解析

在宮廷之上，只有傻子才會與人坦誠相對，千萬不要以為上司想知道你對他們的評價，無論這些批評再準確都不要說出口。

第二幕

自兩千年前的漢朝開始，中國學者就開始記錄當朝歷史，這些正式記錄整合起來就成了《二十四史》，內容包含歷史事件、各類數據、人口普查數字與戰事記錄。每本史書都有一本專門記載自然災害的小冊子，其中偶爾會收錄一些民間奇異現象，諸如兩頭羊、倒飛鵝，以及星宿異象等。我們可以通過史料查證天災，但記載異獸與反常自然現象的文字顯然都是捏造的，且都會在短時間內接連出現，這到底是為什麼呢？

中國的皇帝並非凡人，而是天子，天子的國家是宇宙的中心，世上所有人事物都必須圍著他旋轉。天子是無瑕的完人，妄議聖上或他的行為等於批評天意，所以根本沒有臣子敢向皇上諫言。但皇帝也會犯錯，而這些錯誤會讓整個國家陷入苦難，臣子只能虛構各種反常的現象警告皇帝。當皇帝讀到大鵝倒飛和星宿脫軌運行的文字時，便會意識到這是上天在警告自己近期的行為有違天道，必須立刻改變。

重點解析

中國歷代臣子都為了如何給皇帝諫言而想破了腦袋，因警告或勸諫天子而人頭落地的案例多如牛毛。有鑑於此，他們必須盡可能把話說得婉轉，以求自保，但如果表達方式**太過**迂迴，他們的建議又會被忽視。後來這些臣子想到用史書提醒皇上事態嚴重，這樣一來，皇上便查不出諫言是出自何人之口，也不會覺得這些批評是在針對自己。

你的上司早已不是宇宙的中心，但他依然會覺得所有人事物都圍著自己打轉，當你批評他時，他只會看見批評他的人，而不是批評的內容。你就像中國古代的臣子，要設法在提出警告後立刻隱身。你可以用象徵或迂迴的手法讓上司意識到問題，藉此保住自己的小命。

第三幕

建築師芒薩爾（Jules Mansart）初出茅廬時接下了一筆委託案，要為路易十四的凡爾賽宮新增一些設計，他必須為每一項設計繪製草圖，確保內容符合國王的指示，再將草圖呈交給路易過目。

聖-西門在描述芒薩爾與國王交涉時寫道：「芒薩爾會把草圖交給國王過目，並在草圖上故意留下一些不完美的細節，通常都是與花園有關的細節，因為這是芒薩爾的弱項。接下來，國王會像芒薩爾預期的那樣，直接指出問題所在，並提出修改的方法。此時芒薩爾會故意提高音量，說要不是因為國王明察秋毫，自己絕對注意不到這處瑕疵，接著不停表示自己有多崇拜路易十四，還說自己在國王面前只是一名卑微的學徒。」芒薩爾因為拍得一手好馬屁，年僅三十便打敗眾多比他更有天分和經驗的競爭者，拿下凡爾賽宮擴建的王室委託案，並成為路易十四的御用建築師。

重點解析

芒薩爾年輕時目睹過許多工藝精湛的王家匠師被革職，原因是他們在與國王應對進退時犯了一些錯誤。他可不會重蹈這些人的覆轍，所以在和路易十四說話時，總是會努力讓他看起來有面子，盡可能公開地滿足他的虛榮心。

不要以為上司只看重你的本領，在宮廷之上，待人處事之道遠比天分來得重要，絕對不要因埋首於研究而忽略社交技巧。在眾多應對進對的技巧中，最關鍵的能力就是讓上司看起來比所有人都厲害。

第四幕

伊薩貝（Jean-Baptiste Isabey）是拿破崙宮廷的非官方畫師，在一八一四年的維也納會議上（此時的拿破崙已經垮台並被囚禁在厄爾巴島），決定歐洲未來的政要打算將這一瞬間化為永恆，於是便找來伊薩貝用畫筆記錄會議的過程。

伊薩貝抵達維也納後，法國談判代表塔列朗特地登門造訪，告訴他自己希望能被放在畫作的正中央，以彰顯自己在此會議的特殊地位，伊薩貝也欣然同意。幾天後，英國首席談判官威靈頓公爵（Duke of Wellington）也找上門來，提出了和塔列朗一樣的要求，伊薩貝也允諾一定會讓他成為眾人目光的焦點。

回到畫室後，伊薩貝頓時陷入兩難，不管他把中央的位置給誰，勢必都會引發外交紛爭，在這個亟需和平與團結的時刻加深兩國的仇恨。畫作完成後，塔列朗與威靈頓公爵都心滿意足，覺得自己出盡了鋒頭。伊薩貝描繪了歐洲各國政要齊聚一堂討論國務的畫面，畫面左側是剛走進會議室的威靈頓公爵，所有人的目光都投到他身上（滿足了他成為眾人「目光焦點」的願望），坐在正中央的則是塔列朗。

重點解析

取悅上司很難，用一枝畫筆取悅兩個上司只有聰明絕頂的朝臣才能辦到。這種困境對宮廷臣子來說其實是家常便飯，把注意力放在某上司身上，勢必會觸怒另一名上司，你必須設法在進退兩難的窘境中安然退場。你要讓每位上司都得到應得的尊榮待遇，並避免在取悅某人時不小心燃起另一人的恨意。

第五幕

布魯梅爾（George Brummell）外號「美男子布魯梅爾」，他在十八世紀晚期因優雅的外表和機智的言詞風靡整個英國，還帶動了鞋扣的流行（引發眾多型男爭相模仿）。布魯梅爾位於倫敦的住宅是整座城市**最**時髦的地標，而他本人則是整個時尚圈的領頭羊，如果他覺得你的鞋子很醜，那你唯一的選擇就是立刻脫掉它們，然後去購買一雙**布魯梅爾**同款鞋。布魯梅爾喜歡配戴領結，據說拜倫勳爵（Lord Byron）曾有好幾個晚上站在鏡子反覆實驗，只為了模仿布魯梅爾的完美打結手法。

自詡為型男的威爾斯親王是布魯梅爾的忠實粉絲，不僅將他納為宮廷成員，還定期發放王室補助金給這位時尚教主。確信自己大權在握的布魯梅爾很快就開起親王的玩笑，說他胖得像大笨鐘一樣，由於苗條的身材是當時的型男指標，所以這個外號無疑是最惡毒的批評。某次晚餐時，由於僕人沒有按時上菜，布魯梅爾便對親王說：「大笨鐘，該搖一下鈴鐺了。」威爾斯親王照布魯梅爾的話做了，並吩咐男僕送布魯梅爾離開，從此再也沒有接見過他。

即便已經失去親王的寵愛與資助，布魯梅爾依舊不改傲氣凌人的個性，最後欠下一屁股債。沒想到窮困潦倒的布魯梅爾還是那副死樣子，導致所有人都離他而去，而他的精神也變得異常，死時身邊一個朋友都沒有。

重點解析

美男子布魯梅爾的小聰明是最吸引威爾斯親王的特點，但即便親王對他青眼有加，也不會允許他拿自己的外型開玩笑（尤其是長相）。絕對不要取笑一個人胖，就算是用委婉的方式也不可以，如果對方是你的上司，那絕對是大忌中的大忌，歷史上多的是因取笑上司外表而被打入冷宮的可憐蟲。

第六幕

教宗烏爾巴諾八世（Pope Urban VIII）希望後人會記得他是能寫一手好詩的教宗，但他的作品最多也只能用平庸之作來形容。一六二九年，埃斯特公爵（Duke Francesco d'Este）知道教宗喜歡以文人雅士自居，於是便任命詩人泰斯蒂（Fulvio Testi）擔任駐梵蒂岡大使。我們可從泰斯蒂寫給公爵的信中窺見他雀屏中選的原因，泰斯蒂寫道：「討論結束後，我在聖座面前行跪別禮，但他卻示意我跟他走進他的寢室。他從桌上拿出一沓紙，並帶著微笑跟我說：『我想朗誦幾首詩作給先生聽聽。』他一共讀了兩首品達式詩詞，其中一首是歌頌聖母瑪利亞的，另一首則是在描述瑪蒂爾達伯爵（Countess Matilde）。」

我們無從得知泰斯蒂對這兩首長詩的真實評價是什麼，因為即便是在信件裡，他也不能自由表達個人意見，這樣做只會讓自己惹上麻煩。泰斯蒂寫道：「我順著聖座的心情，用適當的言語讚美了所有詩句，最後我親吻了他的雙腳，感謝這難得的慈愛之舉（讀詩），接著便離開了。」幾星期後，公爵來到梵諦岡覲見教宗，並當場背誦出他的整首詩作，還不停盛讚教宗的文筆，令對方「欣喜若狂」。

重點解析

在評論上司的品味時，請務必遵守無底線奉承的原則，品味是人類自尊中最多刺的一項特質，千萬不要攻擊或質疑上司的品味；他的詩絕對是一字千金、他的穿著打扮必定是完美無瑕、他的言行舉止無疑是眾人的楷模。

第七幕

戰國時代的韓昭侯某天醉倒在床上，此時掌管國君之冠的近侍（典冠）偶然經過，看見君王衣著單薄，擔心他著涼，便順手拿了件衣裳披在韓昭侯身上。

韓昭侯醒來後發現身上多了件衣服，便問一旁侍者：「誰加衣者？」眾人答道：「典冠。」韓昭侯立刻傳喚專門掌管君王御服的負責人（典衣），懲罰他失職，並下令將典冠斬首。

重點解析

切勿僭越權責，盡力做好分內的工作即可，不要畫蛇添足。很多人以為做的越多代表能力越好，這種想法並不正確。用力過猛從來都不是一件好事，別人只會認為你是想掩蓋自身的不足。主動去做不是你分內的工作會使人心生疑竇，若你的職位是典冠，那就好好照看君主之冠，把多餘的精力用在宮廷以外的人事物上。

第八幕

文藝復興時期畫家利皮（Fra Filippo Lippo）和幾名朋友某天心血來潮，決定搭一艘小船從安科納出海遊玩。他們在海上碰到一艘由摩爾人掌舵的槳帆船，並被船上的水手綁架，最後被賣到巴巴里當奴隸。利皮在巴巴里幹了十八個月的苦力，回到義大利的機會趨近於零。

買下利皮的人經常經過他工作的地方，一天，利皮決定用燒完的木炭畫下對方的相貌。由於身上綁著枷鎖，利皮只能以一面白牆為畫布，在上面描繪出與主人等身的肖像，連他的穿著都勾勒得維妙維肖。此事很快就傳到利皮主人的耳中，因為這一帶根本沒有人擁有如此高超的畫技。在摩爾人眼中，這幅畫就是個奇蹟，是神賜的禮物。利皮的主人立刻還他自由，還聘請他到自己的宮廷任職。巴巴里海岸所有大人物都慕名前來，想一睹利皮繪製的肖像畫，當初買下他的人因此獲得眾人的景仰。為了表達感謝，他最後決定將這位藝術家送回義大利。

重點解析

在某些方面，員工就像是被海盜綁架並當成奴隸販售的人，但我們每個人也都和利皮一樣，具備某些特殊的才能（但可能不如他這麼厲害）。用自身天賦給上司送上一份大禮，你的地位便能水漲船高，如果有必要的話，請把功勞都讓給對方。這不過是權宜之計，把上司當成墊腳石使用，透過他展示你的天才並為自己贖身，從此不再當他人的奴僕。

第九幕

一天，亞拉岡王子阿方索一世（Alfonso I）的僕人告訴國王自己昨晚做了個夢，夢中他收到國王賞賜的武器、馬匹和衣服。生性大方的阿方索想逗一逗僕人，讓對方的美夢成真，於是便把這些東西都賞賜給他。

不久後，這名僕人告訴阿方索自己又做了一個夢，夢中他收到國王賞賜的金幣，阿方索莞爾一笑並說：「從今以後不要再相信夢境，夢是會說謊的。」

重點解析

在實現僕人第一個夢時，阿方索看起來就像是個無所不能的神明（此舉不過是無傷大雅的玩笑），然而，聽完僕人第二個夢後，阿方索決定解除魔法，因為他知道僕人只是想趁機敲詐他。千萬不要得寸進尺，該收手時就收手，給予是上位者的特權，他想給時自然會給，不要去開口催促，這樣只會讓他有機會拒絕你。讓上司覺得你值得獲得他們的恩寵，這樣他們才會主動向你投以關愛的眼神。

第十幕

英國風景畫大師透納（J. M. W. Turner）運用色彩的方式獨樹一幟，除了搭配別出心裁，還能讓顏料散發出絢麗的光彩。由於透納的畫作總是格外耀眼，所以其他畫家都不希望透納的作品出現在自己的畫作旁，以避免相形失色的窘境。

在某場展覽上，畫家勞倫斯爵士（Sir Thomas Lawrence）的兩幅畫恰好被安排在透納的〈科隆〉（*Cologne*）左右，勞倫斯立刻向展場主人抱怨，但對方根本沒有安慰他，畢竟總要**有人**當那個倒楣鬼。透納聽聞此事後，便在畫展正式開放前刻意降低〈科隆〉天空的彩度，盡量貼近勞倫斯的用色。一名曾見過〈科隆〉原圖的人看見調整後的畫作，一臉驚訝地對透納說：「你為什麼要把畫改成這樣？」透納回答：「因為勞倫斯很不高興，我不過是用了一些燈黑，展覽結束後再洗掉就好。」

重點解析

朝臣的焦慮大多源自統治者，因為伴君如伴虎，但不要誤以為統治者是唯一能決定你命運的人，同儕與下屬的影響力也很重要。宮廷是一口燉鍋，鍋中翻騰的除了有憎恨、恐懼，還有嫉妒，你必須設法取悅將來有可能傷害你的人，把他們的恨意、妒意和敵意轉嫁到旁人身上。

透納就好比優秀的朝臣，他深知經紀人、贊助人和其他畫家能左右自己的命運與名聲，也知道有太多天才最後都是被善妒的同事扳倒。所以說，與其淪為好妒者的箭靶，不如主動掩蓋自身耀眼的光芒。

第十一幕

邱吉爾是一名業餘藝術家，他的畫作在二戰結束受到收藏家的青睞，《時代》（*Time*）與《生活》（*Life*）雜誌創辦人魯斯（Henry Luce）的紐約辦公室就掛了一幅邱吉爾創作的風景畫。

有次邱吉爾出訪美國，途中順道去拜訪魯斯，寒暄幾句後，兩人便一起欣賞起這幅畫。魯斯說：「這幅畫好是好，但前景似乎少了點什麼，加上一頭羊可能會好一些。」隔天，邱吉爾的祕書撥通了魯斯的電話，請他將這幅畫寄回英國。魯斯內心驚恐萬分，覺得自己一定是冒犯到這位前首相，所以立刻按照他的吩咐將畫運回英國，沒想到幾天後，這幅畫又被送到魯斯的辦公室，只不過前景處多了一隻低頭吃草的綿羊。

重點解析

邱吉爾的聲望遠高於魯斯，但魯斯手中掌握的權力也不小，所以我們姑且可以將他們視為旗鼓相當的兩個人。為什麼邱吉爾要害怕魯斯這名美國出版商，他為何要如此看重一個半吊子的批評？

在宮廷之上，每個人都必須仰賴他人，這一點也適用於由外交官、政治人物與記者組成的小世界。在面對手握權勢之人，即便對方地位低你一等或是與你平級，貶低對方的品味都是不明智的行為。邱吉爾能接受魯斯的批評，足以證明他是一名優秀的朝臣，或許邱吉爾修改畫作的舉動也帶有一絲居高臨下的意味，但他操作的手法相當微妙，魯斯根本沒有察覺到有什麼不對勁。請仿效邱吉爾，在畫布上加上一頭綿羊，即便你不需服侍任何上司，當個聽話的朝臣對你也有益無害。

如履薄冰的朝臣博弈：拿破崙的警告

塔列朗是優秀朝臣的代表人物，在位期間將拿破崙照顧得服服貼貼。兩人初次見面時，拿破崙漫不經心地對他說：「我會抽空到你府上和你共進午餐。」塔列朗在巴黎近郊的歐特伊擁有一處宅邸，於是便答道：「**大將軍**，這是我的榮幸。對了，我的住所離布洛涅林苑不遠，您用完午餐後可以到那裡用火槍射獵，好好消遣一番。」

拿破崙回答：「相較於用槍射擊獵物，我更愛狩獵，布洛涅林苑裡可有野豬？」拿破崙來自科西嘉島，當地最受歡迎的活動就是獵野豬，光憑這句話，塔列朗就知道拿破崙還沒擺脫掉村野匹夫的習性。塔列朗沒有嘲笑拿破崙，但卻忍不住想開個惡趣味的玩笑，來捉弄這位政治地位遠高於自己主子（論出身背景，塔列朗的貴族血統絕對是拿破崙望塵莫及的）。塔列朗告訴拿破崙：「**大將軍**，林中野豬數量不多，但我相信您一定能找到的。」

拿破崙將於明天早上七點抵達塔列朗的宅邸，「獵野豬」活動則被安排在當天下午，由於太過興奮，拿破崙一整個早上都在談論獵野豬的事情。此時塔列朗已經做好安排，吩咐僕人到市集上買兩頭大黑豬，並將他們帶到林苑裡。

用過午餐後，獵手們帶著獵犬走進林苑，塔列朗見狀後打出暗號，要僕人放出一頭黑豬。「我看到野豬了！」拿破崙大喊一聲，接著跳上馬背飛馳而去，塔列朗則待在原地不動。拿破崙一行人整整花了半個小時才逮到那頭「野」豬，然而，一名侍從發現他們抓到的根本不是野豬，並擔心這件事如果傳出去皇帝會淪為眾人的笑柄，於是便上前說到：「大人，您應該早已看出這只是頭普通的肉豬了吧？」

得知真相的拿破崙怒不可遏，於是快馬加鞭趕回塔列朗的住所。在趕路途中，他赫然想到自己必將因此事遭人奚落，若再對塔列朗發飆，只會顯得自己更加可笑。拿破崙尋思片刻，決定用幽默的態度面對這樁插曲，但臉上還是露出了不悅的神色。

塔列朗決定安撫一下大將軍的自尊，於是便建議拿破崙先不要回巴黎，而是繼續回林苑獵野兔，這項運動可是路易十六的最愛，甚至還拿出路易十六流傳下來的火槍供他使用。禁不住塔列朗的巴結和誘勸，拿破崙最終同意回到林苑中獵野兔。

拿破崙等人再次折返回林苑，途中拿破崙對塔列朗說：「我可不是路易十六，絕對連一隻野兔都打不到。」然而布洛涅林苑那天不知道是怎麼了，突然竄出一堆野兔，拿破崙獵到了至少五十隻，頓時怒氣全消，露出一副心滿意足的表情。然而，同一名侍從又走到拿破崙身邊對他低聲說：「大人，老實跟您說吧，我覺得這些兔子壓根不是什麼野兔，塔列朗這個渾蛋一直都在整我們。」（他的猜測是正確的，這些兔子確實是塔列朗吩咐僕人去市場買，然後再野放到布洛涅林苑的。）

拿破崙聞言後縱身上馬，頭也不回地直奔巴黎，並在事後警告塔列朗，表示如果他敢走漏半點風聲、如果他發現民眾開始嘲笑他，自己一定會讓他吃不完兜著走。

拿破崙過了好幾個月後才開始信任塔列朗，且終其一生都沒有原諒他的惡作劇。

重點解析

朝臣就像魔術師，他們會用表象騙人，讓人看見他們想看見的東西。由於他們無時無刻都在操弄人心跟騙人，所以一定要設法隱藏自己的詭計與手法。

塔列朗是精通朝臣待人處事之道的大魔法師，如果沒有那名多嘴的侍從，他本可以在捉弄拿破崙並安撫對方後安然脫身。然而，朝臣之道是一門微妙的藝術，當你忽視他人布下的陷阱，或是不小心犯了錯，詭計就有可能會被揭穿。千萬不要被人發現你在搞鬼，也絕不要讓人看穿你的手法，一旦被人識破，你們形象就會立刻從風度翩翩的朝臣變成面目可憎的無賴。這是一場如履薄冰的遊戲，你必須用盡一切手段隱藏對你不利的證據，且永遠都不要讓上司揭穿你的假面。

法則

25

為自己打造新人設

觀點

不要扮演社會強加給你的角色，打造全新的人設，再創自我。你的新人設除了要能吸引眾人的目光，還要時刻帶給觀眾新鮮感。你的形象不該由他人定義，而是要由自己掌控。面對群眾時，請做出一些戲劇化的言行舉止，以提升權力等級，並讓自己的個性顯得更與眾不同。

遵循法則的案例一

西元前六十五年，凱撒成為羅馬**市政官**（*aedile*，負責分配作物與規劃公共慶典），凱撒一上任就籌備了許多盛事，包括狩獵活動、華麗的鬥劍表演、戲劇競賽（他甚至會自掏腰包舉辦活動），時間安排也都符合民眾期待。這些政績在羅馬人民心中留下了深刻的印象，只要提到大型活動，他們就會直接聯想到凱撒，而他也順理成章成為萬眾矚目的新官。後來更是靠著民眾的愛戴當上執政官，逐漸掌握權力。凱撒為自己塑造的形象，是一名善於吸引眾人目光的優秀表演者。

西元前四十九年，羅馬時局動盪，隨時可能爆發內戰，敵對的兩方分別是凱撒與龐培（Pompey）。凱撒特別喜歡看戲，某天在欣賞完戲劇表演後，他摸著黑一路走回軍隊紮營的魯比孔河（分隔義大利和高盧的河流），途中不停思考一些問題。若他選擇率兵橫渡魯比孔河返回義大利，就代表正式和龐培宣戰。

回到營地後，凱撒向手下的將領分析利弊，並像劇院舞台上的主角那樣，要眾人做出選擇。此時的凱撒就和一千多年後的哈姆雷特一樣，在結束陳詞後突然舉起手，指向橋上一名高瘦士兵若隱若現的鬼影，而這個鬼魂在吹響手上的號角後，便轉頭走向河的對岸。看見啟示後，凱撒當場宣布：「吾等必須接受諸神的暗示，去走祂們指引的道路，找那些兩面做派的敵人復仇，骰子已經擲出。」凱撒說這些話時眼睛死死盯著眼前的將領，語氣就像是在朗讀戲劇的台詞，他知道這些人的立場不夠堅定，所以才會說出這一番慷慨激昂的話（平鋪直敘的論證一定毫無效果），想利用當下的戲劇性氛圍打動對方，要他們知道乘勢而為的必要性。將

一個人若想在古羅馬出人頭地，就得像變色龍般根據周遭氛圍改變自己的顏色，一如善於轉換形體的海神普羅透斯（Proteus）。他必須具備的特質包括溫順、靈活、迂迴、神祕、難以捉摸、粗鄙、時而誠懇、時而忘恩負義；他必須永遠隱藏一部分知識，還要習慣用不同的語氣說話，更要有充足的耐心。除此之外，他還要懂得控制自己的表情，在一般人會怒火中燒的情境中表現出冷若冰霜的模樣。假設此人很不幸地沒有宗教信仰（具備上述特質的人大多不信教），那他也要記得把宗教信仰放在臉上和嘴上，並表現在行為舉止上。如果這個人夠誠實，一定會知道自己是個徹頭徹尾的偽君子，但他必須默默忍受這樣的自己。若一個人

領們果然響應了凱撒的號召，他們追隨凱撒橫渡魯比孔河，徹底殲滅龐培的勢力，並將他送上羅馬獨裁者的寶座。

凱撒在戰場上永遠都是衝鋒陷陣的那個人，他的騎術不比任何士兵差，勇氣和耐力亦都不落人後，也對此引以為傲。他會騎著最剽悍的戰馬踏進戰場，讓士兵都能看見他的身影。凱撒會在軍隊中央坐鎮指揮，他的形象猶如神明權力的象徵，更是眾人追隨的楷模。凱撒的麾下是全羅馬最忠心的軍隊，其手下的士兵和當年參加過那些盛事的平民一樣，都是發自內心認同他和他的雄心壯志。

龐培失勢後，凱撒在羅馬舉辦了更盛大的慶典，盛況可謂前所未見，戰車比賽極盡奢華之能事、劍士決鬥的場景也越發戲劇化，凱撒甚至讓貴族進行生死決鬥。除此之外，他還會在人造湖中進行海戰演習、在各地籌劃戲劇表演，還在塔爾皮亞岩附近打造了一個巨大的傾斜式劇場。帝國各處的居民都慕名湧入羅馬，通往市內的道路都被遊人的帳篷占據。西元前四十五年，凱撒征服埃及，為營造無與倫比的歸國派頭，他特地將克麗歐佩脫拉（Cleopatra）接到羅馬居住，並在之後舉辦更多公眾盛事。

這些盛事的作用除了分散公眾的注意力，還可以強化人民對凱撒性格的印象，讓他成為與眾人不同的人物。凱撒懂得營造並維持自身公眾形象，他在人民面前永遠都穿著亮眼的紫色長袍，確保別人不會搶了自己的風采。除此之外，凱撒對外貌也是出了名的虛榮，據說他之所以這麼喜歡出席元老院會議和公開場合，是因為可以戴上月桂葉環遮住禿頭。凱撒的口才極好，他知道話越少，傳達的訊息越多的道理，光憑直覺就知道何時結束演講最能挑動聽眾

的靈魂無法忍受如此可憎的自我，那他最好離開羅馬，去別處出人頭地。上述所有特質中，我只占了一種：靈活，但我不知道我說這話是在讚美自己，還是給自己找藉口。［卡薩諾瓦，《回憶錄》(*Memories*)］

情緒。在群眾面前露面時，他總是會發表一些驚人的言論，讓大家驚呼連連。

深受人民擁戴的凱撒在政敵眼中是個可恨又可怕的人物，西元前四十四年三月十五日，由布魯托和卡西烏斯率領的一批人在元老院中暗殺凱撒。即便是在死前最後一刻，凱撒都不忘照顧自己的儀態，他一邊拉住袍子把臉遮住，一邊又用另一塊布蓋住雙腿，好讓自己走得體面一些。根據羅馬史學家蘇埃托尼烏斯（Suetonius）記載，當凱撒看見準備刺出第二劍的布魯托時，他用希臘語說出了一句戲劇感十足的遺言：「吾兒，亦有汝焉？」

重點解析

每當羅馬劇場有新戲上演，眾人都會爭先恐後前去朝聖，其盛況絕非現代人可以想見的。好不容易擠進偌大劇院後，觀眾們時而會被喧鬧的喜劇逗得樂不可支，時而又會被豪壯的悲劇感動得潸然淚下。劇場就彷彿是在用簡短的戲劇呈現人生的精華，其魅力猶如宗教儀式，可以瞬間吸引到每一個平凡人。

權力與劇場其實是有關聯的，而第一個注意到這件事的公眾人物，很有可能就是凱撒。凱撒之所以會有這種領悟，是因為他對戲劇極度痴迷，且為了將這項愛好發揮到極致，他還用盡方法讓自己成為世界舞台的演員兼導演。他說的每句話都像是劇本的台詞；他相當在意自己在群眾面前的言行舉止；他演出的所有劇目都要帶給觀眾驚喜，不僅每次發言都要營造戲劇感，登場時也要出盡鋒頭。凱撒的肢體動作以誇張著稱，旁人看到後就會立刻明白他在做什麼。總而言之，凱撒是羅馬人民心中最受歡迎的政治人物。

凱撒為所有領袖與有權勢之人塑造了一個理想的榜樣，你必須仿效凱撒，用誇張和戲劇化的技巧修飾自身行為，例如創造驚喜、營造懸念、刻意引人同情、打造身分識別符號等。這還不夠，你還得時刻注意觀眾的動態，了解他們的喜惡。最後，你必須占據舞台中央的位置，讓所有人都能看見你。還有一件事，那就是絕對不要讓其他演員搶走你的風采。

遵循法則的案例二

一八三一年，杜德萬（Aurore Dupin Dudevant）離開丈夫和家庭，隻身前往巴黎闖蕩。杜德萬想成為一名作家，她覺得婚姻是比牢籠更可怕的東西，因為婚後自己根本沒有時間和自由追求自己的夢想，但在巴黎她可以靠寫作過上獨立自主的生活。

抵達巴黎後，杜德萬才體會到現實的殘酷。在這座城市，只有富人才擁有自由，而女人只能透過婚姻與賣淫獲得金錢。法國從來都沒出過能靠寫作賺錢的女作家，女人寫作不過是興趣，是一項必須靠丈夫或遺產資助的愛好。當杜德萬第一次將作品交給編輯過目時，對方給她的回答是：「小姐，妳應該去創造生命，而不是文學作品。」

很明顯，當作家這條路是行不通的，但杜德萬卻想出了一個沒有任何女性使用過的策略，那就是打造全新的自我，親手塑造出一個公眾形象。在那個年代，女性作家的角色是固定的，她們是低男人一等的藝術家，寫出來的作品大多也只是供其他女性閱讀。杜德萬認為，如果自己非得扮演一個角色，那一定要是顛覆傳統的角色：她打算假扮成男人。

一八三二年，出版社同意發行杜德萬的第一本小說《安蒂亞娜》（*Indiana*）。為此，她特地給自己起了個假名，叫做喬治・桑（George Sand）。當時整個巴黎都拜倒在新進作家喬治・桑的文采之下，眾人也以為《安蒂亞娜》的作者是個男人。其實杜德萬在化名喬治・桑之前就經常穿著男裝，理由是她覺得男裝穿起來更舒服，成了公眾人物後，她更是不遺餘力誇大自己的男性形象，除了添購男性大衣、灰色帽子、陽剛的靴子與時尚領巾以外，她還吞雲吐霧，與人談話時總以男性自居，喜歡爭奪主導權，用字遣詞更是辛辣無比。

這名雌雄同體的作家不僅深深吸引法國民眾，還打入了由男性藝術家組成的圈子，喬治・桑不僅會和他們一起抽菸喝酒，還跟當時風靡歐陸的幾名才子，包括繆塞（Alfred de Musset）、李斯特、蕭邦（Frédéric Chopin）有過短暫的情史。在這幾段感情中，主動示愛的人都是喬治・桑，最後為了實現目標而甩掉伴侶的人也是她。

真正了解喬治・桑的人都知道，她的男性化身不過是一種躲避公眾窺視的手段。對外，她喜歡將自己塑造的角色扮演到極致，但對內，她卻忠於自我。她很清楚公眾很快就會對喬治・桑失去新鮮感，因此，她經常會對這個虛擬角色來場大改造。然而，她可不是靠跟男人談戀愛創造話題，而是會讓喬治・桑涉足政治、領導示威活動、鼓舞學生發起抗議。關於喬治・桑這個人物極限在哪裡，根本沒有人敢向杜德萬置喙半句。在杜德萬過世，且她的小說也漸漸為世人淡忘後，喬治・桑鮮活誇張的形象仍長存於眾人心中，也依舊可以鼓舞人心。

重點解析

在喬治・桑這個形象活躍於公眾視野期間，認識她的人和與她相處過的藝術家都認為喬治．桑就是個男人，然而，在她的日記中和好友如福樓拜（Gustave Flaubert）面前，她曾多次表示自己對當男人毫無興趣，這樣做只是為了讓社會大眾有討論的話題。她真正想要的，其實只是決定自身性格的權力，喬治．桑拒絕接受社會加諸給她的限制。喬治．桑之所以能獲得權力，並不是因為杜德萬選擇做自己，而是因為她創造了一個可以根據她需求改變的形象，一個能博取眾人注意力並提升曝光度的形象。

請了解一個道理：這個社會想為你安排一個角色，若你接受這個角色，那就萬事皆休，你今後能掌握的權力，就是社會分配給該角色（或強迫該角色接受）的權力。演員就不一樣了，演員可以飾演多種角色，你可以盡情享受不同角色帶來的權力。假設你無法一人分飾多角，至少也要為自己塑造一個新人設，一個不會被善妒又充滿敵意的社會約束的身分。這種叛逆行為是一種反抗強權的象徵，你必須為自己創造的身分負責。

這個新身分將保護你，使你免受社會摧殘，因為這個人設不是「你」，而是一件你可以隨意穿脫的戲服，你無須對此身分感同身受；這個新身分將把你區隔開來，賦予你一張塗滿粉墨的臉孔，坐在後座的觀眾能看見你的身影、聽見你的聲音，坐在前座的觀眾將被你的大膽折服。

優秀的演員是眾人討論的焦點，難道不是這樣嗎？人們談論他，不是因為他能感受到角色的情緒，而是因為他能在毫無感受的狀態下將情緒模仿得維妙維肖。

——狄德羅（Denis Diderot）

權力之鑰

你與生俱來的性格，並不一定代表最真實的自己，在先天的性格之外，還有一種東西叫做人格，是由家人、朋友、同儕共同形塑而成。所有強大的人終其一生都在爭奪此過程的主導權，絕不讓他人限制或規範他們。你應該將自己重新塑造成一個掌握權力的人，你此生最大的任務，就是讓自己變得和黏土一樣，請帶著愉悅的心情去實現這個目標，並在過程中蛻變成藝術家，打造出一個全新的自己。

為自己打造新人設的概念本就源於藝術界，數千年來，只有國王和位高權重的朝臣能自由地塑造公眾形象，並決定自己的身分。同理，也只有國王和富有的朝臣有餘力思考自身藝術形象，並主動調整這些形象，平民百姓能做的，就是在毫無意識的狀態下，跳進社會早就為他們設好的框架中。

這種情況維持了很久，直到一六五六年，維拉斯奎茲（Velázquez）的作品〈侍女〉（*Las Meninas*）問世後才有所改變。維拉斯奎茲位於畫面左側，站在一幅畫板前創作，但身為觀眾的我們只能看見畫板背面。維拉斯奎茲右手邊有一位公主、幾名貼身侍女和一名宮廷侏儒，眾人都在欣賞畫家創作的身影。我們看不見維拉斯奎茲畫的人是誰，但後方懸掛的鏡子隱約映照出西班牙國王與王后的影像，顯然是坐在畫框以外的前景處。

這幅畫象徵的，除了權力互動的劇變，還有個體決定自身社會位置的能力。畫家維拉斯奎茲占據的位置遠比國王與王后顯眼，所以從某種層面來說，他的權力是大於這兩位統治者的，因為他掌控了**這兩人**的形象。也就是說，維拉斯奎茲不再將自己定位成須仰人鼻息的卑微藝術家，而是決定重塑自我，搖身一變成為擁有權力的人。確實，在西方社會，第一批公開展現個人形象的非貴族群體就是藝術家與作家，其次才是時尚愛好者與放浪形骸的文人。時至今日，為自己打造新人設的概念早已普及到社會所有階層，也成為眾人渴求的一種理想。你一定要像維拉斯奎茲那樣主動爭取權力，決定自己該站在畫布的哪個位置，並創造專屬的個人形象。

為自己打造新人設的第一步是自覺，也就是意識到自己其實是演員，並開始控制自身外表和情緒。狄德羅曾說，過分真誠的人是最差勁的演員，七情六欲皆形於色者容易使人生厭與尷尬，雖然他們很誠懇，但我們卻很難用嚴肅的態度看待這類人。喜歡在大庭廣眾下流淚的人或許能激起旁人的同情，但這種同情很快就會變成嘲弄與惱怒，人們會覺得他們過於自溺，只是想用眼淚來博取注意力，而我們也會出於惡意不想讓他得逞。

優秀的演員懂得控制自己，他們能**裝出**真誠的模樣，即便內心毫無波瀾，也能隨心所欲流下眼淚並露出同情的表情。他們會設法讓內在情緒外顯，好叫旁人能理解自己的感受，使用方法論演技只會害死自己，如果所有領導者都必須發自內心感受到所有情緒，那他們根本就無法勝任這個角色。我希望你能學會自制，讓自己像演員一樣變化多端，根據情境需要做出適當的情緒表情。

為自己打造新人設的第二步是創造角色（有點像杜德萬創造喬治．桑那樣），這個角色不僅要能吸引眾人目光，還要比舞台上所有演員都搶眼。林肯也使用過此策略，他知道美國從來沒有過草根出身且生性純樸的總統，而選民也會很樂意把票投給這類人，雖然他本來就具備這些特質，但還是刻意用帽子、衣著和鬍子等物件彰顯樸實的個性。林肯是美國第一個蓄鬍的總統，也是首位用照片傳播個人形像的總統，而這一切的一切，都是為了替自己塑造「平民總統」的形象。

光有吸引人的外表或一小段精彩的表演是不夠的，好戲是需要時間層層推進的，掌握節奏和時機至關重要，而戲劇節奏的關鍵元素就是懸念。以魔術大師胡迪尼（Harry Houdini）為例，有時候他明明只需幾秒鐘就能掙脫束縛道具，但卻會為了讓觀眾感到緊張而延長到幾分鐘。

讓觀眾坐立難安的竅門就是慢字訣，接著按照你設定好的模式和節奏，在正確的時間點加快進程。拿破崙和毛澤東都是拿捏時機的高手，他們總能在對的時間讓民眾分心或大吃一驚，小羅斯福則是懂得安排政治事件出現的先後順序與節奏。

一九三二年美國總統大選適逢國內經濟危機，銀行接二連三倒閉，小羅斯福贏得大選後沒多久就開始閉關，絕口不提經濟復甦計畫或內閣人選名單，也不和時任總統胡佛（Herbert Hoover）討論交接事宜。民眾只能等待，一直到就職日當天，眾人的焦慮程度已達沸點。

然而，在就職典禮現場，羅斯福態度丕變，發表了一場振奮人心的演講，鄭重聲明他將引導美國走向新方向，不會像過去的領導人一樣畏畏縮縮。接著，他說話的節奏越來越快，開始向國人大談他的公共決策，包括內閣人選與大膽的立法計畫。從羅斯福就職典禮後算起的一百天，被稱為「百日新政」，他在這一百天內改變了國內的氛圍。羅斯福之所以能成功，有部分必須歸功於他對節奏的掌握與前後態度的落差，他先讓聽眾懸著一顆心，再用自信大膽的態度示人。羅斯福的演講之所以如此震撼人心，全都是因為這一切看起來都像是即興發揮。你一定要學會這類策畫的手法，不要立刻就把底牌都亮出來，而是要一張一張慢慢打，將戲劇效果推到最高點。

除了掩蓋罪行，戲劇也可以被用來迷惑與欺騙敵人。二戰期間，德國劇作家布萊希特正在好萊塢擔任編劇，戰爭結束後，他被眾議院非美活動調查委員會傳喚，因為對方懷疑他與共產黨有關係。被傳喚作證的其他作家私下達成共識，打算用憤怒的情緒立場羞辱調查委員，但布萊希特可沒這麼笨，他的計畫是連哄帶騙，像演奏樂器那樣用巧妙的手法戲耍委員會。布萊希特先是在家排練好回覆的內容（內容曖昧不明、機智幽默，褒貶各半），此外，他還準備了一些道具（包括雪茄，因為他知道委員會特別喜歡抽雪茄），後來他也確實靠這些回答騙過委員會。布萊希特沒有發表長篇大論的演講，而是用事先演練過的劇碼帶著他們繞圈子，委員會最後也只能當場釋放他。

營造戲劇效果的另一個方式是裝腔作勢，也就是在氣氛被烘托至高潮時，做出一些象徵勝利與勇氣的行為，凱撒橫渡魯比孔河就是一種**矯揉造作的行為**，他這樣做除了可以迷惑手下，還能將自己塑造成英雄。除此之外，進場與退場的方式也很重要，第一次要去見凱撒時，克麗歐佩脫拉命令僕人用地毯將她裹住，這樣凱撒攤開地毯後便能看到自己躺在裡面；華盛頓兩次離開政治舞台（第一次是卸下將軍的身分，第二次是拒絕三度連任總統）都鬧得沸沸揚揚，說明他知道如何賦予退場儀式戲劇性與象徵性的意義，所以說，進場和退場也是需要精心策畫的。

然而，表演過頭只會適得其反，就好像你是拚了命想讓旁人注意到你。演員李察·波頓（Richard Burton）很久以前就發現，站在台上一動也不動，觀眾便不會去看其他演員，而是會將注意力放在他身上。所以說，相較於表演手法，將表演的元素降到最低更重要。在世界這個大舞台上，從容與沉靜比力求表現和汲汲營營更有優勢。

最後，我希望你能學會一人分飾多角，根據情境需要改變自身樣貌、戴上不同的面具，也就是說，要讓自己的臉孔變化多端。俾斯麥是變臉高手，在自由派的人面前，他就是自由派；在鷹派面前，他就是鷹派，沒有人知道他到底在想什麼，所以也沒有人能扳倒他。

意象：希臘海神普羅透斯。

普羅透斯的力量來自變形的能力，祂可以依照環境需求改變自身型態。有次阿加曼儂（Agamemnon）的弟弟墨涅拉俄斯（Menelaus）想生擒普羅透斯，但對方卻變成獅子、蛇、黑豹、野豬、流水，最後又化身為一棵樹。

權威之言：

滿足所有人的所有需求，當個低調的普羅透斯，和學者打交道時就扮演學者，與聖人來往時就化身為聖人，如此一來你便能贏得每一個人的心，因為物以類聚，人以群分。記住大家的脾氣，設法迎合他們，若是碰上嚴肅或友善的人，就聽從對方的

領導，並默默轉換自身情緒。［葛拉西安］

法則的反轉

本法則其實沒有逆轉的餘地，演砸了就是演砸了，就算只是裝出一派自然的模樣也需要演技，是一門高深的藝術。僵硬的演技固然使人尷尬，但匠氣**太重**亦不可取，言行舉止盡量不要裝腔作勢，因為劇場最忌諱過度表演，這是戲劇界奉行了數百年的金科玉律。總而言之，這條法則是無法反轉的。

法則

26

不弄髒自己的手

觀點

讓旁人覺得你不僅待人接物有教養，做起事來也有效率，也就是說，你的雙手既不能用來犯錯，也不能拿來幹壞事。你必須培養打手並物色好代罪羔羊，以維持聖潔的形象，讓人察覺不到你參與了不法的勾當。

第一部分：文過飾非——安排好替罪的羔羊

好名聲不是靠坦誠待人博得的，而是用粉飾太平換來的。人都會犯錯，但真正聰明的人懂得掩飾過錯，並確保黑鍋一定有人背，因此，你身邊一定隨時都要有一頭現成的代罪羔羊。

遵循法則的案例一

西元二世紀末，漢朝開始衰亡，身兼大將軍與丞相的曹操成為實際掌控朝政的人。為了拓展權力並剷除所有敵人，曹操開始將觸角伸進戰略地位重要的中原地區。有次曹操在率兵出征時錯估了軍糧抵達的時間，導致軍隊無米可炊，只得叫管糧官減少每人用餐的分量。

曹操管理軍隊的方式相當嚴格，他在營中安排了許多眼線，根據這些人回報，士兵們都因餓肚子而叫苦連天，並開始抱怨起丞相，說他可能把食物都占為己有。眼看軍心已亂，曹操便傳管糧官來見他。

曹操對管糧官說：「吾欲問汝借一物，以壓眾心，汝必勿吝。」管糧官問：「承相欲用何物？」曹操說：「欲借汝頭以示眾耳。」管糧官驚道：「其實無罪。」曹操嘆了一口氣後說：「吾亦知汝無罪；但不殺汝，軍心變矣。汝死後，汝妻子吾自養之，汝勿慮也。」曹操其實沒有給對方選項，管糧官只好接受命運的安排，被曹操斬首示眾。士兵們看到人頭後也都停止抱怨，嗅出端倪的人也都被丞相暴戾的手段嚇到，一句話都不敢說。就這樣，即便暴虐的曹操才是缺糧的主因，但大部分士兵都選擇相信丞相的智慧與公正，認為錯的人是管糧官。

赫爾姆的審判

赫爾姆最近出了件大事，鎮上的補鞋匠殺了自己的顧客，最後被法官判處絞刑。然而，就在法官念出判決時，一名參與庭審的民眾突然起身喊道：「法官大人，請您三思，你要處死的這個人可是城裡唯一的補鞋匠啊！要是他死了，以後我們要找誰修鞋子？」赫爾姆的居民齊聲說：「對啊，要找誰？找誰？」法官也同意他們的意見，於是便決定修改判決，他說：「各位善良的赫爾姆人，你們說的沒錯，

重點解析

曹操是在亂世中掌權的人物，漢朝瀕臨瓦解之際，各地軍閥蠢蠢欲動，他只能卯足了勁攀上權力的巔峰。征服中原的大業遠不如曹操想像那般簡單，金錢與物資一直都是難以攻破的兩道難題，也難怪他會錯估軍糧抵達的時間。

發現自己的疏失可能導致兵變後，曹操只有兩條路可走，第一是道歉並找藉口為自己開脫，第二是找一頭替罪羔羊。曹操深諳權力運作之道，也知道面子有多重要，所以毫不猶豫便選擇了後者，開始物色最合適的人頭，並立刻傳喚此人來見自己。

人難免會犯錯，意外也隨時都有可能發生，掌握權勢之人不會因犯錯而垮台，而是會因收拾殘局的手法拙劣而被迫下馬。他們就像外科醫生，在面對腫瘤時，除了下刀要夠快，還要做到一勞永逸。在進行這台複雜的手術時，藉口和道歉猶如鈍掉的手術刀，真正掌握權勢的人絕不可能選用這種工具。一旦道歉，眾人就會開始質疑你的能力和意圖，甚至懷疑你是否還隱瞞了其他錯誤。沒有人會想聽到藉口，道歉只會讓所有人感到彆扭，錯誤不會因一句對不起就消失，道歉只會讓情況越變越糟並加深眾人的印象。處理錯誤最好的方法就是立刻與其斷開，接著引開眾人的目光，讓他們把焦點放在代罪羔羊身上，這樣一來，他們便無暇思考你應負的責任和你的無能。

寧叫我負天下人，休叫天下人負我。

——曹操

處死鎮上唯一的補鞋匠對所有人不好，既然城裡有兩名修屋頂的師傅，那就讓其中一人代替補鞋匠赴死吧。」〔奧蘇伯爾編，《猶太民間傳說寶庫》〕

遵循法則的案例二

在父親亞歷山大六世擔任教宗期間，波吉亞不斷率兵出征，在義大利攻城掠地。一五〇〇年，波吉亞攻下義大利北部的羅馬涅區。羅馬涅歷代的君主都貪婪成性，他們藉職務之便不斷搜刮民脂民膏，還刻意不設立警察機關，導致整個地區成了法外之地，權力都集中在強盜與幾個互看不順眼的大家族手上。為重建秩序，波吉亞安排傭兵將領德歐科（Ramiro de Orco，馬基維利對他的評語是殘暴與幹勁十足）駐守在羅馬涅，並賦予他最高管轄權。

德歐科很快就制定出一套嚴苛的司法系統，羅馬涅地區的人民從此終於有法可守，然而，新官上任的激情導致德歐科偶爾會做出極端的決定，所以幾年後羅馬涅地區的人都對他恨之入骨。一五〇二年十二月，波吉亞做出了一個重大的決定，他先放出消息，讓眾人知道他並不認同德歐科殘忍暴力的行為，也明白此人的本性就是如此，並在當月二十二日下令將德歐科囚禁在切薩納鎮。聖誕節隔天，小鎮廣場正中央出現了一副駭人的景象：德歐科穿著華服，肩上掛著紫色披肩，但人頭卻被插在一旁的長矛上，地上還擺著帶血的砍刀與斬首專用的枕頭木。根據馬基維利的描述，「此情景太過慘忍，當地居民看完後各個都呆若木雞，但又心滿意足。」

重點解析

波吉亞是權力遊戲的大師級玩家，他永遠都會提前布局，讓對手慢慢掉進自己精心設計的圈套，馬基維利在《君王論》中對這一點讚譽有加，認為波吉亞在這方面無人能出其右。

波吉亞其實早就看清羅馬涅地區未來的走向，也明白唯有殘暴的正義才能重建此地秩序。他知道此過程會耗時數年，人民起初會贊成這種做法，但過不了多久，眾人便會對政府產生敵意，並抱怨法條太過嚴苛，尤其頒布這些政策的人還是個外來者。波吉亞當然不會讓自己成為這種正義的實施者，因為民眾的恨意將成為他將來統治此地的絆腳石，於是便指定德歐科當自己的打手，心中也已盤算好事成後就要將他斬首示眾。也就是說，波吉亞從一開始就已經決定好要讓德歐科背黑鍋。

在曹操的例子中，被陷害的管糧官是個全然無辜之人；在羅馬涅的例子中，德歐科則是波吉亞的武器，只要派他上場作戰，波吉亞的手便不必染血。在利用第二類代罪羔羊時，我會建議你在適當的時機和此人斷絕關係，任由對方自生自滅，或是像波吉亞一樣，親手將他就地正法，這樣一來，你不僅可以和他惹出來的麻煩撇清關係，眾人還會將你視為來收拾殘局的大好人。

> 雅典人都會用公帑養著一些地位低下或沒什麼用處的人，每當碰上諸如瘟疫、乾旱或饑荒等天災時……（代罪羔羊們）便會被召見……在城外被亂石砸死，淪為獻祭的犧牲。
>
> ——弗雷澤爵士（Sir James George Frazer），《金枝》（*The Golden Bough*）

權力之鑰

代罪羔羊的歷史和人類的文明一樣悠久，世界各地的文化都有相關記載，犧牲的本意就是要將自身罪過轉移給外部對象（如物體、動物或人），再將其流放或摧毀。在古代，希伯來人會請神職人員扶住活羊（代罪羔羊的羊就是這樣來的）的頭，並透過告解將以色列人身上的罪轉移到羊身上，而這頭羊最後則會被拋棄在野外。雅典人和阿茲特克使用的代罪羔羊是活人，他們是國家專門養來替自己頂罪的一群人。古人認為饑荒與瘟疫是神明降下的災害，目的是要懲罰人類做過的壞事，所以饑荒與瘟疫除了摧殘人的身體，還會引發負罪和內疚感，為了除去自身罪孽，人們會將罪轉移到無辜的受害者身上，用他們的死安撫神明，並將惡排除在群體之外。

人犯錯或犯罪後都不會在自己身上找原因，而是會將目光放在外部世界，將罪責拋給一個易獲取的物體上，這是人類一貫的反應。底比斯被瘟疫肆虐時，國王伊底帕斯（Oedipus）到處探查，想找出災禍的源頭，唯獨忽略自己犯下的亂倫之罪，而底比斯之所以會被處罰，正是因為他的恣意妄為觸怒了神明。我們內心都想將罪歸咎給外界，並將其投射到其他人事物身上，這種需求蘊含極強的力量，聰明人知道如何駕馭這股力量。此外，犧牲獻祭是一種儀式（可能是最古老的儀式），而儀式則是權力的源泉，所以波吉亞才要用兼具象徵意義與儀式感的手法展示德歐科的屍體。將德歐科的屍體以如此戲劇化的姿態擺在公共場所，就好像是將他的罪行公之於眾，而羅馬涅地區的居民也立刻做出回應，因為相較於內在，人類天生更容易被外表吸引，於是很快就相信替罪羔羊確實有罪。

乍看之下，讓代罪羔羊替自己去送死是舊時代的陋習，但這種犧牲在現代社會中仍不斷上演，只不過手段沒這麼直接，且也只剩下象徵的意義。外表是權力的基石，所以掌握權力的人絕對不能讓別人發現自己犯錯，找人頂罪依舊是熱門的手段。現代社會的領袖有誰會為自己犯的錯誤負責？現代領袖只會想方設法嫁禍給別人，派出代罪羔羊為自己犧牲。文化大革命失敗後，毛澤東非但沒有向中國人民道歉，就連藉口都懶得找，而是像古代的曹操一樣，把問題推到代罪羔羊身上，其中包括自己的祕書陳伯達。

小羅斯福的為人是出了名的公開公正，然而時勢比人強，有時堅持扮好人反而會引發政治災難，但他又不能讓民眾發現自己在搞小動作。為了解決這個難題，羅斯福讓祕書路易斯·豪（Louis Howe）扮演德歐科的角色（一演就是二十年），請**他**代替自己簽署各種祕密合約、操弄媒體、籌劃見不得人的政治活動。每當政府犯了什麼錯誤，或是有什麼醜聞被爆出來，可能會危及羅斯福的公眾形象，豪就會以代罪羔羊的身分心甘情願地步上祭壇。

代罪羔羊不僅能背黑鍋，還有殺雞儆猴的功效。一六三一年，法國宮廷有一幫人正在密謀剷除樞機主教黎希留，此事被後人稱為「愚人日事件」（Day of the Dupes），由於參與者不乏位高權重之人（國王的母親也名列其中），所以他們的計畫差一點就成功了，黎希留最終靠著運氣跟自身手段逃過一劫。

專門看管宮廷印鑑的馬里拉克（Marillac）是主謀之一，但黎希留卻遲遲無法定他的罪，因為這樣做等於暗指國王的母親也涉入其中，這種指控必會讓自己陷入險境。黎希留左思右想，最後決定朝他的軍官弟弟下手。馬里拉克的弟弟自然是無辜的，但黎希留擔心宮中（尤其是軍隊）還有人想密謀推翻自己，所以打算殺一儆百。他捏造了一些莫須有的罪名將馬里拉克的弟弟處死，不僅懲罰到了真正的罪人，還讓有心造反者看見自己捍衛權力的決心，哪怕是要犧牲無辜之人的性命他也在所不惜。

讓最無辜的人擔任代罪羔羊是較為明智的做法，首先他們沒什麼權力，所以無法反抗你，其次他們天真的辯解之辭往往會適得其反，讓人覺得他們一定有罪。請務必小心，別讓代罪羔羊成了慷慨赴死的烈士，**你**才是受害者，是被親信背叛的領導者，這一點至關重要。若代罪羔羊看起來太弱小，而你給的懲罰又太重，你就有可能被自己的陰謀反噬。有時你必須讓權力大一點的人替你背黑鍋，因為這種人比較難博得群眾的同情。

從史料中我們可以發現，與你越親近的人越有當替罪羊的價值，而「失寵」就是最能形容這種狀態的詞彙。大多數國王都有自己的寵臣，他們會沒來由地給予這些臣子特殊待遇，對他們青眼有加。然而，在國君的聲譽危如累卵時，這幫寵臣也成了最唾手可得的代罪羔羊。所有人都會相信寵臣是有罪的，因為如果他沒做錯事，國王絕不可能會捨得犧牲他。其他朝臣就更不用說了，他們本就看寵臣不順眼，眼見對方失寵，他們必定是連開心都來不及。從統治者的角度來看，寵臣此時或許已經知道太多自己的祕密，藉此機會除掉此人也好。找和你最親近的人幫你頂罪本質上和「失寵」一樣，你可能會因此失去一個朋友或得力助手，但縱觀大局後你會發現掩飾錯誤才是最重要的，何必把自己的醜事告訴一個將來可能會背叛你的人，除此之外，你永遠都可以找到新的寵臣。

意象：無辜的羔羊。

贖罪日當天，大祭司將羊帶進神廟，一邊用雙手撫摸羊頭，一邊念出世人犯下的罪業，將吾等之罪轉移到無辜的牲口身上。羔羊最後會被流放到荒郊野嶺，帶著眾人的惡業消失得無影無蹤。

權威之言：

真正的愚蠢是在幹完蠢事後無法粉飾太平，世人皆會犯錯，但聰明的人懂得掩蓋自己的過失，而傻子卻只會大肆宣傳。一個人的名聲是好是壞，要看他隱藏了什麼，而不是展現了什麼，若你不能當個好人，至少也要當個會掩飾的人。［葛拉西安］

第二部分：善用替死鬼

有這麼一則寓言，故事的主人公是猴子和貓，牠們是朋友。有次，猴子抓住貓的爪子，將栗子從火堆中挑出，讓自己不用被燒傷也能享受到美食。

執行會引發眾怒之事的風險太高，不值得親自動手，但如果非做不可，那就讓貓爪代勞，找一個替死鬼幫你處理這些見不得人的危險任務。你想要的，替死鬼都會爲你取來；你想傷害的人，替死鬼也會樂於當你的打手。重點是，旁人根本不會發現你才是幕後的主謀。讓別人去當劊子手，讓別人去通報壞消息，而你則扮演捎來好消息與散播歡樂的使者。

遵循法則的案例一

西元前五十九年，年僅十歲的克麗歐佩脫拉（未來的埃及法老）親眼目睹父親托勒密十二（Ptolemy XII）被人民推翻並流放，而幕後的始作俑者居然是法老的女兒，也就是她的幾個姊姊。克麗歐佩脫拉的姊姊貝勒尼基（Berenice）隨後被人民擁戴為王，為了獨攬大權，她又相繼囚禁並殺害了自己的姊姊和丈夫。雖然說統治者為了鞏固地位確實會用上這些手段，但貝勒尼基身為女王，居然如此明目張膽地對家人痛下毒手，不免令臣子背脊發涼，並興起反抗的念頭。四年後，托勒密十二乘著這股反對的浪潮復辟，並下令處死貝勒尼基和當年密謀推翻他的人。

西元前五十一年，法老托勒密十二駕崩，留下四名王位繼承人。根據傳統，長子托勒密十三（Ptolemy XIII，時年十歲）與姊姊克麗歐佩脫拉（時年十八歲）結婚，兩人共同治理埃及。然而，托勒密十二的四個孩子（包括克麗歐佩脫拉本人）都對此安排不甚滿意，他們都想掌握更多權力，克麗歐佩脫拉與托勒密十三也開始明爭暗鬥，想將對方擠下王位。

西元前四十八年，托勒密得到一群忌憚克麗歐佩脫拉野心的朝臣協助，將她逐出埃及，自己則成為埃及唯一的法老。流亡期間，克麗歐佩脫拉一直在計畫奪回王位，好讓埃及重拾昔日的榮光，還認為四人中只有自己能實現這個理想，另外三人不過是絆腳石。然而，貝勒尼基的下場仍歷歷在目，克麗歐佩脫拉知道人民絕不會擁戴一個手刃親人的女王，所以即使托勒密十三知道姊姊一定會在海外密謀奪權，也不敢真的痛下毒手弒親。

克麗歐佩脫拉被流放還不到一年，羅馬帝國的尤利烏斯．凱撒就發兵入侵埃及，誓要將太

猴子與貓

猴子帕格和貓湯姆是拜把兄弟，牠倆共事同一個主人，平常最喜歡在家中肆無忌憚地惡作劇……某天，這對兄弟像往常一樣，依偎在爐火取暖。被燒得通紅的煤炭中有幾顆碩大的栗子，是家中的廚師特地丟進去的，此時火中的栗子被烤出油來，香氣傳到猴子的鼻子裡。狡猾的帕格說：「湯姆！我們把廚師精心烹調的甜點給吃了好不好？真可惜啊，要是我有像你一樣的爪子，一定會試著把栗子挑出來。你把爪子借我用一下吧，我一下就能把栗子給挑出來。」猴子二話不說，抓住貓剛伸出的爪子就往爐火裡塞，挑出一顆肥美的栗子然後丟進自己口中。此時女僕突然出現，正在做壞事的倆人被嚇得四處亂竄。倆

陽神的國度納入自己的版圖。克麗歐佩脫拉認為機不可失，於是便喬裝打扮了一番，遠赴亞歷山大去會一會凱撒。據說當時她將自己捲進一張地毯，並順著毯子滾動出現在凱撒腳邊，用美色誘惑他。克麗歐佩脫拉利用凱撒愛搞排場的個性，以及對埃及歷史的好奇，很快就說服他幫自己奪回王位。

克麗歐佩脫拉的弟弟妹妹得知姊姊的陰謀後都怒不可遏，托勒密十三並不打算靜觀其變，而是從亞歷山大直接下令，自埃及境內集結了一支大軍要前來攻打凱撒。凱撒沒打算坐以待斃，他立刻將法老和其眷屬軟禁在宮中。後來克麗歐佩脫拉的妹妹阿爾西諾伊（Arsinoe）設法出逃，並打著埃及女王的名號自封為埃及軍隊統帥。克麗歐佩脫拉眼看時機成熟，便力勸凱撒釋放托勒密，但前提是他必須宣布停戰，解散埃及大軍。克麗歐佩脫拉知道弟弟一定會假裝同意，但一轉頭就和阿爾西諾伊宣戰，爭奪埃及的統治權，而自己正好可以坐享漁翁之利，說不定還能讓凱撒找藉口除掉這兩人。

在羅馬軍的協助下，凱撒很快就平定這場王室內亂，而托勒密十三世也在撤退過程中溺死在尼羅河裡。凱撒生擒了阿爾西諾伊，將她送往羅馬囚禁，接著又處決了過去密謀推翻克麗歐佩脫拉的政敵，還囚禁了所有反對她回歸的人。為了確保自身政權的合法性，克麗歐佩脫拉和自己剩下的唯一一個弟弟，時年十一歲的托勒密十四（Ptolemy XIV）結婚，而僅僅過了四年，托勒密十四就遭人毒害身亡。

西元前四十一年，克麗歐佩脫拉用當年誘惑尤利烏斯．凱撒的手法擄獲了另一名羅馬將領安東尼（Marc Anthony）的心，並暗示她自己的妹妹阿爾西諾伊（仍被關押在羅馬）正在策

人同幹一件事，但結局卻大不相同，湯姆的爪子被火燙傷，帕格滿足了口腹之欲。〔拉封丹，《拉封丹寓言精選集》〕

烏鴉、眼鏡蛇與胡狼

很久以前，一對烏鴉夫婦在榕樹上築巢定居，一條眼鏡蛇鑽進樹洞，一路向上爬進鳥巢，把剛孵出來的一窩幼鳥吃光。烏鴉先生不想因為此事而搬家，因為牠很喜歡這棵樹，於是便去詢問好朋友胡狼的意見，胡狼要求烏鴉夫婦按牠的計畫行事。烏鴉太太飛到池塘邊，看見幾名住在宮廷的女子在池中沐浴，她們的珍珠、項鍊、寶石和衣服都放在一旁的草地上。牠用嘴叼起一條金鎖鏈，頭也不回地往榕樹的方向飛去，服侍女子的侍者在後面拚命追趕。抵達榕樹所在的位

畫扳倒他的計謀。安東尼聽信了克麗歐佩脫拉的話，旋即下令處死阿爾西諾伊，解決掉最後一個可以威脅到克麗歐佩脫拉地位的人。

重點解析

世人總說克麗歐佩脫拉是靠美色攀上權力的巔峰，但她的權力其實是源自她懂得操弄人心，並讓對方心甘情願為她做牛做馬的能力。凱撒和安東尼不僅為她剷除了托勒密十三世和阿爾西諾伊，還替她排除了政壇和軍界中的所有敵人。這兩個男人就是克麗歐佩脫拉的工具人，他們為她赴湯蹈火，把所有骯髒的事情都幹了，還保全了她的形象，不讓眾人將她視為殘殺手足和同胞的女魔頭。他們最後甚至還滿足了克麗歐佩脫拉的心願，不讓埃及淪為羅馬殖民地，而是保有獨立盟國的地位，並由她擔任法老。自始至終，凱撒和安東尼都沒意識到自己被克麗歐佩脫拉玩弄於股掌之間，這種形式的誘勸最是隱晦，效果也最好。

女王絕不能用自己的手去幹見不得人的勾當，國王在和百姓見面時，臉上也不容有半點血汙。但敵人的鮮血是權力賴以為生的養分，王位想要坐得穩，就免不了要做一些齷齪事。克麗歐佩脫拉利用工具人達成目的，你也必須如法炮製。

請挑選和你關係沒這麼親近的人擔任工具人，因為這樣他們就不會知道你將如何利用他們。你很快就會發現傻子多如過江之鯽，這世上永遠不缺願意對你施恩惠的人，如果你能再提供一些微不足道的利益交換，他們就更樂意為你效勞。他們可能會覺得自己做的事不會傷害到任何人，或是至少有絕對正當的理由，但他們的任務其實是在為你清除路障、替你散播

置後，烏鴉太太鬆開嘴巴，將鎖鏈丟進樹洞。隨後趕來的侍者爬到樹上，想取回鎖鏈，赫然發現樹洞裡躲著一隻眼鏡蛇，於是便用隨身攜帶的棍棒把牠敲死，取回被叼走的鎖鏈並返回池塘邊。從此以後，烏鴉夫婦便過著幸福快樂的日子。[《五卷書》(*Panchatantra*)，由蕭 (R. G. H. Siu) 在《權力之術》(*The Craft of Power*) 中重述]

片面的資訊、削弱敵人的勢力（而他們根本不知道這些人是你的死對頭）、幫助你實現自己的宏圖大業，犧牲自己的雙手成就你的完美無瑕。

遵循法則的案例二

一九二〇年代末，國共內戰開打，雙方都想當中國的主人，國民黨主席蔣介石誓言要剷除所有共產黨員，並將紅軍打得節節敗退，只差臨門一腳就能成功。一九三四到三五年，共產黨開始長征，從東南到西北一共走了六千英里，期間犧牲了不少黨員。一九三六年末，蔣介石離殲滅共軍只剩一步之遙，卻慘遭手下將領背叛，落入到共產黨手中。

蔣介石本以為共產黨會將自己除之而後快，沒想到毛澤東卻向他提出一個要求：共產黨可以放他走，也願意接受他的領導，但前提是兩黨必須一起抗日。蔣介石沒料到共產黨居然變得如此溫和，於是便答應他的要求，認為只要沒有後顧之憂，自己便能先逼退日軍，過幾年後再來收拾共產黨。

對日抗戰期間，共軍維持一貫的游擊戰風格，國民黨則使用較傳統的方式作戰。等日軍撤出中國，蔣介石才看出毛澤東的計畫。這些年來，國軍一直正面迎接日軍火力，如今早已元氣大傷，需休養生息數年。反觀共產黨，他們不僅沒有遭受日軍的迎頭痛擊，還趁機坐大，在全國各地建立據點。抗日戰爭才剛平息，國共內戰再次開打，然而這次情勢逆轉，換成國民黨被打得毫無招架之力。日軍就是毛澤東的工具人，他們在毫不自知的情況下幫助共產黨戰勝蔣介石。

如何讓消息不脛而走

歐瑪（Omar）是哈塔卜（al-Khattab）的兒子，他改信伊斯蘭教後一直在思考該如何讓所有人盡快知道這個消息。歐瑪知道珠瑪西（Ma'mar al-Jumahi）之子賈米爾（Jamil）是出了名的大嘴巴，所有祕密到了他那裡瞬間就會變成眾人皆知之事，於是便特地去拜訪他。歐瑪告訴賈米爾：「我現在是穆斯林了，這件事我只告訴你，請務必保守祕密。」歐瑪離開後，賈米爾立刻跑遍大街小巷，逢人就說：「哈塔卜的兒子歐瑪改信穆斯林了，信不信由你，此事千真萬

重點解析

像蔣介石這樣的強人一旦淪為敵人的階下囚，一定會立刻被處死，但這樣做等於白白放棄利用他們的機會。蔣介石實戰經驗豐富，要是沒有他坐鎮指揮，抗日戰爭可能會打得更久，對中國造成更大的傷害。毛澤東相當精明，他不會因為憤怒就放棄一石二鳥的機會。從本質上來看，毛澤東為了這次勝利使用了兩名工具人，他先是靠話術引誘蔣介石領導抗日戰爭。毛澤東知道只要國民黨不必分心對付自己，抗日的主要任務就會落在他們頭上，日軍最終也會被趕出中國。所以說，國民黨就是第一個工具人，作用是驅逐日本軍隊。除此之外，毛澤東也知道在中日作戰期間，日方強大的火力和空援勢必會重創用慣了常規戰略的國民黨，快速實現共軍得花數十年才達成的目標，自己只需以逸待勞即可。共產黨之所以獲得最後的勝利，靠的就是這一個又一個工具人。

工具人的用途有兩個，一是維持形象（克麗歐佩脫拉的例子），二是節省精力。若你是為了保留體力而使用工具人，就必須提前做好規劃，還要明白以退（如放過蔣介石）為進的道理。人要是暫時落入下風，需要時間恢復狀態，通常都可以利用身邊的人掩飾自身意圖，或是請他們為自己做一些事。既然你現在身處弱勢，那就委託和你有共同敵人（原因不一定要相同）且具有權勢的第三方工具人，利用他們的實力打擊對手，甚至慢慢引導雙方仇視彼此。物色工具人時特別留意喜歡逞鬥狠的角色，他們通常都很樂意和人起爭執，而你的任務就是選擇對自己有利的爭端。

確！」歐瑪的目的達成了，現在所有人都知道他皈依伊斯蘭教了。

[《奇策錄：阿拉伯式智慧與妙計之書》]

愚人和智者

一名智者獨自走在路上，路旁的愚人不停瞄準他腦袋丟石頭，智者不勝其擾，轉頭對他說：「小夥子，扔得好！這點小錢還請笑納，你扔得這麼辛苦，我覺得光給你口頭嘉獎是不夠的，所有付出都必須得到回報。你看到那邊那個男人了嗎？他可是個大人物，出手比我大方多了，只要往他身上砸幾顆石頭，你就發大財了。」愚人果然上當了，他轉移目標，跑去騷擾另一位目標，但這次他沒收到錢，而是被憤怒的僕人狠狠揍了一頓。宮廷上永遠不缺這種不諳人情世故的

遵循法則的案例三

茶道大師栗山大膳是茶聖千利休的徒弟，一六二〇年，大膳聽說自己朋友星野宗右衛門為了幫親戚還債，去向一名有錢的商人河內三右衛門借了一筆鉅款（三百兩）。宗右衛門雖然救出了親戚，但自己卻背上高額的債務。大膳深知宗右衛門的個性，他對理財一竅不通，最後絕對會因還款速度太慢而惹上麻煩。然而，如果他主動要求替朋友還錢，對方也會因心高氣傲而拒絕，可能還會惱羞成怒。

一天，大膳來看望宗右衛門，兩人在庭院散步，欣賞盛開的牡丹花。賞過花後，兩人回到會客室休息，大膳看見牆上掛著狩野探幽的畫作，於是便驚道：「唉呀！真是幅好畫……此畫深得我心，實屬罕見。」見大膳滔滔不絕地誇讚這幅畫，宗右衛門開口說：「既然你這麼喜歡這幅畫，不妨就收下它吧，請千萬不要拒絕我的好意。」

一開始大膳假意拒絕，但宗右衛門堅持要好朋友收下這份禮物。隔天宗右衛門就收到大膳送來的包裹，裡面有一支精美的花瓶和一張紙條，要朋友務必接受自己的回禮，以感謝昨日他割愛將畫贈與自己。紙條上寫著此花瓶是千利休親手製作的，還有豐臣秀吉的題詞。此外，大膳還說要是宗右衛門不喜歡這只花瓶，便可以將其轉送給其他茶道愛好者，例如一直都很想收藏此花瓶的富商河內三右衛門。大膳寫道：「我聽說他手裡握有一張價值不菲的紙（指三百兩的借條），你應該會很想要，用這只花瓶去和對方交換或能如願。」

宗右衛門馬上就聽出朋友的弦外之音，於是便帶著花瓶去找債主。三右衛門看見花瓶後驚訝地說道：「這花瓶你是怎麼弄到手的？我一直都是只聞其名，今天才有幸見到它的真面

討厭鬼，他們會對你口出惡言，只為博自己的上司一笑。為了讓這些人不再取笑你，你是否該跟他們硬碰硬？這樣做並不明智，因為他們可能比你強，你應該誘導他們攻擊其他人，一些會讓他們吃足苦頭的人。［拉封丹，《拉封丹寓言精選集》］

來自印度的鳥

一名商人養了一隻來自印度的鳥，有次他要到印度做生意，於是便問籠子裡的鳥要不要給牠帶點什麼。小鳥說想要自由，但被商人拒絕了，於是小鳥便請商人到印度的叢林，向牠的同類宣布牠被人養在籠子裡的消息。商人兌現了自己的諾言，沒想到聽到此消息的小鳥被活

目。這只花瓶太珍貴了，你以後絕對不可以再把它帶出門。」三右衛門提出用原本的借條外加三百兩和他交換這只花瓶，但視金錢如糞土的宗右衛門卻不願收下額外的三百兩，只要求對方將借條歸還。三右衛門喜出望外，便將前債一筆勾銷，宗右衛門也立刻趕到大膳家，感謝他的妙計。

重點解析

栗山大膳明白助人不是件簡單的事，無論是小題大作或幫得太明顯，接受恩惠的人都會背負沉重的壓力，覺得自己虧欠對方什麼。慷慨解囊者確實會獲得權力，但這種權力將引發對方的憎恨與抗拒心理，毀掉雙方的關係。援手要伸得婉轉、伸得漂亮，這樣你獲得的權力才會倍增。大膳知道直接把錢交給宗右衛門會冒犯到朋友，所以便向對方討要了一幅畫，讓他覺得自己也送了朋友一件禮物，而大膳的策略最終也滿足了三方的需求。

大膳主動將自己變成為朋友服務的工具人，他一定也捨不得將花瓶送人，卻也因此收獲了一幅畫和一項寶貴的資產：朝臣的能力。優秀的朝臣懂得用高雅的手段化解來自四面八方的攻擊、掩蓋傷疤，並將助人這件事做得乾淨俐落又不失風度。朝臣表面上是在幫別人，其實也是在幫自己，大膳的故事讓我們學會幫助與朋友／同儕相處的真諦：不要強加恩惠給他人。請設法讓自己成為工具人，用迂迴的手法解決朋友的困境，而不是強迫對方握住你的援手，或是認為自己虧欠你什麼。

活嚇死。商人一陣難過，心想或許這隻鳥是自家小鳥的親戚，並認為是自己害死了對方。見到商人回家，小鳥開口詢問主人從印度帶回什麼好消息。商人答道：「沒有好消息，只有噩耗。我把你被豢養的事告訴你的親戚，結果把牠嚇死了，直接從樹上跌落到我的腳邊。」商人話才剛說完，籠中的小鳥突然失去意識，摔到鳥籠底部，商人心想：「牠一定是因為聽到親人驟逝心碎而死。」愧疚的商人撿起小鳥，把牠擺在窗沿上，沒想到小鳥瞬間醒了過來，旋即飛到一旁的樹上，並告訴商人：「你現在明白了吧，你以為的壞事，對我來說其實是好事；是你讓我學會只有乖乖聽話才有機會獲得自由，我的主人。」小鳥說完後再次揮動翅

膀，朝自由的天空飛去。〔沙阿，《托缽僧故事集》（*Tales of the Dervishes*）〕

> 切勿當個過分耿直的人，森林中最先被砍掉的都是又直又挺的巨木，那些歪七扭八的反而屹立不搖。
>
> ——考底利耶

權力之鑰

假如你是一個領導者，你可能會認為權力就是兢兢業業地工作，且永遠都比所有人更努力，但事實恰好相反，只有弱者才會這麼拚命。旁人會懷疑你努力工作的動機？說不定是因為你能力不足，才要用勤奮來彌補；說不定你不懂得如何委派任務給下屬，所以才會什麼事都要親力親為。反觀那些真正有權有勢的人，他們永遠都是一副從容不迫的模樣，在所有人都忙得焦頭爛額時，他們依舊可以好整以暇。這是因為他們懂得找對的人替自己代勞，這樣既能節省力氣，也不用親自下去蹚渾水。除此之外，你可能會覺得親自去幹一些不法的勾當，或是大剌剌地參與一些負面的計畫可以展現自身權力，或是令他人忌憚你三分，但這些行為只會讓你變成一個面目可憎的虐待狂。真正掌握權勢的人會努力維持完美的形象，也會確保身邊一切人事物都是積極正向的，且自己宣布的永遠都是好消息。

有時候我們確實必須努力，也非做一些壞事不可，但你絕對不能讓人看出你是主使者。你要學會尋找與利用工具人的方法，並在他們完成任務後將他們拋棄。

赤壁之戰前夕，諸葛亮承諾要在三天內造出十萬支箭，否則甘願以死謝罪，然而諸葛亮根本沒有打算要造箭（三天做出十萬支箭根本是天方夜譚），而是調來二十艘船，並在上面綁滿草靶子。傍晚時分，長江上霧氣正濃，諸葛亮命人將二十艘船駛向曹營。由於看不清楚船的形貌，曹操擔心這可能是諸葛亮的詭計，於是便沒有派出軍船迎戰，而是命弓弩手朝船上發箭。諸葛亮的船隻越靠近，他們射出的箭就越多。幾個時辰後，躲在船上的士兵按照原定計畫，帶著諸葛亮要的十萬隻箭矢調頭回營。

只要是能交由旁人代勞的事，諸葛亮絕對不會親自動手，像草船借箭這樣的計謀他早就用過不知道多少回了。想要制定這樣的策略。你就必須看得比別人遠，找出利誘他人為你效犬馬之勞的方法。

隱藏目的是讓計畫成功的關鍵，不要讓人看穿你的意圖，讓它像濃霧中的敵船一樣。當敵人無法確定你想做什麼，就有可能做出日後會令自己懊悔不已的行為，甚至成為你的工具人。如果你想做什麼事，但又不想親自動手，我會建議你先隱藏意圖，這樣在引導對方時才不會浪費太多力氣。但你可能會需要提前布局，就像打撞球一樣，利用反彈讓子球入袋。

「黃小子」威爾是活躍於二十世紀初的美國詐騙高手，他知道無論自己的技巧再高明，一旦直接去接近受害者，對方就很有可能會起疑心。威爾的解決方式是從對方認識的人中物色一個工具人，且此人的社經地位必須是較低的，這樣他們就不會懷疑威爾是騙子。威爾會先用一個賺錢的計畫誘惑他，而通常對方都會主動提出自己的老闆或有錢的朋友可以加入，因為投資的錢越多，最後的報酬也更高，皆大歡喜。接著工具人就會把威爾心中鎖定的目標拉進來，而對方也會因為信任工具人而放下戒備。引薦是接近有權勢之人最有效的方法，你可以利用目標對象的同事或下屬達成目標，熟人引薦除了能提升你的可信度，還能讓自己看起

大衛與拔示巴

過了一年，到列王出戰的時候，大衛（David）又差派約押（Joab）率領臣僕和以色列眾人出戰。他們就打敗亞捫人，圍攻拉巴。大衛仍住在耶路撒冷。一日，太陽平西，大衛從床上起來，在王宮的平頂上遊行，看見一個婦人沐浴，容貌甚美。大衛就差人打聽那婦人是誰。有人說：「她是以連（Eliam）的女兒，赫人烏利亞（Uriah the Hittite）的妻拔示巴（Bathsheba）。」……大衛給約押寫了一封信，要以連帶去交給約押，信中寫道：「要派烏利亞前進，到陣勢極險之處，你們便退後，使他被殺。」……約押……知道敵人那裡有勇士，便將烏利亞派在那裡。城裡的人出來和約押打仗。大衛的僕人中有幾個被殺的，赫人

來不像趨權附勢之人。

想讓工具人發揮最大作用，最簡單的方式就是洗腦，並讓他將資訊轉達給你的目標。根深蒂固的錯誤資訊是種極為有效的工具，從一個沒人會懷疑的角色口中說出來效果更好，你也可以假裝自己從沒提過這些事情。

心理醫師艾瑞克森（Dr. Milton H. Erickson）在提供婚姻諮商服務時，經常會遇到太太希望治療，但丈夫打死不從的窘境。艾瑞克森從不浪費力氣說服他們，而是會和他們的妻子提供個人諮商服務，並在聆聽對方敘述時插入一些他知道肯定會惹火先生的見解。妻子回家後一定會把醫師的話轉述給先生聽，幾個禮拜後，他一定會堅持要和妻子一起參加治療，跟醫生把話說清楚。

有時主動擔任他人的工具人會使你獲得更多權力，伊莉莎白一世的寵臣雷利爵士堪稱工具人的典範，某次女王出巡時，他見到女王正前方的地上有一灘泥水，便立刻用披風覆蓋積水，以免女王的鞋子被弄髒。只要你能保護好上司或同儕，替他們消災解厄，這些人就會發自內心感激你，而這份感激日後定會化為實質的福利。切記，幫助他人時要做得不著痕跡，不要四處宣揚並讓對方感到壓力，堅守這個原則，你的回報就越豐厚，獲得的權力也會更大。

意象：貓爪。
貓的爪子可以抓取東西，抓住貓，把牠的爪子插進火堆裡或敵方陣營，勾出你要的

烏利亞也死了。於是約押差人去將爭戰的一切事告訴大衛……烏利亞的妻聽見丈夫烏利亞死了，就為他哀哭。哀哭的日子過了，大衛差人將她接到宮裡，她就作了大衛的妻，給大衛生了一個兒子。〔《舊約聖經．撒母耳記下卷》（*Old Testmant, 2 Samuel*），第十一—十二章〕

東西、攻擊對手，或是在吃掉老鼠前戲弄牠一番。這樣做偶爾會傷到貓，但大多時候牠們根本毫無知覺。

權威之言：

好事必須親為，壞事務必委外，因為做好事的人會被群眾喜愛，壞事交由他人代勞，受害者的恨就找不到源頭。賞罰並施才能成就大事，你的手是用來行善的，不是用來為惡的。〔葛拉西安〕

法則的反轉

使用工具人和代罪羔羊時一定要格外謹慎，這兩種人確實可以掩人耳目，讓群眾看不見你幹了哪些壞事，可遮羞布一旦被掀開，大家就會發現在幕後操控全局的是你，而情勢也會瞬間逆轉，你會被千夫所指，眾人還會把所有不好的事情都怪在你頭上，認為是你在背後搞鬼。也就是說，真相一旦曝光，所有的事就會像滾雪球般失控。

一五七二年，法國王后凱薩琳・德・麥地奇（Catherine de Médicis）擔心自己的兒子，年輕的國王查理九世（Charles IX）會受好友科利尼（Gaspard de Coligny，法國新教胡格諾社群領袖兼海軍上將）影響，因此從吉斯家族（法國貴族世家）中找了一個人要暗殺他。凱薩琳其實還有另一個計畫，那就是希望新教會將領袖的死歸咎在吉斯家族頭上，並向他們宣戰。這招可說是一石二鳥，不僅能除掉科利尼，還可以削弱吉斯家族的實力。凱薩琳的計畫失敗了，刺客沒能完成任務，撿回一條小命的科利尼知道王后一直看自己不順眼，於是便懷疑暗殺行動是她指使的，還將此事稟告國王。這起失敗的暗殺行動引起各種紛爭與連鎖效應，導致天主教徒與新教徒內鬥不斷，最終衍生出聖巴托羅買日大屠殺，數千名新教徒死於非命。

若你正在執行的計畫茲事體大，使用工具人和代罪羔羊時就要格外小心，因為一旦做過頭，計畫就會全盤失敗。一般來說，工具人和代罪羔羊適用於無傷大雅的事情，這樣就算出錯了也不會引發太嚴重的後果。

有時候，相較於否認自己參與某事或逃避責任，主動承認錯誤並接受指責反而有利。當你確定自己大權在握，那就可以偶爾露出懺悔的模樣，請比你弱小的人原諒自己，此策略是國君常用的伎倆，他們會裝出一副為人民犧牲的模樣。同理，為了讓下屬害怕你並不敢造次，有時你必須親自出手懲戒對方並樹立威嚴，而不是請工具人代勞，但此事只能偶一為之，太過頻繁只會令下屬心生怨懟。一旦他們開始恨你，這種情緒很快就會轉變為實際的對抗，並在未來的某天將你推翻。所以說，工具人的利還是大於弊，我建議你養成利用他人的習慣。

法則

27

操控人性對信仰的需求，打造狂熱追隨

觀點

信仰是人類迫切的需求，向眾人提供宏圖大業或新的信念，成爲焦點人物。一旦世人找不到有組織的宗教可加入，或是有滿腔壯志難酬，你創造的信仰便會爲你帶來無窮的權力。

招搖撞騙背後的科學（或創立異教五步驟）

在尋找如何花最少的力氣獲得最大的權力時，你會發現最有效的方法就是培養一幫視你為教主的追隨者。追隨你的人越多，你就擁有越多機會，你的信徒不僅會崇拜你，還會替你擋下敵人的攻擊，更會主動招募新成員加入你的異教。這種權力會將你提升到另一個境界，你再也不用想什麼花招將自己的想法推銷出去，從今以後，眾人都會愛你，無論你做什麼都是對的。

你可能會認為培養一幫忠誠的追隨者很困難，但做起來其實相當容易。人類是信仰的動物，為了尋找可以相信的事物，我們會願意付出一切代價。人類非常好騙，我們無法長期處於懷疑的狀態，或是承受缺乏信仰的空虛感。你只須向眾人兜售宏圖大業、解決一切問題的萬靈丹、快速致富的方法、最新的科技潮流或藝術運動，他們就會像魚兒看到餌食一樣，爭相搶著上鉤。檢視人類的歷史，在不同時代出現的潮流與異教都有各自的追隨者，且人數也都不少，相關記錄多到可以塞滿一整棟圖書館。雖說在幾世紀、幾十年、幾年，甚至是幾天後，這些潮流與異教的內容大多都顯得荒謬不堪，但在其風行的時代，它們都是吸引人的、超前的、神聖的。

由於人類總是急著相信，所以經常會憑空捏造出各種聖人與信仰，不要放過人類容易受騙的特質，務必將自己塑造成群眾膜拜的偶像，讓他們為你打造一個宗教。

十六與十七世紀期間，歐洲的江湖術士就是創造異教的箇中高手，他們生活的時代是一個轉型的時代，宗教已然式微，科技方興未艾，每個人都在尋找一個可以相信的新目標或信仰。

對江湖術士來說，容易輕信他人的人多多益善，也就是說，相信他的人必須多到能形成團體，以確保他能騙到更多人。這件事情確實正在發生，而且是從文藝復興就已經開始，持續了數百年之久，而這都要歸功於科學的普及。由於知識發展的速度飛快，加上有現代印刷技術輔助傳播，對科學一知半解的民眾，以及迫不及待掉進江湖郎中圈套的人也與日俱增，漸漸成為主流，而此群體的欲望、想法、好惡也成為一個人能否掌握實權的基礎。隨著科學滲入民間，江湖術士的帝國疆域也在擴張。無論宣傳再怎麼天花亂墜，他們的操作手法依舊是奠基在科學之上，確實，他們會利用化學原理加上獨家販售的香脂，用機械裝置製造出於是這些江湖術士登場了，他們向人兜售包治百病的萬靈丹，以及各種通往財富的捷徑。他們起初是在不同的城鎮間遊走，從不在同一處久留，鎖定的目標也只是一小撮人，直到某天他們發現了人性的真相：人越多騙起來越輕鬆。

江湖術士會登上臨時搭建的高台，接著人群就會朝他所站的地方聚攏。人在群聚時感性會超越理性，如果江湖術士選擇和民眾單獨交談，對方一定會覺得他說的話荒謬至極，但群眾會形成一種共同的默契，使所有人都全神貫注地聽他鬼扯。此時大家根本沒空懷疑他話中的漏洞，所有反對的聲音都會被人群的熱情淹沒，這種熱忱和激情是會傳染的，要是有人敢提出疑問，感染者就會做出劇烈的反應。這群江湖術士花了數十年反覆實驗，並鑽研其中的學問，並在預設情境出現時隨機應變，最終淬鍊出一套完美的科學，讓他們能吸引群眾、留住群眾、將群眾塑造成追隨者，最後再將追隨者轉化為自己的教徒。

這幫江湖術士的伎倆看起來雖然有些老套，但他們依舊混跡於現代社會中，而且人數還不少。他們仍用著前人數世紀前試錯後留下的方法，唯一改變且與時俱進的只有萬靈丹的名稱和異教的外觀。這些現代術士藏匿於所有領域，包括商界、時尚圈、政壇、藝術界等，很多人可能根本不知道這項行業背後悠久的歷史。但你可以了解得更透澈一些，學習江湖術士老祖宗淬鍊出的五個步驟，打造專屬的異教。

第一步：模糊不清、簡單至上。創立異教的第一步是吸引注意力，但請不要用行動吸引注意力，因為行為太過明確，也太容易被人看透，而是要透過曖昧虛幻的文字達到目的。無論是發表演說、與人對話或接受訪問，你說出來的話都必須包含兩個元素，第一，光明璀璨的

黃金，具備這些知識和工具的人絕對不是無知的百姓。其實真正的文盲反而不會被這些荒誕的話術欺騙，因為他們對事物常理的認知是正常的。因此，江湖術士最喜歡的人就是半文盲，他們早已捨棄常理，去相信不怎麼正確的資訊，也曾接觸過科學與教育，只是時間相當短暫，也沒學到什麼有用的東西，在見證難以解釋的神祕事物時，大多數人的第一反應都是驚訝，在某些關鍵的歷史時刻更是如此，因為我們原本的生活基礎突然開始動搖（現實面與精神面的），價值觀也不再像從前一樣被視為理所當然，更不能再被當成衡量人事物的標準。就這樣，江湖術士的受害者與日俱增，十七世紀的英國人用「尋死人」（self killers）稱呼此群體。

美好願景；第二，模糊不清的細節。這兩項元素可以催生各式各樣飄渺的夢想，並讓人在夢中看見自己最想得到的東西。

想利用模糊不清的細節吸引聽眾，就必須搬出定義不夠明確，但卻能引發眾人共鳴的字眼，即富含熱忱與激情的詞彙。你可以給簡單的事物下一個華麗的標題，例如為模糊的概念創一個新詞，讓人覺得你好像具備專業的知識，而且懂得比大家都多。同理，你的異教宗旨必須饒富新意，這樣理解的人才不會太多。模糊的承諾、曖昧誘人的概念、滾燙的熱情，這幾項元素只要比例對了便能激盪人心，為你帶來一幫追隨者。

雖然**過於**含糊的言辭會叫人難以信服，但把話說得太具體風險更高，一旦把追隨你能得到的好處詳列出來，信徒就會開始期待你能滿足他們。

如果你用的言辭模糊不清，那麼誘餌就一定要簡單明瞭。大多數人面臨的困境都有複雜的成因，可能是精神問題、複雜的社會因素、不可考又難釐清的個人經歷，只有極少數人有耐心解決根本原因，幾乎所有人都只想用簡單粗暴的方法排除問題。只要你能提供這種解決方案，就可以獲得至高無上的權力，並培養出一群對你死心塌地的信徒。不要用複雜的理論去解釋真實人生，回歸人類祖先解決問題的原始方式，給群眾如同民間偏方的神祕萬靈丹。

第二步：先刺激感官，再激盪腦力。身邊有人聚集後，你很快就會面臨兩道難題：無聊與懷疑。無聊會使人掉頭離開，懷疑會使人開始思考你提出的論點是否合理，吹散你努力造起的迷霧，並將你的真實意圖公之於眾。此時你的任務是取悅感到無聊的人，同時阻絕喜歡質疑一切事物的人。

〔弗朗切斯科，《江湖術士實名錄》〕

神一般的貓頭鷹

在一個沒有星星的夜裡，一隻貓頭鷹棲息在橡樹的樹枝上。在地面上，兩隻鼴鼠靜悄悄爬過。貓頭鷹突然大喊：「你！」鼴鼠沒料到居然有人能在這一片漆黑中看見自己，於是便驚恐地回道：「你說誰？」貓頭鷹說：「就是你們兩個！」鼴鼠匆匆逃走並轉告森林中其他動物，說貓頭鷹是最偉大、最厲害的生物，因為牠不僅能在晚上看見東西，還能回答所有問題。蛇鷲聽後說：

舞台表演（或是與表演有關的手段）就是你達成目標的最佳方式，在身邊安排各種璀璨炫目的視覺刺激，用華麗的景象衝擊觀眾的雙眼，如此一來，他們就察覺不到你的理論有多荒謬，也看不見你的觀念有多麼漏洞百出。除此之外，繽紛的聲光舞台也能吸引更多人的注意力，為你創造更多追隨者。請訴諸人類所有感官，用薰香刺激嗅覺、用輕柔的音樂刺激聽覺、用多彩的圖表刺激視覺，或是使用高科技的裝置挑逗人的大腦，為你的教派披上偽科技的面紗，但不要讓信徒認真思考背後的原理。運用異國文化和奇裝異服營造戲劇效果，設法讓平凡無奇的事物看起來與眾不同。

第三步：借用現有宗教組織的架構。你的信眾人數正在增加，該是時候建立組織了。你必須設法提升信徒的地位並安撫他們的心，在許多人眼中，宗教組織一直都是不容質疑的權威，即便在日趨世俗的現代仍是如此。即便宗教的影響力已不如從前，但其形式仍與權力息息相關，宗教組織充滿各種崇高和神聖的元素，我們永遠可以利用這種特質為自己牟利。你可以為信徒制定儀式、將他們納入不同階級、根據虔誠度賦予他們相應的等級、在他們的姓名前加上各種稱號，藉此提升自身權力。於此同時，在信徒面前發言時，你的言行舉止都必須像古代的先知一樣，以突顯聚會的類宗教性質。你不是什麼獨裁者，而是牧師、性靈導師、賢者、薩滿，總之你必須給自己一個具有宗教意涵的稱號，以隱藏自己真正的權力。

第四步：隱藏收入來源。現在你已經培養出一大幫教徒，也建立起類似教會的結構，讓眾人可以各司其職。在信眾的鼎力支持下，你的金庫已漸漸被填滿，但此時你絕對不能展現出貪戀金錢和權力的模樣，而是要設法隱藏收入來源。

「那就由我來探一探牠的虛實。」在某個漆黑的夜裡，蛇鷲來到貓頭鷹棲息的地方問：「你看看我現在伸出幾根爪子？」貓頭鷹答道：「兩根。」蛇鷲的確伸出兩根爪子。蛇鷲又問：「跟『也就是說』和『換句話說』同意的詞還有什麼？」貓頭鷹說：「『意即。』」蛇鷲再問：「愛人拜訪愛人是為了什麼？」貓頭鷹說：「為了求偶。」蛇鷲連忙趕回眾人的聚集地，告訴大家貓頭鷹確實厲害，而且是普天之下最聰明的生物，因為牠不僅能在晚上看見東西，還能回答所有問題。赤狐突然開口問：「牠白天也看得見嗎？」睡鼠和貴賓犬異口同聲回答：「可以。」「牠白天也看得見嗎？」所有動物都被這個蠢問題逗笑了，並將赤狐和牠的幾個朋友你的信徒都想相信一件事，那就是追隨你之後，所有好事都會降臨在自己身上，而當你過著奢華的生活，眾人便會認為你提供的信仰是圓滿的。不要讓眾人發現你的財富是來自他們的奉獻，而是要讓他們覺得你提出的方式確實有效。當他們深信自己也能過上榮華富貴的生活，便會開始模仿你的一舉一動，這種追求會使人盲目，看不見你的財富其實都是靠招搖撞騙獲得的。

第五步：營造對立關係。你的宗教正在蓬勃發展，也不停有新血加入，可一旦你鬆懈了，組織的發展便會停滯不前。假以時日，這種無趣的感覺便會令眾人化為一盤散沙。若想團結信徒，你就必須去做所有宗教組織都會做的一件事：營造對立關係。

首先，請確認所有信徒都深信自己是獨家團體的成員，且眾人心中都有一個共同的遠景。接下來，塑造一個想摧毀這個團體的敵人，以強化眾人的連結。告訴你的信徒，說所有不信奉本教的人都會竭盡所能阻止他們，如此一來，所有可能拆穿你騙局的人都會被他們視為敵對勢力。

沒有敵人就創造敵人，紮一個稻草人，讓信徒去攻擊它，眾人自然就會團結起來。你的信徒會對你提出的目標深信不疑，並拚盡全力去消滅不信奉本教的人。

遵循法則的案例一

一六五三年，二十七歲的米蘭人鮑瑞宣稱自己目睹了異象，並告訴所有人天使長米迦勒（Michael）欽點他成為新教宗國軍的**統帥**，來日必將振興整個世界。此外，米迦勒還說他

趕走，不准牠們再踏進這一帶。接著牠們派了一名使者去找貓頭鷹，希望牠擔任眾人的領袖。貓頭鷹應邀來到眾人所在地，此時太陽高掛在天空，正好是中午時分。貓頭鷹走得很慢，有種不怒而威的風範，牠的兩顆眼睛炯炯有神，透露出高貴的氣質。蘆花雞情不自禁說道：「牠是神！」接著所有動物都忍不住喊道：「牠是神！」於是眾動物都跟在貓頭鷹屁股後面，牠走哪裡，大家就走到哪裡，牠撞到東西，眾動物也學著牠撞到東西。貓頭鷹最後走上一條公路，其他動物也都跟了上去。替眾動物開路的黑鷹看見遠方有一台卡車駛來，時速高達五十英里。黑鷹將此事轉告蛇鷲，蛇鷲向貓頭鷹報告：「前方有危險。」貓頭鷹回答：「意即？」蛇鷲

現在可以看見凡人的靈魂，而且再過不久就會發現賢者之石（可以將普通金屬轉化成黃金的神奇物質）。鮑瑞的朋友和熟人聽說了這件事情，也注意到他近期的改變，全都感到欽佩不已，因為過去的他酗酒好賭、貪戀女色，如今卻把這些惡習全都戒了，一心鑽研煉金術，思想也變得高深莫測，總是探索與神祕學有關的議題。

由於鮑瑞的轉變來得太快，簡直就像奇蹟，加上他的言辭充滿熱忱，導致許多人開始將他視為領袖人物。沒過多久，鮑瑞就被義大利宗教裁判所盯上（他們的任務是起訴所有投身於神祕學的人），他別無選擇，只能離開義大利。在遊歷歐洲各國（從奧地利到荷蘭）期間，他不斷告訴眾人「追隨他的人最終必將得到喜樂」。無論到了哪個國家，鮑瑞都能吸引到一幫信徒。鮑瑞用的方法其實很簡單：他先是向眾人鉅細靡遺地闡述他看見的異象，接著再主動「檢視」某位信徒的靈魂。他會裝出一副神遊物外的模樣。死死盯住這名信徒好幾分鐘，然後大聲宣布自己已經看見他的靈魂，還說這個人是受過啟蒙的，也具備靈性昇華的潛力。如果鮑瑞覺得此人的靈魂有發展的空間，便會將他收為自己的門徒，這可是份至高無上的榮耀。

鮑瑞的異教設有六個階級，鮑瑞會根據門徒的靈魂將他們歸入相應的等級，只要他們做出足夠的奉獻且足夠虔誠，就能提升到更高的階級。鮑瑞（現在的稱號是「閣下」或「萬能大夫」）會要求門徒過著清貧的生活，並將擁有的財物和賺到的錢全都上繳給自己，而他們也相當樂意這樣做，因為鮑瑞說：「我的化學研究很快就會有成果，發現賢者之石指日可待，到時候我們想要多少黃金都不是問題。」

說：「您不害怕嗎？」貓頭鷹因為看不見卡車，於是便平靜地問道：「怕誰？」聽到貓頭鷹的回答，所有動物再次喊道：「牠是神！」當卡車撞上隊伍的那一瞬間，牠們口中依舊喊著：「牠是神。」一些動物受了輕傷，但大多數動物（包括貓頭鷹）全都成了輪下亡魂。寓意：你不僅能愚弄很多人，還能長時間愚弄他們。［瑟伯（James Thurber），《瑟伯嘉年華》（*The Thurber Carnival*）］

成為有錢人後，鮑瑞的生活方式也變了，他租下市中心最奢華的公寓，用四處蒐集來的高級的家具和擺設妝點，代步的馬車也鑲滿各式各樣的珠寶，選用的都是最俊美的黑馬。鮑瑞從不在同一個地方停留太久，離開時都會告訴眾人自己要去蒐集更多信眾的靈魂，而他的名聲也會在他消失期間水漲船高。雖然鮑瑞一件正事都沒幹過，但他依舊成了當代的風雲人物。

在當時，凡是身體有殘疾或是對生活感到絕望的人都會來找鮑瑞，希望他能大顯神威治癒自己的疾病。鮑瑞從不向這些人收取任何費用，此舉更是為他贏得了神醫的美名，也確實有傳聞說他在某些城市行使了一些神蹟。光是稍稍提及他的豐功偉業，人們的想像力就會自動將其無限放大。舉例來說，眾人都以為鮑瑞的財富是來自賢者之石，但其實他的財產都是從有錢的門徒身上搜刮而來的。教會不停抨擊鮑瑞，說他鼓吹異端邪說和巫術，但鮑瑞對這些指控置若罔聞，從不做任何回應，結果他的聲望反而變得更高，信眾也越發狂熱。只有偉人才會受到迫害，與耶穌基督同時期的人有多少能真正參透他的理念？鮑瑞就連一個字都不用說，他的信徒現在甚至開始稱教宗為「敵基督」（Anticrist）。

鮑瑞的權力越來越大，直到某天他突然離開所在的城市前往阿姆斯特丹（他曾在阿姆斯特丹待過一陣子），並帶走了天文數字的借款和別人委託給他的鑽石（鮑瑞宣稱自己可以除去鑽石裡的雜質）。曾經權傾一時的鮑瑞現在成了亡命之徒，並被帶到宗教裁判所接受審判。鮑瑞人生中最後二十年是在羅馬的監獄中度過，但還是有許多人信奉他創立的異教，一些富有的信徒，包括瑞典女王克里斯蒂娜（Queen Christina）依舊會到監獄探望他，獻上金錢與

想創立一個新的宗教，你就必須徹底了解尚不知自己隸屬於同一群體的人群。［尼采］

人類的頭腦其實很簡單，我們會被當下的需求主宰，而騙子永遠都能找到一幫心甘情願上當的受害者。［馬基維利］

健康神廟

一七八〇年代末，蘇格蘭庸醫格林漢（James Graham）……在倫敦培養了一幫追隨者，還賺進大把鈔票……格林漢一直維持這種科學技巧。一七七二年，格

各種物資，讓他可以繼續尋找賢者之石。

重點解析

在創立異教之前，鮑瑞似乎發現了人生的真諦。過膩了放浪形骸的生活，鮑瑞突然決定改過自新，投身於自己一直感興趣的神祕學。鮑瑞一定發現了一個現象，那就是相較於身體力行宣傳個人理念，當他用神祕的體驗解釋自己的心境轉變，無論是平民或貴族都會急著想了解更多細節。當鮑爾發現只要將一切訴諸來自外部的神祕力量，自己便能獲得意想不到的權力，他便開始捏造各式各樣的異象。只要鮑瑞將異象描述得越華麗，並向眾人要求更大的犧牲，他的故事就越能吸引人、也越可信。

切記，人們對改變背後的真相絲毫不感興趣，他們不想聽到改變是源自努力、奮鬥、百無聊賴、絕望這類平淡的原因，而是寧願相信一些更浪漫、更超脫世俗的事物。他們想聽天使的神蹟，以及靈魂出竅的故事，請務必滿足他們的好奇心。將你的改變歸功於某些神祕的力量，盡量講得越玄越好，這樣一來，你的身邊就會多出許多信徒。請滿足眾人的需求，因為救世主必須反映出眾人的欲望。除此之外，你的目標要設得越高越好，描繪的願景也要越大膽越好。

遵循法則的案例二

一七〇〇年代中期，來自瑞士的鄉村醫生舒帕奇（Michael Schüppach）突然聲名鵲起，因

林漢來到費城，他與富蘭克林（Benjamine Franklin）見了一面，並對他的電力實驗很感興趣，而「健康神廟」（Temple of Health）中的儀器靈感應該就是來自富蘭克林的實驗。健康神廟是格林漢在倫敦經營的一間商店，專門販售他研發的萬靈丹……健康神廟有一個專門接待病患的主治療室，裡面擺了一台「全世界最大的氣泵」，可以協助格林漢「從哲學的角度」研究疾病，還有一塊「巨型金屬導體」，其外觀是一塊鍍了金的台座，周邊擺放裝滿各種「氣體與物質」的蒸餾瓶。……根據恩內莫賽（J. Ennemoser，他曾於一八四四年出版過一本魔法歷史書）的描述，格林漢的「健康神廟……兼具實用性與娛樂性，處處都是了令人

為他的行醫手法與主流大相逕庭：他會使用自然界的療癒能力替人治病。歐洲各國的富人聽聞此事後，紛紛趕到鄰近阿爾卑斯山的朗瑙鎮找舒帕奇看病。在跋山涉水的過程中，這些訪客飽覽了全歐洲最壯麗的風景。抵達朗瑙鎮後，他們的身體和心靈都和過去有所不同，也做好準備要開啟健康的人生。

舒帕奇的外號是「山林醫生」，他在朗瑙鎮經營的藥局（販售由草本植物製作的藥劑）現在成了觀光聖地，來自歐洲各國的顧客會把小店擠得水洩不通。在那個時候，醫生開的藥物都是由奇怪的化合物組成，不僅名字沒人看得懂（都是拉丁文），味道更是一言難盡。舒帕奇販售的藥物名稱朗朗上口，包括「喜樂油」、「小花心」、「沉痾解」等，味道也香甜美味。

來到朗瑙鎮後，訪客必須耐心等候才能見到山林醫生一面，因為每天都會有約八十名信差來到他的診所，他們的包包裡裝的，是來自歐洲各地的瓶裝尿液。舒帕奇說他只要看一眼尿液樣本，就會知道此人得了什麼病，接著就可以對症下藥（舒帕奇開藥時會詳細閱讀藥物的使用說明）。處理尿液樣本相當耗時，等舒帕奇稍微有空時，他便會立刻替訪客看診。舒帕奇會請訪客提供尿液樣本，因為他只需觀察尿液的外觀，就能得知對方的健康狀況。他常說鄉下人天生就能察覺到身體的異狀，因為他們的生活樸素且虔誠，不像城裡人那麼複雜。在為訪客看診時，舒帕奇也會告訴對方如何讓靈魂與自然和平共處。

舒帕奇研發了許多療法，每一種都與當時的主流療法截然不同。舒帕奇主張使用電療法，如果有人提出質疑，說這種療法並不自然，舒帕奇便會說電是自然現象，自己不過是在模擬閃電。曾有一位病人說自己被七名惡魔附身，後來舒帕奇靠著電療法將對方治好。據舒帕奇

咋舌的奇觀。根據一名親眼見證的人所言，即便是在建築的庭院外圍，藝術、發明與財富也都被發揮得淋漓盡致。其中一個房間的牆上甚至還安裝了由人造電力驅動的弧形照明裝置，可謂星光熠熠，室內擺滿了五彩繽紛的透明玻璃，排列的錯落有致，足以彰顯格林漢的品味。這名證人向我們保證格林漢的健康神廟超越了眾人的想像，絕對會令所有訪客心醉神迷」。訪客都會收到一張健康生活守則，在阿波羅套房，他們或許可以參與一些神祕的儀式，和眾人齊聲吟唱：

「讚嘆！生命之氣，飄渺空靈！磁力的魔法，讚嘆吶！」

就在他們讚嘆磁力的神通時，四周的窗簾會被放下，鑲嵌在天花板上的星星則會發出電流之光，襯托出隱身在壁龕

所言，他在進行電療時曾親眼看見惡魔離開患者的身體。還有一名病人則說自己吞下一台草料拖運車（連同駕駛），導致胸口痛疼難耐。舒帕奇為他實施聽診，並表示自己確實聽到駕駛抽打鞭子的聲音。舒帕奇承諾一定會治好他的病。並開了一些鎮靜劑和瀉藥給對方。吃過藥後，這名病患就在藥局外的椅子上睡著了，他醒來後做的第一件事就是嘔吐，而就在他嘔吐的當下，一台草料拖運車猛然從一旁呼嘯而過（當然是舒帕奇刻意安排的）。聽到駕駛揮打鞭子的聲響，病患驚覺自己一定是把車子給吐了出來，而這都是醫生的功勞。

幾年過後，山林醫生的名望有增無減，許多有權有勢的人都來找他看病，就連歌德也造訪過朗瑙鎮。舒帕奇順理成章成了自然教的教主，其教義是歌頌一切與自然有關的事物。舒帕奇會用巧妙的手法取悅並啟發病患，一名教授在拜訪過舒帕奇後寫道：「病患聚在一起，或坐、或站、或玩牌，且身邊偶爾會有少女作伴。此時有人演奏起樂器，沒過多久午餐或晚餐就準備好了，還有人跳起芭蕾舞。在歡快的氣氛下，大自然帶來的自由感受充斥著每一個角落，營造出上流社會的樂趣。這位山林醫生就算沒有回春的妙手，也至少能治好人們的疑病症和憂鬱。」

重點解析

舒帕奇起初只是一名平凡無奇的小鎮醫生，他在治療病患時偶爾會使用一些偏方，而且效果還算不錯，於是他便開始專攻草本藥劑和自然療法。舒帕奇提倡的自然療法確實能影響患者的心理，因為在當時，一般的藥物不僅會使人感到恐懼，還會引發痛苦，但他的療法卻能

中「守護健康的玫瑰女神」……一到晚上，健康神廟就會湧入絡繹不絕的遊客，造訪健康神廟已經成為一種風尚，所有人都想試躺據說能治百病且高達十二英尺的「天國聖床」……根據恩內莫賽的描述，這張床「被擺放在一間金碧輝煌的房間，房間裡有一根連結到鄰近房間的大型圓柱，用以傳導健康氣流……室內瀰漫著宜人的藥草香氣可以強身健體，此外，玻璃管內還裝著來自東方的線香。天國聖床由六根透明圓柱支撐，床單與床罩是紫色與天藍色的，材質是艾德萊斯綢緞，他們甚至還用阿拉伯香水浸泡床墊（據說這種香水是波斯宮廷的御用香氛）。擺放天國聖床的房間被稱作聖所……還有更絕的，聖所中時刻都能聽到由口琴、笛聲、歌聲、管風

撫慰人心。當病患的心情轉好，藥物自然就能發揮作用。他們對舒帕奇的醫術深信不疑，自然就能不藥而癒。聽到病患用不合理的文字描述病情，舒帕奇不會嘲笑他們，而是會利用他們的疑病症打造出一帖特效藥。

在培養自己的信徒時，請向舒帕奇這位山林醫生請益。首先，你必須讓對方願意相信你的力量，並不斷強化這份信念，直到對方腦中浮現入教後的種種好處為止。這種信念具備自我實踐的特質，但你一定要扮演帶領他們轉變的關鍵人物，絕不能讓他們覺得促成改變的人是自己。找出能讓他們懷抱熱忱去相信的信仰、目標或幻想，剩下的就交給對方的想像去力完成，讓他們把你當成醫者、先知、天才來崇拜。

第二，舒帕奇告訴我們信仰自然與樸素具備永恆的力量，真正的自然其實充滿各種駭人的元素，例如有毒植物、凶猛的野獸、天災、瘟疫等，相信自然具備療癒和撫慰人心的能力，其實是一種浪漫的迷思。然而，標榜自然，藉此吸引群眾確實能使你獲得權力，尤其是在複雜且高壓的大環境下。

但這種吸引力必須搭配正確的操作手法，你必須把自己想像成導演，挑選出正確的元素，打造符合時代浪漫氛圍的場景。舒帕奇的處理方式堪稱完美，他使用了樸實無華的民間智慧，並用戲劇化的手法包裝自己研製的藥物。他沒有和自然合而為一，而是將自然塑造成一個異教、一個人為的概念。想營造出「純天然」的效果其實並不簡單，除了賦予自然劇場般的元素，還要設法讓信仰自然而然地變成一件愉悅的事，唯有如此才能吸引眾人的目光。即便是大自然，也必須跟上潮流，與時俱進。

琴合奏的動人音符」。［弗朗切斯科，《江湖術士實名錄》］

謊言的力量

菲韋住在捷爾諾波爾市，有一天，他坐在家中閱讀《塔木德》(*Talmud*)，窗外突然傳來一陣吵鬧聲。菲韋看了看窗戶，發現街上有一群野孩子在玩耍，心想：「他們一定是在計畫什麼惡作劇。」菲韋靈機一動，將頭伸出窗外喊道：「孩子們，趕緊去會堂，那裡有一隻海怪！牠長了五隻腳、三顆眼睛，下巴還有一撮綠色的山羊

遵循法則的案例三

一七八八年，醫生兼科學家梅斯梅爾（Franz Mesmer）走到了人生的分叉路口，他是動物磁性說（即所有動物體內有磁物質，只要讓這些帶電物質恢復正常便能治療疾病）的先驅，但維也納（他居住的城市）的醫學圈卻對他的理論嗤之以鼻。梅斯梅爾發表過一系列治療女性抽搐症的療法，還自豪地表示自己曾幫助一位瞎眼的病患重見光明。然而，根據另一名醫生的評估，該病患的視力根本沒有恢復，且病患本人也同意評估結果。對此，梅斯梅爾表示同行是為了打擊他而收買該病患，但他的辯解卻引來更多訕笑。梅斯梅爾認為維也納人太理性，無法接受他的理論，於是決定移居巴黎展開新人生。

梅斯梅爾租了一間華麗的公寓，並將其布置得美輪美奐。他把大部分窗戶換成彩色玻璃，營造出教堂氛圍，還在每一張牆上都掛了鏡子，讓來訪的賓客感到目眩神迷。梅斯梅爾稱他會在公寓中示範動物磁性的神祕力量，並邀請身患頑疾或憂鬱纏身的人來親身體驗。沒過多久，他的公寓便擠滿了來自不同階層的巴黎人（大部分是女性，她們似乎比男性更相信動物磁性理論），他們都付了入場的費用，想親眼見證梅斯梅爾口中的奇蹟。

公寓中瀰漫著橙花和異國薰香的氣味，當眾人走進演示專用的沙龍，隔壁房間突然傳來豎琴彈奏的音符和女歌手優美的歌聲。沙龍中央擺著一個橢圓形的容器，根據梅斯梅爾的說法，裡面裝著經過磁化的水。容器的蓋子是用金屬製成的，上面布滿許多孔洞，每一個孔洞都插著一根移動式鐵棒。梅斯梅爾先請訪客們圍著容器坐下（與鄰人的距離越近越好），並要求每個人取下一根磁化過的鐵棒，放在身體不舒服的部位。接下來，梅斯梅爾請訪客牽起

鬍！」孩子們聞言後立刻朝會堂狂奔，菲韋也繼續翻開《塔木德》閱讀。一想到自己剛剛捏造的謊言，菲韋的嘴角就止不住地上揚。沒過多久，屋外傳來紛沓的腳步聲，菲韋再次望向窗戶，看見好幾個猶太人正在奔跑。菲韋問道：「你們要去哪裡啊？」眾人異口同聲回答：「去會堂！你沒聽說嗎？會堂那裡有一隻海怪，牠長了五隻腳、三顆眼睛，下巴還有一撮綠色的山羊鬍！」菲韋忍不住笑了出來，心想這不正是自己捏造的謊言嗎？接著又坐到書桌前讀經。然而，菲韋才剛集中注意力，外頭就傳來震天的聲響，只見馬路完全被人群占據，大家都在朝會堂的方向奔跑。菲韋將頭探出窗外喊道：「發生什麼事了？」眾人一邊奔跑一邊回答：「這是什

鄰居的手，靜靜感受磁力在彼此身體間傳遞，有時他會用繩索將眾人繫在一起。

此時梅斯梅爾會暫時離開房間，而「磁性助理」（清一色都是英俊健壯的男性）則會拿著裝滿磁化水的水瓶登場，他們會將具有療效的水噴灑在眾人身上，再施以按摩，讓液體滲透進皮膚內。此時所有人都會進入被催眠的狀態，用不了幾分鐘，現場的女性就會變得神智不清，有人會掩面啜泣、有人會尖叫著撕扯自己的頭髮，還有些人會歇斯底里地大笑。就在眾人意亂情迷之際，換上絲質繡花長袍的梅斯梅爾會再次進入房間，一邊繞著容器行走，一邊用手中白色的磁力棒摩擦病患的身體，安撫他們的情緒，直到所有人都冷靜下來為止。示範結束後，許多女性都會認為自己之所以會被梅斯梅爾控制，一定是因為他的眼神太銳利，導致體內的磁化水受到影響而起伏。

抵達巴黎幾個月後，梅斯梅爾便掀起了一股旋風，就連路易十六的妻子，法國王后瑪麗・安東妮（Marie Antoinette）都成了他的信徒。即便被維也納醫學界抨擊那又如何，他在巴黎培養的學徒和收治的病患都為他提供了可觀的財富。

梅斯梅爾進一步拓展自己的理論，宣稱磁力可以使所有人類和平共處，此理念在法國大革命期間蔚為風尚。磁性說傳遍了整個法國，許多小鄉鎮都有專做相關實驗的「和諧社團」（Societies of Harmony），但這些社團最後被眾人詬病，因為在自由派人士的刻意引導下，磁性療程都會變成縱情酒色的狂歡聚會。

然而，就在梅斯梅爾的聲望達到巔峰時，一直在研究磁性說的法國某科學委員會發布了一篇報告，稱該學說主張的效果其實是來自癔病與自我暗示。這篇有理有據的報告徹底毀掉梅

麼傻問題？你難道不知道嗎？會堂前來了一隻海怪，牠長了五隻腳、三顆眼睛，下巴還有一撮綠色的山羊鬍！」此時菲韋赫然發現拉比也在人群中，於是便對自己說：「我的老天爺啊！如果拉比也跟著大家一起跑，那就表示一定出事了，畢竟無風不起浪！」菲韋二話不說，伸手抓起帽子便奪門而出，要到會堂一探究竟，口中還不停念道：「真是奇了怪了！」

［奧蘇伯爾編，《猶太民間傳說寶庫》］

斯梅爾在法國的名聲，而他也在此事過後離開法國，並徹底退出醫學界。幾年後，模仿梅斯梅爾的人在歐洲境內如雨後春筍般湧現，磁性說再次崛起，吸引的信眾比起從前有過之而無不及。

重點解析

梅斯梅爾的事業可以分成兩部分來討論，還在維也納時，他確實相信該理論是有效的，也試過用各種方法證明。然而，在經受過無數次打擊和同儕的否定後，梅斯梅爾決定另闢蹊徑。他先是搬到人生地不熟的巴黎，想在這塊陌生的土地讓磁性說生根發芽，接著他利用了法國人喜歡作秀的個性，將自己公寓打造成神祕的幻境，用聲、光、氣味等感官刺激吸引顧客上門。其中最關鍵的一點是團體示範，梅斯梅爾知道磁性效果會在多人進行時發揮效用，因為「相信」這件事是會傳染的，心懷疑竇的人最後勢必會受眾人影響。

梅斯梅爾原本是磁性說最忠實的提倡者，後來卻成了一名江湖術士，用所有騙子慣用的伎倆蠱惑大眾。他最厲害的手段，就是利用了人類在團體情境中極力壓抑的性欲。在團體中，所有成員都想與其他成員結合，這種渴望比文明還古老，而且無時無刻都在蠢蠢欲動，它的擋箭牌就是靠團體的力量。經驗老道的江湖術士一眼就能看出人內心被壓抑的性欲，並利用它為自己牟利。

梅斯梅爾的故事告訴我們一件事情，那就是人類懷疑的本能，以及理性思考的能力，會因為身處團體而煙消雲散。團體的溫度與感染力會讓持懷疑態度的成員投降，而這就是異教賦予你的力量。除此之外，當你利用人們被壓迫的性欲，對方就會誤以為內心的興奮感是源於你的神祕力量。只要學會操縱他人心中渴望淫亂或如異教徒般尚未實現的欲望，你便能掌握無上的權力。

請記住一件事，最好的異教必須融合宗教和科學。你可以將最新的科技發明與崇高的目標、神祕的信仰或新型的療法相互結合，所有人都會爭先恐後討論你新創的流派，並賦予你意想不到的權力。

意象：磁鐵。

一股隱形的吸力會讓被吸引的物體獲得磁性，再去吸引更多物體，最終形成一股超強的磁力。然而，一旦最初那塊磁鐵被拿掉，所有吸力都將不復存在。請成為那塊磁鐵，去吸引眾人的想像力並留住他們的心，當人們聚集在你身邊後，便不會受外力影響而離開。

權威之言：

江湖術士之所以能獲得權力，是因為他們給了眾人一個機會去相信他們想相信的事物……耳根子軟的人在江湖術士面前毫無招架之力，他們圍著這幫騙子打轉，被他們的個人魅力吸引，並在慎重考慮後舉白旗投降，宛如被豢養的牲口。(弗朗切

法則的反轉

我們之所以要培養一幫信眾，除了因為團體比個人好騙，還因為團體能賦予你的權力更多。然而，創立異教也有風險，一旦眾人識破你的詭計，那你要面對的不只是一個受害者，而是一整群憤怒的民眾，他們追隨你時有多熱情，摧毀你時就有多無情。江湖術士每天都活在恐懼之中，他們深知民眾終究會發現萬靈丹根本不靈，自己的理念也只是謊言，所以無時無刻都準備好要溜之大吉，哪怕只慢了一步都有可能丟掉小命。玩弄群眾就像是在玩火，除了要時刻注意懷疑的火花，還必須提防敵人遊說群眾背叛你。在操弄眾人的情緒時，你必須學會隨機應變，迎合團體成員多變的脾氣和欲望。你可以在團體中安排眼線，以掌握最新動態，並隨時做好開溜的準備。

有鑑於此，我會建議你採用逐一攻破的策略。刻意不讓對方接觸到熟悉的環境，這樣做也可以營造身處於團體之中的效果，他們會更願意接受你的建議，也更容易屈服於威嚇。一次只對一個人下手，假設他拆穿了你的詭計，躲一個人也比躲一群人容易。

法則

28

作 風 大 膽

觀點

不確定的事情就不要做，因爲懷疑和遲疑會影響你的執行效率。膽小怕事是高風險的個性，作風應該越大膽越好，如果你眞的因此犯了什麼錯誤，那就用更大膽的方式解決修正問題。人人欽佩勇者，無人尊敬懦夫。

大膽與猶豫：兩種心理狀態的比較

大膽與猶豫會使人對自己的目標產生截然不同的心理反應：猶豫會製造障礙，大膽會排除障礙。了解這個道理後，你就會明白為何我會要你克服怯懦並放膽去嘗試。以下是膽小和怯懦對人的心理產生的幾個最明顯的影響：

大膽的人比較會說謊。所有人都有弱項，所以我們不可能把一件事情做到完美，但大膽的作風可以掩飾人的短處。專業的詐騙犯都知道只要你越敢吹牛，旁人就越會相信你的謊言。你的大膽會讓故事變得更可信，即便當中有不合理的地方，對方也難以察覺。無論是在行騙或談判，永遠都要做到超出自己預期的程度，即便是天上的星星，只要你敢開口和對方索討，他們很多時候也會摘下來送給你。

舉棋不定的人會成為他人的獵物。人類可以察覺到誰是弱勢的一方，假設在初次見面時你就給人留下好說話、願意認輸、不與人爭的印象，那麼即便對方平時是吃素的，他們內心的獅子也會開始蠢蠢欲動。人際互動的基礎是雙方對彼此的看法，一旦對方認為你是習慣採取守勢且樂意協商的老好人，就會毫不留情地欺負你。

大膽之人使人心生恐懼，恐懼催生權威。大膽的行為會放大你的形象，使旁人誤以為你是個有權力的人。若你還能做到迅雷不及掩耳，那其他人便會對你心生畏懼。用大膽的行為嚇阻旁人，使他們產生既定印象，往後他們在和你交手時便會專心防守。

半途而廢與三心二意等於自掘墳墓。若你無法抱著自信去做某件事情，便會處處給自己設限，當問題浮現時，你會變得不知所措，在錯誤的地方尋找答案，在不經意間引發更多問題；

兩個冒險者

通往享樂的道路絕不會帶你走向榮耀！海克力斯之所以能有如此輝煌的成就，是因為他敢於冒險，海克力斯的膽子之大，可以用打遍天下無敵手形容，但下列這則故事的主角足以和他媲美：一名騎士遊俠和冒險者結伴而行，想前往某座城市大展身手。他們才剛出發沒多久，冒險者就看見一張告示，上面寫道：「勇敢的冒險者，若你在尋找所有騎士遊俠都沒有見過的珍寶，那就橫渡前方的激流，接著徒手抱起一尊由石頭雕成的大象，再一口氣爬上聳入天際的山峰之巔。」冒險者讀完告示後說道：「我們不知道這條河流的深淺和流速，不過這不是什麼大問題，但我們為何要搬著沉重的石象登山？這真是個荒謬為了躲避獵人而慌不擇路的野兔更容易掉進陷阱。

猶豫是為對手創造餘地，大膽是不給對手留餘地。當你陷入沉思，旁人也有了思考的餘地。你畏縮的模樣會散發出一種古怪的能量，令旁人為你感到尷尬，並開始懷疑你的能力。

大膽的行事作風會將人逼到角落，在快速與高能量的雙重夾擊下，對方根本沒有時間和空間懷疑或擔心。在誘惑他人時，舉棋不定是最致命的錯誤，因為受害者會開始思考你的意圖。大膽的攻勢會讓對方無暇深思，是誘惑術成功的關鍵。

大膽使你鶴立雞群。大膽的人形象鮮明且充滿活力，膽小的人只會淪為背景。大膽的人能吸引眾人的注意力，受人關注的對象自然能獲得權力。沒有人捨得把眼睛從大膽的人身上移開，因為我們都在期待他的下一個驚人之舉。

遵循法則的案例一

一九二五年五月，法國五大廢金屬交易商獲邀出席一場「政府舉辦」的「機密」會議，要和郵電局副局長討論一些事情，地點在巴黎最高檔的克里雍大酒店。幾名交易商如約抵達酒店頂樓的豪華套房，赫然發現出席的是副局長本人：拉斯提格先生。

他們滿腦子問號，渾然不知為何副局長要召見自己。喝過幾杯酒後，副局長開口說道：「先生們，我們接下來要討論的事情相當緊急，請你們務必保密，政府打算把艾菲爾鐵塔拆了。」幾人聞言後頓時啞口無言，因為他們最近確實在新聞上讀到過這則消息，知道艾菲爾鐵塔早已年久失修。艾菲爾鐵塔原本就是一棟臨時建築（為宣傳一八八九年的世界博覽會而建），

的任務！」根據他縝密的計算，抱起石象只需要四個步驟，但要一口氣抱著它爬到山頂絕非凡人力所能及之事，除非這尊石象小到可以被放在拐杖的頂端，若真是如此，這種險又有什麼好冒的？

冒險家再次開口，他說：「這則告示的內容有詐，一定是為了哄騙小孩而寫的。我先走一步，那尊石象就留給你搬吧。」

理性的冒險家走了，充滿冒險精神的騎士遊俠繼續前行。他閉著眼穿越急流，無論河水再深再急，都抵擋不住他那顆勇敢的心。騎士遊俠按照告示上的文字找到躺在對岸的石象，並一把將它抱起，堅定地朝前方的山丘走去。山丘最高處有一座小鎮，行到此處時，騎士遊俠手上的石象突然發出尖叫，驚動鎮上的居民。

維護的費用一年比一年高，如今法國正面臨財務危機，政府實在無力再負擔數百萬元的維修費用。在許多法國人眼中，艾菲爾鐵塔醜得離奇，他們恨不得它趕緊消失，就連遊客也已經忘記了這棟雄偉的鐵塔。也就是說，艾菲爾鐵塔只需存在於照片和明信片上即可。拉斯提格繼續說道：「先生們，我之所以邀請你們來，是因為政府想邀請你們出價買下艾菲爾鐵塔。」

拉斯提格給每位交易商發了一張由政府印製的表格，上面寫滿各式各樣的數據，包括鐵塔金屬部件的噸數。他們在心中計算了一下，發現這些廢金屬可以為自己賺進大把的鈔票，於是各個都睜大了雙眼。接著拉斯提格請大家坐上豪華轎車，前往鐵塔的所在地。抵達現場後，拉斯提格向工作人員展示自己的證章，接著便帶眾人四處勘查，期間還講述了許多與鐵塔有關的軼事。勘查結束後，拉斯提格感謝眾人出席會議，並希望他們在四天之內將報價寄到他下榻的套房。

幾天後，五名交易商中的P先生收到得標通知，他必須在兩天內帶著面額高於二十五萬法郎（得標總額的四分之一，相當於今天的一百萬美元）的保付支票到酒店套房完成得標流程，而在交付支票當天，他將會收到艾菲爾鐵塔的所有權轉讓文件。P先生興奮極了，因為他即將買下艾菲爾鐵塔，並將這棟醜陋的地標夷為平地，而他的名字也將被載入史冊。然而，就在P先生拿著支票抵達套房門口時，他突然起了疑心。為什麼交易地點是在酒店、而不是政府機關？為什麼期間都沒有任何政府官員聯絡自己？這會不會是一樁騙局？聽著拉斯提格滔滔不絕地講述鐵塔的廢鐵該如何處置，他猶豫了一下，並開始思考是否該退出這場交易。

就在此時，副局長突然開始抱怨起自己的薪水、家中那個總是吵著要買皮草大衣的妻子，

只見眾人高舉雙手朝他走來，一副怒氣沖沖的模樣，但騎士遊俠毫不畏懼，而是決定像英雄般慷慨赴義。後來他才發現居民的反應是出於驚訝，而他作夢也想不到眾人居然會請他接任已故國王的王位。只有敢冒險的人才能成就大事，太精打細算，且對過程中所有難關都斤斤計較的人會因遲疑而錯失良機。大膽的人會抓住機會，去實現更崇高的目標。［拉封丹，《拉封丹寓言精選集》］

做事的時候不要擔心自己考慮得是否不夠周全，在旁人眼中，害怕失敗等於真的失敗……當一個人對自己的才智抱有疑慮，那他無論做什麼都是危險的，此時不要輕舉妄動方為上策。［葛拉西安］

以及自己努力工作卻得不到賞識的窘境，將鐵塔的事徹底拋諸腦後。P先生這才意識到副局長是在向自己索賄，但他沒有感到憤怒，而是鬆了一口氣，因為根據他的親身經歷，法國官員無一例外都會貪汙，所以他可以確定拉斯提格是貨真價實的公務員。重拾信心後，P先生將保付支票交給拉斯提格，還偷偷塞了好幾千塊給他，而對方也呈上相關文件，其中包括一張幾可亂真的憑證。拿到文件的P先生心滿意足地離開酒店，滿腦子想的全都是自己即將收獲的金錢和名聲。

接下來幾天，P先生一直沒等到政府人員來電，這才感覺事態不妙。打了幾通電話詢問後，他終於知道副局長拉斯提格根本就是子虛烏有的人物，政府也沒打算要拆掉艾菲爾鐵塔，他被騙了二十五萬法郎！

此事可以說是詐騙史上最大膽的計畫，要是被外界知道，自己一定會淪為眾人的笑柄，事業生涯也會戛然而止，所以P先生從來都沒有報警。

重點解析

假設拉斯提格伯爵今天要賣的是巴黎凱旋門、塞納河上的橋梁，或是巴爾札克的雕像，一定沒有人會相信他。但艾菲爾鐵塔實在太大了，根本沒人能料到會有詐騙分子拿它當誘餌，而且還是兩次！半年後，拉斯提格如法炮製，用相同的手法「再度」將艾菲爾鐵塔賣給另一名廢金屬交易商，而且這次賺得比上次更多，換算成美金超過一百五十萬元。

規模越大的事物越能蒙蔽眾人的雙眼，因為我們的注意力會被分散，也會忍不住發出驚

胡生的故事

南山山谷裡有一棟簡陋的草屋，是胡生和他的妻子的棲身之處。這些年來，胡生每天什麼事都不做，只是在家讀書……一天胡生的妻子哭著對丈夫說：「我的好丈夫！你讀這麼多書有什麼用？我把大好的青春都用來為他人洗衣縫紉，但自己連一件多餘的棉襖或裙子都沒

嘆，完全無法想像有人會拿這件事當幌子或陷阱。騙人時不僅要有膽量，還要把餅畫得越大越好，不要給自己設任何上限。若倘受害者起了疑心，那就仿效不要臉的拉斯提格，拒絕讓步也不要降價，並趁機哄抬價格，再多敲一筆竹槓。提出要求可以讓對方疲於防禦，他們非但不會因妥協或疑慮而失去信心，還會被你大膽的舉動說服。

遵循法則的案例二

一五三三年，莫斯科大公瓦西里三世（Vasily III，半統一狀態的俄羅斯統治者）在臨終前指定時年三歲的伊凡四世（Ivan IV，瓦西里三世的兒子）擔任他的繼任者，並任命年輕的妻子葉連娜（Yelena Glinskaya）為攝政王，負責輔佐伊凡四世直到他成年並能獨立治國為止。當時的波雅爾（貴族）都樂見瓦西里三世的決定，因為莫斯科大公這些年來一直在擴張自己的權威，試圖染指他們的領地，得知大公的接班人是一名黃口小兒，且攝政王是一名年輕女子後，波雅爾便決定奪回失地、掌控朝政，並好好羞辱皇室成員一番。

葉連娜知道自己的處境凶險萬分，於是便請自己的好友奧伯隆斯基親王（Prince Ivan Obolensky）協助自己治國，但才過了短短五年，攝政王葉連娜就被舒伊斯基（Shuisky）家族的人毒害。舒伊斯基家族是俄羅斯人人聞之色變的波雅爾，葉連娜死後，舒伊斯基家族的幾位親王便控制了政府，還把奧伯隆斯基關進監獄，將他活活餓死。八歲的伊凡從此淪為人見人厭的孤兒，任何關心他的人都會被立刻流放或處死。

伊凡每天都在皇宮內遊蕩，他吃不飽、穿不暖，每天還要躲著舒伊斯基家族的成員，因為

有，而且我已經三天沒吃飯了。我現在又餓又冷，這種日子我實在是過不下去了！」

……聽見妻子的抱怨，胡生闔上書本……站了起來……一句話都不說便出門去了……到了市內最熱鬧的地方，胡生攔下一名男子問道：

「敢問這一帶最富有的人是哪位？」

「當真是個土包子！你居然不認識百萬富翁卞施大人，卞施大人的宅院房頂閃閃發亮，一共有十二重門，就在那邊。」胡生聽後便快步跑到卞施大人家。穿過大門後，胡生隨意拉開客堂的房門，逕直走了進去。見到卞施先生，胡生開口便說：「我需要一萬文本金做點小生意，你把這筆錢借給我吧。」卞施回道：「聽憑尊便，只是這筆錢要送到哪裡呢？」胡生說：「送到安松市集的

他們一見到伊凡就會想辦法虐待他。有時他們會給他換上皇室服裝，逼他拿著權杖坐在王位上，用這種反諷的儀式揶揄他的皇族身分（他們玩膩後就會毫不留情地把伊凡趕走）。一天晚上，舒伊斯基家族的人在皇宮內追逐都主教取樂，都主教情急之下躲進伊凡的房間。沒過多久，舒伊斯基家族的人就找上門來，當著伊凡的面狠狠地羞辱並毒打都主教。

伊凡在整座皇宮中只有一個朋友，他名叫沃龍佐夫（Vorontsov），是一名波雅爾。沃龍佐夫不僅經常安慰伊凡，還會給他提一些建議。一天，舒伊斯基家族的人撞見沃龍佐夫和新的都主教正在與伊凡聊天，於是就打了沃龍佐夫一頓，接著又將都主教的聖袍撕碎，並用力踩了幾腳，最後甚至把沃龍佐夫逐出莫斯科。

眼見朋友受辱，伊凡一句話都沒有說，波雅爾都認為自己的計畫奏效了，他們終於把這個年輕人逼成一個百依百順的傻子了。他們現在再也不用理會伊凡了，甚至可以放任他自生自滅。然而，一五四三年十二月二十九日晚上，十三歲的伊凡突然要求安德烈．舒伊斯基（Prince Andrei Shuisky）到他的寢殿。走進房間後，安德烈赫然發現裡面站滿了衛兵，而伊凡則是用手指向安德烈，命令衛兵立刻將他抓起來。安德烈很快就被處死，他的屍體隨後被丟進皇家犬舍當成尋血獵犬的點心。接下來幾天，伊凡把安德烈的親信一網打盡，並將他們通通發配邊疆。伊凡大膽的行動令所有波雅爾猝不及防，他們全都被這位未來的沙皇——恐怖伊凡（Ivan the Terrible）嚇得不敢輕舉妄動。在過去五年間，伊凡一直在等待時機成熟，他要用最迅速、最大膽的計畫鞏固自己接下來數十年的權力。

貨商手上。」卡施回：「那就交給金貨商吧，他是安松市集裡最大的貨商，你到他那裡取錢就可以了。」胡生說了聲告辭便離開了。

胡生走後，堂內賓客問卡施大人為何要借錢給衣衫破爛的陌生人，他又不是什麼名門望族的成員。卡施大人胸有成竹地回答：「他雖然衣衫襤褸，但講話不拖泥帶水也不低聲下氣，和平日那些既想借錢又想賴帳的人不同。他要嘛是個狂人，要嘛就是對自己的經商能力特別有自信。他的眼神不露懼色、聲音宏亮，絕非凡夫俗子，而是個聰明人，所以我決定相信他。我懂錢也懂識人，人在金錢面前會變得渺小，但他這種人絕對是賺大錢的料，把錢借給他這樣的人才做生意是我的榮幸。」[河太弘(Ha Tae-Hung)，《韓

重點解析

波雅爾無處不在，他們看不起你、忌憚你的野心，為了捍衛自己日益縮水的權力，他們無所不用其極。你必須樹立威嚴並贏得對方的尊重，然而，只要波雅爾察覺到你的膽子越變越大，他們就會開始打壓你。為突破困境，伊凡決定隱藏野心和所有不滿的情緒，並蟄伏在角落等待。等到時機成熟，伊凡決定收買皇家衛兵，此時他們早已恨透了殘暴的舒伊斯基家族，於是便同意伊凡的計畫。一切準備就緒後，伊凡立刻發動攻勢，完全不給安德烈反擊的餘地。

和波雅爾談判等於給對方反擊的機會，只要退讓一步，他們便會利用這一點立足之地將你碎屍萬段。只有突如其來的大膽之舉才能建立你的權威，令他們毫無立足之地；讓懷疑你和鄙視你的人心生恐懼，讓崇尚大膽的人對你心生信任。

遵循法則的案例三

一五一四年，二十二歲的阿雷蒂諾在一個富裕的羅馬家庭中擔任廚工。即便地位如此卑微，但他心中卻懷抱一個作家夢，他想讓自己成為家喻戶曉的名人，但一個奴才到底該怎麼做才能實現自己的夢想。

同年，葡萄牙國王派大使給教宗良十世送來許多禮物，其中最罕見的是一頭大象，這是人們在羅馬帝國時期後見到的第一頭大象。教宗非常喜歡這頭大象，對牠的照顧可謂無微不至。即便擁有教宗的關愛，漢諾（Hanno，大象的名字）最終還是染上不治之症，教宗召集了許多醫生給漢諾看病，他們開了五百磅的瀉藥給牠，但最後還是無力回天。漢諾死後，教

國宮廷祕聞》（*Behind the Scenes of Royal Palaces in Korea*）」

恐懼是放大鏡，它會使人的想法化為現實，心懷恐懼之人一旦認為敵人在想什麼，那件事就有了實體，他們總是因為幻想出各種麻煩而碰上真正的麻煩……大公是我見過對身邊人事物最戒慎恐懼的人，他最怕犯錯，所以也最容易犯錯，就像受驚的野

免容易誤入陷阱一樣。

［雷斯樞機主教］

宗為牠守喪，為了撫慰自己的心靈，他找來大畫家拉斐爾（Raphael），要他為漢諾繪製一幅等身大小的肖像畫。教宗打算將畫掛在漢諾墓前以祭奠牠的靈魂，還要求畫作必須加上這句題詞：「大自然收回的，拉斐爾用畫筆帶回來。」

接下來幾天，一張傳單突然在羅馬流傳開來，上面的內容讓所有讀過的人都忍不住笑了出來。傳單的標題是「大象漢諾的遺願和遺囑」，部分內容如下：「聖十字聖殿主教可得我的膝蓋，這樣你才能模仿我跪拜的模樣……四殉道堂主教可得我的下顎，這樣你在貪汙的時候會更有效率……麥地奇主教可得我的耳朵，這樣你就能清楚聽到眾人在做什麼……格拉西主教性好漁色，所以漢諾把自己最傲人的器官留給了他。」

這張作者不詳的傳單傳遍大街小巷，把羅馬當時有頭有臉的人都罵了一輪，就連教宗本人都沒能逃過一劫。作者把每個人的缺點當成笑料，最後以一篇韻文做結：「一定要和阿雷蒂諾當朋友／因為他當敵人你鬥不過／他三言兩語就讓教宗丟體面／還請上帝顯靈封他嘴。」

重點解析

阿雷蒂諾的父親是個補鞋匠，他自己也只是富豪家的奴才，但卻靠著一張傳單聲名大噪，全羅馬的人都想知道這個膽大包天的年輕人是誰。就連教宗都被他放肆的文字逗得莞爾一笑，最後還給了他一份體面的工作，讓他為教廷服務。他被世人稱為「專打國君的鞭子」，當代權貴人士（包括法國國王和哈布斯堡王朝的皇帝）皆忌憚他辛辣的文字，所以都對他畢恭畢敬。

阿雷蒂諾成名的策略很簡單，當你是個沒沒無聞的大衛，那就撿起石頭去砸巨人歌利亞（Goliath）。你挑的目標越大，注意到你的人越多；你的攻勢越大膽，眾人就越欽佩你。社會有很多勇於思考、但卻沒有膽子將想法公諸於世的人，請你記住，群眾都認同的意見和感受蘊含巨大的能量。尋找最顯眼的目標，大膽地向對方發射你的彈藥，所有人都在等著看這場好戲，而且都會為落水狗（你）加油並獻上榮光和權力。

權力之鑰

絕大多數的人都是膽小的，我們會盡量避免與人對峙或起衝突，並希望討所有人歡心。我們偶爾會想做一些大膽的事情，但卻很少付諸行動，因為我們害怕後果，也擔心別人會對自己產生不好的想法，更不希望自己踰矩的行為會引發敵意。

雖然我們會用為旁人著想，或是不願傷害他人來掩飾自己的怯懦，但事實恰恰相反，我們關心的只有自己、我們害怕的是別人對我們的看法。相較之下，大膽是一種外向的、自在的、不那麼壓抑的特質，所以大膽的人通常都活得比較輕鬆。

我們可以從誘惑他人這件事上看見大膽的優勢：誘惑大師成功的祕訣就是不要臉，卡薩諾瓦的大膽不在於他敢接近自己喜歡的女人，也不在於他敢用露骨的文字奉承她，而是在於他敢徹底拜倒在對方的石榴裙下，並承諾自己願意為她赴湯蹈火，就算是犧牲性命也在所不辭（他也確實會這樣做）。被卡薩諾瓦追求的女性都知道此人對自己毫無保留，這種待遇遠勝過任何讚美的言辭。在誘惑心儀對象的過程中，卡薩諾瓦絕對不會展現出遲疑或懷疑的態

男孩與蕁麻

一個男孩在戶外玩耍時被蕁麻刺了一下，於是便跑回家向媽媽告狀，說他不過是碰了碰那株雜草，沒想到它居然狠狠地扎了自己一下。媽媽告訴他：「孩子，就是因為你輕輕碰了它才會被扎傷，下次你再看見蕁麻，記得一定用力抓住它的葉片，這樣就不會被刺傷了。」做事務必大膽果決。

［伊索，《伊索寓言》］

如何成為愛情贏家

那些用真心給對方留下印象的人，我發現他們的膽子都很小，這種特質或許能打動中產階級，但要想征服全世界的女性，你就必須使用別的武器……我可以代

度，因為他壓根感受不到這兩種情緒。

被人誘惑的魔力來自於一種被席捲的感受，這種感受可使我們暫時脫離自己的身體，並擺脫生活中無處不在的懷疑。一旦誘惑我們的人遲疑了，這個魔咒就破了，因為我們會突然意識到誘惑不過是一種手段，並看見對方刻意的行為，以及他們侷促不安的表情。大膽的行為可以將我們的注意力引導到外部，讓誘惑的幻象能持續存在。大膽的人從來都不會感到尷尬，我們都崇拜這類人，也樂於和這類人來往，因為他們的自信會感染我們，將我們引出內向的自省國度。

天生就大膽的人少之又少，就連拿破崙也是在生死交關的戰場上才鍛鍊出大膽的性格。然而在一般的社交場合上，拿破崙就顯得既膽小又格格不入。拿破崙深知大膽可以增強一個人的形象，即便是像他這樣矮個子也能變成巨人，因此便刻意在所有場合上訓練自己的膽量，最終跨越這道障礙。恐怖伊凡也經歷過相同的階段，他從一個人畜無害的男孩搖身一變，成為權傾一方的政治強人，而這一切的轉變，都始於一根手指頭和一個大膽的計畫。

請務必訓練自己的膽量，因為你日後經常會用到它。鍛鍊膽子的最佳地點就是談判桌上，尤其是在你必須給自己明碼標價的場合上。我們總是不敢要求太多，總是把自己放在較低的位置；哥倫布（Christopher Columbus）當年在要求西班牙宮廷贊助自己尋找美洲的計畫時，曾大言不慚地要求國家封自己為「海軍大元帥」。宮廷最後同意了他的要求，他也如願得到他想要的贊助金額，也就是說，人必自重而後人重之。季辛吉知道在談判時必須大膽提出要求，不斷讓步只為讓己方利益受損，請像拉斯提格一樣，先把自己的價格訂高，然後再層層

替所有女性告訴你，我們都想被稍微粗魯地對待，而不是過分周到地呵護。愛人越是小心翼翼，我們就越放不下自尊去煽動他；男人越是敬重我們的矜持，我們便只能讓他們加倍敬重。我們想告訴所有男人：「請可憐可憐我們，不要高估我們的美德，這樣只會使我們非裝出聖潔的模樣不可……」

女人就算想被愛，也必須極力隱藏這個事實。讓女人可以說出她只向暴力或驚喜屈服，說服她你不會輕視她，你會為她的心負責……只要你肯大膽一點，你倆就能過得輕鬆一些。你還記得拉羅希福可先生最近對你說過的話嗎？他說：「一個理性的男人在談戀愛時可以像個瘋子，但絕對不能像個傻子。」「尼儂，《尼儂的生活、信件與享樂哲

學》(*Life, letters, and Epicurean philosophy of Ninon de Lenclos*)〕

加碼。

切記,膽大和膽小都不是天生的,膽小是一種培養出來的習慣,目的是要迴避衝突。若你發現自己是個膽小的人,那就設法擺脫此惡習。其實作風大膽引發的後果根本沒那麼嚴重,一切都是你的想像力在作祟,相較之下,畏畏縮縮反而會使你走向更糟糕的結局。你的個人價值會不斷降低,最後形成一個由懷疑與災難構成的自我應證循環。絕對不要忘記,如果你因為大膽的行為闖了禍,那你也可以用更大膽的行為隱瞞,甚至是解決麻煩。

意象:獅子與野兔。獅子從不給受害者留餘地,牠的動作迅猛如風,咬合速度快過閃電,力道似泰山壓頂。膽小的野兔為了逃命無所不用其極,但卻慌不擇路,導致自己掉入陷阱,成為敵人口中的美食。

權威之言:要我說,魯莽絕對好過謹慎,因為好運就如同女人。你必須駕馭她、用力量征服她,你會發現她會忽視那些過分冷靜的人,並只願臣服在大膽的人腳下。除此之外,好運也和現實生活中的女人一樣,只和年輕人來往,因為他們的作風更魯莽狂熱,會用更大膽的手段占有她。〔馬基維利〕

法則的反轉

不是所有的行為都奉大膽為圭臬，大膽只是一種策略，必須挑對時機使用。請提前計畫好一切，並將大膽的行為設定為致勝的關鍵。也就是說，既然大膽是必須靠後天學習的反應，那麼你也要學著控制並利用它。如果大膽是你唯一的風格，那你不僅會活得很累，還會給自己惹上各種麻煩。你會冒犯到很多人，這是無法約束自己膽量的人的親身經歷；洛拉．蒙特茲當年就是靠著過人的膽量闖出一片天，甚至還收服了巴伐利亞國王。但她後來也因為不懂得收斂導致自己處處碰壁，當一個人大膽過了頭，就會變成一個看似無情、甚至是瘋狂的人。恐怖的伊凡也深受其害，他的成功是建立在大膽之上，所以他便死死抓住這根稻草，導致他最終成為一個暴戾好虐的人，因為他已經分不清何時該大膽，何時該謹慎。

膽小確實和權力沒有半點關係，但具備假裝膽小的能力是件好事。假裝膽小會是你進攻的武器，你可以用怯懦的假象引誘他人走入陷阱，以便待會用大膽的利爪發動攻擊。

法則

29

計畫要有頭有尾

觀點

做事要有始有終，計畫也必須有頭有尾，你必須考慮可能出現的結局、障礙，以及所有能讓你前功盡棄或將勝利拱手讓人的轉折。有頭有尾的計畫可以讓你不至於被意外殺得猝不及防，並知道何時該終止計畫；深謀遠慮方能引導命運並掌握自身未來。

違反法則的案例

一五一〇年，一艘大船從伊斯帕尼奧拉島（今天的海地與多明尼加共和國）啟航，駛向委內瑞拉，要前往支援被敵人圍困的西班牙殖民地。船隻離港沒多久，躲在補給物資箱裡的巴爾柏便爬了出來。巴爾柏原本是想到新世界尋找黃金，最後卻因為欠錢被債主追殺，無奈之下只能躲進船上的物資箱中。

當年哥倫布帶著黃金國的傳說回到西班牙，巴爾柏聽聞此事後便對這份神祕的財富念念不忘。巴爾柏是第一批追隨哥倫布腳步去尋找黃金國的冒險家，打從一開始，他就堅信自己會是第一個找到黃金國的人，因為他膽子夠大，目標也夠明確。擺脫債主的糾纏後，巴爾柏發誓自己不找到黃金國誓不罷休。

不幸的是這艘船的主人是一名法官，名叫恩西索（Francisco Fernández Enciso），當聽說有偷渡客混上船時，他怒不可遏，並命令巴爾柏必須在他們途經的第一座小島下船。然而，他們還沒來得及碰上任何海島，恩西索就接獲消息，說西班牙軍隊已經棄守殖民地。巴爾柏見機不可失，便對水手講起自己之前到巴拿馬探險的事蹟，還提到當地有黃金的傳說。水手們見錢眼開，紛紛勸恩西索饒巴爾柏一命，並帶著他前往巴拿馬建立殖民地。幾個星期後，他們將新殖民地命名為達連。

恩西索成了達連的首位總督，但巴爾柏可不會輕易讓人偷走自己的計畫，他說服水手推翻恩西索，擁戴自己為總督。恩西索眼看大勢不妙，覺得保命要緊，於是便逃回西班牙。幾個月後，西班牙宮廷派了一名代表到達連，表明自己是官方欽定的新總督，但被眾人拒之門外。

只有極少數人具備深謀遠慮的能力。［克勞塞維茲］

兩隻青蛙

池塘裡住著兩隻青蛙，由於天氣炎熱，池裡的水被曬乾了，牠們只好另覓新家。牠們跳著跳著，突然看見一座深井，裡面還有很多清水。其中一隻青蛙說：「我們跳進井裡，以後就以此井為家吧，這裡不僅可以遮風避雨，還有充足的食物。」另一隻青蛙比較謹慎，牠說：「萬一這口井裡的在回程時，此人因遭遇船難不幸溺斃，但根據西班牙法律，巴爾柏犯了殺人罪，犯罪動機是篡奪職位。

巴爾柏之前靠著一股蠻勁脫險，但現在他榮華富貴的美夢算是徹底破滅了。即便他將來真的找到黃金國，也無法主張任何權利，因為西班牙國王不會將許可狀頒發給一個逃犯。巴爾柏現在只剩下一個選擇，根據當地印第安人的說法，中美地峽的另一端還有一片大洋，他們說只要沿著西海岸往南走，就能抵達一個乍聽之下像是「必魯」的地方，且說那裡遍地都是黃金。巴爾柏決定橫越巴拿馬叢林，成為第一個抵達這片大洋的歐洲人。假設他能以西班牙的名義從那裡出發並找到黃金國，那麼國王為了感謝他為西班牙爭光，一定會撤銷他的罪名。但他必須抓緊時間，趕在西班牙派來捉拿他的士兵抵達前出發。

一五一三年，巴爾柏率一百九十名士兵出發，在抵達地峽中間地帶時（約九十英里處），只剩下六十人還活著，逾半數的士兵都死於叢林嚴苛的環境，諸如吸血蟲、暴雨、熱病等。皇天不負苦心人，巴爾柏終於在山頂處看見一片碧藍的海水，成為首位見到太平洋的歐洲人。幾天後，他身著鎧甲、拿著卡斯提亞的旗幟走進太平洋，宣稱此處所有海域、土地與海島都是西班牙國王的財產。

當地的印第安人見到巴爾柏後紛紛獻上黃金、珠寶、珍珠等他之前從沒見過的好東西。巴爾柏問他們這些金銀財寶是從哪裡來的，他們都說是來自南方的印加。此時巴爾柏身邊只剩寥寥幾名士兵，於是他決定先返回達連，並將在此地收獲的黃金和珠寶運回西班牙當作證物，請國王派大軍征服黃金國。

水也被曬乾，那我們該怎麼逃出來呢？」無論做什麼事都要先考慮後果。［伊索，《伊索寓言》］

無論你在計畫什麼，都要有始有終。神通常都會先讓人瞥見轉瞬即逝的快樂，然後再徹底毀掉他。［希羅多德，《歷史》］

巴爾柏橫跨中美地峽、發現新大洋、想征服黃金國的消息傳回西班牙，他瞬間從眾人唾棄的罪犯變成英雄。國王立刻任命他擔任這片新土地的總督，然而，在巴爾柏的好消息傳回西班牙之前，宮廷早已經派出一支由達維拉（Pedro Arias Dávila，又名佩卓亞斯，Pedrarias）領軍的艦隊，目的是將他繩之以法並接管達連。佩卓亞斯抵達巴拿馬後才得知巴爾柏已獲得特赦，並且將和自己共同治理殖民地。

巴爾柏這邊也不好過，征服黃金國是他此生最大的夢想，為了這個目標，他出生入死過好多回，現在他居然要和一個新來的傢伙共享財富和榮耀，這讓他無法忍受。沒過多久，巴爾柏就發現佩卓亞斯是個心胸狹隘之人，而且對現狀也極為不滿。巴爾柏別無選擇，只能向佩卓亞斯提出請求，要求他分配一批士兵和造船的材料和工具給他，以便他們在西海岸打造艦隊，再揮兵攻打印加。誰都沒料到佩卓亞斯居然會同意巴爾柏的計畫，可能是因為他覺得對方不可能會成功吧。這次橫跨地峽又犧牲了數百名士兵，原本打算用來造船的木材也因潮濕而腐爛，但巴爾柏絲毫不露懼色，他在西海岸就地取材，利用當地的木材造船。然而，由於人手不足，加上士兵們各個元氣大傷，根本無力進攻印加，巴爾柏只能再次鎩羽而歸，返回達連。

後來佩卓亞斯邀請巴爾柏一起制定討伐印加的計畫，在營地附近，巴爾柏見到之前和他一起橫跨地峽的老友皮薩羅。皮薩羅帶了一百名士兵，一見到巴爾柏就下令將他逮捕，並帶到佩卓亞斯面前受審。幾天後，巴爾柏被佩卓亞斯安了個叛亂的死罪，和自己一幫忠心的追隨者共赴黃泉。皮薩羅在幾年後找到秘魯，巴爾柏的功績則徹底被世人遺忘。

國王、信徒、御醫

很久以前，韃靼利亞有一位國王，某天國王和幾名貴族走在路上，突然看見一名蘇菲派的信徒。信徒大聲說道：「誰願意給我一百個第納爾，我就給他一則實用的建議。」國王停下腳步問道：「好信徒，你要用什麼實用的建議跟我換一百個第納爾？」教徒回答：「大人，只要把錢給我，我就會立刻說給你聽。」國王把錢交給他，並準備洗耳恭聽。信徒說道：「我給您的建議是：無論做什麼事情，都要先想想結局。」聽到這番言論，貴族們和在場的民眾都笑了，並說他事先收費是正確的選擇，但國王卻說：「這位信徒給我的建議很好，你們不應該取笑他，所有人都知道三思而後行，但我們每天都會忘記這個道理，因而

重點解析

大多數人的行為都是由心主導的，而不是由腦袋主導的，這些人制定的計畫都不夠明確，一旦碰上了什麼困難，他們只能隨機應變。然而，光靠即興發揮根本撐不了多久，實現目標唯一的方法是事先規劃和有始有終，沒有替代方案。

巴爾柏的終極夢想是榮耀和財富，但他並沒有一個明確的計畫。他大膽的事蹟，以及發現太平洋的豐功偉業之所以會被世人遺忘，是因為他犯了權力遊戲的大忌：半途而廢，忘了關上機會的大門，讓旁人有機可乘。一個人若是真的掌握了權力，做起事來就會格外謹慎，並預見到遠方的危險，也就是想來分一杯羹的對手，以及那些被「黃金」二字吸引過來的禿鷹。巴爾柏應該在征服秘魯後再公開印加的祕密，這是唯一能保住他小命和財富的方法。在佩卓亞斯踏上達連土地的那一刻，任何一個兼具權力和頭腦的人都會設法除掉對方，或是把他囚禁起來，接管他的軍隊去征服秘魯。但巴爾柏是個只活在當下的人，他的反應總是太過情緒化，也缺乏深謀遠慮的能力。

如果所有的成果和榮耀都會被別人收割，即使擁有全世界最偉大的夢想又有什麼意義？不要被模糊不清且結局不明的夢想沖昏了頭，請制定一套有始有終的實踐計畫。

遵循法則的案例

一八六三年，普魯士首相俾斯麥審視了歐洲當前的局勢，認為英國、法國和奧地利是歐洲三大勢力，普魯士不過是德意志聯邦下的一個邦國。當時的奧地利是聯邦中實力最強的國

必須承受各種苦果，我覺得這位信徒提出的建議很有價值。」國王決定把這則建議牢牢記在腦中，並命人用金漆將這句話寫在宮殿的每面牆上，甚至還把它刻在銀盤上。

不久後，宮中有人密謀暗殺國王，他收買了國王的御醫，允諾對方只要他將塗滿毒藥的手術刀刺進國王的胳膊，便會讓他擔任宰相。定期放血的時候到了，御醫將銀盆放在國王的手臂下盛血，盆中的文字立刻映入御醫的眼簾：「無論做什麼事情，都要先想想結局。」這時他才想到，這名奸人如果真的當上國王。一定會先除掉自己，這樣他就不必兌現自己的諾言。

國王見到御醫渾身發抖，便開口問他發生了什麼事。御醫當下就將事情全盤托出，幕後的

家，其目標是讓德意志各邦保持積弱不振的狀態，使他們無法團結，只能聽命於自己。在俾斯麥心中，普魯士絕對不只是奧地利的奴僕，而且一定會扭轉歐洲的歷史。

俾斯麥先是和丹麥宣戰，奪回普魯士過去的領土什勒斯維希－霍爾斯坦，於此同時，俾斯麥很清楚普魯士獨立引發的騷動會使英法兩國坐立難安，於是便慫恿奧地利參戰，宣稱奪回什勒斯維希－霍爾斯坦是為了奧地利的利益著想。然而，在戰爭勝利後，俾斯麥卻要求將征服的土地劃分到普魯士名下，奧地利政府氣急敗壞，但最後還是妥協了，答應先將什勒斯維希劃分給普魯士，並在一年後將霍爾斯坦賣給普魯士政府。此事過後，奧地利弱，普魯士強的態勢大致底定。

俾斯麥的下一步棋相當大膽，一八六六年，他說服普魯士國王威廉一世退出德意志聯邦，此舉無異於和奧地利正式宣戰。即使王后、普魯士儲君和德意志其他邦國都極力反對戰爭，但俾斯麥絲毫沒有退讓，而是讓衝突直接升級，最後憑藉優越的兵力在普奧戰爭中勝出。獲勝後，威廉一世和普魯士將領都想直搗維也納，盡可能搶下越多領土越好，但俾斯麥卻換上一副和平使者的臉孔，出言阻止眾人。最後俾斯麥和奧地利簽署協約，讓普魯士和其他德意志邦國獲得完全的自主權。現在普魯士終於能以德意志第一強權自居，並建立北德意志聯邦。

英法兩國紛紛將俾斯麥看成匈人阿提拉（Attila the Hun）的翻版，並擔心他可能想將歐洲政治局勢重新洗牌。俾斯麥一旦進入征戰模式，根本沒有人知道他何時會停下腳步，而三年過後，他也確實開始挑釁法國。一開始，俾斯麥先是假意允許法國併吞比利時，卻又在最後

主使也立刻被抓了起來。事後國王將當天和他一起外出的人都找進宮裡並告訴他們：「你們現在還要笑那名信徒嗎？」〔沙阿，《夢想大篷車》〕

當一個人想從預言家口中窺見未來，就等於放棄了內在對未來事件的直覺洞察，而這種洞察比預言家的預言準確一千倍。〔班雅明（Walter Benjamin）〕

一刻改變心意。俾斯麥用這種反覆無常的策略惹火法國當時的皇帝拿破崙三世，接著又煽動自家國王和法國反目。不出眾人意料，普法戰爭於一八七〇年爆發，剛成立的北德意志聯邦也加入戰局對抗法國。這場戰爭只打了幾個月便分出勝負，贏家是戰爭機器普魯士與其盟友。雖然俾斯麥不想瓜分法國的任何領土，但在眾人的遊說下，亞爾薩斯-洛林地區最終還是成為聯邦的一部分。

在「鐵血宰相」俾斯麥的治理下，普魯士終於成了歐洲人人聞之喪膽的怪獸，一年後，俾斯麥建立德意志帝國，由普魯士國王擔任開國皇帝，他自己則以親王自居。然而，帝國建立後，俾斯麥再也沒有發動過任何一場戰爭，令眾人跌破眼鏡。此時歐洲幾個強國都在其他大陸掠奪殖民地，但俾斯麥卻嚴格限制德意志帝國在外建立殖民地，因為他認為德意志需要的不是更多土地，而是更穩定的政權。俾斯麥的後半生致力於維持歐洲的和平，阻止更多戰爭爆發，許多人都認為他變軟弱了，但他們都不明白和平正是他計畫的最後一步。

重點解析

很多人在進攻時都不知道自己何時應該收手，這是因為他們對自身目標沒有具體的認知。這些人在獲勝後會想得到更多，並覺得停下腳步（也就是達成原訂目標後便停手）是違反人性的做法，但其實維持權力才是最重要的事。贏家如果不知道收斂，往往會引發負面的效應，導致自己由盛轉衰。避免這種情況唯一方法就是制定有始有終的計畫，你要像奧林帕斯山上的眾神一樣，撥開層層雲霧，預見未來和所有事物的結局。

俾斯麥進入政壇後心中只有一個目標：建立一個由普魯士領導的德意志邦國。他之所以和丹麥開戰，並非為了收復失土，而是想激起普魯士人的民族主義，和統一國家的決心；他之所以要和奧地利兵戎相見，是為了讓普魯士能夠獨立（所以他才會拒絕瓜分奧地利的領土）。俾斯麥煽動法國和自己開戰旨在統一德意志諸國，讓眾人同仇敵愾對付法國，以便將來能建立一個大一統的德意志帝國。

達成原定的目標後，俾斯麥便立刻收手，他從不讓勝利的喜悅沖昏自己的腦袋，也不會因抵擋不住誘惑而變得貪得無厭。俾斯麥緊緊握住治國的韁繩，每當軍事將領、國王，或是人民要求他率領軍隊出征，他都會勸眾人稍安勿躁。他想創造一個和平的美好局面，而且絕不允許有人來打亂他的計畫，每當身邊的人被喜悅蒙蔽雙眼，進而要求他做一些超越原訂目標的事，他都會斷然拒絕。

> 據經驗判斷，一個人若能預見未來勢必得採取的作為，那麼等時機到來時，他便能以迅雷不及掩耳的速度完成。
>
> ——樞機主教黎希留

權力之鑰

根據古希臘宇宙學，所有神祇都有預見未來的能力，祂們能看見一切事物，連最小的細節都不放過。而人類只能做命運的犧牲者，永遠受困於當下的時空與自己的情緒，只能看見近在眼前的危機。一些英雄，如奧德修斯，天生就有先見之明，因此可以提前做好計畫。他們似乎是與命運抗爭之人，與神擁有相同的能力，可以決定未來的發展。這樣的比喻放在現今社會依然行得通，那些深謀遠慮，能不疾不徐地完成計畫的人，在我們眼中根本就像是神。

由於大多數人都被局限於眼前的處境，無法運用先知先覺的能力來制定計畫，所以能無視當下危機與享樂的人便掌握了權力。人類的天性是等到事情發生後再做反應，但這種權力能扭轉人的天性，讓我們能後退一步，跳脫視野的囿限，想像在我們看不見的地方發生的事情。很多人都以為自己能預見未來，也覺得自己的想法和計畫是超前的，但他們通常是被自己的欲望蒙蔽，看見的不過是他們想要的未來。這些人的計畫其實不夠明確，是建立在幻想之上，而不是以現實當基礎。他們可能以為自己已經考慮到了結局，但他們不過是將注意力放在皆大歡喜的結局上，並用自身欲望自欺欺人。

西元前四一五年，雅典入侵西西里島，他們信心滿滿，認為這次遠征將為雅典帶來無盡的財富和權力，還能結束打了十六年的伯羅奔尼撒戰爭。他們沒想到遠渡重洋作戰的風險、沒想到被侵門踏戶的西西里人居然會頑強反抗、沒想到雅典的敵人居然會聯合起來對付自己、沒想到他們的軍力會被多方爆發的戰線削弱；西西里遠征對雅典來說根本就是一場災難，讓這個盛極一時的文明走向滅亡。雅典之所以會碰上此劫，是因為他們忽略理性，任由感性主導一切，他們只看見勝利的榮光，卻沒意識到潛伏在遠方的危險。

法國雷斯樞機主教對政治家的陰謀有獨到的見解，也知道大多數人失敗的原因，並針對此現象做過簡單的分析。他曾在一六五一年計畫要反抗法國王室，沒想到年輕的路易十四有天突然率眾朝臣離開巴黎到別的城市居住。由於在國王身邊密謀造反的壓力實在是太大了，所以雷斯樞機主教等人都因宮廷離開首都而鬆了一口氣。然而，此事最後卻成了他們失敗的關鍵，理由是離開巴黎之後，宮廷反而有更多應變的空間。雷斯樞機主教後來寫道：「人犯錯常見的原因，是因為太忌憚眼前的危險，但又不夠忌憚遠在天邊的危險。」

若我們能在蟄伏於將來的危機剛成形時就將其揪出，人生一定能少犯很多錯誤；要是我們能事先知道自己的計畫雖然能迴避掉一些小危險，但卻會讓我們將來碰上巨大的危機，便可以立刻喊停。一個人的權力，有很大一部分是來自於你選擇不做的事情，而不是你做了什麼事，例如決定不去做一些可能讓你惹上麻煩的蠢事。行動前要先擬好詳細的計畫，別讓不清不楚的計畫給你帶來麻煩。這世上以喜劇收尾的事少，以悲劇做結的事多，不要讓幻想中的完美結局左右自己的決定。

一八四八年的法國總統大選其實是下列兩號人物的角力場：來自保守派，做事中規中矩的梯也爾（Louis Adolphe Thiers），以及來自右派，擅於煽動人心的卡芬雅克將軍（General Louis Eugène Cavaignac）。眼看己方支持度遠遠落後卡芬雅克，梯也爾開始苦思究竟該派誰上場。此時他赫然想起大將軍拿破崙的後人路易．波拿巴（Louis Bonaparte），雖然路易只是國會裡的一個小角色，能力和才智也低得可憐，但由於法國人民都渴望被強人領導，所以路易光憑名字就能當選。梯也爾打算將路易當成傀儡，等時機成熟後再一腳把他踢下台。計畫的第一部分進行得很順利，路易當選法國總統，票數遙遙領先對手，但梯也爾卻沒考慮到一個變數，那就是這個「白痴」其實是個胸懷野心之人。三年後，路易解散國會並自立為皇帝，接著又統治法國整整十八年，把梯也爾和保守黨嚇得說不出話來。

正所謂成敗論英雄，結局才是最重要的。你想達成的目標一定要夠明確，而你也一定要無時無刻將其謹記在心。除此之外，你還得提防想竊取你的成果的禿鷲，更要小心別讓可能出現的危機打亂你的陣腳。俾斯麥之所以能克服這些危機，就是因為他的計畫有始有終，無論遇到什麼危機，他都會堅守自己的路線，也絕不允許有人搶走自己的功勞。然而，在達成自己預設的目標後，俾斯麥就立刻成了一隻縮頭烏龜，這種自制力簡直跟神明沒有兩樣。

當你能未雨綢繆，並一路計畫到終點，你就不會被情緒左右，也不會產生想隨機應變的念頭。只要思慮足夠明確，你便不會感到焦慮，也不會搞不清楚狀況（這兩點正是導致大多數人失敗的主因）。簡而言之，你要堅定地朝目標前進，絕對不要偏離終點。

意象：奧林帕斯山上的眾神。眾神在雲層之上觀察凡人的一舉一動，祂們看見偉大的理想最終將化為災難和悲劇，並嘲笑凡人只能看見眼前的事物，還不斷編織美夢欺騙自己。

權威之言：人絕對不應該仿效蘆葦，蘆葦最初都是筆直生長，但後來可能是因為感到疲累了……長出密集的結節，表示它已經失去最初的勇氣和動力。我們做事必須保持輕

> **柔和冷靜這兩個原則，保留一口氣以面對危機、保留衝刺的精力以便在最後一刻完成任務。事情最初都是由人主導，並由人的力量操控，然而，很多時候，當事情開始運轉，事情本身就成為主導，推著我們前進。〔蒙田〕**

法則的反轉

每一個謀略家都知道計畫一定要有備案，還要能靈活變化，這早已是老生常談了。現實也的確是這樣，不懂變通的人將無法應付命運突如其來的轉折。當你已經審視過所有可能性，也決定好目標後，下一步就是制定預備方案，並對能通往相同終點的其他路線抱持開放的態度。

然而，因為計畫無法變通而失敗的人畢竟是少數，絕大多數人還是敗在計畫不夠明確，以及遇事太傾向隨機應變。有鑑於此，反轉本法則的意義其實不大，因為不思考未來並計畫到最後一刻確實沒有半點好處。若你是個深謀遠慮之人，就會知道未來充滿變數，學會因地制宜是必要的，唯有目標足夠明確且計畫足夠縝密的人才有調整路線的自由。

法則

30

舉 重 若 輕

觀點

你的每一個動作都必須看來渾然天成，還要不費吹灰之力；請隱藏你流的每一滴汗水，做的每一次練習，使用的每一個小技巧。務必做到舉重若輕這四個字，絕不要讓人知道你有多努力，這樣只會引人疑竇。別讓旁人得知你的獨門祕技，以免旁人用同樣的招式對付你。

遵循法則的案例一

茶道在日文又被稱為「茶之湯」，是一項歷史悠久的技藝。西元十六世紀，茶道宗師千利休將這門藝術發展到極致。千利休不是貴族，但卻憑著一身本領成為豐臣秀吉的御用茶師和美學顧問，最後甚至還涉足政界，千利休成功的祕訣就是渾然天成這四個字，他從不讓人看見自己在背後下了多少苦工。

一天，千利休帶著兒子到熟人家中泡茶，千利休的兒子看見主人宅邸古色古香的大門，便對父親說此門透露出一種侘寂的感覺。千利休則說：「我不以為然，此門應該是來自遠處山上的寺廟，搬運到此處想必花了不少錢吧。」如果這棟房子的主人連一扇門都要花這麼多工夫裝飾，泡茶的儀式一定更加鋪張浪費。果然，主人沏茶時裝模作樣過了頭，導致千利休不得不提前離席。

還有一次，千利休在朋友家喝茶，兩人聊到一半，主人突然站起身來，提著燈籠到院子裡摘了一顆酸果。千利休被主人的行為吸引，後來才得知對方準備了一些茶點，摘酸果不過是突發奇想的舉動，目的是要給茶點增添風味。不久後，對方端上一盤由大阪運來的和菓子，配上剛剛摘採的酸果，千利休這才明白朋友早就已計畫好要用酸果搭配糕點，剛剛提燈籠摘酸果根本不是什麼即興之舉，而是巧妙的算計。千利休頓感厭煩，於是便婉拒了主人的好意，隨便找了個藉口離開。

有次豐臣秀吉和千利休約好了要到千利休家泡茶，在約定的前一晚，天空飄起雪花，千利休見狀立刻拿來幾個蒲團，依序擺放在通往主屋的庭院石階上。隔天千利休起了個大早，發

繪畫宗師狩野探幽

伊達政宗請狩野探幽在一對七呎高的金屏風上繪畫，狩野探幽表示黑白水墨畫比較適合這對屏風，並回家思考該畫什麼東西才好。隔天，狩野探幽一早就來到伊達政宗家中，他先是磨了一大盆墨水，接著取出一塊馬蹄鐵，將其蘸上墨水，蓋滿其中一面屏風。隨後狩野探幽又拿出一枝大毛筆，在蹄鐵印隨意畫了好幾條直線，此時伊達政宗突然出現，想看看狩野探幽畫了什麼，他只看了一眼就忍不住罵道：「一對好好的屏風就這樣被你浪費了。」隨即扭頭走回自己的寢室。伊達政宗的僕從說主公是真的動怒了，狩野探幽回道：「他不應該打擾我作畫，而是要靜候作品完成。」他一邊說，一邊拿出一枝較小的毛

現雪已經停了，便小心翼翼地將蒲團收起來。豐臣秀吉抵達後立刻被眼前的景象迷倒，只見地上露出數個圓形石階，上面一片雪花都沒有。他當然知道這是千利休的手筆，但又敬佩他做得如此不著痕跡，讓客人只看到這絕美的迎賓之景。

千利休的理念深深影響日本茶道，德川家康的兒子德川賴宣相當推崇千利休，他宅邸的庭園有一座由大師製作的石燈籠，武將酒井忠勝聽說後便問德川賴宣自己能否前往欣賞。德川賴宣答應了，並要求園丁將庭園好好整理一番。這些園丁對茶道一竅不通，認為石燈籠的窗口太小了，一點都不符合大眾的美，於是便請當地工匠把窗戶鑿開一些。就在酒井忠勝即將來訪的前幾天，德川賴宣在庭園中巡視，赫然發現石燈籠的窗戶被改大了。德川賴宣勃然大怒，準備一刀砍死這個擅作主張毀掉石燈籠的蠢貨，因為他破壞了酒井忠勝想欣賞的東西。

德川賴宣冷靜後才想起自己買了兩座一樣的燈籠，另一座就放在自己位於紀州島上的宅邸。德川賴宣花了大錢租了一艘捕鯨船，還聘請了最厲害的划槳手，要他們在兩天內將石燈籠運回來。這項任務相當艱鉅，水手們日夜不分拚命划船，最後在老天的幫助下順利完成任務。德川賴宣看見石燈籠後內心相當滿意，因為這座燈籠過去二十年來都被閒置在竹林深處，不僅沒有被人破壞，還布滿了一層青苔，看起來更有歲月的痕跡。當天稍晚的時候，酒井忠勝來到德川賴宣府上，對石燈籠發出不可思議的讚嘆，因為它的美超出了自己的想像，其外型不僅雅致，還能和背景融為一體，但他渾然不知德川賴宣為了營造這絕色的景致下了多少苦工。

筆，在屏風上東畫一橫，西添一豎，只見蹄鐵印像變魔術一樣化作螃蟹，大毛筆揮灑出的直線則變成燈心草。接著狩野探幽在另一半屏風上潑滿墨水，並拿小毛筆細修，勾勒出一行大雁飛過柳樹的畫面。伊達政宗看見成品後滿心歡喜，止不住地稱讚狩野探幽的畫技，他當初有多嫌棄這幅畫作，現在就有多喜歡。［桑德勒（A. L. Sadler），《日本茶道》（*Cha-No-Yu: The Japanese Tea Ceremony*）］

摔角大師

有一名摔角大師精通三百六十種佯攻和格擋的技巧，他特別喜歡自己的一名徒弟，於是便把三百五十九種技巧都傳授給他，但一直保留了最後一招。幾個月後，這名學徒練就一身

重點解析

在千利休看來，最高級的美是自然而然，甚至是近乎意外流露出的優雅，這種美是無預警的、看似不費吹灰之力的。美麗的事物都是自然法則的產物，人類若想營造出這樣的美，就必須投入大量的精力和腦力，若營造美感的過程被人發現，那麼美也就不復存在了。特意從遠處運來的木門，以及從樹上摘下酸果的行為都過於刻意了。

很多時候，我們確實會需要用策略和創意營造某些效果（如雪地中的蒲團、划船的水手），但你絕對不能讓觀眾看到這些過程，也不能讓他們察覺你花了多少心思在這上面。大自然不會讓你看見它創造美的手法，若你想模仿自然的力量，最接近的方式就是舉重若輕。

遵循法則的案例二

逃脫術大師胡迪尼的表演主打「不可能的可能」，看過他表演的觀眾也都認同這句話，並認為他的表演徹底顛覆人類的認知和能力。

一九〇四年，倫敦某劇院高朋滿座，四千名觀眾都趕來欣賞胡迪尼的表演，要看他如何掙脫全世界最牢固的手銬，伯明罕工匠花了五年研發這副手銬，它一共有六道鎖，且每隻手銬都有九個制動栓。負責檢查手銬的專家說他們從沒見過如此精密的儀器，還說絕對沒有人可以掙脫這副手銬。

觀眾親眼見證專家將胡迪尼的雙手銬住，並看著他爬進一個全黑的櫃子裡。時間慢慢流逝，眾人越等越久，都認為這名逃脫大師今天將敗在這副手銬之下。期間他甚至還從櫃中走

高強的本領，在擂台上所向披靡。他對自己的實力相當有自信，甚至在蘇丹面前自吹自擂，說要不是因為自己尊師重道，早就把師父打個屁滾尿流了。

蘇丹聽到這番不敬的言論後相當生氣，於是立刻安排了一場比賽，並邀請所有朝臣出席觀戰。

比賽開始，只見年輕學徒大喊一聲後便朝大師撲了過去，結果卻被對方用第三百六十招打倒在地。大師一把將徒弟抓起，往台下一丟，蘇丹和眾朝臣紛紛拍手叫好。

蘇丹問大師他究竟是如何打敗這麼強勁的對手，大師說自己其實留了一手，為的就是應付像今天這樣的緊急狀況。接著大師感嘆起一個對學生傾囊相授的射箭大師，說他曾向自己抱怨道：「我教過的每

出來，要求專家暫時將手銬取下，好讓他脫掉斗篷，因為裡面實在是太熱了。專家擔心胡迪尼想偷看開鎖的方式，所以拒絕了他的要求。胡迪尼用身體將斗篷翻到肩膀上，接著用嘴巴從背心口袋咬出一根摺疊刀，最後靠扭動頭部把斗篷的繫繩切掉。擺脫斗篷後，胡迪尼不慌不忙地重新鑽進櫃子裡，眾人紛紛拍手叫好，稱讚他流暢靈活的動作。

胡迪尼這次又讓觀眾等了好一陣子，等再次從櫃子中走出時，他早已恢復自由之身，並用雙手高高舉起手銬。時至今日，依然沒有人知道他究竟是如何掙脫手銬。雖然胡迪尼花了近一個小時才完成任務，但他的臉上卻沒有露出絲毫擔心的神色。胡迪尼確實是為了讓觀眾感到緊張而拉長時間，因為這樣才能突顯出這場表演有多困難，而抱怨櫃子溫度太高也是假的。看過他表演的人一定都會感到自己被他玩弄於股掌之上，並覺得他好像是在告訴眾人「這副手銬根本就是小兒科，我大可以用更短的時間掙脫，就算給我更牢固的鎖鏈我也不怕」。

胡迪尼這些年來做過的表演如下：用鎖鏈把自己和「海怪」（擱淺在波士頓鄰近海灘的半章半鯨生物）的屍體綁在一起並設法逃脫；把自己裝進巨型信封，並在不弄破信封的狀態下離開信封；穿過磚牆；用吊車把自己懸掛在空中並設法掙脫束縛衣；把自己的手腳綁住，從橋上跳進冰冷的河水；用掛鎖鎖住雙手，在觀眾的注視下在水箱中（看起來）憋氣近一小時，期間還要設法掙脫束縛。他的每一場挑戰都像是在找死，但每一次他都能用超人的沉著解除危機。胡迪尼對自己逃脫的手法守口如瓶，就連一點細節也不透露，觀眾和評論家只能自己去猜測，而他的名聲和權力也因此日益增長。有次胡迪尼讓一頭重達一萬噸的大象在觀眾面

一個學生最後都把我當成笑柄。」［詩人薩迪（Saddi）說過的一則故事，由蕭在《權力之術》中引述］

前憑空消失，而且連續表演了十九週，這可能是他最令觀眾費解的一場表演。沒有人真的解釋過大象消失的原理，因為表演的場地有限，根本躲不了一頭大象。

由於胡迪尼每次掙脫束縛都看似不費吹灰之力，一些人便認為他動用了神祕的力量，讓他能以超強的精神力控制自己的身體。德國逃脫術專家克萊平尼（Kleppini）表示胡迪尼之所以這麼厲害，是因為使用了道具，還說自己在荷蘭和他比過手銬掙脫並勝出。

胡迪尼對這些猜測從來都是不予置評，但他絕不允許有人公然說謊，於是便在一九〇二年向克萊平尼發出戰帖，要和他比一比掙脫手銬的技術。克萊平尼接受挑戰，並偷偷派出間諜，查出胡迪尼最愛用的一副法國密碼鎖手銬的密碼。克萊平尼打算當天指定使用這副手銬，並在掙脫束縛時順便拆穿胡迪尼，向眾人證明這名掙脫術「天才」不過是用道具作弊的騙子。

不出克萊平尼所料，比賽當天胡迪尼提出由他挑選要使用哪副手銬，還允許他到後台測試手銬。克萊平尼選擇使用密碼鎖手銬並走到後台，幾秒鐘後，他再次出現在觀眾面前，心想這次自己贏定了。

此時胡迪尼似乎感覺到其中有詐，便拒絕給克萊平尼上銬，並在台上跟他吵了起來，兩人最後甚至還扭打在一起。幾分鐘後，怒氣未消的胡迪尼還是將克萊平尼銬了起來，然而，就在克萊平尼努力想掙脫手銬時，他突然發現情況有點不對勁，明明自己幾分鐘前才打開過這副手銬，但相同的密碼此時突然失效了。克萊平尼滿頭大汗，不停思考該如何擺脫困境。幾小時後，所有觀眾都已離席，一臉狼狽且精疲力盡的克萊平尼只能開口求胡迪尼解開手銬。

只見胡迪尼用「***F-R-A-U-D***」（英文，意思是**騙子**）這個密碼打開手銬，但克萊平尼幾分

不要讓人知道你有多大的能耐，智者若想獲得眾人的崇敬，就會設法讓自己的智慧和能力顯得深不可測。他會讓你見證他的智慧和能力，但不會讓你理解其運作原理。沒有人可以得知智者能力的極限，因為得知真相只會使人失望；沒有人有機會徹底了解智者，因為當眾人都不知道智者的天分是否有窮盡之時，便會開始猜測和懷疑，並越發崇拜他。〔葛拉西安〕

鐘前明明用「*C-L-E-F*」（法文，意思是**鑰匙**）解開同一副手銬，他完全不知道對方究竟是在何時修改了密碼。

重點解析

雖然我們無從得知胡迪尼究竟是如何一次次掙脫束縛，但有一件事是肯定的：他的能力絕對不是源自玄學或魔術，而是在舞台下刻苦的努力和無數次的練習。胡迪尼從不碰運氣，他每天都在研究各種鎖頭的原理、古今中外的魔術手法，以及教導機械學的書籍。他把做研究以外的時間都用來鍛鍊身體，除了將肉體的靈活度保持在最佳狀態，還要練習控制肌肉與呼吸。

胡迪尼年輕時曾和一位日籍表演者一起巡迴演出，並從他身上學到一個古老的技法：吞下象牙球，再將球完完整整地取出。胡迪尼用削了皮的馬鈴薯球綁上繩子充當象牙球，並練習用喉嚨的肌肉吞吐馬鈴薯球，直到肌肉強壯到可以隨意移動小球為止。倫敦手銬挑戰的主辦方曾徹底搜查過胡迪尼的身體，但卻沒有檢查他的喉嚨，最後他就是用藏在喉嚨裡的小工具解開手銬。但這不代表克萊平尼對胡迪尼的評論是正確的，胡迪尼能掙脫束縛，不是因為他用了工具，而是因為練習、苦功和研究。

克萊平尼被胡迪尼狠狠耍了一把，這整件事情都是他的計謀，他刻意讓對方得知法國手銬的密碼，這樣克萊平尼上台時就會選用這副手銬。當兩人在台上打成一團時，胡迪尼趁亂用高超的手法將密碼改成「*F-R-A-U-D*」，而這一招胡迪尼早已私下苦練了好幾個星期。胡迪尼從來都不緊張，而是設法讓觀眾緊張，他會故意延長掙脫的時間，營造懸疑感，讓觀眾坐立難安。他永遠都能用最泰然自若的表情脫離險境，讓人覺得他彷彿掌握了超能力。

當你掌握了權力，就必須在眾人看不到的地方拚命研究、拚命練習，讓所有人只看見你最好的一面。不要讓人看見你一派輕鬆的表象下藏著多少汗水和苦功，有人會認為這種坦白可以彰顯自己的勤奮和真誠，但事實是這樣會讓人覺得你能力不足，好像所有人都能透過練習和努力達到你的境界，或是你可能無法勝任這份工作。你的努力和技巧只能讓自己看見，這樣你才能像神明一樣泰然自若，因為沒有人知道神的力量來自何處，他們只能看見神蹟。

> 寫一行（詩）可能要花上好幾個小時；若不能使其看來像是即席之作，那麼所有縫補拆解的工夫都將付之東流。
>
> ——葉慈（William Butler Yeats），《亞當的詛咒》（*Adam's Curse*）

權力之鑰

在接觸到大自然後，人類才知道權力是什麼：天空中的閃電、突如其來的洪水、凶殘迅猛的野生動物，這些力量不需要思考也不需要計畫，它們來得毫無預兆、來得優雅從容，卻又能主宰我們的生死。直到今天，人類依舊想模仿原始自然的力量。透過科學和科技，我們重現了自然的速度和奧祕力量，但卻捕抓不到其精髓，因為人類發明的機器運作的聲音和動作都太大了，總給人用力過猛的感覺。人類最偉大的發明，其實都是在向最流暢、最舉重若輕的事物致敬。孩子有一種神奇的力量，他們能用特殊的魅力誘惑成人，使我們順著他們的意思行事，所以我們才會覺得兒童雖然想法不如大人成熟，卻比大人多了分從容自若。當然，返老還童是不可能的，但我們可以模仿這種從容的表象，讓旁人像敬畏大自然那樣由衷地讚嘆我們的表現。

首位探討此原則的歐洲作家來自文藝復興時期的宮廷，一個與大自然背道而馳的環境。文藝復興時期詩人卡斯蒂廖內的《廷臣論》（*The Book of the Courtier*）於一五二八年出版，書中以系統化的方式記錄完美朝臣該有的言行舉止。卡斯蒂廖內說，這些言行舉止都必須透過「**深思熟慮過的即興之舉**」（*sprezzatura*）表現；此說法起源於藝術界，意思是用看似不費吹灰之力的姿態完成極為困難之事。他敦促朝臣要「勤加練習，無論做什麼事，都要透露出一種漫不經心的感覺，隱藏其背後蘊含的所有藝術，並設法讓自己的言行舉止看起來毫不造作又得心應手」。當我們看到有人完成了不起的成就時，自然會產生欽佩之情，倘若對方的手法渾然天成，應對進退既得體又得宜，我們更是會心悅誠服，「然而……要是對方做得相當吃力……費了九牛二虎之力才完成，搞得自己灰頭土臉，優雅盡失，我們的崇敬之心也會大打折扣」。

文藝復興時期的藝術家有一個特點，那就是絕對不會讓人看見未完成的作品，他們展現在世人面前的，必定得是完美的成品。即便是教宗本人要求觀賞未完成的作品，米開朗基羅一定也會斷然拒絕。就算是贊助人來訪，這些藝術家也不會打開工作室的大門，更別說是民眾了。他們這麼做，並不是因為害怕或膽怯，而是擔心未完成的作品曝光，會損及他們天才的美譽，破壞掉他們刻意營造的從容與自然之美。

文藝復興時期畫家瓦薩里是史上第一名藝術評論家，他經常揶揄過度熱中於透視法的畫家烏切洛，因為他在作品中展現的透視改良技法太過明顯，導致成品看起來既醜陋又刻意，反而被透視效果毀掉。當舞台上的表演者用力過猛時，我們也會做出同樣的反應，因為這樣會使幻象破滅，令人坐立難安。冷靜從容的表演者會給人一種平靜的感覺，營造出一種幻象，好像他們不是在表演，而是在做自己，讓人絲毫感受不到他們舉手投足背後的苦功和練習。

深思熟慮過的即興之舉與權力的每一種形式都有關聯，因為權力的基石就是表面工夫和幻象。你可以把自己在公開場合的行為視為藝術品：你的一舉一動都必須引人注目，還要能創造期望，甚至是娛樂眾人。一旦將作品的運作機制公之於眾，你就會立刻淪為凡夫俗子，因為人不會佩服自己能理解的事物，而是會覺得自己如果有錢有閒一定也能做到。所以，請不要急著讓群眾知道你有多聰明，隱藏自己的聰明才是真的聰明。

塔列朗將這個概念應用於日常生活中，在不經意間提升了自己的權力。塔列朗從來都不是埋頭苦幹型的政治人物，他會把工作（如監視、研究、分析等）交由他人代勞，讓自己永遠都是一派輕鬆的模樣。每當間諜向他回報近期將會發生哪些事件，他便會在社交場合上提到這些事，裝出一副**先知先覺**的模樣，而人們也會讚嘆塔列朗的高瞻遠矚。塔列朗說話妙語如珠，且經常能一語中的，這其實都要歸功於事前的研究和深思熟慮。在外人眼中（包括拿破崙），塔列朗似乎擁有用不完的權力，這就是他做事舉重若輕營造出來的效果。

我會勸你隱藏做事的訣竅還有一個原因，那就是旁人可能會利用這一點對付你，一旦你洩漏機密，就會失去沉默的優勢。想將自己的成就公諸於世是人之常情，我們都希望自己的努力和聰明才智能受到表揚，以滿足自身虛榮心。在花了這麼長時間才達到今天的成就後，我們甚至還會希望旁人同情自己。請克制自己，不要說出這種廢話，因為這些話通常只會引發反效果。請記住，你的行為越神祕，旁人就越覺得你擁有了不起的力量。在他們眼中，你是唯一能勝任這份工作的人，而這項專屬的天賦將讓你獲得無窮的權力。最後，由於你是在不費吹灰之力的狀態下完成壯舉，所有人都會覺得你要是再努力一點，一定能取得更高的成就，所以他們的崇拜中還會帶著一點畏懼的成分，完全不知道你的能力是否有極限。

意象：賽馬。從近距離觀察，我們可以看見騎師用盡全身力量控制胯下的坐騎，並聽見他粗重的喘息。坐在觀眾席上，映入我們眼簾的卻是一人一馬用優雅的姿態飛馳而過，只要保持一段距離，旁人看到的就會是你泰然自若的模樣。

權威之言：無論做什麼事，只要露出一副漫不經心的表情，旁人便會認為你具備高超的技巧，哪怕只是微不足道的小事，眾人也會覺得你成就了一番豐功偉業，因為當一個人能用熟練的手法完成一件事，就表示他還有更多看家本領還沒使出來。〔卡斯蒂廖內〕

法則的反轉

保守祕密時一定要把握輕鬆隨意的原則，強硬的態度會給人留下不舒服或近乎神經質的印象，顯得你將這件事情看得太重要。胡迪尼會用趣味的方式隱藏魔術的手法，就好像這也是表演的環節一樣。我確實說過不要將半成品示人，但如果你把作品包得太緊，就會像蓬托莫一樣，把時間都浪費在遮遮掩掩上，最後把自己逼瘋，所以無論如何都不要忘了保留一點幽默感。

有的時候，把創作過程展示給眾人看對你是有利的，但這取決於觀眾的品味，以及你身處的時代。巴納姆知道來看他的表演的觀眾都想參與其中，也知道向大家揭露戲法背後的原理能取悅觀眾，因為這種做法等於是給拒絕向民眾透露自身權力來源的人一巴掌，十分符合美國的民主精神，此外，觀眾也相當欣賞表演者的幽默感和開誠布公的態度。巴納姆甚至還把自己招搖撞騙的事蹟寫進自傳裡，並在自己事業達到巔峰時發行販售。

只要你先制定好計畫，適時地**稍稍**透露自己的竅門和技巧，而不是口無遮攔地全盤托出，那你就是個聰明人。你的觀眾會產生錯誤的優越感，還會認為自己也參與了這場表演，但只有你知道他們看見的不過是九牛一毛。

法則

31

掌控選擇權：由你當莊家

觀點

最高明的騙術就是讓對方誤以爲自己有選擇權，受害者會覺得自己能掌控局面，但他們不過是你的魁儡。你給對方的每個選項都要對自己有利，讓他們只能兩害相權取其輕，而你無論如何都能從中獲利。要逼得他們左右爲難，無論前進或後退都會受傷。

遵循法則的案例一

伊凡四世（即恐怖伊凡）即位後便面臨一個棘手的問題：俄羅斯亟需改革，但他缺乏推動改革的權力。波雅爾是他行使權威的最大絆腳石，這些貴族可以說是國家的實際統治者，也是農民最害怕的階層。

一五五三年，二十三歲的伊凡身患重病，他在病床上交代遺言，要波雅爾效忠未來的沙皇（也就是他的兒子）。眼見有些人遲遲不肯表態，甚至還有人直接拒絕他，伊凡這才知道自己根本控制不了這幫貴族。伊凡病癒後內心一直謹記一件事情：波雅爾想將他除之而後快。事實確實是如此，在往後幾年間，許多有權有勢的波雅爾紛紛投靠敵人的陣營（波蘭和立陶宛），準備將來推翻沙皇。就連伊凡最好的朋友庫爾布斯基（Andrey Kurbski）親王也突然和他反目，於一五六四年投靠立陶宛，成為伊凡的敵人。

後來庫爾布斯基揮軍入侵俄羅斯，伊凡本就搖搖欲墜的政權現在更是危如累卵，俄羅斯西邊有惹事的流亡貴族、東邊有步步逼近的韃靼人，內部還有波雅爾在興風作浪。俄羅斯一望無際的國土現在成了伊凡的惡夢，因為他根本無法應付來自各方的敵人，守住一邊，另一邊就會門戶大開。只有擁有絕對的權力，他才能在同一時間剷除各方敵對勢力，而這正好就是伊凡的硬傷。

伊凡在城堡中苦思對策，終於在一五六四年十二月三日做出決定。那天早上莫斯科的人民看見克里姆林宮前排滿上百架雪橇（上面載滿金銀財寶和足夠整個宮廷使用的物資），並親眼見證沙皇與眾朝臣步上雪橇，浩浩蕩蕩地離開莫斯科，前往南方的一個小村莊。接下來一

德意志帝國首相俾斯麥經常被菲爾紹（Rudolf Virchow，病理學家兼自由黨政治人物）批評，有次他終於受夠了，便命人去向菲爾紹下戰帖，要和他決一死戰。菲爾紹回道：「身為被挑戰方，我有權決定該用什麼武器，這是我的選擇。」只見菲爾紹拿起兩根外觀一模一樣的香腸並說：「這兩根香腸其中一根被注射了致命的細菌，請您轉告首相大人，讓他先吃一根，我再吃另一根。」俾斯麥聽到菲爾紹的回覆，便宣布取消決鬥。［費迪曼編，《名人軼事錄》］

個月，一種肅殺的氛圍籠罩莫斯科，所有人都害怕伊凡一去不回，自己只能任嗜血的波雅爾擺布。在那段期間，所有商店關上門不做生意，每天都有暴動發生。終於，一五六五年一月三日，沙皇來信告訴眾人他再也受不了波雅爾的背叛，並決定正式退位。

使者宣讀完信件後，眾人群情激憤，把沙皇退位的決定怪罪在波雅爾頭上。他們怒氣沖沖地走上街頭，把貴族們嚇得不知所措。沒過多久，一支代表教會、親王和人民的使團前往伊凡落腳的村莊拜訪沙皇，懇求他相忍為國，繼續擔任俄羅斯的領導人。伊凡拒絕了他們的請求，但卻在幾天後提出兩個選項：第一，他們必須賦予自己治理國家的絕對權力，且波雅爾不得干預朝政；第二，他們可以再找一個沙皇。

在這道內戰與獨裁的單選題中，幾乎所有階級的人都「選擇」讓沙皇伊凡四世以強人之姿回歸莫斯科，重建法律和秩序。同年二月，伊凡在眾人的夾道歡迎下回到莫斯科。從此以後，俄羅斯人民只能默默忍受伊凡各種獨裁的行徑，因為當初是他們自己將這項權利交到他手上的。

重點解析

恐怖伊凡陷入一個兩難的境地，若他選擇退讓，波雅爾便會重創俄羅斯，但堅守立場勢必會引發內戰，讓俄羅斯面臨另一種災難。即便戰爭的贏家是伊凡，經歷戰爭摧殘的俄羅斯也將變得民不聊生，分裂的情況也會比以前更嚴重。當年他為了重拾權力下了一步大膽的險棋，但現在再使用同樣的策略只會對自己不利，因為敵人勢必會用更劇烈的手段回應。

騙子

很久以前，亞美尼亞有一個好奇心旺盛且喜歡新鮮事物的國王，他派出傳令官向全國人民宣布：「亞美尼亞的人民聽令！你們當中要是有人能證明自己是亞美尼亞最膽大包天的騙子，就能獲得國王御賜的純金蘋果！」消息傳開後，一大堆人從境內各地的村莊湧向王宮，他們來自不同的階級，有王子、商人、農夫、祭司、窮人、富人、高武力恫嚇最大的缺點就是會引發仇恨，而仇恨引發的反應最終會將你的權力蠶食殆盡。伊凡在運用權力這方面頗具創意，他知道唯有佯裝退讓才能得到自己想要的東西。他不打算使用強迫的策略，而是要給人民兩個「選項」，要嘛他退位，讓國家進入無政府狀態，要嘛人民讓他獲得絕對的權力。為了增強策略的效果，伊凡還演了一齣戲，昭告天下他更傾向退位，並說：「我可以兌現我的承諾，但後果你們自負。」最後當然沒有人敢要求他退位。他躲到鄉下不過才一個月，俄羅斯就深刻感受到沙皇退位會引發的災難（包括韃靼入侵、內戰、國家覆滅等），伊凡死後，這些災難也確實降臨了，俄羅斯進入「混亂時期」（Time of the Troubles）。

退讓和失蹤是控制選項的經典策略，具體做法是先讓對方感受到你走後會發生什麼事，再提出另一個「選項」，告訴對方你可以放他們自生自滅，也可以回歸，讓一切恢復原樣，但前提是他們必須同意你提出的條件。用這種方式控制選項，對方就會選擇能讓你獲得權力的方案，因為他們無法承受另一個結局。你其實是在間接控制他們，因為乍看之下他們確實有選擇的權力，而當人們覺得自己有選擇的權力，你就可以輕鬆引誘他們走進陷阱。

遵循法則的案例二

十七世紀法國交際花尼儂的情人都來自名門貴族，他們出手闊綽、說話幽默風趣，不僅待她如平輩，還會滿足她各種過分的要求。相較於結婚，尼儂更喜歡這種周旋於男人間的生活方式。一六四三年，尼儂二十三歲，她的母親驟然離世，連一點財產都沒有留給她。不知如

個兒、矮冬瓜、胖子、瘦子等族繁不及備載。亞美尼亞從來都不缺騙子，他們紛紛向國王展示自己的謊言，但身為國王的他早已聽過各種謊言，眼前這些人在他看來根本就算不上最厲害的騙子。

沒過多久國王就膩了，即便還沒選出優勝者，他也想立刻取消比賽。此時，一個穿著破爛、腋下夾著一個陶壺的窮人來到國王面前。

國王問道：「你要幹什麼？」窮人用有點疑惑的口吻說：「大人！您該不會是忘了吧？您欠我一罐黃金，我今天是來向您討債的。」

國王說：「你是個厲害的騙子！我根本就沒欠你錢！」窮人回：「我是個厲害的騙子嗎？那您把金蘋果給我吧！」

國王知道眼前這個人想愚弄自己，於是便搪塞道：「不，你不是騙

子！」窮人又回：「那您倒是把欠我的一罐黃金還我啊！」國王知道自己現在進退兩難，於是只能將金蘋果交給對方。[唐寧（Charles Downing），《亞美尼亞民間故事和預言》（*Armenian Folk-tales and Fables*）]

何是好的尼儂加入修道院，在這段期間內不再和那些虛幻的情人聯絡。一年後，尼儂離開修道院並移居里昂，她再次現身巴黎已是一六四八年的事。才剛回到花都，尼儂家門口就擠滿了尋芳客和追求者，人數甚至比以前更多。這幫男人之所以這麼喜歡尼儂，是因為她是全法國最聰明、最熱情的交際花，所有人都在期待她再次回歸。

然而，他們很快就發現尼儂的行事作風變了，她創造了一個新的選擇系統。想和尼儂共度春宵的王公貴族依舊可以掏錢消費，但只有尼儂能決定今天要和誰過夜。也就是說，這些人只是花錢買了一個機會，即使尼儂決定一個月只陪伴他們一次，他們也不能有異議。

不想當「**付費客**」（payeur）的男人可以加入「**殉愛者**」（martyr）的行列，以朋友的身分造訪她的公寓，聽她發表機智的言論或吹奏樂器，又或者是和當代法國最傑出的文人共處一室，如莫里哀、拉羅希福可、聖-艾雷蒙（Saint-Évremond）等。然而，殉愛者也不是完全沒機會和尼儂親密接觸，她會定期在這群人中選出一名「**男寵**」（favori），此人不用付錢就能成為尼儂的枕邊人，但只要她覺得時間到了（可能是一週，最長不會超過幾個月），就會毫不留情地拋棄男寵。付費客不可能成為男寵，但殉愛者也不一定能進階成男寵，有可能他終其一生都只能當個殉愛者。詩人沙勒瓦勒（Charles Charleval）就是這種殉愛者，他從沒得到尼儂的青睞，但卻總是會到她的住處拜訪她。

法國民眾得知尼儂的顧客分級系統便開始大肆抨擊她，認為這朵交際花讓當今的王太后與宮廷蒙羞，但這些攻擊非但沒有澆熄追求者的熱情，反而助長了他們的數量和欲望。這些男人皆以付費客的身分為榮，讓尼儂可以繼續在奢華的沙龍中過上舒適的生活，他們會陪著她上劇院看戲，有時也會獲准能和她共度春宵。殉愛者的身分更尊貴，他們不需要付錢就能陪在尼儂身邊，且即便機會再渺茫，他們也有可能進階成男寵，光是這一點就足以讓所有年輕貴族血脈賁張，因為他們都聽說過尼儂的技巧舉世無雙。無論年齡大小、也無論是單身或有家室，男人們紛紛跌進尼儂編織的溫柔羅網中，無論他們選擇當付費客或殉愛者，尼儂都能從中得利。

重點解析

交際花可以享受到已婚女性無法享受到的權力，但她們的職業風險也很明顯。從本質上來看，顧客付費後便等於擁有交際花，他可以決定什麼時候占有她，什麼時候拋棄她。此外，交際花年紀越大，顧客的數量就越少，所以為了避免晚景過於淒涼，她必須趁著年輕時累積大量財富。交際花貪財是眾所周知的事，這種個性反映出的其實是一種實際的需求，但卻會降低交際花的吸引力，因為男人都希望女人渴望得到自己，若性伴侶對錢的興趣更大，疏離的感覺便會油然而生。當交際花年老色衰，她的命運便會陷入絕對的困境。

尼儂最怕的就是自己必須仰人鼻息而活，她一開始也是跟情人平起平坐的，但後來她決定再也不做這種沒格調的事情。說也奇怪，她新創的分級制度似乎更受追求者的歡迎，付費客必須付錢沒錯，但他們能否得到相應的服務卻要看尼儂的心情，這種刺激感是他們在其他交際花身上得不到的：尼儂只會在有欲望時會選擇屈服。殉愛者因為不用付錢，所以認為自己高付費客一等，身為尼儂追求者大軍的其中一員，他們都有機會升格成男寵，體驗和尼儂共

摩根的父親老摩根（J. P. Morgan Sr.）對一名珠寶商朋友說自己想買一個珍珠製的領巾別針。幾週後，這名珠寶商偶然間買到一顆漂亮的珍珠，便將其鑲在一個氣派的底座上，寄給老摩根，還附上一張五千美元的帳單。隔天包裹被退了回來，老摩根還在裡面放了一張紙條、一個信封，紙條上寫道：「我喜歡別針，但不喜歡別針的價格，如果你願意接受我用信

赴巫山的極致歡愉。最後，尼儂從不規定追求者必須加入哪個類別，他們可以根據自己的喜好「自行選擇」，也算是給他們保留最後一絲男性的尊嚴。

當你給人選項（即便這種選擇權只是一種假象），你便能獲得權力，因為你是莊家，對方只能接受你發的牌。恐怖伊凡給了人民兩個選擇，其中一項有可能讓他失去所有權力，但尼儂則創造了兩個對自己都有利的選項。她既可以從付費客那邊獲得金錢，也可以從殉愛者身上獲得至高的權力，也就是打造一個專屬的後宮，並從中挑選自己的露水情人。

這套體系的關鍵要素是機會，無論再渺茫，殉愛者還是有機會變成男寵。將財富、榮耀或感官滿足納入選項，讓受害者認為自己有可能得到這些事物，他們便無法拒絕你的提議。哪怕只有一絲希望，人也會願意接受最荒唐的情境，因為希望代表最重要的選項：夢想。只要拋出選擇的假象，再加上將來有可能飛黃騰達的承諾，即便是最頑固的人也會被你蠱惑，乖乖走進陷阱。

權力之鑰

「自由」、「替代項目」與「選擇」，常常給人一種可能性眾多的錯覺，讓你感覺自己將獲得好處，但當你仔細檢視選項，便會發現其中暗藏諸多限制，無論是在股市、選舉亭內，或是職場上皆是如此。我們通常只有甲與乙這兩個選項，但只要我們腦中還隱約覺得自己是有選擇的，便不會注意到其他消失的選項。我們「選擇」相信遊戲是公平的，相信我們不受任何限制與約束，但卻不願去思考自己擁有幾分選擇的自由。

封裝著的四千美元支票，那就將裝有別針的盒子原封不動寄回來。」珠寶商怒不可遏，隨手便將支票給撕掉，但當他打開盒子想取回珍珠別針時，赫然發現裡面根本沒有別針，只有一張五千元的支票。［費迪曼編，《名人軼事錄》］

我們之所以不願思考選項的數量，是因為太過自由會令人感到焦慮。「無限的選項」的確代表無限的希望，但也會令我們麻木，不知從何選起，有限的選項反而能安定人心，而這就給了有心人士行使騙術的機會。

只要把一些選項攤在某人眼前，他便不會相信自己其實受人操弄或蒙蔽。他們無法理解你表面上是在讓他行使自由意志，但實際上卻是在操弄他的意志。因此，當你在施展騙術時，務必給對方有限的選項。有句話是這樣說的：只要你有辦法誘騙鳥兒自己進籠，牠的歌聲就會格外優雅動聽。

以下是一些「控制選項」最常見的幾個手法：

渲染選項。這是季辛吉最常用的手法；季辛吉是尼克森總統任內的國務卿，他不僅認為自己掌握的情報比總統多，還覺得在大多數情況下，他一個人就能做出對國家最有利的決定，但如果他想決定國家政策走向，天生缺乏安全感的尼克森一定大發雷霆。季辛吉的解決方案如下：他會對每種情境提出三到四個解決方案，並讓他最支持的方案看起來像是最佳解。季辛吉這招屢試不爽，尼克森從沒懷疑過自己會被季辛吉牽著鼻子走。如果你的上司也是個生性不安之人，那麼渲染選項就是對付他的最佳手段。

強迫選擇。艾瑞克森醫師是美國一九五〇年代的催眠療法先驅，他認為病患復發是最棘手的難題。他治療的病患恢復速度通常都很快，然而，他們表面上雖然接受催眠療法，但內心卻相當抗拒，導致他們沒過多久就會復發並怪罪醫生，最後索性再也不來看診。為了預防這種情況，艾瑞克森會**強烈建議**一些病患復發，藉此破壞他們的信心，讓他們回到最初的狀態。

聽見醫生提出此選項後，病患通常都會「選擇」不復發，而這也正中艾瑞克森的下懷。

此手段適用於兒童，或是其他喜歡和你唱反調的人，透過向他們推銷你不喜歡的選項，引導他們「選擇」你想要的結果。

改變競爭環境。一八六〇年代，洛克菲勒計畫打造一個石油壟斷企業，然而，一旦他開始收購小型石油公司，所有人都會知道他想做什麼並拚死抵抗。於是他便轉而祕密收購專門運輸石油的鐵路公司。後來某間石油公司拒絕被洛克菲勒收購，他便告訴對方運輸石油需要鐵路，自己只要拒絕為他們提供服務，或是提高運輸費用，他們的生意就完了。洛克菲勒改變了競爭環境，讓所有小型石油公司只能選擇他提供的選項。

你的競爭對手知道自己是被迫接受你提出的選項，但這不會影響大局。此手段可以用來對付那些會與你抗爭到底的人。

削減選項。十九世紀末藝術商沃拉爾（Ambroise Vollard）將此策略發揮到極致。沃拉爾的店裡有塞尚（Paul Cézanne）的作品，每當有顧客要來看塞尚的畫，他就會拿出三幅給他們欣賞，但刻意不提價格，最後假裝睡著，讓訪客不得不離開。他們隔天通常再次登門造訪，表示想再看一下昨天的畫，但此時沃拉爾卻會拿出比較普通的作品，假裝忘記他們昨天看的是哪幾幅畫。顧客們雖然感到困惑，但還是會耐著性子欣賞這些畫，並表示自己要回去再想想。幾天後他們又會找上門來，沃拉爾也會故技重施，再拿出一些品質更差的作品，只是這次顧客們都會搶著買單，因為他們知道明天沃拉爾只會拿出更差卻更貴的作品。

此手段還有一個變體，那就是每當買家遲疑或過了一天就提高價格，此談判策略對猶豫不決的人最有用，他們會誤以為自己今天談到的條件一定比明天好。

在懸崖上踟躕不前的人。只要控制選項，你便能輕易操弄意志薄弱的人。雷斯樞機主教是法國十七世紀的煽動大師，也是奧爾良公爵（Duke of Orléans）的私人助理。奧爾良公爵生性優柔寡斷，要他做決定簡直就像要了他的命一樣，他會猶豫不決並權衡利弊，直到最後一刻才拍板定案，是所謂「皇帝不急，急死太監」的最佳寫照。雷斯樞機主教想出了一個治他的方法，那就是列出所有危險，並把事態說得越嚴重越好，直到公爵認為所有選項都會讓他墜入深淵，而唯一的救命稻草就是雷斯樞機主教提出的建議。

此策略與「渲染選項」有異曲同工之妙，但面對意志力薄弱的人，你必須表現得更強勢。設法挑動他們的情緒，用恐懼迫使他們採取行動，一旦你嘗試說之以理，他們的拖延症就會立刻發作。

創造同謀關係。這是經典的詐騙技巧，具體做法是誘惑受害者從事不法活動，利用罪惡感將你們綑綁在一起，當他們成為詐騙計畫的一分子並犯罪（或以為自己犯了罪，詳情請見〈法則3〉格齊爾的故事）後，你就可以輕輕鬆鬆操弄對方。活躍於一九二〇年代的法國詐騙專家史塔夫斯基（Serge Stavisky）讓政府參與了自己的詐騙計畫，結果全國上下沒有一個人敢起訴他，只能「選擇」對他的罪行而不見。若某人能在你的詐騙計畫失敗後對你構成威脅，那就設法讓此人成為你的同夥，這些人倒也不用真的涉入太深，只要和不法的勾當有一絲牽連，你就能縮限他們的選項，並讓他們三緘其口。

進退維谷。薛曼將軍（General William Sherman）在美國南北戰爭期間曾率軍穿越喬治亞州，並用計讓邦聯軍陷入進退維谷的窘境。雖然薛曼行軍的方向相當明確，但由於他將兵力分散成左右兩翼，所以邦聯軍根本摸不準他會從左翼或右翼發動攻勢，讓他們往哪裡逃都不對。在法庭攻防戰中，律師特別喜歡用維谷策略，他們會讓目擊證人在兩種案件詮釋中選擇一種，但其實兩種說法都能推翻他們的證詞。證人必須回答律師的提問，然而無論他們怎麼回答都對己方不利。使用此策略的關鍵是速度，不能讓受害者有時間思考脫身的方法，讓他們無論前進或後退都只能掉進你的陷阱。

切記，在和敵人過招時，傷害對方有時是必要的手段，假設你揍了他們一拳，就要做好挨打（被報復）的心理準備，但如果對方的不幸是由**自身行為**招來的，他們就會默默承受。當伊凡出走莫斯科並搬到鄉村居住時，人民懇求他回歸，還答應他會賦予他絕對的權力。在接下來的幾年，無論伊凡頒布的政策有多殘暴，百姓都沒有真正恨過他，因為當初是他們自己將權力交到他手上的。所以說，讓受害者自己做選擇，並拒絕透露這些選項是你給的永遠是最明智的做法。

意象：一對牛角。

公牛用角將你逼入角落，如果只有一根牛角，你或許還能逃走，但一對牛角能將你死死困住，無論你左閃或右躲都難逃被尖角刺傷的命運。

權威之言：
人受的傷與遭遇的種種不幸，如果是因為自己的選擇招致的，便不會這麼痛，但如果是別人引起的就另當別論。〔馬基維利〕

法則的反轉

控制選項主要是為了不讓人知道我們在行使權力或施加懲罰，所以對權力基礎還不夠穩固，以及一舉一動都會引來懷疑、仇恨、憤怒的人來說，此策略絕對是首選。即便你的地位不可撼動且權勢滔天，在大多數情況下，直接且強硬地行使權力都不是明智之舉，讓對方誤以為自己有選擇是較為得體且有效的策略。

然而，限制他人的選項有時也會縮限自己的餘地，在某些情況下，讓對手有自由發揮的空間反而對你有利。你可以偷偷觀察對方在做什麼，並趁機蒐集情報，計畫接下來該如何欺騙他。十九世紀銀行家羅斯柴爾德特別熱中於此道，他認為不該控制對手的行為，因為這樣你就看不見他們的策略，也無法制定有效的反擊計畫。他現在給對方的發揮空間越多，日後發動的攻勢就越猛烈。

法則

32

善用人們的幻想

觀點

人們對眞相總是三緘其口，因爲眞相是醜陋且引人不快的。除非你已經做好準備面對眾人因幻想破滅而產生的怒火，否則千萬不要訴諸眞相與現實。人生很艱難，若有人可以量產動聽的故事、捏造美麗的幻夢，大家便會像在沙漠中發現綠洲那樣將他團團圍住。只要你能利用群眾的幻想，便能獲得無上的權力。

遵循法則的案例

威尼斯自古以來都是一座繁榮昌盛的城邦，因此居民們都覺得自己是天選之人。在中世紀和文藝復興全盛時期，威尼斯獨霸與東方交易的權利，並累積了足以傲視歐洲各國的財富。在共和政府的領導下，威尼斯人過著絕大多數義大利人都無法理解的自由生活。然而，威尼斯的好運在十六世紀戛然而止，並隨著新世界的發現轉移到大西洋沿岸的國家，先是西班牙與葡萄牙，接著是荷蘭和英國。威尼斯的經濟實力根本無法與這些國家抗衡，其帝國也漸漸沒落，而壓垮駱駝的最後一根稻草，則是一五七〇年土耳其從威尼斯手中奪走賽普勒斯島。

威尼斯的貴族紛紛宣告破產，銀行也一間間倒閉，人民臉上都透露出陰鬱絕望的神色。眾人都知道威尼斯共和國光明璀璨的歷史，有些人曾親身經歷過，有些人是從長輩口中聽說。威尼斯從巔峰跌落到谷底的速度之快，讓所有居民都倍感羞辱，但他們隱約覺得命運的女神只是和他們開了個玩笑，威尼斯很快就能重拾昔日的榮光。但窮困潦倒的威尼斯人民當下究竟該如何自處呢？

一五八九年，威尼斯境內有謠言稱煉金術大師布拉加迪諾（Il Bragadino）即將抵達威尼斯，據說此人能用神祕的物質讓黃金成倍增生，並靠著這項能力累積了大量財富。關於這位神祕客的謠言不脛而走，因為就在前幾年，一名本地貴族途經波蘭，並在那裡聽到一則寓言，說威尼斯只要找到一名煉金術士，便能再次獲得榮光與權力。因此，在聽說布拉加迪諾擁有數不盡的黃金（他手上永遠都把玩著金幣，居住的豪宅裡也擺滿了黃金製品）後，眾人紛紛開始做起白日夢，認為威尼斯復興的關鍵就是布拉加迪諾。

母獅的喪禮

獅王的妻子驟然離世，所有動物都前來弔唁這位王室成員並安慰獅王，但卻令牠更加悲痛欲絕。獅王宣布了喪禮的時間和地點，屆時獅王的朝臣亦會出席維持喪禮的秩序，並按照賓客的階級給牠們安排位置。喪禮當天王國所有動物都出席了，獅子可沒有什麼宮廟，所以獅王的哭號聲只能響遍整個洞穴，動物們見狀也發出各式各樣的嚎叫。宮廷就是這樣的地方，臣子們或難過或高興或淡然，牠們所有的情緒都是為了迎合當朝的君王，即便牠們內心裡不是這樣想的，也必須做做樣子，模仿君王的喜怒哀樂。俗話說得好，一顆腦袋可以使喚上千具身體，恰恰證明了人不過是機器罷了。言歸正傳，在場的賓客只有威尼斯最有名望的幾個貴族世家紛紛趕到布雷西亞（布拉加迪諾居住的城市），他們參觀了布拉加迪諾金碧輝煌的宅邸，還親眼見證他將一把看似毫無價值的礦物轉化成重達數盎司的金粉。威尼斯元老院立刻舉辦辯論，商討是否該用公帑正式邀請此人到威尼斯定居。就在此時，有一條消息傳來，說曼圖阿公爵也有意將布拉加迪諾納入麾下，還說布拉加迪諾的豪宅為迎接公爵舉辦了一場派對，所有人都身穿縫著黃金鈕扣的華服、戴著金錶、用著金盤。元老院擔心布拉加迪諾會投靠曼圖阿，於是便一致通過要邀請他來威尼斯定居，並承諾讓他在這裡過著和以前一樣奢華的生活，但條件是他必須立刻動身。

神祕客布拉加迪諾於同年年底抵達威尼斯，他的眉毛相當濃密，瞳孔是深邃的黑色，無論走到哪裡都會帶著兩隻獒犬，渾身散發著一種威嚴莊重的感覺。布拉加迪諾的新豪宅位於朱代卡島，他經常在這裡舉辦晚宴，費用由政府支出，除此之外，他身上穿的衣服與各種奢靡的需求也都由國庫買單。威尼斯的大街小巷都翻湧著一股煉金熱，小商販在路邊販售煤塊、蒸餾裝置、燒杯、煉金術教學，所有人都練習如何煉金，除了布拉加迪諾。

這位煉金術大師並不急著煉製能令威尼斯脫離困境的黃金，但布拉加迪諾的不作為卻令他的名聲和信徒數量日益增長，眾人從歐洲各地，甚至是亞洲慕名而來，要拜見這位大師。幾個月後，布拉加迪諾的豪宅早已堆滿來自各界的贈禮，但他卻始終不肯行使寓言中的神蹟，而威尼斯人則堅信他一定會大顯神通。眾人終於漸感不耐，開始懷疑自己是否要等上一輩子。一開始元老院成員還勸眾人不要催促布拉加迪諾，因為他的個性陰晴不定，只能用言語誘勸。又過了一陣子，貴族們也有點等不及了，元老院現在被民意壓得喘不過氣，必須設法

鹿一滴眼淚都沒流。牠怎麼哭得出來呢？母獅的死使牠的大仇終於得報，因為母獅就是殺害自己妻兒的凶手。一名朝臣認為此事必須讓正在默哀的獅王知道，牠稟告時還不忘加油添醋，說自己看見鹿笑了。所羅門（Solomon）說過，國君之怒是天下最可怖的東西，更何況是獅王。獅王吼道：「森林中可悲的居民！你居然敢在眾人流淚時微笑？我根本不屑用爪子懲罰你，只因怕染上你的髒血！勇敢的狼，來為你的王后報仇，把這個叛徒殺了，將牠的屍體當作犧牲。」

鹿聞言後立刻說道：「大人，哀悼的時間已經過去了，此刻所有悲傷難過都是膚淺的。您尊貴的亡妻方才向我顯靈了，我看見牠躺在玫瑰花床上，我一眼就認

讓眾人的投資產出回報。

布拉加迪諾鄙視了所有懷疑他的元老院成員，但還是回應了他們的疑惑，說自己早就在鑄幣廠裡放置了能讓金幣倍數增生的神奇物質，還說自己大可以將此物質一次用完，讓黃金增加一倍，但卻選擇細水長流以提升產量。布拉加迪諾表示只要將物質密封在盒子中，並靜置在鑄幣廠中七年，就能讓裡面的黃金增生三十倍以上。元老院大多數成員都同意七年後再來收獲成果，只有少數人對此感到憤憤不平，因為他們接下來七年還要花公帑資助他帝王般的生活。威尼斯大多數人民也都紛紛提出抗議，最後，反對布拉加迪諾的一方開出條件，要求他產出大量黃金證明自己的煉金能力，而且速度越快越好。

布拉加迪諾裝出一副非常看重煉金這門藝術的模樣，用高高在上的語氣說威尼斯不僅沒耐心，還背叛了他，所以自己將不再為其提供任何服務。他離開威尼斯，前往鄰近的城市巴都亞，後來又應巴伐利亞公爵的邀請於一五九〇年抵達慕尼黑。巴伐利亞公爵的命運和威尼斯如出一轍，他也因揮霍成性而敗光家產，並希望能利用布拉加迪諾的才能扭轉自身命運。後來這名煉金師再次過上舒適愜意的生活，而巴伐利亞公爵也重蹈了威尼斯人的覆轍。

重點解析

瑪穆格納（Mamugnà）來自賽普勒斯，他在搖身一變成為煉金師布拉加迪諾前曾在威尼斯居住過好幾年。瑪穆格納親眼見證這座城市被陰霾籠罩，也知道所有人都在等待未知力量的救贖。一般江湖術士都是通過巧妙的花招來招搖撞騙，瑪穆格納則是透過掌握人性來行騙。

出那是王后本人，牠說：『朋友，叫停這場喪禮吧，別再流沒有意義的眼淚了，我已經品嘗過極樂世界的歡愉，也與和我一樣的聖人們交談過了。就讓國王獨自悲傷一段時間吧，這樣我也能得到些許寬慰。』」鹿話音剛落，眾動物紛紛喊道：「奇蹟！奇蹟！」就這樣，鹿非但沒有受到懲罰，還收到獅王豐厚的賞賜。

用美夢取悅君王、用言語奉承他、向他說一些漂亮的謊言，不管他再怎麼生你的氣，最後都會咬下這塊誘餌並和你稱兄道弟。［拉封丹，《拉封丹寓言精選集》］

瑪穆格納一直都把威尼斯當作目標，他先是在國外用煉金術騙到一些錢，之後再回到義大利的布雷西亞開了間店鋪，並開始散播煉金術士拯救威尼斯的謠言，他營造的權力光環之所以如此耀眼，其實是因為距離產生美感。

瑪穆格納不會用低俗的手法示範自己的煉金技術，他根本無需訴諸理性的論證，他富麗堂皇的住所、華麗的服裝，以及永遠不離手的金塊就是最有力的證據。這些元素就是他讓騙局不停運轉的動力：他的財富證明他確實是一名煉金師，所以有錢人（如曼圖阿公爵）都樂意向他提供金援，讓他過上優渥的生活，進而坐實了他煉金師的名號。等到建立起名聲，且歐洲各地的公爵與元老院成員都爭相想將他納入麾下後，他只需稍微施展一下煉金技巧便能騙過眾人，因為他們都想相信瑪穆格納的身分是真的。見證他將黃金倍增的威尼斯元老院成員太想相信他了，以至於他們對藏在他袖子中的玻璃管視而不見，也看不到他偷偷把金粉倒進礦石裡。光鮮亮麗又喜怒無常的瑪穆格納就是他們心目中的完美煉金師，一旦營造出這種氛圍，哪怕是再簡單的騙術，眾人也無法識破。

根植於人類腦海的幻想可以創造出偌大的力量，在物資稀缺與經濟衰退的時代尤為明顯。人們幾乎都不願相信個人問題是自身行為和愚昧的產物，而是會把錯誤歸咎於外部因素，如旁人、世界、神明等，並等待來自外部的力量來救贖自己。假設布拉加迪諾是帶著一大堆資料來到威尼斯，並向眾人詳細解釋為何威尼斯的經濟會衰退，接著再提出一堆振興經濟的具體步驟，大家一定會對他的說法嗤之以鼻。這是因為現實過於殘酷，而解決方案又太艱辛，其難度不亞於先人們開創威尼斯時下的苦功。相較之下，幻想（在本例中是煉金術）就簡單

欲用謊言服眾者，切記莫要道真相。──德川家康

多了，不僅清晰易懂，也更容易被眾人接受。

想獲得權力就一定要成為眾人快樂的源泉，而要使人快樂，就必須利用人們心中的幻想。千萬不要向眾人宣揚努力逐步改善生活的屁話，而是要大吹牛皮，宣傳一夜致富的神話。

> 你若懂得用迎合他人心意的方式呈現自己的假說，那麼即便對方拋下自己的信仰轉而相信你口中華而不實的假說，你也無須感到惴惴不安。
>
> ——休謨（David Hume）

權力之鑰

光有幻想是起不了作用的，你還需要一幫既無趣又世俗的聽眾，唯有壓制現實，幻想才能深植人心並開花結果。十六世紀的威尼斯的真實狀況是經濟衰敗與聲望掃地，與其對應的幻想是透過煉金術讓她瞬間恢復昔日的光彩，哪怕現狀每況愈下，威尼斯人心裡仍懷抱著一個美夢，幻想這座城市能像點石成金一樣，在一夜過後再次富裕起來。

如果有人能在壓得人喘不過氣的現實中捏出一個幻想，大家就會賦予他無邊無際的權力。什麼樣的幻想才能在群眾內心生根發芽？答案就是折磨眾人的殘酷現實。請不要被人們自誇的言詞迷惑，而是要努力找出囚禁他們的事物。這項事物猶如一隻神奇的鑰匙，你可以透過它獲得權力。

時代會變，人也會變，但有些殘酷的現實是永遠不會變的，而它們也永遠是你獲得權力的契機，以下是一些現實與幻想的例子：

現實：

改變是個漫長的漸進過程，必須靠努力、一點運氣、少許自我犧牲的精神和大量的耐心才能實現。

幻想：

突如其來的轉變能徹底地改變一個人的命運，讓他不用努力、不用犧牲、不用耐心等待就能一飛衝天。

上述近乎完美的幻想依舊是當代江湖術士最常用的話術，也是幾百年前布拉加迪諾成功的關鍵。只要向眾人承諾他們將徹底改變（由貧轉富、從生病到健康、離苦得樂），他們就會成為你的信徒。

德國庸醫瑟尼賽（Leonhard Thurneisser）是如何在一本書都沒讀過的情況下當上布蘭登堡選帝侯的御醫？他從來不動截肢手術，也不用水蛭療法，更不會開立當時醫生最愛用也最難喝的瀉藥，他只會向病患提供甘甜可口的萬靈藥水，並保證藥到病除。當時所有朝臣都不惜斥巨資購買他開立的「可飲用黃金」，要是你染上了怪病，瑟尼賽便會在研究星象圖後為你製作一個護身符。不用任何犧牲也無需忍受疼痛就能擁有健康的身體，試問有誰能不被這種幻想誘惑？

現實：

社交場合充滿各種界限和不可踰越的規範，這些限制我們都懂，也知道自己每天都必須在相同的圈子裡活動。

幻想：

我們可以進入一個全新的世界，擁有不同的規則和冒險的承諾。

一七〇〇年代初期，倫敦居民都在討論一個名叫撒瑪納札（George Psalmanazar）神祕男子，他來自中國沿岸的海島福爾摩沙（即今天的台灣），一個僅存在英國人幻想中的地方，牛津大學甚至還聘請他到學校教授島上居民使用的語言。幾年後，他將《聖經》翻譯成福爾摩沙語，還出了一本暢銷書，描述福爾摩沙的人文史地。英國王室的成員經常和這位年輕人來往，無論他到誰家作客，都會向主人講述家鄉的奇聞軼事，以及當地人怪誕的穿衣風格。

撒瑪納札過世後，眾人才從他的遺囑得知他只是個想像力豐富的法國人，什麼福爾摩沙的字母表、語言、文學、文化，全都是他憑空捏造的。他知道英國民眾完全不了解福爾摩沙，所以便編造了一個充滿細節的故事，以滿足他們對陌生國度的好奇心。撒瑪納札之所以能利用民眾的幻想為自己牟利，是因為英國文化過於嚴謹，控制了人民的想像力。

當然，對異國的幻想也可以與性有關，但一定要記住不要靠得太近，因為實際的接觸會削弱幻想的力量。凡是可以被親眼見到和親手碰到的東西都會被厭棄，而這也是大多數交際花的命運。交際花如果選擇以色侍人，顧客的胃口就會被養大，他會想體驗更多樣的歡愉與更美麗的臉孔。你營造的幻想必須包含一些眾人無法理解且不真實的元素，這樣它才能為你帶來權力；以舞者哈里為例，雖然她的相貌並不出眾，但卻在一戰前成為巴黎社會的寵兒。她的權力來源就是自己苦心經營的幻想，其中包含了陌生、異國氛圍、未知、難以捉摸等元素。

哈里觸碰的禁忌話題其實和性沒有太大關聯，而是一種打破社會規範的刺激感。

對異國氛圍的幻想也能帶來擺脫枯燥生活的希望，詐騙分子最喜歡利用工薪階層對冒險的渴望，他們的詐騙計畫可能是要你接下南美某國總統的機密任務，和西班牙美女一起尋找西班牙人遺失的寶藏，總之只要是能讓人擺脫單調乏味的生活即可。

現實：

社會分化嚴重且衝突無處不在。

幻想：

人類可以在神祕的靈魂連結作用下攜手合作。

橫行於一九二〇年代的詐騙專家哈策爾（Oscar Hartzell）設計一種以德瑞克爵士（Sir Francis Drake）為名的騙局，並靠著這招賺到一大筆快錢。哈策爾會找到姓氏是「德瑞克」的人，告訴對方自己能取得「德瑞克爵士失傳多年的遺產」，而且會把其中一部分分給對方。哈策爾用此話術在美國中西部騙了數千人，還將他們與其他熱心民眾集結起來，打造了一支十字軍，要從政府手中奪回本該由德瑞克爵士後人繼承的遺產。在神祕力量的驅使下，這群被壓迫的德瑞克團結在一起，定期舉辦遊行和會議，每次見面都激動不已。只要向群眾販售這類團結精神，你便能獲得權力。善於蠱惑民心的政客最喜歡以此製造幻想，但此策略的反噬力道極強，使用時務必小心。

現實：

死亡。人死不能復生，歷史無法改寫。

幻想：

萬事皆可逆轉。

此詐騙手法有許多變體，但使用者須具備高超的技巧並懂得拿捏分寸。

畫家維梅爾（Johannes Vermeer）的藝術成就舉世皆知，但他的作品數量相當稀少且非常罕見。然而，在一九三〇年代，藝術品市場突然出現許多維梅爾的畫作，經過鑑定專家檢查，這些作品確實都是真跡。霎時間，各路收藏家都想買下一幅維梅爾的畫，為自己的藏品增色。這股維梅爾復興的潮流宛如拉撒路（Lazarus）的復活，就好像歷史被改寫了一樣。

直到後來，人們才發現這些浮出水面的維梅爾畫作其實是出自荷蘭偽畫大師米格倫（Han van Meegeren）之手。米格倫之所以選中維梅爾，是因為他深諳幻想的力量：這些作品之所以會被判定為真跡，是因為民眾與專家都太希望它們是真的。

請記住，讓幻想發揮作用的關鍵是距離，距離可以賦予人事物魅力和願景，也可以簡化事物並掃除一切問題。你必須提供給眾人難以理解的幻想，而不是他們習以為常的無聊事物，給人們位於遠方的海市蜃樓，一旦他們走近便會消散。向眾人描述幻想時不要說得太具體，而是要越模糊越好，身為造夢者，你的任務是吸引人們湊上前來接受誘惑，但又要保持一段距離，以延續他們的夢想與渴望。

意象：月亮。

月亮高不可攀，永遠都在變化，永遠若隱若現。人們舉頭望月，內心充滿幻想與奇想，最終苦思不得其解。月亮永不重樣兒，它永遠都在撩撥人內心的夢。不要給人顯而易見的現實，要向他們允諾天上的月亮。

權威之言：

謊言是一種誘惑，是一個捏出來的故事，只要稍加裝飾，就能變成幻想，你可以給它披上神祕的外衣。真相是冰冷的、嚴肅的，叫人難以接受，相較之下，謊言更加美味。喜歡說實話且絕不誇大其辭的人最遭人嫌棄……我發現，捏造故事比實話實說來得有趣，也更能賺錢。〔「黃小子」威爾〕

法則的反轉

利用群眾的幻想有利有弊，幻想包含戲弄的成分，群眾其實隱約知道你在騙人，但只要夢想不被戳破就無所謂，他們會繼續享受你提供的娛樂，以及讓人能暫時逃離日常生活的事物。請保持輕鬆的態度，不要把自己逼入眾人都在翹首以盼等你產出結果的險境。

在慕尼黑打出知名度後，布拉加迪諾發現相較於性情多變的威尼斯人，巴伐利亞人的腦袋更清楚一些，除了公爵以外，眾人其實並不怎麼相信煉金術，而公爵之所以對此深信不疑，也只是因為唯有煉金術能帶自己脫離困境。當布拉加迪諾重施故技，要求眾人耐心等候並趁機接收來自各方的禮物時，人民很快就耐不住性子，覺得自己明明花了這麼多錢，卻連一點成果都看不見。一五九二年，群眾要求政府審判布拉加迪諾，最終他被送上了絞刑架。布拉加迪諾一如既往地用空頭支票搪塞眾人，卻錯估了當地人民的容忍度，他也因未能將幻想化為現實付出終極的代價。

最後我要提醒你，幻想不是非得天花亂墜不可。幻想確實是現實的相反，但當現實太戲劇化時，人們反而會對單純的事物產生渴望和幻想。舉例來說，林肯為自己塑造的形象是來自鄉下的律師，他最後也靠著純樸的外型和滿臉的鬍鬚成為眾人心中的平民總統。

巴納姆創造的拇指將軍湯姆深植人心，他會打扮成歷史上著名的軍事將領（如拿破崙），再用各種惡趣味的手法嘲笑這些大人物。湯姆的表演總能引得眾人哈哈大笑，就連維多利亞女王也被逗得樂不可支，這是因為巴納姆利用了當代群眾的幻想：來自古代的虛榮統治者通通閃一邊去，現在是平民百姓當家作主。在眾人的認知中，未知的人事物應該是最佳的幻想素材，但拇指將軍湯姆卻反轉了這個模式。不過說到底，巴納姆的策略還是遵循幻想的法則，他向群眾兜售幻想如下：頭腦簡單的人無憂無慮，而且活得遠比有權有錢的人愜意。

林肯與拇指將軍湯姆雖然都選擇了普通人的形象，但又小心翼翼地與群眾保持一點距離，假如你也想創造類似的幻想，務必也要記得保持距離，別讓群眾太過熟悉自己「普通」的一面，否則你便無法用它投射出幻象。

法則

33

找出對方的弱點

觀點

只要是人就有弱點，就像城牆必定有縫隙一樣。人的弱點通常都是一種不安感，一種無法控制的情緒或需求，也有可能是不能曝光的愛好。無論如何，只要找出對方的弱點，你就能以此箝制對方。

找出對方的弱點：具體策略

所有人都有抗拒的心理，每個人身上都披著厚重的鎧甲，為的是不讓改變帶來的影響傷害到自己，並抵禦朋友與敵人的侵略行為。我們最想要的，莫過於完全按照自己的心意行事，旁人不要來插嘴。如果你老是想瓦解對方的抗拒心理，絕對會讓自己元氣大傷。關於人類，有件事情你非知道不可，那就是所有人都有弱點，在每個人心理鎧甲的某處，一定有個柔軟的部位。只要你能找到它，施加一點壓力，對方便**無法**拒絕你。有些人會把自己的弱點暴露在眾人面前，有些人會將其隱藏起來，而那些刻意遮掩的人則最容易被自身弱點攻破。

發動攻勢前請先熟記下列幾個原則：

觀察對方的小動作和無意間透露出的訊號。佛洛伊德（Sigmund Freud）曾說：「沒有人可以死守祕密，如果他嘴上不說，就會用紙筆傳達。總而言之，他身上的每個毛孔都會背叛他。」在尋找他人的罩門時，我們一定要牢記這個概念，因為關鍵就藏在看似不起眼的動作和字裡行間。

除了知道自己在找什麼，搜尋的方向與方式也一樣重要，日常對話最能看出一個人的弱點，所以請練就傾聽的本領。首先，你必須裝出一副感興趣的樣子，在極富同理心的聽眾面前，所有人都會滔滔不絕講個不停。塔列朗是十九世紀法國政治人物，他最常用的技巧是掏心掏肺，和對方分享祕密。這個祕密可以是捏造的謊言，也可以是無關痛癢的事實，重點是藉由洩密營造對人開誠布公的**假象**。通常對方都會用更坦誠相待的態度回應你，並在過程中透露自己的弱點。

獅子、羚羊與狐狸

山谷裡，一頭獅子拚了命追趕羚羊，他只差一點就能抓住羚羊，現在滿腦子想的都是待會自己大快朵頤的模樣。眼看羚羊已經無處可逃，突然間，一道山溝猛然出現，擋住掠食者和獵物的去路。矯捷的羚羊用力往前一躍，身體猶如離弓的箭一樣筆直射出，就這樣穩穩地落在對面的懸崖地面。獅子自知跳不過去，便猛然止步。

此時，獅子的朋友狐狸從不遠處探出頭來並說：「等等，以你的力氣和靈活的身手，怎麼可能輸給手無縛雞之力的羚羊。只要你願意，什麼困難都能克服，這山溝雖深，但只要你認真對待，就一定能跳過去。你一定要相信我，我是以朋友的身分給你提供無私的建議，要不如果你懷疑某件事是對方的軟肋，那就用迂迴的手法查明真相。假設你認為某個男人很渴望被愛，那就在公開場合褒獎他，如果他對你的讚美照單全收，那就表示你的猜測是正確的。訓練自己觀察細節的能力，看一個人小費給得大不大方、看一個人會因為什麼事而高興、看一個人的穿著打扮、看他的偶像是誰、看他崇拜什麼、看他會為了得到什麼而赴湯蹈火，說不定你可以成為對方的幻想供應商。切記，由於每個人都想隱藏自己的弱點，所以觀察對方刻意為之的舉動是沒有意義的，你應該鎖定那些在不經意間流露出的小事。

找到對方心中那個無助的孩子。人的弱點大多形成於童年時期，在人的自我尚未建立起補償性防衛機制前就已底定。可能某人小時候在某些方面特別受寵，也有可能他的照顧者未能滿足他的某種情緒需求，導致此人長大後永遠擺脫不掉這種寵溺或匱乏。只要得知某人童年時期的需求，你就能推斷出對方的弱點。

這類弱點有一個很明顯的特徵，那就是一旦被碰到，對方就會做出像小孩子一樣的行為，請觀察對方是否會做出一些成人不該有的行為。假設你得知受害者或敵人童年時期缺了什麼（例如家長的照顧），那就向他們提供這項事物，或是與其相似的替代物；如果你看出他們有不可告人的喜好，那就設法滿足對方，他們絕對無法拒絕你。

從反方向著手。當一個人的某種特質太明顯，通常都是為了掩飾與其相反的特質：喜歡逞英雄的人往往都是膽小鬼、乖乖牌極有可能是好色之徒、看似拘謹的人通常都很渴望來一場刺激的冒險、害羞的人其實最渴望成為眾人的焦點。當你學會看穿表象，通常都會發現人的弱點其實和他們刻意彰顯的特質相反。

是知道你兼具力氣和靈活的身手，我是絕不會勸你以身犯險的。」這番話聽得獅子血脈賁張，於是便使出全身力氣縱身一躍，但還是差了一點，最後獅子因為頭部著地而當場斃命。你猜猜牠的好朋友做了什麼事？牠沿著崖壁小心翼翼走到谷底，見到了無生氣的獅子就這樣橫屍在地上。既然死人不需要奉承，也不需要被人服從，狐狸便開始用自己的方式祭奠死去的朋友，只花了一個月就把牠啃得屍骨無存。

［克雷洛夫，《預言集》］

找出最脆弱的環節。有的時候，與其聚焦在弱點上，不如把重點放在對象上。在現代宮廷，真正掌握實力的人往往隱身在幕後，檯面上的人不過是他們的魁儡。這些垂簾聽政的人獨攬大權，卻也是團體中最脆弱的環節，只要博得他們的青睞，你就能間接左右國王。即便團體所有成員看似萬眾一心（例如眾人同仇敵愾對付入侵者），你依舊能找到其中最脆弱的環節，請務必找出團體中最容易因壓力而屈服的人。

填補空洞。人類最主要的兩個情緒空洞是不安感與不幸福感，你可以用社會認同騙到內心不安的人，至於永遠都感受不到幸福的人，請你找出他們問題的根源。不安和不幸福的人很難掩飾自己的弱點，只要你能填滿他們的情緒空洞，就能獲得源源不絕的權力。

失控的情緒。難以控制的情緒可以是偏執的恐懼感（與實際情況不成比例的恐懼），也可以是負面的動機，例如色欲、虛榮心、恨意。被這些情緒控制的人通常都缺乏自制力，既然他們控制不了自己，那就由你來控制他們。

遵循法則的案例一

一六一五年，時年三十歲的呂松主教（即日後的樞機主教黎希留）在由法國神職人員、貴族與平民代表組成的三級會議上發表演說，他當時的身分是神職人員的喉舌，這項任務對年輕且知名度不高的黎希留來說確實有些沉重。在那天的會議上，眾人討論了許多重要的議題，而黎希留發表的演講也完全符合教會的指示。然而，在演說即將結束時，黎希留突然做了一件與教會毫不相干，但對個人政治生涯大有助益的事。他把頭轉向十三歲的路易十三，

拉扎爾

好萊塢王牌經紀人拉扎爾（Irving Paul Lazar）有次想把一部劇本賣給大名鼎鼎的華納（Jack L. Warner），他對我說：「我今天跟華納聊了很久，但完全沒提到劇本的事。」我問道：「你為什麼不提呢？」他說：「我下個週末會到棕櫚泉市一趟，等那時候我再問他。」我問：「為什麼？」「你不知道原因嗎？我每週末都會去一趟棕櫚泉，但這週華納不會去，他好像要參加什麼試映會吧。總之他下週末才會過去，我會等到那時候再和他討論這件

以及坐在國王身邊的攝政王：王太后瑪莉．德．麥地奇（Marie de Médicis）。所有人都認為黎希留會按照慣例向國王說些祝福的話，但他卻將目光轉移到王太后身上，開始滔滔不絕地誇獎起攝政王的功績，用字遣詞極盡諂媚之能事，令某些教會成員大感不快。但王太后不僅接受了黎希留的讚美，還露出了心滿意足的笑容。

一年後，年輕的黎希留主教被王太后欽點擔任外交國務祕書，這可是項了不起的成就。進入法國宮廷的權力中心後，黎希留開始研究宮廷的運作方式，就像是在研究鐘錶的運作原理一樣。在當時，義大利人孔奇尼（Concino Concini，王太后的地下情人）深受王太后青睞，而這份寵愛也使他成為全法國最有權勢的男人。孔奇尼愛慕虛榮且極度重視自己的外表，黎希留看準了這一點，總是用對待**國王**般的態度和他交流，把他拿捏得服服貼貼，不出幾個月，黎希留變成了孔奇尼的愛將。然而，一六一七年的某一天，看似痴傻的路易十三突然下令處死孔奇尼，並將他的心腹關入大牢。從此以後，法國政壇局勢驟變，路易十三正式掌權，王太后則被晾在一旁。

黎希留誤判了局勢嗎？他與孔奇尼和瑪莉．德．麥地奇的關係如此密切，但這兩人的顧問與手下悉數失寵，有些甚至淪為階下囚，就連王太后也被國王軟禁在羅浮宮。黎希留一秒都沒有浪費，就算所有人都棄瑪莉．德．麥地奇如敝屣，他也要站在她身邊，因為他知道年輕的路易非常依賴母親，根本離不開王太后。身為瑪莉身邊唯一手握權勢之人，黎希留便當起了國王和母后交流的橋梁。為報答恩人，瑪莉答應盡全力保護黎希留，而他也因此挺過了政變，甚至還在事後掌握了更多權力。幾年後，王太后對黎希留的依賴有增無減，一六二二年，

事。」

「你越講我越糊塗。」拉扎爾有點不耐煩地回道：「我知道自己在幹嘛，我知道要怎麼說服華納，這部劇本的內容他不太能接受，所以我必須攻其不備，逼得他不得不買。」

「那為什麼非得在棕櫚泉不可？」

「因為在那裡他每天都會去做水療，我的計畫是在水療中心攔截他，華納已經八十歲了，他是個虛榮的人，最討厭被人看見自己的裸體，所以當我光著屁股走向同樣光著屁股的他時，我一點都不在意被他看光，但他會很在意。等到那個時候，我們會光著身子談劇本的事情，他一定會覺得很尷尬，並想趕緊離開現場，這個時候他一定會回答：『好。』因為他知道只要他說：『不要。』我一定會死纏爛打，嘗試

她請羅馬的盟友替黎希留說情，最終讓他坐上樞機主教的大位。

一六二三年，路易十三遇到大麻煩，他發現自己在宮中沒有一個可信賴的顧問，雖然他現在已經成年了，但個性還是像孩子一樣，根本無法處理繁瑣的國務。路易現在是法國國王，瑪莉也已經卸下攝政王的身分，失去治國的權力。雖然瑪莉已不再掌握實權，但她卻不斷告訴國王，說黎希留可能就是他的救星。路易起初只是把瑪莉的話當成耳邊風，因為他恨透了這位樞機主教，自己之所以還留著他，完全是因為出於對母親的敬愛。然而，當他發現自己在宮中孤立無援，並因優柔寡斷的個性而處處碰壁時，他終於接受了母親的建議，指派黎希留擔任首席大臣，後來又拔擢他成為法國首相。

眼看自己再也不需要瑪莉，黎希留便不再定期探望她、討好她、接受她的建議，甚至還會和她唱反調。他現在的首要任務是輔佐國王，讓自己成為他不可或缺的左右手。服侍過路易的首相都知道他有多孩子氣，所以都會勸他不要惹事生非，但狡猾的黎希留卻用另類的方法對付他，故意讓他接受一個又一個挑戰，例如派兵討伐胡格諾派，以及和西班牙開戰等。這些一項比一項艱鉅，導致路易越來越離不開黎希留的權勢，因為只有他有能力穩住法國。就這樣，在接下來的十八年間，黎希留利用國王的弱點將法國慢慢塑造成他想要的模樣，不僅讓人民團結一心，還奠定了法國長達數世紀的強權地位。

重點解析

在黎希留看來，世間萬事皆猶如軍事活動，而最重要的莫過於找出敵人的弱點並對其施

說服他。總之，為了擺脫我，他很有可能說：『好』。」

兩週後，我在報紙上讀到華納兄弟買下劇本的新聞，於是便打了通電話給拉扎爾，問他究竟是如何辦到的。電話那頭的他反問我：「你覺得呢？就是用我當初跟你說的那招啊。」［卡寧（Grason Kanin），《好萊塢》（*Hollywood*）］

小事定勝負

漸漸地，我開始尋找人們身上的小弱點……決定成敗的往往就是這些小事。有次我打算拿奧馬哈當地某間大銀行的行長開刀，具體做法是騙對方我想買下奧馬哈當地的街道鐵路系統，包括密西西比河上的一座橋梁。根據設定，我的上司是德國人，於是我便告訴這位行長我

壓。早在一六一五年的三級會議上，他就已經在尋找權力鏈條上最容易攻破的環節了，並發現關鍵人物就是王太后。瑪莉並不軟弱，她可是一手治理法國、一手管教兒子的政治強人，但黎希留看出她是個缺乏安全感的女人，無時無刻時都需要男性的關注。黎希留給了瑪莉充足的愛慕之情和尊敬，甚至還刻意討好她的寵臣孔奇尼。黎希留知道總有一天路易會接管一切，但也深知國王有多敬愛自己的母親，且在她面前路易永遠都是個幼稚的孩子。所以說，控制路易的關鍵不是得到他的青睞，因為他太過善變，而是要討瑪莉的歡心，因為他對母親的愛永遠都不會動搖。

成為法國首相後，黎希留立刻拋棄了王太后，準備對權力鏈條上下一個脆弱的環節下手：國王的性格。路易內心永遠住著一個需要被更高權威統治的孩子，黎希留的權力和名氣完全是建立在國王的這項弱點之上。

切記，你進入宮廷後的首要任務就是尋找最脆弱的環節，真正掌權的人往往不是國君，而是隱身在幕後的那個人，可能是國君的寵臣、配偶，甚至是看起來最傻的那名臣子。此人身上的弱點可能比國王還多，因為他的權力基礎是由眾多不可控且多變的因素組成。

最後，如果你的上司是個優柔寡斷的孩子，那就利用這項弱點，教唆他們去幹一些大事。在他們眼中，你就是那個能帶自己脫離險境的大人，而他們也會更加依賴你。

遵循法則的案例二

一九二五年十二月，一輛勞斯萊斯轎車停在佛羅里達棕櫚灘最高級的酒店大門，轎車的司

必須和柏林那邊的人接洽。在等待消息的同時，我向他提起了自己的礦業股票生意（當然也是假的），我看他富得流油，所以便決定提高賭注……我陪行長打過高爾夫，也去他家作客過，還曾和他們夫妻一起上劇院看表演。雖然他對我的股票提議頗感興趣，但我看得出他還沒有徹底相信我。我靠著口才把必要的投資金額哄抬到一百二十五萬，其中九十萬由我支付，剩下的三十五萬則由行長補齊，但他還是猶豫不決。一天晚上，我應邀到他家吃晚餐。那天我搽了一款名為「四月紫羅蘭」的香水，當時的人並不覺得擦香水是女人的專利，行長的妻子也覺得我這樣做很有魅力。她問道：「你的香水是在哪裡買的？」我說：「這款混合香味很罕見，是

機是一名日本人，乘客則是一名神祕的男子。接下來幾天，酒店的住客都在打量這名英俊的陌生人，只見他拿著一根做工細緻的手杖，隨時隨地都在閱讀電報，不僅如此，他還惜字如金，從不與人多說什麼。據說此人是名伯爵，名叫拉斯提格，來自歐洲最富裕的家族，但眾人對他的認識僅限於此。

一天，拉斯提格主動找洛勒（Herman Loller）聊天，此人是整棟酒店內背景最普通的房客（某工程公司的老闆），你應該可以想像眾人見到此情景後臉上驚訝的表情。洛勒是最近才崛起的富人，對現在的他來說，建立人脈是最重要的事。看著眼前這個風度翩翩且英文帶點口音的男人，洛勒突然有種受寵若驚的感覺，但他們很快就成了朋友。

他倆聊天時基本都是洛勒在說話，一天晚上，他向拉斯提格坦承公司碰上很多問題，接下來情況只會更糟糕。拉斯提格投桃報李，告訴對方自己最近也正在經歷財務風波，因為共產黨霸占了他們家族的土地和資產，而他現在無論是要學經商或工作都已經太晚了，但好在自己最近終於找到解決問題的答案：「印鈔機。」洛勒驚訝地說道：「你在印假鈔？」拉斯提格嚴詞否認，並向他解釋這台機器是透過化學的方式複製紙幣，且成品和原件一模一樣。往機器裡放進一張一元鈔票，機器六個小時後就會產出一張完美的複製品。拉斯提格繼續吹牛，向洛勒講述這台機器是怎麼被偷渡出歐洲，以及德國人想用這項發明搞垮英國的故事，還說德國宮廷這些年來的支出都要仰賴這台印鈔機。洛勒表示自己一定要親眼見證才肯相信，拉斯提格將他帶到自己房間，並取出一個桃花心木的大箱子，箱子上布滿洞口、曲柄和按鈕。洛勒看著拉斯提格將一張一元紙鈔放進盒子裡，到了隔天早上，拉斯提格當著洛勒的

一名法國製香師專門為我調製的，妳喜歡嗎？」

她說：「喜歡極了。」隔天我翻出兩個從法國帶來的空瓶子，並到市區的百貨公司買了十盎司「四月紫羅蘭」。回到家後，我將香水分裝到兩個瓶子中，並包裝得漂漂亮亮。

當天晚上，我特地到行長家將香水送給他太太，並告訴她：「這款香水可是在科隆調製的呢。」隔天我就接到行長的電話，他說他太太被這款香水迷得神魂顛倒，覺得這是她用過最具異域風情的香水，但我沒有告訴他這款香水其實在奧馬哈就能買到。行長接著說：「她說能和你這樣的人合夥做生意是我的福氣。」行長非常信任妻子的判斷力，所以從那天起，他的態度就變了……把三十五萬元交到我的手

上，而這也是我詐騙生涯中獲利最高的一次。
「「黃小子」威爾」

面，從洞口中取出兩張被化學藥劑浸濕的鈔票。

拉斯提格把兩張鈔票都交給洛勒，洛勒拿到錢後立刻趕到當地銀行，看著行員將兩張鈔票都當成真幣存入他的帳戶。洛勒苦苦哀求拉斯提格將機器賣給自己，但對方卻說這是唯一一台，洛勒只好把價格喊到兩萬五千元（在當年是一筆鉅款，相當於今天的四十萬美元）。即便如此，拉斯提格還是有點猶豫，因為讓朋友花這麼多錢他心裡過意不去。拉斯提格還是同意把機器賣給洛勒，他說：「我想你付給我多少其實也沒那麼重要，因為你接下來幾天就可以靠複製鈔票把錢賺回來。」在把錢收下前，拉斯提格還要洛勒先發誓說自己決不會把印鈔機的事透露出去。當天下午拉斯提格便退房了，而在嘗試了一年都無法複製出鈔票後，洛勒終於向警察全盤托出，告訴他們拉斯提格伯爵是如何用兩張一元鈔票、一些化學藥水，以及一個桃花心木木箱騙走自己畢生的積蓄。

重點解析

拉斯提格一眼就能看出人的弱點，再細微的動作也逃不過他的法眼。洛勒給小費時出手闊綽、和門房對話時顯得侷促不安、談起自己的生意時會刻意提高音量，這些線索讓拉斯提格立刻識破他的弱點：洛勒認為自己已經是富翁了，所以理應得到社會的認可和眾人的尊重，除此之外，他還是個長期缺乏安全感的人。拉斯提格到酒店下榻是為了尋找獵物，在他眼中，洛勒就是最完美的受害者，因為他太想得到能填補自己心中空洞的事物。

拉斯提格知道只要主動和洛勒交朋友，其他房客就會開始尊重這名商人，而自己公爵的身分也能讓洛勒有機會接觸到歷史悠久的富貴人家。拉斯提格用一台能解決他財務問題的機器當成誘餌，而且還說自己也是靠它維持地位，那麼在洛勒看來，使用這台印鈔機就等於他和拉斯提格是同一類人，於是便主動走入甕中。

切記，在尋找詐騙對象時要鎖定那些不滿足、不幸福，以及缺乏安全感的人，他們身上有太多弱點，也有太多你能滿足的需求。他們的需索無度猶如一隻手，你可以將拇指夾套在上面，隨心所欲地扭轉螺絲控制對方。

遵循法則的案例三

一五五九年，法國國王亨利二世在馬上槍術比武中輸給對手，最後因身受重傷而死。亨利二世的兒子法蘭西斯二世（Francis II）成為新國王，但真正在幕後發號施令的人其實是亨利的妻子凱薩琳．德．麥地奇。法蘭西斯二世登基一年後便不幸駕崩，凱薩琳的另一個兒子查理九世繼位，由於查理登基時才十歲，所以她便順理成章地當上攝政王。

擋在王太后權力之路上的人一個叫安托萬．德．波旁（Antoine de Bourbon），是納瓦拉的國王，另一個則是他的哥哥孔代親王路易（Louis），和義大利籍的凱薩琳相比，這兩人更有資格擔任攝政王。凱薩琳知道安托萬是個有野心的人，便封他為法國中將，一方面是要藉此安撫他，一方面是要將他留在宮中方便觀察。凱薩琳的下一步更厲害，她早就聽聞安托萬喜歡年輕的美女，所以就派出侍女魯埃（Louise de Rouet）色誘安托萬，並將他的一舉一動如實回報。眼見此計可行，凱薩琳又派了另一名侍女去誘惑孔代親王，而這些專門為王太

既然正在討論這個主題，我還想提出一件事情，那就是我們可以從一個人處理小事的方式看出他的性格，因為他在那個時候是最沒有防備的。著眼於小事，你或許就會發現對方是個毫無底線的利己主義者，又或者他做事完全不考慮他人。倘若在處理瑣事時，他的這些缺陷會顯現出來，又或是他的言行舉止透露著這些不好的特質，那麼你會發現，即便他想極力掩飾，這種性格也會影響他對待重大事務的態度。所以我們不應該錯過觀察細節的機會，假設在處理日常生活中的小事或雜務時……一個人不懂得為他人著想，且只追求自己的利益、圖自己的方便，甚至不惜損害旁人的利益；假設他把本屬於所有人的東西挪為己用，那麼你便可以斷言他是個被法

后監視朝中對手的美女則被稱為凱薩琳的「**飛行中隊**」（*l'Escadron Volant*）。

一五七二年，凱薩琳將女兒瑪格麗特．德．瓦盧瓦（Marguerite de Valois）許配給安托萬的兒子，納瓦拉的新國王亨利四世（Henri IV），由於波旁家族一直是凱薩琳的眼中釘，讓他們太接近權力核心確實是步險棋，於是她欽點麾下侍女中最美麗的索夫女爵桑布蘭賽（Charlotte de Beaune Semblançay）去當亨利四世的情婦，以確保他對自己沒有二心。即便亨利已經和自己的女兒結婚，凱薩琳仍然在他身邊安排了眼線。結婚後才過了幾週，瑪格麗特便在日記中寫道：「索夫女爵徹底擄獲了我丈夫的心，我與亨利不僅分榻而眠，也再無交流。」

事實證明索夫女爵確實是一名出色的間諜，在她的幫助下，亨利完全被凱薩琳控制。後來凱薩琳的兒子安茹公爵和亨利越走越近，她開始擔心兩人會聯手對付自己，於是又命令索夫女爵去勾引自己的兒子。這名飛行中隊的大將很快就收服了安茹公爵，導致他和亨利反目成仇，兩人的友情也不復存在，凱薩琳就這樣化解了一場潛在的危機。

重點解析

凱薩琳從很久以前就知道情婦可以左右男人的想法，她的丈夫亨利二世就對情婦迪亞娜．德．普瓦捷言聽計從。她從這段經歷總結出一個道理，那就是像她丈夫這樣有權有勢的男人最想要的，是不靠（繼承而來的）身分地位便能贏得女人芳心的感受。然而，這種渴望有一個極大的盲點，那就是當女人裝出被男人征服的模樣，並自願成為對方的情婦後，男人便不

律與社會約束力綁住雙手的惡人，且公平與正義在此人心中蕩然無存。［叔本華］

法薩盧斯戰役

兩軍（凱撒與龐培）來到法薩盧斯，並在當地紮營，龐培又和之前一樣，起了停戰的念頭……但身邊的人各個都有必勝的決心……好像他們已經征服了……騎兵尤其好戰，他們穿著耀眼的鎧甲，英勇地跳上自己飼養的駿馬，看起來英姿勃發，除此之外，龐培軍隊的騎兵人數也占了優勢，共有五千人，而凱撒只有一千人。步兵數量的差

會注意到，隨著時日漸長自己的一舉一動都會被這個女人控制，就像亨利不知道自己被迪亞娜控制一樣。凱薩琳把男人的這個弱點轉化成自己的優勢，用它來征服男人、控制男人，而她要做的，不過就是從「飛行中隊」裡選出最動人的女飛官，並派她去對付和她丈夫有相同弱點的男人。

請務必找出對手無法控制的狂熱執念，這種熱情的溫度有多高，他們就有多脆弱。你可能會覺得懷抱熱忱的人都很堅強，但他們不過是在用誇張的舉止填滿空虛的舞台，因為這樣觀眾就不會去注意他們的軟弱和無助。男人想征服女人的欲望恰恰暴露出了他們的無助，數千年來，早已有數不清的人都敗在這項弱點下。觀察一個人最顯眼的特質，例如他的貪婪、他的色欲、他最大的恐懼，這些情緒很難被隱藏起來，所以也最難被控制，而如果有人控制不了什麼東西，那你就可以替他們控制。

遵循法則的案例四

阿拉貝拉．亨廷頓（Arabella Huntington）雖然是十九世紀晚期美國鐵路大亨柯利斯．亨廷頓（Collis P. Huntington）的妻子，但由於出身貧寒，所以她一直都渴望得到其他富人的認可。當阿拉貝拉在舊金山的豪宅舉辦派對時，當地的社會菁英都婉拒她的邀請，因為他們都認為阿拉貝拉是個拜金女，非我族類。由於她的丈夫坐擁大筆財產，所以各路藝術經紀人都紛紛前來討好她，然而，從他們說話的語氣判斷，阿拉貝拉知道自己在這些人眼中只是個普通的暴發戶，但有一個人對待她的態度和別人截然不同，這個人就是迪文。

距亦不遑多讓，共有四萬五千人，凱撒僅有兩萬兩千人。

（隔天）就在兩方步兵在主戰場上廝殺時，龐培的戰馬踏著自信的步伐從側翼出現，馬上之人率領（騎）兵擺開陣勢，由於人數眾多，說不定還能包抄凱撒軍隊的右翼。然而，就在他們準備衝鋒時，凱撒的同黨突然殺出，他們並沒有按照近戰的慣例從遠處投擲標槍，也沒有將槍頭瞄準士兵的大腿或腳，而是直戳眾人的臉孔。他們之所以這樣做，是因為遵循了凱撒的囑咐。

凱撒知道這些年輕人對戰爭一知半解，也沒有受過什麼傷，他們頂著一頭長髮，在正值青春年華的時候走向沙場，他希望這樣的攻擊能嚇得他們落荒而逃，全然不顧這樣做會對自己的現在與未來帶來怎樣的剛認識阿拉貝拉那幾年，迪文從來沒有勸她購買昂貴的藝術品，而是陪著她去精品店，並和她淘淘不絕地聊起自己認識的王公貴族。久而久之，阿拉貝拉終於相信上流社會中也有不會看輕自己的人，甚至還會在她面前自降身分。雖然迪文沒有向阿拉貝拉推銷藝術品，但卻在默默地向她灌輸審美的觀念，讓她相信優秀的藝術品都索價不菲。等阿拉貝拉徹底接受了迪文的觀念後，他便開始誇讚阿拉貝拉，說她的審美品味越來越高，但實際情況是在認識迪文之前，阿拉貝拉的審美只能用惡俗二字來形容。

柯利斯於一九〇〇年過世，阿拉貝拉繼承了丈夫的遺產，並開始瘋狂收購高價的畫作，例如林布蘭和維拉斯奎茲的作品，而且只和迪文交易。幾年後，迪文用天價將根茲巴羅（Thomas Gainsborough）的〈藍衣男孩〉（*The Blue Boy*）賣給阿拉貝拉，震驚了整個藝術交易界，因為亨廷頓家族一直以來並不熱中於收藏藝術品。

重點解析

迪文一眼就看出阿拉貝拉的軟肋：她想成為重要的人物，並在上流社會中混得如魚得水。阿拉貝拉卑微的出身是她不安感的源頭，她需要有人來肯定自己的新社會地位。迪文沒有逼她立刻投身藝術收藏，而是選擇在一旁靜候，並用巧妙的手法拿捏她的弱點。在迪文的設計下，阿拉貝拉感覺對方並非因為她是富豪的妻子才注意到自己，而是因為她具備獨一無二的個性，這一點徹底融化了她的心。迪文從不會用居高臨下的態度對待阿拉貝拉，也不會對她說教，而是將自己的想法間接灌輸到她腦中。最後，迪文將阿拉貝拉培養成他最忠誠的客戶，

噩運。

事實證明，這些年輕人一個個都盡可能遠離標槍，就連看一眼內心都承受不了，並紛紛轉過身去，用手遮住臉龐。隊伍被打亂後，眾人開始四處逃竄，龐培的大計就這樣被以最不光彩的方式破解了。嚇跑眾人後，凱撒的同黨立刻調過頭包抄敵方步兵並從後方夾擊，最後將他們碎屍萬段。龐培身在戰場的另一端，親眼目睹自己的騎兵陣勢被瓦解，他的情緒陷入癲狂，甚至忘了自己是偉大的龐培，感官也好像被神剝奪了一樣，只見他一言不發地回到帳篷，準備迎接士兵被屠戮殆盡後的最終結局。［普魯塔克，《尤利烏斯．凱撒的生平》（*The Life of Julius Caesar*）］

也促成了〈藍衣男孩〉的交易。

人之所以會追求肯定與認同，是為了感覺到自己是重要的，這種渴望是最容易利用的弱點。首先，這種需求是全人類共有的；第二，這種弱點利用起來毫不費力，你只要讓他們覺得自己的品味、社會地位、智慧都高人一等即可。等到對方上鉤，你在接下來幾年內就可以一遍又一遍地收網；你現在扮演的是一個正面積極的角色，可以向受害者提供他們求之不得的事物。他們可能永遠不會懷疑你是在壓榨他們，但即使被他們識破也無所謂，因為你能讓他們感覺到自己很優秀，而這種感覺是無價的。

遵循法則的案例五

一八六二年，普魯士國王威廉任命俾斯麥擔任首相兼外交大臣，而俾斯麥最明顯的特質是大膽、野心，以及對精進軍事實力的渴望。由於當時無論政府或內閣都是自由黨的天下，且禁武的聲浪一直居高不下，所以威廉在此時將俾斯麥擺在如此敏感的位置上確實有點危險。即便威廉的妻子奧古斯塔女王（Queen Augusta）也勸他三思，但這次一向順從妻子的威廉卻堅持己見。

當上首相才不過一週，俾斯麥便向幾名大臣發表臨時演說，想說服他們增加軍隊的數量，並在結尾告誡眾人「當代的重大問題不是通過演說和多數派決議解決的，而是要用鐵和血來解決」。俾斯麥的演講很快就傳遍整個德意志，女王對丈夫大吼大叫，說俾斯麥是個窮兵黷武軍事狂人，還說他的終極目標就是篡位並控制普魯士，要求威廉立刻將他革職。由於朝野實在有太多人堅決反對俾斯麥，威廉甚至擔心如果自己繼續讓他擔任首相，最後可能會像路易十六一樣被送上斷頭台。

俾斯麥知道自己必須在國王下達命令前先和他見一面，也知道自己犯了錯，不該發表如此激進的演說。經過一番苦思，俾斯麥終於想出解套的方法，但他並不打算道歉，而是準備死不認錯，因為他太了解威廉了。

威廉在見到俾斯麥前早已被王后數落了一頓，整個人都有點心不在焉，他告訴俾斯麥，說自己害怕被人民送上斷頭台。俾斯麥說：「那我倆就從容赴死吧！人必有一死，只是時間早晚，還有比這更有尊嚴的死法嗎？如果為國王實現宏圖大業必須付出生命，那我死得心甘情願。神的恩典賜與陛下王權，您要是死了，那這被賜福過的血脈就讓它斷絕吧。無論是死在斷頭台上，或是戰死沙場，身體和生命的終結都是一樣的，這是神的恩典賜與我們的權利！」俾斯麥說完後掉頭就走，希望這段慷慨激昂的發言能激起威廉的榮譽感，以及他身為王國軍隊統帥的威嚴。一國之君怎能任由人民欺負？德意志的榮耀難道不比無謂的口舌之爭重要嗎？就這樣。首相俾斯麥不僅說服國王與妻子和國會抗爭到底，還讓他實現了自己最大的目標：擴充軍隊。

重點解析

俾斯麥知道國王感覺身邊的人都在欺凌自己，也知道威廉當過兵，身上具備軍人的榮耀感，更知道他覺得自己在妻子和國會面前怯懦的模樣是一種恥辱。威廉其實想成為一名偉大且有威嚴的國王，但他太害怕自己會步上路易十六的後塵，所以不敢公開自己的野心。勇敢的外表下隱藏的是懦弱，威廉的膽小背後藏著的，是他對展現勇氣和自我鼓勵的渴望。

俾斯麥看穿了威廉和平主義者的偽裝，發現他其實渴望沐浴在榮光之中，於是便利用他對自身男子氣概的不安感，成功說服他發動了三場戰爭，建立德意志帝國。膽小是一種蘊含龐大潛力的弱點，膽小之人通常都想成為像拿破崙那樣的勇者，但卻缺乏內在力量。你可以成為他們的拿破崙，在背後推著他們去做一些大膽的事，在滿足自身需求的同時也讓他們更加依賴你。請記住一個道理：從反方向著手且絕對不要輕信表象。

意象：拇指夾。

敵人有想隱藏的祕密，也有不可告人的想法。他無法控制這些祕密和想法，他們會在不經意間流露出來。他們一定有弱點，這個弱點猶如開關，可能是在他們的頭上、心上，或是肚子上，找出對方的弱點，把拇指放進開關。你便可以隨意操弄他們。

權威之言：

找出人的弱點是一門讓對方行使你的意志的藝術，遠比解決問題困難，也需要更多技巧。你得知道要從哪裡攻破對方的防線，每個看似不經意的舉動背後都有動機，可以透露出一個人的愛好。每個人都有自己的心之所向，有些人是名聲，有些是個人利益，但大多數人都崇拜享樂。技巧在於熟悉他人心之所向並以此來說服人，當你知道一個人動機的源頭，便能操控他們的意志。〔葛拉西安〕

法則的反轉

利用別人的弱點有一個很大的風險，那就是對方可能會做出一些你無法控制的反應。

在玩權力遊戲時，你必須事先布局並提前制定好計畫，但你現在要剝削的對象不僅習慣感情用事，還是個目光短淺之人，這些人的弱點其實也是你最難掌控的因素，他們的情緒反應可能會打亂你的計畫。慫恿膽小的人去做大膽的事，他們可能會做過頭；滿足一些人對注意力和認同感的需求，他們可能會變得需索無度，也就是說，他們心中那個幼稚又無助的孩子可能會成為你的敵人。

某項弱點牽涉到的情緒越強烈，你面臨的風險就越大。除了一定要掌握好分寸，也切記不要因為控制了對方便得意忘形，你要獲得的是權力，而不是控制他人的快感。

法則

34

以王者之姿行事，方能享王者之尊

觀點

別人如何對待你，完全取決於你的行為舉止，庸俗的言行最終只會讓他人不再尊重你，人必先自重，而後人重之。言行透露貴氣並相信自己的能力，眾人自然就會視你為王者。

違反法則的案例

一八三〇年七月，七月革命在巴黎爆發，查理十世（Charles X）被迫退位，王座虛位以待。各界權威人士組成了一個委員會，要選出查理的繼任者，最後決定由奧爾良公爵路易腓力（Louis-Philippe）出任新國王。

自被任命之初，路易腓力就注定了會是一個另類的國王，因為他來自王室家族的旁系，也因為他的權力並非繼承而來，而是委員會賦予的，導致他繼位的合法性遭人質疑。然而，路易腓力與歷代國王最不一樣的地方，是他對各種儀式和繁文縟節的厭惡，他的朋友大多是銀行家，而非王公貴族。此外，他也不像拿破崙一樣，有開創另類王室統治風格的意願，而是自降地位，整日混跡於商人與中產階級之間，這些人甚至還希望路易腓力當他們的領袖。當眾人想到路易腓力時，腦中浮現的不會是象徵君王的權柄和王冠，而是他頭戴灰色帽子並拿著雨傘漫步於巴黎街道的形象，活像是一個外出散步的中產階級。有次他邀請詹姆斯．羅斯柴爾德到宮中作客，並讓對方和自己平起平坐，接著兩人開始大聊經商之道，完全沒有討論到其他議題，因為這位與眾不同的國王滿腦子只想著賺錢。

久而久之，人民越來越瞧不起這位「中產階級國王」，宮中的貴族也都無法接受這位沒有半點國王樣子的君主，於是紛紛開始攻擊他。於此同時，窮人階層和當年推翻查理十世的激進分子心中不滿的情緒也日益高漲，越來越受不了這個既不像國王也無心治國的男人。備受國王青睞的銀行家很快便意識到自己才是實際掌權的人，態度也變得越發傲慢，有次政府為王室舉辦了一場火車之旅，詹姆斯．羅斯柴爾德居然當眾指責國王遲到。自國王因為和銀行

永遠不要失了自尊和自重，即便是獨處，也不要放縱自己。你的誠實與正直，就是你評判誠實與正直的標準，與其相信外界的準則，你應該認同自己的判斷力。不得體的行為就不要去做，不是因為外部權威限制你不能去做，而是因為你重視自身的美德。只要尊重自己，你便無須喚醒塞內卡（Seneca）口中的心靈導師。［葛拉西安］

家平起平坐而鬧出風波那一刻起，這些銀行家就開始瞧不起他了。

最後，民間開始傳出工人起義的消息（查理十世當年就是被工人推翻），路易腓力迅速派兵鎮壓。這位國王不惜用武力對待人民，他到底在捍衛什麼？答案絕對不是他最厭惡的君主體制，也不可能是民主共和體制，因為有國王就沒有民主共和。他在捍衛的，其實是自己和銀行家的財產和命運，也無怪乎人民對路易腓力沒有絲毫忠心。

一八四八年初，人民不分階級紛紛走上街頭，要求選舉改革，讓法國成為真正的民主國家。同年二月，示威活動越演越烈，路易腓力為了安撫人民，便立刻將當前首相革職，並換上一名自由派的政治人物。路易腓力的做法卻引發反效果，讓人民覺得自己可以控制國王，最終演變成一場革命，巴黎的街道頓時瀰漫著硝煙和彈雨。

二月二十三日，革命人士包圍王宮，路易腓力當即宣布遜位，並連夜逃往英國。路易腓力既沒有指定繼位者，也沒有給出任何人選建議，他的政府也像結束演出的巡迴馬戲團一樣，一夜之間人去樓空。

重點解析

路易腓力刻意摘下國王和領導者與生俱來的光環，他看不起華而不實的象徵主義，並深信世界即將改頭換面，在這個新世界裡，統治者的言行舉止應該和普通人一樣。他的想法是對的，君主體制即將成為歷史，但他也錯得離譜，因為他認為權力的運作機制會因此改變。

中產階級國王路易腓力頭戴帽子，手持雨傘的模樣一開始確實讓人民莞爾一笑，但沒過多久他們便笑不出來了。他們知道路易腓力和自己沒有任何相似之處，帽子和雨傘不過延續人民幻想的手段，為的是讓眾人相信法國已變成人人平等的國家，但現實是社會的貧富差距大到令人咋舌。法國人對統治者是有期待的，他們希望國王看起來像舞台上的演員，還要具備高人一等的威嚴。羅伯斯比爾（Maximilien Robespierre）曾在法國大革命期間短暫掌權，即便是像他這樣的激進分子也懂得這個道理，憑一己之力將共和體制扭轉成帝國政體的拿破崙就更不用說了，他已把此原則研究得明明白白。路易腓力離開法國後，法國人民立刻不演了，他們轉頭就用選票將拿破崙的後人送上統治者的寶座。雖然他們對此人所知甚少，但內心都期待他能重現大將軍權傾天下的氣概，掃蕩「中產階級國王」留下的滿地尷尬。

手握權力之人可能會有想假裝成普通人的衝動，營造出自己和下屬（或臣民）其實沒什麼不同的假象。然而，此舉很快就會被你想欺騙的人識破，他們知道自己的權力並沒有增加，而你也只是**看似**和他們共享相同的命運罷了。小羅斯福也會假裝自己和一般人沒有兩樣，但他的做法卻相當成功，他的治國風格是讓民眾知道總統和他們懷抱相同的價值觀與目標，但他依舊是一名政治人物，也從不會刻意抹去自己和群眾間的距離。

試圖透過虛假的親密感來消除那種距離的領導者，最終將逐漸失去激發忠誠、畏懼或愛的能力。相反地，他們引來的只會是輕蔑。就像路易腓力一樣，他們平庸得甚至不值得上斷頭台——他們最好的結局也只是悄然消失在黑夜裡，彷彿從未存在過。

遵循法則的案例

當哥倫布四處找人贊助自己的遠洋航行時，許多人都以為他是義大利貴族，哥倫布死後，他的兒子甚至還將此事寫進父親的傳記，說他是蒙菲拉托庫卡羅城堡哥倫布伯爵的後裔。後來又有人謠傳哥倫布是羅馬大將軍科洛尼烏斯（Colonius）的後人，還說他的兩個表兄弟可能是君士坦丁堡某任皇帝的子孫，營造出一種家世背景顯赫的感覺。但這一切都只是假象，因為哥倫布的父親多米尼克．哥倫布（Domenico Colombo）只是一名織工，他後來開了一間賣酒的店鋪，最後又改行販售起士。

哥倫布的貴族背景其實是他自己捏造的，因為從年輕時他就覺得自己與眾不同，將來一定會幹出一番大事，還認為自己體內流有貴族的血液，而這種想法也影響了他的言行舉止，使其處處流露出貴族的風範。哥倫布曾在商船上當過貿易商，後來他從熱拿亞搬到里斯本居住，並靠著假貴族背景入贅到當地一個與葡萄牙王室頗有淵源的家庭。

透過親戚牽線，葡萄牙國王約翰二世（João II）接見了哥倫布並聆聽他的提案。哥倫布認為只要往西航行，便可以開拓一條能快速抵達亞洲的航線，希望國王出資贊助他的遠航計畫，並承諾途中所有新發現都會被列在國王名下。哥倫布提出的條件如下：海軍大元帥的頭銜；若途中發現了新的領地，自己必須出任該地的總督；此地與葡萄牙貿易所得的一成歸自己所有，以上條件的有效期是永久，而且是可以繼承的。要知道哥倫布之前不過是一名商人，他對航海一竅不通，也不會使用四分儀，甚至沒有領導團隊的經驗。總而言之，他根本沒有資格和能力完成自己提出的計畫，但卻還是洋洋灑灑地列出自己的要求。除此之外，他在提

西錫安的希波克萊德斯

在西錫安領主克里斯提尼（Cleisthenes）的扶持之下，這個家族的名聲越來越響亮。克里斯提尼……女兒名叫艾格瑞斯塔（Agrista），克里斯提尼想把她許配給全希臘最優秀的男子。在奧林匹克運動會上，克里斯提尼（他是戰車競速比賽的優勝者）公開向認為自己夠格成為克里斯提尼女婿的希臘男子喊話，要他們務必在六十天內抵達西錫安，因為他打算在六十天後算起的一年內將女兒許配給她未來的丈夫。為了嫁女兒，克里斯提尼特地打造了跑道和摔角場，而求婚者也陸續抵達西錫安，這些人都是希臘人，他們要嘛身上有過人之處，要嘛就是以自己的城邦為榮……克里斯提尼首先要求眾求婚者報上自己

案時也沒有提到實踐的細節，給出的都只是一些模糊的承諾。

約翰二世耐心地聽哥倫布把話說完，並笑著婉拒對方，但也沒有把話說死。哥倫布注意到一件讓他永生難忘的事，那就是國王雖然拒絕了他的請求，但卻沒有懷疑他說的內容是否合理，也沒有取笑自己，更沒有要求自己提出背景和資歷證明。約翰二世很佩服哥倫布居然敢提出這麼大膽的要求，而且也很喜歡和像他這麼有自信的人相處。透過這次會面，哥倫布發現自己的直覺是正確的：只要你敢提出過分的要求，地位就會立刻上升，因為在國王看來，有勇氣說這種夢話的人要不是痴人（但哥倫布明顯沒瘋），要不就是真的身懷絕技。

幾年後，哥倫布移居西班牙，並用自己在葡萄牙的人脈進入西班牙宮廷，不僅從贊助人那邊獲得不少補助金，還結識了許多王公貴族。他不斷向眾人廣邀贊助，希望他們完成自己西航的計畫，也不忘附上自己當年和約翰二世開出的條件。有些人雖然有心相助（例如梅迪納公爵），但卻無法賦予哥倫布頭銜或答應他提出的條件，所以只能作罷。即便如此，哥倫布還是沒有放棄希望，沒過多久，他就意識到西班牙只有一個人能同意他的要求，這個人就是伊莎貝拉女王（Queen Isabella）。一四八七年，哥倫布終於有機會見到女王，雖然他無法說服女王贊助他的遠征，但卻用自身的魅力吸引到對方，從此成為西班牙宮廷的常客。

一四九二年，西班牙終於將占領自己國土數個世紀的摩爾人趕走，但戰爭的開銷也讓國庫損失慘重，此時女王終於覺得是時候同意哥倫布的提議了。伊莎貝拉最後決定提供三艘船和相關設備，還會支付船員與他本人的薪水。除此之外，她起草了一紙合約，同意賦予哥倫布他想要的頭銜，以及他提出的各種條件。女王唯一不同意的，就是一成貿易所得的要求，因

的姓名和家世，接著再讓他們住進自己的房子一年並觀察他們。有時克里斯提尼會和他們單獨說話，有時會和眾人一起聊天，以測試他們的男子氣概、性格、教育程度和行為舉止。其中最重要的測試是餐桌禮儀。他們待在西錫安的期間每天都要接受這些測試，克里斯提尼也竭盡所能地接待眾人。

求婚者當中有兩個雅典人特別討克里斯提尼的喜歡，但他也說不上是為什麼，而在這兩個人之中，克里斯提尼最喜歡的是提桑德（Tisander）的兒子希波克萊德斯(Hippocleides)……終於，到了訂婚當天，克里斯提尼必須宣布女兒丈夫的人選。為了慶祝這個特別的日子，他殺了一百頭公牛做為犧牲，還舉辦了一場盛大的晚宴，不僅求婚者，

為這項沒有時限的要求實在是太荒謬了，所以她特地將拒絕此權力的條文寫進合約細則。（若西班牙當年同意了這項要求，那哥倫布和他的後代就會成為地球上最富有的家族。但很可惜，他忘了仔細閱讀合約細則。）

哥倫布以為女王同意了自己開出的所有條件，於是心滿意足地於同年揚帆遠航，尋找通往亞洲的捷徑（哥倫布聘請的導航員皆是一時之選）。哥倫布此次出航沒能找到通往亞洲的快速航線，但他卻在隔年再次向女王提案，懇請她贊助一項更偉大的計畫，女王也同意了，因為她相信哥倫布一定會幹出一番大事。

重點解析

哥倫布充其量只是個半吊子的探險家，他的航海知識比不上最普通的船員，他根本無法查出島嶼的經緯度，還錯把海島當成大陸，除此之外，他還是個黑心的船長。然而，哥倫布卻是推銷自己的天才。如果他不懂得推銷自己，以他的身分（起士攤販的兒子和普通的海上貿易商），又怎能討好得了這麼多王室成員和貴族呢？

哥倫布擁有吸引貴族的超能力，而這都要歸功於他舉手投足間散發的氣質，無論他提出的方法有多糟糕，哥倫布都能用無與倫比的自信心包裝自己。他的自信可不是自負，也不像暴發戶自吹自擂那般醜陋，而是一種沉著冷靜的自我肯定。哥倫布透露出的自信和貴族身上散發出的自信是相同的，這些作風老派的貴族中不乏手握大權之人，他們根本不需要證明自己。貴族成員認為自己理應得到更多資源，也敢於開口索討資源，這就是他們和哥倫布一見

西錫安所有居民都可以參加這場盛會。晚宴結束後，求婚者開始較量演奏樂器的技巧和演說的口才，而希波克萊德斯也在兩場競賽中脫穎而出。希波克萊德斯連喝了好幾杯酒，並吩咐吹笛手奏樂，自己則在一旁跳起舞來。眼見希波克萊德斯跳得忘乎所以，克里斯提尼突然開始懷疑起眼前的景象。

在音樂停下的空檔，希波克萊德斯請僕人送來一張桌子，桌子送達後，他爬上桌子，先是跳了拉科尼亞當地的舞蹈，接下來又踩起阿提卡風格的舞步，最後甚至倒立在桌面上，用雙腳在空中敲打節拍。雖說克里斯提尼已經不打算讓希波克萊德斯當自己的女婿，但還是壓住了自己的脾氣，沒有當場發作。然而，對方用腳在空中打拍子的景象引爆了他的怒氣，只聽

他怒吼道：「提桑德之子，這支舞跳完後你的婚事也告吹了。」〔希羅多德，《歷史》〕

如故的原因，因為他散發的氣質和自己如出一轍，一樣高高在上、一樣偉大。

請了解一個道理，那就是人可以決定自己的身價，你的言行舉止會反映出你對自己的看法。如果你畏畏縮縮，只敢低著頭要求旁人施捨一點點，那對方就會認為你的個性就是如此。但這種行為並不能代表你，而是你選擇用這種形象示人，你當然也可以用哥倫布的形象示人：華麗、自信、自詡為天生的王者。

> **最頂級的騙子之所以能獲得權力，是因為他們在行騙時會全心全意相信自己，這種態度會讓周遭的人不由自主地陷入他們的騙局。**
>
> ——尼采

權力之鑰

我們每個人都是帶著飛揚的神采誕生到這個世上，我們期待得到一切，也敢於開口要求一切，這種態度在我們初次踏入社會（即職場）後還會存在。然而，隨著我們年歲漸長，被拒絕和失敗的經歷會形成一道道只會越變越深的界線。我們對世界的期望會越變越少，並接受各種使人故步自封的限制，到了最後，即便只是提出最簡單的要求，我們也會卑躬屈膝，最後還不忘向對方道歉。當你的眼界越變越狹隘，解決之道就是反其道而行，別把失敗看得那麼嚴重，並忽視生活中的諸多限制，像個孩子般去期待一切、要求一切。為了達成這個目標，我們必須使用王冠策略。

王冠策略的基礎是一條簡單的因果鏈：當你相信你會成就一番大事，這種信念就會向外擴散，猶如王冠的光環投射在國王身上。這種向外發散的光線會感染你身邊的人，他們會覺得你的自信是有原因的。頭戴王冠的人不會給自己設限，他們會覺得自己想要什麼都能開口索取、想做什麼都能馬到成功。這種想法同樣也會向外發散，驅散一切桎梏與界限。王冠策略成功的機率很高，快樂的孩子就是活生生的例子，他們無論想要什麼都會開口索取，最終也能得償所望。孩子期待的眼神就是他們的魅力所在，成人總是喜歡滿足兒童的願望，就向伊莎貝拉滿足哥倫布的願望一樣。

自古以來，出身普通家庭的人——如拜占庭帝國的狄奧多拉、哥倫布、貝多芬（Ludwig van Beethoven）和迪斯雷利等——都採用了王冠策略，他們堅信自己絕非池中物，而這種信念最終也成為自我實現的預言。讓策略發揮作用的關鍵是堅定信念，就這麼簡單，即使你知道這多少有點自欺欺人的成分，但只要你的言行舉止像個國王，旁人就很有可能會待你如國王。

王冠或許可以區隔你和其他人，但將這種區隔化為現實是你的任務，你的言行舉止必須與眾不同，這樣才能彰顯你與他人之間的距離。在各種場合下都要自敬自重是彰顯差異的手段之一，路易腓力就是因為不懂這個道理，才會變成銀行家國王。除此之外，在面對臣民的威脅時他立刻就退縮了，而當眾人嗅到他身上的怯懦，自然就會群起而攻之。路易腓力缺乏王室的尊嚴，內心也沒有堅定的使命感，看起來活像個冒名頂替的國王，自然也戴不穩頭上那頂王冠。

不要將王室風範和自大混為一談，他們是完全相反的東西，自大乍看之下是國王的特權，但它其實會暴露你內心的不安全感。

塞拉西自一九三〇年起便開始統治衣索比亞，在位時間長達四十餘年，塞拉西又名尊貴的塔法里，雖然他的家庭背景顯赫，但卻因為繼承順位低——當時衣索比亞的皇帝是孟尼利克二世（Menelik II）——所以與真正的權力無緣。即便如此，塔法里在年幼時，身上就散發著一股王室風範，令眾人驚訝不已。

塔法里在十四歲那年搬到皇宮中生活，孟尼利克很快就被這名年輕人的氣度折服，從此對他青眼有加。塔法里遇事冷靜沉著、不僅有耐心，舉手投足間更是充滿自信，讓皇帝讚嘆不已。塔法里身材瘦弱，平時最喜歡讀書，宮中其他年輕氣盛的貴族常因嫉妒而欺負他，但塔法里從不會因此生氣，因為生氣是缺乏安全感的表現，而他絕不允許自己感到不安。此時已有不少人感覺到他日後將攀上權力的巔峰，因為他的言行舉止就像是個身居高位的人。

一九三六年，義大利法西斯主義者占領衣索比亞，塔法里（此時已改名為塞拉西）因而流亡英國，流亡期間，塞拉西求助於國際聯盟，但與會的義大利人卻不斷用粗俗的字眼攻擊他。即便如此，塞拉西依舊保持尊嚴和風度，完全不為所動，沉著的反應讓對手看起來更加醜陋。身處困境時，務必要維持自身尊嚴，讓旁人覺得你絲毫不受對手影響，並展現出一副好整以暇的樣子，這是一種最有權力的高姿態。

王室風範還有另一個用途，詐騙分子早就發現偽裝成貴族要嘛可以降低人的戒心，要嘛可以唬住對方，讓他們採取守勢。拉斯提格伯爵很清楚，一旦肥羊開始轉攻為守，那他離上鉤那天就不遠了。除了拉斯提格，「黃小子」威爾也喜歡裝出富豪的做派，並表現出對所有事都漫不經心的態度。他會不經意地提到某種賺大錢的門道，再擺出一副帝王般高高在上的姿態，好像自己真的多有錢一樣，讓受害者來求自己騙他們、求自己給他們一個發財的機會。

在設法讓自己散發王者風範時，你必須使用一些心理學的技巧，接下來我會提出三條可以強化這些技巧的策略。第一，「哥倫布策略」：提出大膽的要求，把條件開得越高越好，而且絕對不要動搖。

第二，找到地位最高的那個人，用不卑不亢的態度和對方交涉，此舉會瞬間將你提升到和他們相同的高度，我稱其為「大衛與歌利亞策略」：選擇實力最強的對手，別人也會認為你具備相同的實力。

第三，送禮物給在上位者，此策略適合須仰人鼻息而活的人：給贊助人送去一些禮物，對方便會認為你們的地位是一樣的。先給再取，這招也是詐騙界的經典策略之一。文藝復興時期作家阿雷蒂諾想讓曼圖阿公爵當自己的贊助人，於是便帶著一些禮物（好友提香的畫）拜訪伯爵，因為他知道如果自己卑躬屈膝地去討好他，對方一定會認為自己不配得到他的贊助。

在公爵收下禮物的那一刻，他倆立刻就成了同輩：公爵會認為自己是在和另一名貴族打交道並放下戒心，而後來他也確實成了阿雷蒂諾的贊助人。送禮策略的巧妙之處在於你無須乞求對方，而是用有尊嚴的方式請求對方的幫助，暗示你們的地位是平等的，只是對方碰巧比你富有而已。

切記，你的價碼由你自己決定，你要求得越少，得到的回饋也就越少。若你敢開出天價，對方便會覺得你值得這個價碼。即便是拒絕你的人，也會因你的自信而敬你三分，而這份尊敬日後將為你帶來意想不到的回報。

意象：王冠。戴上王冠，你的姿態就會改變，散發出不張狂的自信。頭戴王冠時，千萬不要心懷猶豫，也不要拋下尊嚴，否則它就會搖搖欲墜，去找另一個更有資格的人。你無需等待加冕典禮，真正的帝王會親手為自己加冕。

權威之言：每個人都應堅持自己的風格，你的行為和國王的行為當然不一樣，即便如此，你都要盡力讓自身言行在自身所處的環境內展現出帝王風範。你的舉止要尊貴，想法要崇高，無論做什麼事情，都要讓人覺得你雖然不是國王，但卻像極了國王。〔葛拉西安〕

法則的反轉

我們裝出王室成員般的自信，是為了區分自己和眾人，但做過頭只會造成反效果。絕對不要用羞辱別人來抬高自己，另外，將自己放在太高的位置也不是什麼好事，你反而會淪為眾人攻擊的目標。還有，貴族做派有時會使你身陷險境。

一六四〇年代期間，英國人民對君主制感到厭煩，克倫威爾（Oliver Cromwell）在各地發起暴動，讓國王查理一世（Charles I）相當頭疼。假設當時查理有先見之明，願意順應時代潮流做做樣子，犧牲一些權力，那麼歐洲的歷史便很有可能改寫。但查理卻大為光火，覺得人民居然敢挑戰他的王權和神聖的君主體制，於是便繼續維持王室的做派，甚至有過之而無不及。這種食古不化的態度惹惱了人民，導致他們發動革命，而查理也因此慘死在斷頭台上。請務必了解一個道理：你要散發的是自信，而不是自大或輕蔑的態度。

在某些情況下，粗俗和下流反而能讓你獲得權力，因為這種極端的言行舉止其實頗具娛樂性。但如果你想靠極端的方式（比更低俗的人還低俗）勝出，那你就要小心了，因為這世上永遠不乏比你更惡俗的人，而你很快就會被這些更年輕、更沒有底線的人取代。

法則

35

拿捏時機

觀點

待人處事勿慌勿忙，過於倉促只會暴露你缺乏自制力。好整以暇，讓旁人感覺你已勝券在握。成爲審時度勢的專家，找到正確的進場時機，搭上能讓你獲得權力的班車。若時機尚未成熟，要懂得韜光養晦，等萬事俱備後再奮力一擊。

遵循法則的案例

一七八〇年代，富歇還是一名神學院的教師，在不同城鎮的學校授課。富歇雖然在神學院授課，但卻不是一名虔誠的教徒，他不願成為神父，而是想實現更遠大的抱負，且一直都抱著開放的心態等待時機到來。一七八九年，法國大革命爆發，富歇眼見時機已到，便脫下法衣、留長頭髮，隨眾人一起加入革命的隊伍，因為革命是時代的浪潮，錯過這班列車可能會引發嚴重的後果。富歇沒有錯過這班車，而是和革命領袖羅伯斯比爾成為朋友，成為革命組織中的高階幹部。一七九二年，南特市將富歇選為國民公會代表（國民公會成立於一七九二年，目的是要為共和國起草憲法）。

就在富歇抵達巴黎準備正式加入國民公會時，溫和派人士和激進的雅各賓派成員爆發了劇烈衝突，而富歇此時早已看出兩派人馬都不會是最終贏家，因為真正的權力鮮少落在發起革命和助長革命的人手上，而是會被結束革命的人掌握，而富歇的目標就是加入這個陣營。

富歇是審時度勢的天才，他一開始是溫和派的成員，因為溫和派的人數較多，但當眾人討論是否要處決路易十六時，他又搖身一變成為激進派，投下贊成票，原因是民眾都想看見國王人頭落地。然而，隨著巴黎的局勢越演越烈，他發現此時無論跟哪一方走太近都沒有好處，於是決定保持低調，在國內某省擔任省務專員。幾個月後，富歇被指派擔任里昂的執政官，並在當地處決數十名貴族，但此時他突然察覺到輿情的風向變了，便下令暫停報復活動。即便富歇已經殺了這麼多人，但里昂依舊視他為救星，感謝他保護人民不被羅伯斯比爾的恐怖統治影響。

塞多留的教誨

塞多留（Sertorius）的實力與日俱增，厄波羅和庇里牛斯山之間的部落全數被他納入麾下，每天都有來自各地軍隊前來投靠他。然而，這些野蠻人毫無紀律但卻相當自大，他們不僅會對塞多留大呼小叫，要他立刻出兵攻打敵人，還缺乏耐心，看不慣他的緩兵之計，於是經常和他爭辯，讓塞多留很是頭痛。眼看這幫人不滿的情緒日益高漲，向他施壓的力度也越來越大，塞多留便決定讓他們按自己的心意行事去和敵人交戰，並暗自希望他們能鎩羽而歸，這樣他們以後就會聽自己的命令了。事情確實按照塞多留的心意發展，而他也派出軍隊拯救眾人，讓戰敗的士兵們安全回到營地。塞多留的下一步是重振這幫人的迄今為止，富歇做的每一個選擇都是對的，但在一七九四年，羅伯斯比爾突然將他召回巴黎，要他解釋自己在里昂的行為。接下來幾個星期，這兩人的角力戰越打越火熱，羅伯斯比爾公開抨擊富歇，說此人野心勃勃，要共和政府趕緊逮捕他，而狡猾的富歇則是私下拉攏看不慣羅伯斯比爾獨裁作風的人。富歇的目標是為自己爭取時間，他撐得越久，就會有越多不滿的民眾起身反抗羅伯斯比爾，在公開反對羅伯斯比爾前，他必須趕緊獲得群眾的支持。富歇利用人們對羅伯斯比爾的恐懼（所有人都怕被他送上斷頭台），藉此聯合溫和派和雅各賓派成員推翻他。一七九四年七月，一切水到渠成，國民公會與羅伯斯比爾反目，打斷了他的演說並立刻將他逮捕。幾天後，被送上斷頭台的人不是富歇，而是羅伯斯比爾。

羅伯斯比爾死後，富歇重新加入國民公會，並做了一件讓眾人目瞪口呆的決定：眾人本以為富歇在推翻羅伯斯比爾後會加入溫和派，沒想到他居然再次倒戈，投奔激進的雅各賓派（這可能是富歇此生唯一一次和少數人站在同一陣線）。富歇會這樣做，是因為他已經料到在除掉羅伯斯比爾後，溫和派會成為掌握實權的派系，並展開新一輪恐怖統治，將目光鎖定在激進分子身上。只要成為雅各賓派成員，他將來勢必會成為殉道者，而眾人也會原諒自己曾經犯的錯誤。和弱勢派系結盟無疑是一步險棋，但富歇早已計算好一切，他會盡力讓自己活下去並在暗中煽動民意，讓人民群起推翻共和派，剝奪他們的權力。雖然溫和派的確在一七九五年呼籲公會逮捕富歇，並將他送上斷頭台，但他們卻錯過了最佳時機，人民已經不贊成公會處決富歇。就這樣，富歇又再次扭轉局勢，讓自己立於不敗之地。

不久後，國民公會轉型成為督政府；督政府由溫和派把持，其成員人數遠超先前，再次發

士氣，幾天後，他邀請眾將領開會，集會的場地上站著兩匹馬來，其中一匹馬看起來又老又虛弱，另一匹則膘肥體壯，馬尾上的鬃毛厚實油亮。

兩匹馬旁都站了一個人，牽著老馬的是一名高大魁梧的男子，駿馬身邊的男子看起來卻是一副弱不禁風的模樣。一聲號令猛然響起，身材高壯的男子用盡全力抓住老馬的尾巴，往自己的方向拚命拉扯，好像要將它扯斷一樣。於此同時，另一名瘦弱的男子則一根根地拔起駿馬尾巴上的鬃毛。

高大的男人用盡全身力氣也無法將老馬尾巴上的鬃毛扯斷，於是就放棄了，讓在場眾人看得饒有興味，反觀一旁瘦弱的男子很快就把馬尾上的鬃毛拔得乾乾淨淨。此時塞多留起身說道：「戰友們，你們現

起恐怖統治國民公會，而雅各賓派在新政府中則處於極度不利的位置，身為激進分子的富歇現在只能盡量保持低調。他在權力的邊陲地帶耐心等候了數年，時間長到眾人已放下對他的成見，眼見時機成熟，他便向督政府毛遂自薦，說自己可以替他們收集情報。富歇如願當上由政府聘僱的間諜，由於工作能力出色，他在一七九九年被任命為警察部長並委以大權，職責是監督法國的每個角落，讓他本就爐火純青的測風向本領更上一層樓。富歇察覺到的第一個社會趨勢和拿破崙有關，他一眼就看出這名年輕氣盛的將軍日後將左右法國的命運。拿破崙於一七九九年十一月九日發動軍事政變，富歇本該提前預防此事發生，但他卻故意裝睡一整天，默默助了拿破崙一臂之力，後來拿破崙也讓他繼續擔任新政權的警察部長。

拿破崙越來越仰賴這位革命老將，不僅賜予他奧特蘭托公爵的頭銜，還給了他數不盡的財富。一八〇八年，敏銳的富歇察覺到拿破崙頹勢已現，為了對付英國，他居然出兵攻打對法國完全沒有威脅的西班牙，結果還輸給對方，此事讓富歇發現拿破崙已經喪失辨認輕重緩急的能力。富歇絕不會待在即將沉沒的船上，於是便和塔列朗密謀推翻拿破崙，雖然他們的計畫失敗了，塔列朗丟了官位，富歇卻依舊是警察部長（但被嚴格控制）。然而，這次事件卻彰顯了人民對皇帝的不滿，在一八一四年，拿破崙被歐洲盟軍擊潰，他的政權徹底垮台。

接下來登場的波旁王朝主張恢復君主制，由路易十六的弟弟路易十八擔任法國國王，但精於審時度勢的富歇知道路易撐不了多久，因為他缺乏拿破崙的治國天賦，於是便再次蟄伏在一旁靜候時機。一八一五年二月，拿破崙逃出厄爾巴島，路易十八被這個消息嚇得魂飛魄散，因為他是個不得民心的國王，而當前的主流民意是希望拿破崙回歸。此時的富歇是法國最受

在明白了嗎？毅力比蠻力更有效，有很多問題是無法一次解決的，但只要持之以恆，我們便能攻克它們。只要不間斷地付出努力，你就能克服所有難題，這就是時間馴服世上所有力量的方式。請你們記住，只要你懂得運用智慧，並在對的時間出擊，時間就是你的戰友。然而，對喜歡貿然出手的人來說，時間就是他最可怕的敵人。」［普魯塔克，《塞多留的生平》（*Life of Sertorius*）］

歡迎和愛戴的政治人物，也是唯一能拯救路易十八的人，所以即便他是送弟弟上斷頭台的革命分子，路易還是立刻向他求援。由於富歇從來不和輸家站在同一陣線，於是便欺騙路易，說拿破崙不可能再次掌權，所以自己根本沒必要出手相助，而不久後，巴黎便被拿破崙率領的人民軍隊包圍。

眼看政權即將瓦解，路易恨透了見死不救的富歇，更不願見到這樣一號厲害的人物投奔拿破崙陣營，就派人逮捕富歇並將他處死。一八一五年三月十六日，警察在巴黎街頭攔截富歇的馬車，這真的就是富歇的結局嗎？我想可能沒這麼快，因為富歇告訴警察他們不得在馬路上逮捕前任政府官員，眾人被他的說法說服，於是便答應放他回家。當天稍晚，警察來富歇家抓人，他說自己願意跟他們走，但請隊長容許他先沐浴更衣，保留最後的體面。隊長答應了他的請求，讓富歇去整理儀容，但卻遲遲不見他回來，直到眾人進入隔壁房間查看，才發現他早已用梯子從窗戶逃走了。

警察將巴黎翻了個底朝天，要將富歇抓拿歸案，但此時拿破崙兵臨城下，國王和一眾朝臣也只能先跑再說，而富歇也因此逃過一劫。拿破崙一進入巴黎，富歇便從藏身地點跑出來迎接他，兩人相見甚歡，拿破崙也讓他恢復原職。從這天開始算起，拿破崙又當了一百天皇帝，直到滑鐵盧戰役為止，不過這段期間法國的實際統治者其實是富歇。拿破崙政權二度垮台後，路易十八又回來接掌王位，擁有九條命的富歇則繼續在朝中任職，此時他的權勢已經大到連國王都要讓他三分。

魯施氏有二子，其一好學，其一好兵。好學者以術干齊侯；齊侯納之以為諸公子之傅。好兵者之楚，以法干楚王；王悅之，以為軍正。祿富其家，爵榮其親。施氏之鄰人孟氏，同有二子，所業亦同，而窘於貧。羨施氏之有，因從請進趨之方。二子以實告孟氏。孟氏之一子之秦，以愆干秦王。秦王曰：「當今諸侯力爭，所務兵食而已。若用仁義治吾國，是滅亡之道。」遂官而放之。其一子之衛，以法干衛侯。衛侯曰：「吾弱國也，而攝乎大國之間。大國吾事之，小國吾撫之，是求家之道。者賴兵權，滅亡可待矣。若全而歸之，適於他國，為吾之患不輕矣。」遂刖之而還諸魯。

施氏和孟氏兩家做的事情一模一樣，但施氏抓對了時機，孟氏

重點解析

富歐之所以能在這樣一個動盪的時代飛黃騰達，都要歸功於他審時度勢的能力。我們可以從富歐身上吸取的寶貴經驗包括：第一，認清時代潮流。富歐的目光總是看得比一般人長遠，也總是可以找到並搭上能帶自己前往權力所在之處的順風車。你必須順應時代潮流，並做好心理準備，迎接突如其來的轉折，且務必要把握好時機。時代的潮流可能不是那麼容易辨認，不要誤以為聲音最大和最醒目的事物就是答案，而是要看見潛藏在表象下的東西，去尋找未來的拿破崙，而不是固守歷史的殘骸。

其次，認清主流，但不一定要隨波逐流。強烈的社會運動必定會激起強烈的反應，聰明的人會預測反應的走向，就像富歐預測到羅伯斯比爾死後，溫和派會展開新的專政統治一樣。但你其實不用急著站上風口浪尖，而是可以等退潮的拉力將你帶回權力中心。有的時候，你必須把賭注押在尚未成形的民意，去當眾人的先驅。

最後，富歐的耐心無人能及。耐心就是你的利劍和盾牌，如果沒有耐心，你就抓不準時機，而且必敗無疑。當富歐發現形勢對自己不利，他不會與其對抗或大發雷霆，更不會草率地出擊，而是處之泰然、低調行事，並利用這段時間拉攏群眾，因為民意就是他的護身符，能確保他在下一波浪潮中安全獲得權力。身處弱勢時，富歐會努力為自己爭取時間，因為他知道只要耐心等待，時間就會是他的盟友。你應該要知道自己什麼時候該躲起來，也要清楚何時要亮出獠牙。

卻挑錯了時機。所以說人是否會成功並非奠基於推論之上，而是建立在節律之上。〔《列子》，引自布勞德沃斯（Dennis Bloodworth），《鏡裡千秋》（*The Chinese Looking Glass*）〕

（波斯）蘇丹下令處死兩名囚犯，其中一人知道蘇丹喜歡馬，於是便說只要蘇丹饒自己一命，他就能在一年之內讓蘇丹的馬學會飛翔。蘇丹覺得擁有一匹會飛的馬是前無古人的創舉，於是便答應此人的要求。他的朋友用不可置信的眼神看著他說道：「你明知道馬不會飛，為何要口出妄言？你最終還是難逃一死。」對方回道：「那可不一定，我給自己創造了四次活命的機會，第一，蘇丹可能會在這

> 失土尚可復得，時機一去永不返。
>
> ——拿破崙

權力之鑰

時間是人類發明的概念，目的是要讓廣袤永恆和無垠的宇宙變得較容易接受、更人性化。正因時間是人類的產物，所以我們多少能用自己的能力塑造時間。孩童的時間過得相當緩慢，似乎可以無限延伸，但成人的時間卻轉瞬即逝。由此可知，時間的快慢取決於人的知覺，而人又能按自己的意念改變知覺，了解這件事是拿捏時機的先決條件。如果內在情緒的波動會加快時間的腳步，那麼只要我們能控制自己，不帶情緒地回應人事物，時間的流動就會變慢。用這種態度處理事情，我們對未來時間的感知就會變長，而那些曾被恐懼與憤怒阻絕的機會，也會一一浮現。此外，我們也將獲得拿捏時機的關鍵要素：耐心。

我們要面對的時間類型有三種，每種類型都有其棘手之處，但我們可以用技巧和耐心解決這些問題。第一種是**冗長時間**（long time），這種時間可能會持續長達數年，我們一定要用耐心和循循善誘的態度面對這類時間。面對冗長的時間，我們通常都要採取守勢，用戒躁之道約束自己，靜候機會到來。第二種時間是**施壓時間**（forced time），我們可以將這類時間當成武器使用，打亂對手的節奏。最後一種時間是**收尾時間**（end time），我們必須利用這段時間執行計畫，而且要快、狠、準，在等候良久的時機到來時，絕對不能猶豫不決。

冗長時間。十六世紀明代知名畫家仇英有次必須渡江到對岸的城市辦事，那時剛好是冬

一年內駕崩；第二，我可能會在這一年內死去；第三，蘇丹的馬可能會死掉；第四……說不定我真的能讓馬學會飛！」〔蕭，《權力之術》〕

鱒魚和白楊魚

時值五月，一名男子在泰晤士河岸旁垂釣，他用高超的手法將人工蠅鉤拋進水裡，河中一尾年輕的鱒魚看見後便急匆匆地游過去。牠的母親見狀立刻出聲喝止並告誡牠：「孩子，千萬不要靠近可能會有危險的地方，在做可能危及生命的事前一定要三思而後行，妳怎麼知道遠方影子是真的蒼蠅，而不是敵人的誘餌？讓其他魚先去嘗試，如果那影子真的是一隻蒼蠅，牠可能會躲過第一次攻擊，那條魚可能會再發動一次攻擊，即便不成功，至少也不會有危

天，他聘請了一位年輕的腳伕幫忙搬運書籍和文件。渡船快抵達對岸時，仇英見天色漸暗，便問船伕他們能否在城門關閉前抵達目的地（距離江岸有一里路）。船伕看了看腳伕和那一沓綁得鬆鬆垮垮的書和紙後說：「只要別走得太快就能趕到。」

仇英與腳伕下船時太陽也差不多要下山了，兩人害怕被困在城外，淪為山賊打劫的對象，於是便加快腳步，最後甚至跑了起來。此時，綑綁行李的繩索突然鬆開，書籍與文件散落一地，仇英和腳伕花了好一番工夫才將他們全部拾起，結果趕到城門時大門早已關上。

當你因為恐懼和不耐煩而加快腳步時，問題便會接踵而至，解決這些問題反而會浪費更多寶貴的時間。急躁的人可能會先一步抵達終點，但過程總是雞飛狗跳。這類人的生活充滿波折，因為他們必須不停解決自己創造出的問題。面對危機時，有時放慢節奏、停下腳步等待，甚至是無所作為才是最佳策略，時間有時會帶給來一些你作夢也想不到的機會。

在等待期間，你除了要控制自己的情緒，還必須控制旁人的情緒，因為他們可能會誤以為行動代表權力，並不斷勸你去做魯莽的事情。不過在競爭的情境中，你倒是可以鼓勵對手貿然行事，讓他們因急躁而惹上麻煩，而你則退到一旁冷眼旁觀，等時機成熟時再跳出來收割成果。十七世紀初的日本太政大臣德川家康特別喜歡使用此策略，他的前任豐臣秀吉是一個頑固的人，當豐臣秀吉決定出兵入侵朝鮮時，德川家康選擇不插手此事，因為他很清楚此戰日本必敗無疑，而且還會導致豐臣秀吉倒台。德川家康知道此時最好的做法是靜觀其變，**即便要等上好幾年也無所謂**，他要等到時機成熟後再跳出來奪權，而他的策略最後確實成功了。

險。」牠話音剛落，一條白楊魚就游過去一口咬住假蒼蠅，正好驗證了小鱒魚母親的忠告，給急躁的牠上了寶貴的一課。〔多德斯利，《預言集》〕

將時間拉長不是為了讓自己活得更久，也不是要用當前的壓力折磨自己，而是為了把權力的遊戲玩得更淋漓盡致。首先，當你不用分心處理突發狀況，自然就能把未來看得更清楚一些。其次，只要放慢腳步，你就不會變成沒耐心的傻瓜，被敵人拋出的誘餌迷惑。第三，時間拉得越長，你就越能隨機應變，抓住日後必然會出現的機會，而不是在趕路的途中錯失良機。第四，你可以徹底完成每項任務，而不是做每件事都虎頭蛇尾。打造權力的基礎可能需要好幾年，請確認你的地基足夠穩固。你的成功不該只是轉瞬即逝的花火，靠慢工得來的成功方能持久。

最後，把時間放慢來過，你就能好好審視自己身處的時代，創造一些距離感，將不必要的情感抽離，讓你看清楚即將發生的事物。急躁的人通常都會將漣漪當成真正的潮流，他們只會看見自己想看見的東西。即便真相是殘酷的，還會使你的任務變得更艱鉅，認清事實依舊對你有利。

施壓時間。我們要利用施壓時間干擾對手的節奏，讓他們變得急躁、強迫他們等待、打亂他們的陣腳、扭曲他們對時間的感知。在耐心等待的同時用計讓對手無法掌握時機，你就能為自己創造更多時間，做到這一點就等於贏了一半。

一四七三年，土耳其蘇丹征服者穆罕默德（Mehmed the Conqueror）主動提出要和匈牙利談判，想終結兩國已經打了數年的戰爭。當匈牙利使者抵達伊斯坦堡時，土耳其官吏卻向他道歉，說蘇丹因率兵攻打哈桑（Uzun Hasan），所以人不在首都，但卻希望匈牙利使者可以到前線與他見面，因為他非常想讓兩國談和。

匈牙利使者趕到前線後，赫然發現穆罕默德又往東面追擊敵人去了，他無奈之下只好繼續追著蘇丹跑。這種你追我跑的戲碼上演了好幾回，每次土耳其官員都會款待使者，用各種華麗但耗時的儀式取悅他。打敗哈桑後，穆罕默德終於可以接見使者，但蘇丹提出的和平協議卻對匈牙利非常不利，兩人談了好幾天都沒得出結果，土耳其和匈牙利只能繼續僵持。穆罕默德對此不以為意，因為這一切都是他的計畫，他知道出兵東進討伐哈桑會讓國家西部門戶大開，為了不讓匈牙利趁虛而入，於是他便以和平協議為誘餌，讓他們空等一場。

強迫他人等待是一種很有效的施壓手法，但前提是對方不知道你的目的。你可以掌握他們的時間，讓對方如墮五里霧中，要不了多久他們就會感到心煩意亂，而你也可以趁機發動攻擊。除了讓對手等待，強迫他們躁進的效果也很好，具體做法是先用緩慢的節奏應付對方，接著突然施壓，讓他們感到所有事情都在一瞬間同時發生。記得要設一個期限給他們，因為人在無暇思考時特別容易犯錯，波吉亞深諳此道，就連馬基維利都佩服得不得了，波吉亞在與人談判時會突然要對方立刻做出決定，藉此打亂他們的節奏與耐心，因為根本沒有人敢讓他等太久。

藝術品經紀人迪文知道只要給優柔寡斷的買家（例如洛克菲勒）設定期限，告訴他們這幅畫即將被運往其他國家，或是另一個富翁也對這幅畫有興趣，他們便會在最後一刻掏錢買單。佛洛伊德發現，針對接受了數年心理分析治療仍不見好轉的患者，最佳的特效藥就是告訴他治療將在幾月幾日結束。法國心理醫師拉岡（Jacques Lacan）也會使用類似的手法，他有時會無預警地提前結束療程（例如一小時的療程在十分鐘內結束），幾次過後，病患就會知道自己必須好好利用這十分鐘，而不是浪費時間講廢話。期限是一項很有用的工具，告訴對方他們沒有三心二意的餘地，強迫他們現在就做決定或講重點，堅決不讓他們牽著自己的鼻子走，也不要給他們時間。

魔術師與表演者是使用施壓時間的箇中高手，胡迪尼只需要幾分鐘就能掙脫手銬，但卻會將時間拖延到一小時，讓觀眾坐立難安，好像時間突然停止流動一樣。古今中外的魔術師都知道一件事，那就是改變人類對時間感知最好的方法就是放慢步調。懸念會讓時間暫停，魔術師的手動得越慢，就越能營造出速度的幻覺，讓觀眾誤以為兔子好像是突然出現的。十九世紀魔術師羅貝爾－烏丹（Jean-Eugène Robert-Houdin）曾用一句話解釋此策略的效果，他說：「講得越慢，故事聽起來就越短。」

收尾時間。你可以耐心等候出手的時機，也可以用計令對手無法掌握時機，讓他們自亂陣腳，但如果你不懂得收尾的藝術，那麼所有的努力都將付諸東流。你可以耐心等待，但不要只是因為你沒有結束的勇氣，若缺乏抓準時機無情地摧毀敵人的決心，你有再多的耐心也只是枉然。你可以靜候結局到來，想等多久都可以，但請務必確保收尾的速度快如閃電。用速度讓敵人動彈不得、用速度掩飾你犯的每個錯誤，讓眾人讚嘆你的權威和果決。

仿效弄蛇人的耐心，用冷靜的態度和穩定的節奏引蛇出洞，當牠探出頭來，你會把腳放在牠的頭上嗎？收尾時絕對不能出任何差錯，旁人在判斷你是否懂得掌握時機時，只會看你最後的表現，看你如何改變節奏，以及如何用雷霆之勢為事件畫上句號。

意象：老鷹。

老鷹耐著性子在空中安靜地翱翔，用銳利的雙眼俯視地上一切生物，他們渾然不知有人在監視自己。眼見時機成熟，老鷹俯衝而下，用迅雷不及掩耳的速度死死抓住毫無防備的獵物，然後扶搖直上青天。

權威之言：

世事起伏如浪似潮／大浪大潮可讓人功成名就／若是錯過了人生的時機／就要終身蹭蹬，一事無成。〔莎士比亞，《尤利烏斯·凱撒》〕

法則的反轉

將控制權拱手讓出，並對時間帶來的一切照單全收之人不可能獲得權力，時間是無情的，你必須在力所能及的範圍內引導它，否則便會淪為它的受害者。本法則沒有反轉的餘地。

法則

36

得不到的就輕視：視而不見是最狠的報復

觀點

有些問題一旦你承認了，就會變成眞正的問題；你越是在意某個敵人，他就會變得越強；你越是想修正小過小錯，情況就會越變越糟。不聞不問有時才是最佳的應對之道，用輕視的態度面對自己求而不得的人事物，你對其越沒興趣，就越顯得高高在上。

違反法則的案例

墨西哥反抗軍領袖比亞（Pancho Villa）原本只是山賊首領，一九一〇年，墨西哥革命爆發，他搖身一變成為平民眼中劫富濟貧的英雄兼情聖。他的事蹟風靡了美國人民，眾人都覺得他像是來自另一個時代的人物，是俠盜羅賓漢（Robin Hood）和大情聖唐璜（Don Juan）的綜合體。墨西哥革命結束後，卡蘭薩將軍（General Garranza）獨攬大權，比亞和手下的軍隊只能回到墨西哥北部的契瓦瓦再次當起山賊，折損自己好不容易建立起來的名聲。後來，可能是因為真的走投無路，比亞開始把責任都推給外國佬（美國人），說自己之所以過得這麼落魄都是被他們害的。

一九一六年三月，比亞在新墨西哥州的哥倫布市燒殺擄掠，導致十七名美國士兵和平民喪生，時任總統威爾遜（Woodrow Wilson）雖然很欣賞比亞，但現在也只能出手制裁他。威爾遜的顧問建議總統派兵到墨西哥將他抓來，理由是美國乃世界強國，若不派兵懲罰入侵其國土之人，勢必會被他國看輕。此外，大部分民眾都認為威爾遜崇尚和平，並覺得他在回應暴力攻擊時也會主張和平，所以他必須藉此機會證明自己氣魄，派兵到墨西哥抓人。

面對來自各界的壓力，威爾遜在一個月內便取得卡蘭薩政權的同意，派出一萬名士兵進入墨西哥抓捕比亞，此事件在美國被稱為「遠征制裁」（Punitive Expedition）。遠征制裁軍的將領是戰功彪炳的潘興將軍（General John J. Pershing），他率領的軍隊曾打敗過菲律賓與美國西南方的原住民游擊軍，眾人信心滿滿，認為他此行必能生擒比亞。

「遠征制裁」成了美國當時最熱門的新聞，不少報社都派出記者隨軍深入墨西哥，他們都

狐狸與葡萄

一隻飢餓的狐狸……看見上方的棚架垂掛著一串碩果累累的葡萄，散發著誘人可口的紫色。狐狸想把葡萄當成午餐吞進肚裡，但無奈棚架太高，牠怎麼樣也搆不到，於是便開口說道：「這串葡萄很有可能不甜呢，只有傻子才想吃！」狐狸真聰明，牠不浪費力氣哀嘆或跳躍，而是說葡萄酸。［拉封丹，《拉封丹寓言精選集》］

將此次出征描述成美國軍力的試金石。美軍當時使用的都是最先進的武器，不僅可以用無線電溝通，還有空中偵察隊輔助。

潘興將士兵分成幾個小隊，在墨西哥北部的叢林搜尋，美國政府甚至祭出五萬美元，要獎勵給能提供有用情報的墨西哥人。然而，原本因為比亞重操舊業而看不起他的墨西哥人，此時又突然將他視為偶像，認為他是孤身對抗美軍的英雄，於是便紛紛向美國政府提供假情報。在他們口中，比亞一下出現在這個村落，一下又藏匿在那座山頭，美軍因聽信這些情報而疲於奔命，最後連比亞的影子都沒見到，這個狡猾的大盜似乎永遠都能搶先一步逃走。

同年夏天，遠征制裁軍的人數已經增加到十二萬三千人，他們被酷暑、蚊蚋和險惡的地形折磨著，在當地人的怒目注視下在鄉間小路上行走著。此時此刻，美軍儼然已經成為墨西哥政府和民眾的眼中釘。有次比亞和墨西哥軍交戰，過程中他身上中了一槍，於是便躲進山洞養傷。從洞口向下望，他看見潘興率領的軍隊從下方經過，隊伍中每個人都是一副精疲力盡的模樣，即便近在咫尺，他們還是沒發現比亞。

很快冬天就到了，比亞依舊和美軍玩著貓抓老鼠的遊戲，而美國民眾也開始覺得遠征制裁已經演變成一齣鬧劇，甚至又開始崇拜起比亞的足智多謀，佩服他能不斷逃過美軍的追捕。一九一七年二月，威爾遜下令召回潘興，就在軍隊返程的路上，墨西哥反叛軍突然追了上來，導致美軍不得不派戰機保護後方士兵。到頭來，發起遠征制裁懲罰的人居然身受其害，而這場大撤退行動也令美國顏面盡失。

劇作家蕭伯納（George Bernard Shaw）在書中抨擊作家卻斯特頓（G. K. Chesterton）對經濟的看法，但卻斯特頓遲遲沒有回應，他的好友史學家貝洛克（Hilaire Belloc）因此數落了他一番。卻斯特頓回答：「親愛的貝洛克，我已經回答他了，對蕭伯納這種聰明人來說，沉默就是他無法忍受的妙語。」〔費迪曼編，《名人軼事錄》〕

驢子和園丁

一頭驢子因為遭逢意外而沒了尾巴，牠對此事耿耿於懷，所以總是在尋覓自己的尾巴，天真地以為只要找到就能重新接上。有天牠途經一片草地，接著又走進一座花園。園丁看見驢子踐踏花園裡的植物，便怒氣沖沖地把牠的兩隻耳朵都割掉，還打了牠一頓。可憐的驢子現

重點解析

威爾遜本想透過遠征制裁展現美國軍力，他想給比亞一個教訓，並昭告天下所有敢在美國頭上動土的人都會受到懲罰。威爾遜以為遠征幾個星期內就會結束，而到時候所有人都會忘記比亞是誰。

然而，事情的走向並沒有如威爾遜所料，遠征的時間拖得越長，民眾就越覺得政府無能，根本奈何不了機智的比亞。到最後，眾人忘記的不是比亞，而是這場紛爭的開端。這本來只是一個小問題，最後卻演變成國際笑話，而且期間美國還持續增兵，擴大追捕者與被追捕者的人數差距（最後也沒抓到他），導致整起事件變成一齣鬧劇。受挫的美軍最後變成了一頭白色的巨象，只能灰溜溜地撤離墨西哥，遠征制裁也將反效果的力量發揮到極致，比亞不僅沒有受到懲罰，還變得更受歡迎。

其實威爾遜大可以向卡蘭薩政府施壓，要求他們逮捕比亞。除此之外，他可以拉攏當地的墨西哥人（畢竟他們在遠征制裁時確實很討厭比亞），和他們一起發動小型圍捕將比亞捉拿歸案，又或者他可以在美國邊境設下圈套，等比亞再次入境犯案時將他們一網打盡。威爾遜也可以暫時忽視這件事，靜候墨西哥政府自己動手除掉比亞。

請記住一句話：世間本無事，庸人**自擾**之，其實你可以忽視那些故意挑釁你的人，裝出一副毫不在乎、也不屑在乎的樣子。這種策略非常有用，只要你不做回應，對方就無法把你拖下水，去和他們吵沒有意義的架，更無法影響到你的自尊。徹底無視他們，將他們拋諸腦後，這就是你能給這些煩人精最大的教訓。如果你不能忽視對方（比亞確實殺了美國公民），那

在除了要哀嘆消失的尾巴，還要為自己被割掉的雙耳難過。［皮爾佩（Pilpay），《寓言集》（*Fables*）］

怪牛

德大寺右大臣任檢非違使別當之時，有一次在中門斷案，下級官吏中原章兼牛車上的牛突然掙脫了束縛，爬上了長官的坐台，躺下身子開始反芻。

有人說這是異象，必須把牛牽到陰陽師那裡去占卜一下，別當的父親太政大臣聞言後說道：「牛懂什麼，牠有腳自

就暗中設計剷除他的計畫，但切記別在不經意間讓這些害蟲得到鎂光燈的關照，讓他們自己飛走或死去。要是你浪費時間和精力去和對方糾纏，那錯的人就是你了。練習視而不見，並轉過身背對那些永遠無法傷到你分毫的人事物。

你想想，派兵抓我要浪費美國政府一千三百萬，我讓你們的士兵橫跨崎嶇多山的墨西哥，有時候他們要一口氣走五十英里，還沒有水喝。這裡什麼都沒有，只有烈日和蚊子……最後一無所獲。

——比亞

遵循法則的案例

一五二七年，英國國王亨利八世（Henty VIII）決定無論如何都要擺脫妻子凱薩琳（Catherine of Aragon），理由是凱薩琳一直無法為他生下一個兒子，而沒有兒子就代表王位沒有繼承人。亨利知道原因，他讀過《聖經》，經文裡寫得清清楚楚：「人若娶弟兄之妻，這本是汙穢的事，羞辱了他的弟兄，二人必無子女。」在和亨利結婚前，凱薩琳本是他兄長亞瑟（Arthur）的妻子，倆人完婚五個月後亞瑟便病死了，沒過多久亨利就娶了哥哥的遺孀。

凱薩琳的父母是西班牙國王斐迪南（Ferdinand）和王后伊莎貝拉，和凱薩琳結婚可以維持兩國結盟的關係，但凱薩琳必對亨利發誓她和亞瑟沒有行過夫妻之實，若他們已經結合，亨利便覺得他倆的關係有違倫常，婚姻必須取消。凱薩琳向亨利保證自己依舊是完璧之身，且她與亨利的結合是受教宗克萊蒙七世（Clement VII）祝福的，若教宗認為他們亂倫便不可

然就會亂跑，怎能因此沒收了俸祿低微的小吏用來代步的瘦牛。」說完他便把牛還給主人，順便把牛方才躺過的墊子給換掉。後來別當繼續斷案，期間再也沒有什麼怪事發生。俗話說得好，碰上異象時見怪不怪，其怪自敗。［吉田兼好，《徒然草》］

能祝福他們的婚姻。然而，婚後凱薩琳不僅一直無法為王室誕下子嗣，還在一五二〇年左右提前絕經。亨利現在只接受一種解釋：凱薩琳說謊，她根本不是處女，他們的關係是建立在亂倫之上，這一切都是神的懲罰。

除此之外，亨利還移情別戀，愛上更年輕的安．寶琳（Anne Boleyn），如果能跟她結婚，王位可能就後繼有人。亨利現在要做的第一件事，就是宣布自己跟凱薩琳的婚姻無效，但這件事需要和梵諦岡提出申請，教宗絕對不會同意的。

一五二七年夏天，全歐洲都在討論亨利可能會違背教宗旨意，宣布和王后的婚姻無效，但凱薩琳是不可能按照亨利的意思退位並進入修道院的。為了擺脫凱薩琳，亨利想出了另一個策略：不再將凱薩琳當成合法妻子，而是把她當成大嫂看待，而且再也不和她同睡一張床，還堅持稱凱薩琳為威爾斯王妃（即兄長亞瑟的遺孀）。一五三一年，亨利終於將凱薩琳逐出王宮，並將她送到一座地處偏遠的城堡。教宗得知此事後，命令亨利讓王后回宮，否則就開除他的教籍，這對天主教徒來說可以說是極刑了。亨利不僅無視教宗的威脅，還堅持要與凱薩琳解除婚約，並在一五三三年迎娶安．寶琳。

教宗拒絕承認他們的婚姻，但亨利根本不在乎，他早就不認可教宗的權威了，甚至還和羅馬天主教會斷絕關係，建立了英國教會，並任命自己為教會領導人。不出意料，英國教會隨即便宣布安．寶琳是英國的合法王后。

教宗陸續使出了許多威脅手段，但亨利只是置若罔聞，完全不屑一顧，克萊蒙簡直氣炸了，他從沒被人如此輕視過。面對亨利的羞辱，手無實權的教宗根本拿他沒轍，即便是開除教籍

從這個觀點出發，我會建議你們在對待熟人（無論男女）時，都要讓對方感受到你大可以不和他們來往，這種策略可以鞏固友情。除此之外，在和大多數人相處時，偶爾展現出一點鄙視的態度是無傷大雅的，他們反而會更重視你這個朋友。義大利有一句諺語是這樣說的：「用漠視博注視。」假設你真的很欣賞某人，那就把這份崇拜當成一種罪過，緊緊守著它。這件事做起來會使人不快，但它卻是一件正確的事。連狗都無法承受

也無法撼動亨利的決心（亨利一直都沒有被教會除名）。

被亨利當成透明人的還有凱薩琳，她數度向亨利表達不滿，但對方卻充耳不聞，到最後整個英國都無視她的存在。被逐出王宮，又被亨利忽視，凱薩琳在憤怒與挫敗中漸漸凋零，最後於一五三六年一月因心臟疾病驟逝。

重點解析

當你將注意力放在某人身上，你和這個人就會被綑綁在一起，雙方的行為都會被另一個人影響，而你也會漸漸失去主動權。這就是人際互動的運作原理，當你承認他者存在（即便只是為了攻擊對方），你就一定會受對方影響。若亨利選擇和既堅強又頑固的凱薩琳硬碰硬，勢必會被捲進永無止盡的爭吵，不僅會削弱自己的決心，還會透支自身精力。若他嘗試說服克萊蒙否決兩人的婚姻，或是和對方談判，那就會掉進教宗的陷阱（克萊蒙最常用的策略就是拖延時間，並承諾可以網開一面，但卻默默引導對方按教會的意願行事）。

亨利不想受制於他人，而是使出權力遊戲的絕招：不屑一顧來摧毀對手。被忽視的人無論如何都影響不到你，這種感覺會令他們坐立難安、火冒三丈，但由於你與對方毫無交集，所以這些人根本無計可施。

這就是本法則能夠用來傷人的原因，蔑視是一種很有效的武器，因為你可以用它來決定衝突的條件、決定戰爭的規則。這是一種富含權力的姿態，你可以像國王一樣對來犯的人事物視而不見。此策略可以激怒你的對手，不信你可以觀察看看，這些人會努力博取你的注意力，

被過分善待，更何況是人呢！〔叔本華〕

猴子與豌豆

一隻猴子手裡抓著兩把豌豆，一顆豌豆不小心掉到地上。猴子伸手去撿，結果又掉了二十顆豌豆，猴子想撿起地上那二十顆豌豆，結果所有豌豆都掉到地上。猴子暴跳如雷，對著豌豆亂發了一頓脾氣，接著頭也不回地跑走。〔托爾斯泰，《寓言集》〕

只要你不讓對方得到你的注意力，他們就會因受挫而倍感煎熬。

> 關於人：踹他一腳，他會原諒你；奉承他幾句，他也許會看穿你；把他當空氣，他會恨你。
>
> ——沙阿

權力之鑰

欲望蘊含兩種相悖的效果：你越想要某種東西，就會越努力地去爭取它，你越努力去爭取這樣東西，它就會離你越遠。換句話說，你對某樣事物的興致越高，該事物就會對你避之唯恐不及，這是因為你的興致已經強烈到讓人感到不舒服，甚至有些害怕。不受控的欲望會使人變得軟弱、不值得尊敬、可悲。

你必須刻意忽視你想要的東西，用輕蔑的態度對待他們，這種反應會使對方氣急敗壞。接下來他們會在自身欲望驅使下做出一些舉動，企圖透過這些行為影響你，例如占有你或傷害你。如果他們的欲望是占有，那麼恭喜你，你已經完成誘惑之術的第一步了。假設他們想傷害你，那麼對方的情緒已經被你左右，現在只能遵守你的遊戲規矩（用誘餌引人出招，詳情見〈法則8〉與〈法則39〉）。

只有國王有權擺出輕蔑的表情，只有他目光所及的人事物，以及他想看見的東西才會在現實生活中存在，一切被國王視而不見或置之不理的事物都不存在。蔑視是路易十四的必殺技，如果他不喜歡你，就會直接把你當成空氣，用終止互動的方式彰顯自身優越感。這就是

世上總有人喜歡造謠，也有人熱中於小題大作，他們說話總是誇大其詞，還會用過分嚴肅的態度看待每件事，不惹出事端絕不善罷干休。不要對此類人耿耿於懷，這樣只會給自己徒增煩惱，把本應拋諸腦後的煩惱放在心上本來就是種本末倒置的行為。很多事情乍看之下相當重要，但當你對其視而不見，就會發現它根本無關痛癢，反之，一些事情看起來並不起眼，但當你仔細觀察，就會發現它其實事關重大。解決問題的最佳時

蔑視的力量，對方會知道他們的存在對你來說一點都不重要。

如果忽視他人能讓你獲得權力，那麼承諾與互動大多會削弱你的力量。把注意力放在微不足道的敵人身上，**你**的形象也會變得渺小，除此之外，你要是無法盡快擊敗對手，他們便會不斷膨脹。西元前四一五年，強大的雅典派出艦隊攻打弱小的西西里島，結果卻和敘拉古打起了曠日持久的拉鋸戰，而這座位於西西里沿岸的城市也因此聲名大噪，居民的鬥志更是越發激昂。敘拉古最後擊退了雅典大軍，其地位在往後數百年間始終不墜。美國前總統甘迺迪（John F. Kennedy）在面對古巴強人卡斯楚（Fidel Castro）時也犯了同樣的錯誤，美軍於一九六一年入侵豬玀灣失敗，此事讓卡斯楚成為國際舞台上的英雄。

假設你順利剷除了自己的眼中釘（或重創對方），另一項危機就會浮上檯面：群眾會開始同情弱者。曾有不少人批評小羅斯福政府，指責他們花了太多錢在各項專案上，但並沒有引起人民的迴響，因為大家都認為他這樣做是為了終結經濟大蕭條。後來，小羅斯福的政敵拿他的那條養尊處優的寵物狗法拉（Fala）開刀，要向民眾證明這位總統有多鋪張浪費。評論家在報紙上發表文章，說他麻木不仁，寧願把納稅人的錢浪費在狗身上，也不願救助國內的窮人。對此，羅斯福的回應是：「你們怎麼**好意思**去攻擊一隻手無寸鐵的小狗？」羅斯福為法拉辯護的文字是他政治生涯中最為人津津樂道的一段話，在這起事件中，總統的寵物是弱勢的一方，而評論家則因為攻擊弱勢反被民眾攻擊，到最後，總統反而博得了更多人的同情，因為大家都會站在「落水狗」這邊，就像他們同情機智且孤軍奮戰的比亞一樣。

我們都想修正自己犯下的錯誤，但你越努力彌補，情況往往就會變得更糟糕。放任不管其

機就是剛發生時，很多時候，引發疾病的往往都是解藥，人生的第一法則就是不要瞎操心。
［葛拉西安］

男人和影子

一個男人想抓住自己的影子，他朝影子的方向走去，影子就後退，他加快腳步，影子的速度也跟著變快。最後他開始追著影子跑，但他只要一加速，影子的速度也會變快。男人的影子好像以為自己是什麼稀世的寶物一樣，無論如何都不肯乖乖就範。但是你看！男人突然轉過身，朝反方向走去。他轉過頭，赫然看見影子跟在自己屁股後面。

實是比較好的做法，一九七一年，《紐約時報》曝光五角大廈文件，文件內容詳細記錄美國介入印度支那戰爭的始末。季辛吉得知後怒不可遏，完全無法原諒尼克森的幕僚居然會讓這麼重要的文件外流，使共和黨形象一落千丈，於是建議政府成立「水管工」（Plumbers）專案小組緊急抓漏。沒想到這幫人卻偷偷潛入位於水門酒店的民主黨辦公室，結果引發連鎖反應，導致尼克森成為殞落政壇的將星。其實五角大廈文件的內容就算曝光了，對執政黨的威脅也不是太大，小題大作的人是季辛吉。他急著修正錯誤，反而捅出另一個紕漏，這種偏執尋求安全感的行為，反而重創政府形象。要是他能睜一隻眼閉一隻眼，忽視五角大廈文件，這樁醜聞的熱度自然會漸漸消退。

遇到問題，我們應避免在不經意間過分聚焦，更不要用拙劣的手法試圖粉飾太平，這樣只會讓情況變得更糟。真正聰明的人都知道此刻最好的辦法，就是扮演對任何事都不屑一顧的古代貴族，把自己端著，當作完全沒有這回事。以下是運用此策略的幾種手法：第一種手法是吃不到葡萄說酸葡萄；當你發現自己得不到最想要的東西時，最糟糕的處理方式就是大肆抱怨，讓所有人注意到你有多失望。此時你應該要裝出一副從來都不感興趣的樣子，這種做法才是真正有效的策略。一八六一年，喬治．桑的支持者曾呼籲法蘭西學術院收她當第一位女性會員，但她很清楚學術院不可能答應這個要求，於是便公開表示自己沒興趣加入由一群過氣、名不符實、與社會脫節的人組成的組織。喬治．桑不屑一顧的回應堪稱完美，因為如果她表現得太積極，眾人就會知道打進這個圈子對她而言很重要，所以她反其道而行，把學術院說成是老頭集團，不能和這些人相處根本不值得她生氣或失望。有時我們會認為「酸葡

根據我的觀察，貌美的女子……命運女神對待眾人亦是如此，一個人越是努力想抓住她，最後只會浪費自己的時間。然而有一些人，他們和命運背道而行，幾乎就要從她的視野中消失，但她卻突然邁開腳步追著他們跑，而且還樂此不疲。〔克雷洛夫，《預言集》〕

萄」心理是弱者的象徵，但它其實是一種非常有效的策略。

第二，被低自己一等的人攻擊時，明確表示自己根本沒有被冒犯。你可以別過頭去，或是做出一些貼心的回應，讓對方知道你一點都不在意。同理，如果你犯了錯，最佳的處理方式就是輕輕放下，藉此弱化錯誤帶來的影響。

日本後西天皇精通茶道，他收藏了一只價值連城的茶壺，令眾朝臣羨慕不已。某天，大納言問天皇是否能將茶壺借他到光亮處一觀，這只茶壺一般是不會輕易離開桌子的，但天皇今天心情特別好，於是便同意了他的請求。大納言將茶壺拿到外廊欄杆旁就著陽光欣賞，過程中茶壺不慎從他手中滑落，正好落在下方花園的石頭上，被砸個粉碎。

天皇頓感不悅，大納言作揖後緩緩說道：「臣一時手拙才將茶壺摔落，所幸此事並無大礙，這只井戶茶壺已經很舊了，誰也說不準它什麼時候會壞掉。此物既然不會在公開場合上使用，就這樣摔碎了或許也是一件好事吧。」天皇很驚訝，沒料到大納言會說出這樣的話，於是瞬間就冷靜下來了。大納言沒有被嚇到痛哭流涕，也沒有拚命道歉，而是用三言兩語輕輕帶過自己犯下的錯誤，展現了個人的價值和權力。眼見對方如此冷靜，天皇也只能用更高高在上的態度回應，此時此刻，憤怒只會讓自己顯得小家子氣，讓大納言抓到把柄。

在平輩面前使用這一招可能會適得其反，因為你漠不關心的模樣可能會被解讀成冷酷無情。但在和上司相處時，展示不拖泥帶水的善後風格對你絕對有利無弊，除了不用直接面對他的怒火，你還能替他節省時間和精力（因為他不用反覆思考你犯的錯誤），更可以為他塑造寬宏大量的形象。

犯錯和說謊被逮到後，不斷否認並給自己找藉口只會惹出更多是非，讓情況越變越糟糕，反其道而行才是明智的做法。文藝復興時期作家阿雷蒂諾經常吹噓自己擁有貴族血統，但他不過是一名鞋匠的兒子。有一回，阿雷蒂諾的敵人將他捏造出身之事曝光，威尼斯（阿雷蒂諾當時也住在威尼斯）所有居民都不敢相信他居然會撒這種謊。要是阿雷蒂諾立刻跳出來為自己辯解，一定會遭眾人攻擊，於是他選擇了巧妙的做法。他公開承認自己的確是鞋匠的兒子，但這只能說明他的父親教子有方，才能讓他從社會底層攀升到金字塔頂端。從此以後，他再也沒有提到自己的過去，每當被問起家世背景時，也總是大肆吹噓自己目前的地位。

切記，遇到喜歡挑你毛病又愛搞小動作惹火你的人，最佳的回應方式就是不屑一顧。不要讓對方覺得你受他們影響，也不要面露慍色，因為這樣做等於承認問題存在；用你的冷眼與冷漠強化不屑一顧的態度。

意象：一道小傷口。傷口雖小卻隱隱作痛，你把所有能用的藥都用上、你抱怨、你撓癢、你去撕開結痂。醫生只會幫倒忙，把一道小傷口說成攸關生死的問題，但你只要不去理會，時間就會撫平傷口並帶走你的憂慮。

權威之言：

學習如何蔑視他人，蔑視是政治意味最濃厚的復仇。許多歷史人物本該是默默無聞的，我們之所以會知道他們的事蹟，是因為他們尊貴的對手將目光落在他們身上。世上沒有比遺忘更痛快的復仇，因為那些卑鄙小人將會被埋在沒沒無聞的塵土之下。〔葛拉西安〕

法則的反轉

蔑視人事物時一定要格外謹慎，雖說順其自然可以讓絕大多數小問題自行消失，但有些問題若不及時處理反而會持續惡化。忽視一個名望不如你的人，下次再見面時，他可能就成了一個更難纏的對手，想報你當年看不起他之仇。在文藝復興時期的義大利，許多國家的君王都看不起剛崛起的波吉亞，因為那時他只是個年輕人，手下的軍隊也是父親（教宗亞歷山大六世）賜予。等眾人開始正視這位大將軍時，一切都太遲了，因為現在的他已經蛻變成一頭雄獅，正在大口啃食義大利。在公開場合蔑視某人後，你通常都還要私下觀察並監視對方的狀態，確保他不會再來打擾你。

鍛鍊自己的觀察力。在問題尚處於萌芽階段時就將其根除，以免將來一發不可收拾。學著分辨哪些東西會在日後釀成大禍，及哪些東西只是讓你感到不快，過一陣子便會自動消失，無論它是哪一種，都不要真的對其視而不見，因為沒有徹底熄滅的火焰總有復燃的機會。

法則

37

打造震撼人心的奇觀

觀點

吸睛的圖像和恢弘的象徵物可以營造權力的氛圍，沒有人能對其視若無睹，爲身邊的人創造一幕幕視覺盛宴，用炫目的視覺效果與耀眼的符號突顯自身形象，人們光欣賞你的外表都來不及了，根本不會注意你在做什麼。

遵循法則的案例一

一七八〇年代初期，柏林街頭謠言四起，說衛斯理德醫師（Dr. Weisleder）給人治病時會出現神奇的景象。衛斯理德醫師的診所（由酒館改造而來）外排滿了長長的人龍，其中有瞎眼的、腿瘸的，還有久病不癒的患者，他們都希望醫師能在他們身上施展奇蹟。據知情人士透露，他治療病人的方法是讓他們曬月光，因此眾人尊稱他為柏林月光醫師。

一七八三年，衛斯理德醫師治好了一名富人的頑疾，全柏林的人都把他視為神醫。原本來看病的都是衣衫襤褸的窮人，現在隊伍的成員則多了華麗的馬車、身穿大衣的紳士、頂著時尚髮型的女士，還有許多病情沒那麼嚴重，單純只是想來一探究竟的人，他們會在太陽下山後出現在診所門口。隊伍裡的窮人會告訴身旁的富人，說衛斯理德醫師只會在月亮漸盈的夜晚施展醫術，還有不少接受過治療的人表示他會從月光中召喚出療癒的神力。不少自認為已經痊癒的人還是會到月光醫師的診所報到，只為了再體驗一次這種奇妙的感覺。

一踏進診所，病患就會看到一幅怪異的景象：入口走廊擠滿了來自不同階層和種族的人，宛如一座現代巴別塔。診所朝北的牆壁有好幾面大窗戶，月亮的光華透過玻璃以奇怪的角度射進室內，衛斯理德醫師和他的妻子（據說也精通月光醫術）則在二樓替人看診（樓梯位於診所最深處）。當隊伍離樓梯越來越近，人們便會聽到樓上傳來的叫聲，接著大家會開始討論可能又有盲人恢復了視力。

走上樓後，隊伍會分成兩行，一行通往北邊衛斯理德醫師的診間，另一行通往南邊醫師妻子的診間。終於，在等了好幾個小時後，男性病患會被帶到醫師所在的房間。衛斯理德醫師

安東尼與克麗歐佩脫拉

她的籌碼是她的身體以及其散發出的迷人魅力……她乘著滿載黃金的駁船來到西德納斯河上游，紫色的船帆在風中鼓動著，划槳手跟著笛聲、簫聲、魯特琴聲的節奏，用純銀打造的槳輕撫水面。克麗歐佩脫拉慵懶地躺在用金絲織成的華蓋下，身上穿的衣服和繪畫中的美神愛芙羅黛蒂（Aphrodite）如出一轍，站在她身旁搧風的兩名小童還特地打扮成丘比特（Cupid）的模樣。這艘駁船沒有船員，而是站滿克麗歐佩脫拉的侍女，她們美豔動人，一個個都扮成海上仙女和美惠三女神的模樣，她們有些佇立在船舵旁，有些倚靠在船帆附近。站在河岸邊的人可以聞到一股筆墨難以形容的奇香，那是因

年紀不小，頭上已有好幾綹白髮，看起來神經兮兮的。衛斯理德醫師會讓病患把衣服掀開，露出病灶，並將對方帶到月光透進來那面窗戶前，一邊用手揉壓傷口或患部，一邊面對月亮念誦一些文字。療程結束後，醫師會向病人收費，病人繳完錢後便可以離開診所。於此同時，醫師的妻子會在南面的診間替女性病患看診。然而，北面與南面不可能都照到月光，因為月亮不可能同時出現在兩個地方，但女性病患們並不在意，因為用月光治病這件事實在是太特別了，而她們之後也會大肆宣傳，說月光醫師妻子的醫術和他本人一樣精湛。

重點解析

衛斯理德醫師或許不懂醫術，但一定精通人性，他知道人有時需要的不是文字和合理的解釋，更不是科學的力量，而是能瞬間吸引他們情緒的事物。只要挑動他們的情緒，剩下的就會水到渠成，他們會認為二十五萬英里以外的一顆石頭反射的光線具有神奇的療效。衛斯理德醫師無需給病患開藥，也不用向他們解釋月光的神奇力量，更不用設計放大月亮光線的搞笑裝置。他知道越單純的奇觀越有效，自己只要提供窗戶灑落的月光、直達天庭的樓梯、盈月的光華（無論肉眼能否見到）就綽綽有餘了，額外的增強物只會讓人覺得月亮力有未逮。月亮一直都充滿魔力，古今中外人類的諸多幻想都是圍繞著月亮展開，衛斯理德醫師之所以能獲得權力，就是因為他把自己和月亮連結在一起。

切記，尋找權力時必須走捷徑，除了要避免被人懷疑，還要設法克服人類喜歡抗拒的天性。圖像是非常有效的捷徑，因為圖像可以繞過專司懷疑和抗拒的頭腦，直接衝擊人的心靈：營

為船上有無數根線香在燃燒。河邊聚集著無數人，他們從女王剛進入河口時就跟著駁船，消息傳到塔爾索市後，不少人紛紛跑出來，想親眼目睹這難得一見的奇觀。塔爾索市市集上，安東尼高坐在法庭上等待女王到來，但現場人潮漸漸散去，最後偌大的空地上僅剩安東尼一個人。霎時間全城都傳起了謠言，說愛神已降臨人間，而且還要和酒神戴歐尼修斯(Dionysus)一起狂歡，將歡樂帶到亞洲。安東尼派人給克麗歐佩脫拉傳信，說想邀請她和自己共進晚餐，但她卻認為安東尼來見她更恰當一些。為了展現風度與誠意，安東尼接受了埃及女王的提議，前往指定的地點和她見面。安東尼被克麗歐佩脫拉迎接自己的陣仗給嚇到了，其中最讓他目

造讓人目不暇給的奇觀（人的眼睛可以創造連結）、創造圍觀的群眾、挑動他們的情緒。當人們的眼睛被潔白的月光蒙蔽，自然就看不見你精心設計的騙局。

遵循法則的案例二

一五三六年，尚未成為法國國王的亨利二世與迪亞娜展開了一場不倫戀，迪亞娜當時三十七歲，是諾曼第公國總管的遺孀，而花心大蘿蔔亨利則剛滿十七歲。一開始他們談的是柏拉圖式的戀愛，亨利只是在精神上效忠於迪亞娜，但後來亨利才發現自己愛上了這個女人的全部，比起妻子凱薩琳．德．麥地奇，他更喜歡和迪亞娜同床共枕。

一五四七年，國王法蘭西斯一世（Francis I）駕崩，亨利二世登基為王。迪亞娜的地位岌岌可危，她今年四十八歲，冰水澡和青春藥水早已掩飾不住老態。亨利現在貴為國王，他很有可能會乖乖爬回凱薩琳王后的床上，並從年輕貌美的宮廷仕女中另覓新的情婦，畢竟他也才二十八歲，正是年輕氣盛的時候。迪亞娜並不打算舉白旗投降，畢竟她過去十一年都將亨利迷得神魂顛倒，自然可以繼續施展媚術。

象徵和圖像是迪亞娜的兩大法寶，她無時無刻都會注意這兩種元素，他們剛在一起時，迪亞娜就刻意把兩人名字的首字母縮寫縫在一起，象徵雙方的結合。亨利把這個象徵符號（徽章）當成護身符，不僅將其繡在自己的袍子上，還刻在各種紀念碑和羅浮宮（當時的法國王宮）的正牆上。迪亞娜最喜歡的顏色是黑色和白色，只有她能穿這兩種顏色的衣服，而她也會盡可能用這兩種顏色製作徽章。全法國的人都認得這個徽章，也知道它的象徵意義。亨利

瞪口呆的是現場的光線安排，女王命人從天花板上垂吊無數根蠟燭，並將它們綑綁成特殊的形狀，安排得錯落有致，有方形的，也有圓形的，燭火散發出的光線相映成趣，創造出一幅精采絕倫的視覺盛宴。［普魯塔克，《安東尼的生平》（*Life of Antony*）］

象徵派觀點在中世紀大行其道……象徵主義成了一種思想的捷徑，在尋找兩件事物的關係時，人們不再沿著它們因果連結的隱藏途徑。他們的思想往前躍進了一大步，不是在因與果的連結中找到兩者的關係，而是在意義的連結中找到兩者的關係……象徵派思想允許事物存在無限的關係，每一樣事物都可以因其自身的特點代表一系列特殊的概念，而每一種特點都

登基後，迪亞娜甚至還將自己比喻成與自己同名的羅馬女神黛安娜；黛安娜是狩獵女神，而狩獵一直以來都是王室的傳統休閒活動（也是亨利的最愛），除此之外，文藝復興時期的畫家都將黛安娜描繪成貞潔的象徵人物。迪亞娜自詡為黛安娜，這樣一來，宮中的人在想起她時，腦中自然也會浮現出這些正面的形象，讓她整個人顯得更加莊重。將自己與亨利「純潔」的關係轉化成實際的象徵，迪亞娜還能順便與王室情婦的黑歷史一刀兩斷。

為了讓象徵的連結生效，迪亞娜還大興土木，改造自己在阿內的城堡。她先將城堡原有的結構打掉，並在原地蓋了一棟仿羅馬神廟的多立克柱式建築，還特地選用產自諾曼第的白石，搭配上黑矽石，正好就是她最喜歡的黑白配色。迪亞娜將象徵兩人結合的徽章安放在石柱上、門上、窗戶上、地毯上，還用象徵女神黛安娜的彎月、雄鹿與獵犬圖案裝飾大門和外牆。城堡內隨處可見繡有女神事蹟的大型緙織壁毯，以及和黛安娜有關的畫作，花園中還擺著雕刻家古洪（Goujon）著名的作品〈狩獵女神黛安娜〉（*Diane Chasseresse*，現已被移至羅浮宮博物館展覽），只要仔細看，你就會發現這座石雕的黛安娜五官與迪亞娜簡直一模一樣。

亨利被富麗堂皇的阿內城堡徹底征服，並到處宣傳迪亞娜．德．普瓦捷就是羅馬女神黛安娜。一五四八年，亨利與迪亞娜前往里昂出席王室慶典，當地人為了歡迎他們，特地設計了一幅描繪女神黛安娜的**真人畫**。此時吹起了一股黛安娜風潮，就連當時最有名的詩人龍薩（Pierre de Ronsard）都開始創作讚美黛安娜的詩詞，這一切都要歸功於國王的首席情婦。在亨利眼中，迪亞娜好像成了真正的神明，而他這輩子的使命就是要盡己所能地崇拜迪亞娜。亨利二世於一五五九年駕崩，直到死前最後一刻，他依舊對迪亞娜死心塌地，不僅封她

能具備數個象徵意涵。最高級的概念可以具備數千個象徵符號，即便再卑微的事物都能代表並讚頌極度美好的事物。胡桃可以象徵基督：清甜的果仁是祂的神性、軟糊的種皮是祂的人性、木質的外殼是十字架；所有的事物都能將一個人的思維提升到永恆的境地……除去其本身的光彩不談，每一顆寶石都閃耀著象徵價值賦予它的豔麗色彩。人們把玫瑰和貞潔同化，其效果優於詩詞的譬喻手法數倍，因為貞潔顯示了玫瑰的本質；象徵主義的邏輯中浮現的每一個構想都能創造出一系列和諧的概念。〔胡伊青加（Johan Huizinga），《中世紀之秋》（*The Waning of the Middle Age*）〕

為女伯爵，還給了她數不盡的金銀財寶，像個虔誠的教徒般對待自己的首席情婦。

重點解析

迪亞娜·德·普瓦捷來自一般中產家庭，在她的努力下，她控制了亨利二十多年。亨利去世時她已經六十多歲了，但他對迪亞娜的熱情卻有增無減。迪亞娜很了解亨利，她知道亨利不喜歡讀書，而是喜歡往外跑，並對馬上槍術情有獨鍾，他喜歡競賽現場豔麗的錦旗、馬身上精緻的披掛，以及席間穿著入時的美女。亨利對光鮮亮麗事物的愛好是他的弱點，於是迪亞娜便緊抓住每個可以將他玩弄於股掌上的機會。

挪用女神黛安娜的身分是迪亞娜最高明的策略，此手法超越實體形象，已經進入到心理象徵的領域。從國王的情婦躍升成權力與純潔的代表人物並不簡單，但迪亞娜做到了。若沒有女神身分的助力，迪亞娜不過是一名年老色衰的交際花，但她卻將黛安娜的形象與象徵加諸到自己身上。搖身一變成為神話故事中的偉大人物。

你也可以如法炮製，將各種視覺暗示融入自身形象，就像迪亞娜運用顏色和徽章一樣。你可以為自己建立一個鮮明的特色，藉此突顯你與一般人的區別，接下來你可以借鑑合適的歷史人物形象或象徵，將其套用在自己身上，成為立於雞群的那隻鶴。

它的光灑落在群星身上，形成一種圍繞它的宮廷；它在分配光芒時一視同仁；它為所有地方帶來良善、創造生命、招來喜悅、激發行動；它始終如一，從不動搖，這就是我選擇用太陽象徵領

丿貫是上京都人……一五八八年十月，豐臣秀吉在北野舉辦了一場茶湯會，丿貫撐起了一把傘柄高七尺，傘面直徑達九尺的朱紅大傘，此外，他還用一面長達兩尺的蘆葦圍欄把傘柄圍住，這樣一來，陽光照到圍欄時便會因反射作用將雨傘的顏色發散到四周。豐臣秀吉很喜歡丿貫別出心裁的設計，於是下令免除他納稅的義務。［桑德勒，《日本茶道》］

導者的原因。

——路易十四

權力之鑰

用文字證明自己的主張是有風險的，因為文字本身就是一項危險的工具，其效果有時會與我們的預想背道而馳。當有人想用文字說服我們時，我們總免不了再用自己的文字反思對方的話，反覆琢磨後，最終得出一個與對方本意截然相反的結論。（沒錯，人類天生就愛和旁人作對。）除此之外，我們也會被他人的言語惹火，經常是說者無心，聽者有意。

視覺效果可繞過曲折難行的文字迷宮，直接挑起情緒，迫使對方必須立刻回應，無暇思考或懷疑。視覺效果就和音樂一樣，不受理性與思辨分析控制。你可以想像月光醫師向民眾解釋月亮神奇療效的畫面，以及說服病患相信自己可以和宇宙天體產生連結的場景，結果一定不怎麼美好。月光醫師是幸運的，因為他在診所打造了一副引人入勝的奇觀，所以根本不用浪費力氣用文字解釋，高掛天空的月亮就是最有力的論證。

請了解一個道理，那就是文字會讓你成為弱勢的一方，在必須開口自證的那一刻，你的權力就已經受到挑戰了。圖像是事實，可以讓懷疑的人閉上嘴巴、預防人們得出你不想要的解讀方式、創造各種聯想、在一瞬間傳達訊息，還能建立跨越社會差異的紐帶。文字會引起爭論與分歧，但圖像可以團結眾人，是獲得權力的絕佳手段。

象徵包括視覺象徵（如黛安娜的雕像）與描述視覺象徵的文字（如「太陽王」），它們也都具備和圖像相同的力量。象徵物的意義與物品本身是不一樣的，它代表的是一個抽象的意涵（例如「黛安娜」的圖像代表的是貞潔），這些抽象的概念（如純潔、愛國精神、勇氣、愛等）蘊含各式各樣情緒飽滿的聯想。象徵是表情達意的捷徑，可能一句話或一件物品就包含了數十種意義。太陽王象徵路易十四，我們可以從不同的層面解讀他對此象徵的解釋，然而，與這種象徵有關的美是不需要解釋的，朝臣們一聽便懂。不僅如此，此象徵還能讓路易在歷任國王中脫穎而出，營造出超越文字的威嚴，也就是說，此象徵蘊含了無窮的權力。

想使用象徵與圖像，我們就要了解視覺在所有知覺中的優先地位，在文藝復興之前，曾有人提出視覺與其他知覺（如味覺、觸覺等）的運作方式是平等的。但後來視覺的地位漸漸超越其他知覺，成為我們最仰賴與信賴的知覺。葛拉西安曾說：「真相通常都是透過眼睛看見的，很少是用耳朵聽來的。」文藝復興時期畫家利皮曾當過摩爾人的奴隸，他後來之所以能重獲自由，是因為他用木炭在牆上畫出主人的肖像。利皮的主人看到畫像後，馬上就意識到眼前這個人不簡單，於是便放他自由。利皮無論再怎麼能言善道，說服力都無法與圖像相提並論。

永遠不要低估安排視覺元素的重要性，顏色就具有相當強烈的象徵意涵。世紀詐騙王「黃小子」威爾曾捏造一份名為《紅字通訊報》（*Red Letter Newsletter*）的刊物，宣傳自己兜售的假股票。當年他為了這批通訊報，可說是下了血本，採用紅色墨水印刷，傳達急迫感、權威感與好運的意涵。威爾認為，騙局能否成功，正是取決於這些細節，他的想法和現代廣告商與大規模行銷人員如出一轍。舉例來說，在欲販售的產品名稱中用上黃金二字，並用金色墨水印刷，人類的眼睛會先注意到顏色的意涵，接著才是文字。

視覺元素也蘊含強烈的情緒能量，羅馬帝國皇帝君士坦丁（Constantine the Great）一直都把太陽當成神明崇拜，有天他抬頭望向天空，看見太陽上似乎有個十字架的重影。在君士坦丁看來，十字架與太陽重疊的景像代表新的宗教即將成為主流，於是他沒過多久便帶領整個羅馬帝國改信基督教，這股動力遠超世上一切布道與勸人改宗的活動。找出能立刻傳遞個人主張的圖像和象徵，並與之建立連結以獲得無窮的權力。

最有效的策略莫過於創造新的結合，也就是將圖像與象徵融合，組合成一個前所未現，但又能明確傳達你的主張、訊息和宗教的綜合體。從舊圖像和象徵中創造出新圖像和象徵會營造出一種詩意的效果，觀眾的聯想力會變得異常活躍，內心也會開始有所期待。

視覺圖像大都會按順序出現，而它們出現的順序會創造象徵，舉例來說，第一個出現的圖像象徵權力、位於中央的圖像則會顯得特別重要。

二戰尾聲，艾森豪將軍（General Eisenhower）下令要美軍在納粹撤離後率先進入巴黎，法國將軍戴高樂（Charles de Gaulle）知道這樣的順序會讓外界認為美國可以控制法國命運。經過一番政治操作後，戴高樂終於設法讓法國第二裝甲師成為率領解放軍進入法國的部隊，事實也證明他的策略成功了，在第二裝甲師挾凱旋之姿進入巴黎後，同盟國成員都視他為獨立後法國的領導人。戴高樂知道將領必須走在部隊的最前面，這種視覺聯想是誘發反應的關鍵元素，戴高樂必須靠它來挑動各國的情緒。

象徵並非一成不變，你現在可能無法再以「太陽王」自居，或是披上黛安娜的面紗，但你還是可以用迂迴的方式和這些象徵連結。當然，你也可以從近代歷史中找出一些已經去世，但卻仍能讓人浮想聯翩的角色，利用他們打造你的個人神話。我們之所以這樣做，是因為自身形象太過平庸，所以要利用他們為自己創造光環和聲望。迪亞娜其實不具備耀眼的能量，她只是一個普通人，和我們沒有兩樣，但她卻利用象徵的策略將自己提升到神明的層級。

比起有話直說，使用象徵的效果更溫和，只要手法得宜，便能迂迴地表達自己的意思。心理醫師艾瑞克森會用象徵和圖像與病患溝通，傳遞文字無法承載的訊息，舉例來說，若病患想不開某些事情，艾瑞克森不會直接詢問對方原因，而是會和他聊一些與治療不相關的話題，比如開車載他到亞利桑那州的沙漠，和對方說起自己一九五〇年代在此執業的經歷。在聊天的過程中，艾瑞克森一定能找到可以象徵病患問題的事物。假設他懷疑病患的問題可能和社交孤立有關，他就會指著路邊的一棵鐵木樹，說這棵樹真孤單，每天都要受狂風摧殘。當病患與象徵物建立起情感連結，便會願意敞開心胸聆聽醫生的提問。

除此之外，象徵也具召集、鼓舞和團結軍隊或團體的力量，一六四八年，法國人民發起暴動反抗王室政府，擁護國王的人戲稱叛亂分子為**投石器**（法文：*frondes*，玩具，音譯為福隆德，小孩會用福隆德恐嚇比自己厲害的對手）。雷茲樞機主教將這個帶有貶抑的詞當成叛軍的象徵，稱這些人為「投石黨」（*La Fronde*），成員則是「投石人」（*frondeurs*），後來投石人會在帽子上綁一圈飾帶象徵投石器，並把投石器這個詞當成口號。如果沒有投石器這個象徵物，這場暴動極有可能不了了之，所以說，請務必為自己的目標找一個象徵物（越能引起情緒聯想的事物越好）。

使用圖像與象徵的最佳方式，就是用他們打造一場壯觀的視覺盛宴，讓人讚嘆不已，進而忘卻惱人的現實。要達成此目的一點都不難，因為所有人都喜歡壯觀、宏偉、華麗的事物，只要你能訴諸群眾對奇觀的渴求，他們就會蜂擁而至；通往人內心的捷徑是眼睛。

意象：十字架和太陽。當十字架和耀眼的陽光兩者重疊，全新的現實便會漸漸浮出水面，新的權力也會隨之崛起；象徵無須文字解釋。

權威之言：表象欺人，屢試不爽……君王每年都應舉辦盛大的慶典，讓人民的身體和思想都有事可忙。〔馬基維利〕

法則的反轉

不在乎圖像和象徵的人無法獲得權力，本法則沒有反轉的餘地。

法則

38

思想可獨立，行動要合群

觀點

當你和時代潮流逆向而行，並到處賣弄新穎與非傳統的想法和行爲，人們只會覺得你是在譁眾取寵並看不起你。他們會用各種方式懲罰你，因爲你讓他們覺得低人一等。融入群眾並換上平易近人的態度更安全，把你的創見和與眾不同留給開明的朋友和懂得欣賞的人。

違反法則的案例

西元前四七八年左右，希臘各城邦聯手擊退前來進犯的波斯。沒過多久，斯巴達便與盟友雅典聯手，派出遠征隊討伐波斯，並任命由年輕的貴族保薩尼亞斯（Pausanias）擔任將領，要討回被波斯強占的海島和沿岸諸城。保薩尼亞斯是一名英勇的戰士，但做事特別講究排場，雅典人和斯巴達人都十分敬重他。

保薩尼亞斯很快就拿下賽普勒斯，接著進入小亞細亞半島攻克拜占庭（今天的伊斯坦堡），占領了波斯帝國部分領土。然而，出師告捷的保薩尼亞斯行為舉止卻越發浮誇，出席公開場合時，他總是不忘抹上髮油並穿上華麗的波斯長袍，還會安排埃及保鑣隨侍在側。除此之外，他也經常舉辦奢華的晚宴，並按照波斯的禮儀主持宴會，要求眾人取悅自己。他不再和老朋友見面，而是和波斯國王薛西斯（Xerxes）交好，行事作風做來越像個波斯暴君。

保薩尼亞斯很明顯是被權力和成功沖昏頭了，他率領的士兵（由斯巴達人與雅典人組成）最初都覺得他只是一時得意忘形，因為保薩尼亞斯本來就是喜歡標新立異的人。一直到後來他開始鄙視希臘簡樸的生活方式，甚至出言侮辱希臘士兵，眾人這才覺得他做得太過分了。即便沒有確鑿的證據，人們依舊傳起了謠言說保薩尼亞斯已經投靠波斯，想成為像薛西斯那樣的國王。為了預防兵變，斯巴達下令解除保薩尼亞斯的兵權，並要求他立刻回到斯巴達。

回到斯巴達後，保薩尼亞斯依舊穿著波斯風格的服裝，幾個月後，他租了一艘三列槳座戰船自行返回赫勒斯滂，說自己要繼續討伐波斯，但他真正的目的是要和薛西斯結盟，借他的力量統治整個希臘。斯巴達立刻派出戰船追捕保薩尼亞斯，他也立刻投降了，因為他相信斯

與小眾思考，和大眾說話

逆流而上容易碰上危險，這種事也只有蘇格拉底能做。提出不同的意見是冒犯人的舉動，因為你是在譴責他人的看法。心生不滿的人之所以會越來越多，原因不外乎兩個，一是某些事情受到了譴責，一是有人讚美了這些事。只有少數人能參透真理，錯誤是粗俗的，但也是眾人的常態。我們不能因為一個智者在市集上說的話就認同他，因為他說出口的不是他真正的想法，而是庸俗的世人的想法，無論他內心再怎麼堅決否認這些論點，他還是得說出來。智者小心翼翼，以免被人反駁，也會小心翼翼避免反駁他人；智者不會公開譴責容易導致自己被譴責的事。思想是自由的，我們不能也不

巴達不可能將他當成叛國者。審判過程中有人提出證據，說他在擔任指揮官時曾三番兩次侮辱自己的同胞，還違背慣例，以自己的名義建造紀念碑，不把其城市的名字寫上去。即便他與敵人私下來往已是斬釘截鐵的事實，斯巴達公民依舊不願將出身如此高貴之人送進監獄，於是便將他釋放了。

有恃無恐的保薩尼亞斯找人傳信給薛西斯，但信使卻將信件轉交給斯巴達政府。為了得知更多內幕，官員要求信使約保薩尼亞斯在某座神廟見面，自己則躲在隔間裡偷聽。保薩尼亞斯的言論把眾官員嚇得不輕，他們從沒聽過有哪個斯巴達人敢這樣說話，於是立刻下令逮捕他。在回家的路上，保薩尼亞斯聽說政府派了人要抓自己，於是便躲到另一座神廟。官員派哨兵包圍神廟，但保薩尼亞斯拒不投降。由於眾人不願意在神廟中動武，於是只能將他困在裡面，最後保薩尼亞斯就這樣活活餓死。

該強迫它。人應該在沉默中尋求庇護，若你偶爾想打破沉默，也要在私底下、在少數人的保護下做這件事。〔葛拉西安〕

擅隱者生活無憂。〔奧維德（Ovid）〕

重點解析

乍看之下，你可能會以為保薩尼亞斯只是愛上了波斯的文化，這種現象古今中外都有。斯巴達崇尚禁欲的生活方式，但保薩尼亞斯更喜歡波斯人奢華的生活方式，以及對感官享樂的追求。只要穿上波斯長袍並抹上香水，他就能擺脫希臘式的戒律和簡約主義。

這就是人在接受另一種文化時會表現出的樣子，但很多時候，這層表象底下還藏著另一個原因：當人們對不同的文化過分痴迷時，其實是在表現對自身文化的輕視和不屑。他們覺得只要戴上充滿異國風情的面具，自己就會不同於遵守當地習俗和法律的民眾，變成更高級的

聰明的人應該像雙底保險箱，讓人無法一眼將其看穿。〔雷利爵士〕

人。若他們不覺得自己高人一等，言行舉止就會多一分自重，也會懂得尊重與想法和自己不同的人。這種人總想用誇張的手法展現自己的不同，最後勢必會淪為群眾厭惡的對象，因為他們在（直接或間接）挑戰眾人的信仰時也冒犯到了每個人。

修昔底德在描述保薩尼亞斯時是這樣說的：「他藐視斯巴達的法律，刻意模仿外國人的言行，所有人都懷疑他不願意被社會常規約束。」文化常規反映的是一地人民數世紀以來共同的信念與想法，不要以為你在嘲笑社會常規後還能全身而退，受到懲罰是必然的，你可能會被眾人孤立，失去所有權力。

很多人都像保薩尼亞斯一樣崇尚異國文化，請控制這種欲望，當你的思考方式和言行舉止都令眾人感到陌生，但你卻以此沾沾自喜時，人們就會懷疑你的動機不純，覺得你是在彰顯自己的優越感。

遵循法則的案例

十六世紀末，義大利教會強烈反對宗教改革，反宗教改革派設立了自己的宗教裁判所，要剷除所有背離天主教會教義的分支，就連科學家伽利略也難逃其迫害。然而，在眾多受害者中命運最悲慘的，是一位名叫康帕內拉（Tommaso Campanella）的哲學家兼道明會修士。

康帕內拉相信羅馬哲學家伊比鳩魯（Epicurus）提出的物質論，所以並不相信奇蹟、天堂、地獄之類的事情，還撰文攻擊教會，說他們之所以提倡這些迷信的概念，是因為讓普通人感到害怕，進而控制人民。這種觀念幾乎等於無神論，但康帕內拉毫不忌諱，依舊大肆宣傳。

變質的水

赫德（Khidr）是先知摩西（Moses）的老師，有天他向世人提出警告，說在未來的某天，所有沒有被儲存起來的水都會消失，而消失的水會被另一種使飲者瘋狂的水代替。只有一名男子聽進赫德的建議，他將打來的水藏在一個隱密的地方，靜靜等待所有的水變質。

某天，溪流的水停止流動，男子知道預言成真了，於是便回到儲水處飲水。他從所在的位置朝外看去，發現瀑布又開始流動，於是便回到人群中。此時他發現眾人思考和說話的方式都變了，他們不記得從前的事，也忘記赫德曾一五九三年，宗教裁判所用宣揚異端邪說的罪名將康帕內拉關進大牢，並在六年後將他轉往那不勒斯的修道院軟禁。

當時西班牙控制了義大利南部，康帕內拉便和當地人計畫推翻西班牙統治，打造一個烏托邦式的獨立共和國，沒想到義大利宗教裁判所居然和西班牙人聯手，再次將他送進大牢。康帕內拉在獄中又遭受了非人的折磨，為了查明他究竟為何不信神，裁判所祭出了**不眠刑**（la veglia），將他的雙手懸空綁起，讓他呈半蹲姿態，並在下方放一張布滿尖刺的椅子。想在這種情況下維持半蹲的姿勢是不可能的，受刑人最後一定會接觸到尖刺，哪怕只是碰到一點也絕對會被戳得皮開肉綻。

在獄中的這些年，康帕內拉學到了一條和權力有關的法則。他知道自己可能會因宣揚異端而被處死，於是便改變策略，開始用表象遮掩自己對個人信仰的忠誠。

為了活下去，康帕內拉開始裝瘋，想讓裁判所的人誤以為他的信仰源自瘋狂。起初他們並沒有停止折磨康帕內拉，想藉此測試他是否在裝瘋賣傻，後來（一六〇三年）他被改判終生監禁，獄卒將他拉入地牢，用固定在牆上的鐵鍊將他拴住（康帕內拉在地牢裡待了整整四年）。即便身陷囹圄，他依舊堅持寫作，只是他已經不會再傻到把自己的想法直接表達出來。

在《西班牙君主制》（*The Hispanic Monarchy*）中，康帕內拉寫下西班牙的神聖使命是將王權擴展到世界的每個角落，並向西班牙國王提出了許多實用的馬基維利式建議。雖然康帕內拉對馬基維利的思想很有興趣，但他在《西班牙君主制》中提到的觀念皆與他自身的理念背道而馳，這本書不過是他策略的一環，目的是要用不要臉的方式昭告天下他已皈依正道。

警告過他們。他想和眾人解釋，但大家都覺得他才是瘋子。有人敵視他，也有人同情他，但沒有半個人理解他。剛開始他堅持不喝變質的水，而是每天都回到儲水處喝自己打的水。由於言行舉止都和旁人不同，男子倍感孤單，於是決定喝下變質的水。後來男子變得和眾人一樣，也徹底忘記了水的預言，周遭的人發現這個瘋子突然恢復理智後都十分詫異。〔沙阿，《托缽僧故事集》〕

他的策略奏效了，《西班牙君主制》出版後六年（一六二六年），教宗終於答應釋放康帕內拉。

重獲自由後沒多久，康帕內拉又寫了《戰勝無神論》（*Atheism Conquered*），抨擊不願遵守常規的思想家、馬基維利主義者、喀爾文主義者，以及所有異教徒。這本書是以辯論的格式寫成，異教徒會提出自己的觀點，康帕內拉則會用天主教更優越的論點反擊。康帕內拉都能寫出這樣的書，想必他一定已經改過自新了。但事實真是如此嗎？

《戰勝無神論》中異教徒提出的論點充滿激情與新鮮感，雖然康帕內拉最後都用正方論點將其一一推翻，但這不過是一種障眼法，康帕內拉其實是在總結無神論和天主教的角力。當他在幫**己方**辯護時，用的都是一些陳腔濫調和冗長費解的邏輯。異教徒的觀點不僅簡潔有力，也更大膽、更真誠，而天主教提出的論據則無趣又無力。

讀過本書的天主教徒都會覺得其內容不太對勁，且主旨曖昧不明，但他們又不能稱其為異端邪說，也不能主張康帕內拉應該再被關進監獄，因為他使用的就是天主教徒平常會用的論點。《戰勝無神論》被後世無神論者、馬基維利主義者、自由派人士奉為圭臬，他們會用作者提出的異教徒論點為自己的想法辯護。康帕內拉表面上服從，但又表達了自己真實的信念，讓所有能與他共情的人一讀就懂，證明他確實學會了一些道理。

重點解析

面對殘暴的迫害，康帕內拉想出了三種策略，這些策略不僅救了他一命、讓他重獲自由，

不要反駁任何人的意見，即便你能活得跟瑪土撒拉（Methuselah）一樣久，也絕對無法導正他腦中那些錯得離譜的觀念。

除此之外，對話時也要避免糾正別人的錯誤，即便你是出於好心才這樣做的也不行，因為這樣很容易冒犯人，而且事後想和他們和好簡直是難上加難。

甚至還讓他可以繼續傳播自己的理念。他的第一個策略是裝瘋，在中世紀的歐洲，瘋子是不用為自己的行為負責的；接下來他寫了一本書，宣揚與自身信仰背道而馳的理念；最後，他一邊隱藏真實想法，一邊暗渡陳倉，傳遞個人理念，這招可謂是神來之筆。你假裝反對危險的想法，但在你反對的過程中，實際上卻讓這些想法得以表達並曝光。你看似順從主流的正統觀點，但懂的人會明白其中的諷刺意味。你是受到保護的。

一些價值觀與習俗發展到最後的確會背離初衷，成為壓迫他人的工具，社會上也的確會有人帶著超前的理念起身反抗。然而，和康帕內拉一樣，這些人最後都會了解到一件事，那就是如果你的想法是危險的，而且只會引發折磨與迫害，那麼公開宣揚自己的理念毫無意義。殉道是沒用的，在充滿壓迫的環境中，好死不如賴活著，況且你說不定還可以活得更精彩。找一個可以巧妙傳達個人理念的方法，讓懂的人接收到你想傳達的訊息，對牛彈琴只會讓自己惹上麻煩。

> 我曾有一段時間拒絕告訴旁人我相信什麼，也完全不相信自己說出的話，即便有時我說了真話，也會將其隱藏在一堆謊言中，好教人分不清楚。
>
> ——摘錄自馬基維利寫給圭恰迪尼（Francesco Guicciardini）的信

權力之鑰

人都會說謊，也會隱藏真實的感受，因為我們在社會上不可能完全自由地表達自己的想

假如你聽到兩個人談話的內容荒謬至極，甚至感到有點生氣，那就當作自己是在看一齣喜劇吧，這可是古人用親身經歷實證得來的智慧。若有人認為自己的使命就是指點江山，那他將來一定會因為自己沒被攻擊得體無完膚而感謝命運女神。［叔本華］

法。我們從小就知道要隱瞞想法，在面對情緒暴躁和不安的人，我們只會說他們想聽的話，並小心翼翼地察言觀色，深怕自己惹火對方。對大多數人來說，這種行為是很正常的，畢竟總有些想法和價值觀是社會的主流，與人爭論是沒有意義的。

但有些人會覺得這種限制是侵犯自由的表現，他們完全無法忍受，所以一定要用行動證明自己的價值觀與想法更優越。他們或許真的可說服一些人，但一定會得罪一堆人。理性的論證之所以起不了作用，是因為多數人從不去反思自身想法和價值觀，他們的信念包含很強的情緒元素：他們完全不想重塑自己的思考習慣，而且在面對質疑時（無論是直接與對方辯論或是用行動間接表示），他們就會把你當成敵人看待。

有智慧和聰明的人很早就知道人可以表面上遵循傳統，但心卻與其背道而馳。融入群體可以讓他們獲得一種特殊的權力，一種不被旁人打擾且可以自由思考，並向他們選定的人宣揚自己想法的權力。得到這種權力後，他們就可以說服更多人，讓這些人相信自己的想法才是正確的，例如像康帕內拉那樣，用諷刺和影射的策略傳遞理念。

十四世紀末，西班牙開始壓迫國內的猶太人，不僅屠戮數千，還將他們驅逐出境，剩下的全都被迫改宗。然而，在接下來三百年間，西班牙人發現一個令人不安的現象：許多猶太人只是表面改信天主教，私底下依舊遵循猶太教教義。這些人被稱為瑪拉諾人（Marranos，marrano 在西班牙文中是「豬」），他們很多都在宮廷中擔任要職，還與貴族通婚，看起來完全就是虔誠的天主教徒，直到後來才被人發現他們仍保留猶太教信仰（西班牙宗教裁判所當時的主要任務就是揪出所有瑪拉諾人）。這些年來，這些猶太人把融入群體的技術練得爐

當地人與旅行者

當地人說：「你看看，這可是全世界最大的市集。」旅行者說：「不是。」當地人：「好吧，可能不是最大的，但一定是最好的。」旅行者：「你又說錯了，我告訴你……」夕陽西下，市場的商販把旅行者的屍體埋在城外。［史蒂文森（Robert Louis Stevenson），《預言集》（*Fables*）］

若馬基維利真的收了一位君主為徒，那他一定會建議對方立刻寫一本攻擊馬基維利主義的書。［伏爾泰］

火純青，不僅會在公開場合拿出十字架，捐錢給教會時也從不手軟，有時甚至還會發表一些反猶太教的理論，但他們的內心永遠都是自由的，也永遠效忠自身信仰。

瑪拉諾人知道社會最看重人的形象（至今仍是如此），他們的策略很簡單：仿效《戰勝無神論》的作者康帕內拉，假裝融入群體，成為天主正教最狂熱的擁護者。只要在眾人面前裝出一副遵循傳統的模樣，就不大會有人認為你背地裡懷抱異心。

不要傻傻地以為主流觀念會在你有生之年消失，醫學家沙克（Jonas Salk）就是最好的例子，喬納斯曾以為科學不受政治和框架束縛，所以他在研發脊髓灰質炎疫苗時打破規則，在把成果提交給學界前先公之於眾，將功勞和榮光通通都攬在自己身上，完全沒有提到前人的努力。他被人民當成明星，但卻被其他科學家孤立，這種不尊重同業的非主流行為讓他被科研界拒之門外。接下來好幾年，喬納斯一直都在彌補自己的過錯，期間一直都找不到合作的對象和研究資金。

布萊希特是現代宗教裁判所（眾議院非美活動調查委員會）的受害者，但他卻用機智的策略逃過他們的制裁。二戰期間，布萊希特曾斷斷續續地在美國電影產業工作過，一九四七年，委員會認為他是共產主義者的同路人，於是便傳喚他出庭回答他們的問題。其他被傳喚的劇作家事先達成共識，要在庭上反擊委員會的論點，而且還要擺出一副強硬的態度，以激起民眾的同情。然而，曾為共產黨效力過的布萊希特卻決定反其道而行，他給出的回答既模糊又籠統，教人難以理解其真正的意義（可以稱之為康帕內拉策略）。不喜歡穿西裝的布萊希特當天還盛裝出席，並在作證期間刻意抽起雪茄，想博得某位關鍵成員的好感（他知道對方也愛抽雪茄）。

布萊希特後來搬回東德居住，結果又被當地的「裁判所」盯上，當時的東德由共產黨掌權，他們批評布萊希特創作的劇本頹廢又悲觀。布萊希特沒有和他們做口舌之爭，而是直接調整表演劇本的內容，用實際行動讓對方閉嘴，但又設法出版未經修改的文字劇本。他在美國和東德都裝出了服從的表象，目的是要在不改變自身想法的前提下清除眼前的障礙。布萊希特靠著附和主流，在動盪的時代於兩個國家全身而退，證明他的權力遠大於壓迫的力量。

手握權力的人不僅會避免重蹈保薩尼亞斯和沙克的覆轍，還會用巧妙的手法偽裝親民。古今中外的詐騙分子和政客都深諳此道，例如凱撒和小羅斯福，這兩人都懂得放下貴族的身段，學習如何營造熟悉感，並和普通人打成一片。他們會利用各種小細節（通常都是象徵性的）透露出這種熟悉感，讓人民覺得即使領導者的地位較高，其價值觀也和自己一樣。

將此策略的邏輯繼續往下發展，你就能成為一個八面玲瓏的人。在踏進社會的那一刻起，請拋下你的想法與價值觀，並根據自己所屬的團體戴上最適合的面具。俾斯麥是本策略的箇中高手，在他掌權的這些年來，人們好像隱約知道他在做什麼，但又不清楚這件事到底重不重要。當團體成員認為你的想法與他們相同，心中會有種飄飄然的感覺，而且還會主動走進你的圈套。只要手法拿捏得當，他們就不會認為你是表裡不一的人，因為他們根本無法看見你的「裡」，對吧？此外，他們也不會認為你缺乏價值觀，因為在與眾人為伍時，你用的正是他們那套價值觀。

意象：黑綿羊。看見黑色的綿羊，眾羊避之唯恐不及，不確定牠是不是團體的一分子。黑羊只能站在最後面，或是走著走著就脫隊了，最後淪為野狼的盤中餐。不要脫離群體，因為人越多的地方越安全，你的想法可以與眾不同，但毛色不可以。

權威之言：不要把聖物給狗，也不要把你們的珍珠丟在豬前，恐怕牠踐踏了珍珠，轉過來咬你們。［《馬太福音》，第七章第六節］

法則的反轉

人只有在一個時候可以大方展示自己的與眾不同，那就是當你已經出類拔萃的時候；你確認自己立於權力的不敗之地時，你便能公開炫耀自己與一般人的不同之處，藉此彰顯雙方的差距。前美國總統詹森（Lyndon Johnson）偶爾會在蹲馬桶時召開會議，這種「特權」並非人人都有，也不是人人都願意使用，詹森這樣做是要讓眾人知道他無須遵守規範，也不用善待他人。羅馬帝國皇帝卡利古拉（Caligula）也很喜歡使用此策略，他會穿著女式晨衣或長袍接見重要的賓客，有次他甚至讓自己養的馬擔任執政官，但他最後也因行徑過於乖張而失去民心，最終被刺殺身亡。事實證明，即便是站在權力顛峰的人也應該假裝與民眾貼近，因為他們終有一天也會需要人民的支持。

社會上永遠會留一個位置給喜歡唱反調的討厭鬼，他們可以不遵守任何習俗，也可以取笑文化中的糟粕。王爾德就是最好的例子，他憑著這種作風在社會上獲得了不小的權力。王爾德曾明確表示自己對一般人的處事之道不屑一顧，每當他公開朗讀自己的作品時，聽眾都期待被他羞辱，而且還樂此不疲。然而，王爾德不同於常人的身分最後也徹底毀了他。請記住一件事，王爾德不僅才華洋溢，更懂得取悅群眾，如果少了這項天賦，他嗆辣的文字最後也只會冒犯到別人。

法則

39

混水裡摸魚

觀點

憤怒和情緒化會破壞策略的效果，我們必須時刻保持冷靜與客觀的態度，但如果你能在惹敵人生氣的同時保持鎮靜，就能獲得關鍵優勢。設法打亂對手的陣腳，找出他們的虛榮心上的裂縫，藉此干擾他們、控制他們。

違反法則的案例

一八〇九年一月，拿破崙放下才剛開打沒多久的半島戰爭，氣急敗壞地趕回巴黎，因為根據他的眼線和親信回報，外交大臣塔列朗和警察部長富歇打算密謀造反。拿破崙一回到巴黎，就將好幾名大臣召進宮中開會，開會時拿破崙焦躁不安，不停抱怨國內蠢蠢欲動的陰謀家、視錢如命的投機客、怠忽職守的官員，說他們都在扯自己後腿，現在就連手下的大臣也想造反。

塔列朗倚靠在壁爐架上，一臉漠然地聽著拿破崙慷慨激昂的抱怨。此時拿破崙突然盯著他的眼睛說：「當宮中的大臣放任自己懷疑朕時，就等於犯了叛國罪。」拿破崙本以為塔列朗聽到「叛國」時會驚慌失措，沒想到對方只是笑了一笑，冷靜的表情透露出一絲厭煩。

叛國可是會被殺頭的大罪啊，看見下屬依然一派輕鬆的樣子，拿破崙的理智線應聲斷裂，他說朝中有幾名大臣想謀害自己，說完後還故意貼近塔列朗，而塔列朗則是一臉鎮定地看著他。拿破崙終於爆發了，他大聲罵道：「你這懦夫，你心中沒有信念，你從來都不敬畏任何事物，我看你就是個連父親都敢出賣的人。我給了你榮華富貴，你卻無所不用其極地想加害於我。」眾大臣面面相覷，在他們眼中，拿破崙是橫掃歐陸的無敵大將軍，眾人還是第一次看見他失態的模樣。

拿破崙還沒罵夠，他一邊跺腳、一邊說：「除掉你就像打碎一塊玻璃，我輕輕鬆鬆就能做到，但你不值得動手。我大可以把你吊死在杜樂麗花園的牆上，等我有時間再來對付你。」

拿破崙滿臉通紅、目眥盡裂，他上氣不接下氣地說道：「你不過是套著絲襪的狗屎……還有

板倉重宗磨茶

京都所司代板倉重宗酷愛茶湯，最喜歡一邊審案、一邊磨茶。他之所以會這樣做，是因為有次他問茶友榮季，民眾對他的評價如何，榮季說：「大家都說只要有人提供的證據不夠明確，您就會生氣並斥責他們，所以大家都不願把案件呈到您的案前，即便他們把案子交給您審理，真相也不會水落石出。」

板倉重宗說：「感謝你對我據實以報，現在想來，我說話確實較為嚴厲，這樣一來，謙卑的百姓和不善言詞的人確實無法好好陳述案件，我會想個方法杜絕這種現象。」從此以後，板倉重宗每次審案都會在桌上放一個茶臼，並在茶臼前擺上一道障子。每當有百姓陳情，板倉重宗就會坐在障子後一

你老婆，你怎麼沒跟我提過她情夫的事呢？」塔列朗絲毫不受影響，只是淡淡地回答：「陛下，我確實沒把這件事告訴您，因為我覺得這只是一件小事，對您或我都沒有影響。」拿破崙又羞辱了塔列朗幾句，接著便悻悻然離開。拿破崙走後，塔列朗拖著瘸腿緩緩走向房間另一端，又慢條斯理地穿上外套。此時所有大臣都認定塔列朗命不久矣，但他卻只是對眾人說：「真遺憾啊，諸位大臣，一個這麼偉大的人行為竟會如此粗鄙。」

拿破崙氣歸氣，但最終還是沒有下令逮捕這名外交大臣，只是免除他的職務，並將他逐出宮中，認為這種羞辱對他來說就是最嚴厲的懲罰。然而，他痛罵塔列朗的事很快就傳開了，大家都在討論皇帝居然像瘋子一樣責罵大臣，而塔列朗則因冷靜自持與不失尊嚴的態度被眾人讚許。在這之前，人們從沒見過拿破崙因憤怒而失控，大家都隱約感覺拿破崙已經開始走下坡了。應證了塔列朗說的那句，「此乃結局的開端。」

邊磨茶、一邊聽案，藉此安撫自己的思緒。除此之外，他也可以透過觀察茶葉來判斷自己的情緒起伏是否太大，假設茶葉沒有被研磨成同樣的大小，就表示他的情緒特別高漲。

板倉重宗終於可以用公正的態度審理百姓的案件，眾人也都對判決的結果相當滿意。［桑德勒，《日本茶道》］

重點解析

此乃結局的開端，這句話說得一點也沒錯，因為六年後拿破崙就會慘遭滑鐵盧，但拿破崙的殞落並不是在一夜之間發生的。一八一二年，拿破崙入侵俄羅斯失利，此事決定了他將在衰退的路上一去不復返。塔列朗是第一個察覺到拿破崙頹勢的人，而他判斷的根據就是毫無理性可言的半島戰爭，在一八〇八年前後，塔列朗內心便得出了一個結論：唯有拿破崙下台，歐陸才有和平。為了達成這個目標，他選擇和富歇合作。

其實這兩人的合作很有可能只是障眼法，他們真正的目的是要逼拿破崙失控。塔列朗和富歐都是老謀深算的政治家，我不太相信他們的計畫會這樣戛然而止，我想這兩人應該只是想引發一些事端，引誘拿破崙做出錯誤的決定。他們的策略奏效了，拿破崙大發雷霆，在所有人面前失控，這件事重創了他在民眾心中形象。

人在憤怒時做出的反應確實有可能讓人心生恐懼（但也會有人不為所動），但等風波平息後，先前憤怒的一方便會感到有些尷尬，眾人也會開始懷疑此人是否缺乏自制力，並對他口出惡言一事嗤之以鼻。情緒失控的人特別容易說出毫無根據且言過其實的指控，幾次過後，身受其害的人絕對會巴不得你趕緊消失。

發現有人對自己圖謀不軌，而且這兩個人還是自己最仰賴的大臣，拿破崙當然有權生氣並感到焦慮，但在公開場合做出如此情緒化的反應，只會將自己的失望與挫折感攤在眾人面前。公然展示挫折感等於承認你已經失去權力，無法再左右事情的走向，就好像小朋友想透過耍脾氣得到自己想要的東西；真正擁有權勢的人是絕對不會自曝其短的。

面對這種情況，拿破崙可以反思為何這兩個聰明絕頂的人會反對自己，並聽聽他們的建議。除此之外，他也可以嘗試讓他們再次回到自己的陣營。他可以把造反的人關進大牢或處死，藉此彰顯自己的權力，並徹底切斷和這些人的連結，這樣既不用罵人、也不用耍脾氣，更不會在事後感到尷尬。

切記：發脾氣既嚇唬不了人，也不會讓人效忠於你，只會讓人懷疑你的權力。暴怒只會暴露自己的弱點，一旦弱點被人發現，你離下台那天也不遠了。

如果可以的話，我會建議你不要對人懷抱敵意……用憤怒的語氣和人說話，用文字和表情傳達仇恨不僅毫無必要，還是危險、愚蠢、粗俗的舉動。憤怒和仇恨只能被傾注在行為裡，用行動表達感情是最有效的方法，但在執行行動時，無論如何都要避免透露出憤怒和仇恨；毒牙只會長在冷血動物的口中。

［叔本華］

遵循法則的案例

塞拉西一直以來都覺得衣索比亞需要由一個強人統領，一九二〇年代末期，塞拉西削弱了各地軍閥的實力，差不多已經控制了衣索比亞全境。當時衣索比亞的女皇名叫佐迪圖（Zauditu），塞拉西是攝政王兼皇儲，他現在只需除掉女皇和她的丈夫古格薩（Ras Gugsa）便可實現自己的理想。塞拉西知道女皇和皇夫都看自己不順眼，於是便任命古格薩擔任北方省貝格姆德省長，強迫他離開首都，以免他們串通起來謀害自己。

雖然古格薩表現得相當忠誠，但塞拉西並不信任他，他知道女皇跟古格薩一直在伺機報仇。古格薩這些年來一直安分守己，讓塞拉西更加堅信他在偷偷計畫什麼，於是決定引蛇出洞，逼他在時機成熟前先出手。

阿札布加拉斯是衣索比亞北方的一個部落，他們一直都在和皇室對抗，不僅不繳稅，還四處掠奪其他村莊，塞拉西也只是睜一隻眼閉一隻眼，任由他們坐大。終於，在一九二九年，塞拉西令古格薩率兵攻打阿札布加拉斯。古格薩表面上同意，但背地裡卻氣得跳腳，覺得塞拉西的命令傷到了他的自尊，因為自己跟這些人無冤也無仇。古格薩雖然無法抗命，但卻在召集軍隊時放出了一個謠言，說塞拉西和教宗勾結，要讓衣索比亞人全都改信羅馬天主教，並成為義大利的殖民地。古格薩的軍隊人數越來越多，其中一些士兵隸屬的部落甚至答應要幫古格薩除掉塞拉西。一九三〇年三月，古格薩率領三萬五千名士兵南下，目的地是首都阿的斯阿貝巴，而不是阿札布加拉斯。古格薩對自己的實力相當有自信，甚至公開宣稱這是一場聖戰，目的是要塞拉西下台，把衣索比亞交給真正的基督教信徒統治。

猴子和黃蜂

猴子正在吃梨，一隻不要臉的黃蜂在一旁不斷騷擾牠，說什麼也要嚐一口香甜的梨子。黃蜂發出最後通牒，說猴子若是再不乖乖聽話，牠可就要生氣了。沒想到黃蜂才剛降落在梨子上，猴子就立刻把牠拍落。被惹惱的黃蜂對著猴子一頓痛罵，但猴子只是靜靜地聆聽。最後，在把全世界最髒的髒話都罵完後，黃蜂突然被憤怒沖昏了頭，牠飛到猴子面前，完全不顧後果，就這樣狠狠地把尾針刺進牠的臉上。黃蜂用盡力氣想把針拔出來，結果卻把自己的身體扯斷了。雖然猴子的臉被螫得很疼。但黃蜂卻要接受慢慢死去的懲罰。[伯奇（Jonathan Birch），《寓言集》(*Fables*)]

古格薩完全沒發現自己已經落入對方的陷阱，在命令他攻打阿札布加拉斯前，塞拉西早已獲得衣索比亞教會的支持。除此之外，塞拉西也搶先古格薩一步，提前收買他的關鍵盟友，要他們不要參戰。在古格薩的大軍南下之時，塞拉西派出戰機空投傳單，說教會已經承認塞拉西是衣索比亞的真正統治者，並開除了發動內戰的古格薩的教籍。傳單的內容瞬間讓聖戰變得師出無名，加上古格薩的盟友遲遲沒有現身，許多士兵都逃跑了，也有不少人陣前倒戈。

叛軍很快就被擊敗，但古格薩拒不投降，最後死在戰場上。女皇聽聞丈夫的死訊後傷痛欲絕，幾天後便駕崩了。同年四月三十日，塞拉西正式宣布自己是衣索比亞皇帝。

重點解析

塞拉西是個高瞻遠矚之人，他知道自己一定要逼古格薩先出手，傻傻地等對手發難風險更大。塞拉西故意刺激古格薩並打擊他的男子氣概，要他服從仇人的命令，去攻打和自己素未謀面的一群人，搞得他不造反都不行。塞拉西沒有漏掉任何一個細節，為的就是要確保古格薩不會成功，並趁此機會除掉最後兩名敵人。

這就是本法則的關鍵：當水面沒有一絲漣漪，敵人便有時間和空間策畫陰謀，趁機掌握主導權和控制權。此時你的任務就是興風作浪，把魚趕到水面上，逼他們在計畫時機尚未成熟前出手，不讓他們主導局面。引蛇出洞的最佳策略是訴諸人類最難控制的幾種情緒，例如自負、虛榮、愛、恨等，水面的動靜越大，魚兒就越會不由自主地張口想吞掉餌食；一個人越是生氣，就越無法控制自己，最後溺死在你捲起的漩渦。

深坑僧正

從二位公世的兄長名叫良覺，良覺雖然是一名僧正，但脾氣卻相當暴躁。良覺的僧房旁有一顆巨大的朴樹，所以人們都稱良覺為朴樹僧正。良覺心想：「這個稱號未免也太難聽了。」於是便把樹砍了。眾人發現朴樹只剩樹樁，於是又稱他為樹樁僧正。良覺聽到後更加憤怒，遂將樹樁連根

刨起，隨便找個地方丟了。眾人見樹椿變成一個深坑，此後便稱他為深坑僧正。[吉田兼好，《徒然草》]

主不可以怒而興師，將不可以慍而致戰。

——《孫子兵法》

權力之鑰

憤怒的人最後通常都會淪為眾人的笑柄，因為他們喜歡小題大作，還經常把自己經歷過的傷害和羞辱看得太重。他們異常敏感，一旦感到自己被冷落就會勃然大怒，認為對方是故意的，這種反應簡直滑稽至極。更好笑的是，怒漢往往會認為發脾氣代表自己擁有力量。但事實正好相反，暴怒與權力一點關係都沒有，只會突顯出一個人無能為力。雖然對方可能會暫時被你的脾氣嚇到，但最後你在他們眼中只會變成一個不值得敬重的人。除此之外，群眾很快就會發現打擊一個缺乏自制力的人簡直易如反掌。

我不是要你壓抑憤怒或情緒化的反應，因為壓抑不僅費力，還會導致你做出一些奇怪的行為。我們要做的是改變自身想法，接受一個新的觀念，那就是在人類社會和權力的遊戲中，真的沒有人會刻意針對你做什麼事情。

每個人都是連鎖事件中的一員，這條因果鏈相當長，它不是只存在於當下。我們的憤怒可能是源於童年時代的陰影，可能是父母造成的，而他們的問題或許又是來自他們各自的家長。除此之外，人際關係、長期的挫折和痛苦的經歷也是導致我們憤怒的原因。雖說乍看之下惹我們生氣的是某一個人，但真正讓我們感到憤怒的其實不是這個人做的事情，而是一些更深層、更複雜的東西。如果你只是做了一件小事，但對方卻突然將滿腔怒火發洩在你身上，那麼他的憤怒大部分不是衝著你來的，別輕易被表象矇騙。點燃引線的真正原因絕不是某件小事，而是因過去長期累積的傷痛導致，但你通常沒必要浪費時間去探究真相。不要以為對方是討厭你才向你發火，他們失控的情緒，不過是一種經過掩飾的奪權手法，表面上是因受傷而憤怒，實則是為了控制或懲罰你。

當你接受了這個新觀念，在玩權力遊戲時便能看得更透澈，也更有餘力。與其過度反應，或是成為他人情緒的俘虜，不如將對方的失控轉化為自身優勢：對方越不冷靜，我們就越要冷靜。

三世紀，中國正值三國時期，在官渡之戰尾聲，曹操的親信在敵軍陣營翻找物品時發現一些書信，赫然發現曹營一些將領與敵軍勾結，於是便建議曹操把這些人處死。曹操沒有追究這些人的過錯，而是把信全都燒了，因為他知道現在是關鍵時刻，貿然動怒或指責叛徒只會對我軍造成負面影響，打擊眾人的士氣。他會找個適當的時機處理這些人，現在看來，曹操沒有被憤怒沖昏頭腦是正確的選擇。

把曹操和拿破崙的反應放在一起對比高下立見，統治者不應該為這些陰謀而大動肝火，而是要像曹操一樣，權衡每個行為的利與弊。其實拿破崙當時應該選擇忽略塔列朗，或是先設法拉攏他們，等風波平息後再懲罰他們，這樣反而更能彰顯自身權力。

憤怒只會切斷自己的後路，而權力是無法在絕境中蓬勃發展的。當你學會客觀地看待事件並控制自身情緒，便能立身於權力的不敗之地。練好這兩項本領後，你就能操弄別人的情緒反應，例如打擊對方的男子氣概，刺激對方貿然出手，或是祭出一些誘餌，讓他們誤以為勝利唾手可得。學習胡迪尼的做法，他在和克萊平尼比賽時先刻意透露自己的弱點（讓對方得知解開手銬的密碼），藉此引誘對方主動出擊，最後再一舉將他擊敗。在面對傲慢的敵人時，你可以先示弱，引誘對方做出一些魯莽的行為。

齊國軍師孫臏特別推崇孫子的思想，有次孫臏隨軍攻打魏國，但魏軍人數比齊軍多了一倍，於是孫臏便向主將獻策：「使齊軍入魏地為十萬灶，明日為五萬灶，又明日為三萬灶。」發現齊營爐灶一天比一天少的魏國將軍得意地說道：「我固知齊軍怯，入吾地，三日，亡者過半矣。」接著便命步軍在後徐行，自己則率領輕裝疾行的軍士往齊營的方向趕去。孫臏後來用計在狹窄的山路大破魏軍，還逼得衛國主將自刎而死。

面對魯莽的對手，最佳的應對之道就是不做任何回應。學學塔列朗，他知道如果想讓一個人氣急敗壞，最有效的方式就是在他憤怒時表現得泰然自若。若你發現讓敵人心神不寧對你有利，那就裝出高傲或興趣缺缺的樣子，不要嘲笑對方，也不要洋洋自得，態度越冷漠越好，他們會立刻被你激怒。當他們因大發雷霆而失態，你就勝利了，因為你的莊重和沉著會讓他們的幼稚相形失色。

意象：池塘裡的魚。
池塘的水清澈見底，池面宛如明鏡，魚兒都躲在塘底。攪動池水，你會看見魚兒都

跑出來了，攪動得大力一點，魚兒就會氣沖沖地浮上水面，看見什麼就咬什麼，包括插著誘餌的魚鉤。

權威之言：

怒而撓之，卑而驕之……故善動敵者，形之，敵必從之；予之，敵必取之。以利動之，以卒待之。【《孫子兵法》】

法則的反轉

操縱他人情緒一定要格外小心，你必須先摸清楚敵人的脾氣，有些魚你最好不要去打擾。

古腓尼基首都泰爾的人民很有自信，他們覺得就算是征服了東方的亞歷山大大帝也打不下有大海保護的泰爾。泰爾人派出使者，告訴亞歷山大他們願意稱他為皇帝，但卻不允許他或他的軍隊進入泰爾。亞歷山大震怒，立即派兵包圍泰爾，卻怎麼樣也攻不破城門，苦戰四個月後，亞歷山大認為再打下去並不值得，便同意了泰爾人的條件。泰爾人覺得自己明明捋了虎鬚，但還是能全身而退，於是更有自信，決定不和亞歷山大談和，還殺了他的使者。

此舉徹底惹火了亞歷山大，他手上有的是資源，根本不在乎圍城戰要打多久或動用多少人馬，這次他是鐵了心要征服泰爾。亞歷山大傾盡全力再次出擊，只用了短短幾天就拿下泰爾，最後泰爾城化成一片火海，人民也盡數淪為奴隸。

面對強勢的敵人，你可以學孫臏的做法，設法引誘他們犯錯並分散他們的力量，但請先試探一下對方的實力與弱點。若你發現對方不僅沒有弱點，實力也無懈可擊，那就別去挑釁對方，因為這樣做對你有害無利。甩鉤也要先看魚，以免釣到大白鯊。

有時暴怒確實能帶來一些好處，但這種憤怒必須在正確的時機發作，還要維持在你的可控範圍內，這樣你才能決定暴怒的方式與受害者，若你引發的反應最後會對你不利，那就絕對不要輕舉妄動。最後的提醒：為了讓你的憤怒更有威嚇力和意義，暴怒的頻率越低越好，因為無論你是不是裝的，其力量都會隨次數遞減。

法則

40

不吃免費的午餐

觀點

免費的午餐暗藏風險，你可能會因此落入別人的圈套，或是背上不必要的義務。有價值的東西就應該明碼標價，把該付的錢付了，你就不會欠下人情債，也不會被罪惡感纏身，更不會遭人欺騙。另外，該付全款時就付全款，想獲得優質的服務就別抄捷徑。揮霍你的金錢並讓它流通，因爲慷慨是權力的象徵，也是吸引權力的磁石。

金錢與權力

在權力的國度，代價是衡量所有事物的標準，且每一件東西也都是有價的。免費的，或是打了折的東西通常也都有一個「心理價格」，即難以用文字描述的義務、對品質的妥協、這種妥協帶來的不安感等。有權力的人懂得保護自己最珍貴的兩樣資源：獨立與轉圜的餘裕；只要把該付的錢付清，他們就不會與旁人糾纏不清，也不會給自己增添無謂的煩惱。

用錢時堅守開放與靈活兩大原則，你就能做到有策略的慷慨，即「先捨再得」。送禮物給對方，收禮的人就必須對你負責，慷慨能打動人心，讓他們變得更好騙。當你博得樂善好施的美名，人們就因為崇拜而盲目，對你正在玩的權力遊戲視而不見。把錢花在眾人身上，滿堂朝臣都會被你的氣度迷倒，在帶給人歡樂時也替自己拉攏盟友。

看看凱撒、伊莉莎白女王、米開朗基羅和麥地奇家族，你會發現真正掌握權力的人沒有一個是小氣鬼，即使是騙子，他們在行騙時也是不惜成本的。沒人喜歡守財奴，在施展誘惑術時，卡薩諾瓦不僅會把自己獻給對方，就連錢包也會一併奉上。有權勢的人都知道錢對人的心理影響甚鉅，並利用自身財富展現風度和社交能力，金錢的人性面就是他們的武器。

有能力掏腰包付錢的人畢竟只是少數，絕大多數人都不肯靈活用錢，更不願使用金錢策略，他們不知道這樣做最後只會毀了自己，因為吝嗇的人只會讓自己身處權力的對立面。從人群中找出這些小氣鬼，避免自己被他們影響，或是利用他們的不知變通為自己牟利。

貪婪的魚。貪婪的魚完全不在乎金錢中的人性面，他們是冷血無情的生物，眼裡只容得下損益報表。他們會把人分成兩類：一類是棋子，一類是妨礙自己發財的路障。這些人擅長踐

地底的寶藏

許多沒什麼主見的城裡人都妄想從地底挖出寶藏，在馬格里布，許多巴巴里「學生」都不靠正經的行當營生，而是拿著一些殘缺的紙張去找富人，告訴他們某處的地底埋藏著寶藏，紙上的文字（可能是阿拉伯文，也有可能是別國文字）是寶藏的主人寫的，只要按照上面的指示尋找就能一夜致富。他們會請富人提供物資，好讓自己可以踏上尋寶的旅程，但這不過是他們騙錢的手段。有時這些尋寶人會出示一些古怪的情報，或是表演神奇的魔術，藉此讓富豪相信自己，但這些人對魔術什麼的基本也是一竅不通……所謂尋寶這件事毫無科學根據，也並非建立在事實之上，即便真的有人找

踏旁人的情感，以及疏離寶貴的盟友，誰都不想跟貪婪的魚合作，他們最終的下場大多是眾叛親離與自取滅亡。

貪婪的魚是詐騙分子眼中的肥羊，這些蠢魚會被賺快錢的機會吸引，把餌鉤、釣魚線和鉛墜一口咬下。他們不與人交際，只喜歡和數字打交道，對人類心理（包括自己的內心）一竅不通，所以特別好騙。碰上這種人，你只有兩個選擇；一是避而遠之，以免被他們利用；二是利用對方的貪婪為自己牟利。

便宜貨魔人。有權勢的人會用綜合代價來評判事物的價值，綜合代價包含金錢、時間、尊嚴，以及這樣東西能不能帶來內心的平靜。便宜貨魔人就做不到這一點，他們永遠都在浪費時間爭取優惠，永遠都在擔心同樣的東西在別處賣得更便宜。最可笑的是，他們用優惠價格買來的東西品質往往都不怎麼樣，可能需要維修，也可能不如貴一點的耐用。追求低價時，你付出的代價除了金錢（因為優惠價通常都是騙局），還有時間和內心的平靜，一般人通常都會被這些高昂的代價勸退，但便宜貨魔人不會，他們覺得沒什麼事比討價還價更重要。

乍看之下，這些人可能只會害到自己，但這種態度其實是會傳染的。一旦放下防備，你就有可能被他們同化，變得越來越不安，覺得自己應該去尋找更低的價格。不要和便宜貨魔人爭論，也不要嘗試改變他們，你要做的，就是在心中把便宜貨的隱藏代價（包括金錢、時間和內心的平靜）加總，看看到底划不划算。

金錢虐待狂。金錢虐待狂喜歡玩陰的，他們會把金錢當成累積權力的手段，舉例來說，他們可能會故意把該給你的款項扣著，但卻謊稱錢就快到帳了。又或者你的老闆是個金錢虐待

到寶藏，那也是少見的偶發事件，而且也只是因為運氣好，而不是透過有系統的搜尋達成，會被這些事影響或蒙蔽雙眼的人一定要去求神的庇護，擺脫無法自力更生和懶散的窘境，他們的頭腦不應被這些荒謬的念頭和虛假的故事占據。〔赫勒敦（Ibn Khaldūn），《歷史緒論》（*The Muqaddimah*）〕

狂，那他就會想盡辦法扣除你的薪水，讓你過得生不如死。金錢虐待狂會覺得付錢的是大爺，而賣家必須承受自己的虐待。若你不幸被這種人纏上，那麼長痛不如短痛，請趕緊自認倒楣離開，不要加入他們的權力遊戲。

散財童子。慷慨是獲得權力的利器，大方的人不僅充滿吸引力，還能使人卸下心防，更可以拉攏人心，但慷慨也必須有個限度。散財童子之所以如此慷慨，是因為他們想被所有人愛、被所有人仰慕，他們的慷慨過於一視同仁，也太想引起眾人的關注，結果只會適得其反：如果他們的贈與是無差別的，那接受餽贈的人又怎麼會覺得自己是特別的？我知道你很想利用散財童子，但和這種人扯上關係只會讓自己掉進對方的情緒需求深淵。

違反法則的案例一

自皮薩羅於一五三二年征服秘魯後，印加帝國的黃金便像洪水般湧向西班牙，西班牙全國都在幻想新世界能讓自己一夜暴富。此時民間開始謠傳，說秘魯東方還有一個印第安部落，部落酋長每年都會舉辦神祕儀式，在自己身上灑滿金粉，接著再潛入湖中。這名酋長很快就被民眾冠上「**黃金人**」（*El Dorado*）的稱號，而他的帝國也因此被稱為黃金國。黃金國比印加還要富庶，那裡就連道路都鍍了一層金，建築物也貼滿金箔。關於黃金國的細節雖然有些誇張，但也不是不無可能，因為黃金國酋長既然能揮霍這麼多金粉，就代表他的帝國一定有取之不盡的黃金。沒過多久，西班牙的淘金客便紛紛湧入南美洲北部，要尋找神祕的黃金國。

皮薩羅的弟弟貢札羅（Gonzalo Pizarro）也來了，他率領的遠征隊人數遠勝其他淘金客，

吝嗇鬼

一個吝嗇鬼為了不讓人搶走自己的財產，便將所有值錢的東西賣了，再把賺來的所有金幣鎔鑄成一個大金塊。吝嗇鬼把金塊藏在一個地洞裡，每天都會去查看它還在不在。吝嗇鬼手下的一名員工懷疑老闆藏了什麼寶物，於是便趁他不注意時跑到地洞偷看，並順手把金塊給偷走。隔天吝嗇鬼發現金塊被偷了，氣得差點要把自己的頭髮拔光了，鄰居看他如此悲傷，便詢問發生了什麼事。得知事情的原委後，鄰居開口說：「別再為此事煩心了，你可以找一塊大石頭放進地洞假裝它是金塊，反正你本來也沒打算動用這筆錢，金塊和石塊也就沒有差別了。」

錢財的價值並非來自擁有，而是來自使用。［伊索，《伊索寓言》］

並於一五四一年二月浩浩蕩蕩離開厄瓜多首都基多。貢札羅的東進隊伍共有三百四十人，他們各個身著耀眼的鎧甲，底下穿的是五彩繽紛的綢緞。他們共找了四千名印第安奴隸搬運物資、還帶了四千頭豬、數十頭駱馬、近一千條狗。然而，出發沒過多久，天空便下起滂沱大雨，所有裝備和食物通通被水泡爛。貢札羅會盤問沿途中遇到的印第安人，要是他懷疑對方知情不報，或是對方說自己從未聽說這個酋長，就會用各種手段虐待他們，再把他們殺了餵狗。他們的暴行很快就在當地人間傳開了，為了保命，印第安人只能不停捏造有關黃金國的故事，並指出錯誤的方向，讓他們離自己越遠越好。貢札羅沿著這些人的指示前進，結果卻走進叢林深處，徹底迷失方向。

貢札羅一行人垂頭喪氣，他們的衣服變得破破爛爛，鎧甲也因生鏽被棄置在路旁，鞋底也被磨破了，眾人只能光著腳走路。四千名印第安奴隸死的死，逃的逃，一個也沒留下。食物耗盡後，他們就吃豬、吃獵犬、吃駱馬，等這些牲口也都被吃完了，他們就靠樹根和水果維生。貢札羅覺得再這樣下去不是辦法，便決定走水路，命令眾人用被雨水泡爛的木材製作一艘駁船。納波河水流湍急且暗潮洶湧，並不比橫跨叢林輕鬆，貢札羅令眾人先在河邊紮營，並指派幾人乘駁船去尋找印第安人的聚落。然而，貢札羅左等右等都沒有收到消息，最後才知道這些人已經拋下自己逃命去了。

大雨沒有停歇的跡象，貢札羅的遠征隊再也不想找什麼黃金國了，他們只想回到基多。一五四二年八月，由數千人組成的遠征隊最後僅有一百多人活著回到基多，這些人就像是從地獄歷劫回來一樣，他們穿著破布和獸皮，身上布滿膿瘡，瘦得只剩一把骨頭。在過去這一

免費的東西最貴。〔松本道弘，《不可言說之道》（*The Unspoken Way*）〕

金錢

阿穆迪（Yusuf Ibn Jafar el-Amudi）會向來自己門下學習的人收取高額的費用，某天，一位知名的法學家來拜訪阿穆迪，他說：「你的教學內容相當精采，我深感折服，我想教授給學生的知識一定都符合社會規範。但是根據傳統，傳授知識的人是不能收取錢財的，這種行為恐惹人非議。」阿穆迪說：「自授業以來，我從沒出售過任何知識。

年半間，他們不停在叢林裡兜圈子，光著腳走了差不多兩千英里。這隻遠征隊最後一無所獲，連黃金國的影子也沒看到，所有投資也通通付諸東流。

重點解析

貢札羅鎩羽而歸後，西班牙人依舊沒有放棄群找黃金國，而是發起更多場遠征。這些冒險者沿途燒殺擄掠，不僅用嚴刑拷問原住民，自己也吃盡苦頭，最後連一塊金幣都找不到。這些尋金客為此投入了不可估量的錢財，即便每場探險都沒有結果，他們依舊前仆後繼地追尋著這顆黃金泡沫。

數以百萬計的人（西班牙人和印第安人）都死在尋找黃金國的路上，這股狂熱也間接導致西班牙帝國衰敗。當時的西班牙已經被黃金蒙蔽雙眼了，他們從新世界獲得黃金，但又將這些財富還給新世界，或是用於購買奢侈品，而不是發展國內農業與生產業。除此之外，由於男性都跑到新世界尋金，導致西班牙男性人口銳減，不僅良田被荒廢，軍隊也招不到新血。相關數據顯示，十七世紀末西班牙的人口數減少了一半以上，以馬德里為例，該市人口原本有四萬，後來直接降至一萬五千。由於長年入不敷出，西班牙最終由強轉衰，從此一蹶不振。

權力需要自我約束，在面對輕輕鬆鬆就能發大財的誘惑，人的情緒很快就會失控，嘗到甜頭的人會覺得自己可以賺到更多，覺得自己很快就能再次吃到免費的午餐。

當貪心的人被這種幻想沖昏腦袋，就會忘記權力的基石是自我控制，以及他人對自己的正面看法。請務必了解一個道理，那就是死亡是永久改變一個人財運最快的方法；突如其來的

況且知識無價，哪是用錢就能買到的？即便我不收錢，也無法禁止他人非議，他們總能找到攻擊的目標。除此之外，你要知道一件事，收錢的人可能是貪婪的，也有可能是不貪婪的，但不收錢的老師一定是可疑的，因為他可能會將學徒的靈魂當成學費。若有人說：『我什麼都不收。』那他必定會從受害者身上拿走其他東西。」〔沙阿，《表皮之下》（*The Dermis Probe*）〕

財富往往無法持久，因為其基礎本來就不夠穩固，千萬不要為了金錢離開堅固的權力堡壘，當你將目光鎖定權力，錢自然就會落進你的口袋，黃金國就留給傻子去找吧。

違反法則的案例二

十八世紀初期，馬爾博羅公爵與公爵夫人在英國社會的地位無人能及，馬爾博羅公爵因數次擊退法軍，所以被譽為歐陸第一名將與謀略家。公爵夫人也不遑多讓，她力爭上游，最終成為安妮女王（Queen Anne）最寵愛的臣子。一七〇四年，馬爾博羅公爵在布倫亨戰役大獲全勝，他瞬間成為全民英雄，女王也將伍德斯托克內的一大塊土地賞賜給公爵，還答應他可以在上面修建宮殿並承諾支付一切費用。公爵將這座宮殿命名為布倫亨宮，聘請年輕的凡布魯（John Vanbrugh）擔任建築師。凡布魯頗有文藝復興全才的風範，不僅精通建築，還會寫劇本。一七〇五年，布倫亨宮的破土儀式在熱鬧的慶典中順利結束，眾人都期待宮殿盡早落成。

凡布魯的建築風格充滿戲劇元素，他想用這座宮殿彰顯公爵的才智和權力，裡面不僅要有人造湖泊、大型橋梁、精緻的花園，以及各種巧妙的設計。然而，自動工的第一天起，公爵夫人便處處挑毛病，覺得凡布魯太浪費錢了，並希望宮殿越早完工越好。她不停騷擾凡布魯和建築工人，在各種小問題上吹毛求疵，即使女王已經允諾會支付布倫亨宮的興建費用，但她還是錙銖必較。到最後，她甚至把怨氣撒到布倫亨宮和其他事情上，導致安妮女王和她決裂，並於一七一一年命她把宮殿寢室的東西收一收後滾回家住。公爵夫人氣炸了，因為她不僅失寵，以後也領不到王室津貼，於是便將寢室內所有家具都搬走，就連黃銅門把都不放過。

視錢如命的樵夫

很久很久以前，村子裡住著一名老樵夫，老樵夫每天都會去山上砍柴。

據說這位老樵夫視錢如命，覺得黃金是這世界上最珍貴的東西。老人會把賺來的銀兩囤在家裡，看會不會哪天突然變成黃金。

一天，老樵夫在林中砍柴，一隻老虎突然朝他衝了過來。老人拔腿就跑，但還是被老虎一口咬住。

老人的兒子看到父親遇難，立刻提著刀趕來救援，一下就追上叼了人老虎。

老樵夫並沒有受傷，老虎只是咬到他的衣服，沒有傷到他的身體。看見兒子拿著刀要捅老虎時，老人突然出聲喝止：「不要傷了虎皮！不要傷了虎皮！若能保虎皮周全，便可以賣個好價錢。快把老虎給接下來十年間，由於政府撥款速度越來越慢，布倫亨宮的施工進度一直走走停停。公爵夫人認為凡布魯是在故意和自己作對，於是便和他斤斤計較起來，從石料、石灰、鐵欄杆都不放過，還對工人、承包商、測量員破口大罵。年事已高的公爵現在只有一個願望，那就是在布倫亨宮安享晚年，但工程進度此時又因訴訟案件延宕，除了工人指控公爵夫人拖欠工資，公爵夫人也反告建築師。當眾人還在法庭上針鋒相對時，公爵去世了，他這輩子從來都沒有在他心心念念的布倫亨宮睡過一天。

馬爾博羅公爵死後留下大筆遺產，足足有兩百萬英鎊，用來建造宮殿綽綽有餘，但公爵夫人還是堅持不支付薪水給凡布魯和建築工人，最後甚至解僱凡布魯。接手的建築師按照凡布魯的設計圖，只用了幾年的時間就建好布倫亨宮。公爵夫人下令凡布魯不得踏進布倫亨宮半步，所以一直到他去世那天（一七二六年），凡布魯都無法進入宮殿，親眼欣賞他此生最偉大的創作。布倫亨宮是浪漫主義運動的濫觴，它掀起了一股全新的建築浪潮，卻讓原創作者做了一場長達二十年的惡夢。

重點解析

金錢是馬爾博羅公爵夫人用來玩變態權力遊戲的刑具，在她看來，失去錢就等於失去權力。公爵夫人對凡布魯的看法極其扭曲，凡布魯是一名優秀的藝術家，無論是名聲或創造力都讓她望塵莫及。公爵夫人可能沒有凡布魯的才華，但卻坐擁大筆財產，所以可以在雞蛋裡挑骨頭，藉此折磨他、虐待他，徹底毀掉他的人生。

殺了，但切莫壞了皮毛。」

就在兒子琢磨著該怎麼殺虎保皮時，老虎突然縱身一躍，竄進樹林深處。這下子他再怎麼追也追不上了，只能眼睜睜看著父親命喪虎口。

［中國預言故事，普利瑪（Diane di Prima）編，《世界預言集》（*Various Fables from Various Places*）］

摩西和法老的故事

根據預言記載，神派摩西去向法老施展諸多神蹟與奇觀。當時法老的餐桌每天都要有四千頭羊、兩百頭母牛、兩然而，使用這種變態的手段是有代價的，原本只需十年完工的宮殿被拉長到二十年，除此之外，公爵夫人也因此和不少人交惡、被逐出宮中、讓公爵帶著遺憾離世（他只不過是想在布倫亨宮裡養老）、被捲入無數起訴訟案件、浪費了凡布魯好幾年的時間。而對於這兩個人，後人也給出了最中肯的評語：凡布魯是天才，馬爾博羅公爵夫人只是個吝嗇的女人。

有權勢的人一定要有寬宏的肚量，絕對不能去計較不重要的事情，想知道一個人是慷慨大度還是小家子氣，那就觀察他用錢的方式。花錢時不要扭扭捏捏，讓所有人都知道你是個大方的人，最後你也會收獲應得的回報。不要被財務細節蒙蔽雙眼，變得不在乎旁人對你的看法，他們的恨意勢必會令你付出代價。若你真的想修改天才的作品，那至少要給他們豐厚的薪水，相較於用權力逼人低頭，用金錢購買服從效果更好。

遵循法則的案例一

阿雷蒂諾出身貧寒，父親是一名補鞋匠，他後來靠著辛辣的諷刺文章成為知名作家。和所有文藝復興時期的藝術家一樣，阿雷蒂諾必須找到一名贊助人，確保自己衣食無憂，但又不能讓對方干涉自己的創作。一五二八年，阿雷蒂諾打算用新的策略拉攏贊助人，他先是帶著積蓄離開羅馬，到人生地不熟的威尼斯定居。在威尼斯找到落腳處後，他開始舉辦宴會，廣邀各階層的人來他家作客，還會安排各種娛樂項目取悅眾人。阿雷蒂諾與城中每位船伕交朋友，並給他們豐厚的小費，在街上要是遇到乞丐、孤兒或洗衣婦也會大方施捨。威尼斯居民對阿雷蒂諾讚譽有加，說他不僅是個有才氣的作家，還是一個有權有勢的人，身上散發著貴

百隻駱駝，還要搭配同等數量的雞肉、魚肉、飲品、炒肉、甜點等族繁不及備載。每一天，全埃及的人民和法老的軍隊都會坐在法老的餐桌旁用餐，過去四百年來，法老都以神明自居，且日復一日都會提供相同分量的食物。

摩西開口禱告，他說：「神啊，請摧毀法老。」神回應了，祂說：「我會在水中摧毀法老，並讓他所有的財富，以及他的士兵盡數歸於你和你的同胞。」神許下承諾後數年，命中注定將死的法老依舊過著奢靡的生活。

摩西失去耐心，不想再等下去，只希望神能快點摧毀法老。摩西禁食了四十天，之後上到西奈山和神交流，他說：「神啊，您確實允諾會摧毀法老，但法老依舊在說褻瀆您的話，也依舊在誇耀自己，您何時

族風範。

阿雷蒂諾的住所很快就成為藝術家和仕紳名流定期聚會的場所，不出幾年，他儼然已是當地的名人，出訪威尼斯的達官貴人都一定要來阿雷蒂諾的住所一趟。雖然這種生活方式掏空了他的積蓄，但卻提升了他的影響力，也為他贏得了好名聲，而這兩樣東西正好就是權力的基石。在文藝復興的義大利（其實在全世界都一樣），只有富人能隨心所欲地花錢，所以威尼斯的貴族都認為阿雷蒂諾花起錢來毫不手軟，一定是什麼有頭有臉的人物。收買說話有分量的人並利用對方的影響力是穩賺不賠的生意，阿雷蒂諾很快就收到來自各界的饋贈和捐款；貴族、商人、教宗、君王為了拉攏他，也紛紛送去各式各樣珍貴的禮物。

阿雷蒂諾的慷慨是一種策略，其效果宛如魔咒，然而，若想獲得白花花的現金和衣食無憂的生活，他還是得找到一名口袋深不見底的贊助人。在檢視過所有可能的人選後，阿雷蒂諾將目光鎖定在頂級富豪曼圖阿侯爵身上，並寫了一封讚美詩歌送給對方。這是文藝復興時期藝術家的慣用手法：將作品獻給贊助人，贊助人就會對藝術家施以小惠，讓他們能維持生計並繼續創作，所以當時的藝術家都必須以卑躬屈膝的姿態面對贊助人。阿雷蒂諾沒把這些蠅頭小利放在眼裡，他要的是權力，他確實寫了一首詩獻給侯爵，但這首詩是一份無償的禮物，代表他不是為了錢而做這件事，也象徵他與侯爵的地位是平等的。

阿雷蒂諾的送禮策略還沒結束，他和雕塑家桑索維諾（Jacopo Sansovino）和畫家提香私交甚篤，於是便邀請這兩人加入自己的送禮計畫。早在首次出擊前，阿雷蒂諾就已經把侯爵的喜好摸得一清二楚，於是便告訴桑索維諾和提香哪些主題能投其所好。之後阿雷蒂諾又給

才會摧毀法老呢？」真理的聲音說道：「摩西，你希望我盡快摧毀法老，但我的僕人希望我永遠不要這麼做，他們的人數有一千乘一千之多，他們都與法老共享他的富裕，也喜歡他的統治帶來的祥和。我以我的力量發一個誓，只要他還能提供豐盛的食物，並安撫我所創造的人，我便不會摧毀他。」

摩西接著說：「那您的承諾何時能兌現？」神說：「當法老無法再為我創造的人提供生活所需的物資那天，就是我的承諾兌現之日，當他的富裕開始虧損，他離死也就不遠了。」

一天法老對眾人說：「摩西把以色列人聚集在一起，使我們不得安寧，但我們又不知道他究竟在計畫什麼。從今天起，所有店肆都要備滿存貨，以防未來哪天

侯爵送去一份禮物，但這次還附上桑索維諾的石雕和提香的畫，讓侯爵高興得說不出話來。

接下來幾個月，阿雷蒂諾陸續給侯爵送了幾份禮物，有寶劍、馬鞍、名聞遐邇的威尼斯彩色玻璃，每一件「剛好」都是伯爵喜歡的東西。沒過多久，阿雷蒂諾、桑索維諾和提香也開始收到侯爵的回禮。有次阿雷蒂諾的朋友（在威尼斯頗具營響力的富商大賈）的女婿因故被關進曼圖阿的監獄，阿雷蒂諾便動用關係請侯爵將他釋放，此舉讓這位商人朋友欠下好大一筆人情債，將來他勢必是要報答阿雷蒂諾的。就這樣，阿雷蒂諾又將送禮策略提升了一個檔次，還擴大了個人影響力的範圍。阿雷蒂諾曾多次利用侯爵的政治權力為自己牟利，還在他的牽線下和一些朝臣談了幾場宮廷之戀。

後來阿雷蒂諾和侯爵的關係越變越差，因為阿雷蒂諾認為爵侯對自己不夠大方，但又不願自降格調去哀求對方或抱怨，因為互惠是兩人維持平等關係的基礎，這個時候提錢並不恰當。阿雷蒂諾選擇慢慢退出侯爵的圈子，去尋找下一個有錢的獵物，包括法國國王法蘭西斯、麥地奇家族、烏爾比諾公爵、神聖羅馬帝國皇帝查理五世等。擁有這麼多贊助人，阿雷蒂諾完全不需要向任何人低頭，而他的權力也越變越大，幾乎快要可以和最高階的貴族比肩。

重點解析

阿雷蒂諾知道金錢有兩個很重要的特性：第一，錢必須流通才能帶來權力。金錢不應該被用來購買沒有生命的物品，而是要購買能控制他人的權力，阿雷蒂諾讓錢永遠維持流動的狀態，讓自己的影響力與日俱增，最後不僅彌補了先前的開銷，甚至還有盈餘。

物資短缺。除此之外，我們還要將每日的食物供應數量減半，以備不時之需。」後來法老的餐桌上便只剩下兩千頭羊、兩千頭母牛和一百頭駱駝，此後每隔兩到三日，法老都會再將食物的數量減少一些。摩西知道真理的承諾就要兌現了，因為過了頭的撙節是衰退與凶兆的跡象。一些奉行傳統的人說法老溺死的那天，他的廚房只殺了兩頭母羊。

慷慨是世界上最好的事情……一個沒有得到王室允許的富人若是想活得像貴族，若是他希望所有人都向他俯首稱臣，那就讓他的餐桌每一天都是豐盛有餘的。好的名聲大多是透過好客贏來的，吝嗇和貪婪只會遭人鄙視。〔穆勒克（Nizam al-Mulk），《國君御民書》（*The Book of*

Government or Rules for Kings)］

第二，阿雷蒂諾知道禮物最重要的特性為何，送禮物給他人是一種暗示，代表你與對方是平等的，或是高收禮的人一等。除此之外，禮物也有虧欠和義務的意涵，假設你的朋友送給你一樣東西，那你就可以確認對方也在期待你付出一些東西，而他必須讓你感到虧欠才能得到這樣東西。（無論對方是不是有意為之，但這就是送禮背後的運作機制。）

阿雷蒂諾不會讓這種心理累贅限制自己，他不會卑微地靠有權勢的人施捨度日，而是扭轉雙方互動的方式，不讓自己虧欠有權勢的一方什麼，而是讓他們虧欠自己。這就是贈送禮物的目的，阿雷蒂諾將禮物當成通往社會高位的階梯，而他也確實成為歐洲最知名的作家。

錢可以決定權力的關係，但這些關係不一定只能建立在錢的多寡上，而是也可以取決於你用錢的方式。有權勢的人會選擇無償地給予，他們不會把錢花在物品上，而是會用錢購買影響力。若你因為貧窮就將自己擺在低人一等的位置上，那你可能遠都無法翻身。你應該學習阿雷蒂諾對義大利貴族使用的策略，把自己放在和他們平等的位置上。假裝自己是貴族、對他人付出但不求回報、打開自己的家門、讓錢流通，利用將金錢轉化成影響力的煉金術為自己打造權力的表象。

遵循法則的案例二

詹姆斯．羅斯柴爾德於一八二〇年代初期於巴黎賺到第一桶金，隨即便碰上一個棘手的難題：一個與法國社會格格不入的德裔猶太人該如何打入極度排外的上流社會？羅斯柴爾德深諳權力的運作方式，他知道擁有財富等於擁有地位，但如果不和人打交道，那麼地位與財富

焰色披風

波斯國王岡比西斯二世（Cambyses II）率軍入侵埃及期間，許多希臘人都趁機來到埃及，有些是為了和當地人做生意，有些是為了從軍，有些則是出於

很快就會化為烏有。羅斯柴爾德花了很多時間研究法國社會，想找出能打入法國人的元素。是慈善事業嗎？不，法國上流階層對慈善一點興趣都沒有。是政治影響力嗎？他早就跨足政界了，沒想到這些人反而懷疑他圖謀不軌。皇天不負苦心人，羅斯柴爾德終於找到他們的弱點，那就是無聊的感受，在王室復辟期間，法國上流社會對什麼事都提不起勁，於是他豪擲千金，用各種花招取悅他們。他在巴黎定期舉辦極盡奢華之能事的派對，聘請法國最好的建築師來設計花園和宴會廳，邀請法國最有名的廚師卡雷姆（Marie-Antoine Carême）來滿足眾人的口腹之欲，即使知道東道主是德裔猶太人，法國人也捨不得拒絕。參加羅斯柴爾德盛宴的人越來越多，幾年後，他終於得到鞏固外邦人權力的唯一要素：社會接納。

重點解析

對外鄉人來說，慷慨策略絕對是培養支持群體的利器，這一點詹姆斯．羅斯柴爾德當然也懂。除此之外，他還知道自己就是因為太有錢了，所以才一直無法融入社會，他在法國人眼中不僅醜陋，還不值得被信賴。扭轉這種印象最好的辦法就是瘋狂揮霍，用行動證明自己對法國文化和社會的重視程度遠勝金錢，羅斯柴爾德的策略與北美的散財宴差不多，散財宴是印第安人的習俗，一些部落會定期舉辦盛大的篝火宴席，席間眾人會飲酒作樂並縱情狂歡，以彰顯部落的實力。這些部落的權力不是建立在金錢之上，而是建立在他們花錢的能力上，以及眾人對千金散盡仍能復來的自信。

這些派對反映出羅斯柴爾德想被商界與法國社會接納的渴望，他想透過散財宴讓世人知道

好奇，想看看這個國家有什麼特別之處。在來埃及觀光的遊客中，有一個人叫做斯洛森（Syloson），他是艾希斯（Aeaces）的兒子，也是薩摩斯島前任君主波利克拉底（Polycrates）的弟弟。斯洛森在埃及期間被幸運女神眷顧：某天他穿著一件焰色的披風在孟菲斯的街道閒逛，當時還只是一名普通衛兵的大流士（Darius）看見斯洛森身上的披風，不知怎麼地突然想把它買下來，於是便向斯洛森開了一個價錢。斯洛森看出大流士真的很想要這件披風，於是便向對方說：「這件披風我不賣，你若是真的想要我可以送給你。」大流士謝過斯洛森的慷慨，便將披風拿走，而斯洛森也不覺得自己損失了什麼。後來岡比西斯駕崩，大流士與其他

一件事，那就是他的權力不是只和錢有關，也涉及文化領域。羅斯柴爾德可能是因為透過花錢被社會接納，但民眾對他的支持絕對是無價的，想守財就必須先「破」財，這就是策略性慷慨的真諦。請靈活理財，讓錢發揮作用，不要把錢拿去購買物品，而是要花錢收買人心。

遵循法則的案例三

文藝復興時期，佛羅倫斯的麥地奇家族靠經營銀行賺了不少錢，成為權傾一方的家族。但佛羅倫斯數百年來都奉行共和制度，人民皆認為用錢買權與他們的民主價值觀背道而馳。科西莫．德．麥地奇行事低調，是家族中第一個建立起好名聲的人，然而，到了一四七〇年代，麥地奇家族的財富和影響力早已如日中天，想再保持低調已是不可能之事。

科西莫的孫子羅倫佐（Lorenzo）此時已經成年，他想出一個轉移眾人焦點的方法，造福了後世所有富人：出錢資助當代最負盛名的藝術家。除了花大錢收購名家畫作，羅倫佐還創辦了全義大利最棒的培訓學院，造福青年藝術家，並因此注意到了年輕的米開朗基羅，並用相同的手法發掘了達文西。這兩位天才藝術家都接受了羅倫佐的贊助，而他們也用忠心報答自己的伯樂。

無論碰上什麼麻煩，羅倫佐都會嘗試用贊助化解危機。一四七二年，佛羅倫斯的死對頭比薩揚言要攻打佛羅倫斯，羅倫佐為安撫比薩人民，便出資贊助比薩大學，讓這所曾經享譽歐陸的學術聖地重拾榮光。面對這種狡猾的策略，比薩人毫無招架之力，就這樣，羅倫佐在滿足對方文化情結的同時，順便澆熄了他們出兵的念頭。

六名戰友一起擊退篡位的宮廷法師，後來又輾轉成為波斯國王。斯洛森得知在埃及和他索要焰色披風的人成了波斯國王，便火速趕到位於蘇薩的王宮門前大喊，說自己是國王的恩人。守門的衛兵將此事稟告大流士，大流士很驚訝，連忙問道此人的身分，並說：「我登基才沒過多久，不可能虧欠過哪個希臘人，造訪過波斯帝國的希臘人更是鳳毛麟角，我實在不記得哪個希臘人對我有恩。把他帶來我的面前，我要問問他為何要這樣說。」衛兵將斯洛森帶到國王面前，通事先是詢問他的來歷，接著又問他為何說自己是國王的恩人。斯洛森和大流士提起披風的事，並告訴他自己就是送他披風的人。大流士聽完後大聲說道：「先生，你是我見過最慷慨的

重點解析

羅倫佐熱愛藝術，這一點無庸置疑，但他出錢資助藝術家也有一部分是出於現實考量，他自己也很清楚。在當時的佛羅倫斯，經營銀行可以說是最被人看不起的賺錢方式，也不會有人尊重因事業有成而獲得權力的銀行家。但藝術就不一樣了，藝術的高度近乎宗教，只要把錢花在藝術上，群眾便會淡忘羅倫佐的財富來之不義，而他也可以將自己偽裝成貴族。無論你是想將眾人的視線從不光彩的現實移開，或是用藝術或宗教包裝自己，慷慨策略永遠都是最有效的手段。

遵循法則的案例四

路易十四知道錢是一種非常有用的策略工具，他登基後很快就發現貴族不僅勢力龐大，且無時無刻都想推翻自己，是威脅王室的一把利刃。為了牽制貴族，路易故意讓他們花錢保住自己在宮中的地位，不僅掏空這些人的積蓄，還讓他們必須仰賴政府發放的經費度日。

接下來，路易會用慷慨策略讓貴族向自己低頭，具體方式如下：當他需要讓某個難搞的朝臣支持自己，或是要讓他打消造反的念頭，就會開始用錢來軟化對方的立場。首先，路易會刻意忽視目標人物，讓對方感到焦慮。接下來他會朝此人身邊的人事物下手，例如為他的兒子安排待遇豐厚的職位，或是提高他故鄉的地方建設預算，又或是把他一直想要的畫送他。總之，路易會連續數週或數個月送各種禮物給他，最後再開口索討自己想要的東西，即便這個人是國王最堅定的反對者，此時也會喪失鬥志。路易的手段更迂迴，也更有效，他知

人，當時的我沒沒無聞，但你卻送了一件禮物給我。雖然只是一件披風，但我對這份薄禮的感激之情，絲毫不亞於我現在收到的各種貴重禮物。我將賞賜給你數不盡的金銀財寶，讓你永遠不會後悔自己曾有恩於希斯塔斯佩斯（Hystaspes）之子大流士。」

斯洛森說：「大人，請不要給我金銀財寶，而是幫我收復我的家鄉薩摩斯島，自從我的兄長波利克拉底被奧若忒斯（Oroetes）謀害後，薩摩斯便落入曾經侍奉我們的人的手中。請將薩摩斯島當成禮物送給我，但千萬不要傷害島上的人民，也不要使他們淪為奴隸。」

大流士同意了斯洛森的請求，於是便令六名戰友中的歐塔涅斯（Otanes）率軍收復薩摩斯島，並按照斯洛

道直接賄賂只會強化人的反抗心理，所以他撒下種子前會先鬆開對方內心的土壤。

森的要求保護人民安全。〔希羅多德，《歷史》〕

重點解析

路易十四知道每個人對錢都有一種根深蒂固的情緒，且這種情緒都是在我們童年時形成，在我們還小的時候，我們對父母的複雜情緒全都與禮物有關。在我們眼中，禮物象徵著愛與許可，這種情緒連結一旦養成，便永遠不會消失。正因為如此，收禮者（無論禮物是金錢或物品）在拿到禮物的瞬間便會化身為脆弱的孩童，如果贈與者是有權勢的人的話，這種變化就會更加明顯。人在這種狀態下會不自覺敞開心胸，原本堅定的意志也會開始動搖，就像路易十四慢慢攻破朝臣的心防那樣。

送禮需掌握出其不意的原則，以提升策略成功的機率。除此之外，你還要認真挑選禮物，讓對方覺得這種禮物百年難得一見，或是在送出禮物前故意冷落對方。請注意，當你經常送禮物給同一個人，此策略的效果就會漸漸消失，而接收方也會覺得這是天經地義的事，進而變成忘恩負義的怪物，又或者他們會做出截然不同的反應，對這類慈善的施捨行為深惡痛絕。偶爾送一些禮物給人並不會寵壞對方，反而會讓他們受制於你。

遵循法則的案例五

伏見屋是十七世紀的江戶古董商，某日他經過一間位於鄉村的茶室，於是走進店裡喝了杯熱茶，期間他相中了手中的茶杯，便拿起來端詳片刻，隨即掏錢將其買下。一名工匠看見伏

被騙走的錢花得最值得，因為你買到了謹慎。〔叔本華〕

見屋購買茶杯後在一旁默默等待，待伏見屋離開後，工匠立刻上前問女主人剛剛那名顧客是誰。女主人說他名叫伏見屋，是日本數一數二的鑑定師，專門替出雲的大名收購古董。工匠聽完後立刻衝出店門追伏見屋，要去求對方把杯子賣給自己，因為他知道能入得了伏見屋法眼的東西絕對價值不菲。伏見屋聞言後笑道：「這個杯子是備前市產的瓷器，根本不是什麼貴重的東西，我之所以會盯著它看這麼久，是因為杯中茶湯冒出的蒸氣似乎散不開，我想研究研究杯子是不是哪裡裂了。」（茶道愛好者特別喜歡觀察因自然原因形成的美。）見工匠依舊興致高昂，伏見屋便把茶杯送給對方。

工匠如獲至寶，拿著茶杯四處找專家鑑價，想看看能不能估得一個好價錢，但所有人都認為這只是一個普通的茶杯。工匠荒廢了自己的本業，每天都在妄想如何靠著這個茶杯發財。最後他甚至帶著杯子到伊豆去找伏見屋，和他聊完後，伏見屋才知道自己在無意間害了這名工匠，讓對方誤以為這個茶杯是珍貴的古董，於是就開出一百兩要將其買回。這只茶杯只是一件普通的瓷器，他花這麼多錢買回是為了消除工匠的執念，並補償他白費的時間與精力。工匠收了錢後對伏見屋道謝，之後便打道回府。

伏見屋花一百兩買茶杯的事很快就傳開了，不少人都來求他把茶杯拿出來賣，覺得它一定有什麼獨到之處。伏見屋向眾人解釋自己買茶杯的原因，但這些人依舊不依不饒，最後他只好將茶杯取出讓大家競拍。

拍賣過程中，有兩名買家同時喊出兩百兩，雙方都堅持對方晚自己一步，甚至大打出手。在打鬥的過程中，他們不小心把桌子撞翻，茶杯也因此摔成碎片。茶杯沒了，拍賣會自然也就結束了。事後伏見屋把茶杯黏好，並將其束之高閣，慶幸這場風波終於結束了。幾年後，茶道大師松平不昧到伏見屋的古董店，希望能看一看那只傳說中的茶杯。不昧看後說道：「這只茶杯確實普通，但茶道大師欣賞的不是物件本身的價值，而是其蘊含的情懷與遐想。」後來松平不昧用極高的價錢買下茶杯，而這只拼拼湊湊且平凡無奇的茶杯也成了茶道名物。

重點解析

我們可以透過上述故事看見金錢的一個面向：錢是人類創造來的，錢的意義和價值也是由人類建立的。其次，物品蘊藏的情感和情緒才是最重要的，有了這兩樣元素，物品才有價值。禮物和慷慨的舉動越能挑動人的情緒，效果就越強；物品或概念蘊含的情感越是飽滿，或是越能撩撥人的心弦，效果必會優於你花大錢買來，但卻了無生氣的商品。

遵循法則的案例六

秋元鈴友家境殷實且熱愛茶道，有次他交給侍從一百兩，要他去向某位古董商購買茶壺。見到茶壺後，侍從覺得它不值一百兩，於是便和古董商討價還價，最後用九十五兩買下。幾天後，鈴友將茶壺取出來使用，侍從便一臉驕傲地告訴主人他少付了五兩。

鈴友聞言後怒道：「你這不學無術的東西！一只茶壺能賣到一百兩，必定是家傳的寶物，會把這樣的東西拿出來賣的家庭一定亟需用錢。他們巴不得能找到願意出一百五十兩的買家，究竟是怎樣的人才會這麼不顧慮他們的感受？這個暫且不提，用一百兩買來的古董自

魯相嗜魚

公儀休相魯而嗜魚，一國盡爭買魚而獻之，公儀子不受，其弟諫曰：「夫子嗜魚而不受者何也？」對曰：「夫唯嗜魚，故不受也。夫即受魚，必有下人之色，將枉於法，枉於法則免於相，雖嗜魚，此不必能自給致我魚，我又不能自給魚。即無受魚而不免於相，雖嗜魚，我能長自給魚。」此明夫恃人不如自恃也，明於人之為己者不如己之自為也。

〔《韓非子》〕

然有其價值，僅付九十五兩只會破壞我對此物的印象，從今往後我再也不想看見這只茶壺了！」鈴友說完後便將茶壺束之高閣，連看也不看一眼。

重點解析

討價還價或許可以讓你少付五兩，但你對他人造成的傷害和留下吝嗇印象只會敗壞名聲，而名聲恰好又是有權的人最看重的東西。該支付全款就支付，到最後你反而能省下更多錢。

遵循法則的案例七

十七世紀的日本，眾將軍在戰事開打前閒來無事，於是舉辦了一場聞香比賽，每位參賽者都拿出珍貴的東西當作賭注，如弓、箭、馬鞍等戰士會用到的物事。大名伊達政宗途經此處，看到眾人在比賽，於是報名參加。政宗把繫在腰帶上的葫蘆取下當作賭注，眾人見到後都笑了，說這種便宜的東西沒人想要，但一名隨從最後還是收下葫蘆，把它與其他獎品放在一起。比賽開始，將軍們都在帳外聊天，政宗牽著一匹駿馬走來，他把韁繩放到剛剛那名僕從手上並說：「這匹馬是從葫蘆裡蹦出來的。」一旁的將軍們見狀都後悔剛剛嘲笑政宗的禮物。

重點解析

政宗知道給錢可以創造快樂，當你不停用錢為他人帶來快樂，他們就會更加崇拜你；從葫蘆裡變出一匹馬即是在向眾人展示你的權力。

我詐騙的對象都是能承受損失的人，要不就是那些想和我一起去欺騙別人的人，他們想要的是錢，而我想要的，是錢帶來的奢華享受和樂趣。被我騙的人通常都不知道人性為何物，他們既不了解，也不關心身邊的人。假如他們肯稍微研究一下人性，假如他們願意多花一點時間和人相處，而不是忙著追名逐利，就絕對不會輕易掉進我的陷阱。

〔「黃小子」威爾〕

意象：河流。你在河的上游建了一道水壩，想用它來保護自己或節省資源，但很快水壩裡的水就變質了，只有最骯髒微小的生物能在死水裡生存，死水會中斷一切來往與交流。摧毀水壩。當水重新開始流動，富饒、錢財與權力也會隨之而來，而且數量只會持續增加；河流必須定期氾濫才能滋養好的事物。

權威之言：偉大的人如果吝嗇，那他一定是傻子，身居高位之人最大的惡是貪婪。吝嗇的人征服不了土地，也得不到貴族身分，因為他身邊沒有半個朋友可供差遣。一個人若想要有朋友，就不能太愛自己的財產，而是要用禮物結交朋友；磁石吸鐵天經地義，金銀拉攏人心亦然。〔洛爾里（Guillaume de Lorris），《玫瑰傳奇》（*The Romance of the Rose*）〕

法則的反轉

有權勢的人都知道免費的東西最貴，當有朋友無償幫你，那他將來必會回頭向你索要比金錢更有價值的東西，這種討價還價式的交易會對人的物質面與心理面造成負面影響。

本法則的反向應用是將免費的午餐當誘餌，這是詐騙分子的伎倆，你也可用它來騙倒眾生。用免費的午餐誘惑人是騙子慣用的手法，最深諳此道之人莫過於世紀詐騙王「黃小子」威爾。「黃小子」年輕時就發現，他設下的騙局之所以能成功，都是因為人性的貪婪。在自傳中寫過這樣一段話：「被我，或是其他騙子騙過的人都知道不勞而獲的代價無比高昂……只要眾人能明白天下沒有白吃的午餐這個道理，世界就會變得更加和諧，但我覺得人類永遠無法理解這個道理。」在他的騙徒生涯中，威爾發明了五花八門的詐騙手法，用不義之財誘惑受害者。舉例來說，他會向陌生人發放「免費」房地產，試問有誰能拒絕這種好事？接下來威爾會要求受害者先支付二十五美元的登記費，由於此時免費的房地產已經近在眼前，所以就算手續費並不便宜，他們還是會乖乖掏錢。付完錢後，他還會給對方一張假契據當作證明，最後，「黃小子」靠著「假登記，真騙錢」這招，賺進數千美元。威爾的其他詐騙手法包括假賽馬，以及收益率高達百分之兩百的股票。他在行騙過程中注意到，受騙人只要一想到不義之財即將到手，眼睛就會立刻亮起來。

設計騙局時請把輕鬆賺大錢的機會當成誘餌，要知道人都是懶惰的，所有人都想不勞而獲。讓他們付你一些小錢交換賺大錢的祕訣（巴納姆晚期就是以此維生），只要你騙的人夠多，這些小錢就會累積成可觀的財富。用輕鬆賺錢的契機誘惑他人，你就能施展更多騙術，因為貪婪會蒙蔽他們的雙眼。「黃小子」曾說過，詐騙有一半的樂趣來自於讓受害者學到寶貴的教訓：「貪婪無好報。」

法則

41

避免落入巨人的影子，走自己的路

觀點

開創先河者看起來永遠比後人更優秀，也更有創意，這是不可避免的。若你繼承了某個偉人的衣缽，或是你的父母是大名鼎鼎的人物，那你就必須付出雙倍的努力並取得雙倍的成功才能青出於藍。不要迷失在他們的光芒裡，或是沉醉在不屬於你的輝煌中，而是要自立門戶、另闢蹊徑。推倒專橫的前人、抨擊他的成就，用自己的方式發光發亮並獲得權力。

違反法則的案例

一七一五年路易十四駕崩，在親自執政五十五年後，太陽王時代終於落幕，所有人都把焦點放在他的孫子兼王儲路易十五（Louise XV）身上。當時年僅五歲的路易十五真的能與太陽王比肩嗎？路易十四可是把法國從內戰邊緣拉回來，並將其扶植成歐洲強權的偉人。路易十四晚年治國明顯力不從心，現在眾人都在期待年幼的王儲能讓法國回歸正軌，利用先王奠定的殷實基礎讓國力更上一層樓。

為了培養路易十五，宮廷給他安排了全法國最優秀的教師，除了將太陽王淬鍊出的治國之道通通傳授給他，還讓他學習各種領域的知識。路易十五於一七二六年登基，成為萬人之上的法國國王。現在的他再也不用讀書，更無需取悅旁人或證明自己，除此之外，他還有取之不盡的財富可以揮霍，總之他現在想做什麼都可以。

登基後的路易過著放浪形骸的生活，將國事通通丟給他最信任的大臣弗勒里（André-Hercule de Fleury）處理，路易是個貪圖享樂的年輕人，弗勒里是名幹練的大臣，這種組合確實令人擔憂。眾人本以為這種治理模式只是暫時的，沒想到國王完全沒有想接手國政的念頭，他過不了枯燥乏味的生活，每天不是打獵泡妞，就是在賭桌上揮霍公帑。

朝臣們有樣學樣，紛紛加入吃喝嫖賭的行列，把法國的未來拋諸腦後。他們把心思都放在取悅國王上，希望藉此獲得封號，好讓自己可以獲得終身俸祿。除此之外，他們還拚命卡位，想在內閣中找個錢多事少的職位。此時的凡爾賽宮已經被寄生蟲攻陷，國債數字也日益攀升。

一七四五年，路易十五愛上龐巴度夫人（Madame de Pompadour），龐巴度夫人出身中產

開創先河的優勢

如果沒有前人立下的偉大功績，我相信不少人在各自的領域都能像鳳凰一樣扶搖直上。開創先河是一種優勢，可以讓你成就雙倍的卓越，去當第一個做某件事的人，你就能占得先機……開先例者可以獲得與生俱來的名聲，後來者猶如次子，只能分得剩飯殘羹，還因此沾沾自喜……

所羅門是明智的，他把征戰之事留給父親，自己則主張和平，所羅門知道另闢蹊徑是成為英雄的捷徑……這種創新的策略讓明智的君主得以和偉人們並駕齊驅。

腓力二世（Philip II）是偉大的統治者，他謹小慎微的治國態度為後世津津樂道；腓力的父親如果是精力旺盛的代名詞，那他就要把謹言慎行發揮到極致……

階級家庭，後來靠著過人的魅力、智慧和婚姻擠身上流社會，最終成為路易欽點的王室情婦，除此之外，她還是法國品味與時尚的標竿。龐巴度夫人其實也有政治野心，她靠著各種手段成為地下首相，掌握任命和開除大臣的實權。

隨著路易十五年紀漸長，他貪圖享樂的胃口也越變越大。路易甚至在凡爾賽宮的土地上蓋了一間名為鹿苑的妓院，裡面的交際花全都是法國的一時之選。凡爾賽宮有許多通往鹿苑的地下通道和隱藏階梯，方便路易隨時隨地過去探班。龐巴度夫人死後，杜巴利夫人（Madame du Barry）接任王室情婦的位置，而她很快就控制了整個宮廷，並像她的前任一樣開始干預國政。如果有大臣敢忤逆她，她就會立刻將對方開除。後來杜巴利夫人甚至開除了外交大臣舒瓦瑟爾（Étienne de Choiseul），搞得舉國上下一片譁然，一個烘焙師的女兒居然把法國最優秀的外交官開除。凡爾賽宮漸漸淪為江湖術士與詐騙分子大本營，他們用占星術、邪教和各種騙術取悅路易。年輕的路易十五掌權不過短短幾年就成了這副模樣，而且還有越變越糟的趨勢。

在討論路易十五的政權時，眾人都會想起這句名言：「**我死之後，誰管他洪水滔天。**」（*après moi, le déluge*）沒想到一語成讖，一七七四年路易十五駕崩，留給後人一個元氣大傷且財政頹敗的法國。他的孫子路易十六成為新王，此時國家亟需改革並需要一個強勢的領導人，沒想到路易十六居然比爺爺還沒用，只能眼睜睜看著革命爆發。一七九二年，從法國大革命中誕生的共和國宣布廢除君主制，並給了國王一個新稱號「末代路易」。幾個月後，路易十六被送上斷頭台，他身上早已沒有半點從太陽王繼承來的榮光和權力。

聰明的人不會拋下自己的本業，而是會拋下尋常的道路，踏出新的步伐邁向卓越，哪怕他在做的事情已因久遠的歷史而泛黃。賀拉斯（Horace）把史詩留給維吉爾（Virgil），馬薛爾（Martial）把作詞留給賀拉斯，泰倫提烏斯（Terence）專攻喜劇，波西藹斯（Persius）擅長諷刺文章，他們每個人都想成為各自文類的佼佼者。安逸的模仿永遠不敵大膽的想像。［葛拉西安著，毛雷爾（Christopher Maurer）譯，《英雄的囊中鏡》（*A Pocket Mirror for Heroes*）］

伯利克里（Pericles）從小就不喜歡面對人群，他的膽怯部分是因為他酷似僭主庇西特拉圖（Pisistratus），一些年紀稍長的人會讚美

重點解析

一六四〇年代末期，法國爆發內戰，在此之後，路易十四不僅復甦了內戰後的國內頹勢，還將其打造成歐洲第一強國，令各國不敢來犯。路易十四可不是好惹的角色，據說曾有犯了錯的廚師因害怕國王生氣而選擇自盡。路易十四當然也有情婦，但她們下了床後就沒有任何權力。羅浮宮是法國歷代國王的住所，但路易十四卻另起爐灶，在一個鳥不生蛋的地方大興土木，建造專屬於自己的凡爾賽宮，象徵全新的秩序，並為自己的宮廷網羅當代最優秀的人才。凡爾賽宮是路易十四政權的中心，令歐洲列強羨慕不已，來訪的使者皆被驚訝得目瞪口呆。在路易十四出現前，法國王室早已衰敗不堪，是他用偉大的象徵與耀眼的權力填補了這個缺口。

路易十五繼承了爺爺留下的巨大遺產，他象徵的是所有偉人接班人或模仿者的命運。在前人遺留的基礎上發展，乍看之下很簡單，但在權力的國度卻恰恰相反，被寵壞的繼承人幾乎都會將遺產揮霍殆盡，因為他們不用像父親一樣填補空缺。馬基維利認為需求是行為的動力，一旦需求消失，人就會開始衰敗。路易十五一出生就掌握所有權力，自然無需努力，他的怠惰也是必然的結果。在他的統治下，原本是太陽王權力象徵的凡爾賽宮成了世俗的聲色場所，宛如波旁王室版拉斯維加斯。飽受壓迫的農民恨透了這個新國王，凡爾賽宮更是集所有王室之惡於一身的象徵物，最後在法國大革命期間被眾人洗劫一空。

身為太陽王的繼承人，路易十五改變命運的唯一方法就是從零開始，盡情貶低歷史和先王留下的遺產，並在全新的賽道上打造一個新世界。若你有選擇權的話，我會建議你不要掉進

伯利克里的聲音和他的辯才無礙，但只要一看到他的臉，他們就會被兩人相似的五官嚇到。伯利克里家世顯赫，身邊亦不乏有權有勢的朋友，反倒讓他更害怕被人排斥。他一開始並沒有打算進入政界，而是跑去從軍，並展現出過人的勇氣和上進心。

後來，阿里斯提德（Aristides）去世了、地米斯托克利（Themistocles）被放逐、客蒙（Cimon）因外出征戰而無法常駐雅典，伯利克里便跳出來為人民發聲，與窮苦的百姓站在同一陣線，而不是擔任貴族和富人的代言人，此舉確實有違他的性格。伯利克里害怕人民懷疑他想當獨裁者，所以當他發現客蒙的心偏向貴族並被權貴們視為偶像，他便與人民越走越近，一方面是為了自保，另一方面則

路易十五的陷阱，並將自己放在權力真空的位置，設法從混亂中創造秩序，而不是和高掛在天上的星星競爭。想獲得權力，你就必須比其他人更耀眼，若你總是活在前人陰影之下，又怎麼可能散發出自己的光。

> 自統治權成為世襲制起，一代不如一代的循環就開始了，兒子不再努力提升自己的美德並向父親看齊，還認為君主該做的，就是把遊手好閒、放縱、享樂這三件事練到爐火純青。
>
> ——馬基維利

遵循法則的案例

亞歷山大大帝的個性和父親馬其頓國王腓力二世截然不同，他從年輕時展現出統治的欲望，並對父親謹慎又精於算計的治國方式不以為然，更看不慣他誇誇其談的演講、吃喝嫖賭的行徑，以及各種浪費時間的愛好（例如摔角）。他知道自己絕對不能成為像父親一樣的控制狂，而是要鍛鍊自己的膽量，除此之外，他還要管好自己的舌頭，當個惜字如金的人，更不會將寶貴的時間浪費在享樂上。亞歷山大對父親征服希臘領土的策略深感厭惡，他說：「父親會把每一吋土地都征服，導致我這輩子都成不了大事。」儲君都會因繼承財富與安逸的生活而心滿意足，然而亞歷山大卻只想超越父親，用更大的成就把他的名字從史書上抹去。

亞歷山大亟欲向眾人展示自己比父親優秀；一位色薩利馬商買下了一匹名叫布西發拉斯（Bucephalus）的駿馬，打算將牠轉賣給腓力二世，但布西發拉斯實在是太野了，根本沒有

是為了鞏固權力，將來好對抗政敵。伯利克里如今的作風與過去截然不同，他現在只走兩條路，一條是通往市集的路，另一條是通往會議室的路。〔普魯塔克，《伯利克里的生平》(*Life of Pericles*)〕

畫家佩魯吉諾的生平

有時候貧窮可以造福天才，因為貧窮的緣故，他們會努力精進自己的職業技術，讓它能臻至完美，我們可以從畫家佩魯吉諾（Pietro Perugino）的生平應證這件事。佩魯吉諾想靠自己的畫技進入上流階層，於是便把佩魯賈發生的災難拋諸腦後，來到佛羅倫斯闖蕩。剛到佛羅倫斯的那幾個月，

一位馬伕能靠近牠。腓力二世罵了馬商一頓，責備他給自己帶來了一頭沒用的野獸。一直站在旁邊的亞歷山大皺著眉頭說道：「只因為沒有本領和毅力馴服牠就要將其拋棄，真是可惜了這匹寶馬！」亞歷山大說了不只一次，腓力二世終於按耐不住，要他親自試看看。腓力二世立刻傳人將馬商召回，並在內心祈禱兒子摔得越重越好，這樣他才能學到教訓，沒想到亞歷山大不僅安穩地坐在馬背上，還騎著牠在草地全速奔馳（後來布西發拉斯跟著亞歷山大四處征戰，最遠甚至到了印度）。在場朝臣見狀紛紛鼓掌叫好，唯獨腓力二世怒火中燒，此刻的亞歷山大不是他的兒子，而是想和自己爭權的對手。

亞歷山大越來越不怕和父親作對，有天他們兩人當著所有朝臣的面大吵了一架，喝醉的腓力二世突然拔劍要朝亞歷山大砍去，結果卻摔倒在地。亞歷山大指著地上的國王用嘲諷的語氣說：「馬其頓的人民你們看看，這個人連橫跨一張桌子都會跌倒，他居然還想從歐洲一路打到亞洲。」

腓力二世在亞歷山大滿十八歲那年遭朝臣暗算身亡，馬其頓朝臣弒君的消息傳遍整個希臘，許多城市的人民都揭竿起義，想推翻這些來自馬其頓的統治者。腓力二世的參謀建議新王亞歷山大仿效父親，用謹慎的態度和計謀處理此事，但亞歷山大卻打算用自己的方式處理：率領軍隊到王國邊境，從那裡開始一路掃蕩造反的城市，用暴力的手段統一帝國。

一般來說，當叛逆的孩子長大，他們和父親作對的力度會變弱，並漸漸活成自己極力反抗的那個人的模樣，但亞歷山大對父親的厭惡並沒有隨著他的死而消失。穩住希臘的局面後，亞歷山大將目光轉向波斯，去達成父親一直未能完成的夢想：征服亞洲。只要能打敗波斯

佩魯吉諾過著貧窮的生活，因為沒有床，他只能睡在一個大箱子裡。他日以繼夜地練習繪畫，努力提升自己的專業能力。

精通繪畫的技巧後，佩魯吉諾從此心無旁騖，只想不停地畫畫。由於貧窮的威脅仍近在眼前，佩魯吉諾為了賺錢不得不去做一些他平時不會做的工作；財富或許會阻礙他的天分，讓他無法登峰造極，貧窮反而為他開了一條路。需求是刺激佩魯吉諾前行的動力，因為他渴望從低賤卑微的泥淖中崛起，即便不能攀上至高的巔峰，至少也要做到最基本的自食其力。為了讓自己將來能過上舒適的生活，他可以對寒冷、飢餓、不適、不便、勞累、羞恥視而不見，佩魯吉諾特別喜歡說的一句話是「壞天氣走後，好天氣一定會

人，亞歷山大的功名就能超越腓力二世。

亞歷山大率三萬五千名精兵進入亞洲，要和人數超過一百萬的波斯大軍正面交鋒。在戰爭開打前夕，亞歷山大經過一座叫做戈爾底翁的城市，城中有一座神廟，神廟入口處放了一輛戰車，戰車上有數個用山茱萸果皮結成的繩扣。神諭說若有人能鬆開戈爾底翁之結，他就會成為統治世界的帝王，但至今為止仍沒有人能解開這些錯綜複雜的繩結。亞歷山大看了一眼就知道徒手解開繩結是不可能的，於是便拔出佩劍用力一揮，將繩結盡數斬斷。這個動作頗具象徵意義，代表亞歷山大從不循規蹈矩，而是會另闢蹊徑。

後來亞歷山大戰勝波斯大軍，眾人都覺得他會就此收手，畢竟光是擊敗波斯一事就足以讓他流芳百世，沒想到亞歷山大居然用看待父親的標準看待自己，認為征服波斯已經成為歷史，而他並不想沉溺在昔日的榮光裡，也不允許自己的過去比現在輝煌。他繼續東進，一路打到印度，創造出史上幅員最遼闊的帝國，要不是因為士兵全都累垮了，他還會繼續打下去。

重點解析

亞歷山大是歷史上極為罕見的一類人，他的父親是名聲赫赫的偉大君王，但他卻締造了遠超父親的榮光和權力。這種人之所以罕見的原因很簡單：前人大多必須從零開始累積財富並打下江山，這種動力會逼著他成功，他沒有什麼東西可以失去，所以使用詭計和莽撞行事也無所謂，除此之外，他也沒有享譽天下的父親，所以不用浪費精力和對方競爭。這種人有理由相信自己，也有理由相信自己的處事之道是最有效的，因為他確實成功了。

到來，而在晴朗的日子裡，我們一定要未雨綢繆」，他幾乎是把這句話當成座右銘看待。〔瓦薩里，《藝界名人傳》(*Lives of Artists*)〕

這種人有了兒子後就會變成控制狂和暴君，強迫孩子接受各種人生大道理，完全不顧現在的時空背景與當年已截然不同。這些父親不允許孩子走和自己不一樣的路，還會強迫他們體驗自己體驗過的事，甚至會默默祈禱他們失敗，就像腓力二世希望亞歷山大摔下馬背一樣，畢竟父親都會羨慕兒子的青春和活力，以及他們對控制和支配的欲望。這類人的兒子通常都很膽小，無論做什麼事都如履薄冰，深怕自己一不小心就弄丟父親打下的江山。

這些年輕人永遠無法走出父親的陰影，除非換上鐵石心腸仿效亞歷山大的策略：對過去嗤之以鼻、打造屬於自己的帝國、讓父親活在你的陰影下。若你無法在物質層面從零開始（徹底放棄遺產確實有點傻），至少也要在心理層面上從零開始，具體做法是卸下過去的重擔並設法另闢蹊徑。亞歷山大知道與生俱來的特權是權力之路上的障礙物；我希望你能用無情的態度對待過去（包括你父親、父親的父親，甚至是自己的成就），只有弱者會不停緬懷過去的勝利並拒絕摘下桂冠，權力的遊戲沒有中場休息時間。

權力之鑰

在古代的孟加拉和蘇門答臘某些地區，當國王統治長達一段時間後，臣子就會把他殺死。這是一種更新迭代的儀式，也是防止統治者權力過分擴張的手段，因為國王通常都會希望建立永久的秩序，即便要犧牲家人和親生骨肉也在所不惜。這種國王不會保護部落，更不會在戰爭來臨時率軍衝鋒陷陣。所以他的臣民才要把他打死，或是在複雜的儀式上將其處死。國王死後便不會被昔日的榮光沖昏頭，眾人也就可以把他當成神明崇拜，除此之外，更年輕的

墨菲的問題

只要你知道西洋棋的遊戲規則，就會知道棋盤如戰場這個道理，歷史上許多著名將領確實也都喜歡下棋，例如英國國王征服者威廉（William the Conqueror）、拿破崙等。

你可以在真實戰場上看見西洋棋的各種策略和技巧，預測和算計也是不可或缺的，與此同時，你還要有能力迴避敵人的計畫，並用極其嚴謹的態度去設想對方的計畫會引發的後果，以及自己該用什麼方式處理。除此之外，西洋棋玩家之所以會想一玩再玩，並不只是因為競爭的心態，其背後還有一個下意識動機，那就是殺死父親。玩家真正的目標不是逮住對手的國王，從心理動機的層面來看，他的目標已在不經意間變成將國王去

新王也可以大顯身手。

傳說故事中若出現父不詳的英雄，多半就是要傳達這種對國王或父輩角色矛盾中又帶著敵意的情結。以摩西為例，摩西是權勢角色的原型人物，他是一個在蘆葦叢中被人發現的棄嬰，沒有人知道他的父母是誰。正是因為這樣，他才不需要和父親競爭，也不會受他限制，並在結局順利獲得至高的權力。海克力斯在人間沒有父親，他的生父是天神宙斯（Zeus），亞歷山大大帝晚年時常說馬其頓的腓力不是他的生父，阿蒙（Jupiter Ammon）才是他真正的父親。許多神話和儀式都會抹除掉英雄在人間的父親，這是一種象徵手法，代表過去的力量已經被破除。

過去的重擔會阻礙年輕的英雄開創新的世界，因為哪怕他的父親已經死了，或是一個毫無權力之人，他都必須追隨父親的腳步。也就是說，即便是英雄也必須在前人面前卑躬屈膝，就算時空背景已徹底改變，過去的成功也一定要被延續到現在。除此之外，過去也會壓垮英雄，讓他變得膽小怕事，因為他會時刻擔心自己搞丟前人的遺產。

有能力填補空缺的人才能掌握權力，他們可以在一個不受歷史包袱壓迫的位置占得一席之地。先妥善處理掉父輩角色，你才有空間創造並建立新的秩序，擺脫父輩角色的策略有很多，我們當然不能處決他們，但可以把這種衝動轉化成現代社會能接受的手段。

也許擺脫歷史陰影最簡單的方法就是貶低過去，用新舊世代對抗的手法去處理它。若你想採用此策略，那就要找一個舊時代的形象當成箭靶，舉例來說，毛澤東知道中國人一直被拒絕改變的儒家思想壓迫，於是便利用群眾的恨來達成自己的目的。甘迺迪知道被歷史困住對

勢並使其動彈不得……那一聲「將軍」的意思其實是「國王已死」。……根據我們對西洋棋玩家下意識動機的了解，這件事的象徵意義只有一個，那就是用合理的手法戰勝父親的渴望……（十九世紀西洋棋冠軍）墨菲（Paul Murphy）在父親死後一年突然崛起，在各項賽事中屢戰屢勝，最後拿下西洋棋界最高榮耀，此案例的意義非常重要。父親的死給墨菲帶來不小的打擊，我們可以推測他出色的表現都是對父親之死的回應，就像莎士比亞在《哈姆雷特》和佛洛依德在《夢的解析》（*The Interpretation of Dreams*）中描述的那樣……

接下來我們來談一下大眾對墨菲成功的看法，有人認為後來他的精神狀況之所以會出問

自己不利，於是他用盡各種手段，設法讓自己的治國方式與前任艾森豪有所不同。除此之外，甘迺迪還積極帶領美國進入下一個十年，而不是留戀一九五〇年代的氛圍（該時期的代表人物正是艾森豪總統）。為此，甘迺迪從不打高爾夫球，因為高爾夫球是專屬父輩角色的無聊運動（也是艾森豪總統的最愛），其象徵意義是退休和特權，他玩的是美式足球。甘迺迪刻意讓政權透露出青春和活力的氣息，因為年輕人都渴望在這個世界上找到立足之地，也都憎恨父親的陰影，所以創造新舊對立的局面可謂易如反掌。

你通常必須用概念或實物來象徵自己和前人的距離，這是一種昭告天下的宣傳手法。路易十四摒棄法國先王居住的宮殿，打造全新的凡爾賽宮，這就是一種象徵；西班牙國王費利佩二世也做了一樣的事情，他在荒郊野外打造了埃斯科里亞爾修道院，並以此地為中心拓展自己的權力。為突顯自己的與眾不同，路易十四捨棄手持權杖、頭戴王冠與坐在王位上的形象，還將先王制定的儀式當成老掉牙的笑話看待，轉頭去創造充滿象徵符號和另類儀式的新權威。仿效路易十四的策略，絕對不要走前人走過的路，否則你將永遠無法超越他們，創造專屬的風格與象徵，用實際行動展現你與前人的差距。

羅馬帝國皇帝奧古斯都（Augustus）也懂得這個道理，奧古斯都的前任尤利烏斯·凱撒是一名作風高調的偉大將領，他經常用盛大的場面刺激羅馬人民的感官，還和大名鼎鼎的克麗歐佩脫拉有過一段情史。雖然奧古斯都也是個戲劇化的人物，但他並不打算和凱撒競爭比拚排場，而是刻意強調兩人的不同之處：鼓勵人民重拾羅馬簡約的傳統，達成風格撙節和物質撙節這兩個目標，並以此為基礎發展權力。在眾人的記憶中，凱撒的形象生動鮮明，奧古斯

題，並不是因為他是佛洛伊德口中那些「會被成功摧殘的人」……用心理學的術語來說，當公眾將焦點放在他的成功上時，墨菲是否會被自己的狂妄嚇到？佛洛伊德指出，當有人因承受不了成功帶來的巨大而崩潰時，是因為他只能接受自己在腦中想像出的成功，一旦想像化為現實，他便無力接受；就好像在夢中閹割父親和在現實中付諸行動是兩回事。真實的情境會引發無意識的罪惡感，並導致他們精神崩潰。〔瓊斯（Ernest Jones），〈墨菲的問題〉（*The Problem of Paul Murphy*）〕

都反其道而行，突顯自己的沉著穩重與男性威嚴。

前人若是過於強勢，他遺留下的歷史象徵就會占據整個畫面和空間，讓你的名字沒有容身之處。化解這種困境的方法就是尋找真空地帶，也就是文化中尚未被人染指的領域，並成為該領域的開路先鋒，在裡面大放異彩。

在準備進入政壇之前，伯利克里花了一些時間研究雅典政治圈，想找出被眾人忽視的領域。當時的政治人物大多會和貴族結盟，伯利克里本人確實也比較傾向貴族，但最後他卻選擇和民主的元素靠攏。伯利克里的決定和他個人的信仰無關，卻讓他的政治生涯有了個好的開頭。為了滿足自己的政治需求，他成為人民的喉舌，因此避開了早已人滿為患的權貴角力場，在一個沒有前人陰影與競爭者的位置上揚名立萬。

成為職業畫家後，維拉斯奎茲知道自己的畫技無法和大名鼎鼎的前輩比美，於是開始鑽研與當代審美標準相左且眾人前所未見的風格，並將這種繪畫風格發揮到淋漓盡致。那時的西班牙宮廷有許多人都想與過去劃清界線，他們看見維拉斯奎茲的繪畫風格後都驚為天人。絕大多數的人都不敢光明正大地打破傳統，但卻會默默崇拜勇於打破窠臼並為文化注入活水的人，而這就是填補真空地帶能使人獲得權力的原因。

翻開人類歷史，你會發現有一種既愚蠢又不利於權力發展的現象不斷重演，那就是相信依樣畫葫蘆可以複製前人的成功。這種複製貼上的策略會吸引到很多沒有創意的人，因為它不僅操作起來相當簡單，還能迎合他們膽小和懶惰的個性。但你要知道，一模一樣的情境是不可能重複出現的。

麥克阿瑟（Douglas MacArthur）在二戰期間擔任美軍在菲律賓的主帥，有天麥克阿瑟的助手拿了一本書給他，裡面記錄了前任指揮官寫下的實用戰略。麥克阿瑟問助手他印了幾本，助手說一共印了六本。麥克阿瑟說：「你現在就去把這六本副本找來，一本都不能少，然後放一把火把它們燒了。我不會被過去發生的事情綁住，面對突發狀況，我的策略是當機立斷。」請用無情的態度看待過去，把所有教戰守則丟進火裡，根據當下的情境即興發揮。

你可能會覺得自己已經和前人或父輩角色劃清界線，但隨著年歲漸長，你一定要提高警覺，以免自己變成你曾經反抗的對象。毛澤東年輕時很討厭父親，並在反抗父親的過程中找到個人身分認同和新的價值觀，然而毛澤東晚年時卻變得和父親越來越像。毛澤東的父親認為勞動比知識重要，毛澤東年輕時對這種觀念嗤之以鼻，但後來他的想法卻在不知不覺間與父親過時的觀念重合，衍生出知青下鄉政策，對共產黨政權造成了不可磨滅的影響。請記住一件事，你就是你自己的主宰；你花了這麼長的時間創造出新的自己，請不要在最後功虧一簣，讓過去的幽靈（父親、習慣、歷史）有復活機會。

最後讓我們回到路易十五的故事，富裕的生活會使人變得懶散被動，因為大多數人都認為權力一旦鞏固，自己就什麼都不用做。這是一種危險的想法，對少年得志的人尤其不好。以劇作家田納西．威廉斯（Tennessee Williams）為例，他靠著《玻璃動物園》（*The Glass Menagerie*）從無名小卒躍升為文壇巨星，他並在事後寫道：「在事業成功之前，我過的是含辛茹苦和力爭上游的生活，但這種生活是好的，因為人類這種生物本應要這樣活著。還在為生活掙扎時，我不知道自己擁有這麼多活力，直到無需掙扎後，我才意識到過去的自己充滿活力，這就是我要的安全感。我坐下來審視自己，內心突然感到一陣壓抑。」田納西後來因壓力過大而精神崩潰，但這對他來說或許是一件好事，因為在被逼到絕境後，他又找回創作的活力，寫出經典作品《欲望街車》（*A Streetcar Named Desire*）。杜思妥耶夫斯基（Fyodor Dostoyevsky）的情況和田納西類似，每推出一本暢銷小說，他就會因為生活得到溫飽而失去創作的動力，此時他會帶著所有積蓄到賭場，直到把所有的錢都輸光才離開。變成窮光蛋後，他就又可以開始寫作了。

上述兩人是極端的個案，你不一定要模仿他們，但卻一定要做好從零開始的心理準備。畢卡索是個不會被成功沖昏頭的人，他的做法是經常改變畫風，有時甚至要放棄過去讓他成名的元素。這世上有太多人因不願放下過去的成就，最後把自己活成可笑的模樣，真正掌握權力的人會避開這些陷阱（例如亞歷山大大帝），他們永遠都在嘗試創造全新的自己。不要讓父輩角色有糾纏你的機會，你每踏出一步，就要殺他一次。

意象：父親。孩子們都活在父親的陰影下，即便在死後，他依舊用過去綁住孩子，讓他們成為自己的奴隸、澆熄他們昂揚的志氣、強迫他們走自己走過的路。在人生的每個十字路口，你都要重新殺死你的父親並走出他的陰影。

> **權威之言：**
> 不要走偉人走過的路，因為你必須拿出雙倍的成就才能超越他。追隨別人腳步的人無論有多努力，在旁人眼中永遠都是模仿者，他們永遠卸不下這個包袱。尋找通往卓越的蹊徑和成名的門道是罕見的本領，功成名就的方式其實不少，其中很多也還沒被人嘗試過。最新的那條路往往最難走，但它通常都是帶你邁向偉大的捷徑。〔葛拉西安〕

法則的反轉

拿偉大的前人當幌子可以為自己創造優勢，你可以在獲得權力後將他拋棄。拿破崙三世就是借用了祖先拿破崙．波拿巴的大名和傳奇事蹟，才順利當上法國總統（後來又自立為皇帝）。拿破崙三世上任後並沒有緬懷過去，而是詔告世人自己的統治方式將不同於前任，同時控制民意，以防止他們期待自己成為第二的拿破崙．波拿巴。

前人的功績中有許多值得挪用的元素，不要為了強調自己的與眾不同就全盤否定，這種作法太傻了，就連亞歷山大也說過他治軍的方式深受父親影響。除非你能自圓其說，否則故意不按照前人的方式做事只會突顯你的幼稚。

約瑟夫二世（Josep II）是奧地利女皇瑪麗亞．特蕾莎（Maria Teresa）的兒子，會故意做和母親相反的事情，例如穿著平民服裝或以酒館為家，並自詡為「人民的皇帝」，只為了與充滿皇室風範的瑪麗亞．特蕾莎唱反調。然而，瑪麗亞．特蕾莎其實是一位受人民愛戴的明君，所以約瑟夫的策略並沒有奏效。若你是個有智慧的人，也具備將自己導回正軌的本能，那麼桀驁不遜便是一項安全的策略。但假如你的才智和約瑟夫二世一樣平庸，那我建議你還是先從前人身上汲取經過實證的知識和經驗。

最後，我要奉勸你留意身邊的年輕人，因為他們是你未來的對手。他們和你一樣都想擺脫父親的陰影，所以有朝一日也會用同樣的方式對待你，鄙視你取得的成就。你靠著推翻父親昔日的榮光才爬到今天的位置，所以更要提防從底層竄起的新秀，別讓他們有機會用一樣的手法炮製來對付你。

貝尼尼（Pietro Bernini）是巴洛克時期著名建築師兼藝術家，當他發現哪個青年藝術家將來可能會威脅到自己，就會施展手段讓對方活在自己的陰影之下。有天，年輕的石匠波羅米尼（Borromini）把自己的建築草圖拿給貝尼尼過目，貝尼尼一眼就看出此人有建築的天分，便聘請他當自己的助手。波羅米尼欣然同意，渾然不知這不過是貝尼尼的策略，他把自己留在身邊一方面是為了就近觀察，另一方面是為了玩心理遊戲，讓自己產生技不如人的想法。貝尼尼成功了，波羅米尼雖然才華橫溢，但貝尼尼才是最有名的那個人。貝尼尼終其一生都在用相同的手法操弄他人，他害怕雕塑家阿爾加迪（Alessandro Algardi）的光芒蓋過自己，於是便設法讓他只能擔任自己的助理，這些可憐的助理如果敢造反或單飛，貝尼尼就會毀掉他們的事業。

法則

42

擊打牧人，羊就分散

觀點

問題出現時，只要往上溯源，你通常都能找到一名頗具權勢的始作俑者，他可能是帶頭作亂的人，也有可能是妄自尊大的下屬或喜歡顛倒黑白之人。如果給此人發揮的空間，其他人便會受他影響。不要讓他們有機會製造更多麻煩，更不要和他們談判，這些人根本無藥可救。用孤立或發配邊疆的手段消除他們帶來的負面影響：擊打牧人，羊就分散。

遵循法則的案例一

西元前六世紀末，雅典推翻數名一直把持政權的暴君，隨後建立了民主體制（存續一個多世紀），此民主精神不僅是雅典的權力來源，也是雅典人最引以為傲的成就。然而，民主體制的進化引發了一個前所未見的難題，那就是許多人都不願意團結起來捍衛這座被強敵環伺的小城邦，他們不願為了雅典的榮耀而努力，滿腦子想的都是自己的野心和陰謀。這個問題讓雅典人傷透了腦筋，他們知道如果坐視不理，這些人就會四處散播爭議和分裂的言論，引發派系鬥爭，使民眾陷入焦慮，最後毀掉民主體制。

雅典已經建立了文明的新秩序，自然不能對這些人施以嚴刑峻罰。眾人左思右想，終於提出了一個既能制裁這些自私的人，但又不會過於殘暴的方案：他們每年都會在市集開一場大會，每個人都要在陶片寫下一個人的名字，若同一個人的名字出現達六千次，此人就會立刻被流放到雅典城外十年。若統計結束後沒有人的姓名出現達六千次，那麼頻率最高的人便要接受為期十年的「孤立刑」。此驅逐儀式後來演變成一種慶典，因為城中永遠有些喜歡製造焦慮的討厭鬼，他們不為眾人服務，而是覺得自己的地位高於團體，把這些人放逐出城外是所有公民最樂見之事。

西元前四九〇年，雅典大將軍阿里斯提德在馬拉松戰役大敗波斯，阿里斯提德不僅是軍事將領，還是一名鐵面無私的法官，雅典人都稱他為「公正官」。然而，隨著時間流逝，雅典人越來越討厭阿里斯提德，因為他太喜歡標榜自己的公正廉明，導致眾人都覺得這種行為是在暗示他高人一等，也是在嘲笑平民百姓。民眾討厭阿里斯提德的原因還有一個，那就是他

祕魯遠征史

眾人都在爭搶要抬印加帝國國王阿塔瓦爾帕（Atahualpa）的轎子，最後抬轎的幾個貴族被殺，轎子翻覆，要不是皮薩羅和幾名騎士出手抱住他，王子肯定要摔個頭破血流。被救出的王子滿面愁容，一名士兵還趁機把他鬢角旁的流蘇飾帶扯下來。最後眾人將他護送到附近的一棟建築裡，並派人嚴加看守。

西班牙人平定了所有反抗活動，印加被征服的事很快就傳開了，讓祕魯人團結一致的神祕力量瞬間煙消雲散。現在祕魯人人自危，駐紮在附近的（印加）士兵在得知大勢已去後也紛紛四散逃竄，以免落入這幫無情的勝利者手中。夕陽西下，仁慈的夜晚用黑暗安撫倖存的難民，皮薩羅的

在政界的曝光率實在是太高了，眾人現在不僅聽膩了「公正官」這個外號，還開始擔心像他這種愛當判官又傲慢的人會引發社會分歧。雖然阿里斯提德是對抗波斯人的常勝將軍，雅典人還是在西元前四八二年的陶片公投中讓他高票當選。

阿里斯提德被放逐後，地米斯托克利將軍接替了他的位置，成為下一位政治領袖，但他一樣被勝利的榮光沖昏了頭，變得越來越自大專橫，不停提醒人民他為雅典打了多少場勝仗、建了多少座神廟、擊退過多少人。在眾人看來，他就像是在說雅典如果沒了他一定會滅亡，於是便在西元前四七二年用陶片將他趕出雅典城。

西元前五世紀雅典最厲害的政治人物非伯利克里莫屬，雖然他也有幾次險些在陶片公投中勝出，但由於他與人民的連結很深，所以逃過了被流放的命運。伯利克里之所以如此親民，或許要歸功於他的導師達蒙（Damon），達蒙是全雅典最優秀的人才，他的聰明才智、音樂天分和辯證技巧都無人能出其右。伯利克里治理人民的知識都是從達蒙身上學來的，但他最後也慘遭流放，理由是他作風高傲，還時常出言汙辱人。

西元前五世紀末，許多作家都將希帕波魯斯（Hyperbolus）描述成雅典最沒價值的市民，他毫不在乎旁人對他的看法，只要看誰不順眼就會破口大罵。城中確實也有些人喜歡希帕波魯斯，但討厭他的人還是占多數。西元前四一七年，希帕波魯斯想煽動群眾的仇恨，讓他們把怒火發在亞西比德和尼西阿斯（Nicias）身上，他希望這兩個政治人物其中之一被流放，這樣自己就能取而代之。希帕波魯斯的策略似乎奏效了，雅典人對亞西比德華而不實且不負責任的生活方式深惡痛絕，也看不慣尼西阿斯坐擁萬貫家財和不友善的態度，照這樣下去，

部隊吹響號角，在卡哈馬卡市早已被鮮血浸透的廣場再次集結。在秘魯人眼中，阿塔瓦爾帕不是凡人，他不只是國家的領袖，還是整個帝國的中心，也可說是印加政體的基石，一旦地基被毀，印加帝國的制度便會因無法承受自身重量而瓦解。阿塔瓦爾帕的死讓印加帝國傾覆，空蕩的王座沒了繼承人，也讓秘魯人知道一雙更強大的手出現了，這雙手從印加人手中奪過權杖，徹底了結太陽之子的王朝。〔普雷斯科特（William H. Prescott），《秘魯遠征史》(*The Conquest of Peru*)〕

他倆一定會有一個人被流放。然而，這兩位政壇死對頭卻在最後關頭攜手合作，傾盡所有資源，將矛頭指向希帕波魯斯，說這個惹人嫌的東西只有被流放了才會安靜下來，讓他成為當年度被流放的人選。

雅典人過去公投流放的，都是些有權有勢的大人物，但希帕波魯斯不過是一個跳梁小丑，這樣的反差讓雅典人認為陶片公投已經墮落了，於是便終止了這項維持雅典和平近百年的儀式。

重點解析

古雅典人有一種很敏銳的群居本能，他們是真正的公民，然而這種能力已隨著時間流逝慢慢減弱。雅典人知道不合群會對社會造成危害，也知道這種行為經常會以其他形式出現，例如自詡為人上人，並默默將自身標準強加在他人身上的態度、為成就個人野心而不惜犧牲群眾利益的傲慢、突顯優越感的舉止、老謀深算的性格、擾人厭煩的行為。上述一些行為引發爭議並導致民眾分裂，讓雅典人無法團結起來，其他行為則會讓平民覺得自己低人一等或心生嫉妒，破壞城邦的民主精神。面對這些不合群的公民，雅典人的處理方式不是重新教育，也不是嘗試讓他們融入群體，更不會對其施以嚴刑，這樣只會給其他人添麻煩，而是用最有效的方式快速解決問題：趕走這些人。

團體內若有問題，我們通常都能用回溯法找到對團體極度不滿、積怨已久，或是永遠都以惡意離間汙染團隊的那個人。在你還摸不清楚狀況時，不滿的情緒其實早就蔓延開來了。你必須在還分得清每項問題的源頭時趕緊釐清事發經過，第一步是找出始作俑者，這種人很好認，他們往往態度蠻橫，喜歡抱怨。找出主謀後，千萬別急著感化對方或採取綏靖政策，這樣只會火上澆油。除此之外，也不要直接或間接攻擊他們，因為這些人是天生的壞胚子，他們一定會在背地裡算計你。你應該仿效雅典人的做法，趕在事態一發不可收拾前把他們發配邊疆，不要讓他們有機會成為團體的暴風眼；不要讓他們有時間挑動成員的焦慮與不滿；不要讓他們有空間搞鬼。懲罰一個人，還眾人一個清靜。

> 樹倒猢猻散。
>
> ——中國諺語

遵循法則的案例二

一二九六年，天主教會樞機主教在羅馬開會，要決定下一任教宗人選，他們最後決定讓樞機主教嘉耶當（Cardinal Gaetani）出任教宗，因為他們覺得嘉耶當的狡猾舉世無雙，一定能讓梵諦岡成為歐洲強權。嘉耶當後來改名為博尼法斯八世（Boniface VIII），並展現出過人的才能，他制定策略時總是能未雨綢繆，而且為達目的不擇手段，完全沒有辜負眾樞機的期望。當上教宗後，博尼法斯不僅立刻殲滅自己的敵人，還統一了教宗國諸邦。歐洲各國都很忌憚博尼法斯，所以紛紛派出代表與他談和，德國國王阿爾布雷希特（Albrecht）甚至還割讓了部分領土給他。

狼與羊

很久很久以前，狼群派了一名使者去找羊，希望能和牠們談和。狼使者說：「為什麼我們要無休止地吵個不停呢？邪惡的狗才是罪魁禍首，牠們每天都朝我們吠叫，還不斷挑釁我們。只要把狗趕走，障礙就消失了，而我們也就在一切都按博尼法斯的計畫進行時，義大利最富庶的托斯卡尼區卻不願意配合教宗。若博尼法斯想收服托斯卡尼，最有效的做法就是拿下該區最有影響力的城市：佛羅倫斯，但佛羅倫斯共和國可沒這麼容易被攻破，所以教宗必須動用一些策略。

佛羅倫斯有兩大派系：黑黨和白黨，白黨由商人家族主導，代表的是近期崛起的富人階層，黑黨代表的則是歷史悠久的權貴階層。白黨深得民心，把持了城內大部分事務，所以黑黨一直都對白黨恨得牙癢癢，雙方宿怨日益加深，絲毫沒有緩解的跡象。

博尼法斯的計畫如下：幫助黑黨奪權，藉此將佛羅倫斯收入囊中。在評估過情勢後，他決定先對付白黨支持者但丁（Dante Alighieri，作家兼詩人）。但丁熱中於政治，他不僅特別推崇共和體制，還經常批評佛羅倫斯的人民沒有骨氣，除此之外，但丁還是全佛羅倫斯口才最好的人。一三〇〇年，但丁當選最高權力機關執行委員（博尼法斯也於同年開始實施他的計畫），擔任委員期間，但丁除了堅決反對黑黨，還嚴格限制人民不得惹事生非。

一三〇一年，博尼法斯想出了一個新策略，他召見瓦盧瓦（Charles de Valois，法國國王的弟弟），要他協助自己占領托斯卡尼區。眼見查理揮軍北上義大利，佛羅倫斯人民既緊張又擔心，但丁登高一呼，要眾人打消綏靖的念頭，並趕緊拿起武器，準備對抗教宗和他的魁儡。博尼法斯無論如何都要除掉但丁，他一邊利用瓦盧瓦威脅佛羅倫斯，一邊又向他們遞出橄欖枝，假裝自己願意談和，想引但丁上鉤。最後佛羅倫斯決定派代表前往羅馬和教宗談判，並指派但丁擔任和平大使。

有人警告但丁，說教宗老奸巨猾，談和不過只是調虎離山之計，不過但丁還是出發了。法

可以和平相處，當一輩子的朋友。」愚蠢的羊接受了狼使者的建議，把保護自己的狗趕走，讓狡猾的狼能輕輕鬆鬆就吃到可口的羊肉。

［伊索，《伊索寓言》］

地米斯托克利的生平

（地米斯托克利的）同胞們非常嫉妒他，只要是和他有關的誹謗，眾人都會相信，他不得已只好時刻提醒群眾，要他們不要忘記自己過去的豐功偉業，結果大家反而更討厭他。有次他對抱怨他的人說：「為何你們如此厭倦從同一

軍抵達佛羅倫斯城門當天，但丁剛好也抵達羅馬，他信心滿滿，認為自己一定能說服教宗，拯救佛羅倫斯。沒想到教宗一見到但丁等人便立刻發難（他的慣用手法），厲聲說道：「在我面前跪下！乖乖臣服於我！佛羅倫斯的和平是我唯一的心願，此話絕非虛言。」眾人被教宗的威嚴嚇到，紛紛豎起耳朵聽他承諾自己將來定會時常關照佛羅倫斯。會議結束後，教宗吩咐他們趕緊回家，留下一人和他討論後續的問題即可，而這個人就是但丁。雖然博尼法斯用字遣詞極盡禮貌之能事，但這句請求其實是一道命令。

就在教宗和但丁討論和平協議的細節時，佛羅倫斯徹底淪陷。但丁離開後，白黨亂成一團，於此同時，瓦盧瓦還用教宗給的錢到處行賄，在城內散播分化人民的言論。最後白黨內部也開始分裂，有人主張談判，也有人臨陣倒戈。眼見白黨分歧嚴重，立場也開始動搖，黑黨立刻發動攻勢，只用了幾週就將其殲滅，把多年來的新仇舊恨一次報盡。確定黑黨掌權後，教宗終於准許但丁離開羅馬。

黑黨命但丁立刻回國接受審判，但丁不從，黑黨於是發出警告，說他要是敢踏進佛羅倫斯半步就會被活活燒死。被故鄉唾棄的但丁過起了流亡的生活，餘生和死後都沒有再回到佛羅倫斯。

重點解析

博尼法斯知道只要能找到理由引誘但丁來羅馬，他就能攻破佛羅倫斯。博尼法斯用的是歷史上最古老的策略：一手揮舞鞭子，一手遞出橄欖枝。即便如此，但丁還是上當了。但丁一

個人手上接受恩惠？」除此之外，他在興建阿提米絲神廟時也冒犯過建築工人，因為他不僅將女神命名為神機參謀阿提米絲，好像是在暗示自己是全雅典人和希臘人的顧問，甚至還把神廟建在自己家附近……最後地米斯托克利被雅典人投票放逐。雅典人用孤立削弱他的名聲和權威，每當他們感到某人在用自己的權力壓迫人民，或是他的地位已經高到破壞了民主的平等時，便會用這種方式懲罰此人。［普魯塔克，《地米斯托克利的生平》（*Life of Themistocles*）］

抵達羅馬，教宗就使出各種挽留的手段，因為他熟知權力遊戲中的一句格言：意志堅定之人擁有叛逆的精神，他可以憑一己之力將羊群變成獅子。正因如此，教宗才要把這個麻煩的人物孤立起來，而當佛羅倫斯失去中流砥柱，人民自然也會變成四處逃竄的綿羊。

記取但丁的教訓，面對乍看之下擁有三頭六臂的敵人，不要浪費時間想將其逐一攻破，而是瞄準首腦，找出意志最堅定、最聰明、最有領袖魅力（這一點最重要）的那個人。你必須不惜一切代價把他引開，因為此人一旦消失，他的力量也會著消失。孤立可以是針對生理的（如發配邊疆，或是將某人逐出宮廷），也可以是針對心理的（例如用誹謗或暗諷分化某人與團體的關係）；癌症始於一個細胞，務必在它蔓延到全身前消滅它。

權力之鑰

在過去，一名國王和幾位大臣就可以治理一整個國家，權力是菁英階層的特權，但隨著時間流逝，權力漸漸開始擴散，也變得更加民主。這種現象會使人產生一種錯誤的觀念，那就是團體不再是權力的中心，權力已經被分散到眾人身上。權力確實變了，但它的本質沒變，變的是數字，手握數百萬人生殺大權的暴君人數確實減少了，但仍有無數小暴君控制著社會各個領域，他們會利用權力遊戲和魅力強迫行使個人意志。在所有團體中，只有一、兩名成員是掌握實權的人，因為這就是人類的天性，我們會聚集在最強的人身邊，就像行星會圍繞恆星公轉一樣。

若你選擇自欺欺人，告訴自己權力中心點並不存在，下場就是不斷犯錯、浪費寶貴的時間和精力、永遠無法達成目標。有權勢的人從不浪費時間，他們表面上會遵守遊戲規則，假裝每個人都擁有權力，但私底下會把心眼放在團體中手握實權的少數人身上。只要有問題浮上檯面，他們會去尋找真正的原因，也就是在背後興風作浪的那個人，只要把他孤立起來，風波很快就會平息。

在處理家庭個案時，艾瑞克森發現一個現象，那就是家庭成員互動失常或失能背後一定有一個罪魁禍首。在治療過程中，他會把這顆壞蘋果孤立起來，不讓他（或她）和其他成員坐得太靠近，其他家庭成員也會慢慢發現，這個離他們比較遠的人就是問題的癥結。找出罪魁禍首後，只要讓其他人知道真相，就能解決掉大部分問題。找出控制團體互動的人相當重要，你一定要記住，愛惹是非的人會靠下列兩件事壯大自身實力：第一，隱身在人群中；第二，用群體行為掩飾個人行為。把他們的行為搬到檯面上，這些人就再也無法掀起什麼風浪。

策略遊戲有一個很關鍵的要素，那就讓敵對勢力孤立無援。在玩西洋棋時，玩家的目標是把國王逼到角落，在玩象棋時，你要把對手的棋圍住，讓他們進退兩難，毫無用武之地。很多時候，把敵人孤立起來會比趕盡殺絕好，因為這樣看起來比較不殘忍。在權力的遊戲中，孤立和趕盡殺絕的效果是相同的，對手只有死路一條。

最有效的孤立手法是讓對方接觸不到他的權力基礎，每當毛澤東想處理黨內高層時，他都不會與對方正面交鋒，而是會默默孤立對方並分化他的盟友，讓他們離他而去。要不了多久，此人就會因為孤掌難鳴自行消失。

存在感與外貌是權力遊戲的重要元素，在誘惑他人時（特別是前幾個階段），你必須經常在對方面前出現，或是營造在場的感覺；若對方總是看不見你，誘惑的魔力就會慢慢失效。伊莉莎白女王的國務大臣塞西爾（Robert Cecil）在朝中有兩名主要競爭對手，一位是女王的寵臣埃塞克斯伯爵，以及女王的前任寵臣雷利爵士。為了爭寵，塞西爾故意派這兩人去對付西班牙，並趁他們不在宮中時誘惑女王，以鞏固自己的參謀職位，並削弱女王對雷利和伯爵的感情。我們可以透過此事學到兩個道理：第一，離開宮廷是一件危險的事，尤其是在局勢動盪時，你更不能突然消失，因為缺席是失去權力的象徵和肇因；第二，設法讓你的敵人離開宮廷。

孤立還有其他用途，在誘惑別人時，你可以用孤立策略讓對方遠離他熟悉的情境。被孤立的人會露出脆弱的一面，在他們眼中，你的形象會被放大。除此之外，詐騙分子會想盡辦法讓受害者無法接觸到熟悉的人事物，例如帶他們到陌生的環境，讓他們感到不舒服。此時受害者會感覺自己身處弱勢，更容易掉進你的騙局。也就是說，你可以用孤立來影響他人的心理（而且效果相當顯著），達成誘惑或詐騙的目的。

有時你會發現有權力的人會刻意和團體保持距離，他們可能是被權力沖昏了頭，也有可能是已經無法再和普通人溝通。無論他們再有權勢，這種行為只會令他們淪為箭靶和棋子。

神僧拉斯普丁（Grigoriy Rasputin）之所以能在俄國呼風喚雨，是因為沙皇尼古拉二世（Nicholas II）和皇后亞歷山德拉（Alexandra Feodorovna）和俄國人民格格不入，其中皇后本來就是外國人，所以與百姓脫節的情況尤為明顯。拉斯普丁本是普通農民，後來靠著各種手段得到皇后的器重。打進宮廷的權力核心後，他努力讓自己成為沙皇和皇后不可或缺的幫手，藉此掌握大權，他知道真正掌握權力的中心人物是皇后，所以一開始就是以征服她為目標。拉斯普丁本想靠孤立皇后來達成自己的目標，後來發現皇后早就將自己孤立起來了。你可以使用拉斯普丁的策略為自己創造權力，找出團體中手握大權，但又覺得自己被群眾孤立的那個人。這種人不僅特別容易受到誘惑，還能讓你在一夜之間獲得權力，根本就是老天爺送來的禮物。

最後，之所以要你對牧羊人下手，是因為這樣做可以打擊羊群的士氣。科特斯和皮薩羅是征服阿茲特克與印加帝國的兩名大將，他們不分散軍力去攻擊對方的大軍，而是採用擒賊先擒王的策略，一舉殲滅蒙特蘇馬和阿塔瓦爾帕這兩大帝國。領導者一旦消失，人民的凝聚力就會消失，沒了中心點，所有事物都將分崩離析。把矛頭指向領袖，毀掉他的王位，並在混亂的局面中尋找致勝的機會（相信我，機會多到你數不清）。

意象：一群肥羊。不要浪費時間去偷一頭或兩頭羊，也不要去和看羊的猛犬肉搏，而是要朝牧人下手。把他引開，看羊犬也會跟著他離開。打倒牧人，羊群就會四處逃竄，屆時你便可以一網打盡。

權威之言：

挽弓當挽強，用箭當用長。射人先射馬，擒賊先擒王。殺人亦有限，列國自有疆。苟能制侵陵，豈在多殺傷。【杜甫】

法則的反轉

馬基維利曾說：「若要行報復之事，就別給仇人反擊的機會。」孤立敵人時要確保對方無法以牙還牙。也就是說，使用此法則的前提是你的地位要比對方高，這樣你才能無視他對你的恨。

安德魯．詹森（Andrew Johnson）是林肯的繼任者，他一直都將對手格蘭特（Ulysses S. Grant）視為麻煩人物，所以就設法孤立他，想藉此逼格蘭特退出政壇。格蘭特察覺後勃然大怒，立刻在共和黨內拉攏人心，並在下一屆總統大選勝出。若你的對手是像格蘭特這樣的人，我會建議你讓他繼續待在團體裡惹些小麻煩，因為他的報復手段一定更可怕。把一些人留在身邊是好的，因為你可以觀察他們，避免為自己樹立更多敵人，還可以伺機削弱他們的根基，等到正式切割的那一天，他們便會死得不明不白。

法則

43

攻陷對手的心和腦

觀點

強迫只會引發反彈，你必須誘惑對方，讓他們主動靠近你，誘惑術一旦大功告成，對方就會成爲你忠心的棋子。誘惑之道在於操弄對方的心理和弱點，面對不肯配合的人，就朝他們的情緒下手，將他重視和害怕的東西玩弄於股掌之上。若你對旁人的理性需求和感性需求置之不理，仇恨就會發芽。

違反法則的案例

路易十五在位最後幾年，民間大力呼籲政府改革，當路易十六（路易十五的孫子）被選為王儲並迎娶奧地利女皇剛滿十五歲的女兒時，法國人民似乎看到了改革的曙光。瑪麗．安東妮用她的美貌和活力改變了宮廷糜爛的氛圍，就連根本沒見過她的百姓都在討論這位王后。當時的法國人早已對國王豢養的情婦恨之入骨，都迫不及待要侍奉這位準王后。一七七三年，瑪麗．安東妮首次搭乘馬車出巡巴黎街道，歡欣鼓舞的群眾紛紛湧上街頭欣賞她的風采。事後瑪麗．安東妮在給母親的家書中寫道：「我幾乎什麼都沒做，就獲得廣大人民的愛戴，世上還有比這更幸運的事嗎？」

一七七四年，路易十五駕崩，路易十六登基，正式成為王后的瑪麗．安東妮開始縱情享樂，她穿著全法國最奢華的服裝，配戴的珠寶一件比一件珍貴，就連髮型也打理得無比精緻，有些假髮的高度甚至能達到三英尺，堪稱前無古人。除此之外，她還沒日沒夜地舉辦各種面具舞會和社交宴會，並任性地將所有費用都記在王室帳上。

瑪麗．安東妮親手設計了小特里亞農宮，這座位於凡爾賽宮附近的宮殿附有一座森林，是專屬於她的小伊甸園。小特里亞農宮的花園主打「自然的氛圍」，裡面樹木和石頭上的青苔都是工人親手貼上的。此外，為了營造偽田園風光，王后還精挑細選了長得最漂亮的奶牛，並聘請真正的農民負責擠奶、洗衣服、製作起士，甚至還找了牧羊人來照顧綁著絲綢蝴蝶結的綿羊。這些工人身上穿的，都是瑪麗．安東妮參與設計的制服。巡視假穀倉時，王后會心滿意足地觀察擠奶女工將牛奶倒入王室御用的瓷瓶，如果閒來無事，她還在宮殿附近摘摘野

居魯士的詭計

居魯士不斷思考該如何說服波斯人民造反，最後想出一個最合適的策略。他在羊皮紙上偽造國王阿斯提阿格斯（Astyages）的旨意，謊稱他任命自己擔任波斯軍隊將領。居魯士召集了一幫士兵，當著他們的面攤開羊皮紙宣讀詔令，接著又說：「我令你們每個人都要配戴鉤刀出席……」眾士兵聽從居魯士的命令，集合時都帶上一把鉤刀。居魯士帶士兵前往一塊長滿荊棘叢的土地，要求每人必須在太陽下山前清理出一塊十八或二十平方弗隆的空地。任務完成後，居魯士要他們回家洗漱睡覺，隔天再到相同的地點集合。於此同時，居魯士把父親養的山羊、綿羊、公牛殺盡，還從市場買來最高級的美酒和

花，或是悠閒地欣賞這些「農民」在宮中「務農」。小特里亞農宮宛如自成一格的世界，裡面所有元素經過瑪麗．安東妮的精心挑選。

為了滿足王后各種古怪的念頭，小特里亞農宮的維護費用不斷攀升，於此同時，法國社會也正漸漸走向衰敗，除了饑荒肆虐，民眾不滿的情緒也日益高漲。就連與世隔絕的朝臣也討厭起瑪麗．安東妮，因為王后根本不把他們當一回事，她只關心自己喜歡的那些人。不過瑪麗．安東妮絲毫不把這些事放在心上，自上位以來，她從沒讀過大臣遞交的國務報告，也沒有出訪各省攏絡民心，更沒有嘗試和農民階層打好關係，或是接見他們派出的代表。她之所以整天遊手好閒，是因為她認為人民愛戴王后天經地義，自己根本沒有義務要去愛人民。

一七八四年，瑪麗．安東妮被捲入一樁醜聞，有人用王后的名義買下了當時全歐洲最昂貴的項鍊，但這件事情其實是一樁精心策畫的騙局。在審判騙子的過程中，王后奢靡無度的生活細節被公諸於世，眾人這才得知她為了購買珠寶、華服和舉辦舞會揮霍了多少公帑。憤怒的人民給王后取了個外號，叫做「赤字夫人」，從此之後，大家對她的憎恨與日俱增。當她出席歌劇廳欣賞表演時，群眾會直接用噓聲表達不滿，就連宮廷上的文武百官都開始鄙視她，因為就在瑪麗．安東妮揮金如土的同時，法國也在一步步邁向毀滅。

一七八九年，法國大革命拉開序幕，王后依舊不為所動，只是冷眼旁觀造反的人民。她應該是認為風波很快就會平息，等鋒頭過後自己又能過上安逸舒適的生活。同年，人民闖進凡爾賽宮，逼王室成員搬到巴黎的杜樂麗宮生活，瑪麗．安東妮本可趁此機會彌補自己造成的傷害，並與人民建立連結，但王后顯然沒有學到教訓，她在巴黎生活時從沒踏出王宮大門，

麵包，要安排一場豐盛的筵席。隔天眾人又回到集合地點，居魯士吩咐眾人坐在草地上享用他準備的美食。居魯士問眾人他們更喜歡昨天的勞動，還是今天的享受，大家都回答自己更喜歡當前的快樂，討厭昨天的痛苦。此回答正中居魯士的下懷，而且他乘勝追擊，把心中的想法說出來：「波斯的人民啊，且聽我一言。只要遵循我的命令，我必讓你們得到遠勝今日千倍的快樂，還承諾你們再也不需要參與卑微的勞動。如果你們不聽我的，昨天的苦差事就會成為你們往後的例行公事，而且還會有更多苦頭等著你們去吃。接受我的建議，為自由而奮鬥，我是上天派來解放你們的人。我相信你們一定能在戰場上打贏瑪代人，也相信你們能克服所有困難，我所說

擺明了就是要放任人民自生自滅。

一七九二年，國王和王后被送入大牢，革命分子正式宣布帝制結束，隔年路易十六在法庭上被判處死刑，最後命喪斷頭台。瑪麗．安東妮審判期間，幾乎沒有官員和朋友站出來幫她說話，就連本應抨擊法國大革命的各國王室成員也選擇沉默（包括她的兄長奧地利國王），王后成了眾人避之唯恐不及的倒楣鬼。一七九三年十月，瑪麗．安東妮步上丈夫的後塵，在斷頭台前下跪，直到生命最後一刻仍保持著冥頑不靈的高姿態。

重點解析

貴為奧地利公主的瑪麗．安東妮從小就被眾人捧在手心裡呵護，這種待遇形塑了她的性格，為她的人生帶來莫大的危險。成為法國準王后之後，所有人更是把目光都放在她身上。她從來都不需要學習如何吸引或取悅他人，更不用照顧旁人的感受。她不需要努力就能獲得自己想要的東西，算計、耍小聰明、遊說這些事情完全與她無關。瑪麗．安東妮和所有養尊處優的孩子一樣，最後被養成一頭麻木不仁的怪獸。

瑪麗．安東妮之所以會成為引發民眾不滿的焦點人物，是因為她從來都不去誘惑或說服別人，甚至連做做樣子都不肯，這種態度會令人火冒三丈。不要以為瑪麗．安東妮是歷史人物，或是僅代表極少數的群體，像她這種人在現代社會上隨處可見。這類人活在自己的世界裡，他們認為自己是國王或女王，認為所有人都必須關心自己。他們不會尊重其他人的性格，而是會像瑪麗．安東妮一樣，用自以為是的驕傲摧毀所有人。他們就像被寵壞了的孩子，即便

的句句屬實。不要再遲疑了，現在就掙脫阿斯提阿格斯套在你們身上的桎梏。」〔希羅多德，《歷史》〕

已經長大成人，依舊覺得所有人都要來討好自己。除此之外，由於對自己的魅力太有自信，他們也從不會嘗試去誘惑、吸引或說服他人，這種態度只會讓人走向滅亡。

在權力的國度，我們必須時時刻刻關心身邊的人，猜測他們到底在想什麼，並為他們量身訂造誘惑的話術。這是一門勞心勞力的藝術，你的地位越高，就越要關心下位者的感性需求和理性需求，讓他們繼續在基層支持你。地基若是不穩，權力就會搖搖欲墜，等到風向改變的那一天，眾人都會帶著笑意把你從王位拉下。

遵循法則的案例

二二五年，北方的魏國和南方的蠻王孟獲連成一氣，要夾擊位於中間的蜀漢，大丞相諸葛亮決定先解決南方的孟獲，這樣才能專心抵擋北方的魏國大軍。

就在諸葛亮準備南下收服蠻人時，營中一名謀士突然獻計，他說南方不好打下，用武力平定絕非上策。即便順利將孟獲逼退，一旦蜀漢揮兵北上抗魏，孟獲必定會捲土重來。這名謀士說：「攻心為上，攻城為下；心戰為上，兵戰為下。願丞相但服其心足矣。」諸葛亮聽完後說道：「幼常足知吾肺腑也！」

不出諸葛亮所料，孟獲拚死反抗，無奈最後還是敗下陣來，被蜀軍生擒。諸葛亮沒有懲罰或處死戰俘，而是先把孟獲帶到別處，接著解開士兵們身上的束縛，用好酒好菜招待他們並說：「汝等皆是好百姓，不幸被孟獲所拘，今受驚諕。吾想汝等父母、兄弟、妻子必倚門而望；若聽知陣敗，定然割肚牽腸，眼中流血。吾今盡放汝等回去，以安各人父母、兄弟、妻

說服人的藝術

北風和太陽在爭論誰更厲害，最後決定能讓路人脫下斗篷的一方就是贏家。北風率先出擊，只見它捲起一陣又一陣強風，結果路人卻將斗篷裹得更緊。北風不死心，卯足了全力颳風，沒想到路人又取出一件斗篷披在身上，以抵禦刺骨的寒風。筋疲力盡的北風宣布放棄，讓太陽接手。太陽釋放出和煦的陽光，沒過多久就讓路人把最外層的斗篷脫掉，接著太陽又把溫度升高一些，路人被炙熱的光線曬得受不了，於是把全身的衣服脫掉，跳進一旁的河裡消暑。

引導比蠻力有效。「伊索，《伊索寓言》」

子之心。」處理完士兵後，諸葛亮把孟獲招來自己跟前問道：「吾放汝去，若何？」孟獲回：「汝放我回去，再整軍馬，共決雌雄；若能再擒吾，吾方服也。」諸葛亮於是給孟獲送去鞍馬，把他放了回去，此舉惹得眾將不滿，紛紛質問為何丞相要這麼做，諸葛亮回道：「吾擒此人，如囊中取物耳。直須降伏其心，自然平矣。」

蠻王孟獲言出必行，之後再次出兵攻打蜀軍，但之前受過諸葛亮恩惠的將士卻突然反叛，將他綁起來交給諸葛亮。諸葛亮又問了孟獲相同的問題，孟獲卻說自己並非戰敗，而是被手下背叛，還說自己會再次出兵，要是諸葛亮能擒住自己第三次，他必會俯首稱臣。

接下來數月，諸葛亮屢屢用計智取孟獲，前後生擒了他五次，孟獲每被抓一次，他的部下的不滿就會增添一分。諸葛亮總是用恭敬的態度對他們，久而久之孟獲的手下都不想再打了。每一次諸葛亮都會要求孟獲向自己低頭，但每一次他都有藉口搪塞，不是怪諸葛亮太過狡猾，就是說自己運氣不好，而且都會承諾只要再輸一次就會永遠效忠諸葛亮。諸葛亮就這樣一而再，再而三地放走孟獲。

孟獲六度被擒時，諸葛亮又問了相同的問題，孟獲回：「汝第七次擒住，吾方傾心歸服，誓不反矣。」諸葛亮說：「這番擒住，再若支吾，必不輕恕！」

孟獲聽聞烏戈國的武士驍勇善戰，於是和士兵逃到地處偏遠的烏戈國，向國主兀突骨求助。烏戈國戰士會採集山澗之中的藤蔓，將其浸於油中半年後取出曝曬，製成無堅不摧的藤甲。孟獲和兀突骨率領聯軍向諸葛亮宣戰，見此陣仗，名震天下的臥龍先生似乎也怕了，趕忙命令眾人撤退，殊不知這又是一個圈套。諸葛亮隨後將蠻王的人馬圍困在一座山谷中，接

一個人能改變世界不是因為他改變了領導者，而是因為他說服了群眾。操縱領導者是在行使詭計，只能得到二流的結果，操縱群眾方能改變世界的樣貌。「拿破崙」

著推出載滿乾柴的小車，並在車上放火包圍眾人。烏戈國戰士的油浸藤甲一碰到火焰就被點燃，最後悉數慘死於亂舞的火光中。

諸葛亮刻意不傷及孟獲及其士兵，最後七度生擒蠻王。此時諸葛亮派人通知孟獲，說自己今天殺了這麼多人，暫時無顏再見他，請蠻王速速回去「再招人馬來決勝負」。孟獲聞言痛哭流涕，隨即跪在地上向諸葛亮爬去，一邊爬一邊說道：「丞相天威，南人不復反矣！」諸葛亮問：「公今服乎？」孟獲回：「某子子孫孫皆感覆載生成之恩，安得不服！」

諸葛亮設宴孟獲為座上賓，再次令他為王，還將蜀軍之前占領的土地通通還給孟獲。諸葛亮班師回朝，此後再也沒有踏入孟獲的領地，因為他知道此人現在已成了他最忠誠的盟友。

重點解析

面對這幫南夷，諸葛亮有兩條路可走，第一，將其一舉殲滅；第二，花一些時間贏得他們的心，令他們倒戈到自己的陣營。若是兵強馬壯，所有將領都會選擇第一個方案，絕對不可能考慮另一個選項，但真正掌握權力的人會想得更遠。第一個方案的好處是速戰速決，但時間久了，被征服的一方必會心生怨懟。這種怨懟會演變成仇恨，使你不得不處處小心提防，從此以後，你不僅要浪費精力守住得來不易的戰果，人也會變得神經兮兮，猶如驚弓之鳥。第二個策略雖然較難達成，但卻能化敵為友，讓你從此不再擔心害怕。

遇到難題時請先退一步思考，想想目標對象的個性和弱點各是什麼，使用蠻力只會讓對方拚命抵抗。攻心是達成目標的關鍵，大多數人都像孩子一樣容易被情緒主宰，這些人吃軟不

亞歷山大大帝的生平

追趕大流士的過程漫長又痛苦，亞歷山大的人馬在十一天內跑了三千三百弗隆，眾人都因沒水可喝而萌生了放棄的念頭。就在眾人快撐不下去時，遠方一些馬其頓人用獸皮裝了河水，再將水袋放在驢背上，並在中午時分途經軍隊所在的地方。那時亞歷山大幾乎都要渴死了，他們趕緊用頭盔裝了一些水給他喝……亞歷山大接過頭盔，從眼角餘光看見身邊所有士兵都伸出雙手討水，於是又把頭盔還了回去並向他們道謝，連一口都沒喝。他說：「若只有我一人喝到水，我便會失去軍心。」看到國王在危急時刻還能展現出如此氣度，士兵們紛紛高聲大喊，要亞歷山大率領自己繼續趕路。他們說有像亞歷山大這樣的國王，疲倦與飢渴又

吃硬，你得用柔和的手段攻破他們的心防，試著操弄恐懼和愛（對自由的愛、對家人的愛）這兩種情緒。只要攻破他們的心，他們就會成為你一輩子的好友和最忠貞的盟軍。

> 政府眼中沒有個體，只有群體；但我們的人馬並非正規軍出身，他們是鬆散的個體……一個人的思想就是他的王國。
>
> ——勞倫斯（T. E. Lawrence），《智慧七柱》（*Seven Pillars of Wisdom*）

權力之鑰

在權力的賽局中，沒有人有義務對你伸出援手，除非幫助你可以使他們獲得利益。若你不能提供利益卻又去求人幫助，對方就會將你視為競爭者，或是浪費他們時間的人，最後對你產生敵意。想化解這種冷漠的態度，就必須解鎖陌生人的心靈和大腦，用誘惑的手段請君入甕，如果有必要的話也可以先卸下他們的防備，再給他們一拳。然而，大多數人都不懂這個道理，遇見新玩家時，他們都不會先試探對方的性格，而是急著想控制對方，要他們接受自己偏頗的觀念，常用的手法包括爭辯、吹噓或炫耀權力。他們不知道這樣做會讓對方變成自己的敵人或反對者，因為當一個人的獨特性和心理狀態被忽視或不被認可，內心就會產生極度憤怒和不滿的感受，覺得自己好像只是一件物品。

切記，說服人的關鍵是善待對方和攻破對方的心防，請同時使用下列兩種策略誘惑對方：操弄情緒和利用認知盲點，觀察對方與眾不同之處（個人心理層面）以及他們和所有人的相

有什麼好怕的，此刻所有人都覺得自己宛如神明。［普魯塔克，《尤利烏斯．凱撒的生平》］

同之處（本能的情緒反應）。朝他們的原始情緒下手，如愛、恨、嫉妒等。挑動這些情緒後，對方的自制力就會下降，也更容易被你說服。

有次諸葛亮想說服敵國的大將不要和曹操聯手，但諸葛亮並沒有訴諸曹操各種暴虐的行徑，或是站在道德的高點批判曹操，而是告訴對方曹操想將他年輕貌美的妻子占為己有。這番話激怒了該名大將，讓他決定不與曹營結盟。毛澤東也相當善於利用群眾的情緒，而且用字遣詞淺顯易懂。毛澤東本人飽讀詩書，發表公開演說時好用生動的隱喻，除了能傳達民眾內心的焦慮，還可以刺激人民宣洩焦慮。在宣揚某項計畫時，他不會向人民解釋具體細節，而是會告訴大家該計畫將如何滿足他們最原始、最基本的需求。此策略不是只對文盲和教育程度低下的人有效，而是適用於所有人。我們都是凡人，都必須面對同樣殘酷的命運，所以內心都渴望找到依附感和歸屬感，挑動這些情緒便能贏得人心。

挑動情緒的最佳方式是營造戲劇化的情緒起伏，就像諸葛亮善待並釋放戰俘一樣，他打動了這些人的心，進而動搖了他們的立場。善用對比情緒，例如先令對方絕望，再讓他鬆一口氣；對方的心理預判如果是痛苦，那就讓他體驗到快樂，如此操作便能攏絡人心。創造快樂（無論是哪種形式的）、緩和他人內心的恐懼、提供或承諾安全感，只要做到這三件事，你離成功就不遠了。

帶有象徵意義的舉動通常都能換來同情與善意，舉例來說，當你選擇犧牲自己（背後的意義是代替他人受苦），那麼即便你承受的只是象徵性或微不足道的痛（真正痛苦的依舊是群眾），你還是可以獲得認同。進入團體後要先主動釋出善意，再打他們之前先給他們糖吃。

一戰期間，勞倫斯在中東一帶的沙漠與土耳其人作戰，在某個時間點，他腦中靈光一閃，突然覺得傳統戰爭已經失去價值。士兵們在當時龐大的軍隊中已徹底迷失方向，被呼來喚去的自己不過是顆沒有生命的棋子。在他看來，每個士兵的思想都是一個國度，等待他去征服。相較於任人操控的魁儡，意志堅定且有心理動機支撐的士兵不僅更驍勇善戰，也更有創意。

勞倫斯的想法絲毫沒有過時，許多現代社會的成員都不相信權威，並覺得自己是與群體格格不入的小人物，在這種大環境下，刻意彰顯權力或強迫他人不僅適得其反，還有可能釀成大禍。不要只是操縱沒有生命的棋子，你要做的是說服他們相信你的理想，讓他們感到熱血沸騰，這樣才能事半功倍，讓自己將來可以繼續欺騙他們。說服他人的關鍵是控制心理，但請不要以為對某人有用的策略也適用於另一個人，在找出能刺激對方的元素前，你得先敲開他們的心門。一個人越是滔滔不絕，就越會透露出個人好惡，這些情緒就是你控制他們的按鈕和搖桿。

掌握人心最快的方法是讓對方看見自己會因某件事受益，示範的過程越簡單越好，人類行為的最大推進力就是個人利益。兼善天下的事業或許能擄獲人心，然而，當最初的新鮮感退去，眾人的興趣也會隨之消失，除非他們能從中獲益。個人利益永遠是最堅固的基石，最成功的事業，通常都是將崇高目標當作外衣的牟利行為。偉大無私的事業可以誘惑群眾，但唯有利益能叫人從一而終。

最懂得打動人心的人通常都是藝術家、知識分子或文學造詣較高的人，因為使用隱喻和意象是傳達觀念和想法最有效的工具。也就是說，你的盟友圈裡至少要有一名藝術家或知識分子，而且他們必須要是撩人心弦的高手。古代的君主手下都有一批優秀的作家供自己差遣，例如腓特烈大帝（Frederick the Great）有伏爾泰（不過後來他們因為一些事情決裂了），拿破崙刻意拉攏歌德。反面的案例有拿破崙三世，他刻意和作家保持距離，還將雨果（Victor Hugo）逐出法國，間接導致他聲望逐漸下滑，最後徹底垮台。不和精通表達之道的人打交道是一件危險的事，你應該將這些人納入麾下，好好利用他們的才能。

最後我要提醒你一件事，那就是人數很重要，支持你的人越多，你的權力就越大。路易十四知道一個人若是刻意疏遠眾人，或是表現得太過冷漠，其他人便會心生怨懟，所以他會刻意讓越多人喜歡自己越好。你也要努力去拉攏各階層的人，讓他們成為你的盟友，總有一天他們會派上用場。

意象：鑰匙孔。人會築起高牆將你隔絕在外，強行進入只會使他們築起更多道心牆。這些牆上都有門可以通往他們的心和腦，但門上的鑰匙孔非常小。好好研究這些孔洞，找出正確的鑰匙，你便能進入他們的世界，你不是入侵者，而是客人。

權威之言：凡說之難，在知所說之心，可以吾說當之……故諫說談論之士，不可不察愛憎之主

而後說焉。【《韓非子》】

法則的反轉

本法則無法反轉。

法則

44

以鏡像效應瓦解對手，激怒敵人

觀點

鏡子能映照出現實，也可以是欺騙的道具，像鏡子般模仿敵人的行爲，他們就摸不清你的策略。用鏡面效應嘲笑他們、羞辱他們，引誘他們做出激烈的反應。用鏡子投射出他們的內心，讓對方誤以爲你們擁有相同的價值觀；用鏡子投射出他們的行爲，以彼之道還施彼身，能抵抗鏡面效應的人少之又少。

鏡面效應：初始類型

鏡子有干擾人心的能力，凝視鏡中的倒影，我們通常都會看見心中想看見的東西，也就是看見我們最能接受的自我形象。我們不僅不會看得太仔細，還會刻意忽略臉上的皺紋和斑點。然而，當你認真審視自己的倒影，就會看見別人眼中的自己，而此時的你不過是人群中的一名成員，身分也從主體變成客體。這種感覺令人不寒而慄，我們看到的是自己沒錯，但卻是從外界的角度出發，鏡中那個人是沒有想法、精神和靈魂的，只是一樣物品。

鏡面策略的目的就是要創造這種不安的感覺，我們會透過投射別人的行為，用模仿來讓對方坐立難安，或是惹他們生氣。我們就是要讓對方感到被取笑、被複製、被當成沒有靈魂的物品或影像，最後讓他們大發雷霆。鏡子也蘊含自戀的力量，你也可以在模仿時做一些細微的調整，以反映出對方的想法和欲望，進而卸下他們的心防。無論是使人感到不安或讓人變得自戀，鏡面效應都能影響你的目標（例如憤怒或意亂情迷），而在他們受到影響的當下，你就有權力操弄或誘惑對方。鏡面效應擁有無窮的威力，因為它控制的是人類最原始的情緒。

鏡面效應在權力遊戲中一共四種類型，分述如下：

抵銷效應。在希臘神話中，蛇髮女妖梅杜莎（Medusa）滿口獠牙、長相醜陋，凡人只要看到她就會因驚嚇過度而化成石頭。英雄柏修斯（Perseus）把銅盾磨成銅鏡，藉著鏡面反射出的影像引出梅杜莎，再揮劍將她的頭砍斷，全程都沒有直視她的雙眼。在這則故事裡，盾即是鏡，鏡亦為盾，梅杜莎看不見柏修斯，她只看見銅鏡反射出自己的動作，不知道對方躲在鏡子後伺機出擊。

商人和朋友

一名不怎麼富有的商人突然很想出遠門旅行，他心想：「出發前我得在城裡留下一些財產，這樣要是在外面遇到一些不好的事，回來後也不至於窮困潦倒。」商人找了一名信得過的朋友，把自己存下的鐵條交給他保管，接著便踏上路程。商人確實在外面吃了一些虧，於是便返回到居住的城市。回到家後，他立刻去找那位朋友，要把託他保管的鐵條取回，但對方為了還債，其實早就把鐵條都賣了。朋友對商人說：「我的朋友，我把你的鐵條好好收藏在房間，還把門給鎖了。我本以為你的鐵條會和我的金幣一樣安全，沒想到意外還是發生了，房裡有隻老鼠把你的鐵條都吃了，我絕對沒有騙這就是抵銷效應的本質：盡可能模仿敵人的行為，讓對方猜不透你想做什麼，因為他們會被鏡面反射出的影像蒙蔽雙眼。當有人想制定策略對付你，他就必須先知道你遇到事情後會做出什麼反應，此時你可以用模仿抵銷對方的認知。此策略除了抵銷的作用，還可以用來嘲笑對方，甚至能讓對方氣得牙癢癢。每個人小時候應該都有被模仿的經驗，對方會不停學自己說話，搞得我們想直接揍他們一頓。即便已經成年，我們依舊可以用相同的手法（但必須更委婉）惹火對手，用鏡子遮掩自己真正的策略，設下隱形的陷阱，或是讓他們跳進自己為你挖的坑裡。

孫子曾經用過此策略，現在則多被用於政治活動。除此之外，若你一時想不出應付敵人的對策，也可以利用抵銷效應來掩人耳目；抵銷效應又可稱為戰士之鏡。

抵銷效應的反轉型態是盯梢，也就是躲在暗處觀察對手的一舉一動。你可以透過盯梢蒐集情報並靜待時機，等有能力化解對方攻勢時，再用這些資訊抵銷敵人策略的效果。盯梢之所以這麼有效，是因為你可以透過觀察摸清楚對方的習慣和行為模式；盯梢是偵探和間諜最常用的手段。

自戀效應。在希臘神話中，納西瑟斯（Narcissus）被水面的神祕倒影深深吸引，最後才發現那張臉正是他自己，由於無法和自己談戀愛，納西瑟斯只能在絕望中投湖自盡。我們都和納西瑟斯一樣自戀，但自戀排除了我們自身以外的戀愛對象，所以這種愛永遠都無法被滿足，也不可能達到圓滿的境界。自戀效應利用的正是幾乎人人都有的自戀情結：你必須鑽研另一個人的靈魂，並探索他內心深處的欲望、價值觀、品味和熱情，再將其反射出來，讓自

你。」

商人裝傻回道：「真是倒楣啊，但我早就聽說老鼠喜歡吃鐵，自己也有過幾次類似的經歷，所以我雖然難過，但也不至於無法承受。」

商人的朋友聽到對方居然相信自己的藉口，頓時感到心滿意足，為了徹底消除商人的疑慮，他還邀請對方明天來自己家吃飯。商人答應了，但一離開朋友家後，他就去城裡尋找朋友的孩子，並將他帶回自己家並關進某個房間裡。隔天商人如約到朋友家吃飯，進門後見對方一臉愁容，他便裝出一無所知的模樣詢問原因。朋友說：「親愛的朋友，抱歉我今天無法像平時一樣笑臉迎人，我的孩子走失了，我不知道他現在是死是活。」商人回道：「真是個令人難過的消息，昨天晚上從你這裡離開

己成為對方的鏡射倒影。只要你能反映出他們的內心世界，就能獲得操控對方的力量，他們甚至會從這種關係中品嘗到一絲愛的味道。

此策略著重於模仿他人心理（而非動作）的能力，但效果同樣卓越，因為它利用了人心中未能被滿足的兒童式自我愛戀。多數人都喜歡用自己的經歷和品味轟炸別人，他們根本不屑透過旁人的視角看待事物。和這種人相處確實很煩，但我們也可以利用這一點控制這些自戀狂：若你能反映出另一個人內心深處的感受，並讓對方知道你能理解他，那麼你必定能迷惑此人並卸下他的心防，因為這種事情發生的機率實在是太低了。這就好像有人能在真實世界反射出自己的一切，我敢說沒有人會不喜歡這種感覺。雖然你表面上看起來是在迎合對方，但事實上你卻是在為自己的騙局鋪路。

自戀效應可以在社交和商務場合發揮極大的功效，它又可以被稱為誘惑者與朝臣之鏡。

道德效應。口舌之爭的力量是有限的，而且效果往往事與願違，葛拉西安曾說：「真相是靠眼睛看見的，而不是從耳朵聽來的。」而道德效應就是透過行動證明自己理念的絕佳方式。做法很簡單，你只需以其人之道，還治其人之身，便可讓對方學到教訓。

想要引發道德效應，你就要像鏡子一樣模仿對方在你身上做的事，而且要讓對方知道你在模仿他們。抱怨只會讓對方生起戒心，所以說與其讓對方聽見你的抱怨，不如讓他們切身感受自己的所作所為有多討人厭。等他們自己嘗到苦果後，便會明白自己不友善的行為有多傷人。你必須親身演繹對方身上最討人厭的特質，並創造出一面鏡子，讓他們親眼目睹自己愚蠢的行為，進而學到教訓。經常使用此策略的群體有教育者、心理學家，以及所有必須應付

時，我看見天上有一隻貓頭鷹飛過，牠的爪子裡抓著一個小男孩，但我沒看清楚那是不是你的孩子。」朋友聽完後怒道：「你真是蠢到家了！對我撒這麼可笑的謊言，你難道不覺得丟臉嗎？一隻貓頭鷹的體重最多不過兩、三磅，怎麼可能抓得起一個五十幾磅的孩子？」商人回答：「你怎麼這麼大驚小怪？這城裡的老鼠都能吃下一噸重的鐵條了，貓頭鷹又怎麼會叼不動體重不足五十磅的孩子？」朋友這才發現商人其實一點都不傻，於是便請他原諒自己的行為，還說自己會賠償他同等的金額，只求他把自己的兒子給放了。〔皮爾佩，《寓言集》〕

這種討人厭的下意識行為的人；道德效應可以被稱為教師之鏡。另外，無論對方在你身上做的事情是否符合道德規範，你都可以用其人之道還治其人之身，藉此讓對方產生罪惡感，這樣做對你通常都是有利的。

幻覺效應。鏡子是會騙人的，你可能會覺得鏡中的世界就是真實世界，但你只是在盯著一片玻璃看，而玻璃不可能完全呈現實世界，因為鏡中的一切都是相反的。當卡羅（Lewis Carroll）筆下的愛麗絲（Alice）穿過鏡子，她走進的不止是一個方位顛倒的世界，就連一切秩序也都是相反的。

幻覺效應的重點在於創造出與原件一模一樣的人事物地，這個複製品的作用是充當傀儡，由於它具備原件的一切特徵，因此所有人都會信以為真。幻覺效應是詐騙分子的拿手好戲，他們的策略就是偽造真實的世界來矇騙受害者。除了詐騙分子，所有需要偽裝的事業都可以用到幻覺效應，它是詐騙者之鏡。

遵循法則的案例一

一八一五年，拿破崙被流放到厄爾巴島，同年二月，拿破崙逃走，並率大軍返回巴黎。法國舉國歡騰，軍人和各階層人民夾道歡迎，並將當時的國王路易十八一腳踢下王位。然而，重新掌權的拿破崙不到一個月就發現法國的局勢早已今非昔比，不僅民生凋敝，在歐洲也沒有半個盟友，而他最器重的大臣不是背叛他，就是逃到其他國家。現在他身邊只剩下一個老戰友：前任警察部長富歇。

在與敵人近距離交鋒，局勢不利，而雙方都已竭盡全力時，就應考慮應用「糾纏」。在糾纏之中，要記住仍要盡可能抓住一切可以贏得勝利的機會。

拿破崙過去總是會讓富歇去執行一些見不得人的任務，但他從來都不清楚這名大臣真正的想法。拿破崙會在所有大臣身邊安排眼線，以免自己落於下風，但沒有一個人能挖出與富歇有關的黑料。若有人懷疑他在幹壞事，富歇也不會生氣，而是會順從地接受指控並點頭微笑，然後像變色龍一樣改變行事作風，以適應當前的局勢。剛開始這種行為還算是挺討人喜歡的，但拿破崙之後越發覺得自己被狡猾的富歇玩弄於股掌之上。有次拿破崙在盛怒之下開除了所有大臣，就連塔列朗也遭殃了，但他唯獨不敢動富歇分毫。回歸後的拿破崙亟需有人擔任他的左右手，萬般無奈之下，他只好在一八一五年重新認命富歇擔任警察部長。

幾週後，拿破崙的眼線回報富歇和他國官員私下聯絡，其中包括奧地利的梅特涅。拿破崙擔心自己最得力的大臣會叛變，於是決定徹查此事，但他深知富歇老奸巨猾，所以一定要先找到鐵證。

同年四月，祕密警察在巴黎逮捕一名維也納人，說他潛入法國是為了給富歇傳遞情報。拿破崙親自審問此人，逼對方吐露實情，否則就要當場槍決他。維也納人招供了，他說他此行的目的是幫梅特涅送信，收信人是富歇，信件是用隱形墨水寫成的，內容是要在巴塞爾召開祕密會議。拿破崙派出密探混入會議，並下定決心若發現富歇真的與此事有關，自己一定會將他處死。

幾天後密探回宮交差，說自己沒有蒐集到富歇密謀叛變的證據，還說參與會議的幾人甚至懷疑富歇是雙面間諜。這番話讓拿破崙倍感困惑，但他依舊不相信這就是事實，只是覺得富歇又耍了自己一次。

……這時雙方的勝負並不十分明朗，而戰鬥越來越激烈，你就要緊緊「糾纏」住敵人，使他無法逃出你的控制而另尋有利於他的角度。

［宮本武藏，《五輪書》］

狐狸和鸛

吝嗇的狐狸先生請鸛太太吃了頓寒酸的晚餐，牠只端出一盤稀粥，而且分量少得可憐。狐狸先生用了一分鐘就把飯吃完。但鸛太太只吃了幾口，因為鳥喙根本撈不到食物。為了回報狐狸先生開的玩笑，鸛太太請牠下週和自己共進晚餐。狐狸先生說：「樂意至極，我從不會因驕傲而拒絕朋友。」約定的時間一到，狐狸先生就出現在鸛太太家門口，進門後更是誇個隔天富歇來見皇帝並說：「對了，我最近忙於國務，所以忘了向您稟告幾天前梅特涅給我寄了一封信，但送信的使者忘了把顯現字跡的粉末交給我……信件在此，請您過目。」拿破崙知道富歇在戲弄自己，於是怒道：「富歇你這個叛國賊！我早就該下令把你處死。」拿破崙破口大罵，但卻因為沒有證據而無法開除他。富歇表面故作驚訝，心裡卻笑個不停，因為他一直在用鏡面效應對付拿破崙。

重點解析

富歇早就知道拿破崙會派間諜監視他身邊的人，他之所以能撐到現在，是因為他也派了間諜監視皇帝。他之所以能化解拿破崙的攻勢，靠的就是這一招。在處理巴塞爾祕密會議時，富歇甚至反客為主，誤導拿破崙的雙面間諜，讓他相信富歇也是一名忠心的雙面間諜。

富歇能在動盪的時代崛起並攀上權力的巔峰，是因為他懂得模仿身邊的人；法國大革命期間，他是激進的雅各賓派，恐怖統治結束後，他又成了溫和的共和派，拿破崙在位時期，富歇又搖身一變，成為帝國主義的擁躉，甚至受封奧特蘭托公爵。如果拿破崙想用自身權力揭人瘡疤，富歇也會找出拿破崙和所有人的醜事。富歇不僅能靠這些情報要脅眾人，還能預測拿破崙的計畫和意圖，在他開口前就出聲附和，迎合皇帝的心意。富歇將鏡面策略當成盾牌，不僅能隱藏自己的行為，還能偷偷醞釀攻勢，不被人察覺。

這就是模仿旁人行為的效果，首先，對方會誤以為你們的想法和目標是一致的。其次，若他們懷疑你別有用心，鏡面盾牌也能混淆視聽，讓他們摸不透你的策略。第三，模仿他人的

沒完：「真有品味！真漂亮！烹調的火侯肯定拿捏得恰到好處！」狐狸先生連忙坐下，準備大快朵頤（狐狸的天性是貪吃）。牠聞到了美味的肉香，鸛太太端出他最愛吃的絞肉，但卻將食物裝在長頸窄口的甕裡！鸛太太用纖細的鳥嘴享受美食，但狐狸先生的鼻口無論是形狀或大小都和甕口格格不入。最後狐狸先生夾著尾巴回到自己的巢穴，牠垂頭喪氣又一臉羞愧，就像是被母雞反咬了一口。〔拉封丹，《拉封丹寓言精選集》〕

行為可以讓你搶走對方的風采、讓他們失去主動權並淪為弱勢，進而使人坐立難安或勃然大怒。除此之外，身為模仿者，你可以決定何時以及如何放過對方，這種決定權亦是獲得權力的途徑之一。鏡面模仿也是節省腦力的對策，你只須依樣畫葫蘆重複對方的動作，將剩下的力氣用來制定自己的計畫。

遵循法則的案例二

亞西比德是一名懷抱雄心壯志的政治家兼軍事將領，他在年輕時便練就了一項厲害的本領，並靠著這項能力獲得權力。他會觀察遇到的每一個人，並根據對方的個性和品味調整自身言行，以反映出他們內心深處的欲望。亞西比德會誘惑對方，讓他們覺得自己的價值觀優於所有人，而他本人最大的願望就是仿效他們、幫助他們實現理想，只有極少數人能抵抗此策略的誘惑。

第一個被他收服的人是蘇格拉底，其實這兩人的想法天差地遠，蘇格拉底推崇簡約和正直，但亞西比德卻喜歡驕奢放縱的生活方式。但只要一見到這位哲學家，他就會開始模仿對方，換上嚴肅的態度、吃著粗茶淡飯，還會陪蘇格拉底散步，邊走邊聊哲學和美德的話題。蘇格拉底不傻，他知道亞西比德私下過著另一種生活，但這種反差也讓他有點飄飄然的感覺，因為只有在自己面前，這名浪蕩子才會臣服於美德：這意謂著只有自己有改變他的權力。蘇格拉底陶醉於這種感受，後來成為亞西比德最堅定的崇拜者和支持者，甚至還在戰場上救了這位學生一命。

失竊的信

若我想知道一個人有多聰明、多蠢、多善良、多邪惡，或是對方當下在想什麼，我就會刻意模仿對方的表情，且一定會做到精準無誤。於此同時，我會仔細觀察，看看我的心為了呼應表情會浮現什麼想法或情緒。［愛倫．坡］

雅典人認為亞西比德是全國最優秀的演說家，因為他總是知道聽眾最想要什麼，也能忠實地投射出人民的渴望。亞西比德最成功的演說，就是說服眾人入侵西西里的那場演講（他本以為西西里遠征能為雅典和自己帶來榮華富貴），他的每一句話都傳達了雅典青年不願坐享前人遺產，而是想向外征戰的渴望。除此之外，他也提到了雅典率領希臘人對抗波斯，進而建立帝國的那段歷史，勾起年長者的懷舊之情。經過亞西比德的一番勸說，雅典舉國上下都沉醉在征服西西里的幻夢中，他也順利當上遠征隊的將領。

就在亞西比德率軍入侵西西里時，一些雅典人捏造罪名，指控他破壞國內的神像，犯了瀆神罪。他知道自己一回國就會被政敵處死，於是陣前倒戈，投入斯巴達（雅典死對頭）的陣營。斯巴達接納了亞西比德，但因為他聲名在外，所以內心多少也有些提防此人。亞西比德生性驕奢淫逸，斯巴達舉國尚武並信奉撙節的生活態度，他們擔心亞西比德會帶壞國內的年輕人。然而斯巴達人很快就覺得多慮了，因為亞西比德完全不像傳聞中那樣糜爛，他頂著一頭亂髮（斯巴達人不在意髮型）、穿著樸素的衣服、只洗冷水澡、對飲食一點也不講究。斯巴達人認為這代表他們的生活方式比雅典人優越，所以亞西比德才會**選擇**當斯巴達人，因此他們一定要用最高的榮耀對待他。亞西比德很快就把斯巴達人迷得神魂顛倒，並獲得極大的權力，但他的魅力一發不可收拾，最後居然讓斯巴達國王的妻子懷孕了。事蹟敗露後，亞西比德不得不再次踏上逃亡的道路。

這次亞西比德投靠的是波斯，抵達波斯後，他立刻將斯巴達的簡樸之道拋諸腦後，張開雙手擁抱極盡享受之能事的波斯式生活。看見這樣一位地位崇高的希臘人居然如此喜愛本國文

羅倫佐・德・麥地奇誘惑教宗

羅倫佐把握每個機會，想要贏得教宗依諾增爵（Pope Innocent）的敬重和友誼，如果還能得到他的寵愛自然是更好。他特地研究了教宗的喜好，並努力讓自己也喜歡上這些事物，他會送給教宗……他最喜歡的葡萄酒……羅倫佐還會寫信給教宗，信中寫的都是些阿諛奉承的文字，例如教宗生病了，他就會說自己也感到萬分痛苦。除此之外，他還會寫一些鼓勵教宗的話，例如「教

化，波斯人深感自豪，不僅處處禮遇他，還賜予他許多土地和權力。被亞西比德像鏡子一般的模仿能力誘惑後，波斯人渾然不知他在私底下幫雅典出謀劃策，協助他們對抗斯巴達人。其實現在雅典巴不得亞西比德趕緊回家，而他也在西元前四〇八年正式回歸雅典。

重點解析

在政治生涯剛起步時，亞西比德發現了一件事情，從此改變他對權力的看法：雖然他生性熱情且強勢，但每次和人辯論後，他不僅得不到多數人的支持，大家反而會刻意疏遠他。久而久之，他越發相信獲得多數支持的關鍵不是逼他人接受自己的個性，而是像變色龍一樣吸收旁人的個性。一旦他們相信眼睛看到的畫面，便不會注意到自己正在策畫其他騙局。

你要知道，所有人都活在自戀的殼裡，當你想把自我意識強加到他人身上，對方就會築起一道心牆將你拒之門外。相較之下，模仿會讓他們獲得自戀的快感，令他們感到眼前的人是他們靈魂的分身，但這不過是你營造出的假象。當他們被鏡子中的自己誘惑，你就能獲得控制的權力。

濫用模仿之鏡是一件危險的事。亞西比德會讓他模仿的人認為自己很偉大，連自尊好像都膨脹了一倍，可一旦亞西比德離開，他們便會瞬間感到空虛渺小。如果他們發現亞西比德在模仿其他人，那麼這些人不僅會感到自己被貶低了，還會覺得亞西比德是個叛徒。亞西比德之所以必須投奔不同的國家，就是因為他濫用鏡面效應，導致所有人都覺得自己被他利用了。斯巴達人恨透了亞西比德，最後說服波斯皇帝將他殺死。

宗，精誠之至也」，還會順便提到自己對一些政策的看法。依諾增爵看見羅倫佐這麼關心自己聖心大悅，很快就被他的論點說服……最後教宗的想法幾乎和羅倫佐如出一轍，也難怪費拉拉大使會說：「教宗每晚都是戴著羅倫佐的眼睛入睡。」

［希伯特（Christopher Hibbert），《麥地奇家族興衰史》（*The House of Medici: Its Rise and Fall*）］

遵循法則的案例三

一六五二年，剛經歷喪夫之痛的曼奇尼伯爵夫人（Baroness Mancini）從羅馬搬到巴黎居住，投靠在法國擔任首席大臣的親戚馬薩林。伯爵夫人有五個女兒，其中四人都因為美貌和活力成為法國宮廷的寵兒，被眾人稱為「馬薩林之妹」（Mazarinettes），宮中無論舉辦什麼活動都會邀請她們出席。

瑪麗．曼奇尼（Marie Mancini）沒有姊妹們的好運，她既不美麗，言行舉止也不如她們優雅。瑪麗討不到馬薩林的歡心，就連親生母親也開始嫌棄她這個女兒，因為他們覺得瑪麗破壞了家族的形象。他們勸瑪麗去修道院生活，認為這樣她就不會在眾人面前出洋相，但她拒絕了。瑪麗潛心學習拉丁文、希臘文和法文，也努力精進音樂方面的技巧，每當家人帶她出席宮廷聚會（次數少之又少），她都會傾聽眾人的對話，記住每個人的弱點和需求。一六五七年，瑪麗終於見到了未來的國王路易十四（當時路易十七歲，瑪麗十八歲），她不顧眾人反對做了一個決定：讓路易十四愛上自己。

瑪麗相貌平平，要獲得路易的青睞簡直難如登天，於是她便把精力都用在研究路易的好惡上。她發現路易不喜歡女性表現得太過輕浮，還注意到他對宮廷中爾虞我詐和勾心鬥角的戲碼相當反感。除此之外，她還察覺到路易有一顆嚮往浪漫的心，他喜歡讀冒險小說、和一群人走路時必須當帶頭的那一個，不僅內心懷抱崇高的理想，還相當看重榮耀。法國宮廷就是一灘迂腐無趣的死水，根本無法滿足他對浪漫生活的幻想。

想打開路易的心門，就必須準備一面鏡子，反射出他腦中各式各樣的幻想，以及他對榮耀

維根斯坦天賦異稟，在和人討論事情時，他能鑽進對方的腦中窺見他們的想法。當某人因辭窮而說不出話時，維根斯坦會把他想說的話說出來。這項能力在旁人眼中看似不可思議，但我可以確定這是他靠著孜孜不倦地投入研究練成的本領。

［馬爾科姆（Norman Malcolm），《維根斯坦回憶錄》（*Ludwig Wittgenstein: A Memoir*）］

和浪漫的渴望。為了實現自己的計畫，瑪麗投其所好，浸淫在浪漫小說、詩歌和戲劇的海洋中。每當路易和瑪麗對話時，她都不會提到時尚或八卦，而是會講出能觸動對方心弦的話題，激發他的想像力，如宮廷愛情故事、騎士的光榮事蹟、先王與英雄高尚的行為等，而這些全都是路易嚮往的主題和人物。

在病人面前，醫生必須是一面透明的鏡子，如實地反射病人呈現給他的一切。〔佛洛伊德〕

隨著這兩人相處的時間越來越長，路易居然愛上了這名全宮廷中最不起眼的女子。路易對瑪麗的關心與日俱增，此事讓她的母親和姊妹跌破眼鏡。他不僅會帶著瑪麗參加軍事演習，還會將她安排在視野最好的位置，讓她欣賞自己衝鋒陷陣的英姿，甚至還承諾會讓她當上法國王后。

馬薩林不可能讓國王迎娶自己的侄女，因為這個女人對外交毫無用處，也無法幫法國和他國家的王室建立關係，路易的妻子只能是西班牙或奧地利公主。一六五八年，路易迫於壓力結束了人生中第一段戀情。和瑪麗分手是他這輩子最大的遺憾，而他在臨終前也親口承認自己此生最愛的人是瑪麗．曼奇尼。

重點解析

瑪麗．曼奇尼把誘惑的遊戲玩得淋漓盡致，她沒有急著出擊，而是默默研究獵物。誘惑術之所以無法跨過第一步，很多時候都是因為急躁導致。瑪麗透過觀察發現路易的特點包括崇高的理想、崇尚浪漫的天性、對宮廷政治的不屑一顧，接下來她要做的，就是用鏡子反射出路易內心深處的渴望，讓他窺見自己未來的樣貌：宛如神明的國王。

透過這面鏡子，讓路易可以凝視自己的分身，進而滿足他的自負心理。除此之外，由於這面鏡子是為路易量身打造的，所以他會感覺瑪麗完全是為了自己而存在。路易每天都被只在乎個人利益的朝臣簇擁，如今出現一個願意向自己獻身的人，他怎麼可能不心動？瑪麗的鏡子投射出一個理想的角色：中世紀貴族騎士。路易也努力提升自己，以符合這個形象。路易有一顆浪漫和力爭上游的心，對這種人來說，看見自己理想化的倒影絕對是最令人陶醉的事。瑪麗．曼奇尼親手塑造了太陽王光輝的形象，她對路易十四的影響相當大，這一點國王本人也親口證實了。

這就是誘惑者之鏡的力量，複製他人的品味和想法，對方就會覺得你看見了他們的內心世界，這種目光遠比熱烈的追求更迷人。觀察旁人的特點，用誘惑者之鏡反射出此特點，鼓勵他們展現這項特質；反射出對方的想法，並滿足他們對權力和追求卓越的幻想，他們就會對你言聽計從。

遵循法則的案例四

一五三八年，俄羅斯攝政王葉連娜去世，年僅八歲的皇儲伊凡四世（恐怖伊凡）成了孤兒。往後五年間，伊凡親眼目睹波雅爾用殘暴的手段統治國家。也是在這段期間，波雅爾們只要心血來潮，就會逼伊凡配戴皇冠和權杖，強迫他坐在王位上，嘲笑他無法著地的雙腳。他們甚至還會把王椅抬起來，用接力的方式傳遞，把坐在上面的伊凡嚇得驚慌失措。

十三歲那年，伊凡下令處死波雅爾的領袖，接著正式登基為沙皇。他花了幾十年削弱波雅爾的勢力，但他們依舊桀驁不遜。一五七五年，伊凡被改革和禦敵的重擔壓得喘不過氣，俄羅斯人民偏偏又挑在這個時候發牢騷，抱怨戰事永無休止、抱怨祕密警察緊迫盯人、抱怨波雅爾依舊在作威作福，就連宮中的大臣都在質疑他的策略。伊凡曾在一五六四年離開克里姆林宮隱居，不理朝政，最後逼得朝野將絕對的權力交到他手上。這次伊凡故技重施，但做得比上次極端，直接宣布退位。

當時伊凡手下有一位將軍名叫西美昂·貝克布拉托維奇（Simeon Bekbulatovich），他打算讓西美昂接替自己的位置，擔任俄羅斯沙皇。雖然西美昂已經改信天主教，但他依舊是韃靼人，由他擔任沙皇無疑是在羞辱俄羅斯人民（俄羅斯看不起韃靼人，認為他們是低自己一等的異教徒），不過伊凡卻命令所有俄羅斯人（包括波雅爾）都必須效忠這位新的統治者。就這樣，西美昂搬到克里姆林宮居住，而伊凡則繼續住在莫斯科郊區的蝸居中。伊凡偶爾也會到皇宮內覲見沙皇，期間他會和波雅爾平起平坐，也會謙卑地向西美昂提出一些請求。

久而久之，眾人發現西美昂根本就是沙皇的分身，他雖然穿得像伊凡、行為舉止也像伊凡，但手中卻沒有任何權力，因為根本沒有人聽他的話。一些曾經戲弄過小伊凡的波雅爾突然想起一件事，他們當年把伊凡打扮成沙皇的模樣放在王座上，取笑他是個沒用的冒牌貨，現在伊凡不過是在模仿自己，把另一個沒用的冒牌貨擺在王座上。

伊凡讓西美昂擔任自己的鏡射分身整整兩年，讓他代替自己統治俄羅斯人民，西美昂的存在就像是告訴群眾：「你們成天抱怨，還不聽我的話，讓我成為一個沒有實權的沙皇，那我就給你們一個沒有實權的沙皇。你們不尊重我，我也不尊重你們，讓俄羅斯淪為全世界的笑柄。」一五七七年，被輿論抨擊到體無完膚的波雅爾又跑來懇求沙皇回歸，希望他能為人民著想，伊凡終於以沙皇的身分再次統治俄羅斯。西美昂卸任後，所有陰謀、抱怨和質疑沙皇的聲音都消失了，直到駕崩前最後一刻（一五八四年），伊凡四世都是俄羅斯的沙皇。

重點解析

早在一五六四年伊凡就以退位要脅過眾人，雖然他得到了絕對的權力，但這些權力後來又漸漸被各方勢力蠶食，包括波雅爾、教會和政府。當時的俄羅斯被內憂外患夾擊，伊凡心力交瘁，他提出的每條策略都只能換來鄙視，整個國家猶如一間亂哄哄的教室，所有學生都肆無忌憚地取笑老師。每當伊凡生氣或抱怨，人民就會加大反抗的力度，於是他決定給大家好好上一課，以其人之道，還治其人之身，把西美昂．貝克布拉托維奇當成鏡子使用。

西美昂統治俄羅斯期間，沙皇這個頭銜成了一個惡俗的笑話，人民也學到了教訓，紛紛希望伊凡回歸，並承諾會讓他得到沙皇本應擁有的尊嚴和尊敬。讓位事件過後，伊凡和子民從此相安無事。

每個人都受限於自己的經歷，當你抱怨對方麻木不仁，他們可能會裝出一副感同身受的樣子，但內心依舊不為所動，甚至會更想和你作對。權力的目標是卸下對方的心防，為了達到這個目的，你必須利用一些手段讓他們學到教訓。

你無須滔滔不絕地斥責對方，只要用鏡子反射出他的行為即可，這樣一來他們就只有兩條路可走，一條是無視，一條是反思。即便他們選擇忽視，你的行為還是會在他們的下意識裡種下一顆種子。在模仿對方的行為時（不要做得太露骨），你大可以加入一些嘲諷或誇大的元素，就像伊凡讓韃靼人擔任沙皇一樣，這些神來之筆會讓他們認清自己過去的行為有多可笑。

遵循法則的案例五

艾瑞克森醫師是策略心理療法的先驅，他會用鏡面效應教育病患，雖然他的手段相當迂迴，但效果卻特別好。艾瑞克森會創造實際的類比，好讓病患看見真相，並藉此消除他們對改變的抗拒感。在處理夫妻的性事問題時，傳統心理療法提倡的是當面對質和公開討論，但艾瑞克森發現這種策略只會強化患者的抗拒心理，還會加劇雙方的分歧。為了避免這種情況發生，他會和對方聊一些稀鬆平常的話題，從中找出能和兩人衝突類比的元素。

在第一次治療時，艾瑞克森會請他們聊聊雙方的飲食習慣（特別是晚餐）。妻子喜歡輕鬆的步調，例如先喝杯餐前酒，再來一點開胃菜，最後才吃主菜，而且分量也不用太多，她更在乎的是循序漸進的儀式感。丈夫和她完全相反，他想越快結束越好，最好是直接上主菜，而且量一定要夠。聊了一陣子後，他們就會發現飲食習慣和床事的類比關係，但就在他們有所感悟時，艾瑞克森就開始聊別的事，不去討論真正的議題。

患者會認為艾瑞克森只是想多了解自己，等下次治療他就會直接處理他們的主訴了。療程結束時，艾瑞克森提出要求，要兩人安排一頓能滿足雙方飲食習慣的晚餐，也就是妻子可以決定步調，讓兩人可以交流感情，而丈夫也能吃到大分量的主菜。此時這對夫妻渾然不知艾瑞克森是在引導自己，讓自己走入問題的鏡射情境，並在這個情境中解決問題；艾瑞克森希望這場和諧的晚餐互動能被投射到床上。

面對情節較為嚴重的問題，例如思覺失調症患者的鏡像幻想世界，艾瑞克森就會走進鏡中和對方一起解決問題。他曾治療過一名認為自己是耶穌基督的住院患者，他的行為包括：把床單披在身上、講述難懂的寓言故事、不停勸醫護人員和其他患者改信基督教，所有療法和藥物在這位患者身上都起不了作用。有天艾瑞克森對這位患者說：「我知道你當過木匠。」為了符合耶穌的真實經歷，對方只能回答自己確實當過木匠，艾瑞克森於是要他製作一些書櫃和其他木製品，並允許他工作時可以穿著耶穌的服裝。接下來幾週，這名患者把全部的精力都投注在木工上，漸漸忘記自己是耶穌的事情，在他的內心世界，鑽研木工現在比幻想自己是耶穌重要。艾瑞克森的精神轉移策略奏效了，該名患者對宗教的幻想依然存在，但已不再占據主要地位，而他也能融入社會。

重點解析

隱喻和符號是溝通的基礎，也是語言的兩大要素。隱喻是一種對具體事物和現實的鏡像模仿，這種表達方式往往比直接描述更清楚、更深刻。人的意志很難駕馭，在嘗試控制人的意志時，直接溝通只會讓對方更想抗拒你。

在抱怨他人行為時（尤其是床上的表現），這種抗拒的現象會特別明顯。在處理床第問題時，學習艾瑞克森使用類比（即用象徵手法營造鏡像情境）引導對方，反而會讓改變的效果更加持久。耶穌本人也知道用預言傳遞教誨的效果更好，因為對方可以透過思考理解真理。

面對被幻想世界倒影困住的人（這些人不一定都住在醫院裡），不要打破他們的鏡子，逼對方接受現實。你應該做的是走進對方的世界，先接受其中的規則，再引導他們穿越鏡之迴廊，重返現實。

遵循法則的案例六

十六世紀日本茶道大師武野紹鷗見到一名年輕人在自家門前澆花，被他優雅的動作和花園中盛開的木槿花吸引。紹鷗向對方說了自己的姓名和來歷，並得知對方名叫千利休，紹鷗本想多和這名年輕人聊幾句，但他必須趕去赴約，於是便先行告辭。紹鷗臨走前，千利休邀請他明天早上到自家喝茶，紹鷗欣然答應。

隔天紹鷗如約到了千利休家，他本想好好欣賞一下千利休種的木槿花，推開大門後才發現他將所有的花都移走了。紹鷗頓感失望，他本打算離開，但還是決定到千利休的茶室一趟，誰知進入茶室只見天花板懸吊著一尊花瓶，瓶口中插著一株怒放的木槿花。見此美景，紹鷗愣在原地，沒想到千利休居然看穿了紹鷗的心思，只用了懸瓶插花一個舉動便讓賓主盡歡。

千利休後來成了全日本最有名的茶人，他最厲害的地方就是能猜到客人的想法並提前做好準備，透過迎合對方的品味擄獲人心。

丿貫熱愛茶道且生性幽默，有次他邀千利休喝茶，千利休赴約後發現丿貫家大門緊閉，於是便推開門入內找人。千利休開門後發現有人在地上挖了個大洞，還故意用帆布將洞蓋住，並在上面灑滿泥土掩飾。他知道丿貫一定是想作弄自己，所以就假裝失足跌進洞裡，把衣服都給弄髒了。

丿貫看到後立刻從屋裡衝出來，只見他一臉驚慌，連忙帶千利休去洗澡，還跟他說了一些荒謬的藉口，顯然是事先準備好的說辭。洗完澡後，千利休和丿貫開始泡茶，兩人相談甚歡，還笑著聊起剛剛那樁插曲。事後千利休向朋提友起此事，表示自己早就聽聞丿貫喜歡惡作劇，還說：「滿足主人的心願是賓客的目標，於是我將計就計跌進洞裡，以確保這次會面能圓滿落幕。我並不是在作賤自己，而是因為只有主人和賓客相處融洽，雙方才能品出茶的風味。」看見大名鼎鼎的千利休跌進洞裡，丿貫滿心歡喜，但千利休也從中得到了樂趣，因為他不僅滿足了主人的心願，還見到他開心的模樣。

重點解析

千利休不會法術、也無法預見未來，但他懂得觀察身邊的人，以及猜測對方行為背後隱藏的欲望，最後再設法滿足對方的需求。紹鷗沒有明言自己喜歡木槿花，是千利休看出他眼神背後的欲望。如果他必須跌進洞裡才能投射出對方的欲望，那千利休就會義無反顧地跳進陷阱裡。千利休之所以能掌握權力，並讓人覺得他好像會讀心術，正是因為他把朝臣之鏡運用得出神入化。

學會使用朝臣之鏡，你就能獲得至高的權力，研究人的眼神、觀察他們的舉止，相較於言語，這兩樣東西更能反映出一個人是痛苦或快樂。觀察細節、記住細節，例如對方的穿著、交友圈、每天例行的公事、脫口而出的評論，這些枝微末節會顯示出人們鮮少被滿足的欲望。進入對方的世界，探索表象之下的祕密，找出對方避而不談的自我，並設法讓自己成為此面向的鏡像投影。對方並沒有要求你關心他們，更沒有提到自己喜歡木槿花，但你卻主動將這種樂趣反射回去，讓對方得到加倍的樂趣，這就是朝臣之鏡能讓你獲得權力的關鍵。切記：心領神會的默契和間接稱讚蘊含無窮的力量，沒有人能抗拒朝臣之鏡的魔力。

遵循法則的案例七

「黃小子」威爾是使用詐騙者之鏡的箇中好手，他用詐騙者之鏡在印第安納州蒙夕市創造了一間假銀行，膽大包天的程度令人咋舌。有天他在報紙上讀到蒙夕市招商銀行遷址的消息，頓時就知道這是個千載難逢的詐騙機會。

威爾先是租下招商銀行的舊建築，此時裡面的家具都還沒拆掉（包括行員辦公的窗口），接著他將假銀行的名稱印在錢袋上，並在裡面裝滿金屬墊圈，整整齊齊地排在行員窗口後方。除此之外，他還把報紙裁成鈔票的尺寸，再用兩張真鈔以夾心餅乾的方式製作綑鈔。威爾聘請了三教九流的人來充當銀行員工和顧客，至於駐行的警探則由黑幫成員擔任。

威爾對外宣稱自己是這間銀行的投資經紀人，在城裡到處物色好騙的有錢人。找到合適的對象後，威爾會帶此人到銀行見行長，此時銀行「經理」會請他們稍候，讓騙局更加可信，因為行長本來就不是輕易就能見到的人物。在等待期間，應召女郎和組頭會假裝忙進忙出，到處都有顧客在存錢，還有人向駐行警探打招呼，營造出真實銀行的假象。此時肥羊一定會被眼前的景象迷惑，毫不猶豫地把五萬美元現金存進這間假銀行。

威爾不只開過假銀行，還經營過假遊艇俱樂部、股票經紀行、房仲公司、賭場等。

重點解析

模仿現實是詐騙的利器，只要穿對制服、說對口音、用對道具，騙局就能以假亂真，因為它模擬的是現實的世界。相信是一種強烈的欲望，在本能的驅使下，人會選擇相信精心營造的表象，因為我們會把這種表象當成現實。人之所以會接受表象，是因為你不可能去懷疑現實世界中所有人事物，這樣活著太累了，而我們要利用的，就是人類輕信外表的本能。

在這場以假亂真的遊戲中，第一印象是決定勝負的關鍵，若受害者看見鏡面反射影像的第一反應不是懷疑，他們之後就不會再起疑心。一旦走進掛滿鏡子的大廳，他們就再也分不清什麼是真，什麼是假，這個時候要騙他們簡直是易如反掌。投入時間研究表面工夫，並設法將其投射到你的習慣、行為舉止和穿著打扮上。你必須像食肉植物一樣，把自己偽裝成普通的花花草草，藉此吸引毫無防備的昆蟲。

意象：柏修斯之盾。

柏修斯將盾面打磨成鏡面，梅杜莎看不見他，只能看見自己醜陋的倒影。用柏修斯之盾隱藏自己，你就可以去行騙、去嘲笑、去激怒別人，在關鍵時刻攻其不備，揮劍斬落梅杜莎的首級。

權威之言：

故為兵之事，在順詳敵之意……先其所愛，微與之期。踐墨隨敵……是故始如處女，敵人開戶；後如脫兔，敵不及拒。〔《孫子兵法》〕

警告：提防鏡像情境

鏡子蘊含無窮的力量，但也暗藏致命的危機，例如鏡像情境。所謂鏡像情境，指的就是和曾經發生的事件非常相似的情境。有時我們會在不經意間陷入鏡像情境，雖然我們意識不到這一點，但外人不僅一眼就能看出，還會把你和過去的情境主角拿來比較，而在比較的過程中，你通常都會是敗下陣來的弱者。除此之外，若上一位主角被貼上負面標籤，那麼你也會繼承這些不好的聯想。

一八六四年，作曲家華格納（Richard Wagner）應路德維希二世（Ludwig II，外號是天鵝堡國王、巴伐利亞瘋王）之邀搬到慕尼黑居住。路德維希是華格納的忠實樂迷兼超級贊助人，華格納似乎被這樣的殊榮沖昏了頭，搬到慕尼黑後，他仗著國王的庇蔭，言行越發放肆。

華格納的住所相當豪華，路德維希之後甚至把這棟房子買下來送給他。華格納的豪宅緊鄰洛拉．蒙特茲（禍國殃民的交際花，逼先王退位的罪魁禍首）的故居，當時就有人提出警告，說民眾可能會把他和洛拉．蒙特茲當成同一類人，但華格納只是回了一句：「我跟她不一樣。」沒過多久，慕尼黑的人民就開始仇視集萬千寵愛於一身的華格納，戲稱他是「洛拉二世」或「男版洛拉」。華格納在不知不覺間步上了洛拉的後塵，除了花錢毫無節制，還開始插手音樂以外的事務，甚至試圖干預國政，對內閣人選指指點點。然而，路德維希對華格納的寵愛絲毫未減，就像他祖父當年愛洛拉．蒙特茲愛得死去活來一樣，簡直有辱他國王的身分。

最後，幾名大臣給國王遞交了一封諫書，上面寫道：「陛下眼下有兩個選擇，一條道路通往忠誠的巴伐利亞人民對您的敬愛，另一條則通往華格納和您的『友情』。」一八六五年，路德維希用禮貌的口吻請華格納永遠離開巴伐利亞。華格納一不小心就把自己活成洛拉的倒影，從此以後，不管他做什麼，巴伐利亞人都會想到那個該死的女人，無論他再怎麼努力都無法扭轉人民的想法。

千萬不要讓人將你和不好的人事物聯想在一起，在鏡像情境中，你幾乎無法控制民眾將你的形象與哪些角色的倒影與回憶連結在一起，這種超出個人控制範圍的情境勢必會帶來危險。即便鏡像情境的角色和事件是正面，你也會身受其害，因為人們向來貴古賤今，所以你必須設法超越這些優秀的人事物。所以說，當你察覺到有人把你和過去的人物或事件相提並論，你無論如何都要和這些回憶劃清界線，或是粉碎歷史的倒影。

法則

45

倡導改革之必要，但別一次改太多

觀點

所有人都知道改革是必須的，但這只是一個概念，在日常生活層面上，人類都是遵循習慣而活。改得太多會讓人感到痛苦，還有可能引發暴動。若你才剛攀上權力的山巔，或只是個想鞏固權力基礎的外來者，請裝出一副鄙視窠臼的模樣，若改革勢在必行，那就稍微修改既有的制度即可。

違反法則的案例

一五二〇年代初期，英國國王亨利八世打算和妻子（亞拉岡的凱薩琳）離婚，理由是她沒能為自己誕下男性王儲，另一個原因則是他愛上了美麗的安．寶琳。時任教宗克萊蒙七世反對離婚，並用開除教籍威脅國王，樞機主教沃爾西（Cardinal Wolsey）也認為亨利不需要離婚，結果因不夠支持國王而被拔官，最後還因失寵而喪命。

亨利的內閣有一名官員名叫湯瑪士．克倫威爾（Thomas Cromwell）不僅大力支持國王的決定，還提出了實踐的方法：摒棄歷史。克倫威爾建議亨利和羅馬教廷切割，成立英國教會並親自擔任領導人，這樣就能和凱薩琳離婚，再和安結婚。一五三一年，在向教會申請離婚多次未果後，亨利認為克倫威爾的提議是解決問題的唯一方法，而為了表彰他提出的絕妙方案，亨利還任命這位鐵匠之子擔任「王家顧問」。

一五三四年，克倫威爾被欽點為內政大臣，正式成為全英國最有權勢的男人。然而，他當年勸亨利與羅馬斷絕關係，其實不只是為了滿足國王的私欲，他還想趁天主教會失勢且教產流入國王和政府手中時，在英國境內扶植新教。當上內政大臣那年，克倫威爾開始徹查英國所有教堂與修道院，根據眼線和特務回報的數字，他發現這些教堂數百年來累積的財富遠超自己想像。

為了讓自己能名正言順地推動新教，他放出許多關於修道院貪腐、濫用權力，以及剝削人民的傳言。克倫威爾後來獲得國會支持，展開肅清修道院的計畫，逐一收回他們的土地。於此同時，他也開始推行新教、改革宗教儀式、懲罰堅守天主教信仰的人，將他們打成異教徒，

聖誕節的由來

慶祝新年是一項古老的傳統，每年十二月十七日到二十三日，古羅馬人會慶祝農神節——農神乃掌管豐收之神。農神節是最熱鬧的慶典，節日期間所有人都會放下工作、店肆也會停止營業。民眾紛紛湧上街頭，到處都瀰漫著歡欣愉悅的氣氛，就連奴隸也能暫時獲得自由。這幾天家家戶戶門口都會掛起桂樹枝，人們還會到親朋好友家串門子並交換禮物（蠟燭和黏土捏成的人像）。

在基督誕生前，猶太人一直有慶祝光明節的習俗（光明節會持續八天），除此之外，德國人也會在每年仲夏和冬至舉辦慶典，祝賀太陽重生，並祭拜沃坦（Wotan）、芙蕾雅（Freyja）、多納爾(Donar)、弗雷（Freyr）

英國國教似乎在一夜之間變成新教。

英國陷入恐怖的宗教清洗時期，在宗教改革前，天主教會的權力非常大，一些人也確實受到教會的迫害，但大多數英國人還是信奉天主教，也更願意遵循傳統的天主教儀式。這些多數人看著教堂被夷為平地、聖母像和聖人像被砸成碎片、教堂的財產遭到沒收，就連彩繪玻璃窗也無法倖免於難，被破壞殆盡。原本救濟貧民的修道院已不復存在，導致窮人淪落街頭，曾經的修士現在也只能靠行乞維生。沒想到克倫威爾居然選在此時調漲稅金，以支付改革產生的各種費用。

一五三五年，英國北部暴動頻傳，人民威脅要推翻亨利。隔年亨利平定亂事，並開始思考宗教改革讓英國付出的代價，他的初衷只是離婚，根本沒想過要改革宗教。後來亨利逐步撤銷改革的命令，恢復克倫威爾禁止的天主教聖禮與儀式，而克倫威爾只能在一旁乾著急。

克倫威爾感覺自己已失寵，便在一五四〇年祭出最後一項策略以挽回國王的心：幫他物色第四任妻子。亨利的第三任妻子珍．西摩（Jane Seymour）幾年前因病去世，之後他便一直想再立一名年輕貌美的王后。克倫威爾推薦的人選是克萊沃的安（Anne of Cleves），她出身尊貴，是德國的公主，也是新教徒（克倫威爾看中的就是這一點）。為了讓國王答應迎娶安，克倫威爾收買畫家霍爾拜因（Hans Holbein），讓他為安美顏幾筆。亨利看到安的肖像畫後驚為天人，當下便答應要娶她為妻，克倫威爾似乎再次獲得國王的青睞。

霍爾拜因的畫像過度美化安的外貌，亨利見到本人後大失所望，並將滿腔怒火都發在克倫威爾身上，先是批評他草率地實施宗教改革，又責備他讓自己取了一個相貌平庸的新教徒妻

等諸位象徵多產和富饒的神明。早在基督教出現前，這些以光明和多產為核心的仲冬節慶就已經存在，所以即便君士坦丁大帝（三〇六到三三七年）宣布基督教為羅馬帝國國教，眾人依舊無法徹底拋棄這些節日。

二七四年，羅馬帝國皇帝奧勒良（Aurelian）宣布密特拉教為官方正教，並將太陽神密特拉（Mithras，亞利安人的光明神）的生日十二月二十五日定為國定假日。

密特拉教起源於波斯，後來輾轉傳到小亞細亞、希臘、羅馬，甚至還擴及到德國和英國。現在這些地區仍有密特拉神廟的遺址，證明密特拉的地位在當時相當崇高，其中又屬羅馬軍團對其最為崇拜。在信徒眼中，密特拉象徵的概念包括多產、富

子。同年七月，克倫威爾遭逮捕，以新教極端主義者和異教徒的身分被關進倫敦塔，並於六週後走上斷頭台，在群眾熱情的歡呼下結束了自己的一生。

重點解析

克倫威爾的想法很單純，他想打破教會壟斷權力和財富的現狀，並為新教在英國的發展鋪路，而且必須盡快，如果能立刻達成目標更好。他知道這種急就章式的改革會引發痛苦和仇恨，但卻認為時間能沖淡一切。除此之外，克倫威爾覺得只要成為改變的代表人物，自己就能順理成章擔任新教領袖，而亨利也會更依賴自己。但克倫威爾的計畫有一個很大的問題，那就是他沒有預見到強力的改革會導致人民群起反抗，讓事態一發不可收拾。

強力改革方案的發起人大多會淪為負面情緒的替死鬼，而他的下場就是被反對改革的聲浪吞噬，因為人類本來就不喜歡改變，即使改變是好的，我們也會極力抗拒。這個世界充滿不確定的人事物和威脅，為了讓自己活得輕鬆一點，我們必須和熟悉的面孔建立連結並創造習慣和儀式。改變是好的，我們有時候也確實想要改變，但這只是一個美好的概念，大幅的改變會令人感到焦慮，這種焦慮感會在我們心中醞釀升溫，並在未來的某天爆發。

千萬不要低估保守的觀念，這種思維是根深蒂固的，而且蘊含巨大的力量。即便你的想法再美好，也不要受其誘惑並被它蒙蔽雙眼。我們無法讓旁人看到我們眼中的世界，也不能用痛苦的改變強迫他們接受自己設想的未來，這種改變會引發反抗的行為。若真的非改不可，那你除了準備好應付抗拒的行為，還要設法為這帖苦藥增加一些甜味。

饒、和平和勝利。西元三五四年，教宗利伯略（Pope Liberius）相中了密特拉的影響力，要求基督教會將密特拉的生日定為耶穌基督的生日。［雷斯基（Anne-Susanne Rischke），一九八三年十二月二十五日報導，《新蘇黎世報》（*Neue Zürcher Zeitung*）］

遵循法則的案例

一九二〇年代，毛澤東已經看出共產黨想在中國獲得權力難上加難，當時的共產黨無論是人數、資金、作戰經驗或武器都不及國民黨，他們唯一的希望就是贏得廣大農民的支持。中國的農民階層是全世界最保守、也最奉行傳統的一群人，共產黨想說服他們簡直難如登天。綜觀中國的歷史，無論民間革命的力量多強，中央都不可鬆開掌權的那雙手。孔子出生於西元前六世紀，他提出的儒家思想直到一九二〇年依舊存在中國人心中。如今中國農民又再次被當權者的體制壓迫，他們會願意放棄根深蒂固的價值觀，轉而支持陌生的共產主義嗎？

毛澤東想出了一個解決的辦法，那就是讓革命運動披上過去的外衣，這樣造反就成了一件名正言順、順利成章的事。《水滸傳》是毛澤東最喜歡的小說，書中描述了草寇英雄們和腐敗宮廷對抗的英勇事蹟。儒家思想最重視君臣父子的倫常綱紀，在毛澤東生活的那個年代，這種觀念也是社會的主流。然而，《水滸傳》提倡的是一種層次更高的價值觀，是一種江湖兄弟的結義之情，以及一群陌生人為了崇高理想攜手奮鬥的精神。《水滸傳》之所以會在民間造成如此大的迴響，就是因為其內容符合眾人支持弱勢的情結。毛澤東曾不只一次把革命軍比喻成梁山好漢，將革命比喻為農民和皇帝的永恆善惡對決。在他的操弄下，共產黨的革命事業彷彿得到古人的允許，成了一件正當的事，而農民也漸漸接受革命的概念，甚至開始支持扎根於中國歷史的共產黨。

共產黨掌權之後，毛澤東繼續從歷史中尋找能與自己連結的人物，例如他不希望群眾將他視為「中國的列寧」，而是要將他當成當代諸葛亮。諸葛亮是西元三世紀的謀士，也是小說

《三國演義》中最為人津津樂道的角色，他是優秀的軍事將領，也是詩人、哲學家和剛正不阿的道德楷模。諸葛亮兼具詩人和武將的身分，他會將哲學思想融入軍事策略，傳遞出新的道德理念。毛澤東會刻意以詩人和戰士的身分示人，將自己塑造成中國歷史上常見的武將型文官。

毛澤東後期的講話和寫作便從更早的朝代中取材，例如在西元前三世紀統一六國、罷黜儒家思想、修築萬里長城的秦始皇。毛澤東和秦始皇都統一了中國，也為反對壓迫式體制推行大膽的改革政策。秦朝國祚不長，且民眾自古以來都將秦始皇視為獨裁的暴君，但毛澤東相當聰明，他用現代中國的視角重新解讀秦始皇的作為並為他平反，接著再以他為例，向人民解釋新秩序勢必會引發劇烈的衝擊。

一九六〇到七〇年代文化大革命以失敗做結，共產黨內出現一股與毛澤東對抗的勢力，而此勢力的領袖正是毛澤東的好友林彪。在向群眾解釋自己和林彪的政治理念差異時，毛澤東再次從歷史中尋找彈藥，將林彪比喻成孔子（因為林彪確實經常引用孔子的），而孔子象徵的恰好就是舊時代的保守力量。在打壓林彪的同時，毛澤東將自己的作為與法家思想（代表人物為韓非）連結。法家擁護者將儒家的道德觀棄若敝屣，他們崇尚權力，認為暴力是建立新秩序的必要手段。為了在這場鬥爭中獲得優勢，毛澤東發動批判孔子的運動，利用儒家和法家的抗爭刺激年輕人造反，挑撥新舊世代對立。毛澤東為這場權力鬥爭營造了一個宏大的背景，不僅再次贏得群眾的支持，也順利鬥垮林彪。

重點解析

中國人對歷史的依戀程度舉世無雙，這種依戀是改革的巨大障礙，毛澤東清除障礙的策略很簡單：不和過去作對，而是利用它為自己牟利，將共產黨員比喻成中國歷史上的英雄人物。毛澤東將美國、蘇聯、中國互別苗頭的局勢暗喻為三國鼎立，自詡為諸葛亮，除此之外，毛澤東還仿效歷代皇帝，鼓勵人民把自己當成宗教領袖崇拜，因為他深知中國人必須有一個可供膜拜父輩的形象，只有這樣他們才能正常運作。後來他推行大躍進運動，想加快國家現代化的進度，卻慘遭滑鐵盧，這是他政治生涯的一大錯誤。從此之後，毛澤東無論推動什麼運動，都會先為其披上歷史的偽裝，以免自己重蹈覆轍。

我想告訴你的道理很簡單，過去蘊含強大的力量，過去發生的事情看起來總是更好，有了習慣和歷史的加持，所有行為都會顯得更有分量，請善用這項策略為自己牟利。毀掉眾人熟悉的事物會創造出一個空洞，大家都會害怕填補空洞的事物會引發混亂，你要盡一切力量讓眾人免於這種恐懼。從歷史中借鑑一些元素，替你的行為正名並增添分量，以營造出眾人都熟悉的表象。如此一來，你想改變現狀的意圖就會被掩蓋，眾人也會將你的行為和古人光榮的事蹟聯想在一起，而你的形象也會因此變得更高尚。

> 天下事最難為、難測、難控者，莫過於破舊立新，重設規矩。
>
> ——馬基維利

權力之鑰

人的內心總是充滿矛盾，我們一方面知道改變對制度與個人來說都相當重要，但若改變會影響到自己，我們心中又會感到煩躁。所有人都知道改變是必要的，也知道創新可以使人事物跳脫窠臼，但心底卻又希望一切照舊就好。若改變是抽象或僅止於表面上的，我們便會欣然接受。但如果改變撼動了我們的核心慣習與常規，便會令人深感不安。

所有的革命都會遭遇反對勢力的抵抗，因為人類無法面對革命創造的空缺，人類會下意識地認為，這種空缺代表死亡與混亂。改變與革新會誘使人走上革命的道路，但等激情消散（激情必然消散），眾人心中便會感到空虛並渴望重拾過去的一切，而這樣的行為正好創造了一道缺口，讓窠臼再次趁虛而入。

馬基維利認為，呼籲改變的預言家只有靠鬥爭才能活下去，也就是說，主張改變的人必須奮力對抗渴望活在過去的群眾。若預言家無法快速建立新的價值觀和儀式以取代舊體制，並安撫對改變深感恐懼的人民，那麼他很快就會走向滅亡。我們何不玩一個既簡單，又不用浪費人民熱血的詐騙遊戲，遊戲規則如下：你可以極力宣揚改變的重要性，甚至重塑制度，但請為改革行為罩上一層看似傳統的迷彩。

新朝皇帝王莽是一個在亂世中短暫統治過中國的帝王，當時的百姓都希望皇帝能重整天下秩序（即孔子代表的儒家秩序），但所有和儒學有關的著作都已經被秦始皇焚盡。王莽即位後，民間謠傳仍有些儒家典籍逃過一劫，被藏在某位大儒家中。雖然這些典籍不一定是真正的儒學著作，但王莽卻看到了改革的機會，他先沒收這些書籍，後令抄書員加入一些段落，支持他在國內實施的改革政策，再讓這些書籍廣為流傳。王莽托古改制的策略成功了，因為所有人都覺得孔子的思想和改革的內容相符，自然也就比較容易接受。

請記住，死人是不會說話的，你有重新詮釋歷史事件的自由，例如變更事實來為你的目標佐證。換句話說，過去發生的事猶如一段文字，你可以根據個人需求加入幾句話修飾。

比較簡單的手法包括沿用舊稱或維持團隊的人數，這樣做可以讓你和過去建立連結，還可藉歷史的權威烘托自己。馬基維利發現羅馬從君主制轉型共和時就使用了此策略，他們安排兩名執政官取代國王，但由於國王底下有十二名執法吏，所以他們也為執政官安排了相同人數的執法吏。除此之外，羅馬國王每年都會親自舉行聲勢浩大的犧牲儀式，沒有國王後，羅馬人便指派一名「典禮領導人」，並稱他為犧牲儀式之王」。這些帶著遺風的措施除了能滿足人民，還能打消他們想恢復君主制的念頭。

另一個掩飾改變的手法是公開表態，大肆宣揚自己支持傳統價值觀，當外人看見你對傳統的熱情，就不會注意到你私底下有多離經叛道。在文藝復興時期的佛羅倫斯，人民信皆奉流傳了數世紀的共和國精神，沒有人會相信想撼動傳統的人，所以科西莫·德·麥地奇便公開宣傳自己也支持共和精神，但背地裡卻在盤算如何讓家族掌握實權。麥地奇家族表面捍衛共和制，實際上卻在掏空市政府的權力。他們披著保護傳統的外衣，背地裡卻大刀闊斧地改革制度。

科學的目標是追求真相，是一種創新的文化，按理說應該不會遭傳統主義或不理性的習慣染指。然而，當達爾文（Charles Darwin）提出進化論的相關著作出版時，把他批評得體無完膚的人並不是宗教組織，而是和他一樣的科學家，因為他的理論撼動了太多固有的觀念。沙克在免疫學的領域的創新發現讓他處處碰壁；普朗克（Max Planck）也因提出了顛覆傳統的物理概念而遭人非議，他後來寫道：「新的科學真理勝利的條件不是說服反對者，並讓他們看見曙光，而是在反對者死後成為下一個世代熟悉的常理。」

想化解人類與生俱來的保守心態，就必須學習朝臣的手法。伽利略最初是奉行這條法則的，但他後期越來越喜歡和保守勢力作對，最終付出了慘痛的代價。我希望你做到表面上迎合傳統，在你顛覆傳統的事業中找出能立足於傳統的元素，說符合大眾期望的話、假裝追隨主流，把推翻傳統的任務留給你的理論去完成。請做好表面工夫並尊重前人的規範，我的建議適於所有領域，包括科學界。

最後我要提醒你，有權勢的人都會觀察時代的潮流，他們知道改革的計畫若是超前時代太多，貿然推行的話不僅大多數人都無法理解，還會引發民眾焦慮，也一定被曲解成其他意思。改變的目標可以是顛覆現狀的，但改變的手法不可以顛覆現狀；英國最後還是如克倫威爾所願，成為信奉新教的國家，但卻用了一整個世紀。

注意時代的潮流，在時局不安的年代，嚮往美好的過去和安逸、重拾舊時的傳統與儀式可以讓你獲得權力。在一切都停滯不前的時代，那就積極推動改革和變化，但要小心民眾的反應。改革是一項危險的事業，若你不願意將其建立在過去並做好表面工夫，以應付群眾的反彈，那麼你是絕對不可能成功的。

意象：貓。
貓仰賴習慣而活，牠喜歡熟悉的事物帶來的溫度。破壞牠例行的公事、打亂牠的節奏，牠就會變得精神失常。反之，尊重貓的儀式便能安撫牠。如果非得要改變，那也要保留一些過去的氣味，把牠熟悉的物品放在精心挑選的戰略位置上。

權威之言：
有心改革政府，並希望國民接受的人，至少要做到讓新政府的形式與過去一樣，民眾才不會察覺到任何變化。但事實上，新舊政府已有天壤之別。我會這樣說，是因為大多數人只要看到表面就會心滿意足，還會將眼前的景象當成現實。〔馬基維利〕

法則的反轉

過去只是一副沒有生命的軀殼，你可以在有必要的時候利用它，但如果某段往事給人民極大的傷痛，那麼將自己和它連結在一起就是自取滅亡。拿破崙掌權時，人民對法國大革命記憶猶新，也記得路易十六和瑪麗·安東妮的生活有多奢侈，若拿破崙的宮廷和前任有一絲相似之處，官員們一定會過得提心吊膽，深怕自己會和先王一樣被人民處決。拿破崙的宮殿莊嚴肅穆，沒有任何花俏的裝飾品，完全展現出他重視工作和軍人榮耀的個性，給人一種符合時代需求和安心的感覺。

換句話說，你必須注意時代的變遷。還有，若你打算實施大膽的改革計畫，和過去劃清界線，那就要用盡一切手段避免創造真空地帶，因為空缺會令人感到恐懼。就算是不堪的過往也比一片空白好，務必用最快的速度建立**新的**儀式和形式，這些制度會帶給人安心和熟悉的感覺，鞏固你在群眾間的地位。

最後我想說，你們可能會覺得想在藝術界、時尚圈和科技業獲得權力，就必須顛覆傳統並走在時代的尖端。這種策略的確能創造權力，但過程中危機四伏，因為隨時都會有人提出更有創意的概念，也永遠都會有比你年輕的人在追趕你，或是開闢出前所未見的賽道，讓你自以為大膽的創新變成明日黃花。你的生活會變成一場無止盡的追逐戰，你的權力基礎是薄弱且稍縱即逝的。我希望你的權力是建立在穩固的地基之上，我希望你利用過去、利用常規、利用傳統顛覆傳統，這樣你創造的事物才不會淪為轉瞬即逝的噱頭。在改革政策一日三變的時代，人們到頭來最渴望的還是回到過去。懂得利用過去的人才能獲得更多權力，完全斷絕和過去的牽連不僅不可能成功，還會讓你自毀前程。

法則

46

完美是大忌

觀點

比別人優秀本來就是一種危險的狀態，但更危險的是完美無瑕和十全十美。嫉妒會造就無聲的敵人，偶爾暴露出缺點，或是做些無傷大雅的壞事方爲明智之舉，旁人反而不會嫉妒你，還會覺得你平易近人；只有神和死人是完美的。

違反法則的案例

一九五三年，奧頓（Joe Orton）和哈利維爾（Kenneth Halliwell）在王家戲劇藝術學院初次見面，他們都是表演系的新生。兩名年輕人很快就談起了戀愛並開始同居，哈利維爾當時二十五歲，比奧頓大七歲，是這段感情中比較有自信的那一方。奧頓和哈利維爾都沒有演戲的天分，他們畢業後在倫敦找了一間小公寓居住，並決定轉換跑道，想靠寫作維生。哈利維爾繼承了一筆遺產，足夠兩人幾年不愁吃穿，除了擔任經濟支柱，他也提供了大部分寫作的想法和創意，奧頓主要的工作是打字，偶爾也會加上一兩句自己的想法。他們的作品剛開始確實吸引一些經紀人的注意，但也僅止於此，這對寫作搭檔並沒有在文壇激起什麼水花。

哈利維爾的遺產花完後，兩人只好開始找工作，對寫作的熱忱漸漸冷卻，前途漸漸黯淡。

奧頓在一九五七年開始獨自創作，後來他們因為毀損圖書館的書籍而各被判處半年有期徒刑，兩人在交往九年後首次分開，在不同的監獄服刑。服刑期間，奧頓找到了自己的聲音，並在出獄後用文字抒發他對英國社會的不滿，開始創作劇本。此時他和哈利維爾雖然還住在一起，但兩人的角色卻對調了，奧頓負責寫作，哈利維爾只能提一些建議和想法。

一九六四年，奧頓完成他的第一部劇本《取悅斯隆先生》（*Entertaining Mr. Sloane*），並在倫敦西區風光上演。各界對奧頓的作品讚譽有加，稱他是從天而降的優秀作家。從此之後，奧頓的事業一帆風順，一九六六年他的另一部劇本《人贓俱獲》（*Loot*）一推出便大受好評，將他的聲勢推到巔峰。邀稿的信件如雪片般飛來，就連披頭四樂團（The Beatles）也砸下重金，希望奧頓為他們創作一部電影劇本。

貪心之人和善妒之人

貪心的人和善妒的人同時見到國王，國王對他們說：「你們其中一人可以向我許願，我會滿足他的願望，但我會讓另一人得到雙倍的滿足。」善妒的人不願意先開口，他知道自己一定會嫉妒同伴，因為他可以得到雙倍的滿足，貪心的人也不願說話，因為他想將所有東西占為己有。最後，貪心的人逼善妒的人先開口，迫於無奈，善妒的人只能讓國王挖去自己的一顆眼睛。[席梅爾（Solomon Schimmel），《七宗死罪》（*The Seven Deadly Sins*）]

就在奧頓步步高升的時候，他和哈利維爾的感情卻出了問題，他們還是住在一起，但就在奧頓越飛越高的同時，哈利維爾卻開始墮落。他看著愛人成為知名劇作家和鎂光燈的焦點，自己卻漸漸淪為對方的助理，原本共同創作的關係也被打破了，他的地位越來越卑微。在一九五〇年代，他用繼承來的遺產資助奧頓，現在奧頓成了自己的衣食父母。奧頓的個性張揚但迷人，無論是在派對或其他場合上，所有人都會圍著他打轉。和帥氣的奧頓相比，哈利維爾不過是個禿頭大叔，他拒人於千里之外的態度也讓大家對他敬而遠之。

奧頓的事業越成功，他和哈利維爾的關係就越差，最終哈利維爾的負面情緒讓兩人的感情難以為繼。雖然奧頓提過分手，也背著男友亂搞過，但他最後還是會回到對方身邊。奧頓也試過資助愛人的事業，還幫他辦了畫展，無奈根本沒人買單，反而讓哈利維爾更覺得自己比不上男友。一九六七年五月，兩人到摩洛哥的丹吉爾市度假，期間奧頓在日記中寫道：「我們聊到這一刻有多開心，也聊到這種狀態不可能維持多久。我們必須付出代價，否則就會被未來的災難擊垮，或許就是因為我們太開心了吧。身為年輕、英俊、健康、出名、富有、幸福的一方，我知道這樣的自己有違常理。」

哈利維爾表面上看起來和奧頓一樣快樂，但妒火卻在他心中不斷燃燒。兩個多月後（八月十日清晨），哈利維爾用鐵鎚把奧頓砸得頭破血流，當場斃命，而幾天前他才幫男友修訂完《巴特勒所見》（*What the Butler Saw*）的手稿，後來這部灰色喜劇也成了奧頓的曠世巨作。殺死奧頓後，哈利維爾吞下二十顆安眠藥自殺，並在身邊留了一張紙條，上面寫道：「看過奧頓的日記你們就會知道原因了。」

當一個人欽佩某樣人事物卻又不肯在其面前臣服，代表他選擇嫉妒他欽佩的人事物。從此以後他會說相反的話，用愚蠢、無趣、怪異等詞彙來形容自己欽佩的人事物。也就是說，欽佩是愉悅的臣服，嫉妒是不滿的斷言。〔齊克果〕

隱藏自己的天賦和才能也是一種天賦和才能。〔拉羅希福可〕

重點解析

哈利維爾把自己的墮落歸咎於精神疾病，但奧頓的日記上記錄的才是真相：「哈利維爾的心病源於嫉妒，就這樣。」奧頓在還沒成名前就開始寫日記，用文字記錄兩人地位平等的生活點滴，還有他們奮鬥的過程。成名後的奧頓更是把哈利維爾對自己的恨、他在派對上不當的言行，以及他的自卑感一併寫進日記中。除此之外，日記的內容並沒有透露出任何輕蔑的情緒，只是從旁觀者的角度出發，記錄生活的點滴。

我們可以從奧頓的日記中看出哈利維爾的嫉妒心非常強，他最大的願望應該就是看到奧頓失敗，例如寫出一部不受歡迎的劇本，這樣他們就可以和過去一樣一起沉浸在悲傷中。然而事與願違，奧頓的事業越來越成功，最後哈利維爾只能用最極端的方式讓兩人回歸平等的狀態：死亡。哈利維爾殺了奧頓，用生命作為代價，換來一個與他齊名的機會。

奧頓並不完全清楚男友墮落的原因，他曾幫助對方發展藝術事業，但這不過是出於罪惡感的施捨。面對這種困境，奧頓有兩個選擇，一是淡化自己的成功，刻意暴露出一些缺點，藉此化解哈利維爾的妒意；第二個解決方式是把哈利維爾當成毒蛇（他確實是一條蛇），離他越遠越好。當一個人開始嫉妒你，你做的每一件事都會加深對方的妒意，這種感受會在對方心中發酵，直到最後對你發動攻勢。

人生贏家永遠都是少數，這類群體一定會成為嫉妒的箭靶。當成功降臨到你的頭上，你最該提防的不是旁人，而是追不上你腳步的朋友和熟人。低人一等的感受會啃咬他們的心靈，只要一想到你已經成功，他們就會更在意自身窘境。哲學家齊克果把嫉妒形容成「不滿的欽

被嫉妒折磨的阿伽勞洛斯

女神彌涅瓦（Minerva）動身前往嫉妒（Envy）的住處，嫉妒的家在山谷深處陽光無法觸及、微風吹拂不到的地方，屋內髒亂不堪，不僅陰暗潮濕，地上還布滿噁心的黏液。這裡充滿陰鬱的氣息，令人不寒而慄，嫉妒從不在屋內點燈，而是任由黑暗將自己包圍。彌涅瓦站在嫉妒家門前……用長矛敲擊門扉，木門應聲打開，只見嫉妒正坐在地上啃蛇肉，用牠的血肉餵養自己的邪惡。彌涅瓦只看了一眼便別過頭去，嫉妒見到有人來了，放下吃了一半的蛇屍，艱難地起身並拖著沉重的步伐走到門口。當嫉妒看見渾身散發光芒且身穿耀眼鎧甲的女神，她發出了抱怨般呻

佩」，你可能看不見它，但你將來一定會感受到旁人散發出的妒意，除非你能學會閃避的技巧，犧牲掉一小部分成功。你可以偶爾給自己的優秀打個折，刻意讓人看見自己的美中不足、弱點或焦慮，或是將成功歸功於運氣，也可以乾脆換一批朋友，總之千萬不要低估嫉妒的力量。

遵循法則的案例

中世紀的佛羅倫斯之所以能發展出共和體制，並免受貴族壓迫，都是拜商人階級和工匠行會所賜。由於所有高階職位的任期都只有幾個月，所以沒有人能長期統治人民，雖然這樣會導致不同派系為了奪權而鬥爭，但至少不會培養出暴君與獨裁者。麥地奇家族靠販售藥物起家，是典型的中產階級，並在這種體制下低調發展了數百年。十四世紀末期，喬凡尼．德．麥地奇（Giovanni de'Medici）靠經營銀行發了一筆小財，此後家族也慢慢開始壯大起來。

喬凡尼過世後，科西莫繼承家業，並展現出優秀的經商才能。在他的打理下，家族事業蓬勃發展，麥地奇家族也成為歐洲首屈一指的銀行世家。麥地奇家族在佛羅倫斯的競爭對手是奧比奇家族（the Albizzis），雖然佛羅倫斯奉行共和制，但奧比奇家族卻用各種手段控制政府，透過結盟讓自己的人馬擔任要職。科西莫並沒有打算和奧比奇家族作對，甚至還默默支持他們的行為。後來奧比奇家族行事越發肆無忌憚，公然炫耀家族的政治權力，科西莫也只是冷眼旁觀。

一四三三年，由於麥地奇家族累積的財富實在太過驚人，倍感威脅的奧比奇家族動用關

吟……

嫉妒的臉孔毫無血色、身體瘦弱不堪、眼睛瞇成兩條細線、一口爛牙早已發黑、乳房泛著綠色的螢光、舌頭還不停滴著毒液。只有看見受苦的人，她的嘴角才會上揚。她不知道什麼是睡覺，因為擔憂和焦慮使她無法入眠，只要看到人類的好運，她就會大失所望，身體也會變得更加瘦弱。她不讓別人安寧，自己也無法安寧，她的所有折磨都是自找的。

儘管內心滿是嫌惡，彌涅瓦還是簡明扼要地向她說明自己的來意：「讓凱克洛普斯（Cecrops）的女兒染上妳的毒，她的名字叫阿伽勞洛斯（Aglauros），這是我的命令。」交代完事情後，彌涅瓦將長矛朝地面點了一下，接著便頭也不回飛升而去。

係，以密謀推翻共和的罪名逮捕科西莫。奧比奇派系的一些成員想處死科西莫，但也有人擔心此舉會引發內戰，最後眾人決定流放科西莫，不准他再回到佛羅倫斯。科西莫接受法院判決，一個人悄悄地離開這座城市，因為他知道保持低調和靜觀其變方為上策。

接下來幾年，佛羅倫斯人心惶惶，因為奧比奇家族開始實行獨裁統治。於此同時，雖然科西莫已經被放逐，卻還是利用家族財富影響佛羅倫斯的大小事務。後來佛羅倫斯爆發內戰，奧比奇家族在一四三四年九月被人民推翻，最後全數被流放。得知此事後，科西莫立刻趕回佛羅倫斯，政府也恢復了他應有的地位和權力。科西莫知道現在的局勢非常微妙，要是他像奧比奇家族一樣，表現得太有野心，人民就會反對並嫉妒自己，最後可能會毀掉家族的基業。但如果他繼續像從前那樣不過問政事，可能就會有另一個奧比奇家族崛起篡位，並出手懲治家大業大的麥地奇家族。

科西莫用下列兩種策略解決了這道難題：第一，用錢收買有影響力的市民；第二，從中產階級招募盟友（階級不同，人民就不會懷疑這些人是自己的手下），並設法將這些人送進政府機構擔任高官。若某群體抱怨科西莫的政治權力越來越大，政府就會對他們課以重稅，又或者這些人名下的財產會被科西莫在銀行界的盟友買走。到最後，科西莫成為佛羅倫斯的幕後統治者，共和體制只剩下虛名。

科西莫在背地裡密謀奪權，在群眾面前卻是另一副模樣，他出門時穿著樸素，身邊從不會帶超過一位僕人，無論是見到地方官或年長市民都會鞠躬行禮。科西莫不騎馬，只騎驢，雖然他控制佛羅倫斯外交事務長達三十年，但從不議論公眾事務。除此之外，他還會捐款給慈

嫉妒用餘光目送女神離開，一邊喃喃自語，一邊怒火中燒，因為她知道彌涅瓦的計畫一定會成功。嫉妒撿起布滿尖刺的拐杖，召喚一團黑雲包裹住自己，朝凱克洛普斯的王宮出發。途中只要看見路旁開著鮮花，她就會故意踐踏他們，並施法讓草地枯萎；若是看見大樹，她就會放火燒掉枝葉；若是看到路人、房屋和城鎮，她就會吐出瘴氣汙染所有事物。最後她終於抵達智慧和財富之城雅典，當她看見這座城市中沒有能使人落淚的東西時，便情不自禁地流下眼淚。

她走進凱克洛普斯女兒的閨房，準備完成彌涅瓦交代的任務。她先將手放進藥水裡，再將蘸了藥水的手放在少女的胸口上，讓她的心長滿尖刺，接著再吸入一口烏黑陰險的毒氣，並把

善機構，並與當地商人階層保持良好的關係，他也會出錢興建各種公共建築，以滿足人民的虛榮心。後來科西莫計畫在菲耶索萊為家族成員修築一棟宮殿，他捨棄了布魯內萊斯基提出的華麗設計，採用平民建築師米開羅佐（Michelozzo）的簡約外觀設計。這座宮殿象徵了科西莫的策略，外表看似簡單，但內部富麗堂皇。

科西莫於一四六四年過世，他統治了佛羅倫斯整整三十年。市民想為他蓋一座輝煌的陵墓，並在他的喪禮上舉行隆重的儀式，但科西莫臨終前卻吩咐眾人自己下葬當天「不要搞什麼熱鬧的儀式」。科西莫死後六十年後，馬基維利盛讚他是最明智的君王，因為他知道「當人們無時無刻都能看見超凡脫俗的事物，妒意便會油然而生，但若是將其付諸行動，或是用得體的外衣包裝，人們就比較能接受」。

重點解析

書商畢斯提席（Vespasiano da Bisticci）是科西莫的朋友，他寫道：「每當科西莫想實現什麼目標時，他都會盡量做到不招人嫉妒，並讓眾人以為這件事情是別人的主意，不是他主動提出的。」科西莫常說：「嫉妒就像雜草，我們不該助長雜草生長。」他深知嫉妒在民主的環境中的力量有多強，所以會盡可能掩蓋自身光芒。不過這也不是說人應該扼殺偉大，只有平庸的人才能活下來，而是在強調做好表面工夫有多重要。要避開群眾的妒意其實很簡單，只要過著普通人的生活，並擁護普通人的價值觀即可。你必須和地位比你低的人結盟，並將他們擺在可以行使權力的位置上，這樣便能在自己有需要時利用這些人。不要炫耀自己的財

毒氣噴在她身上，使其滲入骨髓，最後再將毒液注入她的心臟。為了讓少女心煩意亂，她令阿伽勞洛斯隨時都能看見姊姊和信使神墨丘利（Mercury）幸運的婚姻，並施法讓信使神的面孔變得更加英俊、令快樂的景象加倍快樂。阿伽勞洛斯每天都被惡毒的念頭折磨，她隱忍著的嫉妒和憤怒開始蠶食她的心。她不分晝夜地嘆息，生活變得苦不堪言，並在這種磨難中形銷骨立，一天比一天衰弱，宛如在太陽下消融的冰塊。只要一想到姊姊的好運，她的心就會被嫉妒悶燒，這種灼燒就像被點燃的野草，雖然不會竄出熊熊的烈焰，但卻一樣痛苦。

［奧維德，《變形記》(*Metamorphoses*)］

富，也不要讓人知道你透過金錢獲得了多少影響力。

除此之外，待人接物時要裝出恭敬的模樣，就好像對方的權力比你大一樣。科西莫·德·麥地奇是做表面工夫的高手，你也可以稱他是外貌詐騙分子，沒有人知道他手中掌握多少權力，他用看似普通的外貌掩蓋了真相。

若你具備與眾不同的特質，請不要笨到以為只要大方炫耀這項特質，眾人就會對你投以崇拜的目光。讓旁人感到自己低你一等只會引來「不滿的欽佩」或嫉妒，這種情緒會侵蝕他們的內心，導致他們做出一些你意想不到的事來打擊你。炫耀成功就是在挑釁嫉妒之神，只有傻子才會做這種事。權力大師都知道一個道理：人們看不看得出你高他們一等並不重要，真正重要的是你高他們一等的事實。

在人類的諸多缺點中，惟有嫉妒是眾人不敢大方坦承的。

——普魯塔克

權力之鑰

對人類來說，自卑感是一種很難排解的情緒，在面對比自己更厲害、更有才華、更有權力的人時，我們通常都會感到侷促不安。大多數人都覺得自己是優秀的，所以當更優秀的人出現時，我們便會發現自己是平庸的，或是不如自己想像中的那麼好。當人看待自己的方式被撼動，內心就會浮現許多醜陋的情緒。一開始是嫉妒，我們會認為只要擁有對方的特質或技

善妒的人和欲壑難填的罪人一樣擅於躲藏，他們會用各式各樣的詭計隱藏自身意圖，假裝旁人的優秀不會侵蝕自己的內心、假裝對旁人的優秀一無所知，是偽裝的大師。於此同時，善妒者還會盡自己所能策畫陰謀，讓他們在所有場合都無法展現任何優秀的特質。若這樣還是壓不住對方的才華，那麼善妒者就會像變成渾身是毒的蟾蜍，設法掩蓋他的光彩、大肆批評、嘲笑、中傷他，導致無數資質平庸、技不如人、無足輕重的人群起仿效。［叔本華］

術，自己就能過上幸福的生活，但嫉妒只會使人的心情越變越差，並和優秀的特質漸行漸遠。除此之外，我們還要隱藏這種感受，因為沒有人喜歡善妒的人，而且嫉妒等於承認自己低人一等。我們可能會對好友坦承自己有未酬的壯志，但絕不可能讓對方知道自己嫉妒某人。也就是說，我們只能把嫉妒放在心中，並嘗試用各種方式掩飾這種情緒，例如批評對方，例如承認對方聰明但沒有良心，或是指控對方是靠耍手段才獲得的權力。也有可能我們不會攻擊對方，但卻會把對方吹得天花亂墜，這也是偽裝嫉妒的一種手段。

嫉妒是一種極具毀滅性的負面情緒，但化解的方法也很多：首先，你必須接受這世上永遠都會有比你優秀的人，而你也一定會嫉妒對方，但請將這種情緒轉化成動力，激勵自己追上或超越**對方**。把這種情緒埋在心底只會腐蝕人的靈魂，將其釋放出來，讓自己更上一層樓。

第二，要知道當你掌權後，在下位者也會嫉妒**你**。他們或許不會直接表現出來，但一定會眼紅，這是不可避免的。不要輕信他們的和顏悅色，而是要從他們的批評中尋找蛛絲馬跡、注意他們是否會說些酸言酸語、提防他們射出的冷箭、小心溢美的言詞（目的是要挖洞給你跳）和憎恨的目光。嫉妒之所以會衍生這麼多問題，有一半都是來自於我們無法儘早察覺到這種情緒。

最後，請做好心理準備，因為嫉妒你的人會處處和你作對，用卑鄙的手段設下圈套，讓你防不勝防並無法找到凶手。等你發現他們對你的恨其實是源於嫉妒，一切都為時已晚，屆時再多的藉口、再謙卑的假象、再小心翼翼的提防都只會讓情況越變越糟。阻止嫉妒發芽比剷除嫉妒容易，所以你必須使用策略防患於未然。一個人會招人嫉妒，通常都是因為對自己的

俗說得好，眼見朋友飛黃騰達，鮮少有人能不帶一絲妒意地全心愛著他；一顆嫉妒的心就像浸泡在毒藥裡，生活中所有痛苦都將倍增。他的傷口都是自己劃開的，旁人的喜悅對他而言是一種詛咒。［艾斯奇勒斯（Aeschylus）］

約瑟的彩衣

以色列原來愛約瑟過於愛他的眾子，因為約瑟是他年老生的；他給約瑟做了一件彩衣。約瑟的哥哥們見父親愛約

行為沒有自知之明，只要弄清楚哪些行為和特質會引人嫉妒，便能率先拔掉嫉妒的毒牙，保全自己的性命。

齊克果認為幾類人被嫉妒是罪有應得，其中最常見的是只要碰上好事（可能是運氣好或努力的結果）就會大肆宣揚的人。這種人最大的樂趣就是讓旁人感到自卑，他們是無可救藥的一群人。還有一種人會在不經意間引起別人的嫉妒，他們其實也要為自己的困境負一些責任，例如天賦異稟之人。

雷利爵士是伊莉莎白一世麾下最傑出的臣子，他是優秀的科學家，也寫下許多優美的詩作，至今仍為人津津樂道。除此之外，他還是一名出色的領袖、精明的創業家、幹練的船長。才華洋溢的雷利爵士居然還長了一張俊俏的臉孔，並靠著自身魅力一路披荊斬棘，成為女王的寵臣。然而，雷利爵士身旁總有人千方百計想阻撓他，甚至害他被投進倫敦塔，最終命喪斷頭台。

雷利爵士怎麼也想不通，為何眾朝臣會如此不依不饒地針對他。原因是他不僅忘了藏拙，收斂自己的能力與特質，還不停在眾人面前炫耀自己的各項才藝，以為大家會佩服他並想和他成為朋友。雷利爵士招搖的行徑反而為他樹立了許多暗敵，當雷利爵士犯錯，這幫處處都比不上他的朝臣便群起而攻之，想徹底毀掉他。最後雷利爵士因犯了叛國罪而被處死，但這只是善妒為掩蓋禍心而巧立的名目。

嫉妒也有分等級，雷利爵士為自己招來的是最糟糕的那種：因過度展現才華和風度而引起的妒意。金錢和權力可以透過努力獲得，但聰明才智、美貌和魅力是與生俱來的特質，因此

瑟過於愛他們，就恨約瑟⋯他們遠遠的看見他，趁他還沒有走到跟前，大家就同謀要害死他，彼此說：「你看！那做夢的來了。來吧！我們將他殺了，丟在一個坑裡，就說有惡獸把他吃了。我們且看他的夢將來怎麼樣。」［《舊約聖經．創世紀》（*Old Testament, Genesis*），第三十七章第三－二十節］

墓碑的悲劇

教宗儒略二世相當滿意米開朗基羅的設計，於是立刻派他赴卡拉拉開採大理石，還要薩爾維亞蒂（Alamanno Salviati）提前付給他一千個達卡作為此行的酬勞。米開朗基羅騎著馬與兩位工人在山上待了八個多月，身上只帶

天生的完人必須盡力隱藏自身光芒，還要刻意展現出一些缺點，以免嫉妒在他人內心生根發芽。多數人都以為自己能靠天賦吸引旁人，但這種想法是錯的，因為他們只會恨你。

在權力的世界裡，意外的好運是一種非常危險的東西，如意外的升遷，或是從天而降的成功和勝利，曾和你身處同一階層的人勢必會嫉妒你。

雷斯大主教於一六五一年被晉升為樞機主教，他知道和他共事過的人都在嫉妒自己平步青雲，也知道不和下面人的打好關係是一件傻事，於是便絕口不談身為樞機主教的福利，還強調自己只是運氣比較好。為了平息眾人的不滿，他都用謙卑恭敬的態度待人接物，就好像一切都和從前一樣（他如今掌握的權力早已不可同日而語）。他後來寫到自己的策略「緩解了眾人的妒意，可謂成效斐然」。你要仿效雷斯樞機主教的做法，強調自己的運氣，讓眾人覺得時來運轉並非不無可能，這樣他們就不會這麼嫉妒你了。然而，太過低調反而會讓人一眼看穿，加深對方的妒意，所以一定要格外小心。要演就要演得像一點，在面對下位者時，務必表現出發自內心的開放態度和謙遜，一旦被人發現一絲不誠懇，對方就會感到你的新地位壓迫到他們。切記，即便已經高人一等，也不要和曾經一起共事過的人保持距離，這樣做有害無利。群眾的支持是權力的基石，要是被嫉妒趁虛而入，地基就會被掏空。

政治權力勢必會招致嫉妒，但只要表現出一副胸無大志的模樣，就能避免成為箭靶。恐怖伊凡的兒子去世後，戈杜諾夫（Boris Godunov）成了全俄羅斯唯一有資格接任沙皇之人，但此時如果他表現得太過積極，勢必會招來波雅爾的嫉妒，於是他假裝不願接任皇位，而且還不只一次，最後才在人民的堅持下勉強登基。華盛頓也用過相同的手法，他先是拒絕繼續

了工具和食物……採集到足夠的大理石後，米開朗基羅吩咐工人將石頭運到海邊，再讓其中一人將石塊搬上船，自己則返回羅馬。……露天廣場上擺滿了大理石，所有人看了都讚嘆不已，教宗喜上眉梢，對米開朗基羅的喜愛與日俱增。米開朗基羅動工後，教宗經常來探望他，除了討論陵墓的設計，還像兄長一樣和他聊許多話題。為了探視方便，教宗還命人搭了一座吊橋，讓他可以快速抵達米開朗基羅的工作處和他私下會面。

如此大量和頻繁的恩寵勢必會使一些人心生妒意（此現象在宮廷也相當常見），而妒意又會漸漸演變成迫害。建築師伯拉孟特（Donato Bramante）亦深受教宗青睞，他勸教宗不要建造陵墓，因為民間謠傳人在生前修建自己的

擔任美國陸軍總司令，後來又公開表示不願連任總統，但每次拒絕都讓他的支持度水漲船高。也就是說，當人民主動將權力交給一個看似無欲無求的人，他們便不會嫉妒此人。

培根（Sir Francis Bacon）曾說過，博取同情是掌握大權之人最高明的策略，他們必須讓民眾感覺他肩負的責任是一種沉重的犧牲；沒有人會去嫉妒願意為群眾利益承擔重責大任之人。權力是快樂的來源，但只要你用巧手將其偽裝成犧牲，就能降低眾人對你的妒意。突顯自己的煩惱，便能將危機（嫉妒）轉化成道德支持（同情）。類似的手法還有讓旁人知道只要你發達了，他們也能雞犬升天，最好的做法就是用錢收買人心。雅典將軍客蒙家境富裕且手握政治大權，為了澆熄群眾的憤怒，他對人民總是慷慨解囊。為了不被眾人嫉妒，他雖然付出了高昂的代價，但卻逃過了被驅逐出城的命運。

畫家透納認為自己無法成名是因為被同行打壓，為了這些人不再嫉妒自己，他想出了一個妙招。透納知道他運用色彩的能力無人能及，導致所有人都不敢將作品和自己的畫作擺在一起展示，久而久之，這種恐懼就轉化成妒意，於是他便養成用煤灰降低顏色彩度的習慣，藉此博取其他畫家的好感。

葛拉西安會刻意展現自己的缺點，例如偶爾失言或做些無傷大雅的壞事，以防自己淪為眾人嫉妒的目標。讓嫉妒你的人抓到你的一些小把柄，這樣他們就不會注意到你的大奸大惡。在某些阿拉伯國家，若有人希望自己的家業不要引起旁人的嫉妒，他們就會像科西莫．麥地奇一樣，住在外觀樸素但內部金碧輝煌的房子裡，我希望你把相同的策略應用在自己的個性上。

墳墓會帶來霉運。伯拉孟特對米開朗基羅又忌憚、又嫉妒，因為米開朗基羅總能指出他的疏失……他確信米開朗基羅知道自己經常出錯，所以一直都想把他攆出羅馬，即便趕不走他，也要讓他失去教宗的寵愛，並讓他無法憑藉努力獲得榮光和重用。他說動教宗，讓他下令暫停修建陵墓。假設米開朗基羅按照初稿把教宗墓蓋好，他的價值就會被徹底展現出來，那麼說真的，屆時即使是再有名的藝術家也無法撼動他的地位。〔康迪維（Ascanio Condivi），《米開朗基羅傳》（*Vita di Michelangelo*）〕

小心嫉妒的各種偽裝，言過其實的褒獎絕對是出自嫉妒你的人之口，他們要不是想挖洞給你跳（因為你不可能真如他們所說的優秀），就是想在背後捅你一刀。除此之外，熱中於公開批評或中傷你的人很有可能也在嫉妒你，將這些人的行為看成偽裝過的嫉妒，這樣就不會落入陷阱，和他們做無謂的口舌之爭，或是太在意他們的批評。報復善妒者的最佳手段，就是無視他們的存在。

最後，有些環境是滋生嫉妒的溫床，你一定要多加提防。舉例來說，在標榜平等的環境中，同事和同儕特別容易相互嫉妒。除此之外，在民主環境中，嫉妒可以毀掉一個人，因為所有過分展示權力的人都會被鄙視。導演柏格曼（Ingmar Bergman）曾被瑞典稅務局指控逃稅，因為他的成就實在是太高了，而在瑞典這個國家，民眾是看不慣這種人的。在這些環境中要完全不被人嫉妒幾乎是不可能的，你只能欣然接受並不要鑽牛角尖。梭羅（Henry Thoreau）曾說過：「嫉妒是每一個人都必須支付的稅金。」

意象：雜草叢生的花園。你不希望雜草生長，卻在澆花時為它提供養分。在你不知不覺間，雜草就會長得又高又壯，它會占領你的花園、導致所有花朵無法生長。在無法挽回前請停止灌溉，別讓嫉妒的雜草獲得任何養分。

真的有人會坦承自己的嫉妒嗎？有時候，承認自己嫉妒別人比坦承罪行還丟臉。所有人都急著和嫉妒撇清關係，此外，多數人也不相信有智慧的人會嫉妒旁人。但嫉妒的棲地是在心裡，而不是腦子裡，即便是再聰明的人也可能產生妒意。［梅爾維爾（Herman Melville），《水手比利・巴德》（*Billy Budd*）］

權威之言：

請偶爾透露出一些無害的性格缺陷，因為即便是面對完人，善妒者都能把從不犯罪當成罪名審判對方。他們會化身百眼巨人，把所有明察秋毫的眼力都用來尋找你的錯誤，這是他們獲得慰藉的唯一方式。別讓嫉妒的毒液爆發，犯一些錯誤，不要太過英勇，更不要太過聰明，藉此卸下他們的防備。在嫉妒的犄角前揮舞紅布，藉此保住自己的性命。〔葛拉西安〕

法則的反轉

我之所以要你提防善妒之人，是因為他們喜歡玩陰的，還會用各式各樣的手段陷害你。但太過小心翼翼又會加深他們的妒意，因為他們認為謹慎也是一種優越感，所以我們一定要趕在嫉妒發芽前先扼殺它。

一旦旁人開始嫉妒你（無論是否是你造成的），有時鄙視對方反而是最好的策略。不要再遮遮掩掩，讓對方看見你最完美的狀態，讓每一場勝利都令他們坐立難安。你的好運和權力會成為他們的惡夢，等你攀上權力的巔峰，他們的妒意即使再強烈也影響不了你，而你的終極復仇也將大功告成：他們會永遠被困在嫉妒的牢籠中，而你則會因掌握權力而獲得自由。

伯拉孟特是一名建築師，他嫉妒米開朗基羅的才華，於是極力勸說教宗拒絕接受他提出的陵墓設計。伯拉孟特成功了，教宗陵墓的計畫暫時被擱置，但他得寸進尺，說服教宗委託米

我們應該如何戰勝嫉妒和惡意？輕蔑雖是不錯的選擇，但作用並不大，在我看來，寬宏大量方為上策。如果有人用言語中傷你，用好話回敬對方絕對是最值得讚美的行為。最英勇的復仇，莫過於用自身長處和優點去折磨善妒者，你的每一次時來運轉，都會勒緊別有用心之人頸間的繩索。被嫉妒者的天堂，就是嫉妒者的地獄。對敵人最嚴厲的懲罰，就是先將好運煉成毒藥，再讓他們喝下。善妒者一天要死好幾次，因為被他嫉妒的人天天都沐浴在旁人的讚美中；被嫉妒的人的美名流傳多久，嫉妒他們的人就要被懲罰多久；被嫉妒和嫉妒的人，一個永遠活在榮光中，一個永遠活在苦難中。勝利的號角某人聽來是永恆的呼喚，在另一人耳中卻是死亡的喪

開朗基羅為西斯汀禮拜堂繪製壁畫。西斯汀禮拜堂壁畫可是件大工程，至少要好幾年才能完成，這段期間米開朗基羅分身乏術，不可能完成教宗陵墓的雕塑。除此之外，伯拉孟特認為米開朗基羅的畫技比不上雕塑，讓他去畫壁畫可以順便破壞他全才的名聲。

米開朗基羅知道這是伯拉孟特的詭計，他本想拒絕委託，但又無法向教宗說不，最後只能自投羅網。伯拉孟特作夢都沒想到，他的嫉妒居然成就了米開朗基羅，讓這位藝術家再創職業高峰，交出他此生最優秀的作品，自那天起，伯拉孟特只要看見或聽人提起這幅曠世之作便會妒火中燒，而這正是你能送給善妒者最甜蜜的復仇，其效力將持續到對方離世那天。

鐘，他將被自己的嫉妒活活噎死。〔葛拉西安〕

法則

47

見 好 就 收

觀點

勝利的瞬間往往最爲凶險。在勝利的熱潮中，傲慢和過度自信可能會讓你超越原本的目標，而當你走得太遠時，反而會結下比你擊敗的對手更多的仇恨。不要被成功沖昏頭腦，策略和計畫的地位不可取代。設置目標、達成目標、見好就收。

違反法則的案例

西元前五五〇年，居魯士在波斯境內的部落招兵買馬，集結了一批大軍要討伐自己的外公：瑪代人的國王阿斯提阿格斯。居魯士輕輕鬆鬆就打了勝仗，並自詡為瑪代和波斯之王，開始打造波斯帝國。居魯士戰無不勝，他先戰勝呂底亞王國的克羅伊斯（Croesus），接著率軍大破巴比倫，被所有人尊稱為世界之王居魯士大帝。

將巴比倫的財富盡收囊中之後，居魯士的下一個目標是東方，他想征服裏海蠻人馬薩革泰部落。馬薩革泰人驍勇善戰，他們的領袖是托米麗司女王（Queen Tomyris）。雖然馬薩革泰人並不富有，但居魯士還是決定出兵，因為他確信自己絕對不可能吃敗仗，馬薩革泰人很快就會俯首稱臣，被他納入麾下。

西元前五二九年，居魯士抵達馬薩革泰的門戶阿拉斯河，並在西岸安營紮寨。托米麗司女王派使者給居魯士送了一封信，信上寫道：「瑪代人之王，我勸你打消東進的念頭，因為此戰的結局仍是未定之數。你去管理你的人民，也讓我管理我的人民，但我知道你一定不會聽我的建議，因為你壓根不想與人和平共處。」托米麗司有十足的把握能戰勝居魯士，她知道此仗非打不可，於是便表示她可以撤離駐紮在東岸的軍隊，讓居魯士的大軍平安渡河，再和他們決一死戰。

居魯士同意女王的提議，但他不打算直接進攻，而是要先用計戲耍馬薩革泰的軍隊。他知道這群蠻人不知奢華為何物，所以抵達東岸後，居魯士特地命人辦了一場奢豪的晚宴，山珍海味跟美酒佳餚一應俱全。接著居魯士把軍隊中實力最差的士兵留在原地，其他人則撤退到

自吹自擂的小公雞

牛糞堆上有兩隻小公雞在打架，其中一隻公雞比較強壯，牠鬥贏了另一隻公雞，把牠趕下牛糞堆。所有的母雞都圍住勝利的小公雞，開始吹捧牠，於是牠便想將自己的威名傳到另一座院子。牠振翅飛到穀倉屋頂，扯著嗓子喊道：「你們看看我，我可是隻打了勝仗的小公雞，也是全世界最孔武有力的小公雞。」小公雞還沒來得及說出下一句話，一頭老鷹就衝下來把牠咬死，抓起牠的屍體飛回鳥巢。

〔托爾斯泰，《寓言集》〕

阿拉斯河旁邊等待。馬薩革泰派出一小支軍隊攻打居魯士的營地，殺光駐守的士兵，並將餐桌上的食物吃個精光。酒飽飯足後，馬薩革泰士兵倒頭就睡，波斯大軍深夜返回營地，將大部分還在酣睡的敵人殺死，並生擒了一些人當作戰俘。戰俘中有一名年輕的馬薩革泰將軍名叫斯帕爾迦披西斯（Spargapises），他是托米麗司女王的兒子。

得知兒子被敵軍抓住，女王立刻派使者譴責他勝之不武，她寫道：「乖乖聽我的話，我的建議對你有益無害，把兒子還給我，我可以保你們安然離開此地，並將馬薩革泰國土的三分之一分給你們，讓你們凱旋而歸。若你拒絕，我便以太陽神之名發誓，要讓你們喝下自己人的鮮血，懲罰你的貪婪。」居魯士對女王的威脅嗤之以鼻，他不打算歸還戰俘，而是要殲滅這群茹毛飲血的野人。

見逃生無望，女王之子便自我了斷，托米麗司得知兒子的死訊後悲慟萬分，迅速動員王國內所有兵馬，誓要將波斯軍隊殺個片甲不留。馬薩革泰人將所有的怒氣宣洩在戰場上，把敵軍打得落花流水，還殺了戰無不勝的居魯士大帝。

戰爭結束後，女王一行人四處搜索居魯士的屍體。找到居魯士的遺骸後，托米麗司親手將他的頭割下，再將其塞進裝滿人血的酒袋並大喊：「我打了勝仗，也活了下來，但你卻用狡詐的手段殺了我的兒子。你看見了嗎？我說到做到，我要讓你喝下自己人的鮮血。」居魯士死後沒過多久，波斯帝國就瓦解了，一個自大的舉動抹滅了居魯士所有的輝煌。

交叉詢問的順序

每一次在進行交叉詢問時……我要強調重點是留意收手的時間點。結束詢問的重中之重是以勝利作結，許多律師明明已讓證人陷入自相矛盾的窘境，卻繼續提問，導致詢問力量越變越弱，最後徹底丟失原本能影響陪審團的優勢。［威爾曼（Francis L. Wellman），《交叉詢問的藝術》（*The Art of Cross-Examination*）］

重點解析

勝利會使人忘乎所以，是最危險的東西。

居魯士的帝國是建立在前朝的廢墟之上，一百年前，如日中天的亞述帝國滅亡，帝國首都尼尼微早已成為斷垣殘壁。盛極一時的亞述之所以逃不過覆亡的命運，是因為毫無節制的擴張，他們消滅了一座又一座城市，直到最後徹底忘記勝利的目的和代價各是什麼。亞述人在攻城掠地的過程中樹立了太多敵人，最後這些被併吞的國家合力推翻了他們的帝國。

居魯士忘了亞述人的教訓，他對神諭和參謀提出的警告充耳不聞，肆無忌憚地冒犯馬薩革泰女王。接二連三的勝利早已沖昏了他的腦袋，使他失去理智。居魯士不去鞏固幅員遼闊的帝國，滿腦子想的都是開疆拓土的大業。在他看來，每場戰爭都是一樣的，只要用相同的策略（絕對的武力和詭計）去對付敵人，最後勝利的一定會是自己。

我希望你了解，在權力的國度，你的行為必須以理性為圭臬，若是讓轉瞬即逝的刺激感和勝利左右，你的下場就是滅亡。斬獲成功後，你要做的第一件事就是提高警覺；戰勝對手後，你要思考在這場勝利中扮演的角色，絕對不要只是重複相同的策略。人類歷史隨處可見帝國的遺跡和領導的屍骨，他們都曾風光一時，最後都因不懂見好就收和鞏固實力而滅亡。

遵循法則的案例

國王的情婦每天都過著如履薄冰的生活，是這世上最難演好的角色。首先，情婦手中沒有實際或合法的權力基礎，一旦大難臨頭，她馬上就會粉身碎骨。其次，這些女人身邊永遠都

貪得無厭的將軍

你一定聽過這樣的故事：大將軍在戰場上指點江山，征服了君王要他取下的城池，並靠著彪炳的戰績獲得無限的榮光，士兵們也搜刮到滿滿的戰利品。大將軍英勇的事蹟讓他在軍隊間、敵人間、君王的臣民間博得了極高的威望，於是君王越想越不是滋味，甚至開始忌憚起大將軍。人的天性是雄心勃勃和疑神疑鬼兼具，而且並不會限制一個人的好運氣，所以君主被大將軍勝利一事挑起的疑心，也是有可能

圍著一群心懷妒意的朝臣，所有人都在等待她失寵的那天。最後，由於情婦的權力來自美貌，所以她們被打入冷宮也只是時間早晚罷了。

路易十五登基不久後便開始在宮中豢養王室情婦，每位情婦得寵的時間最長不會超過幾年，直到龐巴度夫人出現為止。龐巴度夫人出身中產階級，原名珍妮·普瓦松（Jeanne Poisson），父親從事銀行業，家中共有九名兄弟姊妹。曾有算命師告訴珍妮，說她有朝一日會成為國王的情人，但這句預言根本就是天方夜譚，因為自古以來，國王的情婦幾乎都來自權貴階層。但珍妮卻對此深信不疑，認為誘惑國王是自己今生的使命，於是便開始學習音樂、舞蹈、表演、騎馬等情婦應該具備的才藝。後來珍妮嫁給一名低階的貴族，獲得出入頂級沙龍的通行證，沒過多久，法國社交圈便開始謠傳最近出現了一個如花似玉的迷人少婦，不僅多才多藝，還相當聰明。

珍妮·普瓦松和伏爾泰、孟德斯鳩（Montesquieu）等知識分子成為好友，但內心一直牢記著兒時給自己立下的目標：擄獲國王的心。她的丈夫擁有一座小城堡，路易十五經常會到城堡旁的森林裡打獵，於是她便經常在那附近徘徊。珍妮研究路易的每一個舉動，確保對方會「不經意」地瞥見自己身穿性感服飾的模樣，或是看著自己搭乘馬車經過他面前。幾次過後，國王開始注意到珍妮，還會把打到的獵物當成禮物送給她。

一七四四年，路易的情婦查特路公爵夫人（Duchesse de Châteauroux）過世，珍妮得知此事後立刻轉守為攻，刻意出現在路易會出現的每個地方，如凡爾賽宮的面具舞會、歌劇院、國王必經之路，以及所有能展現她才藝（歌唱、舞蹈、騎術、調情術）的場合。路易終於拜

因對方高傲的表情或無禮的行為加深。而君主想保護自己，以免地位被大將軍的野心奪去，也是再自然不過的反應。

君主腦中浮現的自保方式包括處死大將軍，或是奪去他藉由自己的軍隊和人民獲得的威望，並使出一切手段，證明大將軍得勝並非因為他的才能和勇氣，而是因為機緣巧合和敵軍的懦弱無能，或者是戰場上其他將領的聰明才智。

［馬基維利］

倒在珍妮的石榴裙下，並在一七四五年九月於凡爾賽宮冊封這位出身中產的二十四歲少婦為王室情婦。珍妮在凡爾賽宮有專屬的寢室，寢室內有一條祕道和後門，方便國王隨時和她密會。除此之外，由於有朝臣看不慣珍妮卑微的出身，路易索性封她為女侯爵，從此以後，珍妮．普瓦松正式成為龐巴度夫人。

路易是個喜新厭舊的男人，龐巴度夫人知道若想留住國王的心，自己就必須想出各種花招取悅他。為此，她偶爾在宮中舉辦戲劇表演，並親自擔任女主角。除此之外，她還會籌辦盛大的狩獵派對、面具舞會，以及各式各樣能分散國王注意力的活動。後來龐巴度夫人開始贊助各種藝術家，還成了法國的時尚楷模，她的每次成功都會為自己樹立更多敵人，但龐巴度夫人和其他王室情婦不同，她有一套獨特的應對之道：客套攻勢，用自身魅力收服鄙視她的勢利眼。此外，她還做了一件其她情婦都不曾做過的事，那就是和王后打好關係，並要路易十五善待自己的妻子並多關心她，最後贏得王室家族（心不甘情不願）的支持。到了後期，為彰顯龐巴度夫人的地位，國王冊封她為女公爵，而她也開始參與國政，成為檯面下的外交大臣。

一七五一年，龐巴度夫人的聲勢如日中天，但她也在這一年遭逢職業危機。擔任王室情婦要承擔巨大的責任，本就體弱的龐巴度夫人發現自己漸漸無法滿足國王的需求。一般來說，當情婦開始想抓住青春的尾巴時，她的職業生涯差不多也將告一段落了。但龐巴度夫人此時祭出了另一條策略，她建議國王在凡爾賽宮附近蓋一座名叫鹿苑的妓院，這樣他就能隨時隨地和法國頂級美女享受魚水之歡。

一位爬樹高手吩咐另一人爬上一棵大樹去修剪樹梢。在樹上那人爬到很高的地方，看著十分危險的時候，他只是默默地站著，一聲不吭，等對方修剪完樹梢，下到屋簷那麼高時，他卻龐巴度夫人知道自己兼具個人魅力和政治實力，國王根本離不開她，因此她根本不怕那些美麗的少女，因為她們既沒有權力，也缺乏風采。只要她依舊是全法國權力最大的女人，失去國王床上的陣地又何妨？為了鞏固自己的權力，她和王后越走越近，還會和對方一起上教堂。雖然看不起龐巴度夫人的朝臣依舊想除掉她，但國王卻堅持不更換王室情婦，因為龐巴度夫人可以讓他感到安心。後來龐巴度夫人因插手七年戰爭遭眾人非議，這才漸漸淡出眾人的視野。

龐巴度夫人自幼體弱多病，去世時年僅四十三歲（一七六四年），擔任王室情婦的時間長達二十年。克羅伊公爵（Duc de Croÿ）是這樣形容她的：「所有人都在緬懷龐巴度夫人之死，因為她待人和善又總是樂於伸出援手。」

重點解析

王室情婦知道自己的權力稍縱即逝，所以上位後通常都會變得異常急躁，把所有的心思都放在累積財富上，以防失寵後頓失依靠。除此之外，為了盡量延長在位的時間，她們對付敵人時往往不留任何情面。也就是說，王室情婦這個職位好像會逼得她們一定要貪心、一定要睚眥必報似的，而最終她們也會敗在這兩點上。龐巴度夫人之所以能穩坐這個眾人都待不長久的位置，是因為她從不刻意去追求好運。她不會用地位去欺壓朝臣，而是會嘗試贏得對方的支持。除此之外，她的言行舉止從來都不曾透露出貪婪或自大。即便無法盡到情婦應盡的義務，她也不會因為被人取代而惱怒，而是鼓勵國王多找幾個年輕貌美的小情人。她知道越

提醒對方：「當心點，別踩空了。」我對他說：「他都爬到那個位置了，即便跳下來也沒什麼大礙。你為何還要提醒他？」他答道：「這就是爬樹的要點，他爬到高處時會感到頭暈目眩，樹枝也搖搖欲墜，此時他內心很害怕，所以會格外小心，我根本不用提醒他。意外如果真要發生，一定會是在他自以為安全的時候。」這話儘管出自卑賤者之口，卻與聖人的教誨如出一轍。

其實玩蹴鞠也是這樣。大家都說當你不好容易把球給踢起來，內心一定會認為下一腳絕對很簡單，而球就會在下一刻掉到地上。〔吉田兼好，《徒然草》〕

年輕漂亮的女孩越缺乏魅力，也越不懂人情世故，國王很快就會玩膩了，所以她們絕不會威脅到自己的地位。

成功會改變人的想法，它會讓你覺得自己所向無敵，還會讓你在面對挑戰者時變得充滿敵意，也更容易意氣用事，導致你無法因地制宜。你會產生錯覺，認為成功必須歸功給自己的性格，而不是策略和計畫。你必須仿效龐巴度夫人，在勝利當下不僅要更加仰賴策略和精明的算計，還要回頭鞏固權力的基礎，並承認自己能成功是運氣和環境使然，更必須提高警覺，以防好運離你而去。自勝利那一刻起，你就得玩起朝臣的遊戲，並開始正視權力的法則。

> 拿下勝利的瞬間亦是最凶險的時刻。
>
> ——拿破崙

權力之鑰

權力自有其節奏和模式，權力遊戲的贏家能隨心所欲操控模式，強迫其他玩家跟上自己的節奏，藉此打亂他們的陣腳。策略的本質是控制接下來將發生的事，但勝利帶來的喜悅卻會讓你失去控制事物的能力。勝利會從兩個方面影響你：第一，你會認為成功是有模式可循的，而且會嘗試重複這些模式。你會盲目地朝相同的方向前進，忘記查看此路線是否對自己有利。第二，成功會讓人無法冷靜思考，使人的情緒占據上風，你可能會覺得自己所向無敵，於是便貿然進攻，最後毀掉先前辛苦獲得的成果。

我想傳達的道理很簡單：有權勢的人不僅會改變處事的節奏、模式、路線，還會因地制宜，更懂得隨機應變。他們不會為了慶祝就待在原地踏步，而是會靜下心來評估接下來該往哪個方向走。這些人好像體內有什麼抗體一樣，他們不會被勝利沖昏頭，任由它控制自己的情緒，而是會在成功的瞬間按下暫停鍵。他們會先平復自己的情緒，在腦中回想剛剛發生了什麼事，並思考運氣和環境在成功中的占比各是多少。套句馬術教練常說的話，你只有先控制好自己，才能控制馬兒。

運氣和環境是權力遊戲中的關鍵要素，它們一定會影響你的玩法，也會增添遊戲的趣味。然而，好運其實比霉運危險，這一點可能會顛覆你的認知。霉運可以教我們學會耐心、時機和接受失敗的可貴之處，好運則恰恰相反，只會讓你覺得只要擁有過人的才智便能成功。風水輪流轉是不變的定理，等你開始走霉運的那天，你會赫然發現自己完全無法接受現實。

在馬基維利看來，波吉亞就是因為被成功沖昏頭才會失敗；波吉亞是一名常勝將軍，也是足智多謀的戰略家，但不幸的是，他擁有了好運氣：他的父親是教宗。波吉亞真正的霉運在父親因病驟逝那天降臨，他完全沒料到庇蔭自己的大樹會說倒就倒，而自己也在幾年後死於仇家之手。當你因好運而平步青雲或斬獲成功，其實這是老天爺給你的暗示，告訴你命運的轉輪可以把你高高舉起，也能在一瞬間將你重重摔下。假設你能先做好一落千丈的心理準備，就不至於被摔得粉身碎骨。

百戰百勝之人的個性總是風風火火，即便他們想靜下心來，底下的人也會起鬨，要他們創下更高的成就，去冒更大的險。你要有一套應付這些人的策略，宣揚中庸之道只會讓他們覺得你軟弱無能、缺乏眼界，若是不懂得乘勝追擊，你的權力就會被削弱。

西元前四三六年，伯利克里（雅典軍事將領兼政治人物）曾率軍艦在黑海一帶打了幾場勝仗，導致雅典人的野心日益膨脹。他們開始幻想征服埃及、戰勝波斯、攻克西西里，伯利克里會勸眾人不要有這種危險的想法，並宣揚驕兵必敗的道理，但又繼續率兵去打有把握的戰爭。等到伯利克里去世後，我們才能看出他的策略有多高明；伯利克里死後，熱中於煽動人民的政客上台，他們說服雅典人入侵西西里，最後這場遠征導致雅典殞落。

權力的節奏通常都是由力和謀交替形成，若是力施多了，就會引發反彈，要是謀用過頭了，再厲害的算計亦會淪為俗套。西元十六世紀，豐臣秀吉是幕府織田信長手下的一名武將，有次豐臣秀吉率軍擊敗令人聞風喪膽的義元將軍。織田信長本想乘勝追擊，出兵討伐其他敵人，但被豐臣秀吉勸退，他說：「打了勝仗後要做的第一件事是繫緊盔繩。」豐臣秀吉認為主君現在要做的，應該是從武力轉為謀略，靠假結盟、真行詐的策略引誘敵人自相殘殺，以免窮兵黷武引發不必要的反抗聲浪。打了勝戰後切莫張揚，而是要保持低調，讓敵人鬆懈下來；改變節奏是一種非常有效的策略。

想力求表現的人通常都會超額完成上級交代的任務，但投入過多精力反而會引來上級的懷疑，對你反而不利。腓力二世經常羞辱打了勝仗的將軍，或直接革去對方的職位，因為他認為若此人再度凱旋歸國，到時候他就不再是自己的下屬，而是敵人。當你為某人效命時，仔細權衡勝利方為明智之舉，把榮耀都交由上司享受，別讓他們因你的成功而感到焦慮。除此之外，你還要謹遵上司的指示和命令，已贏得對方的信任。吳起是西元前四世紀戰國名將，有次他率兵和秦軍作戰，一名士兵在他還沒下令時就斬獲敵軍兩首級，以為這樣可以證明自己的英勇。吳起沒有被這名士兵的行為打動，而是說：「材士則是也，非吾令也。」然後便下令處死他。

還有，若你因小有成就而獲得上司的青睞，切記不要得寸進尺，因為這樣將葬送自己成就大事的機會。貪得無厭是缺乏信心的表現，你的上司可能會認為你覺得自己不夠格，所以才會一逮到機會就拚命索取。我的建議是大方地接受上司給予的恩惠，然後默默退居幕後，若你還想得到更多賞賜，就靠實力去爭取。

最後，急流勇退還可以營造戲劇效果；戛然而止好比驚嘆號，退場的最佳時機就是勝利的當下。你當然可以繼續進攻，但這樣效果就打了折扣，況且你也不一定能一路贏下去。法律圈有一句名言：交叉質詢時「見好就收」。

意象：墜落的伊卡洛斯（Icarus）。為了逃出迷宮，並甩掉牛頭人身怪，代達洛斯（Daedalus）用蠟和鳥羽做出兩副翅膀，一副自己配戴，一副給兒子伊卡洛斯。伊卡洛斯被逃出迷宮和飛翔的快感沖昏了頭，他越飛越高，直到太陽將蠟融化，導致他墜地身亡。

權威之言：

君主與共和國在獲得勝利後就該心滿意足，想追求更多成功往往只會導致失敗。侮辱敵軍的話語源於勝利帶來的傲慢，也有可能是來自對勝利的期望，對勝利的期望會誤導人的行為，還會使人失言。因為這種不切實際的期望會占據人的理智，使人忘了見好就收的道理，在追求未知的卓越時犧牲掉既有的優秀。〔馬基維利〕

法則的反轉

馬基維利說過，對待敵人只有徹底殲滅和置之不理兩種選擇，半途而廢或略施薄懲都只會加深對方的恨意，來日他必會回頭尋仇。對付敵人時一定要為勝利畫上圓滿的句號，並將對方粉身碎骨。在打敗敵人的當下你不應該收手，而是要避免去攻擊其他目標；對待敵人要心狠手辣，但切忌在過程中樹立更多敵人。

有些人在成功後會變得過分謹慎，他們認為勝利的果實來之不易，自己煩惱如何守住它都來不及了。不要被這種謹慎拖住腳步或因此失去衝勁，它的作用是防止你做出魯莽的行為。另外我覺得眾人高估了勢頭的作用，一個人的成功是要靠自己去創造的，若成功接踵而至，那也是你努力的成果。太相信勢頭只會使人變得情緒化並忽視策略的力量，最後掉入用同一套手法應付所有局面的陷阱，把勢頭留給那些沒有真材實料的人。

法則

48

化為無形

觀點

當你有了具體形狀和一套明確的計畫，敵人便能攻擊你。你應該隨機應變，而不是讓敵人摸清你的形狀，要知道世界上沒有斬釘截鐵之事，更沒有一成不變的法則。保護自己的最佳策略就是模仿水的流動和無形，穩定和規則是靠不住的，切記世事變幻無常。

違反法則的案例

西元前八世紀，希臘城邦蓬勃發展，人口增長速度也越變越快，於是希臘人開始擴張領土，在海外建立殖民地，足跡遍及小亞細亞、西西里、義大利半島和非洲。斯巴達雖然也是希臘城邦，但卻因被群山包圍所以無法觸及地中海。因為無法透過海路向外發展，斯巴達將矛頭指向其他城邦，在征戰殺伐一百多年後，終於為人民爭取到足夠的生存空間。斯巴達的策略解決了土地的問題，但也創造了另一個問題，那就是如何管轄新領土。這些土地上的人民數量是斯巴達人民的十倍，若他們聯合起來報復斯巴達，後果將不堪設想。

斯巴達的解決之道是打造一個崇尚戰爭的社會，培養出比其他城邦強悍的人民，只有這樣他們才能在穩定的環境中生存下去。

根據斯巴達法律，所有年滿七歲的男孩都必須離開母親，加入軍事營接受戰鬥訓練並遵守嚴格的紀律。軍事營訓練為期一年，期間他們必須睡在蘆葦堆上，而且只有一套衣服可以穿。教官只傳授軍事知識，完全沒有與藝術相關的課程；斯巴達明令禁止音樂，而且只允許奴隸學習工藝，因為他們只能靠這些技能維生。除此之外，被判定為弱者的孩子會被丟進山洞中等死。斯巴達也沒有金錢或貿易體制，因為他們認為累積財富會使人變得自私並導致社會分裂，破壞被眾人奉為圭臬的戰士紀律。務農是斯巴達人謀生的手段（但耕地大多歸城邦所有），他們可以聘農奴從事勞動工作。

斯巴達人滿腦子想的都是戰爭，他們的軍事實力令所有人聞風喪膽，斯巴達士兵行軍的步伐整齊劃一，在戰場上展現出的勇氣無與倫比，獨特的方陣隊形更是所向披靡，可以輕鬆拿

良將之所以必勝者，恆有不原之智，不道之道，難以眾同也……唯無形者，無可奈也，是故聖人藏于無原，故其情不可得而觀；運于無形，故其陳不可得而經。［《淮南子》］

下人數眾多的敵軍（斯巴達人曾用方陣在溫泉關力挫波斯大軍）。面對斯巴達無堅不摧的軍隊，再強大的敵人都會被嚇得臉色發白。雖然斯巴達人驍勇善戰，但他們並沒有想建立帝國的野心，他們的終極目標是捍衛現有領土和擊退入侵者。他們建立的體系就這樣數十年如一日地運轉著，並讓斯巴達得以維持現狀，期間從來沒有人對其做過任何修改。

就在斯巴發展窮兵黷武的文化時，一座名叫雅典的城邦也慢慢崛起，且聲勢足以和他們媲美。雅典城邦的路線和斯巴達截然不同，他們朝大海發展，派出的艦隊不是為了殖民地，而是為了開發貿易航線。雅典人是優秀的商人，雅典城的法定貨幣「貓頭鷹幣」在地中海區域隨處可見。面對問題時，雅典人想出的解決方式饒富創意，除了懂得對症下藥，在社會與藝術方面的變革也是推陳出新，和斯巴達人死板的處事之道大相逕庭。雅典的社會就像水一樣永遠在流動，後來他們的實力越來越強，漸漸威脅到一心只想捍衛家園的斯巴達。

西元前四三一年，互看不順眼的雅典和斯巴達終於開打，這一戰打了足足有二十七年，期間戰況變化莫測，最後由斯巴達率領的聯盟拿下勝利。收獲了這樣一個幅員遼闊的帝國，斯巴達人無法繼續窩在故鄉偏安，因為一旦棄守這些領土，雅典必將捲土重來，那先前那場戰爭就等於白打了。

戰爭結束後，雅典的財富盡數湧入斯巴達，但斯巴達人只懂打仗，根本不知道政治和經濟的運作原理。沒過多久，斯巴達人就被金錢和奢華的生活方式誘惑，被派駐到雅典的斯巴達官員也過上放浪形骸的生活。斯巴達在戰場上打敗了雅典，但雅典流動的生活方式卻侵蝕了斯巴達的紀律和規範。國土盡失的雅典很快就接受了戰敗的命運，他們改變發展路線，成為

被主人剪去耳朵的狗

「我究竟犯了什麼錯，主人要這樣殘害我的身體？」一隻名叫喬勒的英國獒犬放聲抱怨，牠說：「像我這樣心高氣傲的小狗，居然落了個這樣可憐的下場，真是太悲哀了！我以後哪裡有臉去見朋友，噢！人類究竟是萬獸之主，還是暴君？你們怎麼敢這樣對我？」喬勒的抱怨被主人聽到了，這個人今天早上完全不顧小喬勒淒厲的叫聲，把牠長長的耳朵硬生生剪掉。耳朵被剪去的喬勒現在只想一死了之。

過了幾年，喬勒才發現耳朵被剪去的好處。英國獒犬天生好鬥，喬勒過去經常在外面和其他狗打架，被啃咬得遍體鱗傷，耳朵也被扯得稀爛。

與人交手時，要盡可能把弱點的數量降到最低，當你只剩一個弱點

文化和經濟的重鎮。

反觀斯巴達，他們無法接受突如其來的改變，國力日益衰退，並在三十年後的一場戰爭中敗給底比斯，從此一蹶不振，徹底退出歷史舞台。

重點解析

從進化論的角度來看，一但某種動物長出堅硬的外殼，那牠往後的日子就會變得非常難過。雖然並非所有有殼動物的命運都是如此，但硬殼對大多數生物來說都是一個死胡同，其缺點包括妨礙覓食和減緩行動速度（使殼的主人淪為掠食者的目標）。反觀那些朝海洋或天空發展的動物，牠們行動迅速且難以預測，占據了更有權力且更穩固的位置。

在解決管理人民這個難題時，斯巴達人的策略是模仿長出硬殼的動物，想阻絕來自外界的干擾，為了獲得安全而犧牲機動性，猶如縮頭烏龜。他們穩定發展了三百年，但也付出了慘痛的代價。斯巴達人只注重軍事發展，荒廢文化發展，也不懂得用藝術緩和緊繃的情緒，每天都活在焦慮中。就在其他城邦奔向海洋的懷抱，並嘗試適應日新月異的環境時，斯巴達只是一味固守自己建立的體制。打勝仗代表獲得新的領土，但斯巴達人根本不願治理國家；打敗仗象徵軍事力量的終結，斯巴達人更不樂見，唯有停滯不前，他們才能茁壯發展。然而，世上沒有任何東西可以永遠不變，你為自保而演化出的殼或體制必將讓你走向滅亡。

斯巴達最後不是被雅典的軍隊擊垮，而是敗給了雅典的財富。金錢無孔不入亦不受控制，更不會遵循既定的模式發展，它本身就帶有混亂的特質。金錢滲透進斯巴達人建立的體制，

需要保護，自然就會集中精神去捍衛它。你看看喬勒先生，牠脖子上戴著尖刺項圈，耳朵也幾乎被剪光了，就算是凶狠的野狼來了，也不知道該從何下口。〔拉封丹，《拉封丹寓言精選集》〕

硬殼乍聽之下相當誘人，實則是一種通往滅亡的發展路線。生物自保的方式很多，例如藏匿、飛翔、反擊、群居，當然也可以把自己包裹在骨質的甲板與脊椎內……但硬殼路線的結局永遠都是不好的。進化出硬殼的生物最後大多會變得相當笨重，動作也較為遲緩，只能靠食草維生，相較於能靠吃其他動物快速獲得養分的動物，有殼動物明顯處於弱勢。自然界中有太多硬殼動物被淘汰的實例，這說明了即

侵蝕了他們固若金湯的甲胄，最終幫助雅典征服了斯巴達。在這場體制的戰爭中，雅典人靠著流動性和創意改變了自己的形態，斯巴達人卻逐漸僵化死去。

世界運作的原理也是如此，無論是動物、文化或個人都必須遵循此道。在面對險惡的環境時，所有有機體都會發展出自衛機制，如硬殼、死板的體制、安撫人心的儀式等。從短期來看，這些自衛機制確實有用，但時間一久便會引發災難。被體制和窠臼拖累的人腳步會越變越慢，最後變成一頭笨重的巨獸。若你不想被環境和對手擊敗，唯一的方式就是與時俱進。無形是避免步上斯巴達人後塵的最佳策略，只要敵人看不見你，他們便無法出手攻擊。

便是在進化等級較低的動物身上，思想的高度也遠勝物質的強度，而這種勝利展現在人類身上最是明顯。［巴恩斯（E. W. Barnes），《科學理論與宗教》（*Scientific Theory and Religion*）］

遵循法則的案例

二戰結束，日軍撤出中國，國民黨黨主席蔣介石見外患已定，打算殲滅一直和自己作對的共產黨。其實早在一九三五年，蔣介石只差一點就能消滅共產黨，當時他甚至將共產黨逼上長征的道路，死傷慘重，可惜最後功敗垂成。抗日戰爭結束後，蔣介石認為雖然期間共產黨恢復了一些元氣，但自己應該還是能輕鬆將其剷除，因為他們的武器不夠精良，還缺乏正規作戰經驗，只懂得打游擊，且根據地也僅局限於農村地帶。他們現在唯一的優勢。就是在日軍撤退後占據了滿洲。蔣介石的策略如下：出動精兵拿下滿洲的幾座大城市，再從這些城市北上奪回工業區，將共產黨趕出滿洲。只要滿洲失守，共產黨必敗無疑。

一九四五至四六年間，一切都按蔣介石的計畫發展，國軍輕鬆占領滿洲幾個大城市。然而，面對國民黨步步逼近，共產黨的逃跑策略卻叫人匪夷所思。他們不和國民黨正面衝突，而是分散軍力，躲到最偏僻的地方發動突襲。共軍堅持小隊作戰，絕不集中軍力的策略讓國軍疲於應付，難以將其一網打盡，有時他們會占領一座城市，但幾個星期後又棄城而去。內戰期間，國軍根本分不清共軍的前鋒跟後衛在哪裡，他們就像水銀一樣四處流竄，從不在同一處停留太久，神出鬼沒又無形無影。

國民黨認為共軍採取這種打法的原因有二：第一是面對優勢軍力時心生畏懼；第二是缺乏謀略的能力。共產黨領導人毛澤東是軍事將領也是文人，精通詩詞和諸子百家思想，蔣介石學習的是西方世界的兵學，他最推崇的軍事家包括德國將領克勞塞維茲。

共軍的作戰策略看似毫無章法，但還是有跡可循。國軍占領滿洲幾大城市後，共軍雖然被逼到看似大而無用的邊陲地帶，但卻利用地理優勢展開包圍戰。若蔣介石想從某城調派兵力來增援，共軍就會包圍援軍，不讓他們得逞。在共軍的制衡下，蔣介石的國軍漸漸被分散開來，補給和通訊被徹底阻斷，動彈不得的國軍即使擁有優勢軍力，也毫無用武之地。

被圍困的國軍士兵內心越發恐懼，在遠方運籌帷幄的指揮官認為毛澤東的戰略可笑至極，但在前線奮戰的國軍卻怕極了這幫行蹤飄忽的敵人。被困城中的士兵看著共軍像水一樣從四面八方湧入，人數好像突然變成數百萬。他們包圍了國軍的身體和心靈，用各式各樣的宣傳手法打擊敵人的士氣，逼對方投奔共產黨陣營。

國軍在這場心戰中輸得徹底，一些被包圍的城市甚至在共軍出手前主動投降，引發連鎖效應，國軍兵敗如山倒。一九四八年十一月，國民黨撤守滿洲，將華北拱手讓給共產黨，這對軍力占優勢的國民黨來說是奇恥大辱，也底定了日後的局勢，共產黨隔年便占領中國全境。

是以聖人不期脩古，不法常可，論世之事，因為之備。宋人有耕田者，田中有株，兔走，觸株折頸而死，因釋其耒而守株，冀復得兔，兔不可復得，而身為宋國笑。今欲以先王之政，治當世之民，皆守株之類也。［《韓非子》］

重點解析

西洋棋和圍棋是最能與兵法呼應的棋盤遊戲，西洋棋棋盤較小，進攻的速度比圍棋快，雙方必須速戰速決。西洋棋少有以退為進或犧牲的策略，因為成本效益太低，每顆棋都必須守好自己的陣地。圍棋的玩法比較沒這麼拘謹，圍棋棋盤有三百六十一個交點，幾乎是西洋棋的六倍。遊戲開始後，雙方各執黑子或白子輪流下子，每次下一子，可以下在任一交點上，而你的目標就是包圍對手的子。

圍棋最多可以下到三百步，策略比西洋棋更精妙靈活，需要慢慢布局。你的起手越複雜，對方就越難猜出你用的是什麼策略。執著於奪下某一塊陣地是浪費力氣的行為，你必須綜觀全局，為了贏得最後的勝利，你必須做好準備隨時犧牲掉某塊區域。玩圍棋時，你的目標不是固守，而是機動。一旦掌握機動的權力，你就可以將對手困住。圍棋和西洋棋不同，你不用殺掉對方的棋子，而是要使其動彈不得或自行潰敗。西洋棋是線性的遊戲，重點是占位與進攻，圍棋是非線性的遊戲，著重於靈活的流動。圍棋的進攻是迂迴的，只有在棋局即將終了前才會顯現出來，屆時贏家將越下越快，包圍住對手。

中國兵法深受圍棋影響，許多與戰爭有關的諺語都是與圍棋有關。毛澤東特別喜歡玩圍棋，他的策略中處處可見圍棋戰術的影子。舉例來說，圍棋的一個基本概念是將棋盤大小當成優勢，將棋子下在不同的地方，讓對手無法透過線性思維識破你的策略。

毛澤東曾說，在對抗國民黨時，「全中國人都應自覺地投入這個犬牙交錯的戰爭中去」。下圍棋時，你也要將棋子用犬牙交錯的模式排列，讓對手猜不透你的下一步會落在何處，讓

隆美爾將軍比巴頓將軍（General Patton）聰明，也更有創意……隆美爾會盡量避免掉進形式主義的窠臼。除非是首次交鋒，否則他向來都不制定固定的計畫，有過交手的經驗後，他會根據情境隨機應變，量身訂做合適的戰略。隆美爾不僅決定事情快如閃電，行動起來也是雷厲風行。在北非酷熱的沙漠，他如入無人之境，大破英軍防線，奪下北非也是遲早的事。隆美爾在非洲天高皇帝遠，不僅對柏林愛理不理，還曾公然違抗過

他浪費時間追著你跑，或是像蔣介石一樣低估你的實力，全然忘了應該要保護自己。若你的對手聽從了西方兵法，集中火力猛攻特定區域，那你正好可來個甕中捉鱉，將他困住。在圍棋的戰爭中，你的目標是包圍對手的大腦，用心戰、用宣傳、用騷擾策略讓他們無法好好思考，讓他們灰心喪志。這就是共產黨的策略，以無形攻勢恐嚇敵人，並打到他們失去方向感。

西洋棋是直來直往的線性遊戲，圍棋的策略更貼近現代人常打的迂迴戰，且適用於各種領域。圍棋的策略是抽象的，還具備不同的面向，可以穿越時間和空間的限制，是一種戰略家的思維。在這場流動的戰役中，靈活移動比固守陣地重要，速度和機動性就是你的優勢，可以讓敵人難以預測你的下一步，當對方摸不清你的想法，自然也就無法制定對付你的策略。這種迂迴的作戰方式不是死守一方，而是向外擴散的，你可以將真實世界當作你的優勢。你應該化作無形的氣體，讓敵人找不到施力點，他們會拚了命追趕你，還會疲於應付你難以預測的攻勢，你只需欣賞他們窘迫的模樣即可。只有無形的事物才能出人意料，等他們發現你在哪裡和你的目的，一切都為時已晚。

希特勒的命令。他屢戰屢勝，直到最後控制了北非全境，成了讓開羅聞之喪膽的男人。〔馬拉澤克（James Mrazek），《勝利之道》（*The Art of Winning Wars*）〕

你打我時，叫你打不到，摸不着。我打你時，就要打上你，打準你，吃掉你。……敵進我退，敵駐我擾，敵疲我打，敵退我追。

——毛澤東

重點解析

人類之所以不同於其他動物，是因為我們熱中於創造形式。我們很少直接表達情緒，而是透過文字或社會能接受的儀式賦予情緒形式。如果沒了形式，人類便無法傳達情緒。

然而，人類創造的形式永遠都在變動，舉凡時尚、風格，以及人為了反映情緒所做出的所有行為，沒有一樣是恆久不變的。我們喜歡更改前人傳承給我們的形式，這種變動是生命和活力的象徵。所有**不會**改變的事物，以及僵化的形式，在我們眼中就如同死物，而我們也會直接將其摧毀。這種現象在年輕人身上尤為明顯：年輕人最討厭社會強加在他們身上的形式，他們喜歡展現自己的個性，並用各式各樣的面具和姿態來表達自我。這種態度是驅動形式的活力，會令社會風格不斷改變。

現今能掌握權勢的人，年輕時通常都是極具創意之人，懂得用新的形式傳達新的理念。社會之所以會賦予他們權力，是因為它本身也渴望這種更新迭代，所以會獎勵能帶來改變之人。然而，這群人大多會隨著時間推移變得保守，也不願分享權力。在身分確立後，他們便不再想著要創造新的形式，並成為習慣的奴隸，最後淪為對手的目標，因為所有人都猜得到他們的下一步是什麼。此時他們早已不是眾人尊重的對象，而是無趣的角色，我們會說：「快滾吧！讓新人上台表演，我們要看新的面孔，我們想要找樂子。」無論是再有權勢的人，一旦被過去困住，他們就會變成丑角，就像樹梢上熟過頭的水果般搖搖欲墜。

能隨意變換形式的權力才能蓬勃發展，無形不代表真的沒有形狀，萬事皆有形，形式是萬物的歸宿。無形的權力好比流水或水銀，其形狀會隨周遭的環境改變。永遠都在變化的事物

性格盔甲

現代社會要求人類壓抑本能，為了達成這個目標，並處理壓抑本能引發的能量停滯，自我就必須改變。人的需求與可怕的外部世界是會產生衝突的，當自我（即人類精神中暴露在危險下的部分）持續接受相同或相似的衝突，就會開始僵化。在這個過程中，自我會需要一個長期的、能自動運作的反應模式來應對（即「性格」）。就好像情感人格突然將自己起武裝起來，並為了傳達內心的需求，以及反彈或減弱外部世界的打擊而長出硬殼。這層盔甲可以降低人對不愉快的事物的敏感度，並限制他的性衝動和攻擊性運動，進

而削弱他達成目標和快感的能力。自我的靈活度會下降，並變得越來越僵硬，而其調節能量的能力則取決於盔甲的厚度。［賴希（Wilhelm Reich）］

叫人永遠捉摸不透，掌握權勢之人總是在創造新的形式，他們的權力源於變化的速度。他們在敵人的眼中是無形的，對方根本就不知道他們的意圖，也找不到下手攻擊的位置。無形是權力的巔峰，是一種高深莫測，就像信使神墨丘利那樣靈巧活躍、飄忽不定，並隨心所欲改變型態，把奧林帕斯山鬧得雞犬不寧。

人類創造的事物會漸漸朝抽象的概念發展，其方向是指往人的想法，而不是指往物質。這種發展模式在藝術領域特別明顯，例如二十世紀才出現的抽象主義和概念論，政治的演化亦是如此，人類的政府已不再像過去那般暴力，而是變得更複雜、更迂迴、更依靠腦力。戰爭與策略也遵循相同的模式，最原始的策略是在戰場上調動軍隊，將他們排成特殊的陣型。然而在陸地上，軍隊的調度會受地形限制，主要處理的只有兩個維度。所有強權最終都會朝海洋發展，可能是為了貿易，也可能是為了建立殖民地，而為了捍衛貿易航線，他們必須學會在海上作戰。指揮海戰需要無限的創意和抽象思考的能力，因為前線一直在變動。海軍的將領之所以如此與眾不同，是因為他們必須利用流動的地形，透過抽象並難以預測的形式迷惑敵人，也就是第三個維度：思想維度。

我們先回到陸地上，游擊戰爭發展方向也是在朝抽象邁進，勞倫斯可能是首位將此概念發展成理論並付諸行動的當代戰略家。毛澤東受勞倫斯影響，認為他的想法與圍棋的概念如出一轍；勞倫斯於二戰期間與阿拉伯人合作對抗土耳其人，他的想法是讓阿拉伯人融入廣袤的沙漠，不給他們一個目標，也不讓他們聚集在某一個地方。土耳其人為了對抗這支行蹤飄忽不定的軍隊，勢必要分散人力，在這片無垠的戰場上疲於奔命。土耳其雖占兵力優勢，但卻被阿拉伯貓抓老鼠的戰略耍得團團轉，根本找不到施力點，導致軍心渙散。勞倫斯寫道：「大多數的戰爭都是接觸戰……但我們的戰爭必須是分離戰，我們要用茫茫大漠的無聲威脅控制敵人，直到出擊的那一刻才露出真面目。」

這是戰略的終極形式，正面交鋒太過危險，成本也太高，迂迴曲折和波譎雲詭的戰法效果不僅更好，需付出的成本也較低。迂迴戰略的唯一成本就是腦力，你必須在雜亂無章的軍形中將力量引導至同一處，並設法突破對手的心理防線。若你想惹惱敵人，打亂他們的陣腳，最有效的手段非無形莫屬。分離戰是當代戰爭的主流，學會抹去自己的形狀是致勝的關鍵。

無形戰略對心理素養的第一個要求是寬心，永遠不要對人事物展現出防備的態度，這樣只會透露出情緒，而情緒就是一種有形，會讓敵人知道他們打中你的要害了。請培養放寬心的能力，不要輕易動怒，要像一顆抹了油的球，叫人拿捏不住。不要讓人知道你最忌諱的事情，也不要暴露自己的弱點，喜怒哀樂皆不形於色，令想陷害你的同事和對手無所適從，甚至是大動肝火。

詹姆斯．羅斯柴爾德男爵是猶太人，他選擇在極度排外的巴黎發展自己的事業，並用寬心策略化解巴黎人的敵意。每當有人拿他的身分做文章，羅斯柴爾德都不會透露出一絲慍色。除此之外，他還會按照當代政治氛圍改變自己的作風，如路易十八復辟期間的制式潮流、路易腓力執政時期的中產當道潮流、一八四八年法國革命的民主潮流，以及一八五二年路易．波拿巴稱帝後的皇室新貴潮流。羅斯柴爾德對這些風格照單全收，完美地融入時代背景。他之所以能如此大方地當個虛偽的機會主義者，是因為他的個人價值來自財富，真金白銀就是他的權力貨幣。在適應環境並發展事業時，羅斯柴爾德從不會展現出特定的形狀，反觀其他名門望族，他們雖然也都很有錢，但最後都因承受不了時代的變遷和命運的轉折而消亡。這些顯赫的家族之所以過不了這關，是因為他們緊抓著過去和形式不放。

綜觀歷史，獨立治國的女王是最能擅用無形之道的群體；女王的處境和國王大相逕庭，她的臣子和子民會因為性別而質疑她的統御能力和性格。當女王在意識形態的角力戰中傾向某方，人們便會說她是感情用事。但如果她克制住自己的情感，像個男人般展現出獨裁風範，大家就會用更惡毒的話批評她。女王的治國手法總是比國王更有彈性，這可能是因為天性，也有可能是經驗的總結。總而言之，女王最後掌握的權力往往是大於國王的，因為國王們展現出的形式更直接、更男性。

歷史上以無形治國的女性代表人物分別是英國的伊莉莎白女王，以及俄羅斯的凱薩琳大帝（Catherine the Great）。伊莉莎白在位期間，天主教和新教爭執不斷，伊莉莎白以中間路線解決問題，刻意不和任一方結盟，因為結盟只會損害國家的利益。在她的治理下，英國一直維持和平狀態，後來成為能與所有國家一決勝負的強權。伊莉莎白靠著靈活的意識形態，寫下了人類歷史上最輝煌的治國篇章。

凱薩琳大帝的治國風格是因地制宜，凱薩琳於一七六二年從丈夫彼得三世（Peter III）手上奪過皇位並登基為沙皇，但眾人都認為她的政權很快就會垮台。然而，凱薩琳沒有先入為主的想法，也不會讓準則或理論左右國政，她雖然是外國人（德國人），但卻深諳俄羅斯人民的情緒，以及他們這些年來的心境轉變。凱薩琳曾說：「治國之道在於讓人民心甘情願服從君主的命令。」為了實現此理念，她總是在人民開口前便滿足他們的需求，並設法化解他們反抗的情緒。凱薩琳從不強迫人民改革，所以才能在極短的時間內讓俄羅斯脫胎換骨。

這種女性化的無形治理風格可能是不得已的手段，但卻讓女王的子民心悅臣服。這種治理風格是流動的，臣子和人民不僅較容易接受，也不會有受逼迫的感覺，更不會覺得自己必須臣服於統治者的意識形態。除此之外，這種治理風格也為保守者提供了選擇的自由，如此一來，這些人便不會將君主拒之門外。用無形策略治國的君主不會選邊站，以便利用其中一方去打擊另一方。頑固的統治者看似強悍，但久而久之，他們不知變通的性格只會令人生厭，導致臣子開始密謀造反。懂得變通且無形的領導者雖然會遭人批評，但卻禁得起時間的考驗，最後也能贏得人民的認同，因為在他們看來，領導者和自己是同類，都是懂得見風轉舵並適應環境之人。

儘管不能立竿見影，儘管會惹人非議，但這種滲透式的權力風格通常都會是最後的贏家，就像雅典最終用金錢和文化戰勝斯巴達一樣。當你發現對手個性頑固且實力在你之上，那你就故意示弱，先讓他們贏，再用無形和適應這兩項策略慢慢攻陷對方的心。不知變通之人習慣直來直往，根本抵擋不了巧妙迂迴的戰術，所以你一定能打得他們猝不及防。你若希望無形戰略能奏效，就必須化身為變色龍，表面上服從順應，背地裡用計瓦解敵人心防。

日本曾有過一段願意接受西方文化與影響的歷史，且時間長達好幾百年。葡萄牙傳教士羅德里格斯（João Rodrigues）於一五七七年抵達日本，並在當地定居數年，他寫道：「日本人願意嘗試並接受與葡萄牙有關的一切事務，令我倍感震驚。」當時許多日本人都會穿著葡萄牙的服飾上街，頸間和腰際也會配戴念珠。乍看之下，日本文化似乎是弱勢，也很容易改變，但這種適應外來文化的能力保護了日本，使其免受武力入侵。在葡萄牙人和其他西方列強眼中，日本人是屈服在他們的優勢文化之下，但他們不過是把異國物事當成流行配件，今天穿上，明天就可以脫下。在外國人看不到的地方，真正的日本文化依舊蓬勃發展。若日本當年堅決不接受外國的文化與影響，那麼西方列強很有可能會對其施以武力，就像他們日後對待中國那樣。這就是無形的力量，它能讓有意犯人者既找不到藉口發作、也無從下手。

從進化的角度來看，當某種生物的體型越大，其滅絕的機率也越高。一樣東西越大，機動性就越低，也越需要不停補充能量，然而不夠聰明的人總以為體型大小與權力多寡成正比。

西元前四八三年，波斯國王薛西斯入侵希臘，他覺得自己的大軍只要一出動，希臘各城邦便會立刻俯首稱臣。波斯大軍聲勢確實浩大，史學家希羅多德估計其人數五百萬有餘。波斯計畫在赫勒斯滂海峽建一道橋，並同時派出戰船將希臘艦隊困在港口，防止他們逃亡。薛西斯的海陸夾擊策略看起來萬無一失，但就在他準備付諸行動時，一位名叫阿爾達班（Artabanus）的謀士提出諫言，他說：「你忘了考慮兩名可怕的敵人。」薛西斯聞言大笑，認為世上沒有人能與波斯大軍匹敵。阿爾達班說：「讓我告訴你這兩個敵人是誰吧：一個叫陸地，一個叫海洋。」首先，從小亞細亞到波斯這段海路根本沒有港口能容納波斯艦隊，此外，他們征服的土地越多，補給線就會越拉越長，屆時軍糧的開銷絕對會是一筆驚人的數字。

薛西斯認為阿爾達班膽小，對他的諫言置之不理，義無反顧地揮軍朝希臘出發。不出阿爾達班所料，波斯艦隊因遭遇風暴又找不到適合的港口停靠，所以損失了無數艘戰船。波斯陸軍一樣碰上了大麻煩，由於他們沿途燒殺擄掠，將所有農田和糧倉毀壞殆盡，導致糧草告急，士兵連填飽肚子都難。除此之外，波斯軍隊人數眾多且行動緩慢，讓希臘聯軍有機可乘，使出許多誘敵的策略讓他們迷失方向。薛西斯這一敗不僅被載入史冊，還成了因追求陣仗而失去機動性的經典案例。戰略的各種可能源自靈活與敏捷，掌握這兩個要素必勝無疑，敵人越是龐大，想讓他崩潰就越是容易。

人年紀越大，就越要懂得無形之道，因為年齡會使人陷入固定的模式和僵化的框框。衰老的第一個跡象是墨守成規，這種特性會使你淪為笑柄。你可能覺得被人揶揄和輕視不痛不癢，但這種攻擊卻會慢慢掏空你的權力基礎。對手若是不敬重你，他們的膽子就會變大，人的膽子一旦大了起來，即便是最不起眼的角色也會變成危險分子。

十八世紀末，法國宮廷陷入死板的形式窠臼（王后瑪麗．安東妮是此風格的代表人物），法國民眾都認為這種食古不化的行為相當可笑。君主制在法國已有數百年的歷史，如今人民的鄙視正是其病入膏肓的前兆，代表群眾和君主制已漸行漸遠。即便民間反對聲浪越來越大，瑪麗．安東妮和路易十六仍緊抓著早已僵化的過去不放，好像巴不得快點把自己送上斷頭台。一六三〇年代，英國社會掀起民主的浪潮，國王查理一世的反應是解散國會，還讓本就繁瑣的宮廷儀式變得更複雜，離人民更遠，他希望英國能回到繁文縟節當道的古代。國王不知變通的態度加深了人民對改變的渴望，導致英國爆發內戰，也讓自己命喪劊子手刀下。

一個人年紀越大，就越要減少和過去的牽連，你必須提高警覺，以免自己的性格定型，變成眾人眼中的老骨董。我不是要你去模仿年輕人的時尚，這種行為同樣會讓你淪為笑話。我是希望你能根據不同的環境調整想法，甚至要接受自己有朝一日終須交出權柄並讓出王位，把舞台交給年輕人；古板的想法只會讓人把自己活成一具屍體。

切記，無形是一種策略，它可以讓你有餘地制定突襲戰術。當敵人猜不透你的下一步，他們便會暴露自己的策略並落於下風。無形策略可以讓你掌握主動權，讓對手永遠疲於應付，根本無暇出擊。當你進入無形狀態，敵人便無法監視你，也不可能從你身上蒐集到任何情報。你要記住，無形只是一種工具，不是你隨波逐流或聽天由命的藉口。無形不是為了讓你獲得內心的平靜，而是為了獲得更多的權力。

最後我要告訴你，學習適應新環境，代表透過自己的雙眼看待一切，並經常無視旁人推銷的建議。學習調適還有另一層意義，那就是你最終必須捨棄旁人傳授給你的法則和他們撰寫的書籍，更要徹底否定智者的金玉良言。拿破崙曾寫道：「控制局勢的法則會被新的局勢推翻。」因此，能夠判斷每一波新情勢的人唯有你自己。信奉別人的觀點會使你定型，失去自己的形狀；太尊重別人的智慧，你就會看輕自己的智慧。面對過去，尤其是自己的過去，你一定要不留情面，更不要尊重外界強迫你接受的思想。

意象：墨丘利。長著翅膀的信使墨丘利是貿易之神，也是盜賊、賭徒，以及一切靠速度行騙的人的守護神。墨丘利出生的第一天就發明了七弦豎琴，並在同一天傍晚偷走了阿波羅的牛。墨丘利喜歡在人界遊走，也喜歡隨心所欲地變化形態。他神出鬼沒、難以捉摸，象徵無形的權力。

權威之言：

故形兵之極，至於無形。故兵無常勢，水無常形。能因敵變化而取勝者，謂之神。

【《孫子兵法》】

法則的反轉

利用空間分散並創造抽象的模式不代表你不用凝聚力量，無形策略可以使敵人四處尋找你的蹤跡，耗損他們的體力和腦力。等正面交鋒的時刻到來，你必須集中力量給對方迎頭痛擊。毛澤東就是靠著這一招戰勝國民黨，他先打散國軍部隊，再將他們孤立起來，最後再給出致命的一擊；集中力量的法則永遠不會出錯。

使用無形策略時，務必掌握全局，並將長期策略謹記在腦中。當你破除無形，露面進攻時，請務必把握快、狠、準的原則，就像毛澤東說的那樣：「我打你時，就要打上你，打準你，吃掉你。」

謝辭

我首先要感謝我的伴侶安娜·比勒，謝謝妳幫我編輯內容與查找資料，妳提出的寶貴意見對本書的架構和內容貢獻良多。沒有妳，本書絕無可能付梓。

我要感謝我的好友麥可·舒華茲（Michale Schwarz），謝謝你引薦我進入義大利費布利卡藝術學院工作，並將約斯特·艾佛斯介紹給我認識，他後來成為我的合夥人，替我製作了這本書。我和約斯特親眼目睹了費布利卡藝術學院爾虞我詐的工作環境，都感嘆馬基維利誠不欺我，在多次討論後，本書的雛型終於誕生。

感謝亨利·德·高賓（Henri Le Goubin），謝謝你這些年來不遺餘力向我提供各種與馬基維利主義有關的軼事，尤其是書中諸多被我拿來當例子的法國歷史人物。

感謝萊斯·比勒（Les Biller）跟澄子·比勒（Sumiko Biller）將他們在日本的圖書館借給我使用，並教我關於茶道的知識。此外，我還要感謝我的好友兼中國歷史顧問伊莉莎白·楊（Elizabeth Yang）。

本書涉及許多研究資料，我要在此感謝加州大學研究圖書館，這裡的館藏汗牛充棟，在這裡查資料的體驗很好。

感謝我的母親勞蕾特·葛林（Laurette Greene）和父親史丹利·葛林（Stanley Greene）對我付出的耐心與支持。

我怎麼可能忘記我的愛貓鮑里斯（Boris），在永無止盡的寫作過程中，是你一直陪伴在我身邊。

最後，我想告訴這些年來用權力遊戲巧妙地操弄、折磨，並令我痛不欲生的人，我想讓你們知道我不恨你們，而是發自內心感謝你們為本書的內容提供靈感。

羅伯·葛林

除了上述親友，我還要感謝企鵝圖書集團的蘇珊·彼得森（Susan Peterson）和芭芭拉·葛羅斯曼（Barbara Grossman），因為妳們相信這本書的潛力。感謝我的編輯莫莉·史騰（Molly Stern），謝謝妳全程跟進本書在企鵝維京出版社的一切事宜；感謝蘇菲亞·莫爾（Sophia Murer）為本書創造的新古典封面設計；感謝大衛·范高爾（David Frankel）校對本書的內容。感謝羅尼·艾克斯羅德（Roni Axelrod）、芭芭拉·坎普（Barbara Campo）、潔伊·齊美（Jaye Zimet）、喬·伊果（Joe Eagle）、朗妲·潘香（Radha Pancham）、瑪莉·蒂梅爾（Marie Timell）、麥可·費格尼托（Michael Fragnito）、高恩聖（Eng-San Kho）。

羅伯·葛林

約斯特·艾佛斯

徵引文獻

- *A Treasury of Jewish Folklore* by Nathan Ausubel. Copyright © 1948, 1976 by Crown Publishers, Inc. Reprinted by permission of Crown Publishers, Inc.
- *The Chinese Looking Glass* by Dennis Bloodworth. Copyright © 1966, 1967 by Dennis Bloodworth. By permission of Ferrar, Straus and Giroux.
- *The Book of the Courtier* by Baldesar Castiglione, translated by George Bull; Penguin Books (London). Copyright © George Bull, 1967.
- *The Golden Dream: Seekers of El Dorado* by Walker Chapman; Bobbs-Merrill. Copyright © 1967 by Walker Chapman.
- *The Borgias* by Ivan Cloulas, translated by Gilda Roberts; Franklin Watts, Inc. Copyright © 1987 by Librairie Artheme Fayard. Translation copyright © 1989 by Franklin Watts, Inc.
- *Various Fables from Various Places*, edited by Diane Di Prima; Capricorn Books / G. P. Putnam's Sons. © 1960 G. P. Putnam's Sons.
- *Armenian Folk-tales and Fables*, translated by Charles Downing; Oxford University Press. © Charles Downing 1972.
- *The Little Brown Book of Anecdotes*, edited by Clifton Fadiman; Little, Brown and Company. Copyright © 1985 by Little, Brown and Company (Inc.)

- *The Power of the Charlatan* by Grete de Francesco, translated by Miriam Beard. Copyright, 1939, by Yale University Press. By permission of Yale University Press.
- *The Oracle: A Manual of the Art of Discretion* by Baltasar Gracian, translated by L. B. Walton; Orion Press.
- *Behind the Scenes of Royal Palaces in Korea (Yi Dynasty)* by Ha Tae-hung. Copyright © 1983 by Ha Tae-hung. By permission of Yonsei University Press, Seoul.
- *The Histories* by Herodotus, translated by Aubrey de Sélincourt, revised by A. R. Burn; Penguin Books (London). Copyright © the Estate of Aubrey de Sélincourt, 1954. Copyright © A. R. Burn, 1972.
- *Hollywood* by Garson Kanin (Viking). Copyright © 1967, 1974 by T. F. T. Corporation.
- *Fables from Africa*, collected by Jan Knappert; Evan Brothers Limited (London). Collection © 1980 Jan Knappert.
- *The Great Fables of All Nations*, selected by Manuel Komroff; Tudor Publishing Company. Copyright, 1928 by Dial Press, Inc.
- *Selected Fables* by Jean de La Fontatine, translated by James Michie; Penguin Books (London). Translation copyright© James Michie, 1979.
- *The Romance of the Rose* by Guillaume de Lorris, translated by Charlie Dahlberg; Princeton University Press.
- *The complete Essays* by Michel de Montaigne, translate by M. A. Screech; Penguin Books (London). Translation copyright © M. A. Screech, 1987, 1991.
- *A Book of Five Rings* by Miyamoto Musashi, translated by Victor Harris; Overlook Press. Copyright © 1974 by Victor Harris.

- *The New Oxford Annotated Bible with the Apocrypha,* revised standard version, edited by Herbert G. May and Bruce M. Metzger; Oxford University Press. Copyright © 1973 by Oxford University Press, Inc.
- *Makers of Rome: Nine Lives* by Plutarch, translated by Ian Scott-Kilvert; Penguin Books (London). Copyright © Ian Scott-Kilvert, 1965.
- *The Rise and Fall of Athens: Nine Greek Lives* by Plutarch, translated by Ian Scott-Kilvert; Penguin Books (London). Copyright © Ian Scott-Kilvert, 1960.
- *Cha-no-yu: The Japanese Tea Ceremony* by A. L. Sadler; Charles E. Tuttle Company. © 1962 by Charles E. Tuttle Co.
- *Amoral Politics: The Persistent Truth of Machiavellism* by Ben-Ami Scharfstein; State University of New York Press. © 1995 State University of New York.
- *Caravan of Dreams* by Idries Shah; Octagon Press (London). Copyright © 1970, 1980 by Idries Shah.
- *Tales of the Dervishes* by Idries Shah. Copyright © Idries Shah, 1967. Used by permission of Penguin Putnam Inc. and Octagon Press (London).
- *The Craft of Power* by R. G. H. Siu; John Wiley & Sons. Copyright © 1979 by John Wiley & Sons, Inc.
- *The Subtle Ruse: The Book of Arabic Wisdom and Guile*, translated by Rene R. Khawam; East-West Publications. Copyright © 1980 English translation East-West Publications (U.K.) Ltd.
- *The Art of War* by Sun-tzu, translated by Thomas Cleary; Shambhala Publications. © 1988 by Thomas Cleary.
- *The Art of War* by Sun-tzu, translated by Yuan Shibing. © 1987 by General Tao Hanshang. Used

by permission of Sterling Publishing Co., Inc., 387 Park Avenue South, New York, NY 10016.

- *The History of the Peloponnesian War* by Thucydides, translated by Rex Warner; Penguin Books (London). Translation copyright Rex Warner, 1954.
- *The Thurber Carnival* by James Thurber; HarperCollins. Copyright 1945 by James Thurber.
- *The Court Artist: On the Ancestry of the Modern Artist* by Martin Warnke, translated by David McLintock. Translation ©Maison des Sciences de l'Homme and Cambridge University Press 1993. By permission of Cambridge University Press.
- *The Con Game and "Yellow Kid" Weil: The Autobiography of the Famous Con Artist as told* to W. T. Brannon; Dover Publications. Copyright © 1948 by W. T. Brannon.

參考書目

Aesop. *Fables of Aesop*. Translated by S. A. Hanford. New York: Penguin Books, 1954.

Bloodworth, Dennis and Ching Ping. *The Chinese Machiavelli*. New York: Farrar, Straus and Giroux, 1976.

Bowyer, J. Barton. *Cheating: Deception in War and Magic, Games and Sports, Sex and Religion, Business and Con Games, Politics and Espionage, Art and Science*. New York: St. Martini Press, 1982.

Castiglione, Baldesar. *The Book of the Courtier*. Translated by George Bull. New York: Penguin Books, 1976.

Clausewitz, Carl von. *On War*. Edited and translated by Michael Howard and Peter Paret. Princeton: Princeton University Press, 1976.

Elias, Norbert. *The Court Society*. Translated by Edmund Jephcott. Oxford: Basil Blackwell Publishers, 1983.

de Francesco, Grete. *The Power of the Charlatan*. Translated by Miriam Beard. New Haven: Yale University Press, 1939.

Haley, Jay. *The Power Tactics of Jesus Christ and Other Essays*. New York: W. W. Norton, 1989.

Han-fei-tzu. *The Complete Works of Han-fei-tzu*. Translated by W. K. Liao. 2 volumes. London:

Arthur Probsthain, 1959.

Herodotus. *The Histories*. Translated by Aubrey de Selincourt. New York: Penguin Books, 1987.

Isaacson, Walter. *Kissinger: A Biography*. New York: Simon & Schuster, 1992.

La Fontaine, Jean de. *Selected Fables*. Translated by James Michie. New York: Penguin Books, 1982.

Lenclos, Ninon de. *Life, Letters and Epicurean Philosophy of Ninon de Lenclos, The Celebrated Beauty of the 17th Century*. Chicago: Lion Publishing Co., 1903.

Ludwig, Emil. *Bismarck: The Story of a Fighter*. Translated by Eden and Cedar Paul. Boston: Little, Brown, 1928.

Machiavelli, Niccolō. *The Prince and The Discourses*. Translated by Luigi Ricci and Christian E. Detmold. New York: Modern Library, 1940.

Mao Tse-tung. *Selected Military Writings of Mao Tse-tung*. Beijing: Foreign Languages Press, 1963.

Millan, Betty. *Monstrous Regiment: Women Rulers in Men's Worlds*. Windsor Forest, Berks, U.K.: Kensal Press, 1983.

Montaigne, Michel de. *The Complete Essays*. Translated by M. A. Screech. New York: Penguin Books, 1987.

Mrazek, Col. James. *The Art of Winning Wars*. New York: Walker and Company, 1968.

Nash, Jay Robert. *Hustlers and Con Men*. New York: M. Evans and Co., 1976.

Nietzsche, Friedrich. *The Birth of Tragedy and The Genealogy of Morals*. Translated by Francis Golffing. Garden City: Doubleday Anchor Books, 1956.

Orieux, Jean. *Talleyrand: The Art of Survival*. Translated by Patricia Wolf. New York: Knopf, 1974.

Plutarch. *Makers of Rome*. Translated by Ian Scott-Kilvert. New York: Penguin Books, 1965.

——. *The Rise and Fall of Athens*. Translated by Ian Scott-Kilvert. New York: Penguin Books, 1960.

Rebhorn, Wayne A. *Foxes and Lions: Machiavelli's Confidence Men*. Ithaca: Cornell University Press, 1988.

de Retz, Cardinal. *Memoirs of Jean Frangois Paul de Gondi, Cardinal de Retz*. 2 vols. London: J. M. Dent & Sons, 1917.

Sadler, A. L. *Cha-no-yu: The Japanese Tea Ceremony*. Rutland, Vermont: Charles E. liittle Company, 1962.

Scharfstein, Ben-Ami. *Amoral Politics*. Albany: State University of New York Press, 1995.

Scheibe, Karl E. *Mirrors, Masks, Lies and Secrets*. New York: Praeger Publishers, 1979.

Schopenhauer, Arthur. *The Wisdom of Lift and Counsels and Maxims*. Translated by T. Bailey Saunders. Amherst, New York: Prometheus Books, 1995.

Senger, Harro von. *The Book of Stratagems: Tactics for Triumph and Survival*.Edited and translated by Myron B. Gubitz. New York: Penguin Books, 1991.

Siu, R. G. H. *The Craft of Power*. New York: John Wiley & Sons, 1979.

Sun-tzu. *The Art of War*. Translated by Thomas Cleary. Boston: Shambhala, 1988.

Thucydides. *The History of the Peloponnesian War*. Translated by Rex Warner. New York: Penguin Books, 1972.

Weil, "Yellow Kid." *The Con Game and "Yellow Kid" Weil: The Autobiography of the Famous Con Artist as told to W.T. Brannon*. New York: Dover Publications, 1974.

Zagorin, Perez *Ways of Lying: Dissimulation, Persecution and Conformity in Early Modern Europe*. Cambridge: Harvard University Press, 1990.

LOCUS

LOCUS